Manuale di Preparazione all'esame di Avvocato 2016

(con formulario aggiornato di tutti gli atti per l'esame)

Avv. GIULIO FORLEO

RINGRAZIAMENTI

Il presente volume è stato realizzato grazie all'intenso lavoro della **Dott.ssa Silvia Forleo** e dell'**Avv. Ilaria Gramaccioni**.

INDICE

PARTE III:
LEZIONI DI DIRITTO PENALE

INTRODUZIONE

Dopo il successo della prime tre edizioni (**a lungo il manuale di diritto più venduto su _amazon.it_ con una valutazione di 4,3 su 5 stelle**), il presente volume di preparazione all'esame d'avvocato 2016 si pone come obiettivo principale quello di aggiornarne ed integrarne i contenuti.

Con tanti nuovi pareri la vostra preparazione per l'esame d'avvocato 2016 sarà curata a 360°, fornendovi tutti gli strumenti necessari per superare la temutissima "tre giorni d'esame"!!!

Unico nel suo genere, il manuale si giova anche per quest'anno dell'esperienza pratica (e dei relativi suggerimenti) delle centinaia di partecipanti al "**Corso di preparazione all'esame d'avvocato**" che ogni anno organizzo online tramite la Juris School (www.jurisschool.it) e sui miei blog "*ildirittopenale.blogspot.com*" e "*ildiritto-civile.blogspot.com*".

L'illustrazione di tutti gli argomenti "papabili" per l'esame 2016 è stata effettuata suddividendo il volume in tre parti: una parte iniziale in cui si illustrano tecniche e trucchi fondamentali per affrontare al meglio l'esame di abilitazione; una seconda parte in cui si riportano articoli, pareri e modelli di atti riguardanti la prove di diritto civile; una terza parte in cui si riportano articoli, pareri e atti riguardanti la prova di diritto penale.

Vi anticipo che a partire dal mese di giugno 2016 sarà possibile iscriversi alla **quinta edizione** del "*Corso Forleo di preparazione all'esame d'avvocato*" (le prime quattro edizioni hanno avuto oltre 4000 contatti con altissime percentuali di promossi): si ricorda che il corso si svolgerà su internet **ad un prezzo simbolico** (130 euro i.e.) per permettere a tutti di partecipare e di scegliere gli orari da dedicare alla propria preparazione.

Per ricevere informazioni sui costi, sulle date e sulle modalità di svolgimento del corso potrete scrivere al seguente indirizzo email: **jurisschool@gmail.com** e/o visitare il sito www.jurisschool.it o il blog **ildirittopenale.blogspot.com**.

Risponderò personalmente, inoltre, a tutte le vostre richieste di chiarimenti attinenti al presente manuale.

Buono studio!

Roma, 10 giugno 2016

Avv. Giulio Forleo

1. TECNICHE DI REDAZIONE DI ATTI E PARERI GIURIDICI

1.1. Premessa.

Come si scrive è importante
quanto (e forse più) di ciò che si scrive.

Gli esami scritti di solito risultano più difficili (soprattutto per i laureati in giurisprudenza, poco abituati a scrivere durante il percorso universitario) perché all'ordinaria ma – controllabile – difficoltà di trovare adeguate soluzioni alle questioni giuridiche poste dalla traccia si aggiunge l'ulteriore difficoltà di esporre tali soluzioni per iscritto in modo chiaro, logico, coerente e comprensibile.

Lo studio indirizzato alla preparazione dell'esame di avvocato deve allora essere rivolto non solo all'approfondimento degli istituti giuridici e alla loro applicazione giurisprudenziale, ma anche all'acquisizione di tecniche specifiche per la redazione efficace di scritti giuridici, da sperimentare ampiamente prima dell'esame.

L'aspirante avvocato, dunque, che voglia affrontare con sicurezza la prova d'esame deve impegnarsi in tre basilari attività:

a) migliorare le proprie attitudini alle prove scritte;

b) rispolverare la conoscenza generale degli istituti e della casistica più attuale;

c) imparare a gestire l'ansia da esame.

Obiettivo di questo corso gratuito è quello di fornire ai candidati, spesso concentrati solo sulla ricerca delle sentenze "papabili" in vista dell'esame, gli strumenti per affinare tecniche utili per la redazione di atti e pareri in situazioni di difficoltà ambientale (chi ha già fatto l'esame potrà testimoniare l'estrema difficoltà di concentrazione durante le prove scritte).

D'altronde lo stesso legislatore nel disciplinare gli esami di abilitazione alla professione forense (art. 1 bis, comma 9, L. 180/2003) ha indicato i seguenti criteri di valutazione a cui le commissioni esaminatrici devono attenersi:

"*a) chiarezza, logicità e rigore metodologico dell'esposizione;*

b) dimostrazione della concreta capacità di soluzione di specifici problemi giuridici;

c) dimostrazione della conoscenza dei fondamenti teorici e gli istituti giuridici trattati;

d) dimostrazione della capacità di cogliere eventuali profili di interdisciplinarietà;

e) relativamente all'atto giudiziario, dimostrazione della padronanza delle tecniche di persuasione."

In questo elenco dei criteri di valutazione delle prove dei candidati il "saper scrivere" è addirittura anteposto alla capacità di risoluzione di specifici problemi giuridici.

Sarà nostra premura, dunque, aiutarvi a migliorare in tempi brevi la qualità dei vostri scritti giuridici attraverso la c.d. "tecnica dei 5 punti":

1) Superare la paura del foglio bianco;
2) Lettura della traccia e progettazione del parere (o atto);
3) Corretto utilizzo dei codici;
4) Stesura del parere o atto (formule standard per introdurre le tre parti del parere: introduzione, narrazione, conclusione)
5) Revisione dello scritto.

Grazie a queste cinque fasi sarete in grado al termine del corso di redigere un parere su qualsiasi argomento (anche su quello che non avete studiato) con il semplice ausilio dei vostri codici commentati.

Si provvederà, inoltre, a fornire delle risposte a domande ricorrenti quali: "*quanto deve essere lungo il parere?*"; "*devo indicare solo la tesi che ho abbracciato o anche quella contraria?*"; *quali sono i segni di riconoscimento?*"; ecc.

Prima di passare all'esame dei singoli punti bisogna però chiarire in cosa consista la redazione di un parere motivato o di un atto giudiziario.

Quanto al **parere**, se vi è capitato nel corso della pratica forense di redigerne qualcuno, resettate i vostri ricordi e partite comunque da zero (molto spesso gli avvocati si limitano nei pareri ad indicare la soluzione della questione prospettata senza approfondire le questioni di diritto affrontate).

Il parere motivato è sostanzialmente una risposta che l'avvocato-candidato dà alla domanda prospettata da un ipotetico cliente, il quale espone una serie di fatti potenzialmente idonei ad incidere positivamente o negativamente sulla propria sfera giuridica.

Trattandosi di un parere "motivato", il candidato, oltre ad indicare le conseguenze giuridiche dei fatti rappresentati nella traccia, deve altresì specificare il percorso logico e le motivazioni che lo hanno portato ad una determinata conclusione.

Il lavoro da svolgere, dunque, è quello di individuare le questioni giuridiche (di solito controverse) poste dalla traccia, le relative norme applicabili al caso concreto e la giurisprudenza formatasi sul punto.

Il successo di un parere all'esame di stato sta proprio nella capacità del candidato di fondere l'analisi fattuale del caso concreto con le appropriate e ben argomentate motivazioni giuridiche.

Vengono valutati in maniera negativa tanto gli elaborati che si dilungano in inutili dissertazioni dottrinali e giurisprudenziali tanto quelli che si limitano al "copia e incolla" delle massime giurisprudenziali che si trovano sui codici commentati.(non dimenticate che alla fine di ogni giornata d'esame tutti avranno trovato le stesse sentenze e tutti avranno dato la stessa soluzione al parere, quindi non sono questi gli elementi che vi permetteranno o meno di passare gli scritti).

Si approfondirà comunque l'argomento quando si analizzeranno le tecniche di redazione dei pareri.

Quanto all'**atto giudiziario**, si tratta dello scritto difensivo con cui l'avvocato-candidato, una volta analizzata la fattispecie fattuale raccontata dal cliente, introduce un procedimento o difende il cliente in un procedimento instaurato da altri, nel rispetto delle indicazioni formali dettate dal codice di rito.

L'aspetto formale costituisce un punto fondamentale della redazione dell'atto, che non potrà usufruire di eventuali sanatorie processuali: dovrà essere l'atto perfetto!!

Per non fare totalmente affidamento sulla propria memoria vi indicheremo alcune tecniche per sfruttare a pieno le indicazioni formali contenute nei codici di procedura.

Sebbene anche nell'atto, come nel parere, il candidato dovrà andare alla ricerca delle questioni giuridiche controverse deducibili dai fatti oggetto della traccia, l'atto consiste, più che in una risposta alle domande del cliente, in una **domanda** indirizzata al giudice.

Da ultimo non bisogna dimenticare che l'esistenza di un processo può far sorgere una serie di questioni processuali il cui esito può incidere sulla decisione del giudice.

Come visto anche nei criteri di valutazione degli elaborati indicati dal legislatore, nella redazione dell'atto dovranno spiccare maggiormente le "capacità di persuasione" del candidato che dovrà convincere il giudice ad adottare una decisione favorevole al proprio cliente.

Finalità ultima di questo corso è quella fornire indicazioni utili per la progettazione e stesura degli elaborati.

1.2.Vincere la paura del foglio bianco.

*"Perdere tempo per
guadagnarne in seguito"*

Molti candidati subito dopo la lettura della traccia e di fronte al foglio consegnato dalla commissione avvertono quella che può essere definita la "**paura del foglio bianco**".

La sensazione di non aver mai affrontato l'argomento oggetto del parere oppure di non saper cosa scrivere su quel determinato istituto scatena nei candidati uno stato d'ansia che li porta alla ricerca spasmodica della "massima rivelatrice" o del candidato vicino di banco che nelle fasi antecedenti alla lettura della traccia ha vantato conoscenze approfondite in tutti i campi del diritto (e non solo).

Quanto a quest'ultimo tipo di soluzione tenete a mente che i vostri vicini ne sanno quanto e forse meno di voi. Vi sconsiglio vivamente, almeno nelle prime fasi dell'esame, di ascoltare o chiedere soluzioni ad altri candidati che sembrano sicurissimi e che millantano di aver affrontato la questione decine di volte a studio, tutte cazzate!!! Rischiate di confondervi le idee con soluzioni che vi metteranno dei tarli nel cervello fino alla fine dell'esame.

Quindi il primo consiglio è: **fate affidamento solo sulle vostre capacità!**

Quanto, invece, alla ricerca della sentenza da cui molto probabilmente è stata presa la traccia, una volta trovata vi accorgerete che serve a ben poco.

Una volta rielaborati i fatti della traccia, trascritta la massima della Cassazione che, secondo voi, risolverebbe il parere e data la risposta al cliente, vi rendereste conto di avere appena riempito una facciata di foglio protocollo.

A questo punto l'errore più comune è quello di lasciarsi andare a trattazioni teoriche dell'argomento o dei principi generali ad esso sottesi in modo totalmente slegato dal caso concreto.

Questi compiti saranno sicuramente giudicati non sufficienti.

In proposito ci tengo a ribadire che il parere motivato, rivolto ad un cliente, è uno scritto che ha il fine di illustrare un argomento a qualcuno che non ne sa nulla.

Da ciò discende che è fondamentale spiegare punto per punto il ragionamento che porta alle conclusioni, conducendo per mano il cliente nella lettura.

Nei prossimi capitoli cercherò di insegnarvi il cd. **sistema del ciclo astratto/concreto**, con il quale consentirete al lettore di approcciare gradatamente all'esame delle questioni affrontate.

Una volta chiarito, dunque, che né la "sentenza rivelatrice" né i vostri vicini di banco sono gli strumenti giusti per approcciare il parere, vediamo i primi passi da compiere.

Prima di tutto non bisogna perdere tempo prezioso in fase di scelta della traccia.

Posto che il vostro obiettivo è quello di raggiungere almeno la sufficienza, la scelta della traccia dovrà essere indirizzata su quella che per voi è la **più facile**.(sia perché avete studiato meglio l'argomento sia perché è oggettivamente più facile)

Vi diranno che scegliendo la traccia più complicata verrete apprezzati dai commissari d'esame: tutte cazzate!!!

Altro **errore** da non commettere è quello di **cambiare la traccia in corso d'opera**, magari dopo aver dedicato molto tempo allo studio della traccia e alla ricerca delle questioni giuridiche. Una scelta di questo tipo, oltre a diminuire sensibilmente le ore assegnate per la prova, determina un aumento esponenziale dell'ansia e della tensione.

Una volta scelta la traccia, per superare la paura del foglio bianco, il candidato dovrà passare alla **fase di progettazione del testo**, che se ben effettuata, renderà molto più semplice e lineare la redazione del parere.

E' questa, dunque, la fase in cui bisognerà perdere del tempo per guadagnarne in seguito.

In proposito è opportuno che vi indichi una ragionevole scansione del tempo da dedicare alle varie fasi di elaborazione del parere:

1. Lettura ed esame della traccia (circa 40 minuti)
2. Ricerca e studio delle questioni giuridiche controverse (circa 1 ora e 30 minuti)
3. Redazione del parere (circa 3 ore)
4. Per ricopiare in bella copia vi rimarranno 2 ore.

A questo punto passiamo alla vera propria analisi delle varie fasi.

1.3.1 Lettura ed esame della traccia.

1. Facciamo gli avvocati!!

Un'attenta lettura della traccia d'esame aiuta sempre il candidato ad individuare le questioni giuridiche problematiche che il caso concreto pone.

Una volta trascritta la traccia e capito il ruolo che il candidato dovrà assumere rispetto al caso concreto (ad. Esempio difensore di Tizio accusato di simulazione di reato), occorrerà rileggere attentamente il testo focalizzando il proprio ruolo di difensore di quel determinato soggetto.

Tranne nel caso in cui la traccia stessa lo richieda espressamente (c.d. parere pro veritate), uno degli errori più comuni è quello di individuare la "corretta soluzione" del parere, magari in linea con la giurisprudenza maggioritaria, dimenticandosi del ruolo di *difensore* e comportandosi come il Giudice del caso controverso.

E' fondamentale, invece, che sin dalla fase di lettura della traccia il candidato si comporti da "Avvocato" cercando di scovare quelle norme e quegli orientamenti giurisprudenziali che pongano il proprio assistito in una situazione favorevole.

Per completezza si potranno indicare all'assistito anche le eventuali soluzioni a lui sfavorevoli, ma sempre in un secondo momento o comunque per confutarle.

2. Il fatto storico e la questione giuridica principale.

Di solito nelle tracce assegnate all'esame d'avvocato accanto ad una tematica generale che porrà delle questioni giuridiche fondamentali è possibile individuarne altre a questa subordinate.

Compito del candidato sarà quello di definire già in fase di studio della traccia quale sia il fatto storico principale (e la sottesa questione giuridica fondamentale) e quali siano, invece, gli elementi accessori che vanno a completare il quadro fattuale.

Ciò vi permetterà di svolgere in maniera ordinata il vostro elaborato che, dopo l'iniziale trattazione della questione giuridica principale, si svilupperà affrontando le questioni logicamente dipendenti.

Il primo passo da compiere, dunque, è quello di estrapolare il fatto storico principale per poi passare al suo inquadramento giuridico attraverso l'uso del Codice .

La modalità che consiglio in questa fase è quella della **sottolineatura delle "parole chiave"** della traccia.

Provate voi stessi ad individuare le "parole chiave" sulla traccia di penale assegnata all'esame di stato 2011, (nella pagina successiva c'è la soluzione) e a rielaborare il fatto storico principale a parole vostre (vi tornerà utile per l'*incipit* del parere).

Sempronio, Maresciallo della stazione dei carabinieri del Comune di Delta, avvalendosi della propria casella di posta elettronica non certificata, con dominio riferito al proprio ufficio e accesso riservato, mediante password, invia all'ufficio dell'anagrafe del Comune una e-mail, da lui sottoscritta, con la quale chiede che gli siano forniti tutti gli elenchi di tutti gli individui di sesso maschile e femminile nati negli anni 1993 e 1994, precisando che tali informazioni sono necessarie per lo svolgimento di un'indagine di polizia giudiziaria, indicando il numero di procedimento penale di riferimento della locale procura della repubblica. Di tale richiesta viene casualmente a conoscenza il comandante della stazione, il quale intuisce immediatamente, come poi effettivamente si accerterà, che non esiste alcuna indagine che richiede quel genere di accertamento.

Si accerta altresì che Caia, moglie del Maresciallo Sempronio è titolare di un'autoscuola, sicché l'acquisizione dei nominativi dei residenti nel Comune che da poco hanno compiuto o si accingono a compiere la maggiore età è finalizzata ad indirizzare mirate proposte pubblicitarie per i corsi di guida. Di tanto il Maresciallo Sempronio rende un'ampia confessione mediante memoria scritta indirizzata al pubblico ministero. In seguito temendo le conseguenze penali del fatto commesso, Sempronio si rivolge ad un avvocato.

Il candidato, assunte le vesti del legale, analizzato il fatto, valuti le fattispecie eventualmente configurabili redigendo motivato parere.

Fatto storico principale

_____
_____
_____
_____
_____
_____
_____

SOLUZIONE

Sempronio, Maresciallo della stazione dei **carabinieri** del Comune di Delta, **avvalendosi** della propria **casella di posta elettronica** non certificata, con dominio riferito al **proprio ufficio e accesso riservato**, mediante password, invia all'ufficio dell'anagrafe del Comune una e-mail, da lui sottoscritta, con la quale **chiede** che gli siano forniti tutti gli **elenchi** di tutti gli individui di sesso maschile e femminile nati negli anni 1993 e 1994, precisando che tali informazioni sono necessarie per lo svolgimento di **un'indagine di polizia giudiziaria**, indicando il numero di procedimento penale di riferimento della locale procura della repubblica. Di tale richiesta viene casualmente a conoscenza il comandante della stazione, il quale intuisce immediatamente, come poi effettivamente si accerterà, che **non esiste alcuna indagine** che richiede quel genere di accertamento.

Si accerta altresì che Caia, moglie del Maresciallo Sempronio è titolare di un'autoscuola, sicché **l'acquisizione** dei nominativi dei residenti nel Comune che da poco hanno compiuto o si accingono a compiere la maggiore età è **finalizzata** ad indirizzare **mirate proposte pubblicitarie** per i corsi di guida. Di tanto il Maresciallo Sempronio rende un'ampia **confessione** mediante memoria scritta indirizzata al pubblico ministero. In seguito temendo le conseguenze penali del fatto commesso, Sempronio si rivolge ad un avvocato.

Il candidato, assunte le vesti del legale, analizzato il fatto, valuti le fattispecie eventualmente configurabili redigendo motivato parere.

Fatto storico principale

Sempronio, Maresciallo dei Carabinieri ha richiesto all'anagrafe del Comune, attraverso la casella di posta elettronica con dominio riferito al proprio ufficio, gli elenchi dei nati negli anni 1993 e 1994, precisando la necessità delle suddette informazioni per un'indagine di polizia giudiziaria, in realtà inesistente.
Successivamente verrà accertato, e Sempronio lo confermerà, che la richiesta di quei nominativi era mirata alle proposte pubblicitarie per la scuola guida della moglie Caia.

Individuato il fatto storico principale occorre passare alla sua qualificazione giuridica.

Anche in questo caso vi invito ad individuare, sulla base delle parole chiave sottolineate in precedenza, gli elementi di un'eventuale fattispecie criminosa attraverso l'utilizzo del codice non commentato, certamente di più facile consultazione in questa fase.
(nella pagina successiva c'è la soluzione).

1) **Sempronio, Maresciallo dei Carabinieri** _____

_____

2) **avvalendosi casella di posta elettronica del proprio ufficio:** _____

_____

3) **chiede elenchi per indagine di polizia inesistente:** _____

4) l'acquisizione degli elenchi era finalizzata a pubblicità per la moglie: _____

5) confessione a seguito di indagine del capitano:_____

Tutti gli elementi mi portano sul reato di _____

1) **Sempronio, Maresciallo dei Carabinieri:** pubblico ufficiale --→cerco nell'indice del codice la voce *"pubblico ufficiale"* ---→ tra le sottovoci, sulla base del fatto storico individuato, scelgo *"delitti dei pubblici ufficiali contro la pubblica amministrazione, c.p. 314 ss"*
Tra gli artt. 314 e ss. devo cercare quello in cui sussumere gli altri elementi:

2) **avvalendosi casella di posta elettronica del proprio ufficio:** nello svolgimento delle sue funzioni o del suo servizio;

3) **chiede elenchi per indagine di polizia inesistente:** in violazione delle norme di legge o di regolamento;

4) **l'acquisizione degli elenchi era finalizzata a pubblicità per la moglie:** in presenza di un interesse proprio o di un prossimo congiunto intenzionalmente procura a sé o ad altri un ingiusto vantaggio;

5) **confessione a seguito di indagine del capitano:** non riesce nell'intento per fatti indipendenti dalla sua volontà

Tutti gli elementi mi portano sul reato di **"Abuso d'ufficio"** di cui all'**art. 323 c.p.:**

"Salvo che il fatto non costituisca un più grave reato, il pubblico ufficiale o l'incaricato di pubblico servizio che, <u>nello svolgimento delle funzioni o del servizio</u>, <u>in violazione di norme di legge o di regolamento</u>, ovvero omettendo di astenersi in presenza di un <u>interesse proprio o di un prossimo congiunto</u> o negli altri casi prescritti, <u>intenzionalmente procura a sé o ad altri un ingiusto vantaggio patrimoniale</u> ovvero arreca ad altri un danno ingiusto è punito con la reclusione da sei mesi a tre anni".

Non essendo riuscito nell'intento per fatti indipendenti dalla sua volontà il reato si potrà configurare nella **forma tentata**, ex art. **56 c.p.:**
"Chi compie atti idonei, diretti in modo non equivoco a commettere un delitto, risponde di delitto tentato, se l'azione non si compie o l'evento non si verifica".

Alla ricerca delle questioni giuridiche secondarie.
Una volta riassunto il fatto storico principale e qualificato giuridicamente, iniziamo a porci una serie di interrogativi sull'esistenza di altre questioni giuridiche discendenti da elementi della traccia in un primo tempo non considerati.

Andranno prese in considerazione tutte le idee che vengono in mente attraverso una nuova lettura della traccia. Nessuna idea in questa fase va esclusa.

E' importantissimo in questa fase annotare su di un foglio bianco le idee, i riferimenti normativi e persino le pagine del codice commentato dove avete trovato importanti spunti giurisprudenziali.

Partendo da un'idea centrale (costituita dalla questione principale del parere) si deve procedere ad enucleare tutte le idee ad essa collegate evidenziando i collegamenti logici che le contraddistingue.

Il consiglio che mi sento di suggerirvi è quello di iniziare dal centro del foglio, riassumendo le idee in una breve domanda o in un sintetico riferimento alla norma.

Nel nostro esempio potreste iniziare a procedere così:

**Abuso
d'ufficio
art. 323 c.p.**

A questo punto rileggendo la traccia rifletto sul fatto che Sempronio per poter mettere in atto il suo disegno criminoso ha utilizzato indebitamente una risorsa pubblica quale la casella di posta elettronica accessibile dal proprio ufficio e di conseguenza la connessione internet della p.a..

La domanda da porsi è: *"posso porre una questione giuridica aggiuntiva su questo elemento del fatto?"*

Rileggendo (sempre sul codice non annotato) il capo *"Dei delitti dei pubblici ufficiali contro la pubblica amministrazione"* mi rendo conto che la prima norma, l'art. 314 c.p. "peculato", prevede che: *"Il pubblico ufficiale o l'incaricato di un pubblico servizio che, avendo per ragione del suo ufficio o servizio il possesso o comunque la disponibilità di denaro o di altra cosa mobile altrui, se ne appropria, è punito con la reclusione da tre a dieci anni".*

**Abuso
d'ufficio**   ------------------------→ **Peculato**
art. 323 c.p.   **art. 314 c.p.**

Per stimolare la ricerca di problematiche aggiuntive ora potrà tornarci utile il codice commentato.

Scorrendo le varie massime riportate in calce agli articoli sopra individuati ci rendiamo conto dell'esistenza di una serie di questioni che è opportuno trattare nel nostro caso di specie.

Sotto ogni argomento individuato si consiglia di scrivere il numero della pagina, per ritrovarla facilmente, nonché il numero delle sentenze interessanti, che sul Codice è bene contraddistinguere tra le tante in qualche modo, per non perdere tempo inutile in fase di stesura del parere a ricercare nuovamente le massime più importanti.

Abuso d'ufficio
art. 323 c.p. ----------------------------→ a) Tentativo ex art. 56 c.p. (Pag._____ N._____);
 b) Abuso "Funzionale" (Pag._____N._____)

Peculato
Art. 314 c.p.--------------------→ a) Rapporti tra art. 323 c.p. e 314 c.p. (Pag._____N._____);
b) Inoffensività della condotta ex art. 49 c.p. (Pag._____N.___)

_____ -----------------→   a)_____

                                     b)_____

Nel sopra illustrato schema avrete notato delle caselle di testo lasciate in bianco: tocca a voi riempirle con eventuali altre questioni giuridiche da individuare con le modalità sopra descritte.

La soluzione è nella nota a piè di pagina[1].

---

[1] Resta da analizzare il reato di falso ideologico ipotizzabile a seguito delle irreali informazioni relative ad un procedimento penale mai avviato. Il reato di falso ideologico, però, ex artt. 479, 480 cp deve essere commesso dal pubblico ufficiale in atti pubblici od in certificati e/o autorizzazioni amministrative.

1.4. L'importanza dei codici commentati e il loro corretto utilizzo.

Nel precedente paragrafo ho già accennato all'importanza del codice commentato e del suo corretto utilizzo in fase di ricerca delle questioni giuridiche da affrontare nel parere.

Esso è una vastissima fonte di spunti e informazioni e permette, anche a chi non ha avuto tempo di ripassare la disciplina oggetto del parere di non scoraggiarsi.

Ora è importante puntualizzare alcuni passaggi per sfruttare al meglio i propri codici.

Nella fase di lettura e studio della traccia è generalmente da evitare l'utilizzo dei codici annotati perché inidonei a fornirci un quadro generale delle disposizioni su cui incentrare la nostra attenzione: sono molto più comodi i codici non annotati.

L'unico caso in cui bisogna anticipare l'uso dei codici annotati è quello in cui la fattispecie descritta sembra (per la complessità della traccia o per la nostra scarsa preparazione) potersi ricondurre a più istituti.

In questa ipotesi è opportuno iniziare a leggere non solo gli articoli interessati, ma anche la relativa giurisprudenza per comprendere l'applicazione pratica delle norme e quale di queste possa effettivamente attagliarsi al caso di specie.

Nei casi in cui, invece, tale operazione ermeneutica risulti abbastanza agevole, è appropriato procedere all'esame delle massime presenti nel codice annotato solo dopo aver ben individuato le norme rilevanti per la predisposizione delle questioni giuridiche poste dal caso concreto, così da poter convogliare l'attenzione sulla sola giurisprudenza annotata in calce a tali norme.

La prima operazione da compiere, una volta passati alla consultazione del codice commentato, è quella di leggere i titoli di catalogazione dati dal curatore del codice ai vari gruppi di massime che trattano i medesimi aspetti della disposizione normativa. In questo modo si può avere subito un'idea generale di quali problematiche abbia posto l'interpretazione della norma da parte della giurisprudenza.

Durante la lettura della massima, che solitamente contiene un principio di diritto, si dovrà tentare di capire quale è stato il caso affrontato dalla Cassazione, così da poter riconoscere eventuali elementi di somiglianza o di analogia con il caso concreto riportato dalla traccia.

Nei casi in cui venga richiesto di svolgere il parere "premessi brevi cenni su", la giurisprudenza potrà essere impiegata per estrapolare i principi generali sui quali basare detta breve introduzione.

In proposito bisogna ricordare che spesso, sotto gli articoli di apertura di una determinata disciplina, sono riportate massime giurisprudenziali aventi un contenuto generale, esplicativo della materia e dei suoi aspetti principali (molte volte vengono rubricate come "osservazioni generali").

Oltre ad utilizzarle nei "premessi brevi cenni", si tratta di massime molto utili per la stesura del parere, poiché, ripercorrendo i punti fondamentali della disciplina, danno buoni spunti per un inquadramento generale da introdurre nel parere. Il candidato dunque deve avere la scrupolosità di leggere rapidamente anche queste pronunce, quantunque esse non siano esplicitamente riferibili alla singola fattispecie che interessa.

Da ultimo non va tralasciata la lettura del capo o del titolo in cui la norma è compresa, potendo per tal via trarsi valide tracce della disciplina generale in cui è inserita la norma e (per il parere di penale) sul bene giuridico tutelato.

1.5. LA STESURA DEL PARERE

Una volta organizzate le informazioni e le idee secondo le modalità di cui ai precedenti punti (da svolgere nel tempo massimo di 2 ore) bisogna passare alla redazione materiale del parere.

Questa fase rappresenta. sicuramente il momento più critico dell'esame perché costituisce il banco di prova oltre che delle proprie capacità cognitive anche di quelle linguistiche e sintattiche.

Deve essere chiaro sin da subito che ogni scritto giuridico ha una struttura argomentativa che andrebbe sempre rispettata e consiste in tre parti ben distinte:

1. Introduzione;
2. Sviluppo;
3. Conclusione.

Uno scritto giuridico sarà giudicato comprensibile e convincente solo se verrà rispettata tale struttura argomentativa.

Ora si passerà all'esame delle singole fasi per comprenderne il contenuto.

1.Introduzione

Il punto di partenza del parere motivato deve essere necessariamente **una efficace introduzione.**

Bisogna dare subito l'idea di aver capito l'essenza della traccia e di non voler perdere, e far perdere (ai commissari), del tempo inutile.

Per usare un linguaggio calcistico, occorre **entrare a gamba tesa** sulla questione giuridica principale (che abbiamo già diligentemente individuato al centro del nostro schema sul foglio di brutta, vedi pagg. 8 e 9), introducendo allo stesso tempo gli elementi del fatto storico principale (anche questo già rielaborato in precedenza).

Dunque, se avete seguito alla lettera le indicazioni che vi ho dato nel precedente capitolo, scrivere l'introduzione sarà un gioco da ragazzi.

In questa fase potrete scegliere tra due tipi di organizzazione delle informazioni:

1) **fatto – questione giuridica**

2) **questione giuridica – fatto**.

Seguendo **il primo modello** il nostro parere di penale inizierebbe così:
Viene richiesto parere legale da parte di Sempronio circa la rilevanza penale della propria condotta, come di seguito descritta. Egli, in qualità <u>di Maresciallo dei Carabinieri, richiedeva all'anagrafe del Comune, attraverso la casella di posta elettronica con dominio riferito al proprio ufficio, gli elenchi dei nati negli anni 1993 e 1994, precisando la necessità delle suddette informazioni per un'indagine di polizia giudiziaria, in realtà inesistente.</u>

Successivamente veniva accertato, e Sempronio lo confermava, che la richiesta di quei nominativi era mirata alle proposte pubblicitarie per la scuola guida della moglie Caia.

Per qualificare giuridicamente detta condotta è necessario esaminare, in primo luogo, la sua sussumibilità sotto la fattispecie criminosa di Abuso d'ufficio prevista dall'art. 323 c.p., secondo la quale commette il reato, "il pubblico ufficiale o l'incaricato di pubblico servizio che, nello svolgimento delle funzioni o del servizio, in violazione di norme di legge o di regolamento, ovvero omettendo di astenersi in presenza di un interesse proprio o di un prossimo congiunto o negli altri casi prescritti, intenzionalmente procura a sé o ad altri un ingiusto vantaggio patrimoniale ovvero arreca ad altri un danno ingiusto".

Seguendo **il secondo modello** l'incipit del parere sarebbe il seguente:

Al fine di redigere motivato parere in ordine alla fattispecie sottoposta alla nostra attenzione, ritengo doveroso esaminare, in primo luogo, la sussumibilità della condotta di Tizio sotto il reato di abuso d'ufficio di cui all'art. 323 c.p, per poi valutare il concorso con eventuali altre fattispecie.

Sempronio, infatti, *in qualità di Maresciallo dei Carabinieri, richiedeva all'anagrafe del Comune, attraverso la casella di posta elettronica con dominio riferito al proprio ufficio, gli elenchi dei nati negli anni 1993 e 1994, precisando la necessità delle suddette informazioni per un'indagine di polizia giudiziaria, in realtà inesistente.*

Successivamente veniva accertato, e Sempronio lo confermava, che la richiesta di quei nominativi era mirata alle proposte pubblicitarie per la scuola guida della moglie Caia.

L'art. 323 prevede che "…".

Come avrete notato nell'introduzione ho riportato solo il riassunto del fatto storico principale accantonando, per un successivo utilizzo gli ulteriori elementi fattuali forniti dalla traccia .

Questi ultimi serviranno nello sviluppo del parere per agganciare sempre le questioni giuridiche affrontate a elementi di fatto ancora non trattati evitando di dare allo scritto un taglio prettamente "liceale" (in cui si richiamano lungamente norme o nozioni generali, senza alcun riferimento al caso concreto e, dunque, in modo slegato e non contestualizzato).

Tale modo di procedere ci aiuterà, dunque, a sviluppare lo scritto secondo il cosiddetto metodo del "ciclo astratto – concreto" che si vedrà nel prossimo paragrafo.

2. Sviluppo del parere

Il metodo del "ciclo astratto-concreto".

Nella fase di sviluppo del parere il nostro obbiettivo principale sarà quello di associare ad una completezza argomentativa (che farà fede della nostra preparazione) uno stile scorrevole e "avvincente" che non stanchi il lettore.

E' questo il momento in cui tirare fuori dal "cilindro" ad uno ad uno gli elementi del fatto in precedenza ignorati e farli seguire in modo alternato dalla loro qualificazione giuridica.

Anche in questo passaggio sarete aiutati da quanto già fatto nello schema iniziale di pag. 8. Non dovrete far altro che approfondire con la giurisprudenza le questioni giuridiche aggiuntive fino ad ora tralasciate (nel nostro esempio la configurabiltà del peculato e del falso) alternando concreto/astratto.

Di seguito un esempio di svolgimento con le suddette modalità:

"Alla luce di quanto detto, dunque, la condotta di Sempronio potrebbe configurare il tentativo di Abuso d'ufficio, stante la presenza degli elementi oggettivi e soggettivi del reato in questione. Ciò chiarito, vanno ora indagati ulteriori profili di antigiuridicità del comportamento di Sempronio (ASTRATTO).
A ben vedere, infatti, l'utilizzo per fini personali della connessione internet e la falsità delle dichiarazioni rese al comune (CONCRETO) potrebbero rispettivamente essere ricondotte ai reati di peculato e di falso ideologico.
Quanto al peculato, l'art. 314 prevede che si realizzi nel momento in cui ....(ASTRATTO).
Innanzitutto occorre chiedersi se l'utilizzo di una connessione internet (CONCRETO) possa configurare la condotta di "appropriazione" richiesta dalla norma.
Sul punto la giurisprudenza maggioritaria ha affermato che.... (ASTRATTO)".

Inserimento della giurisprudenza ed eventuali contrasti.

Altro passo importante è imparare ad utilizzare al meglio le massime giurisprudenziali adatte al nostro caso.

Errore abbastanza comune è quello di esporre una tesi favorevole o sfavorevole al nostro cliente dicendo unicamente *"sul punto la Cassazione dice che ...."*. Questo modo di procedere, facendo della pronuncia giurisprudenziale l'inizio del percorso argomentativo, è valutato negativamente dalle commissioni d'esame.

L'operazione da compiere è quella di fare proprio quanto detto dalla Cassazione e farlo passare come frutto della propria interpretazione.

E' ovvio che non dovrete semplicemente ricopiare il testo della massima tralasciando la fonte (tenete presente che le commissioni sanno benissimo, soprattutto dopo aver corretto centinaia di compiti quali massime sono presenti sui codici), ma dovrete rielaborare gli argomenti della Cassazione in modo personale e articolato.

A questo punto, potrete citare il riferimento giurisprudenziale (opportunamente virgolettato e con l'indicazione della fonte) come argomento a sostegno della tesi esposta come propria. (Si può usare la formula "**a conferma**" come nel successivo esempio).

In questo modo, pur senza aver minimamente studiato l'argomento, avrete riempito metà foglio protocollo facendo un'operazione particolarmente gradita dalla Commissione.

Altro espediente espositivo da adottare per rendere interessante l'esposizione della giurisprudenza è quello di alternare in modo "circolare" le tesi a sostegno e quelle contrarie nel seguente modo:

1) Tesi favorevole
per il cliente

5) Ripresa tesi e
conclusione
della questione

2) Argomenti a
favore

4) Argomenti a
sostegno e
confutazione

3) Tesi sfavorevole

Di seguito un esempio:

"Là dove si propenda per la configurabilità anche del delitto di falso di cui all'art. 479 c.p., bisogna valutare se quest'ultimo reato concorra con il tentato abuso d'ufficio o se lo assorba in virtù dell'incipit dell'art. 323 c.c. il quale recita <Salvo che il fatto non costituisca un più grave reato>.

Sul punto si sono formati, in dottrina e giurisprudenza, due filoni interpretativi totalmente contrapposti.

Da un lato si ritiene che il reato di falso ideologico , in quanto più grave, assorbirebbe in virtù della riserva contenuta nell'incipit dell'art. 323 c.p., quest'ultima fattispecie criminosa. (TESI FAVOREVOLE PER IL CLIENTE)

Secondo questa tesi, infatti, l'art. 323, per definire la regola di assorbimento, porrebbe unicamente il criterio della configurabilità di un reato più grave. (ARGOMENTI A FAVORE)

Dall'altro lato, invece, si sostiene che il reato di abuso d'ufficio concorra con il reato di falso in quanto le due fattispecie proteggono beni giuridici totalmente diversi: il primo, infatti, tutela l'imparzialità e il buon andamento della pubblica amministrazione, il secondo mira a garantire la genuinità degli atti pubblici. (TESI SFAVOREVOLE)

In realtà i sostenitori di quest'ultima teoria non considerano che il bene giuridico oggetto di tutela è concetto che serve solo a qualificare l'interesse specifico cui si ispira ciascuna norma incriminatrice, non rientrando nella nozione di fatto costitutivo di reato.

L'art. 323 c.p., per definire la regola di assorbimento, sposterebbe invece l'accento sullo stesso fatto e porrebbe il criterio della configurabilità di un reato più grave.

Inoltre l'art. 323 c.p. prevede identità di materia sul piano delle norme incriminatrici astrattamente applicabili all'autore qualificato, esclusivamente in ragione del vincolo della condotta alla violazione di norme di legge o regolamento, dettate per lo svolgimento di funzioni pubbliche. E rapporta la sussidiarietà del reato di abuso esclusivamente alla maggior gravità (pena) del reato astrattamente concorrente. Tanto non offre alcuna ragione oltre la lettera, per escludere dal novero delle pubbliche funzioni disciplinate da norme extrapenali, la pubblica attestazione. (CONFUTAZIONE TESI SFAVOREVOLE)

In virtù di quanto detto, dunque, Sempronio dovrebbe rispondere solo del reato di falso ideologico di cui all'art. 479 c.p.. (RIPRESA TESI FAV. E CONCLUSIONE)

A conferma della bontà di tale interpretazione si può richiamare la pronuncia della Suprema Corte (Cassazione penale , sez. V, sentenza 21.06.2004 n° 27778) secondo cui *"Atteso il carattere sussidiario e residuale del reato di abuso d'ufficio, quale desumibile dalla esplicita riserva, contenuta nell'art. 323 c.p., che "il fatto non costituisca più grave reato", deve ritenersi che qualora la condotta addebitata si esaurisca nella commissione di un fatto qualificabile come falso ideologico in atto pubblico, solo di tale reato l'agente debba rispondere, e non anche dell'abuso d'ufficio, da considerare assorbito nell'altro, nulla rilevando in contrario la diversità dei beni giuridici protetti dalle due norme incriminatrici"*.

3.Conclusione

La conclusione altro non è che la **risposta sintetica** alle domande del cliente. In questa fase non ci si dovrà più preoccupare di argomentare e motivare (potendosi rinviare implicitamente o esplicitamente a quanto detto nel corpo del parere) ma si dovranno concentrare tutti i ragionamenti svolti in una soluzione che soddisfi le richieste fatte dal cliente e che potrà consistere anche nel suggerimento di azioni giudiziarie o strategie difensive da intraprendere.

Nel nostro esempio il parere potrebbe concludersi in questo modo:

"Alla luce di quanto esposto sin'ora, si ritiene che Sempronio possa eventualmente rispondere del solo reato di tentato abuso d'ufficio, ai sensi degli artt. 56 e 323 c.p.. Nella denegata ipotesi in cui venisse considerata configurabile anche la fattispecie di falso ideologico ex art. 479 c.p., egli risponderebbe unicamente di quest'ultimo reato."

1.5.4 Svolgimento ragionato di un parere in materia di diritto civile.

Traccia parere.

L'Avvocato Caio, dopo anni di rapporti con la "Alfa Assicurazioni", nel 2013 decideva di lasciare la vecchia compagnia e di stipulare un nuovo contratto di assicurazione della responsabilità professionale con la "Beta Assicurazioni".
Caio andava in pensione in data 13 giugno 2014.
Il 13 giugno 2015 a Caio veniva notificato un atto di citazione, con il quale gli si contestava di aver commesso degli errori gravissimi nella difesa del suo cliente Tizio causando a quest'ultimo la perdita dell'unico immobile di sua proprietà.

Caio provvedeva subito a comunicare quanto accaduto alla "Beta Assicurazioni", chiedendole altresì di intervenire nel giudizio, in ragione del fatto che con il contratto di assicurazione la compagnia si era obbligata a tenere Caio indenne dal rischio di danni derivanti da illeciti da lui eventualmente commessi anche con colpa grave.

Costituendosi in giudizio, la Beta Assicurazioni eccepiva che nel caso di specie il comportamento di Caio non poteva ritenersi coperto da assicurazione, in quanto nel contratto stipulato dallo stesso Caio vi era una clausola che escludeva la copertura assicurativa di tutti gli illeciti contestati all'avvocato successivamente al pensionamento, benché commessi prima dello stesso.

Al fine di verificare la veridicità di quanto affermato dalla Beta Assicurazioni, Caio recuperava la propria copia del contratto di assicurazione; constatava allora con non poca sorpresa l'effettiva presenza di detta clausola.

Caio si rivolge al vostro studio legale, rappresentandovi la necessità di godere della copertura assicurativa e chiedendovi parere motivato sulla vicenda.

Il candidato rediga il suddetto parere.

Esame della traccia e ricerca delle parole chiave.

- contratto di assicurazione della responsabilità professionale
- clausola
- contestazione dopo la pensione
- fatto precedente alla pensione

Individuazione delle norme applicabili.

- 1917 c.c. "Assicurazione della responsabilità civile" (dalle massime sul codice commentato relative a tale norma emerge che clausole come quella di specie vengono definite "claims made").

Nelle suddette massime vengono richiamate queste altre disposizioni da analizzare:
- 1913 e 1914 c.c.
- 1932 c.c.
- 1322 c.c.
- 1341 c.c.

Cosa devo fare per dare una risposta soddisfacente al cliente?

Considerato che il cliente ha sottoscritto il contratto, l'unico modo per tutelarlo è individuare un motivo di invalidità della clausola "de qua".

Introduzione.

Dopo aver ricostruito brevemente la vicenda (riportando tutte le parole chiave), indicare che la questione giuridica da approfondire per dare una risposta al parere è quella della natura e della validità della c.d. clausola "claims made" all'interno del contratto di assicurazione.

Esame e svolgimento delle singole questioni.

1. Inquadrare il contratto stipulato da Caio come contratto di assicurazione della responsabilità civile ai sensi dell'art. 1917 c.c..

2. Analizzare tale disposizione alla luce del fatto che l'art. 1932 c.c. prevede l'inderogabilità, se non in senso più favorevole all'assicurato, dei commi 3 e 4 dell'art. 1917 c.c., ma non del primo, che è appunto quello che delinea il tradizionale meccanismo « *loss occurrence* » delle polizze di r.c..

3. Interrogarsi su cosa il Legislatore abbia inteso affermare con il termine "fatto" nel primo comma dell'art. 1917 c.c., al fine di capire se esso debba essere identificato nell'evento dannoso o nella richiesta di risarcimento danni avanzata dal danneggiato. Valutare anche l'incidenza delle disposizioni di cui agli artt. 1913 e 1914 c.c., i quali paiono individuare, nella prospettiva di una interpretazione sistematica del loro rapporto con l'art. 1917 c.c., l'insorgenza della r.c. nel fatto accaduto, piuttosto che nell'evento generatore della (solo eventuale) richiesta risarcitoria del danneggiato.

4. Illustrare le contrapposte posizioni giurisprudenziali e dottrinali al riguardo. Sottolineare che la giurisprudenza prevalente ha stabilito che le parti, dunque, possono derogare a quanto stabilito dall'art. 1917, I° comma, c.c., prevedendo, come nel caso di specie, una limitazione della copertura assicurativa ai fatti non solo verificatisi ma anche denunziati alla compagnia nel periodo di vigenza del contratto. Una clausola del genere, non prevista espressamente dal Legislatore, è stata definita come clausola "claims made". Il contratto che la contiene è un contratto atipico ma pienamente lecito, ai sensi dell'art. 1322 c.c. (Cass. 15.03.2005 n. 5624).

5. A questo punto occorre interrogarsi sulla vessatorietà o meno di siffatta clausola ai sensi e per gli effetti dell'art. 1341 c.c.. Approfondire la giurisprudenza sviluppatasi sulla questione.
Richiamare in proposito la Cassazione civile, sez. III, 13 febbraio 2015, n. 2872, secondo cui "*La clausola cosiddetta "a richiesta fatta" (claimsmade) inserita in un contratto di assicurazione della responsabilità civile è valida ed efficace, mentre spetta al giudice stabilire, caso per caso, con valutazione di merito, se quella clausola abbia natura vessatoria ai sensi dell'art. 1341 c.c.*".

6. Da ultimo riportare la sentenza della Cassazione civile, Sez. Un., 6 maggio 2016, n. 9140 nella quale si chiarisce definitivamente che "*Nel contratto di assicurazione della responsabilità civile la clausola che subordina l'operatività della copertura assicurativa alla circostanza che tanto il fatto illecito quanto la richiesta risarcitoria intervengano entro il periodo di efficacia del contratto o, comunque, entro determinati periodi di tempo, preventivamente individuati (c.d. clausola claims made mista o impura) non è vessatoria; essa, in presenza di determinate condizioni, può tuttavia essere dichiarata nulla per difetto di meritevolezza ovvero, laddove sia applicabile la disciplina di cui al decreto legislativo n. 206 del 2005, per il fatto di determinare, a carico del consumatore, un significativo squilibrio dei diritti e degli obblighi derivanti dal contratto; la relativa valutazione, da effettuarsi dal giudice di merito, è incensurabile in sede di legittimità, ove congruamente motivata*".

Conclusione.

Quanto al caso di specie, sembrerebbe che Tizio non ha approvato per iscritto la clausola e tale circostanza la renderebbe nulla ai sensi dell'art. 1341 c.c., con conseguente obbligo per l'assicurazione di risarcire i danni provocati.

1.6. SUGGERIMENTI VARI

Le cinque regole fondamentali della preparazione all'esame d'avvocato.
(stampate queste regole e affiggetele nel primo posto che vedete la mattina al risveglio)

Prima regola fondamentale della preparazione: **scrivere, scrivere, scrivere e scrivere!!!!** (preferibilmente a mano e simulando i tempi d'esame)

Seconda regola fondamentale della preparazione: **leggere, leggere e rileggere le sentenze** e gli altri materiali che vi invio prestando attenzione, oltre che al contenuto giuridico, ai percorsi logici fatti dalla Cassazione e alle tecniche argomentative usate (non a caso la maggior parte del materiale sarà costituita da sentenze)

Terza regola fondamentale della preparazione: **non utilizzare internet** quando redigete i pareri a casa, ma acquistate o fatevi prestare i **codici commentati** che probabilmente userete in sede d'esame (imparare a conoscere l'impostazione del codice commentato non è un vantaggio da poco quando durante l'esame la confusione e l'ansia generale la faranno da padrone)

Quarta regola fondamentale della preparazione: esercitatevi a **migliorare la vostra grafia** (inviatemi i pareri assegnati scritti a mano, una buona o pessima grafia possono determinare la sufficienza, o meno, di compiti identici)

Quinta regola fondamentale della preparazione: almeno nei due mesi prima dell'esame **se state svolgendo ancora la pratica forense lasciatela!** Salutate il vostro avvocato e fategli gli auguri di natale e capodanno perché lo rivedrete solo a gennaio!

Revisione della grammatica e della costruzione dei periodi.

Una fase fondamentale del confezionamento definitivo dell'atto che sarà consegnato alla commissione d'esame è quella della revisione dell'elaborato scritto sulla brutta copia.

Quanto alla brutta copia è bene precisare che essa deve rappresentare l'elaborato definitivo che necessiterà unicamente della trascrizione in bella. Con ciò voglio dire che ogni operazione di ripensamento, riformulazione e correzione deve essere effettuata sulla copia in brutta, che ad un certo punto (almeno ad un'ora e mezza dalla fine) dovrà necessariamente diventare definitiva.

In fase di revisione il candidato dovrà fare attenzione innanzitutto all'uso della punteggiatura.

Egli dovrà sempre valutare che il segno di punteggiatura sia stato usato con la sua giusta funzione.

Uno degli errori più frequenti che rende difficoltosa la lettura è infatti l'uso casuale della punteggiatura.

In particolare sono le virgole a creare maggiori problemi.

Ecco alcuni suggerimenti:

> ➤ mai inserire la virgola prima dell'ultimo oggetto di una serie preceduto dalle congiunzione "e" oppure "o". *"La condotta di Tizio potrebbe essere sussunta sotto le fattispecie di reato del tentato abuso d'ufficio, del peculato, e del falso ideologico"*. L'ultima virgola è sbagliata;
> ➤ mai inserire la virgola tra il soggetto e il verbo, salvo che si tratti di proposizione incidentale;
> ➤ mai dimenticare di aprire e chiudere una proposizione incidentale con due virgole. *"Il comportamento di Sempronio, salvo che si aderisca alla giurisprudenza minoritaria integrerà gli estremi del tentativo ex art. 56 c.p."*. Subito dopo la parola "minoritaria" è necessario inserire la virgola;
> ➤ per chiudere un concetto e iniziarne un altro occorre utilizzare il punto e mai la virgola;
> ➤ dopo il punto andare a capo solo per introdurre un nuovo concetto;
> ➤ evitate di usare i punti esclamativi, propri di un linguaggio prettamente verbale e atecnico

Per evitare di impelagarsi in problemi di punteggiatura o di sintassi è opportuno che vengano utilizzate frasi brevi evitando, per quanto possibile, l'uso delle subordinate e delle incidentali. In questo modo si contribuirà anche a fornire maggiore chiarezza espositiva all'elaborato.

E' consigliabile usare una forma "condizionale", che eviti di ostentare "verità assolute" che potrebbero non essere condivise dai commissari d'esame.

Se non siete assolutamente sicuri, evitate di usare i cosiddetti latinismi. Se decideste comunque di utilizzarli non dimenticate di circoscriverli tra le virgolette come nel caso di qualsiasi altra parola straniera.

Da ultimo fate attenzione ad utilizzare congiunzioni calibrate al formalismo dello scritto: evitate i "siccome" e gli "insomma" preferendo i "pertanto", "peraltro", "poiché".

Tutti questi consigli, sebbene potranno sembrarvi ovvi, vi assicuro che potranno tornarvi molto utili nella situazione di stress ambientale che si verrà a creare in sede di esame

1.7.TEMPISTICA E LUNGHEZZA DEGLI SCRITTI GIURIDICI

In questa parte della dispensa vi darò alcuni consigli su come "amministrare le proprie forze" e, dunque, dedicare il "giusto tempo" a ciascuna delle fasi sopra descritte.

1. LETTURA ED ESAME DELLA TRACCIA – **40 MINUTI**

1.1 Facciamo gli avvocati!!! (pag. 6)

2. RICERCA E STUDIO DELLE QUESTIONI GIURIDICHE – **1 ORA E 30 MINUTI**

2.1 Il fatto storico e la questione giuridica principale (pag. 6)

2.2 Alla ricerca delle questioni giuridiche secondarie (pag.10)

2.3 L'importanza dei codici commentati e il loro corretto utilizzo (pag. 13)

3. LA STESURA DEL PARERE – **3 ORE**

3.1 Introduzione (pag. 15)

3.2 Sviluppo del parere (pag. 16)

3.3 Conclusione (pag. 19)

4. RIVEDERE LA BRUTTA E RICOPIARE IN BELLA – **2 ORE**

4.1 Le cinque regole fondamentali della preparazione all'esame (pag. 20)

4.2 Revisione della grammatica e della costruzione dei periodi. (pag. 20)

Quanto alla lunghezza del parere, sebbene questo sia un parametro abbastanza soggettivo, vi consiglio di **non fare mai** un parere di lunghezza **inferiore alle 3 facciate** di foglio protocollo e **superiore alle 6**.

2. LEZIONI DI DIRITTO CIVILE

2.1 ARGOMENTI DI ATTUALITA' GIURIDICA

> ### Fonti non contrattuali dell'obbligazione: promesse unilaterali

di Giulio Forleo

L'art. 1173 cod. civ. delinea all'interno dell'impianto codicistico del 1942 un sistema delle fonti delle obbligazioni di tipo "aperto".

Esso stabilisce infatti che, oltre al contratto e al fatto illecito (c.d. fonti nominate), possa esse fonte dell'obbligazione qualsiasi altro atto o fatto idoneo a produrle in conformità con l'ordinamento giuridico. È stata così introdotta una categoria di fonti innominate delle obbligazioni, che rende il sistema più flessibile e adattabile alle esigenze sociali rispetto a quello risultante dal codice del 1865.

Proprio in ragione di tale finalità della norma, la richiesta conformità all'ordinamento giuridico deve essere intesa come conformità non solo alla legge (altrimenti si determinerebbe un sistema "chiuso"), ma anche ai principi generali dell'ordinamento, alla stregua dei quali bisogna valutare l'idoneità o meno di una determinata fonte.

L'intero sistema delle fonti delle obbligazioni si basa quindi sul principio di atipicità. Ciononostante però il legislatore ha introdotto anche fonti delle obbligazioni, diverse dal contratto e dal fatto illecito, tipiche.

Basti pensare alle "promesse unilaterali", disciplinate agli artt. 1987 e ss. del codice civile.

L'art. 1987 cod. civ. stabilisce in particolare che "*la promessa unilaterale non produce effetti obbligatori fuori dei casi ammessi dalla legge*", facendo sorgere il dibattito in dottrina e giurisprudenza sulla possibilità che esistano altre forme di promesse unilaterali non codificate e, più in generale, sulla possibilità di assumere unilateralmente un'obbligazione in assenza del consenso dell'altra parte.

Come noto, infatti, il consenso riveste nell'ambito delle obbligazioni la duplice funzione di tutelare la sfera giuridica del terzo da un'ingerenza altrui non voluta (anche se vantaggiosa) e di individuare l'interesse meritevole di tutela del preponente che costituisce la causa dell'obbligazione.

Se, dunque, nelle promesse unilaterali "tipiche" una causa vaga (promessa al pubblico) o del tutto bizzarra (come possibile nelle donazioni obbligatorie) è compensata nel primo caso dalla tipicità degli effetti e nel secondo caso dalla rigidità della forma, la stessa compensazione non può aversi nel caso di promesse unilaterali del tutto atipiche.

Si deve evidenziare però che la giurisprudenza sembra aver superato del tutto il dogma della necessità del consenso e dell'intangibilità della sfera del terzo, ammettendo quindi anche ipotesi di promesse unilaterali atipiche, purché si tratti di promesse interessate e rifiutabili ai sensi dell'art. 1333 del codice civile.

Proprio sull'art. 1333 codice civile è doveroso precisare che òa giurisprudenza parla in proposito di "negozio unilaterale rifiutabile" escludendo la equiparazione silenzio-accettazione che secondo parte della dottrina fonderebbe la natura bilaterale dell'istituto in questione.

Fatta questa doverosa premessa sulle possibili promesse unilaterali atipiche, è bene analizzare ora le forme tipiche della promessa di pagamento, della ricognizione di debito e della promessa al pubblico. La promessa di pagamento e la ricognizione di debito sono entrambe disciplinate dall'art. 1988 c.c..

Quanto alla promessa di pagamento si tratta di una dichiarazione resa da un soggetto ad un altro con la quale si promette l'adempimento di una prestazione, in relazione ad un rapporto obbligatorio già esistente o che potrà venire ad esistenza.

La ricognizione di debito è, invece, il riconoscimento dell'esistenza di un debito in un rapporto obbligatorio da parte del debitore nei confronti del creditore.

Sulla forma delle due dichiarazioni l'art. 1988 non dice nulla. Sebbene in dottrina sia stata avanzata la tesi secondo cui tali atti richiederebbero la stessa forma richiesta per il negozio sottostante, l'assenza di riferimenti normativi deve far optare per una forma libera sia per la promessa di pagamento che per la ricognizione del debito.

Passando al contenuto degli istituti, l'art. 1988 c.c. prevede che "la promessa di pagamento o la ricognizione di debito dispensa colui a favore del quale è fatta dall'onere di provare il rapporto fondamentale. L'esistenza di questo si presume fino a prova contraria".

Dalla lettera della norma emerge, dunque, che chi promette o riconosce non assume nessuna nuova obbligazione, ma unicamente l'onere di provare in un eventuale giudizio l'inesistenza del rapporto fondamentale.

Si parla in proposito di "astrazione processuale" dal momento che la dichiarazione del debitore fa presumere iuris tantum l'esistenza del rapporto obbligatorio. Affinché però l'astrazione operi è necessario che la promessa o la ricognizione siano "titolate", e cioè che nelle stesse sia indicato il rapporto fondamentale sottostante.

Quanto, infine, alla questione relativa alla possibilità che la promessa di pagamento e la ricognizione di debito possano essere utilizzate anche per il riconoscimento di diritti reali, tale possibilità è stata in più occasioni esclusa dalla giurisprudenza.

Altra forma di promessa unilaterale è la promessa al pubblico, disciplinata dall'art. 1989 c.c.

Secondo questa disposizione "*colui che rivolgendosi al pubblico promette una prestazione a favore di chi si trovi in una determinata situazione o compia una determinata azione è vincolato dalla promessa non appena questa è resa pubblica*".

La promessa al pubblico, al contrario delle due dichiarazioni di cui all'art. 1988 – appena esaminate – , comporta l'assunzione di una <u>nuova obbligazione</u>.

Sulla natura di tale obbligazione è sorta in dottrina e in giurisprudenza una diatriba tra chi la qualifica come negozio unilaterale e chi invece parla di natura contrattuale della stessa.

Secondo quest'ultimo orientamento, infatti, la comunicazione dell'avveramento della situazione o il compimento dell'azione da parte del terzo verso il promittente equivarrebbe ad accettazione del contratto.

Secondo la tesi prevalente, invece, il trovarsi nella situazione o il compimento dell'azione prevista nella promessa sono eventi che prescindono totalmente dalla volontà e dalla consapevolezza del terzo. Si parla, infatti, con riferimento agli stessi di "fatti giuridici", che individuano il creditore e fanno nascere il rapporto obbligatorio.

D'altronde lo stesso art. 1989, comma 2, parla chiaramente di azione e non di prestazione, come avrebbe dovuto fare in presenza di un rapporto obbligatorio bilaterale.

Con riferimento alla <u>durata</u> della promessa, non potendo il soggetto obbligarsi in maniera perpetua, laddove lo stesso promittente non abbia previsto nulla, l'art. 1989 indica in <u>un anno</u> il termine massimo di durata.

Come letto poi nel comma 1 dell'art. 1989, dal momento in cui la promessa viene resa pubblica il promittente rimane vincolato ad essa e non può revocarla se non in presenza di una giusta causa, come previsto dall'art. 1990 c.c. .

Sul significato di <u>giusta causa</u> la giurisprudenza ha chiarito che essa si deve identificare con qualsiasi avvenimento che renda inutile la promessa o che sia comunque in grado di incidere sulla realizzazione dell'interesse.

L'art. 1991 c.c. prevede, infine, che nel caso in cui l'azione sia stata compiuta da <u>più persone</u> separatamente, oppure se la situazione è comune a più persone, la prestazione promessa, quando è unica, spetta a colui che per primo abbia effettuato la comunicazione di cui all'art. 1989 comma 2.

> ➤ **La dibattuta natura della responsabilità precontrattuale alla luce dei più recenti arresti giurisprudenziali: tra profili di responsabilità contrattuale ed extracontrattuale.**

di Tiziana De Pasquale[1]

Nell'individuare la disciplina che presiede alla formazione dell'accordo, il codice civile, all'articolo 1337, pone a carico delle parti un precetto di ordine comportamentale sulla base del quale queste sono tenute a <u>comportarsi secondo buona fede</u> durante la fase dello svolgimento delle trattative contrattuali. La violazione di tale regola costituisce un peculiare tipo di responsabilità, denominata dallo stesso codice "<u>precontrattuale</u>" la cui disciplina, in assenza di una compiuta stipulazione contrattuale, è stata per lungo tempo rinvenuta dalla giurisprudenza nel dettato dell'articolo 2043 c.c. relativo alla responsabilità aquiliana.

Recentemente, tuttavia, si è fatta avanti l'idea secondo la quale tale assunto mancherebbe di considerare come, pur in assenza di un contratto formale, sia difficile assimilare la parte che viola il precetto legale della buona fede durante la fase delle trattative ad un *quisque de populo* che, senza titolo, inferisce nella sfera giuridica altrui. La violazione dell'obbligo imposto dall'articolo 1337 c.c., pertanto, non costituirebbe una figura del più generale obbligo del *neminem laedere* posto dall'articolo 2043 c.c. . Piuttosto, essa configurerebbe la violazione di un'obbligazione ben precisa fondata sulla legge, sui valori costituzionali, nonché sulla clausola generale della buona fede, generatrice, dunque, di responsabilità contrattuale ai sensi degli artt. 1218 ss. c.c.

La questione circa la riconducibilità della fattispecie *de qua* al paradigma <u>contrattuale</u> o a quello <u>extracontrattuale</u> appare di notevole rilevanza, date le molteplici differenze sul piano della disciplina capaci di produrre importanti ricadute applicative di cui è opportuno discutere in via preliminare.

In primo luogo, diverso è il regime della <u>prescrizione</u>, limitata a cinque anni dall'articolo 2947 c.c. nel caso della responsabilità extracontrattuale, ed estesa, dall'articolo 2946 c.c., a dieci anni nelle fattispecie afferenti alla responsabilità contrattuale.

Altrettanto distinto appare, in secondo luogo, il regime della <u>prova</u> presidiato dall'articolo 2043 c.c. nel caso della responsabilità aquiliana e dalla disposizione dell'articolo 1218 c.c. per la responsabilità contrattuale. Così, se, da un lato, la violazione di un precedente regolamento negoziale determina, ai sensi dell'articolo 1218, una presunzione di colpa a carico del danneggiante, dall'altro, la fattispecie delineata dall'articolo 2043 pone sul danneggiato l'onere della prova circa la sussistenza di tutti gli elementi costitutivi dell'obbligazione risarcitoria.

Inoltre, per l'insorgere della responsabilità contrattuale, è necessario che il soggetto inadempiente sia capace di agire ai sensi dell'articolo 2 c.c. In ambito aquiliano, invece, si richiede unicamente che il danneggiato sia in grado di intendere e di volere.

La disciplina del <u>regresso</u>, poi, segue regole differenti a seconda della riconduzione di una fattispecie all'alveo della responsabilità contrattuale o extracontrattuale. La prima, infatti, è regolata dall'articolo 1298 c.c., il quale ripartisce ugualmente la responsabilità dei debitori o dei creditori in solido, salva

---

[1] Avvocato presso il foro di Palermo e Dottore di ricerca - Doctor europaeus in Diritto dell'Unione europea e diritto interno presso l'Università degli Studi di Palermo.

sempre la prova contraria. La seconda, al contrario, fonda il diritto al regresso del danneggiante nei confronti degli altri obbligati in solido sulla gravità delle rispettive colpe e dell'entità delle conseguenze che ne sono derivate. Pertanto, diversamente da quanto avviene in ambito contrattuale, solo in assenza di certezza su tale dato, le singole colpe si potranno presumere uguali.

Altro rilevante elemento di distinzione nella disciplina dei due ambiti di responsabilità si rileva con riferimento al diritto internazionale privato e all'individuazione del giudice munito di giurisdizione. Ciò emerge dalle disposizioni della Convenzione di Bruxelles del 27 settembre 1968, il cui articolo 5 individua, in un caso, la giurisdizione del giudice dello Stato ove è stato stipulato il contratto e, nell'altro, la competenza del giudice dello Stato in cui si è verificato l'evento dannoso. Così, a seconda della natura - contrattuale o aquiliana - di un determinato rapporto cambia il criterio di individuazione del giudice munito di giurisdizione nelle relative controversie.

Infine, anche la disciplina del danno non patrimoniale e, più in generale, del danno risarcibile, assume connotazioni differenti in ambito contrattuale e aquiliano.

Con riferimento al primo profilo, si rileva come la riconduzione della fattispecie all'uno o all'altro alveo di responsabilità incida sul perimetro dei danni non patrimoniali risarcibili.

Questi, in campo aquiliano, sussistono nelle sole ipotesi tipiche. In ambito contrattuale, invece, il danno non patrimoniale è risarcibile anche al di fuori delle fattispecie tipizzate.

Riguardo al secondo profilo, è opportuno precisare che, nell'illecito extracontrattuale, il diritto al risarcimento si riferisce alle sole lesioni derivanti da comportamenti arrecanti un peggioramento al bene protetto; nell'inadempimento negoziale, invece, il diritto al risarcimento sorge anche dalle condotte non migliorative.

Volgendo, poi, l'attenzione sul *quantum* del risarcimento, si nota come, in ambito contrattuale, sia possibile dar vita ad un preventivo regolamento pattizio che ne stabilisca l'ammontare o i criteri di determinazione dello stesso. Diversamente, in campo extracontrattuale, tale definizione preventiva è ontologicamente impossibile, posta l'assoluta estraneità tra i soggetti interessati prima della verificazione dell'illecito generatore dell'obbligazione risarcitoria.

Tale dato risulta determinante ai fini della riconduzione della responsabilità precontrattuale all'alveo della disciplina dell'illecito contrattuale o a quello aquiliano. Quella di cui all'articolo 1337 c.c., infatti, costituisce una tipica fattispecie in cui il confine delimitativo tra le due aree appare essere particolarmente labile poiché, pur nell'inesistenza di un contratto, è possibile scorgere tra i soggetti interessati un qualche precedente rapporto obbligatorio fondato sulla legge, oltre che sulla clausola generale della buona fede.

Innanzi a tale tipologia di fattispecie, la giurisprudenza ha per lungo tempo fatto ricorso alla disciplina aquiliana, ritenendo impossibile configurare una responsabilità contrattuale nell'assenza di un regolamento negoziale. Tuttavia, occorre considerare che le obbligazioni, anche risarcitorie, ben possono sorgere, ai sensi dell'articolo 1173 c.c., da altri atti o fatti, diversi dal contratto o dal fatto illecito, ma, comunque, idonei a produrle in conformità dell'ordinamento giuridico. La disposizione appena richiamata incarna la visione atipica delle fonti dei rapporti obbligatori, abbracciata dal legislatore in occasione dell'emanazione del codice del 1942.

In tale prospettiva, divengono produttivi di obbligazione anche i fatti non previsti dalla legge che, come la buona fede, si ritiene giusto che producano obbligazioni in base ai valori dell'ordinamento giuridico ad ispirazione solidaristica. In tale prospettiva, emerge come la responsabilità contrattuale ex artt. 1218 ss. c.c. comprenda, in realtà, tutta la gamma molto vasta di responsabilità da inadempimento di obbligazioni non necessariamente dotate di una fonte contrattuale. L'esistenza di un accordo alla base, invero, non rileva ai fini della valutazione della natura dell'inadempimento. Diviene centrale, piuttosto, la circostanza che ci sia stata un'obbligazione inadempiuta che abbia prodotto un danno risarcibile. In tal caso, questo non sarà più paragonabile al danno extracontrattuale sorgente dalla violazione del canone generale del *neminem laedere*. Piuttosto, il danno da inadempimento di rapporti obbligatori fondati sugli atti o fatti idonei a produrli ai sensi dell'articolo 1173 c.c. non potrà che essere ricondotto all'alveo della responsabilità contrattuale ed essere, così, assoggettato alla relativa disciplina.

Questa tendenza alla valorizzazione della connotazione atipica del sistema delle fonti delle obbligazioni è resa molto netta dalla parabola disegnata dalla giurisprudenza in materia di obbligazioni nascenti dal c.d. contatto sociale qualificato.

Tale figura è emersa per la prima volta con la sentenza della Corte di Cassazione n. 589 del 1999 in cui si connotava contrattualmente la responsabilità del medico dipendente di una casa di cura per i danni cagionati al paziente che, pur avendo stipulato con quest'ultima un c.d. contratto di spedalità, non era legato al medico da alcun rapporto contrattuale.

In tale occasione, operando un deciso *revirement* rispetto alla tesi tradizionale che configurava formalisticamente i rapporti tra medico e paziente in termini di estraneità, i giudici hanno colto l'occasione per rilevare come il primo non costituisca per il secondo un *quisque de populo*.

E' evidente, peraltro, come, pur in assenza di uno specifico contratto, l'obbligazione del medico nei confronti del paziente non sia limitata al generico canone del *neminem laedere*, ma comprenda, piuttosto, obblighi giuridici specifici implicanti una serie di comportamenti positivi a tutela della conservazione e del miglioramento della salute e della vita del paziente. In tale situazione, dunque, i due soggetti sono legati da un contatto sociale che assume rilevanza non solo in fatto ma anche in diritto. La loro relazione, infatti, assume una connotazione non solo sociale, ma anche giuridica, alla luce dell'importanza dei beni tutelati, della diligenza cui il professionista è tenuto, nonché dei canoni della buona fede e dell'affidamento che devono caratterizzare il comportamento delle parti.

Pur se dirompente rispetto agli schemi tradizionali, la figura del contatto sociale come fonte di obbligazioni contrattuali non aiuta a distinguere agevolmente i contatti sociali dotati di dignità giuridica da quelli meramente occasionali.

La fondatezza di tale assunto emerge non appena si noti la vivacità del dibattito giurisprudenziale ancora in corso in relazione alla natura della responsabilità precontrattuale ex art. 1337 c.c. Malgrado sia possibile adattare, in tale ambito, le argomentazioni sin qui esaminate in materia di contatto sociale con riferimento alla relazione sussistente tra i due soggetti di una trattativa contrattuale, non vi è sul punto unanimità di vedute sul regime applicabile alla violazione degli obblighi di correttezza imposti dall'articolo 1337 c.c.

Secondo una prima tesi, patrocinata da autorevole dottrina e da copiosa giurisprudenza, la responsabilità da ingiustificata interruzione delle trattative contrattuali segue la disciplina dell'illecito extracontrattuale ai sensi dell'articolo 2043 c.c. Ciò in quanto l'illecito, in questo caso, si verifica in una fase anteriore alla conclusione del contratto in un momento in cui una regolamentazione contrattuale è, anzi, del tutto assente.

Tale ordine di vedute, tuttavia, non pare tenere in debita considerazione due fattori. La tesi in discussione sembra dimenticare, innanzitutto, il cammino giurisprudenziale compiuto in materia di contatto sociale, grazie al quale il regime di responsabilità contrattuale è stato reso applicabile anche ad obbligazioni scaturenti da meri fatti, quali la buona fede, idonei ad attribuire dignità giuridica a rapporti altrimenti rilevanti dal solo punto di vista sociale. Tale prospettiva, inoltre, pare appigliarsi al mero dato formale dell'inesistenza di un rapporto contrattuale senza valutare che l'obbligazione scaturente dall'articolo 1337 c.c., prima di fondarsi sulla clausola generale della buona fede, trova origine nella legge che svolge, insieme al dovere di solidarietà di cui all'articolo 2 della Costituzione, il ruolo di regolamentazione del loro rapporto. La responsabilità precontrattuale, invero, tutela il rapporto che si realizza con le trattative tra le parti. Esse devono adempiere l'obbligo *ex lege* di comportarsi secondo correttezza e buona fede. E', dunque, una fattispecie ben distinta dalla responsabilità aquiliana in cui la lesione precede l'instaurazione di un qualsiasi rapporto obbligatorio. Sulla scorta di tali argomentazioni, dunque, la giurisprudenza della Cassazione - di poco più recente a quella fin qui enunciata - è giunta ad attrarre nell'alveo applicativo dell'articolo 1218 c.c. anche la responsabilità per danni causati durante lo svolgimento delle trattative contrattuali, versandosi, in tal caso, in responsabilità da contatto sociale. Qualora tale tesi dovesse ricevere, in futuro, anche il plauso delle Sezioni Unite, si giungerebbe alla soluzione di una questione annosa dalle non irrilevanti ricadute applicative.

Come premesso nelle considerazioni preliminari, dalla connotazione contrattuale derivano sostanziali cambiamenti relativi, principalmente, alla ripartizione dell'*onus probandi*, al termine di prescrizione, al foro competente in fattispecie riguardanti il diritto internazionale privato e alla materia di danni risarcibili. A tale ultimo proposito, devesi specificare come la riconduzione della responsabilità precontrattuale alla figura del contatto sociale qualificato giova in qualche misura anche per la risoluzione delle questioni attinenti al genere di danno oggetto della responsabilità precontrattuale. Invero, resta ferma la risarcibilità del solo interesse negativo - inteso come interesse a non essere coinvolti in trattative inutili - e non anche dell'interesse positivo e cioè l'interesse alla stipulazione contrattuale. Tuttavia, entro tali limiti, sarà possibile ricostruire il danno emergente in relazione alle spese sostenute per le trattative intraprese ed individuare il lucro cessante nei vantaggi che la parte danneggiata avrebbe potuto conseguire se, nel ragionevole affidamento riposto sulla conclusione del contratto, avesse rifiutato occasioni contrattuali identiche o comunque paragonabili a quello concluso.

In conclusione, il nostro ordinamento ricollega discipline del tutto differenti alla configurazione della natura di un rapporto come contrattuale o extracontrattuale. Innanzi a figure non immediatamente riconducibili all'uno o all'altro alveo di responsabilità, la giurisprudenza degli ultimi quindici anni ha valorizzato la sussistenza di rapporti pregressi all'illecito per configurare la responsabilità come contrattuale, pur in assenza di un previo regolamento di interessi.

Dalla natura pretoria della cosiddetta tesi della responsabilità da contatto sociale qualificato è derivata una situazione di incertezza in ordine ai rapporti in essa inquadrabili. Tale incertezza emerge oggi con evidenza dalla vivacità del dibattito dottrinario e giurisprudenziale in atto ancora sussistente circa la natura della responsabilità precontrattuale alla quale, solo recentemente, i giudici di legittimità hanno conferito la dignità di responsabilità contrattuale, ponendosi, così, nel solco tracciato dalla sentenza 589 del 1998 e dalle altre decisioni che hanno spostato fattispecie limitrofe da un ambito all'altro di responsabilità civile.

> ➤ **La Cassazione sulla responsabilità precontrattuale.**

di Marcella Ferrari

Corte di Cassazione – Sez. II Civile – 10 gennaio 2013 n. 477 – Pres. Dott. R.M.Triola – Est. S. Petitti; H. c/ R.T.A. ed altro *(Cassa con rinvio Corte d'Appello di Trento, 23 luglio 2005 n. 320)*

Responsabilità precontrattuale – Configurabilità – Trattative – Clausola generale – Correttezza e lealtà – Stipulazione del contratto

La regola disposta dall'articolo 1337 c.c non si riferisce alla sola ipotesi di ingiustificata rottura delle trattative, ma assume valore di clausola generale il cui contenuto non può essere predeterminato e implica il dovere per le parti di trattare in modo leale astenendosi da comportamenti reticenti e fornendo alla controparte ogni dato rilevante al fine della stipulazione del contratto; pertanto la violazione di questa regola aggiuntiva è idonea a determinare la configurazione della responsabilità precontrattuale.
Cfr. *Cass. S.U.* 19 dicembre 2007 n. 26725

In estrema sintesi e senza pretesa di completezza, la massima su riportata ha scaturigine dalla seguente vicenda concreta. La regione autonoma Trentino Alto Adige inseriva un "avviso di ricerca" su alcuni giornali al fine di individuare un immobile da destinare a nuova sede per gli Uffici del Catasto e del Libro Fondiario. A tale annuncio rispondeva la società Alfa, la cui offerta veniva considerata idonea. Si avviava così la fase delle trattative. Successivamente, giungeva un'offerta tardiva da parte della società Beta. L'originaria deliberazione con la quale si giudicava idonea la prima offerta veniva revocata e, senza fornire informazione veruna alla società Alfa, la regione proponeva un nuovo avviso di ricerca all'esito del quale, scelto un nuovo immobile, procedeva all'acquisto. La società Alfa conveniva in giudizio la regione domandando un risarcimento a titolo di responsabilità precontrattuale. La domanda veniva rigettata in primo e in secondo grado.

La responsabilità precontrattuale riguarda comportamenti collegati alla fase formativa del contratto. L'art. 1337 c.c. impone alle parti un preciso obbligo di comportamento «secondo buona fede». La buona fede deve intendersi in senso oggettivo[2], quale sinonimo di correttezza e lealtà, espressione del principio di solidarietà[3] (art. 1175 c.c.). Infatti, in capo ai soggetti di un rapporto obbligatorio grava un "obbligo di salvaguardia", ciascuno di essi ha l'obbligo di salvaguardare l'utilità dell'altro nei limiti in cui ciò non comporti un apprezzabile sacrificio[4]. Le ipotesi tipiche di responsabilità precontrattuale possono riassumersi in tre tipologie: mancata conclusione del contratto, conclusione di un contratto invalido, conclusione di un contratto valido, ma pregiudizievole[5]. Il caso che ci occupa rientra nella rottura delle trattative. Affinché sia configurabile la responsabilità è necessario

---

[2] La buona fede in senso soggettivo, invece, si sostanzia nell'ignoranza inconsapevole di ledere situazioni giuridiche altrui e si ritrova nella disciplina del possesso.
[3] Non a caso, nella stesura originaria del Codice Civile la norma si riferiva alla solidarietà corporativa.
[4] In tal senso vedasiBIANCA, *Diritto civile. L'obbligazione*, 4, Milano, *Giuffrè*, 1993, 86 ss.
[5] In tal senso ROPPO, *Il contratto*, in *Trattato di diritto privato,* a cura di Iudica – Zatti, Milano, *Giuffrè*, 2001, 180 ss.

che la rottura intervenga allorché si sia consolidato l'affidamento di controparte ed il recesso risulti ingiustificato. Ciascun soggetto, in ossequio al principio dell'autonomia privata e della retrattabilità della propria manifestazione di volontà[6], è libero di mutare convincimento nei limiti del "principio di autoresponsabilità del dichiarante" in virtù del quale chi rende una dichiarazione contrattuale diviene altresì responsabile degli affidamenti che essa crea[7].

In altre parole, il recesso dalle trattative è considerato illegittimo e, conseguentemente, fonte di responsabilità allorquando sia espressione della violazione della clausola del comportamento secondo correttezza. Tale violazione risulta configurabile nei casi in cui la condotta della parte sia stata tale da ingenerare nella controparte l'erroneo convincimento della conclusione del contratto, violando i principi di buona fede, lealtà, correttezza e diligenza.

Nel caso di specie è stato creato durante la fase delle trattative un legittimo affidamento, in capo alla società Alfa, in merito alla sicura conclusione del contratto giacché erano stati definiti gli elementi principali del negozio di compravendita, quali l'oggetto ed il prezzo; inoltre, i comportamenti sono stati univocamente diretti ad indurre la controparte a ritenere che il contratto si sarebbe perfezionato; il recesso, pertanto, risulta illegittimo in quanto in contrasto con il principio del *neminem laedere*[8].

La sentenza in commento sottolinea come la portata dell'art. 1337 c.c. non si limiti unicamente all'ipotesi di rottura ingiustificata delle trattative ma racchiuda una clausola generale relativa al dovere di comportarsi secondo buona fede durante le trattative. La norma tende ad evitare comportamenti improntati a superficialità, disattenzione, incompetenza, pertanto essa non vieta solo condotte connotate da dolo, ma anche quelle meramente colpose. Il comportamento di buona fede sottende quale ulteriore corollario il dovere di informazione[9]. Nel caso di specie la società Alfa non è stata informata della revoca della delibera e neppure della riproposizione dell'avviso di richiesta e tale mancata comunicazione ha corroborato ancor più la convinzione della conclusione del contratto.

In conclusione, la regola[10] disposta dall'articolo 1337 c.c non si riferisce alla sola ipotesi di ingiustificata rottura delle trattative, ma assume valore di clausola generale, essa esprime il dovere per le parti di trattare in modo leale astenendosi da comportamenti reticenti, pertanto la violazione di tale disposizione è idonea a determinare la configurazione della responsabilità precontrattuale. La valutazione sull'idoneità o meno delle trattative di ingenerare affidamento deve essere valutata nel merito.

---

[6] Si pensi alla libera revocabilità della proposta e dell'accettazione (art. 1328 c.c.).

[7] Mentre un tempo, infatti, era prevalente il "dogma della volontà", con il passaggio ad una visione oggettivistica del contratto, è risultata dominante la "teoria della dichiarazione" in cui assume rilievo anche l'affidamento che viene creato nella controparte mercé la propria condotta. In tal senso, ROPPO, *op.cit.*, 38 ss.

[8] È appena il caso di ricordare che la responsabilità precontrattuale rientra nel *genus* della responsabilità aquilana, pertanto la sussistenza della risarcibilità del danno e la sua valutazione devono essere effettuate alla stregua degli artt. 2043 e 2056 c.c. (in tal senso *Cass, S.U.,* 16 luglio 2001 n. 9645, *Giust. Civ. Mass.,* 2001, 1404)

[9] L'obbligo di informazione è più pregnante allorché vi siano casi di asimmetria contrattuale. Si rammenta che, nel caso di specie, il rapporto riguardava una Pubblica Amministrazione ed una società privata.

[10] Preme sottolineare come il dovere di correttezza non rientri tra le clausole imperative aventi contenuto proibitivo, come quelle considerate dall'art. 1418 c.c.; ne deriva che la sua violazione non determini l'invalidità del contratto. Trattandosi di una regola di comportamento, la sua violazione importa, invece, responsabilità e un conseguente obbligo risarcitorio (In tal senso *Cass., sez. III*, 18 ottobre 1980).

➢ Brevi cenni sul contratto preliminare.

di Tiziana Andriulo

Il contratto preliminare è quel contratto mediante il quale le parti si obbligano alla conclusione di un successivo contratto detto definitivo.

Si badi bene, però, che esso non è più visto come un semplice *pactum de contrahendo*, ma come negozio destinato già a realizzare un assetto di interessi prodromico a quello che sarà compiutamente attuato con il definitivo.

Il suo oggetto, dunque, è non solo e non tanto un *facere*, consistente nel manifestare successivamente una volontà rigidamente predeterminata quanto alle parti e al contenuto, ma anche e soprattutto un (sia pur futuro) *dare*, insito nella trasmissione del diritto (dominicale o di altro genere), che costituisce il risultato pratico avuto di mira dai contraenti.

Ove alla stipula di un contratto preliminare segua ad opera delle stesse parti la conclusione del contratto definitivo, quest'ultimo costituisce l'unica fonte dei diritti e delle obbligazioni inerenti al particolare negozio voluto.

Il contratto preliminare, infatti, determinando soltanto l'obbligo reciproco della stipulazione del contratto definitivo, resta superato da quest'ultimo, la cui disciplina, con riguardo alle modalità e condizioni, anche se diversa da quella pattuita con il preliminare, configura un nuovo accordo intervenuto tra le parti e si presume sia l'unica regolamentazione del rapporto da essa voluta.

Nel valutare se le parti abbiano concluso un contratto definitivo o un semplice preliminare è necessario ricercare l'effettiva volontà delle stesse aldilà della qualificazione da esse attribuita al contratto stesso.

Non sono decisive le espressioni usate (come, ad esempio, "preliminare" nell'intestazione del contratto ovvero "vende" nel testo). Non rilevano, altresì, né la riserva di nomina del contraente, ai sensi dell'art. 1401 c.c., che può operare indifferentemente sia in un negozio definitivo che in uno preparatorio, né l'aver posto come condizione l'ottenimento di una autorizzazione alla vendita da parte del giudice tutelare ai sensi dell'art. 320 c.c. (sul punto si veda Cass., sez. 2, 14 agosto 2007 n. 17682).

Ai fini della validità del contratto preliminare non è indispensabile la completa e dettagliata indicazione di tutti gli elementi del futuro contratto, risultando per converso sufficiente l'accordo delle parti sugli elementi essenziali.

In un contratto preliminare ad effetti anticipati in cui il promissario acquirente di un bene immobile, da un lato, anticipi in tutto o in parte il pagamento del prezzo e, dall'altro, ottenga l'immediata immissione nel godimento del bene per effetto dell'esecuzione anticipata della consegna della *res* da parte del promittente venditore, lo stesso promissario acquirente non può essere qualificato come possessore in grado di acquisirne la proprietà a titolo di usucapione, non avendo egli l'*animus possidenti*. Questo è, infatti, uno stato di fatto e, in quanto tale, non può essere trasferito.

Secondo Cass., Sezioni Unite, 27 marzo 2008, n. 7930, la disponibilità conseguita dal promissario acquirente si fonda sull'esistenza di un contratto di comodato funzionalmente collegato al contratto preliminare, produttivo di effetti veramente obbligatori.

Da ultimo, occorre ricordare che il preliminare deve prevedere il termine entro il quale procedere alla stipula del contratto definitivo. Si tratta di un termine di adempimento, in difetto di fissazione del quale è possibile rivolgersi al giudice affinchè provveda ex art. 1183 c.c..

Il contratto preliminare è nullo se non è fatto nella stessa forma che la legge prescrive per il definitivo (art. 1351 c.c.).

Raffronto con figure similari:

    a) *Opzione.*

Il contratto preliminare unilaterale (con obbligazioni di una sola parte), è un contratto in sé perfetto e autonomo rispetto al contratto definitivo, ancorché con obbligazioni a carico di una sola parte; l'opzione, invece, non è che uno degli elementi di una fattispecie a formazione successiva, costituita inizialmente da un accordo avente ad oggetto l'irrevocabilità della proposta, cui si aggiunge successivamente l'accettazione definitiva del promissario che, saldandosi con la proposta, perfeziona il contratto. L'identificazione del suddetto accordo è rimessa al giudice di merito, che deve far riferimento al comune intento negoziale.

Ne consegue che il nesso strumentale esistente tra contratto preliminare e contratto definitivo non ha nulla in comune con il legame strutturale che intercorre tra il momento iniziale (proposta resa vincolante per accordo tra le parti) e il momento finale (accettazione) nel fenomeno della formazione progressiva del contratto, in quanto nell'ipotesi del contratto preliminare unilaterale gli effetti definitivi si producono solo a seguito di un successivo incontro di dichiarazioni tra le parti contraenti, mentre nel caso dell'opzione che contenga una proposta irrevocabile gli effetti finali del contratto definitivo si producono in virtù della semplice dichiarazione unilaterale di accettazione della parte non obbligata.

    b) *Contratto normativo.*

Il contratto normativo è l'accordo con il quale si predispone, in tutto o in parte, il contenuto di eventuali futuri contratti definitivi, cosicché, se e quando questi verranno stipulati, le parti saranno obbligate a inserirli e ad osservare quel contenuto predeterminato, frutto di reciproca precedente elaborazione.

Pertanto l'accordo normativo, se obbliga le parti a darvi esecuzione nel modo dianzi accennato ogni qual volta ricorra la situazione in esso prevista e disciplinata, non le obbliga senz'altro, a differenza del contratto preliminare, a concludere i contratti definitivi ivi menzionati.

Ne deriva che soltanto dai futuri contratti definitivi nasceranno per i contraenti concreti rapporti giuridici patrimoniali e, quindi, diritti soggettivi e obblighi correlativi (i quali troveranno, però, in tutto o in parte il loro contenuto predisposto nell'accordo normativo).

L'ulteriore conseguenza sarà che le parti, non potendo venir meno ad un obbligo a contrarre – dal momento che questo non esiste –, non possono subire una risoluzione unilaterale dell'accordo normativo, qualora omettano o sospendano la conclusione di quei contratti definitivi.

Spetta poi al giudice del merito accertare se, congiuntamente all'accordo normativo, le parti abbiano anche assunto l'obbligo di contrattare i previsti contratti definitivi.

c) *Patto di prelazione.*

A differenza del contratto preliminare unilaterale, che comporta l'immediata e definitiva assunzione dell'obbligazione di prestare il consenso per il contratto definitivo, il patto di prelazione relativo alla vendita di un bene genera, a carico del promittente, un'immediata obbligazione negativa di non venderlo ad altri prima che il prelazionario dichiari di non voler esercitare il suo diritto di prelazione o lasci decorrere il termine all'uopo concessogli, ed un'obbligazione positiva avente ad oggetto la *denuntiatio* al medesimo della sua proposta a venderlo, nel caso decida in tal senso.

In altre parole, il patto di prelazione, comportando l'obbligo di preferire, a parità di condizioni, l'altra parte nella conclusione di un eventuale contratto di alienazione del bene che ne è oggetto, limita solo le modalità di esercizio del potere di alienazione del soggetto vincolato (senza alcun pregiudizio per la sua libertà di decidere l'alienazione o meno del bene) e non anche le facoltà dello stesso godimento della cosa, che può essere, pertanto, liberamente trasformata o modificata dal proprietario.

d) *Puntuazione.*

Ai fini della configurabilità di un definitivo vincolo contrattuale è necessario che tra le parti sia raggiunta l'intesa su tutti gli elementi dell'accordo, non potendosene ravvisare pertanto la sussistenza laddove, raggiunta l'intesa solamente su quelli essenziali, riportati in apposito documento (cosiddetto "minuta" o "puntuazione" o "lettera d'intenti"), risulti rimessa ad un tempo successivo la determinazione degli elementi accessori.

Peraltro, anche in presenza della completa regolamentazione dell'assetto negoziale, in tutti quei casi in cui dovesse difettare l'attuale ed effettiva volontà delle parti di considerare concluso il contratto, potrebbe risultare comunque integrato un atto meramente preparatorio di un futuro contratto, come tale non vincolante tra le parti stesse.

La Cassazione (sez. III, 18 gennaio 2005, n. 910) ha cassato l'impugnata sentenza rilevando che, nel ritenere perfezionato un accordo transattivo tra le parti di un giudizio per effetto di una duplice missiva inviata dal legale di una delle parti e considerata accettata dal difensore di controparte, il giudice di merito avesse nel caso di specie del tutto omesso di valutare il comportamento complessivo delle parti, in particolare quello mantenuto successivamente alla supposta conclusione dell'accordo transattivo. Non aveva considerato che dopo lo scambio delle suindicate lettere il difensore di una delle parti aveva dichiarato in udienza avanti al giudice istruttore che vi erano ancora pendenti trattative tra le parti per la formalizzazione di un accordo al cui esito si riservava di chiedere la revoca della provvisoria esecuzione del decreto ingiuntivo opposto e che nel prosequio del giudizio le parti avevano in entrambi i gradi di merito formulato opposte conclusioni.

In tema di perfezionamento dell'accordo negoziale, il documento contenente la puntazione (ancorchè completa e bilaterale) dell'assetto di interessi che le parti intendono adottare, è inidoneo a fornire la prova del perfezionamento del contratto, costituendo mera presunzione semplice, superabile quindi mediante la prova contraria, fornita con ogni mezzo (inclusa la prova testimoniale), ammissibile anche quando l'accertamento dell'attuale vincolatività dell'accordo riguardi un contratto preliminare di compravendita immobiliare.

e) Preliminare del preliminare

Sulla particolare fattispecie del c.d. "preliminare del preliminare" le Sezioni Unite della Cassazione hanno, di recente, statuito che "*La stipulazione di un contratto preliminare di preliminare (nella specie, relativo ad una compravendita immobiliare), ossia di un accordo in virtù del quale le parti si obblighino a concludere un successivo contratto che preveda anche solamente effetti obbligatori (e con l'esclusione dell'esecuzione in forma specifica in caso di inadempimento) è valido ed efficace, e dunque non è nullo per difetto di causa, ove sia configurabile un interesse delle parti, meritevole di tutela, ad una formazione progressiva del contratto, fondata su una differenziazione dei contenuti negoziali, e sia identificabile la più ristretta area del regolamento di interessi coperta dal vincolo negoziale originato dal primo preliminare. La violazione di tale accordo, in quanto contraria a buona fede, è idonea a fondare, per la mancata conclusione del contratto stipulando, una responsabilità contrattuale da inadempimento di una obbligazione specifica sorta nella fase precontrattuale*"; ed ancora "*In presenza di contrattazione preliminare relativa a compravendita immobiliare che sia scandita in due fasi, con la previsione di stipula di un contratto preliminare successiva alla conclusione di un primo accordo, il giudice di merito deve preliminarmente verificare se tale accordo costituisca già esso stesso contratto preliminare valido e suscettibile di conseguire effetti ex art. 1351 e 2932 c.c., ovvero anche soltanto effetti obbligatori ma con esclusione dell'esecuzione in forma specifica in caso di inadempimento.*" (**Cassazione civile, Sezioni Unite, 6 marzo 2015, n. 4628**).

> ➤ **Brevi cenni: la condizione sospensiva o risolutiva.**

di Giulio Forleo

Le parti possono subordinare l'efficacia o la risoluzione del contratto o di un singolo patto a un avvenimento futuro e incerto.

La **condizione sospensiva** è un evento futuro ed incerto, al verificarsi del quale iniziano a prodursi gli effetti di un negozio giuridico – o di un contratto – , o di una sua clausola.

La **condizione risolutiva** è un evento futuro ed incerto, al verificarsi del quale cessano gli effetti di un contratto, o di una sua clausola.

Ai fini della distinzione tra condizione sospensiva e risolutiva, occorre aver riguardo, più che alla qualifica che le attribuiscono le parti, alle modalità da esse stabilite per il regolamento del rapporto nello stato di pendenza della condizione. Tale accertamento costituisce un'indagine di fatto, riservata al giudice di merito, che può essere censurata in sede di legittimità soltanto per vizi di motivazione.

L'avveramento della condizione risolutiva o il mancato avveramento di quella sospensiva importano che il *vinculum iuris*, costituito validamente con il contratto, divenga inefficace, e non nullo, fin dal momento in cui esso è stato concluso e, conseguentemente, che gi effetti provvisori e le aspettative non solo non si producano per l'avvenire, ma si caduchino anche per il passato.

In altre parole, ove la condizione non si verifichi, non è configurabile un inadempimento delle obbligazioni rispettivamente assunte dalle parti con il contratto, giacché l'inadempimento contrattuale è verificabile solo in relazione ad un contratto efficace: ne consegue che, in tale ipotesi, non può farsi luogo a risoluzione per inadempimento delle obbligazioni contrattuali, ma, eventualmente, solo per inadempimento dell'obbligazione prevista dall'art. 1358 c.c., norma che fa obbligo a ciascun contraente, in pendenza della condizione, di osservare i doveri di lealtà e correttezza in modo da non influire sul verificarsi dell'evento condizionante pendente.

Poiché i negozi ai quali non è consentito apporre condizioni sono indicati tassativamente dalla legge, al di fuori di queste ipotesi espressamente regolate vale il principio per cui ogni negozio, indipendentemente dal suo contenuto, può essere sottoposto a condizione.

Qualora le parti, nell'ambito dell'autonomia privata, abbiano previsto l'inadempimento di una di esse alle obbligazioni contrattuali quale condizione risolutiva, una volta verificatosi tale inadempimento, lo stesso non può essere invocato dalla controparte quale illecito contrattuale e fonte di obbligazione risarcitoria ai sensi dell'art. 1223 c.c., trattandosi del legittimo esercizio di una potestà convenzionalmente attribuita, in quanto costituente l'evento espressamente dedotto in condizione risolutiva potestativa per concorde volontà dei contraenti.

Nel caso in cui la condizione sia costituita da un evento incerto sia nell'*an* che nel *quando*, le parti possono concordare un termine temporale al suo verificarsi per non lasciare indefinitivamente nell'incertezza l'efficacia del contratto.

La carenza della indicazione di un termine entro il quale la condizione risolutiva o sospensiva debba verificarsi o mancare non comporta necessariamente un vincolo a tempo indeterminato delle parti ben potendosi il termine desumere implicitamente dalle esigenze di tutela degli opposti interessi delle parti. Tutto ciò con la conseguenza che quando il rapporto sia sospensivamente condizionato al verificarsi di un evento del quale non sia indicato il termine entro il quale possa utilmente avverarsi, il contratto deve considerarsi inefficace per il mancato avveramento della condizione – senza che ricorra l'esigenza della previa fissazione di un termine da parte del giudice – dal momento in cui sia decorso il lasso di tempo congruo entro il quale la condizione avrebbe dovuto avverarsi e con l'ulteriore conseguenza che, quando la condizione è quella dell'inadempimento dell'obbligazione principale di una parte, la condizione deve considerarsi non avverata nel momento in cui la mora del soggetto obbligato abbia assunto il carattere di un inadempimento di non scarsa importanza, che renda non più possibile l'adempimento della obbligazione contro la volontà del creditore.

Le parti nella loro autonomia contrattuale possono pattuire una condizione sospensiva (o risolutiva) **nell'interesse esclusivo di uno dei contraenti**. A tal fine occorre peraltro sia accertata l'esistenza di una espressa clausola contrattuale che disponga in tal senso o quanto meno di un insieme di elementi tali da giustificare il convincimento circa l'unilateralità dell'interesse.

Non può desumersi l'unilateralità di una clausola dal semplice fatto che una sola delle parti può essere interessata al verificarsi o meno dell'evento dedotto in condizione.

Ne consegue, inoltre, che la parte contraente nel cui interesse è posta la condizione ha la facoltà di rinunziarvi sia prima che dopo l'avveramento od il non avveramento di essa, senza che la controparte possa comunque ostacolarne la volontà. Detta rinuncia non deve necessariamente risultare da atto scritto, ma può essere desunta anche da *facta concludentia*.

Raffronto con figure similari.

a) *Termine di efficacia.*

In tema di obbligazioni da contratto, il criterio distintivo tra termine e condizione va ravvisato nella certezza e nell'incertezza del verificarsi di un evento futuro che le parti hanno previsto per l'assunzione di un obbligo o per l'adempimento di una prestazione.

Ricorre l'ipotesi del <u>termine</u> quando detto evento futuro sia certo, anche se privo di una precisa collocazione cronologica, purché risulti connesso ad un fatto che si verificherà certamente e, come tale, può riguardare sia l'efficacia iniziale che quella finale di un negozio giuridico o di un'obbligazione o di un credito di una parte.

Nell'ipotesi di <u>condizione</u>, invece, si versa nell'incertezza dell'evento futuro dal cui verificarsi dipende il sorgere (condizione <u>sospensiva</u>) o il permanere (condizione <u>risolutiva</u>) dell'efficacia di un contratto o di un'obbligazione ad esso inerente.

b) *Termine di adempimento*

Quando i contraenti si riferiscono ad un dato cronologico allo scopo di indicare il periodo di tempo entro il quale deve essere eseguita una determinata prestazione, dichiarando poi incidentalmente la finalità pratica sottesa alla concessione di quel termine, nell'aspettativa del verificarsi di un certo evento, assume preminente rilievo il dato temporale; la relativa clausola va pertanto intesa nel senso che le parti vollero determinare il tempo – termine – dell'adempimento e non, invece, condizionare l'efficacia del contratto all'avveramento di un evento futuro.

c) Modus

Il modus costituisce un elemento accessorio degli atti di liberalità, in quanto con esso si mira, da parte del disponente, ad attuare un fine che si aggiunge a quello principale dell'atto a titolo gratuito, operando, come ulteriore movente di quest'ultimo, senza però condizionarne l'attuazione. Di qui la netta sua distinzione dalla condizione; gli effetti della donazione sottoposta a condizione sospensiva, infatti, non si verificano se non quando l'evento dedotto si sia avverato; l'efficacia della donazione modale, invece, ha sempre luogo, a prescindere dall'adempimento o meno del modus.

d) Recesso

Si ha condizione risolutiva – il cui verificarsi comporta lo scioglimento di diritto del rapporto ed i cui effetti retroagiscono al tempo di conclusione del contratto, salvo che sia stata stabilita una diversa decorrenza – allorquando le parti abbiano ancorato la risoluzione ad un evento futuro, incerto ed indipendente dalla loro volontà; è da ravvisare, invece, il diritto di recesso quando ad una delle parti è attribuita la facoltà di sciogliere unilateralmente il contratto in base ad una libera dichiarazione di volontà.

e) Presupposizione

La presupposizione è configurabile quando, da un lato, una obiettiva situazione di fatto o di diritto (passata, presente o futura) possa ritenersi che sia stata tenuta presente dai contraenti nella formazione del loro consenso – pur in mancanza di un espresso riferimento ad essa nelle clausole contrattuali – come presupposto condizionante la validità e l'efficacia del negozio (cosiddetta condizione non sviluppata o inespressa) – e, dall'altro, il venir meno o il verificarsi della situazione stessa sia del tutto indipendente dall'attività e volontà dei contraenti e non corrisponda, integrandolo, all'oggetto di una specifica obbligazione dell'uno o dell'altro.
Sul tema la Cassazione (18 settembre 2009, n. 20245) ha di recente affermato che "in materia contrattuale, affinché sia configurabile la fattispecie della c.d. "presupposizione" (o condizione inespressa) è necessario che dal contenuto del contratto si evinca una situazione di fatto, considerata, ma non espressamente enunciata dalle parti in sede di stipulazione de medesimo, quale presupposto imprescindibile della volontà negoziale, il cui successivo verificarsi o venire meno dipenda da circostanze non imputabili alle parti stesse; il relativo accertamento esaurendosi sul piano propriamente interpretativo del contratto, costituisce una valutazione di fatto, riservata, come tale, al giudice del merito ed incensurabile in sede di legittimità se immune da vizi logici o giuridici".
Il venire meno o il mancato avveramento delle circostanze di fatto o di diritto "presupposte" dai contraenti ai fini della persistenza del vincolo contrattuale, **è causa di risoluzione** del contratto anche se non collegato sotto il profilo causale alla violazione delle obbligazioni contrattuali delle parti, dalla volontà delle quali la situazione presupposta deve essere anzi, del tutto indipendente.
Secondo recente giurisprudenza (Cassazione, 25 maggio 2007, n. 12235), però, la presupposizione, non attenendo né all'oggetto né alla causa né ai motivi del contratto, consiste in una circostanza ad

esso "esterna", che pur se non specificamente dedotta come condizione ne costituisce specifico ed oggettivo presupposto di efficacia, in base al significato proprio del medesimo, assumendo per entrambe le parti, o anche per una sola di esse – ma con riconoscimento da parte dell'altra – valore determinante ai fini del "mantenimento" del vincolo contrattuale. Il relativo difetto legittimerebbe allora le parti non già a domandare una declaratoria di invalidità o di inefficacia del contratto, né a richiederne la risoluzione per impossibilità sopravvenuta (art. 1256, 1463 ss. C.c.) della prestazione, bensì all'esercizio del **potere di recesso** (anche qualora il presupposto obiettivo del contratto sia già in origine inesistente o impossibile a verificarsi).

➤ **La Caparra confirmatoria.**

di Giulio Forleo

La caparra confirmatoria di cui all'art. 1385 c.c. costituisce un contratto reale, che si perfeziona con la consegna che una parte fa all'altra di una somma di denaro o di una determinata quantità di cose fungibili per il caso d'inadempimento delle obbligazioni nascenti da un diverso negozio ad essa collegato (c.d. contratto principale).

La caparra confirmatoria ha natura composita ed è finalizzata a garantire l'esecuzione del contratto.

Essa viene incamerata in caso di inadempimento della controparte ed ha funzione di autotutela, consentendo di recedere dal contratto senza la necessità di adire il giudice.

Sebbene la prestazione della caparra confirmatoria, necessaria al perfezionamento del negozio, sia riferita dall'art. 1385 primo comma c.c. al momento della conclusione del contratto principale, le parti, nell'ambito della loro autonomia contrattuale, possono, tuttavia, differirne la dazione, in tutto o in parte, ad un momento successivo, purché anteriore alla scadenza delle obbligazioni pattuite.

Essa assume la funzione di **liquidazione convenzionale del danno da inadempimento**qualora la parte non inadempiente abbia esercitato il potere di recesso conferitole dalla legge e in tal caso, essa è legittimata a ritenere la caparra ricevuta o ad esigere il doppio di quella versata (qualora, invece, detta parte abbia preferito agire per la risoluzione o l'esecuzione del contratto, il diritto al risarcimento del danno dovrà essere provato nell'*an* e nel *quantum*).

Il recesso, previsto da comma 2 dell'art. 1385 c.c., configura uno strumento speciale di risoluzione del contratto, di cui il contraente non inadempiente può avvalersi in luogo dell'azione di inadempimento o di quella generale di risoluzione prevista dall'art. 1453, comma 1 c.c.. Ne consegue che, in mancanza di contestazioni del contraente asserito inadempiente circa la sussistenza o l'importanza dell'inadempimento, l'esercizio del recesso comporta l'effetto risolutivo indipendentemente dall'adesione del contraente inadempiente.

Bisogna sempre tenere a mente che tale recesso non deroga affatto alla disciplina generale della risoluzione per inadempimento; il recesso di una sola parte si consente, infatti, solo quando l'inadempimento della controparte sia colpevole e di non scarsa importanza in relazione all'interesse dell'altro contraente.

Raffronto con figure similari

a) *Caparra penitenziale e clausola penale.*

La caparra confirmatoria si distingue nettamente sia rispetto alla caparra penitenziale (che costituisce il corrispettivo del diritto di recesso) sia dalla clausola penale, diversamente dalla quale non pone un limite al danno risarcibile.

Ben può la parte non inadempiente recedere, senza dover proporre domanda giudiziale o intimare la diffida ad adempiere, e trattenere la caparra ricevuta ovvero esigere il doppio di quella prestata a totale soddisfacimento del danno derivante dal recesso, senza dover dimostrare di aver subito un danno effettivo. Se anziché recedere dal contratto essa preferisce avvalersi dei rimedi ordinari della domanda di adempimento ovvero di risoluzione del negozio, la restituzione della caparra è allora ricollegabile solamente agli effetti restitutori propri della risoluzione negoziale, come conseguenza del venir meno della causa della corresponsione. Perde infatti in tale ipotesi la suindicata funzione di limitazione forfetaria e predeterminata della pretesa risarcitoria all'importo convenzionalmente stabilito in contratto, e la parte che allega di aver subito il danno, oltre alla restituzione di quanto prestato in relazione o in esecuzione de contratto, ha diritto anche a risarcimento dell'integrale danno subito se e nei limiti in cui riesce a provare l'esistenza e l'ammontare in base alla disciplina generale di cui agli artt. 1453 e ss. C.c.. In tal caso la parte non può incamerare la caparra, ma può trattenerla a garanzia della pretesa risarcitoria o in acconto su quanto spettantele, a titolo di anticipo dei danni che saranno in seguito accertati e liquidati.

b) *Clausola risolutiva espressa.*

Deve respingersi qualsiasi analogia tra la caparra confirmatoria e a clausola risolutiva espressa, per la differenza che esiste tra la struttura e gli effetti dei due istituti (artt. 1385 e 1456 c.c.).
La clausola risolutiva espressa conferisce alla parte il diritto (potestativo) di determinare la risoluzione automatica del contratto per l'inadempimento di una determinata obbligazione, inadempimento la cui importanza ai fini della risoluzione di diritto è stata preventivamente valutata secondo la libera determinazione dei contraenti, sicché il giudice non deve procedere a vagliare l'entità dell'inadempienza stessa, ma solo a stabilire l'imputabilità del comportamento relativo.

c) *Acconto.*

La consegna anticipata di una somma di denaro effettuata dall'uno all'altro dei contraenti al momento della conclusione del negozio ha natura di caparra confirmatoria quando risulti che le parti abbiano intenzione di perseguire gli scopi di cui all'art. 1385.
Nel dubbio se la somma sia stata versata a titolo di acconto sul prezzo o a titolo di caparra, si deve ritenere che il versamento è avvenuto a titolo di acconto sul prezzo.

> ## ➤ L'art. 833 c.c. e l'esatta portata applicativa del divieto di atti emulativi

di Giulia Poi

Il divieto di atti emulativi è posto nel nostro ordinamento dall'art. 833 c.c. . Tale norma, inserita nel Libro Terzo ("Della proprietà"), Titolo II, Capo I del codice civile, ha natura imperativa – ed è, pertanto, sottratta all'autonomia contrattuale – ed ha come naturale destinatario il privato proprietario.

Essa dispone, infatti, che "*il proprietario non può fare atti i quali non abbiano altro scopo che quello di nuocere o recare molestia ad altri*". La norma in esame è stata collocata dal legislatore immediatamente dopo quella che individua il contenuto del diritto di proprietà, l'art. 832 c.c., alla stregua del quale "*il proprietario ha diritto di godere e di disporre delle cose in modo pieno ed esclusivo, entro i limiti e con l'osservanza degli obblighi stabiliti dall'ordinamento giuridico*".

Per comprendere appieno il ruolo dell'art. 833 c.c. è necessario uno studio su più livelli della disposizione.

Sotto un profilo di analisi linguistica, la norma si presenta di ampia portata ed è caratterizzata dall'utilizzo di termini generici sia da un punto di vista qualitativo che quantitativo: è di tutta evidenza, infatti, come il termine "atti" non sia idoneo ad individuare quali siano le concrete attività sussumibili all'interno della fattispecie (vi rientrano i comportamenti omissivi?) né i termini "scopo", "nuocere" o "recare molestia" sono idonei a perimetrare la condizione richiesta dal legislatore perché l'ordinamento si opponga a questi determinati "atti". Ne è agevole conseguire come la norma non rispetti il principio di tipicità, chiaro indizio della natura di clausola generale della stessa.

Sotto il profilo dell'analisi sistematica, fondamentale è l'inquadramento topografico della disposizione. Essa, come detto, segue la norma che individua il contenuto del diritto di proprietà: non vi è dubbio che la domanda fondamentale alla quale rispondere sia quale ruolo svolge nella disciplina del diritto di proprietà il divieto di atti emulativi.

A tal proposito molte sono state le teorie che si sono succedute nel tempo, la cui caratteristica degna di nota sta nell'aver attribuito un ruolo sempre più pregnante al divieto *de quo*.

Secondo la teoria tradizionale, l'art. 833 c.c. sarebbe norma che definisce in negativo la proprietà, di guisa che lo stesso opererebbe come limite interno al diritto in questione, atteggiandosi da caratteristica negativa del suo esercizio. In base a questa teoria, qualsiasi atto sussumibile nella fattispecie che disciplina l'esercizio del diritto di proprietà, anche se nocivo nei confronti dei terzi, non sarebbe emulativo perché consentito dalla legge. In base a questa impostazione, poi, l'art. 833 c.c. fungerebbe da norma "*genus*" delle quali le varie limitazioni ed i vari comportamenti vietati posti da altre norme sarebbero una "*species*". A tale posizione si potrebbe obiettare che non tutte le disposizioni che attribuiscono un diritto ne disciplinano le modalità di esercizio, altrimenti non avrebbe senso di esistere la fattispecie di abuso del diritto.

In base ad una seconda teoria, l'art. 833 c.c. non individuerebbe una caratteristica (negativa) del diritto di proprietà ma si atteggerebbe a limite esterno dello stesso, rappresentando l'espressione di principi generali dell'ordinamento. Esso sarebbe il concreto operare del principio di buona fede nella disciplina dei diritti reali. In base a tale impostazione, il proprietario deve esercitare il proprio diritto comportandosi secondo buona fede. Questa teoria implica l'inserimento nella fattispecie del diritto di proprietà di un ulteriore elemento: quello della finalità per la quale lo stesso è attribuito dall'ordinamento. In un'ottica teleologica, quindi, il proprietario deve esercitare il suo diritto in maniera conforme alla funzione per la quale è previsto. Di conseguenza, l'art. 833 c.c. ricomprenderebbe tutte quelle modalità di esercizio del diritto non conformi alle finalità per le quali la legge lo prevede.

A tale impostazione è, però, stato eccepito che essa violerebbe il principio di non contraddizione: è stato, infatti, detto che l'ordinamento non può da un lato consentire una certa condotta e dall'altro vietarla. D'altro canto, la buona fede opererebbe in fattispecie che presentano la necessità di regolare un concreto conflitto di interessi, conflitto che nella fattispecie relativa al diritto di proprietà sarebbe già stato risolto a monte dal legislatore, risolvendosi quindi la buona fede nella mera sovrapposizione del principio del *neminem laedere*. Tali osservazioni, però, partono da un assunto errato: esse non tengono conto del fatto che la finalità del diritto di proprietà è elemento della fattispecie la quale, per produrre il suo effetto, richiede la sussistenza anche di quest'ultima. In base a questa impostazione ed in contrapposizione con la precedente, l'art. 833 c.c. non sarebbe il *"genus"* entro il quale si iscriverebbero le varie *"species"* nominative ma sarebbe più correttamente inquadrabile come norma residuale e di chiusura, che ricomprende tutti i casi non espressamente vietati dal legislatore con disposizioni ad hoc.

Gli approdi dottrinali più recenti si spingono oltre: l'art. 833 c.c. sarebbe l'attuazione della funzione sociale della proprietà di cui all'art. 42 comma 2 Cost. Lo stesso, infatti, recita: *"La proprietà privata è riconosciuta e garantita dalla legge, che ne determina i modi di acquisto, di godimento e i limiti allo scopo di assicurarne la funzione sociale e di renderla accessibile a tutti"*. La differenza, ad esempio, con la norma sul diritto alla libera iniziativa economica è di tutta evidenza. L'art. 41 Cost., infatti, sancisce che l'iniziativa economica privata è libera ma che non può svolgersi in contrasto con l'utilità sociale, ponendo, quindi, tale ultimo elemento come limite esterno dell'attività economica (riflettendosi, quindi, sulla disciplina del contratto). Sul diritto di proprietà il legislatore costituzionale è intervenuto con più vigore, imponendo al legislatore ordinario un vincolo più stringente, ovvero quello di utilizzare la proprietà come strumento per raggiungere il soddisfacimento non soltanto dell'interesse individuale del proprietario ma anche degli interessi della comunità.

L'art. 833 c.c., quindi, sarebbe il grimaldello attraverso cui ottenere quella finalità richiesta dall'art. 42 Cost. Rispetto alla precedente teoria vi sarebbe un significativo *discrimen*, avendo per i sostenitori di quest'ultima posizione il divieto di atti emulativi portata applicativa ben più ampia: non vi sarebbero ricompresi gli atti obiettivamente non conformi alla funzione cui l'ordinamento anela (in quanto è il procedimento di sussunzione del fatto nella norma astratta ad impedirlo), ma gli atti che formalmente costituiscono esercizio legittimo del diritto ma che concretamente entrano in contrasto con interessi meritevoli di tutela di terzi. Gli atti emulativi sono sarebbero quindi, da individuare nella loro oggettività, ma negli effetti che essi producono. Tale approdo interpretativo consegna nelle mani del giudice un potere estremamente invasivo: questi dovrà valutare nel caso concreto non tanto se l'atto rientra nel legittimo esercizio del diritto quanto se gli effetti da esso prodotto sono lesivi nei confronti dei terzi. E laddove lo stesso produce arreca vantaggio al proprietario e svantaggio al terzo, il giudice dovrà verificare che lo stesso effetto di vantaggio non avrebbe potuto essere raggiunto diversamente

Non vi è dubbio che la concezione del diritto di proprietà quale diritto fondamentale, fulcro sul quale si erge tutto il diritto dei privati, di matrice liberale ne esce completamente stravolta: quella del nostro ordinamento è una proprietà di stampo solidale, dove addirittura l'interesse della collettività può sovrastare quello del singolo proprietario.

Nonostante le ultime teorie si dirigano verso una direzione dogmaticamente giusta, è necessario effettuare uno studio approfondito della fattispecie di divieto di atti emulativi, per poterne individuare gli elementi costitutivi e la reale portata applicativa. Dall'analisi del disposto emerge che tre sono gli elementi da questo richiesti: 1. atto che formalmente rientra nell'esercizio legittimo del diritto di proprietà (elemento formale); 2. atto che crea un danno al terzo (imputazione oggettiva); 3. *animus nocendi* (imputazione soggettiva). Alla presenza di questi elementi, il divieto di atti emulativi si attiva, ma vi sono situazioni di dubbia applicabilità.

Rientrano certamente nel divieto di atti emulativi:

- gli atti che non recano alcun vantaggio al proprietario ed un danno al terzo posti in essere dal proprietario con la finalità di nuocere: qui vengono pienamente rispettati i criteri d'imputazione imposti dalla norma;
- gli atti che recano un vantaggio al proprietario ma anche un danno al terzo posti in essere dal proprietario con la finalità di nuocere: anche qui i criteri d'imputazione vengono rispettati.

Al contrario, non rientrano nel divieto:

- atti che recano un vantaggio al proprietario e non causano alcun danno al terzo posti in essere con la finalità di nuocere il terzo: qui manca l'imputazione oggettiva in quanto non si verifica l'evento;
- atti che recano un vantaggio al proprietario ma anche un danno al terzo posti in essere con l'esclusiva finalità legittima di soddisfare un interesse del proprietario: qui non si configura uno dei piano d'imputazione richiesti dalla fattispecie, quello soggettivo.

Vi sono, poi, dei casi di dubbia applicazione: sono gli atti che recano un vantaggio al proprietario ma anche un danno al terzo posti in essere dal proprietario sia con la finalità di nuocere un terzo. In questi casi, infatti, vengono rispettati entrambi i coefficienti d'imputazione richiesti dall'art. 833 c.c. Qui il potere di bilanciamento degli interessi in capo al giudice è di estensione massima ed il suo sindacato sarà particolarmente invasivo. Non trovandosi nella legge indicazioni chiare sui criteri di bilanciamento, una soluzione potrebbe essere quella di adottare il criterio di danno al terzo come *extrema ratio*: per salvaguardare gli effetti leciti che la situazione concreta produce, saranno passibili di divieto quegli atti il cui vantaggio raggiunto dal proprietario poteva esserlo anche con modalità non lesive della posizione del terzo, mentre si salveranno quelle situazioni in cui il risultato raggiunto non avrebbe potuto essere raggiunto altrimenti.

Il divieto di atti emulativi ha subito nel corso del tempo una profonda evoluzione interpretativa ed oggi parte della dottrina e la giurisprudenza maggioritaria considerano l'art. 833 c.c. come la positivizzazione del principio di abuso del diritto in materia di diritti reali. Tale principio, come noto, non trova espresso accoglimento nel nostro ordinamento positivo ma la dottrina più attenta ne ha trovato due appigli negli artt. 1175 c.c. (comportamento secondo correttezza) per ciò che concerne i diritti obbligatori e nell'art. 833 c.c. (atti d'emulazione) con riguardo ai diritti reali. Tale principio si pone nel solco di quella scuola di pensiero che vede le posizioni giuridiche soggettive accordate dall'ordinamento ai soggetti colorarsi di una loro funzionalizzazione. Forte è il richiamo al diritto amministrativo, nel quale (a differenza del diritto penale) opera lo stesso schema di produzione degli effetti giuridici: norma – potere – effetto. Se la funzione amministrativa è definibile proprio come potere che si fa atto (in questo caso provvedimento), così cambiando l'ordine degli addendi nell'ordinamento civile il potere privato è atto che si funzionalizza. In altre parole, in entrambi i rami dell'ordinamento esiste una norma che attribuisce un potere ad un determinato soggetto affinché questi ponga in essere atti che soddisfino interessi qualificati come meritevoli di tutela giuridica. Tale potere di soddisfare determinati interessi attraverso il compimento di atti giuridici (da intendersi in senso lato come comprensivo di atti e di fatti) trova il proprio limite proprio nell'utilizzo del potere per raggiungere scopi o soddisfare interessi che l'ordinamento non ritiene meritevoli di tutela ovvero più semplicemente dei quali quella determinata norma non è posta a presidio: nell'un caso interviene la figura dell'eccesso di potere, nell'altro quella dell'abuso del diritto (che altro non è se non una forma di eccesso di potere). Tipico esempio in materia di proprietà è l'utilizzo distorto del diritto di difesa a tutela della proprietà sia con riferimento alle azioni a difesa della proprietà esperibili di fronte al giudice ordinario, sia con riferimento alle impugnazioni di provvedimenti amministrativi che possano astrattamente incidere sul diritto di proprietà. Il diritto di difesa è, infatti, una delle facoltà attribuite al proprietario dall'ordinamento. Sia la giurisprudenza ordinaria che quella amministrativo sono ormai consolidate nel richiedere che l'esercizio di tale diritto di difesa debba sempre essere supportato dalla realizzazione di un interesse apprezzabile per l'ordinamento, risolvendosi altrimenti nel vuoto utilizzo di uno strumento che non è finalizzato all'ottenimento di un "bene della vita". Tale posizione è supportata sul piano processuale dalla necessità per colui che adisce la giurisdizione di avere un interesse ad agire, ai sensi dell'art. 100 c.p.c.. Non è sufficiente, quindi, che un soggetto sia il titolare formale del diritto ma che lo stesso possa soddisfare un proprio interesse ritenuto meritevole di tutela dall'ordinamento. Con onere della prova a carico del proprietario. Per tali ragioni il giudice di ultima istanza della giurisdizione amministrativa ha rigettato il ricorso di un privato proprietario dell'immobile antistante un immobile oggetto di concessione edilizia avverso quest'ultima in quanto la stessa non era lesiva in concreto del proprio diritto.

> ## L'autonomia negoziale dei coniugi.

di Simona Saggiomo

1.L'autonomia negoziale e il suo fondamento costituzionale.

Nel diritto romano non esisteva un termine idoneo ad indicare l'autonomia tra i privati, non a caso questi ultimi potevano esprimere la loro volontà soltanto mediante limitate forme sacramentali produttive di effetti giuridici.

Tale principio trae le sue radici invece, dall'esaltazione della libertà dell'individuo di matrice illuministica, costituendo espressione della volontà liberamente manifestata al fine di produrre effetti giuridici. La prospettazione dell'autonomia privata come dogma ha origine con le dottrine di stampo liberal-individualistico che pongono il soggetto al centro dell'ordinamento giuridico.

Secondo tale impostazione, autonomia privata è innanzitutto potere di autoregolamentazione, nel presupposto che ciascuno è il miglior giudice dei propri interessi, di qui, in apparente contraddizione, la teoria volontaristica e precettiva o normativa del negozio. L'autoregolamentazione, invero, trovava giustificazione nella parità di trattamento dei soggetti con il ricorso al principio di eguaglianza formale. Tuttavia, tale opinione risultava smentita dalla legislazione sociale ed interventistica che, in attuazione della disuguaglianza di fatto esistente fra i soggetti, finiva col privilegiare una delle parti, nel rifiuto di un'uguaglianza soltanto formale. Con la sottrazione di gran parte del potere di autoregolamentazione alla sfera dei privati il dogma dell'autonomia privata entra in crisi, trovando legittimazione in se stesso, allo stesso modo in cui risultava privo di contenuti il dogma del parallelismo delle fonti.

La Costituzione ha operato un capovolgimento degli assetti dell'ordinamento, ponendo al vertice della gerarchia dei valori il rispetto della persona umana e la realizzazione dell'eguaglianza sostanziale. Non più, dunque, limiti né eccezioni ad un dogma. L'attenzione si è spostata all'atto, cioè alla concatenazione di atti posti in essere per il raggiungimento di uno scopo concreto, che deve essere meritevole di tutela secondo i principi costituzionali. L'atto sarà meritevole non soltanto se risponde all'autonomia negoziale, ma se l'assetto concreto nel quale l'atto si realizza sia rappresentabile quale attuazione dell'ordine giuridico dei valori. L'assetto concreto è allora un regolamento non soltanto autonomo, ma eteronomo. I fondamenti legittimanti l'autonomia privata sono, dunque, diversificati, in funzione dell' interesse da realizzare.

L'art. 41 Cost. non è sufficiente a costituire il riferimento esclusivo dell'autonomia negoziale, trovando spazio molti altri referenti: gli artt. 2 e 3 Cost., ad esempio, per gli atti esistenziali.

In tale ottica è significativa l'affermazione della Suprema Corte secondo la quale, superata la teoria della predeterminazione causale del negozio, la funzione deve essere ricercata nella *"sintesi degli interessi reali che il contratto [...] è diretto a realizzare* (al di là del modello anche tipico adoperato)"[11].

Tuttavia, come osservato da un noto autore, *"il tentativo di individuare il fondamento dell'autonomia nella garanzia costituzionale dell'iniziativa economica privata (art.41 Cost.) è parziale: l'autonomia*

---

[11]Cass. 8 maggio 2006, n. 10490, considerata *leading case* per lo studio della causa in concreto.

negoziale non si identifica e non si esaurisce con gli atti di impresa. La negoziazione avente ad oggetto situazioni soggettive non patrimoniali – di natura personale ed esistenziale – non si può non collegare al principio generale di tutela della persona umana (art. 2 Cost.). Gli atti di autonomia hanno dunque fondamento diversificato in funzione dei valori e degli interessi da realizzare: gli atti esistenziali trovano sostegno non nell'art. 41, ma negli articoli 2, 3, 13 e 32 Cost. Così, invece, gli atti associativi hanno quali referenti normativi gli artt. 2, 3 e 18 Cost.; gli atti di famiglia hanno, a loro volta, fondamento negli artt. 1 e 29 e ss. Cost.; gli atti di lavoro trovano supporto negli artt. 1 e 35 e ss. Cost"[12].

Il riconoscimento costituzionale del principio in parola, comporta tuttavia che qualsiasi immaginabile limitazione debba rispondere ad altrettante esigenze previste e protette dalla Carta Fondamentale.

Generalmente l'autonomia negoziale è contesa tra due limiti: interni ed esterni. Mentre i primi attengono alla meritevolezza del contratto, i secondi mirano al rispetto delle norme imperative, con particolare riguardo al rispetto di quelle poste a presidio di interessi superindividuali.

Tra gli strumenti di attuazione dell'autonomia negoziale, quella contrattuale ne costituisce una *species*. La *sedesmateriae* di tale principio può senza dubbio rinvenirsi nell'art. 1322 cc., essendo consentito infatti ai soggetti di porre in essere modelli contrattuali che esulano dallo schema tipico stabilito dal Legislatore, fornendo alle parti una maggiore elasticità per la regolazione dei propri interessi. Atipicità che tuttavia è destinata a permanere in un ambito limitato del diritto privato, restandone esclusi taluni settori quali ad esempio le successioni e la famiglia. Di fronte ad essi infatti, stante la particolare vicinanza con interessi pubblicistici, il Legislatore ha preferito porre un freno all'autonomia dei privati.

Proprio la previsione di un fondamento costituzionale ha offerto dei criteri validi per consentire all'interprete quel giudizio di meritevolezza, originariamente limitato ai soli contratti atipici, supponendo gli altri, quelli tipici, un giudizio di liceità *ex ante*. Oggi invece, la meritevolezza investe ogni tipo di contratto, consistendo nell'accertamento della funzionalità dell' assetto contrattuale alla realizzazione dei valori costituzionali posti a tutela della persona.

Utile a tal proposito l'apporto fornito anche dalle Istituzioni comunitarie che, congiuntamente alla normativa nazionale, hanno garantito una tutela *multilevel*mediante un dovuto bilanciamento tra i principi della libera iniziativa economica e le norme dell'Unione Europea.

Non sempre tuttavia l'autonomia è sinonimo di libertà. Secondo alcuni infatti essa assurge a vincolo per le parti, le quali utilizzando il negozio come strumento per regolare i propri rapporti, elevano lo stesso a forza di legge, divenendo pertanto irrevocabile l'impegno assunto.

La considerazione dell'autonomia negoziale, unitamente alla sua natura, è radicalmente mutata nel corso del tempo, passando da una concezione individualistica di stampo liberale, ad una di stampo personalistica, tutta ispirata alle prerogative dell'essere umano, protagonista al di sopra di ogni altro interesse economico[13]. L'incidenza infatti dei diritti fondamentali nei rapporti intersoggettivi, ha richiesto una necessaria rivisitazione del contratto volta ad abbandonare quell'arcaica impostazione economico-imprenditoriale, in favore di una rivincita della "persona" e dei suoi individuali interessi.

---

[12] PERLINGIERI, *Il diritto civile nella legalità costituzionale secondo il sistema italo-comunitario delle fonti*, Volume I, Napoli, 2006, cit. p.327-328.
[13] MARINELLI, *Scienza e storia del diritto civile*, Roma-Bari 2009.

Tale evoluzione ha comportato una necessaria rivalutazione dei profili funzionali e dinamici del contratto, con particolare riguardo all'elemento causale. Questa nozione ha subito il medesimo *excursus* del principio di autonomia negoziale, spostandosi da logiche di matrice volontaristica di stampo liberale, ad una configurazione obiettiva impostata nel dominio esclusivo dell'ordinamento, volto a realizzare assetti patrimoniali utili non solo alla persona singola ma anche alla società. Il concetto di causa è sempre stato ritenuto anfibio, tanto che è stato definito come *"oggetto vago e misterioso"*[14].

Non ha aiutato di certo il codice, nel quale è assente una definizione, facendo la causa rilievo solo come elemento "essenziale" del contratto *ex* art. 1325 cc. Ed è proprio intorno a tale elemento essenziale che è sorto un fecondo terreno di indagine, dottrinale e giurisprudenziale, mirante a scandagliare l'effettiva natura di tale oggetto. Il codice del 1865, ponendosi nel solco del *code civil* napoleonico, riferiva il concetto di causa all'obbligazione e non al contratto, non a caso ritenendosi inefficace "l'obbligazione senza causa o fondata su causa illecita". Pertanto, il contratto veniva inteso solo come fonte di rapporti obbligatori, inserendosi la causa come ragione giustificativa del sorgere di siffatta obbligazione. È in tale fase storica che la dottrina dominante favoriva una ricostruzione soggettiva di causa confondendola, ad avviso di altri, con la volontà delle parti. Fu proprio quest'indebita associazione a spingere altri verso una considerazione obiettiva della causa, intesa in senso materiale come finalità economico – giuridica del contratto concluso, una finalità considerata costante per tutti i contratti appartenenti alla medesima specie. Ciononostante, l'abbandono della visione soggettivistica della causa del contratto, in favore della "funzione economico- sociale" avviene solo in seguito alla codificazione del 1942. La causa allora, in virtù della funzione riconosciutale, viene considerata come il risvolto sociale dell'autonomia privata, frutto del combinarsi e del ridursi ad unità degli elementi indispensabili per la valida costituzione del vincolo convenzionale, della perdita e dell'acquisto di diritti che da quel negozio sono destinati a scaturire come effetti pratici[15]. È l'assenza di tale funzione a determinare la nullità del contratto per mancanza di causa.

Tuttavia, nonostante il vigore di tale orientamento, affermatosi anche nelle aule della giurisprudenza di legittimità, è a partire dagli anni '60 che ha inizio una dirompente critica volta a sacrificare il dogma della oggettività della causa. Innanzitutto, è stata criticata la forte abnegazione nei confronti della "signoria della volontà" in favore di un'eccessiva esaltazione di una volontà non più privata, ma dello Stato. L'individuazione della causa come funzione economico sociale del contratto esonerava l'interprete dalla valutazione concreta dell'atto, in quanto si obiettava che nessun contratto tipico avrebbe mai potuto essere dichiarato nullo per mancanza di illiceità della sua causa. Questa finirebbe infatti per coincidere con quella individuata dal Legislatore tramite un giudizio svolto a monte, che mai potrebbe essere *contra legem*.

Sono proprio questi gli spunti che hanno gettato le basi per un orientamento attuale tutt'oggi, ma che ancora non ha posto fine alla *vexata quaestio*, ispirato alla causa come funzione – individuale, o "in concreto"[16]. La causa diventa così l'espressione delle finalità soggettive delle parti, che attraverso il

---

[14] FERRARA, *Teoria dei contratti*, Napoli, 1940, p. 127
[15] BETTI, *Teoria generale del negozio giuridico*, Napoli, 1994.
[16] FERRI, *Causa e tipo nella teoria del negozio giuridico*, Milano 1966.

viatico del negozio esprimono la sintesi dei propri interessi. Malgrado ciò, isolati per lungo tempo sono rimasti i tentativi della giurisprudenza di legittimità volti a cambiar direzione, in favore di tale ultima tendenza[17].

Tuttavia, è con la sentenza della Corte di Cassazione n. 10490 del 2006, che le già diffuse pronunce destinate a promuovere la funzione economico – individuale hanno subito un forte incremento[18].

È utile osservare che questa evoluzione si inserisce perfettamente in una più ampia inversione di tendenza che ha investito tutto il diritto privato. Si discorre da tempo, ormai, di una "depatrimonializzazione" del diritto privato, intendendo con ciò fare riferimento ad una tendenza interpretativa degli istituti di diritto civile affrancata da logiche esclusivamente economiche.

Diversi sono stati gli spunti da cui tale fenomeno ha avuto inizio e gli ambiti nei quali ha trovato terreno fertile. Sul banco degli imputati *in primis* vi è stato l'art. 1174 del codice civile, riferendosi lo stesso espressamente alla natura non patrimoniale dell'interesse del creditore nel rapporto obbligatorio. Da ciò si è ritenuto che le obbligazioni perseguono non più interessi unicamente patrimoniali, bensì culturali, religiosi, morali[19].

Analoghe considerazioni sono svolte in merito alla stipulazione a favore del terzo, *ex art. 1411 cc*, in cui si accoglie la possibilità di un interesse anche morale dello stipulante, ugualmente meritevole di tutela secondo l'ordinamento.

Certamente il diritto delle successioni è un settore in cui sfrecciano interessi non patrimoniali, trattandosi di un ambito costituito da *"uno degli aspetti più umani dell'intervento del diritto nella vita"[20]*. Si pensi alla possibilità di contenere in un atto *mortis causa* il riconoscimento del figlio nato fuori dal matrimonio, *ex art. 254 cc*. Nonostante il riferimento dell'art. 587 alle disposizioni *mortis causa* non patrimoniali solo quando tipiche, si ritengono ammissibili oggi disposizioni testamentarie non patrimoniali anche oltre le ipotesi espressamente previste dalla legge. Ciò in linea con la visuale "depatrimonializzante" del diritto privato.

Il processo di depatrimonializzazione non ha di certo risparmiato i due concetti cardine del sistema giusprivatistico: la proprietà e l'autonomia negoziale, in un'ottica di progressiva emancipazione dalla logica eminentemente individualistica dell' "avere"[21].

A tal fine, il già richiamato art.41 della Costituzione ha mostrato l'esigenza di non esaurire la

---

[17] Tra questi: Cass. 19 febbraio 2000, n. 1898 che ha ritenuto che la causa in concreto è un elemento essenziale del contratto, in base al quale va valutata la liceità e la meritevolezza della complessiva operazione economica; Cass. 21 ottobre 2005, n. 20398 che ha considerato nullo per mancanza di causa in concreto un contratto stipulato al solo fine di eludere le norme fiscali e che non apportava alcun altro vantaggio ai suoi contraenti.

[18] La Corte di Cassazione, con la sentenza numero 10490/2006 consolidando un orientamento già da tempo annunciatosi, definisce la *"causa, dunque, ancora iscritta nell'orbita della dimensione funzionale dell'atto, ma questa volta funzione individuale del singolo, specifico contratto posto in essere, a prescindere dal relativo stereotipo astratto, seguendo un iter evolutivo del concetto di funzione economico-sociale del negozio che, muovendo dalla cristallizzazione normativa dei vari tipi contrattuali, si volga alfine a cogliere l'uso che di ciascuno di essi hanno inteso compiere i contraenti adottando quella determinata, specifica (a suo modo unica) convenzione negoziale".*
La Corte di Cassazione, in senso conforme, con la sentenza n. 16315/2007 in tema di contratto di viaggio "tutto compreso", ha ricostruito l'elemento causale rilevando che *"nel contratto di viaggio "tutto compreso", caratterizzato dalla combinazione di trasporto, alloggio ed altri servizi turistici non accessori (itinerario, visite, escursioni con accompagnatori e guide turistiche, ecc.), la "finalità turistica" (o "scopo di piacere") è l'interesse che il contratto stesso è volto a soddisfare, dunque la sua causa concreta".*

[19] GIORGIANNI, *Obbligazione (Diritto privato)*, in *Nss. Dig. it.*, XI, Torino 1965, pp. 584 ss.

[20] TRABUCCHI, *L'autonomia testamentaria e le disposizioni negative*, in*Riv . dir. civ.*, 1970, parte 1, p. 40.

[21] DONISI, *Verso la depatrimonializzazione del diritto privato*, in *Rass.dir.,civ.*,1985.

nozione di utilità sociale limitatamente al valore economico, ma di estenderla verso i valori di sicurezza, libertà, dignità umana.

Ancora, costituiscono ulteriori margini di dimostrazione, gli ultimi orientamenti giurisprudenziali volti all'esaltazione del danno non patrimoniale in ambito risarcitorio. Questo infatti, ha costituito in passato solo un'area residuale, rilevante quando allo stesso erano accompagnate altrettante conseguenze patrimoniali.

Oggi invece, il danno non patrimoniale derivante dalla lesione di diritti inviolabili della persona, come tali costituzionalmente garantiti, è risarcibile, sulla base di una interpretazione costituzionalmente orientata dell'art. 2059 c.c.[22], anche quando non sussiste né un fatto - reato, né ricorra alcuna delle altre ipotesi in cui la legge consente espressamente il ristoro dei pregiudizi non patrimoniali. Ciò a tre condizioni: a) che l'interesse leso - e non il pregiudizio sofferto - abbia rilevanza costituzionale; b) che la lesione dell'interesse sia grave, nel senso che l'offesa superi una soglia minima di tollerabilità; c) che il danno non sia futile, vale a dire che non consista in meri disagi o fastidi[23] (i cosiddetti "danni bagattellari").

Ultimo, ma non meno importante, è il diritto di famiglia dove gli interessi patrimoniali lasciano frequentemente il passo ai diritti di libertà e di solidarietà familiare, agli interessi della persona quale parte della comunità familiare, nonchè la necessità di proteggere il minore all'interno del nucleo familiare.

Tradizionalmente sono imputate, quali cause più o meno dirette di questo fenomeno, cause remote di ordine storico- filosofico, legate al trauma subìto dal positivismo giuridico a seguito dei luttuosi e disumani eventi relativi al secondo conflitto mondiale[24]. È infatti in questo contesto che riaffiora il tema dei diritti fondamentali dell'uomo, oggi argomento di rilevanza sovranazionale ancor prima che nazionale. Si assiste infatti ad una "personalizzazione" del diritto, in cui i valori della persona assumono un ruolo di prim'ordine e dai quali è impossibile prescindere, in qualsiasi branca del diritto.

2. La famiglia e l'autonomia negoziale dei coniugi.

Nel diritto romano la *familia* era caratterizzata da una matrice prevalentemente patrimoniale. Infatti essa, lungi dall'esser considerata come un nucleo unitario di legami affettivi, rappresentava l'insieme delle fonti economiche facenti capo al *pater familias*. Nel diritto arcaico infatti il termine famiglia

---

[22] Cfr. sul punto le sentenze "gemelle" della Cass., Sez. III, 31 maggio 2003, n. 8827 e n. 8828, con cui si è data una interpretazione ampia e costituzionalmente orientata dell'art. 2059 cod. civ.. In queste decisioni la Corte di Cassazione ha rigettato l'interpretazione ristretta data fino a quel momento all'art. 2059 cod. civ., promuovendone invece una interpretazione in collegamento con l'art. 2 della Costituzione. In particolare i giudici di legittimità hanno ritenuto: "(...) *nel vigente assetto dell'ordinamento, nel quale assume posizione predeterminante la Costituzione - che all'art. 2 riconosce e garantisce i diritti inviolabili dell'uomo -, il danno non patrimoniale deve essere inteso come categoria ampia, comprensiva di ogni ipotesi in cui sia leso un valore inerente alla persona (...)*". Per concludere il percorso evolutivo sul danno non patrimoniale, cfr. poi la sentenza della Corte di Cassazione resa a SS.UU., n. 26972 del giorno 11.11.2008. tale ultima pronuncia ha precisato che il danno non patrimoniale è categoria generale non suscettibile di suddivisione in sottocategorie variamente etichettate e Il pregiudizio non patrimoniale è risarcibile solo entro il limite segnato dalla ingiustizia costituzionalmente qualificata dell'evento di danno.

[23] Cfr. sul punto la Cass. civ., sez. III, 20.12.13, n. 28608.
[24] DONISI, *Verso la ...op. cit*, cit. p. 681.

faceva riferimento oltre ai nati da un medesimo capostipite, ai servi, l'abitazione, e anche agli attrezzi da lavoro, quali strumenti in grado di accrescere la ricchezza della famiglia.

Oggi invece, la famiglia viene considerata da un punto di vista "personalistico", ed è intesa come la principale formazione sociale all'interno della quale l'individuo cresce e afferma i suoi diritti.

Certamente, i vincoli che sorgono tra i soggetti appartenenti alla medesima famiglia hanno anche conseguenze patrimoniali, ma *"la famiglia è innanzitutto un legame di vita completo e duraturo, che dagli sposi si estende ai figli"*[25].

La famiglia patriarcale di stampo romanistico ha lasciato tracce nel sistema previgente, il nucleo familiare ancora organizzato gerarchicamente e dietro le direttive della potestà maritale. La supremazia del marito emergeva infatti sia per la notevole influenza che lo stesso esercitava nei confronti della moglie e dei suoi averi[26], sia per la forza dirompente che egli esercitava verso l'esterno mediante il suo potere rappresentativo del nucleo familiare.

Tale dislivello tra i coniugi emergeva in particolar modo dal regime patrimoniale accolto in passato, costituito dalla separazione dei beni. Ciò in quanto il marito era l'unica fonte economica della famiglia, mediante la sua attività lavorativa, essendo invece la donna relegata alle sole faccende domestiche. Gli unici beni di cui essa era proprietaria erano i beni appartenenti alla dote, per giunta amministrati dal marito e comunque inalienabili.

Fu proprio la Costituzione a segnare una forte inversione di marcia, trasformando quella famiglia sino ad allora intesa come subordinazione della donna ed egemonia del marito, in un democratico nucleo fondato sul consenso. Con l'articolo 29 Cost. infatti fu affermato il riconoscimento dell'uguaglianza morale e giuridica dei coniugi. Parimenti, l'art. 30 comma 1 realizza "un'equiparazione piena dei diritti dei figli legittimi o naturali nei confronti dei genitori", mostrando che appartiene egualmente ed equamente ad entrambi i genitori il dovere di mantenere ed istruire i figli[27].

Ciononostante, era ancora presto per una completa affermazione della famiglia intesa come società naturale. Infatti il Codice Civile ancora non aveva recepito questa evoluzione e non è un caso che proprio quell'articolo 29 suscitò forti reazioni tra i giuristi, incapaci di accettare un sistema siffatto[28].

Pertanto, si resero obbligatori interventi successivi volti ad aggiornare il concetto di famiglia riportando quel riconoscimento costituzionale ad attualità.

Si colgono infatti, dagli anni '60 in poi, una serie di interventi diretti ad eliminare ogni impronta discriminatoria all'interno del nucleo familiare. Tra questi, quelli della Corte Costituzionale che ha contribuito alla rimozione dei privilegi riconosciuti al marito, fortemente discriminatori. La sentenza della Consulta n.126 del 1968 ha, in proposito, dichiarato l'illegittimità costituzionale del primo e del secondo comma dell'art. 559 del Codice penale[29]. Ciò in quanto *"la legge, non attribuendo rilevanza all'adulterio del marito e punendo invece quello della moglie, pone in stato di inferiorità*

---

[25] TRABUCCHI, *Manuale ... op. cit.* p.330.

[26] Si pensi all'istituto della dote.

[27] SCOTTI, *Il diritto del minore alla riservatezza*, Napoli, 2006, p. 54.

[28] Fu proprio in quegli anni che il Calamandrei affermò che: " *il nostro sistema giuridico non è basato sull'eguaglianza giuridica dei coniugi, perchè il capo della famiglia è il marito; e questa disuguaglianza è un'esigenza di quell'unità della famiglia questa società, che per poter vivere ha bisogno di esser rappresentata e diretta da una sola persona".*

[29] "La moglie adultera è punita con la reclusione fino a un anno. Con la stessa pena è punito il correo dell'adultera".
La pena è della reclusione fino a due anni nel caso di relazione adulterina

quest'ultima, la quale viene lesa nella sua dignità, e costretta a sopportare l'infedeltà e l'ingiuria, e non ha alcuna tutela in sede penale".

Nel nostro ordinamento manca tuttavia una specifica disposizione contenente il significato di "famiglia", rinvenibile nelle molteplici norme costituzionali. Non basta infatti l'art. 29 della Costituzione, ma è doveroso un coordinamento sistematico, attraverso la lettura del combinato disposto degli artt. 2 e 29 della Carta. La principale preoccupazione infatti del Costituente, è stata quella di garantire e riconoscere l'esercizio dei diritti inviolabili dell'uomo anche all'interno delle "formazioni sociali", in cui certamente rientra la famiglia, quale *societas* originale e luogo di crescita della persona. A ciò segue l'art. 29, che appunto riconosce quale formazione sociale per eccellenza la famiglia, che riceve una precisa qualificazione giuridica in virtù del matrimonio, l' istituzione su cui essa si fonda[30]. Pare quindi, che il *favorlegitimationis* che ha caratterizzato la disciplina degli istituti familiari poggi sul presupposto che la famiglia, quale "società naturale", sia fondata sul matrimonio. L'*intentiolegis*è stata quindi quella di conferire rilevanza giuridica ad un modello sociale che esiste a prescindere dal dato positivo, saldandolo ad un elemento certo ed incontrovertibile quale il matrimonio[31].

Molteplici sono le conseguenze giuridiche che discendono dall' assunzione del vincolo matrimoniale. Sotto il profilo pubblicistico vengono in rilievo, ai sensi dell'art. 31 della Costituzione, gli obblighi di intervento statale volti all'agevolazione della famiglia attraverso misure economiche, con particolare riguardo alle famiglie numerose[32].

Anche sotto il profilo penalistico la famiglia è protetta contro i reati avverso la morale o l'assistenza familiare o contro il matrimonio, come disposto dal libro II, titolo IX del Codice penale.

Ma sotto l'aspetto privatistico che qui ci interessa, la famiglia attribuisce ai suoi componenti *status* giuridicamente rilevanti, a cui conseguono diritti e doveri[33].

Come anzidetto, il Codice civile, con la Riforma del '75, ha registrato un primo adeguamento al dettato costituzionale, prevedendo all'art. 143 cc. che, con il matrimonio, il marito e la moglie acquistano gli stessi diritti e assumono gli stessi doveri.

La peculiarità di tali rapporti consiste nel coinvolgimento di diritti fondamentali della persona. Dalla famiglia scaturiscono infatti diritti di natura non patrimoniale, perché volti a regolare interessi non suscettibili di valutazione patrimoniale. Spesso il riferimento è a diritti dei quali i coniugi non possono disporre né *inter vivos* né *mortis causa*.

Dai doveri nascenti dal matrimonio emerge *in primis* l'obbligo reciproco di fedeltà *ex* art. 143 cc. che rispetto al passato, ove la violazione di siffatto obbligo costituiva ipotesi di reato, assume una veste differente, essendo volto a garantire l'unità e la solidità della famiglia attraverso un vincolo di reciproca fiducia. Seguono all'obbligo reciproco di fedeltà, gli obblighi di assistenza morale e materiale, l'obbligo di collaborare nell'interesse della famiglia, nonché l'obbligo per entrambi i coniugi di contribuire, in base alle proprie capacità, ai bisogni della famiglia. Al fine di realizzare tali

---

[30] "La Repubblica riconosce i diritti della famiglia come società naturale fondata sul matrimonio.
Il matrimonio è ordinato sull'eguaglianza morale e giuridica dei coniugi, con i limiti stabiliti dalla legge a garanzia dell'unità familiare".
[31] CARINGELLA, *Manuale di diritto civile*, Roma 2011, p. 1733
[32] "La Repubblica agevola con misure economiche e altre provvidenze la formazione della famiglia e l'adempimento dei compiti relativi, con particolare riguardo alle famiglie numerose".
[33]Jemolo ha definito la famiglia come *"un'isola che il mare del diritto può solo lambire, ma non sommergere"*.

esigenze, il Legislatore impone quindi l'obbligo di coabitazione nel luogo scelto di comune accordo dai coniugi.

Tuttavia gli aspetti più insidiosi del diritto di famiglia si nascondono dietro il regime patrimoniale, che oscilla tra autonomia dei coniugi e rigide limitazioni.

La Legge del 1975 ha innovato profondamente anche questo aspetto, introducendo quale regime *opelegis* all'interno della famiglia la comunione legale dei beni. La Corte di Cassazione, con sentenza resa a Sezioni Unite n. 17952 del 2007, ha definito la comunione legale alla stregua di una "proprietà solidale", essendo ciascun coniuge titolare di diritti e doveri per l'intero e non limitatamente alla sua quota[34].

Il regime di comunione legale svolge all'interno della famiglia una funzione dinamica[35], contribuendo da un lato a garantire la parità tra i coniugi, dall'altro ad assicurare uno strumento di arricchimento per la realizzazione dei bisogni del nucleo familiare.

L'art. 159 cc. prevede che *"il regime patrimoniale della famiglia, in mancanza di diversa convenzione, stipulata a norma dell'art. 162 cc., è costituito dalla comunione legale dei beni"*. Pertanto, solo uno specifico accordo, precedente contestuale o successivo al matrimonio, è in grado di derogare al regime stabilito per legge. La sola costituzione di un fondo patrimoniale *ex* art. 167 cc. ad esempio, non è idonea a mutare il regime patrimoniale, che in assenza di una specifica convenzione resterà quello fissato *ex* art 159 cc.

Il regime di comunione legale si manifesta attraverso la comune gestione dei beni, mediante uguali poteri acquistati dai coniugi successivamente al matrimonio.

È opportuno chiarire sin da subito le peculiarità dell'assetto patrimoniale in questione, trattandosi di un regime derogabile solo mediante i modi e le forme previste dal Codice. Questo, distingue i beni che cadono immediatamente nella comunione, i beni che assumono rilevanza solo *ex post* al momento della divisione, e che qualora ancora esistenti e non consumati nella fase patologica del matrimonio, appartengono alla cosiddetta comunione *de residuo*, e infine i beni personali dei coniugi *ex* art. 179 cc.

Costituiscono oggetto di comunione immediata[36]:

a) gli acquisti compiuti dai coniugi insieme o separatamente durante il matrimonio, ad eccezione di

---

[34] Tale qualificazione comporta notevoli distinzioni tra la comunione legale e la comunione ordinaria. Infatti solo in quest'ultima, la quota assume un ruolo principale, essendone un elemento imprescindibile, rappresentando la misura della partecipazione del singolo alla contitolarità del tutto. Rispetto ad essa il comunista può compiere atti di disposizione, mentre nella comunione legale, in cui i coniugi sono solidalmente titolari di un diritto avente ad oggetto i beni della comunione e non una quota di essi, tale ultima non può essere oggetto di cessione.

[35] CARINGELLA, *op. cit.*

[36] Si distingue da essa la comunione *de residuo*, differita, che assume rilievo solo in seguito allo scioglimento del matrimonio quando i beni cui si riferisce non siano già stati consumati. Vi appartengono i beni di cui all'art. 177 co.1 lett. b) e c). Tali beni, prima del manifestarsi della causa di scioglimento, restano nella disponibilità del coniuge cui appartengono alla stregua dei beni personali di cui all'art. 179 cc. Quest'ultimo elenca infine i beni esclusi dalla comunione legale ed appartenenti al patrimonio personale dei coniugi. Ci si riferisce ai beni di cui prima del matrimonio, il coniuge era proprietario o rispetto ai quali era titolare di un diritto reale di godimento; i beni acquisiti successivamente al matrimonio per effetto di donazione o successione quando nell'atto di liberalità o nel testamento non è specificato che essi sono attribuiti alla comune; i beni di uso strettamente personale di ciascun coniuge ed i loro accessori; i beni che servono all'esercizio della professione del coniuge, tranne quelli destinati alla conduzione di una azienda facente parte della comunione; i beni ottenuti a titolo di risarcimento del danno nonché la pensione attinente alla perdita parziale o totale della capacità lavorativa; i beni acquisiti con il prezzo del trasferimento dei beni personali sopraelencati o col loro scambio, purché ciò sia espressamente dichiarato all'atto dell'acquisto.

quelli relativi a beni personali (art. 177 co.1 lett. a) cc.);

b) le aziende, costituite dopo il matrimonio e gestite da entrambi i coniugi (art. 177 co.1 lett. d) cc.) ;

c) gli incrementi e gli utili delle aziende, che pur essendo state costituite anteriormente al matrimonio da uno dei coniugi, sono gestite da entrambi (art. 177 co.2 cc.).

È chiaro allora che uno dei *discrimina* tra beni appartenenti alla comunione legale e beni personali, è costituito dal fattore tempo, e più in particolare se lo stesso bene preesista al matrimonio o sopraggiunga allo stesso.

Tuttavia, nonostante il tentativo del Legislatore di classificare in maniera più o meno circoscritta i beni della comunione, non sono mancati dubbi interpretativi in dottrina e in giurisprudenza circa la loro esatta qualificazione. In particolare, le questioni sono sorte intorno alla delineazione del contenuto degli "acquisti" ex art. 177 lett. a), che appunto apparterrebbero al patrimonio comune dei coniugi. Secondo alcuni infatti, vi rientrerebbero solo i diritti reali poiché solo un bene può esser conseguenza di un' acquisto, ad esclusione dei diritti di credito, senza fondare, tuttavia, tale teoria su ulteriori valide ragioni. Ciononostante, la giurisprudenza di legittimità continua ad escludere i diritti relativi dall'immediata caduta in comunione ex art. 177 cc.

Al di là di queste superabili dispute, di gran lunga maggiori sono gli ostacoli sorti intorno alla portata dell'autonomia negoziale dei coniugi, e alla misura della sua estensione nel rispetto dei limiti del regime patrimoniale.

Un autore ha definito il rapporto contratto – famiglia in tre modi[37]: "il contratto aiuta la famiglia", "la famiglia aiuta il contratto", "la famiglia minaccia il contratto".

Con la prima accezione, ci si riferisce alla possibilità per i coniugi di conformare il regime patrimoniale secondo schemi in parte diversi dal regime legale. È un momento questo che può ricadere nella fase fisiologica del matrimonio, potendosi i coniugi esprimere attraverso lo strumento delle convenzioni matrimoniali *ex* art. 162 cc. Rientrano ancora in tale insieme, quei contratti che si inseriscono invece nella fase patologica del matrimonio, ovvero quegli accordi mediante i quali i coniugi, nella prospettiva di separarsi o di divorziare, decidono le sorti economiche in maniera consensuale. Si tratta nella specie dei "contratti della crisi coniugale".

Talvolta invece la famiglia, si dice, "aiuta il contratto" quando quest'ultimo non è per ciò solo in grado di realizzare le esigenze del caso concreto, mancando di presupposti essenziali. Il riferimento è, ad esempio, ai soggetti minori, incapaci, ovvero a quelle persone che non hanno la capacità di agire e pertanto inidonee a stringere il *vinculumiuris*. Tale penuria è allora spesso colmata dai componenti del nucleo familiare, preferibili spesso rispetto a terzi estranei, che attraverso l'esercizio di poteri di rappresentanza legale suppliscono alla naturale impossibilità di taluni soggetti a contrarre, versando in situazioni psico-fisiche limitate.

Infine, si dice che "la famiglia minaccia il contratto". Ciò accade quando, talvolta, è proprio la famiglia a rendere instabili contratti conclusi, esponendo l'accordo concluso dal coniuge all'azione di annullamento dell'altro, da esperirsi entro l'anno. Infatti, l'art. 184 cc. prevede che *"gli atti compiuti da un coniuge senza il necessario consenso dell'altro coniuge e da questo non convalidati sono annullabili (...).L'azione può essere proposta dal coniuge il cui consenso era necessario (...)"*.

Certo è, che l'accordo costituisce uno strumento essenziale per la vita dei coniugi, che si presenta con

---

[37] ROPPO, *Il contratto*, in Trattato di diritto privato a cura di G. Iudica e P. Zatti, Milano 2001,pp. 59 e ss.

frequenza per tutta la durata del matrimonio e oltre. All'interno del codice infatti, il consenso dei coniugi è prestato in più occasioni. Nella fase fisiologica del matrimonio, l'art. 144 cc. è indicativo in tal senso: *"i coniugi concordano tra loro l'indirizzo della vita familiare (...)"*. Generalmente si ritiene che, non regolando rapporti patrimoniali bensì il programma di vita familiare, esso non sia un contratto ma un negozio giuridico. Ciononostante, tale tipo di accordo non smarrisce la sua forza vincolante, dal momento in cui l'art. 145 cc. fa salvo l'intervento del giudice qualora un accordo non fosse raggiunto.

Ulteriore indice sintomatico circa l'esistenza di una florida autonomia negoziale dei coniugi, quantomeno nella fase fisiologica del matrimonio, è dimostrata dall'esercizio di "comune accordo" della potestà dei genitori, *ex* art. 316, 2° co. cc.

I coniugi, inoltre, hanno la facoltà di costituire un fondo patrimoniale *ex* art. 167 cc., un negozio giuridico di destinazione consentito al fine di garantire i bisogni della famiglia.

Che l'autonomia negoziale all'interno della famiglia sia in via di evoluzione, emerge poi anche dall'ammissibilità di tutte quelle convenzioni extraconiugali utili per la regolazione degli aspetti economici anche tra coppie di fatto. Dubbi sono sorti in merito alla natura di tale ultima *species* di accordi. Taluni infatti assimilano tali convenzioni agli accordi *ex* art. 144 cc. Ciononostante, si ritiene che non potranno mai sovrapporvisi, trattandosi nell'un caso di accordi tipici (art. 144 cc.), nell'altro di accordi atipici, sconosciuti al Legislatore. È per questo motivo che generalmente si inseriscono tali convenzioni extraconiugali nella più ampia fattispecie dei contratti *ex* art. 1322 cc., cui segue la necessità di superare il giudizio di meritevolezza degli interessi.

Certamente uno dei modi, se non il principale, con cui il contratto può aiutare la famiglia, sono le convenzioni matrimoniali di cui agli art. 162 cc. e ss., che costituiscono l'unico strumento attraverso cui è possibile derogare al regime legale di comunione. Esse possono stipularsi in ogni tempo, nonché possono intervenire per modificare intese già strette tra i coniugi. Data la particolare incidenza con cui esse agiscono, producendo effetti dirompenti sul regime patrimoniale, soggette inoltre ad un peculiare sistema pubblicitario. Si tratta di negozi solenni per i quali il Legislatore ha previsto la forma dell'atto pubblico a pena di nullità (art. 162 co. 1 cc.). Tali convenzioni inoltre, intanto sono opponibili ai terzi, in quanto risultino dall'annotazione delle stesse a margine dell'atto di matrimonio.

La ragione dell'esistenza di un rigido sistema pubblicitario è data dalla necessità di tutelare i terzi, i quali, stante la regola generale della comunione dei beni, devono esser edotti di eventuali alterazioni del regime patrimoniale. I terzi, infatti, devono esser ben consapevoli che un determinato bene sia comune o personale del coniuge.

Anche le modifiche a precedenti convenzioni sono soggette agli stessi limiti formali e pubblicitari per le medesime ragioni, affinché le stesse siano rese conoscibili. Ed inoltre, la modifica di una convenzione già stipulata necessita del consenso di tutte le parti che abbiano dato vita all'accordo.

Infine, data la frammentarietà del diritto di famiglia in materia di convenzioni matrimoniali, si ritiene estendibile analogicamente in quanto compatibile la disciplina generale del contratto in materia di vizi della volontà[38].

Tuttavia, la peculiarità delle convenzioni matrimoniali consiste nel loro oggetto. Secondo

---

[38] CARINGELLA, *op. cit.*, pp. 1777 ss.

l'orientamento prevalente, si ritiene che le stesse potranno intervenire non già per modificare il regime patrimoniale di un singolo bene, ma di intere categorie. Le ragioni sottese a tale limitazione si spiegano con l'esigenza di tutelare la certezza delle situazioni giuridiche in generale, ed i terzi in particolare. Questi ultimi infatti, in assenza di convenzione alcuna, presumeranno che il regime adottato corrisponderà a quello stabilito dal codice per tutti i beni appartenenti alla comunione. Altrimenti, faranno affidamento a quanto risulterà scritto diversamente[39]. Ecco allora, per quanti ritengano doversi la convenzione riferire a categorie di beni, un primo limite all'autonomia negoziale che i coniugi incontrano nel disciplinare il proprio regime patrimoniale: quest'ultimo infatti, da un lato deve tendere a garantire i terzi creditori che entrano i contatto con i coniugi, dall'altro deve sempre esser regolato nel pieno rispetto degli interessi del minore, se quest'ultimo riceve effetti dall'accordo[40].

Proprio in relazione alla tematica riguardante il mutamento del regime patrimoniale dei coniugi, si inserisce perfettamente la questione dibattuta in giurisprudenza riguardante il cosiddetto "rifiuto del coacquisto". Dottrina e giurisprudenza si sono interrogate circa la possibilità che un coniuge rifiuti che un bene, potenzialmente comune, entri in comunione, facendolo in tal modo traslare nel patrimonio personale dell'altro coniuge. Il dibattito è sorto in quanto, in tal modo, verrebbe a realizzarsi, ancorchè indirettamente, una modifica del regime patrimoniale relativamente ad un singolo bene. Attraverso il rifiuto espresso da un coniuge all'acquisto comune di un bene, quest'ultimo diverrebbe interamente, e non più solo per la metà, di proprietà dell'altro[41].

Secondo alcuni, tale rifiuto sarebbe ammissibile in quanto il mutamento del regime patrimoniale in riferimento ad un singolo bene è consentito, poiché costituisce oltremodo espressione dell'autonomia negoziale dei coniugi. Confermerebbe tale indirizzo il contenuto della lett. f) del comma 1 dell'art. 179 cc, ed in particolare la dichiarazione fatta dal coniuge all'atto di acquisto effettuato dall'altro coniuge, in riferimento ai beni acquisiti con il prezzo del trasferimento dei beni personali o il loro scambio, all'interno del regime patrimoniale personale.

Ciononostante, l'orientamento prevalente sembra invece aderire alla tesi totalmente contraria, limitando le scelte dei coniugi alle convenzioni matrimoniali, necessariamente bilaterali, in linea con quanto disposto dall'art. 163 cc. Ciò è quanto è stato ritenuto dalla Corte di Cassazione a Sezioni Unite, con sentenza n. 22755/2009, che pur non pronunciandosi espressamente sul rifiuto del

---

[39] A tal proposito la giurisprudenza di legittimità si è interrogate se in riferimento alla costituzione di un fondo patrimoniale, esso necessita dell'annotazione a margine dell'atto di matrimonio, o no sia invece sufficiente la trascrizione nei registri immobiliari. Le Sezioni Unite della Corte di Cassazione sono intervenute con sentenza numero 21658/2009 chiarendo che il fondo patrimoniale è soggetto ad una duplice forma di pubblicità: la trascrizione, con funzione di pubblicità-notizia, e l'annotazione a margine, con funzione dichiarativa. Tale pubblicità "cumulativa" si giustifica per le medesime ragioni di garanzia e certezza verso i terzi creditori, i quali avranno l'onere di consultare sia i registri immobiliari, sia i registri dello stato civile.

[40] Non manca tuttavia una dottrina minoritaria che, ritenendo sufficiente l'annotazione per render i terzi edotti del regime patrimoniale esistente, ammette convenzioni matrimoniali che mutino il regime anche di singoli specifici beni.

[41] Tant'è che secondo alcuni si tratterebbe di un particolare tipo di rifiuto ad effetti parzialmente traslativi, che producendo effetti favorevoli nei confronti dell'altro coniuge si ritiene, per coloro che ammettono l'esercizio del rifiuto del coacquisto, che tali effetti debbano almeno tacitamente essere accettati dal coniuge su cui ricadono, sulla falsariga dell'art. 1411 cc.

coaquisto, ha aderito all'orientamento negativo[42]. Pertanto, i giudici di legittimità rifiutando che il coniuge possa scegliere *ad libitum* se escludere o meno dalla comunione legale l'acquisto di un certo bene, hanno conferito alla dichiarazione di cui alla lett. f) co. 1 art. 179 cc, un diverso significato. Infatti, ritengono i giudici che o il bene oggetto di dichiarazione è già destinato all'uso personale e allora il coniuge non acquirente al momento dell'acquisto ne certifica la destinazione già esistente con dichiarazione avente evidente valore ricognitivo; o, se il bene acquistando non è già utilizzato come bene personale e tale destinazione è soltanto programmata e futuribile, allora la dichiarazione non avrà valore ricognitivo né potrà, di per sé, dispiegare effetti ai fini della sottrazione del bene alla comunione, essendo altresì indispensabile a tal fine l'effettivo impiego del bene per fini personali del coniuge acquirente.

Da ciò segue che, il rifiuto del coacquisto non è ammissibile in quanto l'unico spazio lasciato alla libera autodeterminazione dei coniugi consiste nella facoltà di mutare il regime patrimoniale, disponendo la separazione o di tutti i beni o di alcune categorie di beni, attraverso lo strumento delle convenzioni matrimoniali. Ammettere ulteriori forme, non tipizzate dal Legislatore e non conformi allo schema di cui all'art. 162 cc., significherebbe ledere l'affidamento dei terzi creditori.

Malgrado ciò, l'autonomia negoziale dei coniugi si attua anche nella fase patologica del matrimonio attraverso la categoria dei cosiddetti "contratti della crisi coniugale". Ci si riferisce con tale categoria a tutti quegli accordi che i coniugi pongono in essere in sede di separazione o divorzio, a latere o in vista dell'annullamento del matrimonio. Nel Codice, tuttavia, non esiste un riferimento specifico a tali tipi di accordi, sussistendo soltanto sporadiche disposizioni che sembrano riferirsi a tale categoria.

Rientrano pacificamente tra questi, "gli accordi della separazione consensuale", disciplinati dall'art. 158 cc.

Almeno in passato, la fase di separazione era stata considerata come una fase di ripensamento degli assetti familiari. È pacifico, invece, che ormai essa sia soltanto una fase preliminare allo scioglimento definitivo del matrimonio. Il Codice civile, all'art. 150 prevede che al fianco della separazione giudiziale, è ammessa la separazione con il consenso dei coniugi, ai quali è riconosciuta la facoltà di chiedere al giudice l'omologa delle condizioni pattuite, che altrimenti non produrrebbero effetto alcuno. Il *proprium* di siffatto rimedio risiede nella particolarità che lo *status* di coniugi separati si instaura non per effetto della decisione del giudice, ma per autonoma e concorde volontà dei coniugi stessi[43]. Tali sono gli accordi che, in presenza di prole, principalmente provvedono a regolare l'affidamento e il mantenimento dei figli e, ai sensi del co. 1 dell'art. 158 cc., non hanno effetti se non sono omologati dal giudice.

Gli accordi della separazione consensuale sono stati da tempo oggetto di discussioni giurisprudenziali, contestandosi a lungo la natura giuridica. Alcuni, infatti, hanno ritenuto doversi riconoscere una natura pubblicistica degli accordi della separazione consensuale. Secondo questi, infatti, il consenso dei coniugi sarebbe solo un mero presupposto del provvedimento giudiziale di

---

[42] Cfr. sul punto Cassazione civile SS.UU., sent. del 28.10.2009 n. 2275 *"l'inclusione nella comunione legale è un effetto automatico dell'acquisto di un bene non personale da parte di alcuno dei coniugi in costanza di matrimonio. Ed è solo la natura effettivamente personale del bene a poterne determinare l'esclusione dalla comunione".*

[43] ROSSI, *Famiglia e persone*, Torino 2008, pp. 528-529.

omologa, mentre quest'ultimo consisterebbe nell'unico fatto costitutivo della separazione[44].

Altri, invece, ritengono che l'intervento del giudice sia solo una condizione legale di efficacia dell'accordo, il quale, coinvolgendo anche interessi pubblici, necessita dell'intervento dell'autorità giudiziaria. Si dice in fatti che il consenso permea di sé la materia dei rapporti familiari in ogni suo aspetto.

L'accordo allora costituirebbe, in tal senso, espressione della libertà di autodeterminazione dei coniugi, avente tuttavia natura non contrattuale, non coinvolgendo interessi patrimoniali. Pertanto, secondo l'orientamento maggioritario, tali accordi hanno natura negoziale e ad essi potranno applicarsi, nei limiti della loro compatibilità, le norme del regime contrattuale che riguardano in genere la disciplina del negozio giuridico o che esprimono principi generali nell'ordinamento.

Ad ogni modo, i dubbi sulla natura degli accordi della separazione consensuale sono dubbi leciti, trattandosi di accordi che si situano "a mezza via" tra interessi personali e interessi pubblicistici, entrando per di più solitamente in gioco gli interessi della prole[45].

Accanto gli accordi di separazione consensuale, si pongono poi gli accordi *a latere*. Si tratta di accordi antecedenti, coevi o successivi alla separazione, non sottoposti all'omologa del giudice. Proprio l'assenza di quest'ultima ha fatto sorgere dubbi circa l'ammissibilità degli accordi *a latere*. Innanzitutto, è bene chiarire che siffatti accordi potranno intervenire unicamente per regolare ulteriori condizioni accessorie a quelle stabilite dinnanzi al giudice. Generalmente, si suole distinguere gli accordi diretti a modificare le condizioni omologate di una separazione consensuale, gli accordi diretti a integrare le condizioni di una separazione legale consensuale, e gli accordi diretti a disciplinare in tutto o in parte le condizioni di una separazione legale in cui vengano simulatamente pattuite condizioni diverse[46]. Nonostante per lungo tempo non vi sia stata unanimità di vedute, la Corte di Cassazione ha più volte ribadito che *"in tema di separazione consensuale, le modificazioni pattuite dai coniugi antecedentemente o contemporaneamente all'accordo omologato sono operanti soltanto se si collocano in posizione di non interferenza rispetto a quest'ultimo o in posizione di maggior rispondenza rispetto all'interesse tutelato"*[47]. Pertanto, rispetto agli accordi antecedenti o coevi, per i quali non è ancora intervenuto il provvedimento di omologa, vige il principio di non interferenza, fermo restando che, anche qualora interferiscano, si ritiene che siano validi se migliorativi. Altrimenti discorrendo, se i coniugi potessero, con pattuizioni anteriori o contemporanee al controllo del giudice, aggirare l'omologa, la stessa non avrebbe senso alcuno[48]. Dubbi meno forti si nutrono nei confronti degli accordi *a latere* successivi all'omologa del giudice, i quali si ritengono ammessi ai sensi dell'art. 1322 cc, purchè non siano in contrasto con il provvedimento giudiziale.

A conferma della rilevanza degli accordi intervenuti in costanza di separazione, è intervenuta la

---

[44] Qualificare tali accordi come pubblicistici o privatistici non è privo di conseguenze. Infatti, dalla natura pubblicistica deriverebbe l'impossibilità di esperire le azioni volte a far valere i vizi della volontà dell'accordo, in quanto l'omologa del giudice, operando un controllo nel merito, sprigionerebbe un valore assorbente rispetto ad essi.

[45] Aver ridotto l'omologa ad una *condicio iuris* dell'accordo, ha spinto parte della giurisprudenza ad interrogarsi se essa debba investire solo il contenuto necessario dell'accordo o anche il contenuto eventuale, ovvero le condizioni accessorie alla separazione. La giurisprudenza oggi propende verso un omologa onnicomprensiva.

[46] Cfr. *Cass.* 20 ottobre 2005, sentenza n. 20290, con nota di G.Oberto.

[47] Cfr. Corte di Cassazione, 28 luglio 1997 sentenza n. 7029.

[48] CULOT, *I rapporti patrimoniali fra coniugi : prima e dopo la separazione*, Milano 2010, pp. 314 e ss.

Corte di Cassazione con sentenza n.387/2012, la quale ha ritenuto che il giudice deve tener conto degli accordi intervenuti tra i coniugi sul godimento della casa familiare, e pertanto è illegittima una sentenza del giudice che abbia rigettato la richiesta di assegnazione della casa familiare per aver raggiunto il figlio maggiorenne la condizione di autosufficienza economica, quando per tali accordi è stato attribuito al coniuge il diritto di godere dell'abitazione fino a quando fosse durata la convivenza, a prescindere dalle condizioni di autosufficienza economiche del figlio[49].

L'autonomia negoziale dei coniugi si manifesta poi anche in sede di divorzio, potendo essi accordarsi sulla regolamentazione dei loro interessi patrimoniali nonché, e soprattutto, per regolare gli interessi riguardanti la prole.

Il divorzio congiunto ha il merito di sveltire il procedimento di scioglimento del matrimonio, e presuppone un accordo tra i coniugi. L'art. 4 della legge n. 898/1970 indica espressamente gli elementi essenziali ai fini della validità del ricorso stesso. In questa fase, il ruolo del giudice assume un connotato più incisivo. Il Tribunale, in camera di consiglio, dovrà verificare che le condizioni pattuite non siano contrarie all'interesse dei figli. Qualora non riscontri siffatta contrarietà, il Tribunale pronuncerà il divorzio con sentenza. Nel caso in cui, invece, sia accertata una contrarietà rispetto all'interesse della prole, il giudice emetterà i provvedimenti urgenti in favore del coniuge debole e dei figli e nominerà il giudice istruttore; quest'ultimo sarà l'organo deputato ad accertare la legalità delle condizioni pattuite, attraverso un giudizio ordinario nel quale ciascuna delle parti dovrà essere assistita da un avvocato.

Pertanto, pur se con le dovute limitazioni, l'autonomia negoziale è ammessa anche nell'ultimo stadio patologico del matrimonio.

Tuttavia il terreno su cui agisce la libertà di autodeterminarsi dei coniugi non è sconfinata, toccando proprio il divorzio (ancor più che la separazione), interessi sensibili dei minori e non solo, regolando una situazione definitiva.

Malgrado ciò, mentre nei confronti delle fattispecie negoziali anzidette l'autonomia negoziale, pur con il rispetto dei dovuti limiti, è riconosciuta, dubbi sicuramente maggiori sono sorti in riferimento ai cosiddetti "accordi in vista del divorzio". Si tratta di quegli accordi che i paciscenti stipulano in un momento antecedente al divorzio, tuttavia sono ad esso propedeutici.

Di fronte tali tipi di accordi vi è sempre stato un atteggiamento di chiusura da parte della giurisprudenza, e ciò si spiega sia in ragione della natura pubblicistica dell'istituto del matrimonio, sia in considerazione del principio di indisponibilità degli *status,* nonché dello stesso assegno di divorzio, la cui natura assistenziale introdotta dalla legge di riforma n.74/1987, in qualche modo consentiva di giustificare i suddetti accordi solo quando tornassero a vantaggio del coniuge economicamente più debole. A conferma di ciò, la giurisprudenza della Corte di Cassazione, con sentenza n.8109 del 2000 ha precisato che *"sono nulli per illiceità della causa gli accordi con i quali i coniugi fissano in occasione della loro separazione il regime giuridico del futuro ed eventuale divorzio".* Le ragioni di ostilità avverso tali tipi di accordi si spiegano in considerazione del fatto che il divorzio comporta sempre un mutamento di *status* (indisponibile), e pertanto, consentire la

---

[49]Sul tema dell' assegnazione della casa familiare, è opportuno consultare anche la sentenza resa a Sezioni Unite della Corte di Cassazione n. 9371/2012, avendo invece precisato che la funzione dell'istituto ruota esclusivamente attorno all'interesse della prole.

negoziazione di uno *status* significherebbe influenzare, in un momento anteriore a quello del divorzio, la volontà dei coniugi medesimi in ordine alla loro libertà di scelta. Per il principio di indisponibilità degli *status*, quindi, consegue che gli accordi, assunti prima del matrimonio o anche in sede di separazione consensuale, e in vista del futuro divorzio, sono nulli per illiceità della causa.

L'orientamento più risalente giustificava siffatta impossibilità in ragione di quanto disposto dall'art. 160 cc., prevedendo che *"gli sposi non possono derogare né ai diritti né ai doveri previsti dalla legge per effetto del matrimonio*[50].

Inoltre, più recentemente, si è sostenuto che l'inammissibilità di tali accordi è dovuta non solo per l'incidenza che gli stessi accordi hanno sui profili economici, ma anche per quanto attiene alla volontà stessa di divorziare. Si tratterebbe quindi di un accordo avente ad oggetto "la transazione dello *status* matrimoniale"[51]. Da ciò segue, la capacità degli accordi in vista del divorzio di influenzare la libertà dei coniugi, alterando la loro preferenza in una fase delicata del matrimonio che merita la più ampia libertà di scelta, svincolati da influssi esterni. Si tratta questa di *"una sfera, cioè, in cui la libertà di scelta ed il diritto di difesa esigono invece di essere indeclinabilmente garantiti"*[52].

3. *Distinguishing*: la recentissima evoluzione giurisprudenziale. La causa in concreto incontra i negozi della crisi familiare.

Nonostante l'orientamento granitico della giurisprudenza di legittimità incline a stigmatizzare con la nullità gli accordi pre-divorzili, per illiceità della causa e per contrarietà all'ordine pubblico, attesa l'indisponibilità dei diritti e dei doveri oggetto dell'accordo, si assiste lentamente ad una marcia trionfale volta ad un superamento delle rigide vedute giurisprudenziale sino ad ora affermatesi.

A dare inizio a quest'inversione di tendenza sono stati i giudici del Tribunale di Torino, che con ordinanza del 20 aprile 2012 hanno ritenuto irragionevole la distinzione tra accordi in vista della separazione e accordi in *"contemplation of divorce"*, e con essa ogni differente modalità di trattamento.

In principio, i giudici si sono soffermati criticando l'orientamento da tempo sostenuto da una parte della dottrina, secondo cui la differenza tra separazione e divorzio sarebbe segnata dalla permanenza del vincolo matrimoniale nella prima ipotesi. A differenza del divorzio, la separazione si configurerebbe come una situazione ancora aperta, non definitiva.

Tuttavia, ad avviso del Tribunale di Torino, sarebbe opportuno rilevare come, alla stregua del divorzio, anche la separazione dia vita ad un nuovo *status* familiare, pertanto non si comprenderebbe la ragione per la quale le obiezioni sollevate contro gli accordi pre - divorzili non possano valere anche per gli accordi in vista della separazione.

Diverse sono state le ragioni addotte dall'ordinanza. Innanzitutto, se la principale motivazione circa l'inammissibilità di siffatti accordi riguarda la preoccupazione che questi ultimi influenzino le scelte dei coniugi in base agli accordi economici in precedenza stipulati, allora è opportuno chiarire che

---

[50] In tal senso si è pronunciata la Corte di Cassazione con sentenza n. 6857 del 1992.
[51] Su punto si confronti la sentenza della Corte di Cassazione n. 1810 del 2000.
[52] Così in Corte di Cassazione, sentenza n. 9494/1992.

"tale preoccupazione non sembra, peraltro, fondatamente sussistente qualora le parti si limitino a prevedere le conseguenze dell'eventuale scioglimento del matrimonio, senza impegnarsi a tenere comportamenti processuali diretti ad influire sullo status coniugale"[53].

Affermano i giudici, infatti, che un conto *"è porre a base del sinallagma negoziale l'impegno sullo status (mi obbligo a divorziare/a non divorziare), e ben altro è prestabilire le mere conseguenze economiche dell'eventuale mutamento di status"*. Ancora, non sarebbe ragionevole il motivo per il quale siano nulli gli accordi preventivi al divorzio, incidendo sulle conseguenze patrimoniali di un mutamento di status, e non anche le intese preventive dirette a quel mutamento di status che si attua con la celebrazione delle nozze, ovverosia le convenzioni matrimoniali celebrate prima delle nozze. Queste ultime, infatti, nonostante stabiliscano in merito alla separazione o alla comunione dei beni del patrimonio dei coniugi, sono perfettamente ammissibili. Addirittura, ad avviso dei giudici di Torino, sembrerebbe quasi che il Legislatore attraverso gli artt. 152 cc. e seguenti, voglia perfino incitare i coniugi *"a «costruire» le proprie prospettive matrimoniali attraverso la stipulazione delle convenzioni (pre)matrimoniali"*, ammettendo che queste ultime siano realizzabili in ogni tempo.

Anche questa, quindi, la ragione per la quale non si comprende un diversificato trattamento nei confronti degli accordi in vista del divorzio, incisi invece dalla più grave forma di invalidità.

Inoltre, superabile per i giudici di Torino, sarebbe anche un'altra delle principali ragioni addotte dalla giurisprudenza di legittimità incline alla nullità degli accordi in questione: l'art. 160 cc., ad avviso del quale *"gli sposi non possono derogare né ai diritti né ai doveri previsti dalla legge per effetto del matrimonio"*, farebbe riferimento non già alla fase "patologica" dell'*affectioconiugalis*, bensì alla fase "fisiologica". Infatti, con il divorzio, *"cessano la maggior parte dei diritti-doveri discendenti dal matrimonio (come il dovere di fedeltà, di coabitazione..), onde non si ravvisano ragioni per ritenere che, al contrario, il diritto-dovere di contribuzione al mantenimento debba invece, necessariamente, permanere intatto e nulla, in relazione ad esso, possa essere convenuto tra le parti"*.

Peraltro, se la ragione per cui gli accordi in vista del divorzio sono da ritenersi nulli in quanto interferenti con la libertà del consenso dei coniugi sullo stato personale, non si comprenderebbe la ragione dell'ammissibilità, senza remora alcuna, del divorzio congiunto, per il quale i contenuti economici dell'accordo sono generalmente stabiliti in tempi antecedenti all'atto della domanda stessa.

Infine, altrimenti discorrendo, si ammetterebbero nel mondo giuridico soluzioni anacronistiche, in contraddizione con il continuo affermarsi di principi come la buona fede e la correttezza, ormai imprescindibili nel nostro ordinamento. Ritengono i giudici che *"appare contrario alla evoluzione di tutta la recente normativa nei più svariati settori (...) ove la buona fede e la correttezza costituiscono sempre più cardini inderogabili e principi per così dire di rango superiore, ritenere che nell'ambito del diritto familiare, al contrario, proprio quindi tra i coniugi, e cioè tra i soggetti il cui rapporto dovrebbe essere caratterizzato dal massimo livello di affidamento, non possa esser minimamente preso in considerazione qualsivoglia tipo di accordo economico raggiunto, con la conseguenza che un accordo di separazione, faticosamente concordato dopo mesi (o anni) di trattative e obiettivamente inteso come solutorio dell'intero complesso dei rapporti nati da un'unione*

---

[53] Cfr. Tribunale di Torino, sez. VII, ord. 20 aprile 2012.

sbagliata, possa essere accettato da una delle parti con la «riserva mentale» di porre tutto nuovamente in discussione al momento del divorzio".

Le rivoluzionarie affermazioni riportate dalla suesposta ordinanza, tuttavia, non sono rimaste isolate ed anzi hanno stimolato l'attenzione della giurisprudenza di legittimità che dinnanzi a tale cambiamento di rotta ha colto l'occasione per tentare di prender posizione. Non è un caso infatti, che l'impostazione del Tribunale di Torino sembra abbia aperto una crepa anche tra i giudici della Corte di Cassazione, fino ad allora avvinti da un orientamento granitico sul punto.

La Corte di legittimità, con sentenza n. 23713 del 21 dicembre 2013 ha ritenuto valido l'impegno negoziale assunto dai nubendi in caso di "fallimento" del matrimonio, qualificandolo non come accordo prematrimoniale in vista del divorzio (pur avendone le sembianze), ma come contratto atipico con condizione sospensiva lecita. Complice di tale risultato la stessa evoluzione del sistema normativo, ormai orientato a riconoscere sempre più ampi spazi di autonomia ai coniugi nel determinare i propri rapporti economici.

Nel caso di specie, l'accordo stabiliva l'impegno della moglie a ritrasferire all'altro coniuge la proprietà di un immobile "in caso di fallimento di matrimonio" ed a titolo di corrispettivo per le spese sostenute per la ristrutturazione di altro locale adibito a residenza familiare. Pertanto, il marito dinnanzi al Tribunale di primo grado, ha proposto nei confronti della moglie domanda *ex* art. 2932, rigettata dai giudici e accolta poi dalla Corte d'Appello. La moglie, sulla scia del tradizionale orientamento aderente alla nullità di siffatti accordi[54], è ricorsa in Cassazione la quale, disattendendo le aspettative della ricorrente, ha ritenuto tali accordi non includibili nella categoria di negozi con causa illecita.

Ebbene, secondo i giudici di legittimità, tale accordo non sarebbe contrario all'ordine pubblico, bensì espressione della libera autonomia dei coniugi ai sensi dell'art. 1322 co 2 cc.

Non vi sarebbe nullità del contratto in quanto "il fallimento del matrimonio" non assurge a "causa" del contratto, bensì a condizione dello stesso. Condizione che *"non può essere meramente potestativa ai sensi dell'art. 1355 c.c., e cioè dipendere dalla mera volontà di uno dei contraenti (ciò che, nella specie, non potrebbe verificarsi, considerando, evidentemente, le parti tale 'fallimento'', come fattore oggettivo, indipendentemente da eventuali responsabilità addebitabili all'uno o all'altro coniuge)"*[55].

La Corte di Cassazione, con questa pronuncia, sembra quindi voler distinguere l'ipotesi in cui la fase patologica del matrimonio assuma un connotato causale nell'accordo, da quella in cui il fallimento costituisca condizione sospensiva. Solo in quest' ultimo caso si potrà discorrere di contratti atipici meritevoli di tutela per l'ordinamento. Infatti, la pronuncia in esame, fermo restando quanto meno in astratto l'orientamento consolidato in merito alla nullità in via generale degli accordi in vista del divorzio, distingue da un lato gli accordi che intendono regolare l'intero assetto economico tra i coniugi, colpiti da nullità; dall'altro, i contratti tra i coniugi aventi ad oggetto prestazioni e controprestazioni tra loro proporzionali, per i quali il fallimento del matrimonio assurge a condizione del contratto.

---

[54]Cfr. Sul punto Cass. n. 1084/2012, Cass. n. 17634/2007, Cass. n. 5302/2006, Cass. n. 15064/2003, Cass. n. 2076/2003, Cass. n. 5866/2000, Cass. n. 1810/2000, Cass. n. 2955/1998.
[55] Corte di Cassazione civile , sez. I, sent. 21.12.2012 n. 23713.

In particolare, ad avviso dei giudici, l'impegno negoziale della moglie (trasferimento di un immobile di sua proprietà in luogo delle spese di ristrutturazione di altro immobile sostenute dal marito, immobile adibito a casa familiare) configurerebbe un'ipotesi di *datio in solutum*. Già la Corte territoriale aveva precisato in sede di appello, che la nullità di un suddetto accordo sarebbe venuta in rilievo qualora il matrimonio (e il suo fallimento) costituisse causa genetica del contratto, sì da trasformare tale impegno in una sorta di *"sanzione dissuasiva volta a condizionare la libertà decisionale degli sposi, anche in ordine all'assunzione di iniziative tendenti allo scioglimento del vincolo coniugale"*. Proseguono i giudici individuando quale "indice sintomatico" di un accordo di tal genere, la notevole sproporzione delle prestazioni, non rilevata nel caso di esame. Attraverso il viatico dell'art. 1363 cc., secondo cui le clausole del contratto si interpretano le une per mezzo delle altre, attribuendo a ciascuna il senso che risulta dal complesso dell'atto, ai sensi dell'art. 1197 cc., *"il debitore non può liberarsi eseguendo una prestazione diversa da quella dovuta, salvo che il creditore vi consenta"*. L'obbligazione si estingue quando la diversa prestazione è eseguita. Nel caso di specie, infatti, il trasferimento dell'immobile sicuramente può costituire adempimento, con il consenso del creditore, rispetto all'obbligo di restituzione delle somme spese per la sistemazione di altro immobile, adibito a casa coniugale.

Nel caso in esame, il "fallimento" del matrimonio non contribuisce alla nullità dell'accordo dei coniugi, non rappresentando un fattore incidente sulla libertà individuale dei coniugi ma rilevando esclusivamente come fattore oggettivo, indipendentemente da eventuali responsabilità addebitabili all'uno e all'altro coniuge[56].

Da ciò seguirebbe con tutta chiarezza, secondo una parte della dottrina pronunciatasi in merito alla sentenza in esame che i giudici, attraverso il viatico della "proporzionalità" delle prestazioni tra i coniugi, e della "oggettività" della condizione con effetto sospensivo, abbiano trovato il grimaldello per consentire l'accesso nel nostro ordinamento a quel tipo di accordi sin ora stigmatizzati con la nullità più assoluta. L'illiceità per contrarietà all'ordine pubblica sarebbe ora sorpassata dalla libera iniziativa economica.

In realtà, è bene puntualizzare che l'orientamento da sempre maggioritario, secondo cui gli accordi pre-divorzili sarebbero sconosciuti al nostro Legislatore, resta ancora fermo in punto di indisponibilità dell'assegno divorzile. Ciò che si consente è ora solo lo scambio, un dare e avere, che nell'ambito dell'autonomia delle parti resta valido pur essendo connesso ad un rapporto matrimoniale.

Alle medesime conclusioni sembra essere giunta la più recente giurisprudenza della Corte di Cassazione che, con la sentenza n. 19304/2013, interviene nuovamente sull'annosa questione circa il rapporto tra l'autonomia privata dei coniugi e l'inderogabilità dei diritti e doveri derivanti dal matrimonio (*ex* art. 160 cc.).

Nel caso di specie, durante il matrimonio i coniugi avevano stipulato un accordo mediante scrittura privata, con la quale pattuivano che il marito avrebbe restituito, in caso di separazione, alla moglie Lire 20.000.000 ricevuti dalla stessa in prestito. Tuttavia, in sede di omologazione della separazione, il marito si rifiutava di adempiere a suddetto accordo, eccependo la nullità dello stesso per contrarietà all'ordine pubblico. Rigettate le conclusioni del marito, viene proposto infine ricorso innanzi alla

---

[56] Per un maggior approfondimento sul punto, cfr. *Nota a Cass*. n. 23713/2012 di Oberto.

Corte di legittimità.

Ad avviso del ricorrente, *"condizionare la restituzione di una somma di denaro all'ipotesi della separazione coniugale, è evidentemente contrario all'ordine pubblico ed al buon costume, perchè equivale a porre delle limitazioni alle altrui fondamentali libertà. Il diritto a separarsi dal coniuge, infatti, è diritto "personalissimo" che non tollera alcuna forma di limitazione"*.

La nullità dell'accordo, pertanto, troverebbe fondamento nella contrarietà alle norme imperative e nell'impossibilità di "negoziare" i diritti e i doveri che scaturiscono dal matrimonio. In particolare, si tratterebbe secondo il ricorrente anche di contrarietà della prestazione al buon costume. Infatti *"chi, ai sensi dell'art. 2035 cc., ha eseguito una prestazione per uno scopo che, anche da parte sua, costituisca offesa al buon costume non può ripetere quanto ha pagato[57]"*. Il coniuge, inoltre, avendo eccepito che la condizione in esame abbia comportato una coercizione e limitazione della sua sfera di libertà, l'ha ritenuta nulla a norma dell'art. 1354 cc., secondo cui è nullo il contratto al quale è apposta una condizione, sospensiva o risolutiva, contraria a norme imperative, all'ordine pubblico e al buon costume.

Tuttavia, di diverso e contrario avviso sembrano esser stati gli Ermellini che, pronunciandosi sulla questione in esame, hanno ritenuto perfettamente lecito l'obbligo di restituzione della somma nei confronti della moglie, in caso di divorzio. Certo è, che giungere a questa conclusione non è stata cosa semplice, in considerazione del rigido orientamento formatosi da tempo in riferimento all'impossibilità di negoziare *status* derivanti dal matrimonio, nonché riguardo al rischio che siffatte ipotesi di accordi possano generare una decisione non libera rispetto alla volontà di divincolarsi dal matrimonio.

Infatti, ad avviso dei giudici di legittimità, rispetto al primo profilo, *"non ci sarebbe nessuna norma imperativa che impedisca ai coniugi, prima o durante il matrimonio, di riconoscere l'esistenza di un debito verso l'altro e di subordinarne la restituzione all'evento, futuro ed incerto, della separazione coniugale"*.

Aggiungono inoltre, che nel caso di specie non vi sarebbe nemmeno la necessità di affrontare il più complesso giudizio di meritevolezza*ex* art. 1322, 2 comma, trattandosi nel caso di specie non di un negozio atipico, bensì di un negozio di mutuo (gratuito). Di tal ché, *"appare fuor di luogo, sia il richiamo all'art. 2035 cod. civ., del tutto estraneo alla presente fattispecie, sia quello agli artt. 143 e 160 cod. civ. riguardanti l'inderogabilità dei diritti e dei doveri che scaturiscono dal matrimonio, perché l'inderogabilità non viene meno per il fatto che uno dei coniugi, avendo ricevuto un prestito dall'altro, si impegni a restituirlo per il caso della separazione"*.

Rispetto al secondo profilo, la Corte sottolinea che per quanto in linea generale un accordo pre - divorzile possa influenzare la libera scelta dei coniugi, nel caso di specie non sussisterebbero ugualmente elementi probatori sufficienti in grado di sostenerlo[58].

Dall'analisi delle sentenze in esame, tuttavia, è bene precisare che non è possibile scalfire a piè pari l'orientamento granitico della giurisprudenza in riferimento agli accordi in sede di separazione e in

---

[57] Ciò in ossequio al noto principio romanistico *"in pari causa turpitudinis, melior est condicio possidentis"*.

[58] In particolare, i giudici specificano che *"il fatto che l'esistenza di un simile accordo si possa tradurre in una pressione psicologica sul coniuge debitore al fine di scoraggiarne la libertà di scelta per la separazione, è questione che nel caso specifico non ha trovato alcun riscontro probatorio; e che comunque, ove pure sussistesse, non si tradurrebbe di per sè nella nullità di un contratto come quello in esame"*.

vista del divorzio. Certamente, è possibile notare un'apertura, una soglia di tollerabilità da parte dei giudici della Cassazione, tuttavia ciò non è sufficiente a far di queste sentenze un indirizzo nomofilattico contrario a quello precedentemente affermatosi.

Innanzitutto, emerge dalle pronunce di cui si è discorso, che è doverosa un'analisi del caso specifico, dovendo gli interpreti ricercare la causa in concreto del negozio, valutando la effettiva carica di lesività, e per quanto concerne il divieto di cui all'art. 160 cc., la idoneità di siffatti accordi di influenzare e alterare le scelte dei coniugi in un campo sensibile qual è quello del matrimonio.

In passato, rispetto agli accordi della crisi coniugale, sono state tentate diverse strade circa la definizione dell'elemento causale. Nonostante la avanzata proposta di riconoscere a siffatti accordi una *causa donandi*, l'orientamento maggioritario che vede avvicinare dottrina e giurisprudenza confluisce nella negazione del carattere liberale, e ciò per l'assenza dei caratteri tipici della donazione[59]. Mancherebbero all'appello sia quel tipico *animus donandi*, sia l'elemento della necessaria gratuità. Infatti, la coazione all'adempimento contrasterebbe con la spontaneità che deve caratterizzare la liberalità *ex* art. 769 cc. Tuttavia, pur qualora si volessero superare tali ostacoli, imprescindibile resterebbe l'elemento formale.

In passato, una parte della giurisprudenza propose anche una *causa solutionis*[60], in considerazione dell'adempimento dell'obbligo legale di mantenimento. Ciononostante, anche la causa solutoria non è priva di rilievi critici, in quanto, salvo che le parti non vi facciano espressamente riferimento o emerga con facilità dall'accordo, difficilmente essa risulta invocabile.

Anche la avanzata causa transattiva degli accordi della crisi coniugale è stata rifiutata. Infatti, la transazione consente il superamento di una lite, specifica ed attuale, mediante reciproche concessioni. Tuttavia, in siffatta ipotesi, ne conseguirebbe che *i coniugi dovrebbero tener ben presente che non è possibile ipotizzare in termini generali l'esistenza di una transazione senza precisare la lite che (specificamente) il contratto di transazione consentirebbe di superare*[61].

Più correttamente, dovrebbero quindi inserirsi gli accordi della crisi coniugale nella più ampia "causa familiare". La particolarità del rapporto coniugale consiste nella confluenza di momenti "fisiologici" e "patologici". Ed è proprio in riferimento a quest'ultimi che affiorano le necessità dei coniugi di autoregolare le rispettive posizioni personali e patrimoniali. Pertanto, "sarebbe proprio la tensione verso la soddisfazione e composizione di interessi giuridico-patrimoniali (…) rilevanti nella fase patologica del rapporto coniugale a caratterizzare gli atti traslativi tra i coniugi in occasione di separazione e divorzio. E questa ragione giustificatrice è stata indicata come causa familiare"[62].

Oggi, attraverso il viatico della "causa in concreto", e grazie all'esame delle sentenze suesposte, la giurisprudenza sembra abbia fornito una chiave d'accesso a tali tipi di accordi, fornendo agli interpreti un *"Distinguishing"*. Infatti, mentre ora appare possibile affermare la validità di accordi conclusi anche prima del matrimonio, nei quali ancorché affiori il fallimento quale condizione di efficacia del negozio, essa permanga condizione obiettiva, futura e incerta, lo stesso non può dirsi in riferimento agli accordi tra i coniugi volti a disciplinare *in toto* gli effetti economici tipici della

---

[59] OBERTO, *I contratti… op. cit.*, pp. 638 ss.
[60] Cfr. sul punto Cassazione del 17.6.1992 sent. n. 7470.
[61] OBERTO, *I contratti… op. cit.*, p. 676
[62] DORIA, *Autonomia privata e "causa" familiare: gli accordi traslativi tra i coniugi in occasione della separazione personale e del divorzio*, Milano 1996, pp. 32 ss.

separazione e del divorzio, questa volta sì influenzando le scelte dei nubendi.

Pertanto, fermo restando l'apprezzabile sforzo dei giudici di legittimità, sarebbe auspicabile sul punto l'intervento chiarificatore delle Sezioni Unite, in grado di porre fine ai dubbi interpretativi ancora in auge, o meglio ancora l'intervento del Legislatore che ha da sempre taciuto in merito.

➢ Brevi cenni sul contratto di assicurazione

di Claudia Marano

Il contratto di assicurazione viene annoverato dalla dottrina maggioritaria tra i contratti aleatori.

Si definiscono aleatori tutti quei contratti che presentano, per coloro che ne fanno ricorso, il rischio che si possa verificare un accadimento imprevedibile ed incerto.

L'avverarsi di questi avvenimenti incerti determina un vantaggio economico nei confronti di una delle parti contrattuali.

In questo paradigma, il più largo impiego del contratto aleatorio trova applicazione con i contratti di assicurazione; infatti è del tutto incerto ed imprevedibile il tipo di vantaggio economico che vanterà l'assicurato dalla stipula del contratto.

Tale fattispecie contrattuale trova la sua disciplina nel Libro IV, Capo XX *"Dell'assicurazione"* Sez. I, art. 1882 e ss. : «*L'assicuratore, verso il pagamento di un premio, si obbliga a rivalere l'assicurato, entro i limiti convenuti, del danno ad esso prodotto da un sinistro, o a pagare un capitale e o una rendita al verificarsi di un evento attinente la vita umana*».

Il contratto in esame, in ragione del tipo di rischio assicurato si distingue in due tipologie: contratto di assicurazione sulla vita e assicurazione contro i danni.

Le assicurazioni sulla vita, che ricomprendono anche quelle per le malattie, prevedono che al verificarsi di un evento afferente alla vita stessa dell'assicurato, l'assicuratore eroghi una determinata somma.

L'assicuratore, nel caso di stipula contrattuale *"al verificarsi della morte"*, si impegna a pagare un indennizzo sotto forma di rendita o capitale, solo dopo il verificarsi dell'evento morte dell'assicurato.

Diversamente, se oggetto contrattuale è la sopravvivenza *"oltre un certo termine"*, l'indennizzo sarà erogato solo al raggiungimento dell'età stabilita.

Le assicurazioni contro i danni possono essere specificamente riferite ad un accadimento verso persone, cose o patrimoni.

Se stipulate in relazione alla persona sono afferenti agli infortuni e alle malattie; se invece sono riferite alle cose potranno riguardare accadimenti quali ad esempio, durante i trasporti, incendi, etc; infine, quelle riferite al patrimonio possono rilevare ai fini della responsabilità civile o spese legali.

Nel contratto di assicurazione l'avverarsi del rischio, come descritto nella polizza, è *"il fatto costitutivo del diritto dell'assicurato all'indennizzo, mentre la sussistenza di una circostanza di fatto idonea a sussumere il rischio tra quelli esclusi dalla polizza, è fatto impeditivo di quel diritto".(Cass. 14.03.2013 n. 6548)*

Caratteristica del rapporto è il principio indennitario, alla stregua del quale la controparte è tenuta ad essere indennizzata del danno sofferto.

Vi è infatti un rapporto causale tanto nelle assicurazioni sulla vita quanto in quelle contro i danni: nel primo caso ci sarà il ripristino del valore patrimoniale, mentre nell'altro l'indennizzo sarà rivolto al danno patrimoniale sofferto.

Rileva che l'indennizzo **mai** può superare il danno.

La funzione garantista dell'assicurazione si sostanzia nel conservare il patrimonio dell'assicurato non potendosi in alcun modo conseguire un indebito arricchimento, dal momento che sono le parti a fissare un tetto massimo (cd. *massimale*) entro il quale sarà corrisposto l'indennizzo.

La Suprema Corte di Cassazione ha ultimamente statuito che: "*nei contratti di assicurazione contro i danni, e dunque, anche nelle polizze vita e contro gli infortuni l'indennizzo dovuto dall'assicuratore, ancorchè convenzionalmente contenuto nella sua espressione monetaria, nei limiti di una massimale, si **configura un debito di valore e non di valuta**.*

Esso, infatti, assolve funzione reintegrativa della perdita subita dal patrimonio dell'assicurato,e, pertanto, è suscettibile di automatico adeguamento alla stregua della sopravvenuta svalutazione". (*Cass. 02/04/2014 n. 7697*)

Le obbligazioni di valore, stante il principio nominalistico di cui all'art. 1224 c.c. , si trasformano in obbligazioni di valuta **solo in seguito al passaggio in giudicato della sentenza** che decide sulla loro liquidazione. (*Cfr. Cass. Civ. 11/03/2004 n. 4993*).

Ai sensi dell'art. 1888 c.c. il contratto richiede la forma scritta *ad probationem* e non *ad substantiam*. E' a carico dell'assicuratore l'obbligo di rilasciare al contraente la polizza di assicurazione o altro documento sottoscritto (*Cfr. Cass. Civ. 18/04/1975 n. 1486*); il certificato di assicurazione, ex art. 7, 2° comma L. 1990/1969, attesta l'esistenza della garanzia assicurativa.

Preme sottolineare quale sia la causa che può determinare l'annullamento del contratto: la reticenza.

La Suprema Corte di Cassazione ha indicato le tre condizioni cumulativamente richieste per l'annullamento del negozio.

In sentenza n. 25582 del 30/11/2011la Corte ha previsto la presenza di questi elementi: dichiarazione inesatta o reticente, dichiarazione resa con dolo o colpa grave ed infine, quando la reticenza sia stata l'elemento determinante per la formazione del consenso. (*in tal senso Cass. Civ. 25/02/02 n. 2740, Cass. Civ. 21/07/06 n. 16769*)

Da ultimo, in tema di assicurazione sulla vita si sottolinea la sentenza della Suprema Corte di Cassazione n. 13604/2011 secondo cui non vi sarebbe nullità del contratto assicurativo, non potendosi ritenere reticente la condotta dell'assicurato che "*al momento della stipula del contratto sottaccia all'assicuratore, l'esistenza di sintomi ritenuti dai medici, in quel momento, ambigui, aspecifici e comunque non allarmanti, a nulla rilevando che in prosieguo di tempo emerga che quei sintomi erano provocati da una grave malattia, non accertabile al momento della stipula del contratto, se non attraverso specifici e particolari esami.*"

> ## L'accettazione dell'eredità

di Valentino Marzano

SOMMARIO
1. Introduzione. - 2. Le fasi del procedimento successorio. – 3. Forme di accettazione: accettazione espressa e tacita. - 4. Altre forme di accettazione: donazione, vendita, cessione e rinunzia «traslativa» dei diritti successori. - 5. Gli acquisti dell'eredità senza accettazione.

1. INTRODUZIONE

All'interno della vicenda successoria, l'esternazione dell'intenzione del delato rispetto all'asse patrimoniale del *de cuis* costituisce un momento cruciale per il destino dei beni relitti.

Il delato potrà impedire l'ingresso dei rapporti già facenti capo al *de cuis* nella sua sfera giuridico-patrimoniale attraverso un atto di rinunzia all'eredità ovvero potrà subentrare negli stessi attraverso un atto di accettazione.

Quest'ultimo costituisce l'oggetto del presente contributo.

Sterminata ed autorevole è la letteratura che si è occupata dell'argomento in parola e nelle pagine che seguono si è cercato di darne conto, senza alcuna pretesa di completezza, concentrando l'attenzione nell'analisi del ruolo dell'autonomia privata e dei suoi limiti nell'ambito dell'istituto in parola.

2 . LE FASI DEL PROCEDIMENTO SUCCESSORIO

Nel procedimento successorio è possibile isolare tre distinte fasi: l'apertura della successione, la vocazione e la delazione finalizzate all'atto di accettazione dell'eredità che completa la vicenda successoria.[63]

L'art. 456 c.c. fornisce lo coordinate spazio-temporali dell'apertura della successione ubicandola temporalmente al momento della morte del *de cuis* e spazialmente nel luogo dell'ultimo domicilio del defunto.

La determinazione dell'*ubi* e del *quando* dell'apertura della successione, effetto automatico discendente dalla morte del *de cuis*, è di fondamentale importanza ai fine dell'applicazione della legge. Così ad esempio dal giorno dell'apertura della successione decorre il termine prescrizionale decennale del diritto di accettare l'eredità ex art. 480 c.c., inoltre la determinazione del luogo è necessaria al fine di stabilire il tribunale competente a rendere pubblici alcuni atti (art. 52 e 53 disp. att.) nonché la competenza giudiziaria per le azioni ereditarie (art. 22 c.p.c.).

L'evento morte da un lato determina la intermissione della titolarità del patrimonio del defunto[64], la scissione del patrimonio giuridico dal suo titolare ovverosia la cessazione in capo al *de cuis* dei rapporti patrimoniali consentendone la qualificazione in termini di eredità; dall'altro converte da potenziale ad attuale la chiamata all'eredità[65].

---

[63] G. BONILINI, Manuale di diritto ereditario e delle donazioni, Torino, Utet, 2013, p.70.

[64] A. TRABUCCHI, *Istituzioni di diritto civile*, Padova, Cedam, 2007, p.424: "l'apertura è un concetto giuridico direttamente collegato al fatto che un patrimonio resta senza titolare".

[65] A. TRABUCCHI, *op.cit*, p.423: "l'apertura della successione è un effetto giuridico connesso ad un evento naturale; la morte della persona opera la separazione dei diritti dal loro titolare, e dal momento della morte si dice che la successione

Se il momento della morte costituisce il *dies a quo* del procedimento successorio, la riflessione su cosa sia "morte" è cittadina non solo dell'empireo delle realtà filosofiche ma anche della concreta realtà immanente.

La nozione giuridica di morte non è del tutto pacifica.

Un indice normativo lo si può ricavare dall'art. 1, l. n. 578/1993 il quale, riguardo all'espianto degli organi, fa coincidere la definizione legale di morte con la c.d. morte cerebrale ovverosia "la cessazione irreversibile di tutte le funzioni dell'encefalo"[66].

Giova accennare come sia in atto una rinnovata riflessione sulla validità concettuale della morte cerebrale[67].

La vocazione ereditaria, di cui all'art. 457 c.c., secondo atto del procedimento successorio, sta a significare designazione del successibile fatta o attraverso la legge o attraverso un valido testamento, e costituisce, in ultima analisi, la ragione giustificatrice della successiva delazione dell'eredità[68].

La delazione, effetto diretto della vocazione, indica l'offerta del patrimonio relitto ad un soggetto che in tal modo non consegue ancora l'eredità, ma solo la possibilità di acquisire specifiche situazioni soggettive facenti capo all'ereditando[69] subentrandovi in tutto o in parte.

Ci si è chiesti in dottrina che relazione ci fosse tra la qualifica di delato e quella di chiamato al quale, l'art. 460 c.c., riserva una vasta gamma di poteri gestionali e cautelari il cui esercizio prescinde dall'accettazione: esercizio delle azioni possessorie e possibilità di compiere atti conservativi e di amministrazione del patrimonio relitto allo scopo di evitare che il compendio ereditario subisca, nelle more dell'accettazione, pregiudizi qualitativi e quantitativi[70].

Il nodo è stato sciolto sovrapponendo le due nozioni: chiamato e delato sarebbero termini equivalenti[71].

Da quanto detto emerge chiaramente la differenza concettuale tra vocazione e delazione: con la prima formula si allude al titolo in forza del quale un soggetto può subentrare nel complesso delle situazioni

---

è aperta"; G. BONILINI, *op.cit.*, p. 71: "con la morte di un soggetto, il suo patrimonio perde il proprio titolare, e diviene eredità; da codesto momento, la chiamata di un soggetto a raccogliere l'eredità si tramuta, da virtuale, in effettiva: è soltanto da questo momento, che il delato può far propria l'eredità".

[66] G. FIANDACA - E. MUSCO, *Diritto Penale. Parte Speciale. I delitti contro la persona.*, Volume II tomo I, Bologna, Zanichelli, 2008, p.6.

[67] Per una esauriente panoramica delle posizioni critiche della validità concettuale della c.d. morte cerebrale si veda il documento del COMITATO DI BIOETICA NAZIONALE, I criteri di accertamento della morte, 24 giugno 2010, p. 9 ss.:"la prima critica è nei confronti della c.d. perdita irreversibile di tutte le funzioni, che sarebbe presente quando si afferma la morte cerebrale totale. La seconda è rivolta al dato della «cessazione permanente del funzionamento dell'organismo come un tutto» e l' attribuzione al cervello del ruolo di imprimere una direzione organica a tutte le funzioni che compongono l'organismo di ogni singolo vivente".

[68] S. CASTRO – A. MARI – V. MAZZOTTA, *L'eredità tra accettazione e rinunzia*, Torino, Giappichelli, 2006, p. 61; A. TRABUCCHI, *op.cit.* p. 424; G. CAPOZZI, *Successioni e donazioni*, Milano, Giuffrè, 2009, p.22.

[69] L. NIVARRA – V. RICCIUTO – C. SCOGNAMIGLIO, *Istituzioni di diritto privato*, Torino, Giappichelli, 2005, p.462; S. CASTRO – A. MARI- V. MAZZOTTA, *op.cit.*, p.60; G. BONILINI, *op.cit.*, p.77.

[70] F. GAZZONI, *Manuale di diritto privato*, Napoli, Edizioni scientifiche italiane, 2007, p.445; in giurisprudenza: Cass., sez. II, 8 aprile 2002, n. 4991 secondo cui: "i chiamati all'eredità possono, in quanto tali, esercitare le azioni possessorie a tutela dei beni ereditari senza bisogno di materiale apprensione degli stessi, obbedendo all'esigenza che, pur nel periodo tra la delazione e l'accettazione, l'eredità non sia lasciata indifesa contro gli spoglie e le turbative; conseguentemente, in applicazione di detto principio, possono anche proseguire un giudizio possessorio iniziato dal proprio dante causa".

[71] G. CAPOZZI, *op.cit.*, p.27; S. CASTRO – A. MARI- V. MAZZOTTA, *op.cit.*, p. 64: "l'espressione «chiamato all'eredità», a ben vedere, non è sinonimo di designato, cioè di vocato, ma di delato; ossia sarà solo il delato a poter esercitare i poteri menzionati nell'art. 460, oltre che, ovviamente, a poter accettare l'eredità".

giuridiche facenti capo all'ereditando; con la seconda si indica l'attribuzione al soggetto del diritto di accettare l'eredità e dunque di farla propria nonché dei poteri gestionali e cautelari di cui all'art. 460 c.c[72].

Vocazione e delazione possono verificarsi nello stesso momento ma anche in tempi diversi.

In quest'ultimo caso la vocazione coinciderà sempre con il momento di apertura della successione nel senso che, al momento della morte del *de cuis,* la legge o il testamento, provvederanno alla designazione del soggetto successore, mentre la delazione sarà posticipata ad un momento successivo[73].

Si pensi al chiamato istituito sotto condizione sospensiva, al chiamato non ancora nato ma concepito al momento dell'apertura della successione, al chiamato non concepito.

In queste tre ipotesi non può parlarsi di delazione ereditaria ovverosia di offerta dell'eredità ma solo di vocazione intesa come designazione del successibile e conseguentemente a questi soggetti, vocati ma non delati, non spetteranno i poteri gestionali e di amministrazione che competono a quest'ultimi[74].

La posizione dei vocati, tuttavia, non è giuridicamente irrilevante nella vicenda successoria: anche ai chiamati all'eredità sono riconosciuti una gamma di poteri, meno intesi rispetto a quelli del delato[75].

La vocazione si convertirà in delazione se e quando si avvererà la condizione sospensiva o si verificherà l'evento condizionante.

Altra parte della dottrina sostiene che la delazione coincida sempre con l'apertura della successione[76] essendo la delazione effetto legale e automatico dell'apertura della successione la quale dipende da un fatto circostanziato: la morte.

Ne consegue che nell'ipotesi prefate la delazione ha prodotto, fin dal momento dell'apertura della successione, i suoi effetti finali che restano subordinati all'avveramento dell'evento dedotto in condizione. Sarà pertanto possibile accettare nel periodo di tempo in cui l'evento condizionante non

---

[72] L. NIVARRA – V. RICCIUTO – C. SCOGNAMIGLIO, *op.cit.,* p.463; G. CAPOZZI, *op.cit.,* p.22; G. BONILINI, *op.cit.,* p.77: "a stretto rigore, i termini «vocazione» e «delazione» individuano due situazioni differenti, o, se si preferisca, due diversi profili del medesimo procedimento successorio, anche se, spesso, risultino impiegati differentemente. Con la formula vocazione, invero, si allude al titolo in forza del quale un soggetto può venire alla successione *mortis causa* di un dato soggetto. Con la formula «delazione», invece, si allude all'attribuzione, al·soggetto vocato, dei poteri connessi alla sua posizione di chiamato all'eredità"; *contra* C.M. BIANCA , *La Famiglia, le successioni, vol.II ,* in *Diritto civile,* Milano, Giuffrè, 2005, p. 572 -573: "la distinzione tra delazione e vocazione non trova riscontro nella legge e…essa porta in definitiva a duplicare lo stesso concetto. Se infatti la vocazione indica l'effetto derivante dal titolo (legge o testamento), questo effetto si identifica con quello dell'attribuzione del diritto di succedere. Che un successibile sia chiamato alla successione vuol dire che vi è la delazione a suo favore, e che cioè vi è l'attribuzione a suo favore del diritto all'eredità".

[73] G. BONILINI, *op.cit.* ,p. 77; S. CASTRO – A. MARI- V. MAZZOTTA, *op.cit.,* p. 63.

[74] G. CAPOZZI, *op.cit.,* p.27: i poteri del «chiamato prima dell'accettazione» "sono collegati alla delazione e non alla vocazione, tanto è vero che non spettano certo all'erede sotto condizione sospensiva, ai rappresentanti dei nascituri e neanche al legittimario preterito e tanto meno ai c.d. ulteriori. Questi soggetti, infatti, sono chiamati fin dal momento dell'apertura della successione, ossia indicati come successibili, ma ad essi non sono ancora offerti i beni ereditari, ciò che è proprio della delazione".

[75] G. CAPOZZI, *ibidem:* "i principali tra questi poteri sono: la richiesta di apposizione di sigilli (l'art. 753, n. 2, cod. proc. civ. parla non di chiamati, ma di «coloro che possono avere diritto alla successione»), la richiesta di rimozione dei medesimi (l'art. 763, 1° comma cod. proc. civ.), la richiesta di nomina di un curatore dell'eredità giacente (il 1° comma dell'art. 528 parla di «persone interessate»)".

[76] G. AZZARITI, Le successioni e le donazioni, Libro secondo del codice civile, Napoli, Jovene, 1990, p. 21; F. GAZZONI, op.cit., p. 442.

si sia ancora verificato, rimanendo, gli effetti stessi dell'accettazione, "congelati" fino alla verificazione dell'evento stesso[77].

3. FORME DI ACCETTAZIONE: ACCETTAZIONE ESPRESSA E TACITA

Il soggetto al quale è stato offerto il *relictum* attraverso la delazione, potrà esercitare il diritto di accettare l'eredità subentrando nelle posizioni giuridiche attive e passive del *de cuis,* attraverso una manifestazione di volontà.

A seguito dell'accettazione il successibile, che così ha acquistato l'eredità, perde la qualifica di delato e assume la nuova veste di erede.

Come già osservato nel nostro ordinamento l'acquisto dell'eredità, non si configura come automatico e, dunque, neutralizzabile *ex post* attraverso un atto abdicativo dell'effetto già prodottosi nella sfera giuridica del successibile, bensì, è stato voluto dal codificatore del 1942, quale effetto che può discendere solo dal consenso del soggetto interessato: «*l'eredità si acquista con l'accettazione*» dispone chiaramente l'art. 459 c.c.

Presupposto indefettibile dell'acquisto dell'eredità è la delazione a favore del chiamato.

Il legislatore, ponendo l'accento sulla volontà del delato, distingue tra accettazione espressa e tacita.

Quanto alla prima delle forme di accettazione con riferimento alla volontà l'art. 475 c.c. recita: «*l'accettazione è espressa quando in un atto pubblico o in una scrittura privata il chiamato all'eredità ha dichiarato di accettarla oppure ha assunto il titolo di erede*».

L'accettazione espressa dell'eredità è stata ricondotta dalla dottrina alla categoria del negozio giuridico, *rectius*, del negozio unilaterale non recettizio[78], essendo una dichiarazione efficace a prescindere dalla ricezione da parte di un destinatario dal quale debba essere conosciuta o conoscibile per essere produttiva di effetti.

Con il consenso all'accettazione, oltre all'acquisto dell'eredità, effetto voluto dal successibile e dunque prodotto dalla dichiarazione di volontà, vengono ad esistenza altri effetti, quali le obbligazioni per l'erede al pagamento dei debiti ereditari e dei legati, più precisamente, la successione nei rapporti obbligatori e la correlativa responsabilità.

La dottrina individua la fonte di queste obbligazioni non nella volontà del successibile bensì nella legge[79].

L'accettazione espressa è un negozio formale: l'art. 475 c.c. richiede che la dichiarazione di accettare l'eredità o di assumere la qualità di erede rivesta la forma dell'atto pubblico o della scrittura privata.

Trattandosi di forma *ad substantiam,* in mancanza l'accettazione sarà nulla.

Sebbene si tratti di un negozio formale, dottrina e giurisprudenza sono concordi nell'escludere la necessità di formule predeterminate; ciò che conta è l'univoca volontaria dichiarazione di

---

[77] G. BONILINI, *op.cit.*, p.77: "da alcuni interpreti, però, si eccepisce che la delazione non può considerarsi sospesa, ma soltanto subordinata, nei suoi effetti finali, all'avveramento della condizione, essendo un effetto legale ed automatico, derivante dall'apertura della successione, che, a sua volta, dipende da un fatto storico non condizionabile qual è la morte. Ne consegue, che è concepibile l'accettazione dell'eredità, in pendenza dell'avveramento della condizione".

[78] G. CAPOZZI, op.cit., p.233; A. CICU, Successioni per causa di morte, Parte generale, in Trattato di Diritto Civile e Commerciale, diretto da A. CICU e F. MESSINEO, Milano, Giuffrè, 1961, p.164; G. AZZARITI, L'accettazione dell'eredità, in Trattato di diritto privato, diretto da P. RESCIGNO, vol. V, Torino, Utet, 1997, p. 137.

[79] G. AZZARITI, *op ult.cit.*, p.137; A. CICU, *ibidem*.

accettazione dell'eredità o di assunzione del titolo di erede[80] e non appare, inoltre, indispensabile che l'atto solenne contenga la dichiarazione in via esclusiva[81].

Giova osservare come nel sistema successorio del codice Vassalli non abbia cittadinanza la dichiarazione verbale di accettare l'eredità.[82]

Una volta perfezionato, il negozio di accettazione non potrà più essere revocato, nel senso che, dopo la sua effettuazione, non è più possibile porre in essere la rinuncia.

L'irrevocabilità del negozio di accettazione non è prevista da alcuna norma giuridica ma risulta implicitamente dall'art. 637 c.c. a mente del quale «*si considera non apposto ad una disposizione a titolo universale il termine dal quale l'effetto di essa deve cominciare o cessare*».

Se ne deduce che la qualità di erede, che all'accettazione fa seguito, non potrà essere dismessa secondo il noto principio romanistico *semel heres semper heres*[83].

L'esigenza che i rapporti, già facenti capo al *de cuis,* proseguano senza soluzione di continuità in capo all'erede costituisce, altresì, la ragione giustificatrice dell'efficacia retroattiva dell'accettazione il cui effetto risale fin dal momento in cui la successione si è aperta.

L'accettazione espressa dell'eredità è, inoltre, un *actus legitimus* ed in quanto tale non tollera l'apposizione di termini, né di condizioni (475, 2° comma), i quali, se apposti, determinerebbero la nullità dell'atto stesso: conseguentemente il chiamato ad accettare conserva piena libertà di accettare o di rinunciare all'eredità.

L'accettazione sarebbe parimenti nulla ove l'erede operasse una selezione tra i diversi beni relitti, facendone propri alcuni ed escludendone altri come anche nell'ipotesi in cui il chiamato dichiarasse di non voler essere gravato dei legati e dei debiti ereditari. Si parla in questo caso di accettazione parziale.

Esclusa dalla legge stessa la validità di una siffatta accettazione la dottrina si è chiesta se fosse corretto ricomprendere, nei poteri del chiamato, la facoltà di accettare i beni relitti trasmessi per legge rifiutando, al contempo, quelli devoluti per testamento, e viceversa.

L'art. 457 c.c. sembrerebbe prevedere due distinte delazioni a seconda che l'offerta del patrimonio relitto avvenga per legge o per testamento. A queste due delazioni dovrebbero corrispondere altrettante accettazioni.

Con questo argomento qualche autore ha sostenuto la tesi positiva[84] avversata dalla dottrina prevalente che esclude categoricamente l'esistenza di più delazioni: in caso di concorso tra delazione testamentaria e delazione legale la delazione sarà unica, anche se la fonte è duplice, e l'accettazione o la rinunzia del

delato non potranno che riguardare tutti i beni ereditari nel loro complesso.[85]

---

[80] G. CAPOZZI, op.cit., p.234; A. CICU, op.cit., p.166; L. FERRI, Disposizioni generali sulle successioni, in Commentario del Codice Civile Scialoja-Branca, Libro secondo: Successioni artt. 456-511, Bologna-Roma, Zanichelli – Soc. ed. del Foro Italiano, 1997, p.266.

[81] G. AZZARITI, *op.ult.cit.*, p.154.

[82] L. FERRI, *op.cit.,* p.264.

[83] G. AZZARITI, *op.ult.cit.*, p.137.

[84] A. CICU, *op.cit.*, pp.64-65; F. MESSINEO, *Manuale di diritto civile e commerciale*, vol. VI, Milano, 1962, p.369; L. CARIOTA FERRARA, *Le successioni per causa di morte. Parte generale,* Napoli, Morano, 1977, p.478.

[85] L. FERRI, *op.cit.,* p.92-93; G. GROSSO – A. BURDESE, *Le successioni: parte generale*, in *Trattato di diritto civile italiano,* diretto da F. VASSALLI, vol. XII, tomo 1, Torino, Utet, 1977, p.85; F. SANTORO-PASSARELLI, *Vocazione legale all'eredità*, Padova, Cedam, 1940, p.201, n.35; G. AZZARITI, *Rinuncia a vocazione ereditaria «ex testamento» e*

L'argomento più convincente a sostegno della tesi della unicità della delazione è sicuramente quello secondo il quale ove, in caso di concorso di delazioni distinte, il chiamato potesse accettare la quota dell'asse relativa ad una delle due delazioni e respingere l'altra si avrebbe una accettazione parziale e una concorrente rinunzia parziale entrambe vietate e sanzionate con la nullità, rispettivamente, dall'art. 475 comma 3 e dall'art. 520 c.c.[86]

La volontà di accettare l'eredità può esteriorizzarsi, non solo attraverso una dichiarazione scritta, ma anche a mezzo di un contegno che presupponga necessariamente la volontà di accettare e che, al tempo stesso, solo colui che fosse erede avrebbe titolo a compiere.

In questo caso parliamo di accettazione tacita che a tenore dell'art. 476 c.c. si ha *"quando il chiamato all'eredità compie un atto che presuppone necessariamente la sua volontà di accettare e che non avrebbe diritto di fare se non nella sua qualità di erede"*.

La giurisprudenza, dal canto suo, ha individuato alcuni comportamenti rilevanti ex art. 476 c.c., considerando erede, per tacita accettazione, colui che paga debiti ereditari con denaro dell'eredità o riscuote crediti ereditari[87] o agisce in giudizio per realizzarli[88] ovvero procede alla voltura catastale degli immobili già appartenuti al *de cuis*[89].

Non importano accettazione tacita la denuncia di successione e il pagamento della relativa imposta, la richiesta di registrazione del testamento e la sua trascrizione: essi non esprimono univocamente la volontà di accettare, potendo essere determinati dalla volontà di non incorrere in sanzioni o da intenti conservativi[90].

Un notevole malessere dottrinale va registrato in ordine alla natura giuridica di questa forma di accettazione: le opinioni degli autori tendono a concentrarsi intorno a due teorie, la teoria negoziale[91] e la teoria dell'atto non negoziale[92].

La teoria negoziale esige, ai fini dell'acquisto dell'eredità per accettazione tacita, non solo la volontà dell'atto da cui si inferirebbe l'accettazione ma anche la volontà dell'effetto che a quell'atto viene ricollegato.

In altri termini non sarebbe sufficiente che l'atto, alla stregua del comune modo di sentire, tradisca la volontà di accettare essendo richiesta la concreta volontà in tal senso dell'agente[93].

Affermata la natura negoziale dell'accettazione tacita il contegno considerato sarebbe produttivo di

pretesa accettazione, per gli stessi beni, di vocazione ereditaria «ex lege», in *Riv.dir.civ*, 14, 1968, II, p.275 ss.; R. MOSCHELLA, *Autonomia e universalità della petizione ereditaria*, in *Riv. dir. civ.*, 16, 1970, p.314, n. sub b).

[86] L. FERRI, *op.cit.*, p.93 per il quale: "se il chiamato potesse accettare la delazione testamentaria respingendo quella legale con essa concorrente, o viceversa, compirebbe con ciò un'accettazione parziale di eredità e, contemporaneamente una rinuncia fatta solo in parte, entrambe dichiarate nulle rispettivamente dagli art. 475 3° comma e 520".

[87] Cass., 5 novembre 1999, n. 12327, in *Mass.Foro it.*, 1999.

[88] Cass., 2 luglio 1987, n. 5793, in *Mass. Foro it.*, 1987.

[89] Cass., 12 aprile 2002, n. 5226, in *Mass.Foro.it*, 2002.

[90] Cass., 28 febbraio 2007, n.4783, in *Mass. Foro it.*, 2007; Cass., 4 maggio 1999, n. 4414, in *Vita not.*, 2000, p.175; Cass., 19 ottobre 1988, n. 5688, in *Mass. Foro it.*, 1988.

[91] F. GAZZONI, *Manuale di diritto privato*, Napoli, 2006, p.451.

[92] G. GROSSO - A. BURDESE, *op.cit.*, p.276; CICU A., *op.cit.*, p. 276.

[93] G. AZZARITI, *L'accettazione dell'eredità* cit., p.154; C. M. BIANCA, *op.cit.*, p.608. In questo senso anche risalente giurisprudenza che sovente ha utilizzato la locuzione *"si deve aver riguardo più all'animus dell'agente e alla sua volontà"*: Cass., 13 maggio 1977, n.1906, *Omnia Juris*, 2006, 6; Cass., 19 ottobre 1988, n. 5688, *Ominia Ju*ris, 2006,6.

un doppio effetto: quello suo proprio e quello sotteso alla volontaria realizzazione dell'atto stesso[94].

In questa prospettiva l'accettazione tacita sarebbe da ricondurre alla categoria dei negozi di attuazione i quali sono caratterizzati, a differenza dei negozi dichiarativi, dalla rilevanza del contegno che porta a realizzazione gli effetti piuttosto che dalla dichiarazione che manifesta la volontà degli stessi[95].

Tuttavia anche nei negozi di attuazione la volontà, che non viene dichiarata ma attuata, abbraccia anche gli effetti che, dunque, devono essere voluti[96].

Ricostruita l'accettazione tacita dell'eredità come negozio giuridico è gioco forza chiedersi *quid iuris* se il comportamento da cui si inferisce l'accettazione concorra con una dichiarazione espressa di non accettare l'eredità e dunque di disvolere l'effetto.

Secondo autorevole dottrina, la manifestazione di volontà contraria all'accettazione non prevale sul contegno[97] che deponga in senso contrario, in particolare quando essa sia teleologicamente orientata verso un fine vietato da norme imperative, di guisa che il chiamato otterrà l'effetto opposto rispetto a quello dichiarato[98]. Ciò, tuttavia, non depone a favore della teoria della natura non negoziale dell'accettazione tacita dal momento che la dichiarazione di volontà non è irrilevante ma inefficace per contrasto con una norma imperativa.

Appare utile esplicazione di quanto detto riportare testualmente il passo che segue:

> «se si osserva la fattispecie valutando gli effetti che produce, si dovrà rilevare che, ad esempio, nella voltura catastale di un bene ereditario che il chiamato ponga in essere intestando il bene a se stesso e,
>
> contestualmente, dichiarando di non voler accettare, questi persegue il fine di giovarsi di un bene del patrimonio ereditario senza correre il rischio di diventare titolare anche di altri beni meno graditi; detto in altri termini è come se il chiamato volesse accettare solo parzialmente. [...] Ma come è noto l'accettazione parziale è vietata. [...] Conseguentemente la manifestazione in oggetto non dovrebbe ritenersi *tout court* irrilevante, affermazione inconciliabile con l'asserita natura negoziale dell'accettazione,

---

[94] C. ROMEO, *L'acquisto dell'eredità*, in *Trattato di diritto delle successioni e delle donazioni*, diretto da G. BONILINI, Milano, Giuffrè, 2009, vol. I, p. 1229: "se, invece, si ritiene che l'accettazione tacita sia atto negoziale, è necessario svolgere qualche riflessione in più. Innanzitutto, è bene precisare che l'atto posto in essere ha due effetti: il primo (effetto immediato) è quello proprio dell'atto compiuto ed il secondo (effetto immediato) è quello che la volontà di compiere detto atto presuppone (id est la volontà di accettare)".

[95] F. SANTORO-PASSARELLI, *Dottrine generali del diritto civile*, Napoli, Jovene, 1997, p.136-137: "la regola è che nel negozio la volontà non sia soltanto espressa, ma dichiarata, cioè manifestata ad altre persone, specificamente o genericamente". L'illustre autore indica nell'attuazione «l'elemento formale» degli omonimi negozi precisando che "con questa parola si pone in evidenza la loro nota peculiare, di realizzare immediatamente la volontà del soggetto, di esaurirne l'intento, senza porre l'agente in relazione con altri soggetti: negozi attuativi in contrapposizione ai negozi dichiarativi. Donde la necessità della specifica previsione legislativa dei medesimi"; L. FERRI, *op.cit.*, p. 271: "la volontà di accettare, cioè di diventare erede, non la dichiara ma la porta ad attuazione: come chi, designato ad un ufficio, ad una carica, senza dichiarare se l'accetta, ne assume senz'altro i compiti e le funzioni. Per questo[...]la dottrina parla dell'accettazione tacita come negozio di attuazione".

[96] F. SANTORO-PASSARELLI, *ibidem*; pur richiamando la categoria del negozio di attuazione, in senso contrario quanto alla rilevanza della volontà dell'effetto dell'accettazione dell'eredità L. FERRI, *op.cit.*, p.272.

[97] L. FERRI, *op.cit.*, p.273; V. POLACCO, *Delle successioni: disposizioni comuni alle successioni legittime e testamentarie,* vol. II, Milano – Roma, Società editrice libraria – Athenaeum, 1937, p.87; C. M. BIANCA, *op.cit.*, p.608; G. GROSSO – A. BURDESE, *op.cit*, p.276.

[98] C. ROMEO, *op.cit.*, p.1231-1232

ma inefficace, perché in contrasto con l[a] norm[a] imperativ[a] di cui all'art. 484. [...] Tale inefficacia [...] fa ottenere al chiamato l'effetto opposto rispetto a quello voluto e dichiarato»[99].

La teoria dell'atto non negoziale, sostenuta dalla prevalente dottrina e giurisprudenza[100], configura l'accettazione tacita dell'eredità come atto giuridico in senso stretto: l'atto posto in essere dal chiamato, nel suo oggettivo significato, costituisce il presupposto necessario e sufficiente al prodursi di un effetto

giuridico, *id est* accettazione dell'eredità, predeterminato dalla legge ed in ordine al quale la volontà del soggetto rimane sullo sfondo.

Resta tuttavia necessaria la volontà dell'atto presupponente l'intento di accettare e la consapevolezza di incidere sull'eredità[101].

Parte della dottrina ritiene che, pur rilevando l'accettazione tacita quale atto giuridico in senso stretto, non sia sufficiente l'esistenza di un atto oggettivamente direzionato all'acquisto ereditario quando non sia al tempo stesso accompagnato da altri indici di natura oggettiva.[102]

A seconda che si qualifichi l'accettazione tacita come atto negoziale o non negoziale diversa sarà l'incidenza dei vizi della volontà.

Esclusa la rilevanza della volontà dell'effetto dell'accettazione si nega[103] altresì l'applicazione all'accettazione tacita degli artt. 482 e 483 c.c. i quali, per contro, sono invocati anche per l'istituto *de quo*, dalla dottrina favorevole alla teoria dell'atto negoziale.

Infatti nel primo caso saranno del tutto irrilevanti i vizi che incidono sulla volontà di accettare l'eredità[104]. Per contro, i vizi relativi alla volontà sottesa al contegno renderebbero il comportamento

---

[99] C. ROMEO, *ibidem.*

[100] Agli autori di cui alla nota 30 *adde* D. BARBERO, *Il sistema del diritto privato*, Torino, Utet, 1988, p.1196; G. CAPOZZI, *Successioni e donazion*i, vol. I, Milano, Giuffrè, 1983, p. 163; G. GIAMPICCOLO, *Note sul comportamento concludente*, in *Riv. trim. dir. proc. civ.*, 1961, p.786; A. TRABUCCHI, *Istituzioni di diritto civile,* Padova, Cedam, 1974, p. 907 nota 1.
La prevalente giurisprudenza propende per una valutazione obiettiva dell'atto compiuto dal chiamato: Cass., 5 novembre 1987, n. 8123 in *Giust. civ. mass.*, 1987; Cass., 16 dicembre 1986, n. 7552, *ivi*, 1986; Cass. 28 agosto 1986, n. 5275, *ivi*; Cass., 28 ottobre 1976, n. 3950, *ivi*, 1976; Cass., 5 maggio 1967, n. 881, in *Giust. civ.*, 1967, I, 1669; Cass., 20 maggio 1969, n. 1750, *ivi*, 1969, I, 1885; Cass., 26 marzo 1965, n. 497, *ivi*, 1965, I, 873; Cass. 11 maggio 2009, n. 10796; Cass. 7 luglio 1999, n. 7075; Cass. 12 aprile 2002, n. 5226.

[101] G.GROSSO – A. BURDESE, *op.cit.*, p.277.

[102] G. GROSSO – A. BURDESE, *op.cit.* p.281: "la valutazione obiettiva richiesta ai fini di considerar presupposta la volontà di accettare [...] non può limitarsi ad accertare l'appartenenza del comportamento a un tipo di atto di gestione incompatibile con la volontà di rinunciare all'eredità, ma deve estendersi in concreto agli elementi del comportamento stesso in relazione alle obbiettive circostanze concomitanti: comprendere pertanto l'indagine circa l'esistenza o meno nel soggetto agente di altri titoli di legittimazione, che non siano quello di erede, per il compimento dell'atto; nonché la considerazione dell'entità dell'incidenza patrimoniale dell'atto in relazione al valore complessivo dell'eredità, in quanto non sembra che un'incidenza patrimoniale minima dell'atto potrebbe ritenersi tale, in base al comune modo di sentire, da presupporre necessariamente la volontà di accettare ai sensi dell'art. 476 codice civile".

[103] L. FERRI, *op.cit.,* p.321: " nell'ambito dell'accettazione tacita, non è neppure concepibile un'impugnazione dell'atto, perché il contegno concludente sussiste o non sussiste, e non è concepibile come sussistente ma viziato: il vizio o elimina la concludenza o non ha rilievo alcuno." *In senso contrario*, anche se non favorevole alla teoria dell'atto negoziale G. GROSSO – A. BURDESE, *op.cit.*, pp. 294-295 secondo cui gli art. 482 e 483 [...] "risultano dettati indifferentemente tanto per l'accettazione espressa quanto per quella tacita, né ci paiono sussistano valide ragioni per ritenerne esclusa l'applicazione all'accettazione tacita".

[104] L. FERRI, *op.cit.,* p.321.

non univoco e dunque non significativo. Se ne deduce la nullità della fattispecie[105].

Se al contrario, l'accettazione tacita è atto negoziale rileveranno i vizi della volontà di accettare e se la volontà che sorregge l'atto che importa accettazione è viziata l'accettazione sarà annullabile[106].

4. ALTRE FORME DI ACCETTAZIONE: DONAZIONE, VENDITA, CESSIONE E RINUNZIA «TRASLATIVA» DEI DIRITTI SUCCESSORI

Il legislatore del 1942 ha stabilito espressamente, agli artt. 477 e 478 c.c., che taluni atti producano accettazione dell'eredità: la donazione, la vendita, la cessione o la rinunzia fatta dietro corrispettivo o a favore di alcuni soltanto dei chiamati ed aventi ad oggetto i diritti di successione.

Innanzitutto parte della dottrina osserva che queste ipotesi non integrano propriamente un'accettazione tacita quanto un'accettazione presunta: la legge pone una presunzione *iuris et de iure* di accettazione, escludendo la possibilità di prova contraria da parte del chiamato che abbia posto in essere quei comportamenti[107].

Altra parte della dottrina, al contrario, ritiene che queste fattispecie siano due distinte ipotesi di accettazione tacita rispetto alle quali, all'interprete, non è consentito di discostarsi dalla valutazione operata dal legislatore[108].

In quest'ultima prospettiva viene precisato che tali disposizioni, lungi dall'esaurire la loro funzione nella mera esemplificazione della fattispecie astratta di cui all'art. 476 c.c., hanno il compito di eliminare l'incertezza qualificativa non essendo contegni oggettivamente, pacificamente ed inequivocabilmente deponenti nel senso dell'accettazione dell'eredità secondo il comune sentire dell'uomo medio.[109]

Inoltre la previsione legislativa di fattispecie che sempre e comunque sono da ricondurre alla tipologia dell'accettazione tacita è chiaro indizio che quest'ultima non è affatto incisa dalla effettiva volontà di accettare del soggetto agente[110].

Non minore importanza ha l'osservazione secondo cui le disposizioni in parola avrebbero una rilevante funzione sistematica: confermare l'indisponibilità della delazione ereditaria da parte del successibile.

In altre parole, anche quando il chiamato trasferisce i suoi diritti sull'eredità, non dismette la sua

---

[105] L. FERRI, *op.cit.,* p.274.

[106] C.M. BIANCA, *op.cit.,* p.609.

[107] C. GIANNATTASIO, Delle successioni. Disposizioni generali, in Commentario del Codice Civile Scialoja-Branca, Libro secondo: Successioni artt. 456 – 511. Bologna – Roma, Zanichelli – Soc. ed. del Foro italiano, 1997, p.108.

[108] C.M. BIANCA, op.cit., p.609; R. CALVO, Rinunzia che importa accettazione, in Codice delle successioni e donazioni, a cura di M. SESTA, vol. I, Milano, Giuffrè, 2011, p.694; G. PRESTIPINO, Delle successioni in generale, in Commentario teorico-pratico al codice civile, diretto da V. DE MARTINO, Novara, Pem, 1981, p.217.

[109] G. AZZARITI, *op.ult.cit.,* p.154; G. GROSSO – A. BURDESE, *op.cit.,* p.285 secondo cui "le ipotesi di cui agli art. 477 e 478 codice civile se non costituiscono mere esemplificazioni applicative della generale previsione dell'art. 476 codice civile, sembrano pur sempre potersi considerare ipotesi di accettazione cosiddetta tacita, ove le fattispecie tipiche risultano bensì direttamente individuate dalla legge senza lasciare spazio a una attività di interpretazione oggettiva dell'atto al fine di ricavarne la presupposta volontà oggettiva di accettare".

[110] L. FERRI, *op.cit.,* p.284 : "il legislatore ci offre la descrizione di contegni che, per sua definizione, «importano accettazione» dell'eredità, sollevando il giudice dall'onere di stabilirlo, lui. Ora ciò è possibile proprio perché lo stabilire se un contegno costituisca o meno accettazione tacita, è il risultato di una valutazione astratta o tipica che ben può fare, una volta per tutte, il legislatore. Se fosse invece richiesta la ricerca della volontà effettiva o reale di accettare l'eredità, tale ricerca non potrebbe non essere compito del giudice di merito, da svolgersi caso per caso".

qualità di erede che, di conseguenza, non viene acquistata dal cessionario.

Ne consegue che, al cedente e non al cessionario dovranno rivolgersi i creditori dell'eredità per il soddisfacimento delle loro pretese, avendo il chiamato cedente, con la cessione, acquistato in via definitiva la qualità di erede[111].

Molto ampio è il campo di applicazione dell'art. 477 c.c. che con il sostantivo «cessione», dopo aver menzionato la donazione e la vendita, proietta il suo raggio di azione su qualsiasi negozio bilaterale non riconducibile alle ipotesi tipiche prefate[112].

Chiara è la disposizione nell'individuare l'acquirente dei diritti successori così trasmessi: «*estraneo, tutti gli altri chiamati o alcuno di questi*».

L'art. 478 c.c. prevede che la rinunzia fatta verso corrispettivo importi sempre accettazione sia se a beneficiarne siano tutti i chiamati oppure alcuni o solo uno di essi.

Mentre la rinunzia senza corrispettivo vale come accettazione solo se fatta in favore di uno solo degli altri chiamati o di alcuni di essi[113].

Autorevole dottrina[114] sostiene la natura negoziale della c.d. rinuncia traslativa di cui all'art. 478 c.c. per il cui perfezionamento sarebbe necessario l'incontro tra le volontà del disponente e del destinatario dell'atto. Solo allora il negozio è perfetto e produce l'effetto dell'accettazione dell'eredità.

In questa prospettiva è stato sostenuto che la differenza tra le due disposizioni successive all'art. 476 c.c. riposa non sulla natura giuridica dell'atto, trattandosi sempre di negozio bilaterale, quanto sui soggetti che possono rendersi destinatari dell'eredità venduta, donata o altrimenti ceduta da un lato e rinunziata

verso corrispettivo dall'altro[115].

Infatti l'art. 477 c.c. consente la trasmissione dell'eredità sia ai chiamati sia agli estranei laddove l'art. 478 c.c. riserva la rinunzia onerosa all'eredità solo agli altri chiamati o ad alcuni di questi.

Tuttavia è facile osservare che se la rinuncia onerosa differisce da una cessione verso corrispettivo soltanto nella qualificazione formale che le parti danno all'atto restando pur sempre un negozio bilaterale di trasferimento, essa è già ricompresa nella disposizione di cui all'art. 477[116].

---

[111] A. CICU. *op.cit.*, p.285.

[112] L. FERRI, *op.cit.*, p.285; G. GROSSO – A. BURDESE, *op.cit.*, p.288.

[113] R. CALVO, *op.cit.*, p.695: "essa assume invece i tratti distintivi della donazione qualora andasse a beneficio di una parte soltanto dei chiamati, i quali si avvantaggiano della porzione che sarebbe altrimenti spettata – per effetto delle regole, ordinate gerarchicamente, in tema di delazione – agli altri chiamati (simultaneamente o in subordine).

[114] L. FERRI, *op.cit.*, p.288; L. NIVARRA – V. RICCIUTO - C. SCOGNAMIGLIO, *Diritto Privato*, Torino, Giappichelli, 2013, p.905 s. :"la differenza tra le due figure [rinunzia abdicativa e rinunzia tacita] risalta ancor di più ove si consideri che la rinunzia traslativa è, di regola, un contratto, mentre la rinunzia ex art. 519, invece, è una dichiarazione unilaterale (nel senso che hai fini della produzione dell'effetto è sufficiente la volontà del chiamato) soggetta – quanto ai vizi del volere – ad una disciplina speciale (art. 526) che deroga a quella generale dettata dagli art. 1427 s., applicabile agli atti unilaterali ex art. 1324"; G. PRESTIPINO, *op.cit.*, p.221: "mentre quest'ultima [«rinunzia abdicativa»] consiste in una dichiarazione unilaterale di volontà, [...] la rinunzia traslativa ha sempre natura di negozio giuridico bilaterale".

[115] L. FERRI, *op.cit.*, p.286.

[116] G. GROSSO – A. BURDESE, *op.cit*, p.289: "quanto alla rinunzia fatta verso corrispettivo, da intendersi a favore di tutti i chiamati ovvero soltanto di alcuni tra essi, ci si domanda in cosa si differenzi dalla ipotesi già prevista nell'articolo precedente, di cessione a titolo oneroso a favore sei summenzionati soggetti. Se il legislatore avesse inteso riferirsi pure qui esclusivamente a un negozio bilaterale o contratto, differenze sostanziali non ve ne sarebbero: si tratterebbe soltanto di una precisazione legislativa, fatta in relazione al contenuto esteriore della dichiarazione contrattuale, nel senso di far

Lo stesso dicasi con riguardo ad una rinunzia senza corrispettivo, a favore di uno o di alcuni soltanto dei chiamati, sostanzialmente equivalente ad una donazione di cui all'art. 477 c.c., stante la diversità, solo formale, tra l'espressione «rinuncio senza corrispettivo a favore di Caio» e «dono a Caio»[117].

Ciò porterebbe a concludere nel senso della ridondanza della disposizione di cui all'art. 478 c.c.[118]

Appare pertanto da condividere la tesi sostenuta da autorevole dottrina secondo cui la disposizione di cui all'art. 478 c.c. farebbe riferimento sempre e comunque ad un atto unilaterale di rinuncia interpretabile nel primo caso (rinunzia fatta verso corrispettivo a favore di tutti i chiamati ovvero di alcuni soltanto tra

essi) come «proposta contrattuale suscettibile di accettazione, anche se in concreto non ancora accettata o come accettazione di una precedente proposta contrattuale quando non addirittura adempimento d'impegno precedentemente assunto per contratto» nel secondo caso (rinunzia senza corrispettivo a favore di alcuni soltanto dei chiamati) come «proposta di donazione»[119].

Anche questi atti unilaterali sarebbero per se stessi idonei a comportare acquisto dell'eredità, come effetto legale tipico, in base alla disposizione dell'art. 478 c.c. di cui viene riconosciuta, in tal modo, un'autonoma valenza sistematica.

Pacifica è l'opinione secondo la quale l'atto in esame non è rinuncia abdicativa per distinguerla dalla quale, si usano le locuzioni di «rinuncia traslativa»[120], «rinuncia devolutiva»[121].

Un ulteriore sforzo è stato compiuto dalla dottrina nel ricercare il tratto differenziale tra la donazione dei diritti successori a favore di tutti gli altri chiamati disciplinata dall'art. 477 c.c. e la rinunzia gratuita a favore di coloro ai quali sarebbe stata devoluta la quota del rinunziante ex art. 519 c.c.

In entrambe le ipotesi riferite il chiamato dismette i diritti successori senza conseguire alcun corrispettivo, tuttavia, mentre la donazione gratuita importa accettazione la rinunzia dell'articolo 519 c.c. la esclude.

Varie sono le spiegazioni date dagli autori al diverso trattamento delle due fattispecie sostanzialmente simili tra loro.

Secondo una prima ricostruzione il diverso trattamento discenderebbe dalla forma esteriore data dalle parti al negozio a prescindere dall'atteggiarsi del loro intimo volere[122].

Osteggiano questa ricostruzione quanti ritengono che l'interprete nel qualificare un contegno come donazione che importa accettazione o rinuncia abdicativa debba lasciarsi guidare dall'atteggiarsi

---

rientrare nella previsione normativa anche i contratti del tipo già previsto nell'articolo precedente, le cui parti si fossero peraltro espresse in termini di rinuncia, anziché di vendita o cessione, e di accettazione corrispondente".

[117] G. GROSSO – A. BURDESE, *op.cit.*, p.290.

[118] A questa conclusione sembra giungere C. ROMEO, *op.cit.*, p.1242: "le norme [477-478] prevedono un medesimo effetto giuridico ed essendo accomunate da una medesimo *ratio* operano, in realtà, come un'unica norma. Il fine perseguito dal legislatore è, evidentemente, quello di evitare che un atto del chiamato che sortisca come effetto quello di disporre dei diritti ereditari incidendo sulla delazione, sia fatto attraverso un comportamento positivo (vendita, donazione o cessione) o negativo (rinuncia) non possa che condurre all'accettazione dell'eredità. In altri termini non ci pare che sorga alcun problema applicativo se la stessa fattispecie possa essere sussunta sotto entrambe le norme".

[119] G. GROSSO – A. BURDESE, *op.cit.*, pp. 289-290.

[120] L. FERRI, *op.cit.*, p.287 *per il quale* (p. 289) " non essendo l'atto in esame vera rinuncia all'eredità, non riteniamo applicabile, l'art. 526 che limita alla violenza e al dolo (con esclusione quindi dell'errore) la rilevanza dei vizi della volontà; L. NIVARRA – V. RICCIUTO – C. SCOGNAMIGLIO, *op.ult.cit.*, p. 904 s.

[121] C. GIANNATTASIO, *op.cit.*, p.110.

[122] A. CICU, *op.cit.*, p.210.

della volontà del chiamato, *rectius,* dal fine che questi intende perseguire[123].

Infine è stato anche sostenuto che il diverso trattamento a fronte dello stesso effetto trova giustificazione nella diversa natura delle due fattispecie in parola: la donazione è un negozio bilaterale, la rinunzia un atto unilaterale[124].

7. GLI ACQUISTI DELL'EREDITÀ SENZA ACCETTAZIONE

Fino a questo punto della nostra trattazione abbiamo avuto modo di osservare come la volontà del chiamato, ai fini dell'acquisto dell'eredità, sia elevata dall'ordinamento a fondamentale presupposto, sebbene essa, assuma una diversa percettibilità, la quale sarà, evidentemente più distinta, nel caso in cui il chiamato ponga in essere un'espressa dichiarazione di accettazione indirizzata ad un preciso destinatario, per contro, in caso di accettazione tacita, velata dal comportamento concludente dal quale debba essere desunta.

Purtuttavia il primo potere ha tipizzato delle situazioni nelle quali l'acquisto dell'eredità prescinde da una qualsiasi manifestazione della volontà di accettare, espressa o tacita[125]. Intendiamo riferirci alle ipotesi degli artt. 485 e 527 c.c. che fanno riferimento, rispettivamente, al chiamato all'eredità che è nel

possesso dei beni ereditari e non rediga l'inventario nei termini di legge e alla sottrazione di beni ereditari.

Quanto alla qualificazione di queste fattispecie parte della dottrina ha parlato di «accettazione presunta»[126] quale terza specie accanto a quella espressa e tacita, altri autori preferiscono parlare di accettazione *ex lege*[127], altri ancora, sottolineando la contraddizione in termini di una accettazione imposta dalla legge, prediligono la locuzione di acquisto dell'eredità *ope legis.*[128]

Quale che sia la qualificazione adottata non viene comunque messo in dubbio il dato fondamentale: il chiamato acquista l'eredità non perché abbia dichiarato di volere tale effetto o abbia *aliunde* indotto tale convincimento (*id est* accettazione tacita)[129], ma per il fatto di aver posto in essere o di aver

---

[123] G. PRESTIPINO, *op.cit.*, p.477; G. AZZARITI, *op.ult.cit*, p.156 : "la differenza tra le due ipotesi è dovuta al fatto che, mentre la rinunzia importa la volontà di non acquistare ciò che potrebbe conseguirsi, la donazione suppone la volontà di trasferire ad altri un diritto che si ha. Ed in questo diverso atteggiamento della volontà trova spiegazione e giustifica il diverso trattamento che la legge predispone per l'una e l'altra ipotesi".

[124] L. FERRI, *op.cit.,* p.287; C. ROMEO, *op.cit.*, p.1241.

[125] L. JR COVIELLO , *Diritto successorio (Corso di lezioni)*, Bari, Cacucci, 1962, p.49.

[126] C. GIANNATTASIO, *op.cit.*, p. 132 ; *contra* G. GROSSO – A. BURDESE, *op.cit.*, p. 304: "...per cui non è possibile parlare, in ordine a esse, sul presupposto quanto meno di una presunzione oggettiva della volontà di accettare, di accettazione presunta dell'eredità"; L. JR COVIELLO, *op.cit.*, p. 488: " dal legislatore si è fatta astrazione da ogni considerazione del comportamento del soggetto quale accettazione, direttamente e senz'altro disponendosi le conseguenze del comportamento del chiamato all'eredità, mercè la qualificazione della situazione giuridica dello stesso, successiva alla condotta tenuta."

[127] A. GIUSEPPE, *op.ult.cit.*, p.157.

[128] C. ROMEO, *op.cit.,* p.1253; L. CARIOTA FERRARA, *op.cit.,* p.460: "....la legge sancisce in talune fattispecie l'effetto che andrebbe collegato alla dichiarazione di accettazione (cioè l'acquisto), pur mancando una qualsivoglia accettazione espressa o tacita od anche legalmente determinata.[...] Per ciò abbiamo parlato, per questi casi, di attribuzione legale dell'eredità, e non si accettazione necessaria, legale o coatta."; L. FERRI, *op.cit.,* p.341: "ci domandiamo, peraltro, se invece di accettazione *ope legis*, non convenga parlare di acquisto dell'eredità *ope legis*, dato che si prescinde completamente non solo da una dichiarazione di volontà del chiamato, ma anche da un suo contegno concludente".

[129] L. JR COVIELLO, *op.cit.*, p.493: " quale che sia l'opinione che si accolga circa la natura negoziale o non dell'accettazione tacita certa cosa è che qui, nel caso che si occupa, manca del tutto un comportamento idoneo e

omesso delle condotte cristallizzate nelle disposizioni in parola[130].

In questi casi l'acquisto dell'eredità si colora di tinte sanzionatorie[131] essendo utilizzato come strumento di coazione indiretta per la realizzazione, da parte del chiamato, di quanto dalla legge voluto.

In ultima analisi, alla mancata redazione dell'inventario da parte del chiamato in possesso dei beni ereditari o nel caso in cui i beni relitti vengano sottratti l'ordinamento reagisce, attraverso la compressione della volontà del chiamato, imponendo il subingresso nelle situazioni soggettive attive e passive già facenti capo al *de cuis* con la formula di cui all'art. 485 c.c.: «il chiamato all'eredità è considerato erede puro e semplice»[132].

E' utile osservare come la formula prefata è utilizzata dal legislatore anche nella fattispecie di cui all'art. 487 c.c con riguardo al chiamato che abbia dichiarato di accettare con beneficio d'inventario ma non lo abbia eretto nei termini di legge.

Autorevole dottrina ha posto in luce come, nonostante l'identità di reazione da parte dell'ordinamento, la succitata fattispecie non sia qualificabile come acquisto senza accettazione poiché in questo caso si ha, al contrario, una esplicita e formale dichiarazione di voler accettare.[133]

Motivo per il quale ne trascuriamo la trattazione in questa sede e passiamo ad esaminare le due fattispecie che ci occupano.

L'art. 485 c.c. impone al chiamato che sia in possesso dei beni ereditari di erigere l'inventario nel termine di tre mesi che decorreranno o dal giorno di apertura della successione o dal giorno in cui il chiamato ha avuto conoscenza della delazione in suo favore.

Trascorso il termine legale senza che il chiamato abbia eretto l'inventario sarà «*considerato erede puro e semplice*». Tuttavia avrà diritto ad una proroga non eccedente i tre mesi se cominciato l'inventario, allo spirare del termine, non l'abbia completato.

Redatto l'inventario decorrerà un nuovo termine di quaranta giorni, entro il quale il chiamato dovrà dichiarare se accetta o rinunzia all'eredità. Se omette tale dichiarazione o la rende oltre il termine di legge «*è considerato erede puro e semplice*».

La *ratio* della disposizione in parola, che impone una serie di atti entro termini abbastanza contenuti, è stata ravvisata nella necessità di porre fine, nel più breve tempo possibile alla situazione

---

concludente quale è voluto dall'art. 476. L'essere rimasto nel possesso per la durata del termine per deliberare, senza aver deliberato, non è comportamento univoco che suoni estrinsecazione di una volontà di accettare"

[130] V. SCIARRINO – M. RUVOLO, *La rinunzia all'eredità*, in *Il Codice Civile.Commentario*, fondato da P. SCHLESINGER e diretto da F. BUSNELLI, Milano, Giuffrè, 2008, p.320; A. CICU, *op.cit.*, p.183.

[131] G. AZZARITI, *op.ult.cit*, p.157. In particolare riguardo alla fattispecie di cui all'articolo 527: " in quest'ultimo caso l'accettazione *ope legis* assume il carattere di una pena inflitta all'erede, a sanzione del fatto illecito da lui commesso con la sottrazione dei beni ereditari"; *contra* L. FERRI, *op.cit.*, p.137: "....ora è difficile vedere una sanzione o una pena implicita nell'acquisto dell'eredità. Inoltre una sanzione presuppone la trasgressione di una norma, mentre è difficile vedere un'attività illecita nella sottrazione o nel nascondimento di beni ereditari da parte di chi, essendo chiamato a quella successione e autorizzato dalla legge a prendere possesso di quella eredità senza necessità di chiedere l'investitura da parte di alcuno, e
quindi (chi lo potrebbe escludere ?), anche in modo clandestino. Un'illiceità può qui ravvisarsi non nel contegno in se ma nel fine che lo anima".

[132] L. JR COVIELLO, *op.cit.*, p.501: "la formula in questione [...] suona reazione del diritto al comportamento del chiamato ed ha forza cogente: [...] la reazione del diritto opera sul potere di accettare l'eredità comportando eliminazione della possibilità di una libera determinazione della volontà del chiamato quanto all'accettare o meno".

[133] L. JR COVIELLO, *ibidem*.

d'incertezza per i creditori e per i chiamati ulteriori, generata dal possesso di beni ereditari, atto idoneo ad indurre in quei

soggetti il convincimento che il possessore sia anche erede.

Non trascurabile appare anche l'osservazione secondo cui il poter disporre di bene ereditari espone a pericoli l'integrità del patrimonio relitto.[134]

L'art. 485 c.c. prevede tre distinti presupposti fondanti l'effetto dell'acquisto *ope legis:* il possesso di beni ereditari, l'apertura della successione accompagnata dalla conoscenza del chiamato di tale evento e il decorso del termine.

Quanto al primo dei requisiti richiesti si ritiene che sia sufficiente il possesso anche di un solo bene ereditario o di alcuni di essi, a patto che, secondo certa dottrina[135], abbiano un'apprezzabile peso economico; inoltre, parlando il legislatore di possesso a qualsiasi titolo, si ritiene sufficiente una mera relazione materiale con il bene ereditario e non la relazione propria di possesso ex art. 1140 c.c..[136]

Ancora, alcuni autori sostengono che sia sufficiente una relazione materiale anche solo momentanea, e non necessariamente protratta fino alla scadenza del termine, a seguito della quale ad evitare l'acquisto non basterebbe la dismissione ma un atto formale di rinunzia[137].

Insieme al possesso deve poi ricorrere l'ulteriore requisito dell'apertura della successione e della consapevolezza da parte del chiamato della delazione in suo favore.

La rilevanza dell'elemento soggettivo può essere inferita dalla circostanza che il termine di tre mesi decorre alternativamente dal giorno in cui si è aperta la successione o dal giorno in cui il successibile ha avuto conoscenza della delazione in suo favore. Dunque il legislatore ha voluto dare rilievo al coefficiente soggettivo della conoscenza che il successibile abbia della devoluzione che lo investe che vale, dunque, quale elemento perfezionativo della fattispecie[138].

Autorevole dottrina mette in luce come tale conoscenza implichi altresì la consapevolezza dell'appartenenza dei beni posseduti all'eredità sebbene non espressamente prevista dalla norma[139].

Nel silenzio del legislatore la dottrina ha considerato l'ipotesi in cui il chiamato si immetta nel possesso dei beni ereditari in un momento successivo all'apertura della successione ritenendo innanzitutto che anche per questo chiamato si produca l'effetto dell'acquisto[140] e che, in questo caso, il termine decorra dal momento iniziale della materiale relazione[141].

Appare chiarificatore del modo in cui i requisiti dell'acquisto *ope legis* si collocano temporalmente il

---

[134] C. ROMEO, *op.cit.*, p.1254; G. GROSSO – A. BURDESE, *op.cit.*, p.307: "inoltre, la ratio dell'art. 485 che è, come già abbiamo accennato nell'esigenza di tutela del patrimonio ereditario....."; L. CARIOTA FERRARA, *op.cit.*, p.462: "...per esigenze pratiche e ragioni di sicurezza, nonché di tutela degli altri chiamati e dei creditori, la legge fa scaturire l'effetto dell'acquisto dell'eredità dalla situazione di fatto, di per sé equivoca e pericolosa, di un chiamato che si trovi comunque, materialmente, nel possesso di beni ereditari".

[135] G. GROSSO – A. BURDESE, *op.cit.*, p.305.

[136] L. FERRI, *op.cit.*, p.337; G. PRESTIPINO, *op.cit.*, p.267.

[137] C. ROMEO, *op.cit.*, p.1255; A. CICU, *op.cit.*, p.183; *contra* G. GROSSO – A. BURDESE, *op.cit.*, p.307: "tutto ciò considerato riteniamo che non sia necessaria una rinuncia all'eredità da parte del chiamato possessore di beni ereditari al fine di evitare che alla scadenza dei termini fissati dall'art. 485 codice civile per il compimento dell'inventario egli sia considerato erede puro e semplice, ma sia sufficiente una dismissione da parte sua del possesso dei beni ereditari".

[138] G. GROSSO – A. BURDESE, *op.cit.*, p.308 e 309; L. FERRI, *op.cit.*, p.338.

[139] G. GROSSO – A. BURDESE, *op.cit.*, p. 308.

[140] A. CICU, *op.cit.*, p.186.

[141] L. FERRI, *ibidem.*

passo che segue:

> «in definitiva tre sono i requisiti: 1) apertura della successione, 2) conoscenza di questa
> da parte del chiamato, 3) possesso di beni ereditari; quando i requisiti di cui ai n. 2) e 3)
> si verificano dopo un certo lasso di tempo dall'apertura della successione, sarà dal
> momento in cui si verifica l'ultimo dei due, che il termine comincerà a decorrere. Ciò
> vale anche per la rinuncia che, per essere valida, deve essere fatta entro il medesimo
> termine»[142].

Parte della dottrina, quanto alla valutazione degli elementi subiettivi dell'acquisto ereditario ex art. 485 c.c., si spinge oltre richiedendo anche la volontarietà del comportamento di chi inizia o continua a possedere beni ereditari, giungendo a qualificare il suddetto comportamento del delato come atto giuridico[143].

Altra ipotesi di acquisto puro e semplice dell'eredità è contemplata dall'art. 527 c.c. a mente del quale *"i chiamati all'eredità, che hanno sottratto o nascosto beni spettanti all'eredità stessa, decadono dalla facoltà di rinunziarvi e si considerano eredi puri e semplici, nonostante la loro rinunzia"*.

Possiamo immediatamente osservare che nella fattispecie in esame non vi è riferimento alcuno ad una relazione materiale tra il chiamato e il bene sottratto di guisa che, l'effetto acquisitivo con relativa perdita della facoltà di rinunziare o di accettare con beneficio d'inventario, si produce a prescindere dall'esistenza o meno di una situazione *lato sensu* possessoria, per effetto della sola condotta commissiva: sottrazione e occultamento di beni ereditari.

L'esigenza che l'occultamento e la sottrazione siano realizzati volontariamente dal soggetto ha portato ad escludere l'applicabilità della disposizione ai minori, interdetti e inabilitati. Analogamente se i comportamenti in parola fossero realizzati dal legale rappresentante, non produrrebbero l'effetto acquisitivo per il chiamato incapace d'agire, non potendo questi soffrire le conseguenze pregiudizievoli di un comportamento altrui[144].

Anche in questo caso, come in quello del possesso di beni ereditari che importa accettazione, l'occultamento o la sottrazione può avere ad oggetto anche un solo bene ereditario a condizione che abbia una non trascurabile consistenza economica rispetto all'eredità.

Quanto agli elementi subiettivi delle condotte in esame la dottrina ritiene che la condotta materiale debba essere accompagnata da uno specifico intento fraudolento ovverosia il nascondimento e l'occultamento dovranno essere in malafede[145].

Perché si produca l'effetto acquisitivo l'occultamento e la sottrazione dovranno intervenire prima della rinunzia. Dopo la rinunzia gli stessi comportamenti potranno, semmai, integrare un fatto di reato non essendo più quei beni a disposizione del chiamato ma di altri successibili[146].

Non univoche sono le opinioni degli autori circa il ruolo che la norma occuperebbe nel sistema

---

[142] L. FERRI, *ibidem.*

[143] G. GROSSO – A. BURDESE, *op.cit.,* p.309; *contra* L. JR COVIELLO, *op.cit.*, p.50.

[144] L. FERRI, *op.cit.* p.338; C. GIANNATTASIO, *op.cit.,* p.226.

[145] A. CICU, op.cit., p.188; L. FERRI, Successioni in generale, in Commentario del Codice Civile Scialoja-Branca, Libro secondo: Succesioni art. 456-511, Bologna - Roma, Zanichelli – Soc. ed. del Foro Italiano, 1968, p.136.

[146] L. FERRI, *op.ult.cit.,* p.137.

successorio essendo da alcuni ritenuta sanzionatoria[147], mentre altra parte della dottrina[148] ne esclude tale finalità osservando come in realtà la perdita della facoltà di rinunciare, che indubbiamente depaupera la gamma dei poteri del chiamato e che a ragione potrebbe considerarsi sanzione intesa quale pregiudizio, è solo un effetto riflesso dell'acquisto dell'eredità che, per contro, non appare invisa al chiamato se si escludono i casi di *damnosa hereditas*.

Nota bibliografica

AZZARITI G., *L'accettazione dell'eredità*, in *Trattato di diritto privato*, diretto da RESCIGNO P., vol. V, Torino, Utet, 1997.

AZZARITI G., *Le successioni e le donazioni: libro secondo del Codice Civile*, Napoli, Jovene, 1990.

AZZARITI G., *Rinuncia a vocazione ereditaria «ex testamento» e pretesa accettazione, per gli stessi beni, di vocazione ereditaria «ex lege»*, in *Riv. dir. civ.*, 14, 1968, II.

BARBERO D., *Il sistema del diritto privato italiano*, Torino, Utet, 1988.

BIANCA C.M., *La famiglia, le successioni*, vol. II, in *Diritto civile*, Milano, Giuffrè, 2005.

BONILINI G., *Manuale di diritto ereditario e delle donazioni*, Torino, UTET giuridica, 2013.

CALVO R., *Rinunzia che importa accettazione*, in *Codice delle successioni e donazioni*, a cura di M. SESTA, vol. I, Milano, Giuffrè, 2011.

CAPOZZI G., *Successioni e donazioni*, vol. I, Milano, 1983.

CAPOZZI G., *Successioni e donazioni*, vol. I, Milano, Giuffrè, 2009.

CARIOTA FERRARA L., *Le successioni per causa di morte. Parte generale*, Napoli, Morano, 1977.

CASTRO S.-MARI A.-MAZZOTTA V., *L'eredità tra accettazione e rinunzia*, Torino, Giappichelli, 2006.

CICU A., *Successioni per causa di morte, Parte generale*, in *Trattato di Diritto Civile e Commerciale*, diretto da. A. CICU e F. MESSINEO, Milano, Giuffrè, 1961.

COVIELLO L. JR, *Diritto successorio (Corso di lezioni)*, Bari, Cacucci, 1962. *Diritto ereditario*, Messina – Milano, G. Principato, [1933?].

FERRI L., *Disposizioni generali sulle successioni*, in *Commentario del Codice civile Scialoja-Branca, Libro secondo: Successioni artt. 456-511*, Bologna-Roma, Zanichelli – Soc. ed. del Foro Italiano, 1997.

FERRI L., *Successioni in generale*, in *Commentario del Codice civile Scialoja-Branca, Libro secondo: Successioni artt. 456-511*, Bologna-Roma, Zanichelli – Soc. ed. del Foro Italiano, 1968.

FIANDACA G. – MUSCO E., *Diritto penale. Parte speciale: i delitti contro la persona*, vol. II, tomo I, Bologna, Zanichelli, 2008.

GAZZONI F., *Manuale di diritto privato*, Napoli, Edizioni scientifiche italiane, 2006.

GAZZONI F., *Manuale di diritto privato*, Napoli, Edizioni scientifiche italiane, 2007.

GIAMPICCOLO G., *Note sul comportamento concludente*, in *Riv. trim. dir. proc. civ.*, 1961.

GIANNATTASIO C., *Delle successioni. Disposizioni generali*, in *Commentario del Codice civile*, tomo I, Torino, Utet, 1959.

---

[147] G. GROSSO – A. BURDESE, *op.cit.*, p.312; C. GIANNATTASIO, *op.cit.*, p.226; G. AZZARITI, *op.ult.cit.*, p. 157.

[148] FERRI LUIGI, *ibidem*; L. CARIOTA FERRARA, *op.cit.*, p.463; A. CICU. *op.cit.*, p.188 nt. 76: "mi pare improprio vedere in questo acquisto una pena inflitta dalla legge o una sanzione civile. Ciò poteva dirsi nel diritto francese, che, nel mentre ammetteva l'effetto dell'acquisto dell'eredità, negava al chiamato la proprietà delle cose sottratte".

GROSSO G. – BURDESE A., *Le successioni: parte generale*, in *Trattato di dirittocivile Italiano*, diretto da F. VASSALLI, vol. XII, tomo 1, Torino Utet, 1977.

MESSINEO F., *Manuale di diritto civile e commerciale*, vol. VI, Milano, Giuffrè, 1962.

MOSCHELLA R., *Autonomia e universalità della petizione ereditaria*, in *Riv. dir.civ.*, 16, 1970.

NIVARRA L. – RICCIUTO V. – SCOGNAMIGLIO C., *Diritto privato*, Torino, Giappichelli, 2013.

NIVARRA L. – RICCIUTO V. – SCOGNAMIGLIO C., *Istituzioni di diritto privato*, Torino, Giappichelli, 2005.

POLACCO V., *Delle successioni: disposizioni comuni alle successioni legittime e testamentarie*, vol. II, Milano-Roma, Società editrice libraria – Athenaeum, 1937.

PRESTIPINO G., *Delle successioni in generale*, in *Commentario teorico-pratico al codice civile*, diretto da DE MARTINO V., Novara, Pem, 1981.

ROMEO C., *L'acquisto dell'eredità*, in *Trattato di diritto delle successioni e delle donazioni*, diretto da G. BONILINI, Milano, Giuffrè, 2009.

SANTORO-PASSARELLI F., *Dottrine generali del diritto civile*, Napoli, Jovene, 1997.

SANTORO-PASSARELLI F., *Vocazione legale all'eredità*, Padova, Cedam, 1940.

SCIARRINO V. – RUVOLO M., *La rinunzia all'eredità*, in *Il Codice civile. Commentario*, fondato da P. SCHLESINGER e diretto da F. BUSNELLI, Milano, Giuffrè, 2008.

TRABUCCHI A., *Istituzioni di diritto civile*, Padova, Cedam, 1974.

TRABUCCHI A., *Istituzioni di diritto civile*, Padova, Cedam, 2007.

2.2 TRACCE E PARERI DI DIRITTO CIVILE

2.2.1 A) TRACCIA PARERE

In data 16 ottobre 2014, il Comune di Gamma chiedeva all'albergatore Sempronio di fare alloggiare per tre mesi Mevio e la sua famiglia presso la sua struttura ricettiva, in quanto questi ultimi, erano stati sfrattati da un alloggio comunale di cui erano stati a lungo tempo beneficiari.

Sempronio accettava la proposta del Comune e consentiva a Mevio di occupare una stanza dell'albergo.

Decorsi i pattuiti tre mesi, Mevio e la sua famiglia continuavano però ad usufruire della stanza messa a disposizione, senza che venisse effettuato alcun tipo di pagamento (né da parte dell'Ente locale, né dai beneficiari), nei confronti dell'albergatore.

In ragione di tale circostanza, con atto di citazione notificato il 10 marzo 2015 l'albergatore Sempronio chiamava in giudizio il Comune di Gamma e il sig. Mevio per sentirli condannare in solido al pagamento di euro 3.000,00, quale corrispettivo dovuto per l'uso della stanza, nonché al risarcimento di tutti i danni patiti e patendi.

L'albergatore Sempronio, chiedeva inoltre al Tribunale il rilascio della stanza nella quale continuavano a vivere Mevio con la sua famiglia.

Per avere chiarimenti circa la fondatezza dell'azione promossa da Sempronio nei suoi confronti, Mevio si rivolge al vostro studio legale chiedendovi parere motivato sulla vicenda.

B) SOLUZIONE PARERE: <u>IL CONTRATTO A FAVORE DI TERZO.</u>

Viene richiesto parere legale da Mevio, a seguito dell'azione legale promossa nei suoi confronti da Sempronio.

La vicenda trae origine dalla richiesta del 16 ottobre 2014 fatta dal Comune Gamma all'albergatore Sempronio di fare alloggiare per 3 mesi Mevio e la sua famiglia presso il suo albergo, essendo questi stati sfrattati dall'alloggio comunale. Nonostante il decorso del termine stabilito, la famiglia di Mevio continuava ad occupare la stanza dell'albergo senza, inoltre, alcun pagamento né da parte di Mevio né da parte del Comune.

Per tale ragione, Sempronio il 10 marzo 2015 citava in giudizio il Comune di Gamma e Mevio per il pagamento in solido di 3.000,00 euro, nonché il risarcimento dei danni ed il rilascio della stanza.

Dalla vicenda così prospettata emerge che il Comune di Gamma e Sempronio, in virtù del principio dell'autonomia contrattuale di cui all'art. 1322 c.c., hanno stipulato un c.d. "contratto di albergo".

Trattasi di negozio giuridico, atipico, con il quale l'albergatore si impegna a fornire al cliente, dietro corrispettivo, una serie di prestazioni di fare e di dare che si concentrano nella concessione dell'uso di un alloggio.

In particolare, però, occorre precisare che il contratto in questione è stato stipulato dai due contraenti affinché ne usufruissero Mevio e la sua famiglia, quindi soggetti terzi rispetto alle parti che hanno sottoscritto l'accordo.

Occorre chiedersi, a questo punto, quale valenza giuridica sia da attribuire al contratto stipulato dal Comune e da Sempronio.

Trattasi evidentemente di un contratto misto, nel quale è senza dubbio possibile riscontrare anche gli elementi tipici della stipulazione a favore di terzo di cui all'art. 1411 c.c..

Tale disposizione consente, in particolare, la stipulazione di un contratto con il quale una parte (detta *promittente*) assume l'obbligo di fornire una prestazione ad un terzo estraneo al contratto, in ragione della sussistenza di un interesse dell'altra parte contrattuale, detta *stipulante*, alla produzione di un effetto giuridico in favore del suddetto soggetto terzo.

Ai sensi dell'art. 1411 c.c., dunque, il terzo che non abbia rifiutato la disposizione in suo favore, pur non essendo parte del contratto né in senso formale, né in senso sostanziale, diviene beneficiario degli effetti diretti del contratto tra promittente e stipulante e diviene titolare, dunque, del diritto alla prestazione che il promittente si è impegnato a fornire.

Il soggetto terzo non ha quindi alcun obbligo verso alcuna delle parti stipulanti, le quali, pertanto, restano le sole vincolate alle prestazioni convenute (Cass.civ. n. 7398/1996).

Per la configurabilità del contratto a favore di terzo si rende necessario, pertanto, verificare che le parti si siano espressamente accordate per attribuire un vantaggio economico al terzo estraneo al contratto.

Orbene, nel caso di specie, il Comune di Gamma aveva interesse a trovare un alloggio provvisorio per Mevio e la sua famiglia, dal momento che gli stessi erano stati sfrattati da un alloggio comunale di cui erano stati per un lungo periodo di tempo beneficiari. Al fine di soddisfare tale esigenza, il Comune decideva di stipulare un contratto atipico di albergo in favore di Mevio con l'albergatore Sempronio per un periodo di 3 mesi.

In considerazione del fatto che, però, allo scadere del termine Mevio non provvedeva a rilasciare la stanza e che nè Mevio nè il Comune di Gamma avevano provveduto nel corso dei 3 mesi al pagamento dei corrispettivi in favore dell'albergatore Sempronio, quest'ultimo decideva di citare in giudizio sia il Comune che Mevio al fine di ottenere il pagamento in solido di 3.000,00 euro.

Per valutare la fondatezza dell'azione proposta da Sempronio nei confronti di Mevio, occorre verificare se quest'ultimo possa ritenersi tenuto, in esecuzione del contratto di albergo concluso in suo favore tra il Comune di Gamma e Sempronio, all'adempimento della somma richiesta dall'albergatore.

Sulla scorta di quanto già esposto circa la natura giuridica del contratto a favore di terzo e circa gli effetti dallo stesso prodotti, si può ricavare che nel caso di specie non Mevio ma il Comune di Gamma sarà tenuto al pagamento della somma richiesta da Sempronio.

La prestazione per la cui esecuzione Sempronio agisce in giudizio trova la sua fonte, infatti, in un contratto di albergo stipulato dallo stesso Sempronio con il solo Comune di Gamma e rispetto al quale Mevio si pone quale terzo estraneo al contratto, beneficiario degli effetti favorevoli dello stesso esclusivamente per l'espresso accordo delle parti contrattuali in tal senso.

D'altronde, anche la prevalente giurisprudenza di legittimità pronunciatasi su casi analoghi di inadempimento di prestazioni connesse ad un contratto di albergo in favore di terzo ha affermato che, in esecuzione di detto contratto, può ritenersi tenuto alla corresponsione della somma dovuta all'albergatore a titolo di corrispettivo solo l'altra parte vincolata dal contratto, cioè lo *stipulante*.

In particolare la Suprema Corte ha affermato che "*Nel contratto in favore di terzi, che può essere costituito da un contratto di albergo, purchè lo stipulante vi abbia un interesse, che può essere economico, istituzionale o anche morale, lo stipulante rimane parte contrattuale, mentre il terzo non è parte né in senso sostanziale né in senso formale e deve limitarsi a ricevere gli effetti di un rapporto già validamente costituito ed operante, senza che a suo carico possano discendere obbligazioni verso il promittente. Ne consegue che è sempre lo stipulante ad essere obbligato, nei confronti del locatore alla restituzione della cosa locata da parte del terzo e, in caso di ritardo, alla corresponsione di quanto dovuto ai sensi del disposto dell'art. 1591 c.c..*" (Cassazione civile, sez. III, 20 gennaio 2005, n. 1150).

Tale orientamento si giustifica sulla base della considerazione che nel contratto a favore di terzi lo stipulante rimane parte contrattuale mentre il terzo si limita solo ad essere beneficiario degli effetti di un rapporto già costituito da altre parti, senza che a suo carico possano discendere obbligazioni verso il promittente.

Da ciò discende, inoltre, che "*Nel contratto a favore di terzo, in difetto di espresse previsioni convenzionali, il terzo è l'unico legittimato ad agire – con l'azione di risoluzione del contratto e di risarcimento danni – per ottenere, a fronte dell'inadempimento del promittente la prestazione attribuita ove il contratto sia idoneo a fargli acquistare il relativo diritto senza necessità di un'attività esecutiva del promittente medesimo, mentre, in caso contrario, va riconosciuta una legittimazione concorrente a favore dello stipulante*" (Cassazione civile, sez. III, 9 aprile 2014, n. 8272).

Alla luce delle premesse considerazioni, si ritiene che Mevio debba costituirsi in giudizio eccependo la propria carenza di legittimazione passiva in ragione della sua posizione di beneficiario e non di parte nel contratto a favore di terzo stipulato dall'attore Sempronio con il Comune di Gamma. Conseguentemente alcuna somma Mevio sarà tenuto a pagare a Sempronio né a titolo di corrispettivo, né a titolo di risarcimento danni così come formulati dall'albergatore.

2.2.2 A) TRACCIA PARERE

Beta s.r.l., neonata società nel settore delle telecomunicazioni, si rivolge alla Banca Alfa per ottenere il finanziamento di un progetto innovativo di telecontrollo dell'illuminazione pubblica. Essendosi vista opporre un primo diniego da un'altra banca a causa delle quasi inesistenti garanzie che poteva fornire, al momento della richiesta del finanziamento alla Banca Alfa presentava una lettera di patronage con cui Gamma S.p.a., leader italiana nelle telecomunicazioni, affermava che "la scrivente società detiene la maggioranza delle quote sociali della Beta S.r.l. influenzando sensibilmente le sue scelte di organizzazione aziendale e strategiche. Alla luce di ciò si manifesta l'interesse alla concessione dei finanziamenti e di linee di credito che le verranno concesse, con la presente si impegna inoltre a non cedere le quote di sua proprietà prima del rimborso totale dei crediti della società debitrice".

Vista la suddetta lettera, la Banca Alfa concedeva a Beta s.r.l. il finanziamento richiesto, a condizioni particolarmente privilegiate.

Purtroppo, però, dopo qualche mese Beta non riusciva a pagare le rate del finanziamento, non avendo ricevuto nessun incarico da parte dei Comuni per la progettazione dei propri sistemi di illuminazione.

A questo punto la Banca Alfa scriveva alla Gamma S.p.a., chiedendo la restituzione del denaro prestato e invocando l'art. 1936 c.c..

Dal suo canto, Gamma S.p.a. rispondeva ad Alfa, chiarendo che nulla era dovuto dalla stessa, essendo la suddetta lettera una semplice interposizione di buoni uffici, priva di effetti giuridici vincolanti.

Premessi brevi cenni sulle garanzie atipiche si rediga motivato parere circa le possibili azioni da intraprendere in favore della Banca Alfa.

B) SOLUZIONE PARERE: <u>LA LETTERA DI PATRONAGE.</u>

La Banca Alfa si è rivolta a questo studio legale al fine di ottenere parere motivato circa le possibili azioni da intraprendere in seguito alla mancata restituzione del denaro prestato alla Beta S.r.l., in virtù di un contratto di mutuo con la stessa concluso.

Secondo quanto rappresentato da Alfa, la stessa avrebbe acconsentito alla concessione del finanziamento a favore di Beta in virtù di una lettera di patronage da quest'ultima presentata, con la quale la Gamma S.p.a. dichiarava di essere socio di maggioranza della Beta S.r.l., manifestando al contempo il proprio interesse al buon esito dell'operazione e, a tal fine, impegnandosi a non cedere le quote di sua proprietà sino all'integrale rimborso del credito da parte di Beta. Quest'ultima, pertanto, concludeva con la Banca un contratto di mutuo a condizioni particolarmente vantaggiose, sebbene non avesse fornito garanzie ulteriori.

A seguito dell'inadempimento della società mutuataria, la Banca Alfa chiedeva alla Gamma S.p.a. la restituzione di quanto prestato, a norma dell'art. 1936 c.c.; quest'ultima, tuttavia, rispondeva di non essere in alcun modo obbligata nei confronti di Alfa, in quanto la suddetta lettera di patronage sarebbe stata priva di effetti giuridici vincolanti.

La questione giuridica sottesa alla vicenda in esame impone di verificare l'idoneità della lettera di patronage alla produzione di effetti obbligatori in capo al patrocinante; per poter fornire una risposta soddisfacente al quesito formulato da Alfa occorre dunque esaminare la natura giuridica di tale istituto, che sembrerebbe collocarsi nell'ambito delle cc.dd. garanzie atipiche.

Come noto, l'ordinamento disciplina diverse forme di garanzia, volte ad assicurare una tutela forte delle ragioni creditorie, in modo da favorire l'accesso al credito ed incentivare gli scambi commerciali.

In virtù del generale principio dell'autonomia privata, l'ordinamento consente altresì alle parti di creare forme di garanzia ulteriori rispetto a quelle specificamente previste dal legislatore, regolamentando i propri rapporti giuridici in aderenza alle esigenze che di volta in volta si presentano nella prassi.

In generale, però, le diverse forme di garanzia devono distinguersi fra quelle reali, aventi ad oggetto beni vincolati al soddisfacimento delle ragioni del credito, e quelle personali, in cui al debitore originario è affiancato un altro soggetto, che garantisce l'adempimento del primo con il proprio patrimonio, a norma dell'art. 2740 c.c..

Fra queste ultime rientra la fideiussione, istituto che rappresenta l'archetipo delle garanzie personali. Le sue caratteristiche essenziali possono riassumersi nell'identità della prestazione cui è obbligato il fideiussore, rispetto a quella del debitore principale (è fideiussore colui che, obbligandosi personalmente verso il creditore, garantisce l'adempimento di un'obbligazione altrui); nella sua accessorietà rispetto all'obbligazione principale (in linea di principio, infatti, l'invalidità di quest'ultima comporta l'invalidità della fideiussione) ed, infine, nel fatto che il fideiussore è obbligato in solido col debitore principale all'adempimento della prestazione. Tali caratteristiche possono essere derogate, in tutto o in parte, nella prassi degli scambi commerciali, attraverso la predisposizione di garanzie personali atipiche.

Con esse, di norma, il garante si obbliga ad una prestazione diversa da quella del debitore principale, che può pertanto essere anche di natura infungibile; in tal modo si assicura comunque il soddisfacimento economico del creditore, trasferendo il rischio dell'inadempimento sul garante.

La giurisprudenza è solita qualificare simili garanzie come "di tipo indennitario", per indicare che in tali casi il garante è tenuto solo ad indennizzare, o risarcire, il creditore insoddisfatto (cfr. Cass., Sez. III, sent. n. 2377/2008, in tema di polizza fideiussoria).

In simili ipotesi, qualora il regolamento di interessi che le parti si sono date presenti delle lacune, dovrà farsi riferimento alla disciplina della fideiussione, in quanto compatibile.

Orbene, occorre verificare se la lettera di patronage rientri effettivamente fra le garanzie personali atipiche e quale sia la sua natura giuridica.

Invero, la giurisprudenza suole distinguere fra le lettere di patronage con le quali il patrocinante si limiti ad esternare la propria posizione di influenza, e quelle cc.dd. "forti", attraverso le quali il sottoscrittore assume "degli impegni" nei confronti del creditore destinatario.

In tali ultimi casi, sebbene la funzione della lettera di patronage non sia quella di "garantire" l'adempimento altrui, nel senso in cui tale termine è assunto nella disciplina delle garanzie personali specificamente previste dal legislatore (nelle quali, come visto, il garante assume l'obbligo di eseguire la stessa prestazione del debitore principale), essa consiste comunque nel rafforzare nel creditore il convincimento che il patrocinato farà fronte ai propri impegni. In simili circostanze, dunque, sorgono in capo al patrocinante alcuni effetti giuridici vincolanti, tali per cui lo stesso risulta personalmente obbligato nei confronti del creditore cui la dichiarazione è indirizzata.

Quanto alla natura giuridica dell'istituto in questione, la giurisprudenza di legittimità è, sul punto, divisa: in alcune pronunce, infatti, si afferma che la lettera di patronage c.d. "forte" rientra nello schema negoziale delineato dall'art. 1333 c.c.. Si tratterebbe dunque di un contratto con obbligazioni a carico del solo patrocinante, che si concluderebbe nel momento in cui la lettera giunge a conoscenza del destinatario, salvo il rifiuto di quest'ultimo (cfr. Cass., Sez. III, sent., n. 4888/01).

Secondo un altro orientamento, invero più risalente, si tratterebbe invece di un atto unilaterale a contenuto patrimoniale.

Simili incertezze, tuttavia, non sembrano assumere rilevanza nel caso concreto, in quanto, in ogni caso, la giurisprudenza concorda nel ritenere che la lettera di patronage c.d. "forte" (o "impegnativa") comporti "nel patrocinante l'assunzione dell'obbligazione di un determinato fare in caso di esecuzione della prestazione da parte del beneficiario, con conseguente esposizione del patrocinante inadempiente all'azione risarcitoria del creditore" (cfr. Cass., sent., 25.09.2001, n. 11987).

Inoltre, l'art. 1324 c.c. dispone che agli atti unilaterali tra vivi aventi contenuto patrimoniale si applichino, in quanto compatibili, le norme che regolano i contratti.

Nel caso di specie si deve, pertanto, preliminarmente verificare se la lettera sottoscritta dalla Gamma S.p.a. rientri fra quelle cc.dd. "forti"; al fine di individuare l'effettivo contenuto della dichiarazione del patrocinante, dovrà farsi in particolare applicazione dei principi sanciti dagli artt. 1362 e 1366 c.c., in tema di interpretazione del contratto. Secondo tali disposizioni, nell'interpretare il contratto si deve indagare quale sia stata la comune intenzione delle parti, senza limitarsi al senso letterale delle parole, in applicazione del fondamentale canone della buona fede; a tal fine, occorre inoltre valutare il comportamento complessivo delle parti, anche successivamente alla conclusione del contratto stesso.

Pertanto, è necessario innanzitutto rilevare come, nella lettera di patronage della Gamma S.p.a., la stessa non si sia limitata ad esternare la propria qualifica di socio di maggioranza della Beta S.r.l..

Essa, al contrario, precisava di avere un proprio, autonomo interesse alla concessione del finanziamento alla società controllata e, a tal fine, assumeva lo specifico impegno di non alienare le proprie quote sino all'integrale rimborso del credito.

Non sembra dunque potersi dubitare del carattere "forte" della dichiarazione rilasciata dalla Gamma S.p.a., produttiva dunque di effetti obbligatori in capo alla stessa.

Più difficoltoso, però, appare stabilire in concreto il contenuto della prestazione della Gamma stessa: da un lato, questa non ha dichiarato l'intento di impegnarsi all'adempimento della medesima prestazione che la Beta aveva assunto in caso di sottoscrizione del contratto di mutuo con la Banca. Dall'altro però, quest'ultima sembra aver legittimamente fatto affidamento sulla qualifica di socio maggioritario della Gamma S.p.a., nonché sulla sua solidità finanziaria, trattandosi di società leader nel mercato delle telecomunicazioni.

Tali considerazioni sono invero risultate determinanti ai fini della conclusione del contratto di mutuo fra Alfa e la Beta S.r.l.; tra questo e la lettera di patronage sussiste un collegamento funzionale in quanto la conclusione del primo è stata possibile solo grazie alla lettera di patronage in questione.

Ciò appare di primaria importanza ai fini dell'operazione ermeneutica tesa ad individuare la comune intenzione delle parti.

Sembra dunque potersi affermare che l'intenzione della Gamma S.p.a nell'inviare alla Banca la lettera di patronage fosse proprio quella di assicurare il soddisfacimento dell'interesse economico di quest'ultima, in caso in caso di insolvenza della Beta S.r.l., così trasferendo su di sé il rischio economico dell'inadempimento.

Non si vede, del resto, quale diverso significato potrebbe attribuirsi alle dichiarazioni della Gamma: il nostro ordinamento, infatti, non consente in linea di principio l'assunzione di obbligazioni perpetue.

Una diversa interpretazione della lettera di patronage di cui si discute imporrebbe di ritenere la Gamma vincolata a non cedere le quote di sua proprietà della Beta S.r.l. per un periodo di tempo indeterminato e, potenzialmente, senza limiti.

Pertanto, un'interpretazione ispirata al canone della buona fede induce a ritenere che la Gamma S.p.a. si sia obbligata ad indennizzare la Banca creditrice in caso di inadempimento della Beta S.r.l.; in tal modo si tutela il legittimo affidamento della Alfa che, senza sua colpa, ha fatto fede sugli impegni assunti dalla Gamma. Quest'ultima, del resto, era ben consapevole di ciò, avendo presentato la lettera di patronage proprio al fine di rafforzare la posizione di Beta, date le quasi inesistenti garanzie che la stessa poteva fornire.

In conclusione, alla luce di quanto sinora esposto, sembra che la Banca Alfa possa agire in giudizio tanto contro la Beta S.r.l. quanto contro la Gamma S.p.a., chiedendo nei confronti della prima la risoluzione del contratto per inadempimento ed il risarcimento del danno. Nei confronti della seconda, invece, si potrà chiedere il solo risarcimento del danno per l'inadempimento degli impegni assunti con la lettera di patronage, quale responsabilità contrattuale ex art. 1218 c.c..

2.2.3 A) TRACCIA PARERE

In data 10 gennaio 2015, Caio acquista da Tizio un'abitazione facente parte del condominio Beta.

Dopo tre mesi dall'acquisto, Mevio, amministratore del suddetto condominio, richiede al nuovo condomino il pagamento di euro 10.000,00 quale importo relativo ad alcuni lavori di manutenzione dell'edificio condominiale per i quali Tizio era rimasto inadempiente.

In particolare, la suddetta somma si riferiva:

- per euro 7.000,00 ai lavori di rifacimento della facciata deliberati dall'assemblea condominiale ed eseguiti nell'anno 2011;

- per i restanti euro 3.000,00 ai lavori di manutenzione dell'impianto elettrico condominiale deliberati ed eseguiti in data 26 dicembre 2014.

Dopo due mesi da tale comunicazione, Caio si oppone alla richiesta, assumendo che in entrambe le occasioni in cui erano stati deliberati i lavori non era condomino e pertanto non aveva preso parte alla decisione di eseguire detti lavori. La richiesta di pagamento avrebbe dovuto essere inoltrata al precedente proprietario Tizio.

Caio contestava, inoltre, all'amministratore l'invalidità assoluta di entrambe le delibere in quanto approvavano un riparto di spese tra i condomini sulla base di tabelle millesimali provvisorie.

L'amministratore, al contrario, ritenendo che Caio fosse il legittimo destinatario della pretesa economica, minacciava di attivare le necessarie e opportune procedure di recupero del credito.

Caio si rivolge dunque al vostro studio legale, chiedendovi parere motivato sulla vicenda e sulle possibili azioni da attivare a propria difesa.

B) SOLUZIONE PARERE: <u>CONDOMINIO E TABELLE MILLESIMALI PROVVISORIE.</u>

Viene richiesto parere legale da parte di Caio in merito alla debenza o meno delle somme richiestegli dall'amministratore del condominio Beta per alcuni lavori effettuati su impianti e parti comuni dell'edificio.

Nel caso di specie, Caio acquistava da Tizio in data 10 gennaio 2015, un'abitazione inclusa nel condominio Beta. Dopo tre mesi riceveva dall'amministratore la richiesta di pagamento di una somma pari ad Euro 10.000,00 per i lavori di manutenzione dell'immobile. In particolare le somme richieste si riferivano per 7.000,00 euro al rifacimento della facciata effettuato all'anno 2011 e per 3.000,00 euro alla manutenzione dell'impianto elettrico avvenuta nel 2014.

Dopo due mesi dalla predetta richiesta, Caio si opponeva, rifiutando di eseguire il pagamento ed eccependo sia la successiva acquisizione della qualità di condomino, sia l'invalidità delle relative delibere assembleari, giacché fondavano la ripartizione delle spese condominiali su tabelle millesimali provvisorie.

Ai fini del corretto inquadramento della fattispecie descritta, pare doveroso affrontare due diverse questioni giuridiche.

In primo luogo, si tratta di individuare gli obblighi che si configurano a carico del nuovo acquirente in caso di vendita di una unità immobiliare in condominio; successivamente, occorre valutare la natura dell'invalidità (nullità o annullabilità) delle delibere di ripartizione delle spese fondate su tabelle millesimali provvisorie ed i conseguenti termini di impugnazione.

Quanto alla prima questione, la disposizione da analizzare per comprendere la problematica dell'esigibilità del credito condominiale nei confronti del soggetto che è subentrato nella proprietà dell'unità immobiliare è quella dell'art. 63 disp. att. c.c.

Tale norma trova applicazione al caso di specie in quanto norma speciale rispetto a quella contenuta nell'art. 1104 c.c.. Infatti, l'art. 1139 c.c. dispone che le norme che regolano la comunione ordinaria (tra cui rientra l'art. 1104 c.c.) si applicano al condominio solo se manca un'espressa disposizione speciale nella normativa condominiale.

Fermo restando, dunque, che l'obbligazione *de qua* sia da inquadrare nella categoria delle c.d. *obbligazioni propter rem* e che l'obbligo di ciascun condomino di contribuire alle spese per le parti comuni deriva, in via immediata, dalla titolarità del diritto reale sull'unità immobiliare, nel caso in esame l'acquirente non è responsabile senza limiti di tempo del pagamento dei contributi nei confronti del condominio, come avviene invece in materia di comunione, ex art. 1104 c.c..

In particolare, al quarto e quinto comma dell'art. 63 disp. Att. C.c. è previsto che colui che subentra nei diritti di un condomino è obbligato solidalmente con questo al pagamento dei contributi relativi all'anno in corso e a quello precedente.

A conferma della bontà di tale opzione ermeneutica, può farsi riferimento ad un recente arresto della Corte di Cassazione secondo cui *"sebbene l'art. 1139 c.c. in tema di comunione degli edifici richiami la normativa dettata in tema di comunione ordinaria per gli aspetti che non siano appositamente disciplinati, in tema di responsabilità per i crediti maturati dal condominio relativamente ad un'unità immobiliare di cui siano mutati i relativi proprietari, non si applica l'art. 1104 c.c. (che sancisce la responsabilità illimitata del dante causa e dell'avente causa senza limiti temporali), bensì l'art. 63 disp. Att. Cc., avente carattere speciale, per cui l'alienante dell'unità immobiliare è solidalmente responsabile con l'acquirente della medesima unità per quel che attiene ai crediti maturati dal condominio nell'anno in corso e in quello precedente"* (Cass civ., 16 gennaio 2015, ord. n. 702).

Orbene, nel caso di specie, i lavori di manutenzione predetti sono stati deliberati ed eseguiti in epoche diverse: quelli relativi alla facciata dell'edificio condominiale risalgono all'anno 2011, mentre quelli concernenti l'impianto elettrico al 2014.

Tenuto conto che l'unità immobiliare è stata acquistata da Caio in data 10 Gennaio 2015, ne consegue che egli è obbligato a versare soltanto la quota relativa alla manutenzione dell'impianto elettrico, deliberata ed eseguita nell'anno precedente all'acquisto e non anche l'altro contributo, dal momento che i lavori alla facciata fuoriescono dai limiti del biennio di cui all'art. 63 disp. Att. C.c..

Solo in relazione al primo contributo infatti, Caio è obbligato in solido con il suo avente causa Tizio.

Dopo l'effettuazione del pagamento, tuttavia, egli potrà agire in regresso ex art. 1299 c.c. nei confronti del precedente proprietario, potendo ripetere nei confronti di quest'ultimo quanto pagato al condominio Beta.

Quanto alla seconda questione giuridica da analizzare, relativa al tipo di invalidità da cui sono affette le delibere assembleari adottate sulla base di tabelle millesimali provvisorie, occorre precisare che l'art. 1123, comma primo stabilisce che *"la ripartizione delle spese necessarie per la conservazione ed il godimento delle parti comuni dell'edificio [...] sono sostenute dai condomini in misura proporzionale al valore della proprietà di ciascuno, salvo diversa convenzione"*.

Le tabelle millesimali servono proprio agli effetti dell'art. 1123 c.c., nonché degli artt. 1124, 1126 e 1134 c.c, cioè ai fini di ripartire le suddette spese e di computare i quorum deliberativi e costitutivi in sede di assemblea.

Quanto alle modalità di approvazione delle stesse, l'art. 68 disp. Att. C.c. prevede che il valore proporzionale di ciascuna unità immobiliare è espresso in millesimi in apposita tabella allegata al regolamento di condominio. Con riferimento, invece, al criterio di identificazione dei valori millesimali la giurisprudenza ha chiarito che esso deriva autonomamente dal rapporto tra il valore dell'edificio e il valore delle proprietà esclusive: si tratta quindi di un canone di ripartizione che esiste prima e indipendentemente dalla formazione delle tabelle millesimali.

La preesistenza del rapporto di valore tra le singole unità immobiliari e l'intero edificio, dunque, comporta che la delibera assembleare adottata sulla base di tabelle millesimali provvisorie sia semplicemente annullabile e non nulla.

La Cassazione ha affermato sull'argomento che *"Debbono qualificarsi nulle le delibere dell'assemblea condominiale prive degli elementi essenziali, le delibere con oggetto impossibile o illecito (contrario all'ordine pubblico, alla morale o al buon costume), le delibere con oggetto che non rientra nella competenza dell'assemblea, le delibere che incidono sui diritti individuali sulle cose o servizi comuni o sulla proprietà esclusiva di ognuno dei condomini, le delibere comunque invalide in relazione all'oggetto; debbono, invece, qualificarsi annullabili le delibere con vizi relativi alla regolare costituzione dell'assemblea, quelle adottate con maggioranza inferiore a quella prescritta dalla legge o dal regolamento condominiale, quelle affette da vizi formali, in violazione di prescrizioni legali, convenzionali, regolamentari, attinenti al procedimento di convocazione o di informazione dell'assemblea, quelle genericamente affette da irregolarità nel procedimento di convocazione, quelle che violano norme richiedenti qualificate maggioranze in relazione all'oggetto.* " (Cass. Civ. n. 1439/2014).

La giurisprudenza ha precisato successivamente che è solo annullabile la delibera con la quale erroneamente si applichi il criterio legale di riparto delle spese condominiali; diverso è il caso in cui consapevolmente l'assemblea deliberi di modificare i criteri di riparto stabiliti dalla legge (o in via convenzionale da tutti i condomini), arbitrariamente derogando ad essi. Nella singolare fattispecie si è in presenza di un caso di annullabilità

Con riferimento al caso oggetto del presente parere, la Suprema Corte ha inoltre specificato che *"in tema di condominio negli edifici, la deliberazione con cui l'assemblea, in mancanza di tabelle millesimali, adotti un criterio provvisorio di ripartizione delle spese tra i condomini nell'esercizio delle attribuzioni di cui all'art. 1135 n. 2) e 3) c.c. non è nulla, ma solo annullabile, non incidendo comunque sui criteri generali dettati dall'art. 1123 c.c., con la conseguenza che la relativa impugnazione va proposta nel termine di decadenza di trenta giorni previsto dall'art. 1137 c.c."* (Cass. n. 1439/2014).

Chiarito che si verte in una ipotesi di annullabilità delle delibere e che la loro impugnazione sarebbe dovuta avvenire, ai sensi dell'art. 1137 c.c., entro 30 giorni dalla comunicazione al condomino, nel caso di specie la contestazione di Caio all'amministratore del condominio, effettuata dopo due mesi dalla comunicazione, deve considerarsi tardiva essendo ormai trascorso il relativo termine decadenziale.

Alla luce di quanto esposto, si ritiene che Caio, non potendo più impugnare le delibere assembleari per decorso del termine di decadenza, sia tenuto ad effettuare al condominio Beta ai sensi dell'art. 63 comma secondo, disp. Att. C.c. soltanto il pagamento di euro 3.000,00 relativi ai lavori per l'impianto elettrico in quanto compiuti nell'anno precedente e, perciò, rientranti nei limiti temporali previsti dalla norma.

Successivamente potrà recuperare la somma pagata al condominio mediante esercizio dell'azione di regresso ex art. 1299 c.c. nei confronti di Tizio, suo dante causa.

2.2.4 A) TRACCIA PARERE.

Tizia, incinta da sedici settimane, durante un controllo di routine presso l'Ospedale Gamma veniva notiziata del fatto che alcuni esami ematochimici avevano mostrato dei valori totalmente anomali. Allarmata dai suddetti risultati delle analisi, Tizia si recava immediatamente dal Dott. Mevio, primario di Ginecologia dell'ospedale, per avere delucidazioni in merito. Quest'ultimo, dopo aver convocato altresì il Direttore del laboratorio analisi (Caio), riteneva di non disporre ulteriori accertamenti, rassicurando Tizia circa la non importanza dei valori difformi.

A seguito di un parto svoltosi tranquillamente, Tizia scopriva che la sua bambina era affetta da sindrome di "Down".

Tizia e il marito Sempronio, in proprio e quali esercenti la potestà sulla figlia Tizietta, convenivano in giudizio il Dott. Mevio e il Dott. Caio, nonchè l'Azienda U.S.L. per ottenere il risarcimento dei danni conseguiti alla nascita "non desiderata" della figlia, affetta da sindrome di Down.

In particolare i due coniugi, lamentavano di non aver potuto scegliere consapevolmente di proseguire la gravidanza poiché non erano stati eseguiti gli esami opportuni per accertare eventuali malformazioni del feto.

Il Tribunale di Salerno respingeva la suddetta domanda, osservando che non era stato provato dagli attori il "grave pericolo per la salute fisica o psichica" che avrebbe legittimato l'interruzione della gravidanza dopo i 90 giorni.

Quanto alla domanda risarcitoria avanzata dai genitori in nome e per conto della figlia, il Tribunale negava la configurabilità in capo al concepito del diritto al risarcimento del pregiudizio conseguente alla nascita, atteso che "la tutela dell'individuo nella fase prenatale è limitata alle lesioni imputabili ai comportamenti colposi dei sanitari, ma non si estende alle situazioni diverse".

Il candidato, assunte le vesti di difensore di Tizia, Sempronio e Tizietta, rediga parere legale motivato circa l'opportunità di proporre appello avverso la suddetta sentenza.

B) SOLUZIONE PARERE: <u>DANNO DA NASCITA INDESIDERATA</u>.

Viene richiesto parere legale da parte Tizia e Sempronio in merito alla possibilità di proporre utilmente appello avverso la sentenza pronunciata dal Tribunale di Salerno con la quale venivano totalmente respinte le istanze dagli stessi avanzate contro il Dott. Mevio e il dott. Caio, nonché contro l'Azienda U.S.L..

In particolare, Tizia e Sempronio agivano in giudizio contro i medesimi al fine di veder risarciti i danni derivanti dalla nascita indesiderata della figlia Down, affermando di non essere stati messi nelle condizioni di poter liberamente decidere se portare a termine la gravidanza, data l'omessa esecuzione di accertamenti medici finalizzati ad individuare eventuali malformazioni del feto. Tuttavia, l'adito Tribunale non accoglieva la predetta domanda rilevando, in primo luogo, che i genitori della bambina affetta dalla sindrome di Down non si erano trovati in condizioni di grave pericolo per la salute fisica o psichica legittimante l'interruzione della gravidanza dopo la sedicesima settimana e, in secondo luogo, l'inesistenza, in capo al nascituro, del diritto al risarcimento del pregiudizio conseguente alla nascita.

Ciò doverosamente chiarito, occorre preliminarmente precisare che l'ordinamento positivo tutela il concepito e l'evoluzione della gravidanza esclusivamente verso la nascita e non anche verso la "non nascita", essendo pertanto configurabile un diritto a nascere e a nascere sani, suscettibile di essere inteso esclusivamente nella sua positiva accezione. Ne discende che, sotto il profilo privatistico, nessuno può procurare al nascituro lesioni o malattie con comportamento omissivo o commissivo colposo o doloso senza incorrere in responsabilità e, sotto il profilo pubblicistico, devono essere predisposti tutti gli istituti normativi e tutte le strutture di tutela, cura e assistenza della maternità idonei a garantire al concepito di nascere sano.

Non è, invece, configurabile in capo a quest'ultimo un diritto a non nascere o a non nascere se non sano, come si desume dal combinato disposto degli artt. 4 e 6 della Legge n. 194 del 1978, dai quali si evince che l'interruzione volontaria della gravidanza è finalizzata solo a evitare un pericolo per la salute della gestante serio (entro i primi 90 giorni di gravidanza) o grave (successivamente a tale termine); trattasi di un diritto il cui esercizio compete esclusivamente alla madre; le eventuali malformazioni del feto rilevano esclusivamente nella misura in cui possono cagionare un danno alla salute della gestante e non già in sé per sé considerate con riferimento cioè al nascituro.

Da tali premesse, pare opportuno ed oltremodo necessario valutare la sussistenza, in capo a Tizia e Sempronio, del diritto al risarcimento del danno da nascita indesiderata scaturente dall'errore dei medici che, non rilevando malformazioni congenite del concepito, hanno impedito alla madre l'esercizio del diritto di interruzione della gravidanza, a prescindere dalla prova del grave pericolo per la salute fisica o psichica, come richiesto dal Giudice di primo grado.

Orbene, l'omessa rilevazione da parte del primario di ginecologia e del direttore del laboratorio di analisi della presenza di gravi malformazioni nel feto e la correlativa mancata comunicazione di tale dato a Tizia – che in aggiunta era stata rassicurata circa l'irrilevanza dei valori difformi risultanti dai precedenti esami ematochimici – deve ritenersi circostanza idonea a porsi in rapporto di causalità con il mancato esercizio, da parte della stessa, della facoltà di interrompere la gravidanza. Difatti, deve ritenersi rispondente ad un criterio di regolarità causale che la donna, ossia Tizia, qualora adeguatamente e tempestivamente informata della presenza di una malformazione atta ad incidere sulla estrinsecazione della personalità del nascituro, preferisca non portare a termine la gravidanza.

A conferma della predetta interpretazione si menziona un consolidato orientamento giurisprudenziale, recentemente convalidato dalla sentenza delle Sezioni Unite n. 25767 del 22 dicembre 2015, a mente della quale, in tema di responsabilità del medico da nascita indesiderata, ai fini dell'accertamento del nesso di causalità tra l'omessa rilevazione e comunicazione della malformazione e il mancato esercizio, da parte della madre, della facoltà di ricorrere all'interruzione volontaria della gravidanza, deve ammettersi la possibilità, per la donna, di provare per presunzioni la circostanza che, se fosse stata adeguatamente informata, avrebbe interrotto la gravidanza.

La giurisprudenza prevalente ritiene, quindi, sufficiente che la donna alleghi che si sarebbe avvalsa di quella facoltà se fosse stata informata della grave malformazione del feto, essendo in ciò implicita la ricorrenza delle condizioni di legge per farvi ricorso, tra le quali (dopo il novantesimo giorno di gestazione) v'è il pericolo per la salute fisica o psichica derivante da trauma connesso all'acquisizione della notizia, a norma dell'art. 6, lett. b) della legge 194/1978 (Cass., sent. n. 22837 del 10.11.2010).

Ne deriva che il Tribunale di Salerno pare aver aderito al contrapposto e non condivisibile filone interpretativo secondo il quale nel giudizio avente ad oggetto il risarcimento del danno cosiddetto da nascita indesiderata è onere della parte attrice dimostrare che, se fosse stata informata delle malformazioni del concepito, avrebbe interrotto la gravidanza; tale prova non potrebbe essere desunta dal solo fatto che la gestante abbia chiesto di sottoporsi ad esami volti ad accertare l'esistenza di eventuali anomalie del feto, perché tale richiesta è solo indizio privo dei caratteri di gravità ed univocità (Cass., sent. n. 7269 del 22.3.2013).

Ciò posto, potrebbero sorgere dubbi per quanto concerne la legittimazione attiva di Sempronio, padre del soggetto malformato, in tema di responsabilità del medico per omessa diagnosi di malformazioni del feto e conseguente nascita indesiderata.

Invero, secondo l'opinione ormai prevalente in giurisprudenza, il risarcimento dei danni, che costituiscono conseguenza immediata e diretta dell'inadempimento del ginecologo all'obbligazione di natura contrattuale gravante su di lui, spetta non solo alla madre, ma anche al padre, atteso il complesso di diritti e doveri che, secondo l'ordinamento, si incentrano sul fatto della procreazione.

Non rileva, in proposito, che sia consentito solo alla madre (e non al padre) la scelta in ordine all'interruzione della gravidanza, atteso che, pur sottratta alla madre (e non al padre) la scelta in ordine all'interruzione di gravidanza, agli effetti negativi del comportamento del medico non può ritenersi estraneo il padre, il quale deve perciò considerarsi tra i soggetti protetti dal contratto col medico e, quindi, tra coloro rispetto ai quali la prestazione mancata o inesatta è qualificabile come inadempimento, con il correlato diritto al risarcimento dei conseguenti danni, immediati e diretti.

Conseguentemente, si ravvisa anche in capo a Sempronio il diritto di agire per violazione, da parte dei medici, dell'obbligo di compiere una corretta diagnosi di malformazioni del feto.

Deve, infine, aggiungersi a tutto quanto sinora rilevato che la sentenza del Tribunale di Salerno appare, invece, alla luce della più recente giurisprudenza in materia, difficilmente contestabile con riferimento al secondo motivo di rigetto della domanda risarcitoria avanzata dai genitori della bambina affetta dalla Sindrome di Down, quali tutori della stessa.

Benché, infatti, la Corte di Cassazione nella recente sentenza n. 16754 del 2.10.2012 avesse sostenuto che in casi nei quali il medico abbia omesso di segnalare alla gestante l'esistenza di più efficaci test diagnostici prenatali rispetto a quello in concreto prescelto, impedendole così di accertare l'esistenza di una malformazione congenita del concepito, quest'ultimo ancorchè privo di soggettività giuridica fino al momento della nascita, una volta venuto ad esistenza, avrebbe avuto diritto ad essere risarcito da parte del sanitario con riguardo al danno consistente nell'essere nato non sano e rappresentato dall'interesse di alleviare la propria condizione di vita impeditiva di una libera estrinsecazione della personalità, tale orientamento è stato da ultimo superato con la già citata sentenza delle Sezioni Unite del 22 dicembre 2015, n. 25767.

In tale sentenza, infatti, le Sezioni Unite, a composizione del contrasto giurisprudenziale sorto in materia, hanno affermato che, "in tema di responsabilità medica da nascita indesiderata, il nato disabile non può agire per il risarcimento del danno, neppure sotto il profilo dell'interesse ad avere un ambiente familiare preparato ad accoglierlo, giacché l'ordinamento non conosce il "diritto a non nascere se non sano", né la vita del bambino può integrare un danno-conseguenza dell'illecito omissivo del medico" (Cass., SS.UU., sent. 25767/15 cit.).

In conclusione, alla luce di tutto quanto sopra esposto ed abbracciando i più recenti orientamenti giurisprudenziali lo scrivente legale ritiene che Tizia e Sempronio potranno utilmente proporre appello avverso la sentenza del Tribunale di Salerno al fine di conseguire il risarcimento del danno non solo alla salute, ma anche economico dagli stessi subito quale conseguenza immediata e diretta dell'inadempimento dei medici per omessa diagnosi di malformazioni del feto e per nascita indesiderata. Più difficilmente prospettabile appare, invece, dopo il recente intervento sfavorevole delle Sezioni Unite in materia, la proposizione dell'appello da parte di Tizia e Sempronio quali tutori della minore Tizietta, avverso il capo della sentenza del Tribunale di Salerno che nega la risarcibilità dei danni subiti da Tizietta in ragione del suo handicap.

2.2.5 A) TRACCIA PARERE.

La famiglia Verdi residente a Roma e composta da Mevio, Caia, Sempronietta e Tizietto partiva con la propria automobile per le vacanze estive con destinazione Messina.

Lungo il tratto autostradale, la loro autovettura veniva coinvolta in un grave incidente causato dalla collisione tra un tir, che aveva compiuto una pericolosa manovra di sorpasso e si era poi ribaltato, e una serie di automobili.

A causa del violento impatto, Sempronietta, sorella di Tizietto e figlia di Mevio e Caia, perdeva la vita.

I genitori di Sempronietta e il fratello Tizietto convenivano in giudizio il conducente del tir e la compagnia di assicurazioni Martinelli s.p.a,, chiedendo la condanna di entrambi al risarcimento dei danni patrimoniali e non patrimoniali derivanti dalla morte di un proprio congiunto.

In primo grado, la famiglia Verdi otteneva il risarcimento di tutti i danni richiesti *iure proprio* et *iure ereditario*, a nulla rilevando le difese svolte dalla compagnia di assicurazioni e dal conducente dell'auto.

In particolare, quanto al danno *iure hereditario*, il Tribunale motivava l'accoglimento della domanda, adducendo che *"Sempronietta aveva acquisito nel proprio patrimonio il diritto al risarcimento del danno biologico per la morte immediata, ed esso si era così trasmesso in via ereditaria nei patrimoni degli attori"*.

La compagnia di assicurazione si rivolge al vostro studio legale per conoscere quali possano essere gli esiti di un eventuale giudizio di appello.

Il candidato, assunte le vesti della Martinelli s.p.a., dopo aver premesso brevi cenni sul danno non patrimoniale e sulle problematiche connesse al danno da morte, rediga il parere richiesto.

B) SOLUZIONE PARERE: <u>IL DANNO TANATOLOGICO.</u>

La Compagnia assicurativa Martinelli S.p.a. richiede motivato parere legale circa l'opportunità di impugnare la sentenza di primo grado che la condannava alla rifusione dei danni sopportati, sia in via propria che in via ereditaria, dalla famiglia della piccola Sempronietta, deceduta in un incidente stradale.

La vicenda traeva origine da un grave sinistro determinato, lungo una tratta autostradale, dalla imprudente manovra di sorpasso attivata da un conducente di tir; nel conseguente impatto con altre autovetture, perdeva la vita la piccola Sempronietta, in quel momento a bordo dell'auto familiare.

Così chiariti i termini della vicenda, occorre in primo luogo comprendere quali danni siano direttamente risarcibili in favore dei familiari di chi perde la vita per altrui fatto illecito; in un secondo momento dovrà esporsi quali voci di danno, pur venendo in essere a carico della vittima, siano poi trasmissibili nel patrimonio dei familiari in via ereditaria.

La soluzione del primo quesito implica una trattazione preliminare dell'istituto dei danni non patrimoniali, disciplinati all'art. 2059 cod. civ..

Il danno non patrimoniale è risarcibile nei soli casi previsti dalla legge, e cioè - secondo una interpretazione costituzionalmente orientata della norma in commento - quando il fatto che lo cagiona sia astrattamente configurabile come reato, nelle fattispecie espressamente previste dalla legge ed in relazione a gravi lesioni di diritti costituzionalmente tutelati (cfr. Cass. Civ., Sez.Un., n. 26972/08).

Il giudice di legittimità ha elaborato il principio della c.d. "unitarietà ontologica del danno non patrimoniale", il quale preclude la possibilità di autonomi e separati risarcimenti delle diverse forme del pregiudizio sofferto (a titolo di danno morale, biologico, esistenziale, ecc.).

Secondo tale interpretazione, l'atomizzazione dei differenti aspetti del danno non patrimoniale condurrebbe ad una illegittima duplicazione del risarcimento, con ingiustificata locupletazione del danneggiato; per l'effetto, in sede di liquidazione, il Giudice dovrà condurre una valutazione in concreto del detrimento sopportato, evitando maggiorazioni ma anche vuoti risarcitori e conducendo una personalizzazione della liquidazione (cfr. Cass.Civ., n. 19402/13).

Tanto premesso, e venendo alla soluzione della questione in esame, deve ora esplicarsi quali siano i cosìdetti "danni riflessi", ovvero i danni che, in occasione della morte ingiusta di un soggetto, vengono prodotti direttamente nel patrimonio giuridico dei familiari (c.d. danni iure proprio).

In tali ipotesi, il ristoro dei danni viene attribuito a soggetti diversi dalla vittima principale, purchè l'evento secondario sia riconducibile causalmente al fatto illecito, secondo un criterio di prevedibilità della colpa (cfr. Cass.Civ. ,n. 8828/03).

Nel caso di specie, sebbene il nocumento principale sia stato patito dalla piccola Semprionetta, lesa nel bene vita, anche i familiari hanno visto aggredita la propria sfera giuridica, sotto diversi aspetti accreditati di tutela costituzionale.

In particolare, oltre ai danni schiettamente patrimoniali, i familiari della vittima hanno sofferto una incisione della propria salute a titolo di "danno biologico" (ex. art. 32 Cost.), stante la produzione di una malattia psichica medicalmente accertabile, oltre che una lesione del proprio interesse alla integrità morale (ex art. 2 Cost.), per il determinarsi di una sofferenza contingente qualificabile come "danno morale".

Unitamente a questo, la giurisprudenza ha individuato la categoria del c.d. "danno da perdita del rapporto parentale", il quale si caratterizza per l'incidenza di un interesse peculiare, ovvero quello della intangibilità degli affetti e della reciproca solidarietà nell'ambito della famiglia, ex artt. 2, 29 e 30 Cost. (cfr. Cas.Civ., n. 2557/11).

Nella vicenda in esame, il giudice di primo grado ha accolto tutte le domande avanzate da parte attrice a titolo diretto (o iure proprio), così facendo buon governo degli elementi prodotti e degli orientamenti giurisprudenziali prevalenti, anche in tema di danno da perdita del rapporto parentale (correttamente riscontrato).

Sotto altro profilo, deve ora domandarsi quali categorie di danno non patrimoniale possano comporre il credito risarcitorio di un soggetto che perde la vita in conseguenza di un illecito e chiedersi se esse siano idonee ad essere trasmesse in via ereditaria ai parenti superstiti.

Secondo il costante orientamento della giurisprudenza, perché sussista un danno biologico risarcibile iure hereditario, è necessario che fra la data del fatto e quella del decesso sia decorso un lasso di tempo sufficiente al consolidarsi di una patologia medicalmente riconoscibile (cfr. Cas.Civ., n. 3549/04, c.d. "danno biologico terminale").

Nel caso di specie, Semprionetta risulta essere deceduta nella contestualità temporale del sinistro, sicché deve dirsi corretta l'esclusione di tale posta risarcitoria nell'ambito della sentenza di primo grado.

Quanto alla diversa specie di "danno catastrofale" esso viene ravvisato dalla giurisprudenza nei casi in cui la vittima sia stata in grado di percepire lucidamente il proprio stato, assistendo consapevolmente al proprio ineluttabile spegnersi (su tale categoria di danno morale cfr.ex multis, Cass.Civ., n. 458/09).

Nella vicenda in rassegna, l'immediata sopravvenienza della morte di Sempronietta ha escluso una siffatta consapevolezza e, per l'effetto, la risarcibilità del danno catastrofale (come correttamente statuito dal Giudice del primo grado).

Differenti valutazioni vanno esposte con riferimento alla categoria del cosiddetto "danno tanatologico", o da morte immediata.

La risarcibilità di tale danno è tuttora materia dibattuta in sede di legittimità ed ha dato corso a due distinti orientamenti.

Secondo un orientamento minoritario, evidentemente fatto proprio dal Tribunale di *prime cure*, il danno da perdita della vita ha funzione compensativa ed il relativo credito è trasmissibile iure hereditatis. Secondo tale impostazione, il danno tanatologico, attenendo al bene vita e non a quello della salute, rappresenterebbe una eccezione al principio generale, per il quale sono risarcibili solo i danni consequenziali e non i danni evento; in questo senso, il danno tanatologico, sarebbe risarcibile "ex se" e non per i pregiudizi effettivi che esso determina nel patrimonio del danneggiato (cfr. Cass. Civ. n. 1361/14).

Al contrario, l'orientamento maggioritario, recentemente avallato dalle Sezioni Unite, predica la non risarcibilità del danno da perdita della vita; in particolare, essendo il bene vita un bene giuridico autonomo, fruibile solo in natura da parte del titolare ed insuscettibile di essere reintegrato per equivalente, l'irrisarcibilità dell'evento morte deriverebbe proprio dall'assenza di un soggetto al quale, nel momento in cui si verifica, sia collegabile la perdita stessa (cfr. Cass. Civ., Sez. Un., n. 15350/15).

Nei fatti analizzati, questa seconda linea interpretativa potrà essere favorevolmente invocata in sede di gravame, facendo appello al più autorevole e più recente grado di condivisione della stessa.

In conclusione, sulla scorta delle considerazioni sopra esposte ed alla luce del panorama giurisprudenziale richiamato, si ritiene l'opportunità di impugnare la sentenza di primo grado, nella parte in cui, condiviso un indirizzo giurisprudenziale minoritario ed espressamente sconfessato dalle Sezioni Unite, condannava la Compagnia di Assicurazioni al risarcimento del danno tanatologico in favore degli attori.

Dal punto di vista processuale, sarà necessario notificare atto di appello ex art. 339 c.p.c. entro il termine (c.d. breve) di 30 giorni dalla ricevuta notifica della Sentenza di primo grado, ovvero, in sua assenza, nel termine (c.d. lungo) di sei mesi dalla pubblicazione della Sentenza.

2.2.6 A) TRACCIA PARERE

Con atto di donazione, la Provincia di Teramo trasferiva un appezzamento di terreno in favore della società Gamma, terreno sul quale si imponeva alla donataria di realizzare un opificio al fine di creare nuovi posti di lavoro.

Tale atto conteneva altresì la clausola per cui, ove nel termine di un anno non fosse stata realizzata l'opera o fosse intervenuto un mutamento della destinazione dell'area, la donazione sarebbe stata revocata con conseguente retrocessione del bene nella piena disponibilità del donante.

Successivamente veniva instaurato un procedimento penale a carico dell'amministratore unico della società donataria per truffa aggravata, avendo lo stesso fatto apparire fittiziamente l'avvenuto adempimento dell'onere gravante sull'immobile donato.

Tale giudizio, nel quale l'Amministrazione provinciale si costituiva parte civile, si concludeva con una sentenza di non luogo a procedere per intervenuta prescrizione del reato.

In seguito, il bene donato era stato oggetto di successivi trasferimenti, fino ad essere acquistato da una terza società, Beta, che avviava dei lavori di ristrutturazione ed ampliamento per realizzarvi una villa.

A questo punto, l'Amministrazione si rivolgeva all'Autorità Giudiziaria affinché dichiarasse la risoluzione ipso iure del contratto di donazione con retrocessione del bene donato in favore di essa Provincia.

La domanda veniva accolta dal Giudice di primo grado, che, dichiarato risolto "ipso iure" il contratto di donazione originario, condannava la società terza acquirente al rilascio del bene oggetto del contratto stesso.

In particolare la società Beta veniva qualificata quale terzo acquirente non in buona fede in quanto, consapevole 'del vincolo obbligatorio' gravante sul bene donato, non poteva avvalersi, ex art. 2652 n. 1 c.c. dell'inopponibilità a sé della domanda giudiziale proposta.

Il rappresentante legale della società Beta si rivolge al vostro studio legale chiedendovi parere motivato sulla descritta vicenda processuale e sulla possibilità di ribaltare la sentenza in appello.

Egli vi rappresenta, inoltre, che la trascrizione della domanda giudiziale era avvenuta successivamente alla trascrizione dell'atto con cui aveva acquistato la proprietà.

Premessi brevi cenni sulla natura dell'onere modale, rediga il candidato il parere chiesto dalla società Beta.

B) SOLUZIONE PARERE: <u>RISOLUZIONE DEL CONTRATTO DI DONAZIONE</u>.

Il presente parere impone di verificare se la domanda di risoluzione del contratto di donazione per inadempimento dell'onere, promossa dal donante nei confronti del donatario, possa travolgere i diritti reali anteriormente acquisiti dal terzo sul medesimo bene in base ad un atto trascritto prima della domanda.

La vicenda in esame trae origine dall'acquisto da parte della società Beta di un terreno di proprietà della società Gamma.

In particolare, il suddetto terreno era stato donato alla società venditrice dalla Provincia di Teramo, la quale aveva imposto alla donataria l'onere di realizzarvi un opificio per creare nuovi posti di lavoro.

Nell'atto di donazione, le parti avevano inserito una clausola per cui, ove nel termine di un anno non fosse stata realizzata l'opera o fosse intervenuto un mutamento della destinazione dell'area, la donazione sarebbe stata revocata con conseguente retrocessione del bene nella piena disponibilità del donante.

Decorso il termine previsto nel contratto, la società donataria trasferiva il terreno a terzi.

A seguito di vari trasferimenti il bene giungeva alla società Beta, che avviava dei lavori di ristrutturazione per realizzare una villa, in modo tale da pregiudicare il progetto previsto dalla Provincia nell'atto di donazione.

Vedendo pregiudicato il progetto previsto nell'atto di donazione, l'Amministrazione si rivolgeva all'Autorità Giudiziaria affinché dichiarasse la risoluzione *ipso iure* del contratto di donazione con retrocessione del bene donato in suo favore.

La domanda era accolta dal Giudice di primo grado, che, dichiarato risolto "ipso iure" il contratto di donazione originario, condannava la società terza acquirente al rilascio del bene oggetto del contratto stesso, non ritenendo rilevante il fatto che la domanda di risoluzione della donazione per inadempimento dell'onere fosse stata trascritta dopo l'atto di vendita dell'acquirente Beta.

Orbene, chiariti i termini della vicenda, si tratta di stabilire se il giudice di primo grado abbia correttamente disposto la condanna di Beta al rilascio del bene oggetto del contratto, con particolare riferimento alla disciplina in tema degli effetti della trascrizione di cui all'art. 2652 c.c..

Preliminarmente, al fine di inquadrare correttamente la fattispecie che ci occupa, occorre fare alcune precisazioni sulla donazione di cui all'art. 769 c.c., con particolare riferimento ai caratteri della c.d. donazione modale.

La donazione è il contratto con il quale, per spirito di liberalità, una parte arricchisce l'altra, attribuendole un diritto o assumendo verso di essa un'obbligazione.

Lo spirito di liberalità, che connota il depaupermento del donante e l'arricchimento del donatario, va ravvisato nella consapevolezza del donante di disporre a favore del donatario un vantaggio patrimoniale in assenza di qualsiasi costrizione, giuridica o morale.

In altri termini, l'*animus donandi*, che qualifica soggettivamente come donazione un'attribuzione patrimoniale a titolo gratuito, ricorre tutte le volte in cui il comportamento del disponente non sia determinato da alcun vincolo giuridico rilevante per l'ordinamento.

Per aversi donazione, tuttavia, non basta l'elemento soggettivo o lo spirito di liberalità, ma occorre anche l'elemento oggettivo costituito dall'incremento del patrimonio altrui ed il depaupermento di chi ha disposto del diritto o assunto l'obbligo.

Ai sensi dell'art. 782 c.c., la donazione deve essere fatta per atto pubblico, sotto pena di nullità. Rientrano fra i contratti a titolo gratuito, e non fra quelli commutativi, sia le donazioni remuneratorie, fatte per riconoscenza o in considerazione dei meriti del donatario, sia quelle modali, in cui il modus, che è limitazione del beneficio tramite un'obbligazione accessoria posta a carico del donatario, non può equipararsi alla controprestazione propria dei contratti a titolo oneroso.

Segnatamente, ai sensi dell'art. 793 c.c., si ha un'ipotesi di donazione modale tutte le volte in cui la donazione sia gravata da un onere.

Tale peso è compatibile con lo spirito di liberalità che connota la donazione, purché, non assumendo carattere di corrispettivo, costituisca una modalità del beneficio, senza snaturare l'essenza dell'atto di liberalità.

Per l'adempimento dell'onere può agire sia il donante sia qualunque altro interessato, mentre per la risoluzione della donazione per inadempimento dell'onere possono agire unicamente il donante e gli eredi, e ciò sempre che tale facoltà di agire sia espressamente prevista nell'atto di donazione.

Ai sensi dell'art. 793, comma 4, c.c., l'azione di risoluzione della donazione modale per inadempimento dell'onere può essere proposta solo nel momento in cui si verifica tale inadempimento, purché questo non sia determinato da impossibilità della prestazione derivante da causa non imputabile all'obbligato e sempre che tale inadempimento sia "grave" ai sensi dell'art. 1455 c.c..

Nel caso di specie, deve innanzitutto essere chiarito se il giudice di primo grado abbia correttamente pronunciato la risoluzione ipso iure del contratto di donazione sulla base della clausola risolutiva espressa inserita nel contratto dalla Provincia di Teramo.

Successivamente, si renderà necessario valutare se la suddetta sentenza sia legittima nella parte in cui, disponendo il rilascio dell'immobile da parte di Beta a favore della Provincia di Teramo, ha ritenuto superflua la circostanza che il contratto di vendita tra Gamma e Beta sia stato trascritto prima della domanda di risoluzione.

Sotto il primo profilo, la Corte di Cassazione ha chiarito, a più riprese, che "*la risoluzione della donazione per inadempimento dell'onere può essere domandata dal donante o dai suoi eredi, se preveduta nell'atto di donazione, ma non può avvenire ipso iure in forza di clausola risolutiva espressa, ex art. 1456 c.c., con preclusione di qualsiasi valutazione della gravità dell'inadempimento*" (cfr. Corte di Cassazione, sent. n. 14120, 20 giugno 2014).

Alla base di tale affermazione c'è l'idea che la clausola risolutiva espressa sia un istituto proprio dei contratti sinallagmatici, non estendibile ai contratti a titolo gratuito.

Invero, l'applicazione di tale istituto alla donazione, implicando l'esclusione di una valutazione sulla gravità dell'inadempimento da parte del giudice, frustrerebbe lo spirito di liberalità, che deve necessariamente animare la donazione, anche se assistita da un modus.

Sotto il secondo profilo, la sentenza resa in primo grado sembra erronea nella parte in cui, accogliendo la domanda della società donante, ha disposto il rilascio del terreno acquisto da Beta, non ritenendo significativa la circostanza che la domanda di risoluzione fosse stata trascritta solo dopo la trascrizione dell'atto di trasferimento del bene a Beta.

Tale decisione contrasta con la lettera dell'art. 2652 c.c. e, in generale, con i principi che regolano gli effetti della trascrizione di cui all'art. 2644 c.c.. Tale norma stabilisce che gli atti soggetti a trascrizione non hanno effetto riguardo ai terzi che a qualunque titolo hanno acquistato diritti sugli immobili in base ad un atto trascritto anteriormente alla trascrizione degli atti medesimi.

Sulla base del medesimo principio, la norma di cui all'art. 2952, primo capoverso, c.c., dispone che le sentenze che accolgono le domande di risoluzione del contratto (tra cui quelle diretta a far valere la risoluzione del contratto di donazione per inadempimento dell'onere) non pregiudicano i diritti acquistati dai terzi in base ad un atto iscritto o trascritto anteriormente alla trascrizione della domanda giudiziale.

Ed invero, la trascrizione della domanda giudiziale di risoluzione del contratto configura una mera prenotazione nei rapporti con i terzi degli effetti dell'accoglimento della domanda, che tuttavia è destinata a non produrre alcun effetto laddove il terzo abbia provveduto a trascrivere anteriormente l'atto da cui deriva il proprio diritto.

Ne consegue che, nel caso di specie, il giudice di primo grado ha errato laddove ha riconosciuto la prevalenza del diritto del donante al rilascio dell'immobile, considerando irrilevante la circostanza che la società Beta avesse trascritto il proprio titolo prima della trascrizione della domanda di risoluzione.

In particolare, sembra che il giudice di primo grado abbia accolto la tesi proposta da un risalente orientamento giurisprudenziale secondo cui "*in caso di donazione di immobile sottoposta a condizione risolutiva, se il donatario, in pendenza della condizione, trasferisce ad altri il bene ricevuto, quest'ultimo non è terzo, nel senso indicato, rispetto ai soggetti della donazione condizionata, e subisce gli effetti del verificarsi della condizione risolutiva in favore del donante, ancorchè abbia in precedenza trascritto l'atto d'acquisto*" (cfr. Corte di Cassazione, sent. 2175/1975).

Tale orientamento è stato largamente superato dalla giurisprudenza della Corte di Cassazione, la quale, muovendo dal dato letterale degli artt. 2644 e 2652, comma 1, n. 1 c.c., ha stabilito che "*la domanda di risoluzione del contratto di donazione non può giammai pregiudicare i diritti del terzo che abbia trascritto l'atto d'acquisto anteriormente alla domanda di risoluzione, e ciò a prescindere dallo stato soggettivo di buona o mala fede del terzo*" (cfr. Corte di Cassazione, sent. n. 12959/2014).

L'irrilevanza dello stato soggettivo emerge dal fatto che, nelle ipotesi in cui il legislatore ha voluto condizionare la prevalenza del diritto del terzo alla sua buona fede, ha espressamente previsto il requisito soggettivo richiesto.

Peraltro, come correttamente rilevato in una recente sentenza della Corte di Cassazione, resa in un caso analogo a quello che ci occupa, ritenere che il terzo consapevole del "vincolo obbligatorio" non possa far valere l'inopponibilità a sé della domanda di risoluzione, significa trasformare il diritto di credito nascente dall'obbligazione modale in un diritto sulla cosa, in spregio del principio di tipicità dei diritti reali (cfr. Corte di Cassazione, sent. n. 12959/2014).

Alla luce delle precedenti considerazioni, si ritiene che la società Beta possa proporre appello contro la sentenza di primo grado.

Tale sentenza, infatti, è errata sia nella parte in cui il giudice ha dichiarato la risoluzione *ipso iure* del contratto di donazione, senza alcuna valutazione sulla gravità dell'inadempimento di cui all'art. 1455 c.c., sia nella parte in cui, in violazione degli artt. 2644 e 2652, comma primo, n. 1, c.c., ha riconosciuto la prevalenza della domanda di risoluzione del contratto di donazione rispetto al diritto di proprietà della società Beta fondato su un atto trascritto anteriormente alla domanda di risoluzione.

2.2.7 A) TRACCIA PARERE

Tizio ha concesso in locazione a Caia un appartamento di sua proprietà situato in Roma con antistante lastrico solare di copertura di un magazzino. Il lastrico solare, anch'esso di proprietà di Tizio, non era incluso nella locazione e non era originariamente accessibile dall'appartamento locato, che su di esso affacciava con una veduta.

La conduttrice trasformava nel corso del tempo la veduta in porta-finestra per utilizzare episodicamente il piano antistante, mettendovi fiori e piante.

Il giorno 2 febbraio 2010 la domestica di Caia si recava sul lastrico solare per innaffiare le piante, con l'aiuto della figlia, Mevia, la quale camminando su di una lastra di vetro opaco che ricopriva un lucernario sito sul pavimento del lastrico solare, precipitava nel locale sottostante, riportando gravi lesioni a causa del cedimento del vetro sotto il suo peso.

Da una successiva perizia emergeva che le aperture dei lucernari erano prive di inferriata, coperte solo da lastre di vetro opache, inidonee a sorreggere il peso di una persona, così come inidonee a permettere di percepire la loro fragilità e la profondità del locale sottostante.

Con atto di citazione l'infortunata ha convenuto davanti al Tribunale di Roma sia Tizio sia Caia, chiedendone la condanna al risarcimento dei danni.

Tizio si rivolge al vostro studio legale chiedendovi parere motivato sulla vicenda e rappresentandovi che nel contratto di locazione era espressamente proibita, all'art. 5 del contratto, la modifica dello stato dei luoghi, e che egli non era mai venuto a conoscenza né delle modifiche strutturali alla finestra né dell'utilizzazione del lastrico da parte di Caia.

B) SOLUZIONE PARERE: <u>LA RESPONSABILITA' DA COSE IN CUSTODIA.</u>

Si richiede motivato parere sulla vicenda di seguito descritta.

Tizio concede in locazione a Caia un appartamento, con antistante lastrico solare di copertura di un magazzino. Tale struttura, di proprietà di Tizio, non è accessibile dall'appartamento, che si affaccia su di essa con una semplice veduta.

Nel contratto di locazione, Tizio inserisce una clausola in virtù della quale impone a Caia l'obbligo di non modificare lo stato dei luoghi.

Tuttavia, la conduttrice, disattendendo tale prescrizione, trasforma la suddetta veduta in porta finestra, al fine di utilizzare il lastrico solare come superficie su cui porre piante e fiori.

La domestica di Caia si reca sul lastrico per innaffiare le piante, con l'aiuto della figlia Mevia, la quale, camminando su una lastra di vetro, precipita nel locale sottostante, riportando gravi lesioni a causa del cedimento del vetro sotto il suo peso.

Mevia conviene in giudizio davanti al Tribunale di Roma sia Tizio che Caia, chiedendone la condanna al risarcimento dei danni.

La questione sottesa al caso in esame concerne l'esatta individuazione del soggetto responsabile dei danni subiti da Mevia, con particolare riferimento ai presupposti che giustificano la responsabilità di cui all'art. 2051 c.c..

In particolare, si tratta di stabilire se Tizio possa essere chiamato a risarcire i danni subiti dalla vittima, quale proprietario della cosa da cui è derivato il danno.

L'analisi della questione implica alcune precisazioni sulla responsabilità da cose in custodia di cui all'art. 2051 c.c..

Tale norma pone a carico del custode l'obbligo di risarcire i danni cagionati a terzi dalla *res* custodita, salvo il caso fortuito.

Può essere qualificato "custode" ai sensi dell'art. 2051 c.c., *"colui che ha il potere di controllare la cosa, quello di modificare la situazione di pericolo insita nella cosa e, infine, quello di escludere qualsiasi terzo dall'ingerenza sulla cosa"* (cfr. Corte di Cassazione, sent. n. 56784/2008).

La giurisprudenza è consolidata nel ritenere che, ai fini della configurabilità della responsabilità ex art. 2051 c.c., sia sufficiente la sussistenza del rapporto di custodia con la cosa che ha dato luogo all'evento lesivo, a prescindere dal comportamento colpevole del custode (cfr. Corte di Cassazione civile, sent. n. 98765/2007; Corte di Cassazione civile, sent. n. 4356/2012).

Corollario di tale ricostruzione è l'interpretazione della norma *"quale strumento di allocazione dei danni improntato ad una finalità di giustizia redistributiva, atta a traslare questi ultimi dal danneggiato che incolpevolmente li subisce, al custode che, pur incolpevolmente, è chiamato a risponderne per il fatto di esercitare un potere materiale sulla cosa"* (cfr. Corte di Cassazione civile, sente. N. 641/1971).

In sostanza, si tratta di una forma di responsabilità oggettiva, basata sul positivo riscontro del solo nesso di causalità tra la cosa causativa del pregiudizio e l'evento dannoso.

Ne deriva che la responsabilità del custode può essere esclusa soltanto dalla prova che il danno è derivato da caso fortuito, inteso nel senso più ampio, comprensivo del fatto del terzo e della colpa del danneggiato.

Ciò chiarito in merito ai presupposti che giustificano l'addebito ai sensi dell'art. 2051 c.c., occorre stabilire se Tizio, proprietario della cosa da cui è derivato il danno, possa essere chiamato a rispondere dei danni subiti da Mevia.

Nello specifico, occorre in primo luogo stabilire se effettivamente Tizio possa ritenersi "custode" della cosa, e cioè se abbia effettivamente mantenuto un potere di controllo sul lastrico solare, o, più precisamente, sull'unico punto d'accesso al medesimo, nonostante il contratto di locazione e l'abusiva trasformazione della veduta in porta finestra; in secondo luogo, si tratta di capire se il danno sia derivato dalla cosa o, piuttosto, dalla condotta colpevole della conduttrice, la quale ha abusivamente utilizzato il manufatto in questione.

Con riferimento al primo punto, va premesso che Tizio, quale proprietario del lastrico, è rimasto titolare dei relativi poteri e doveri di custodia, poteri e doveri che avrebbe mantenuto anche se il lastrico fosse stato compreso nell'oggetto della locazione, posto che "*il godimento concesso al conduttore non esclude la permanenza nel proprietario dei poteri di controllo, di vigilanza e di custodia sullo stato di conservazione delle strutture che compongono l'immobile locato, sulle quali il conduttore non ha poteri di intervento, nè doveri di manutenzione*" (cfr. Cassazione civile, sent. n. 13881 del 2010; Cassazione civile, sent. 16422 del 2011).

Ciò premesso, va anche rilevato che nel caso di specie la particolare collocazione del lastrico - al quale era possibile accedere solo attraverso l'appartamento concesso in locazione a Caia - ha fatto sì che quest'ultima avesse conseguito (ancorché abusivamente) il controllo sulla possibilità di accesso, avendo questa sola la detenzione qualificata dell'appartamento contiguo.

Se è vero quindi che Tizio è rimasto custode del lastrico, è anche vero che il controllo sull'accesso al medesimo attraverso l'appartamento della conduttrice gli è stato sottratto per effetto del contratto di locazione; e con esso gli è stata sottratta la possibilità, materiale e giuridica, di prevenire e di evitare il conseguente rischio di danni.

Ciò anche in considerazione del fatto che Caia, disattendendo la prescrizione del divieto di modificazione dello stato dei luoghi contenuta nel contratto di locazione, e a totale insaputa di Tizio, ha trasformato la semplice veduta in porta finestra, così precludendo ogni possibilità di controllo sulla cosa da parte di Tizio.

Ebbene, si ritiene che la perdita del suddetto potere di controllo possa escludere la responsabilità di Tizio ai sensi dell'art. 2051 c.c..

Ed infatti viene a mancare proprio il presupposto della suddetta responsabilità, vale a dire il rapporto di custodia con la cosa, il quale si sostanzia nel potere di controllo sulla cosa stessa.

Come chiarito recentemente dalla Corte di Cassazione in un caso simile a quello di specie, la perdita del potere di controllo sulla *res*, o su una frazione della medesima, ivi compresa la possibilità di accesso, esclude la responsabilità del proprietario (cfr. Corte di Cassazione civile, sentenza n. 19657 del 18 settembre 2014).

A ciò si aggiunga che, anche laddove il giudice ritenga che Tizio abbia mantenuto il potere di controllo sulla cosa, a prescindere dall'impossibilità di controllare l'accesso al lastrico solare, egli potrebbe comunque escludere la propria responsabilità ai sensi dell'art. 2051 c.c., sul rilievo che il danno non sembra essere derivato dalla cosa, ridotta a rango di mera occasione dell'evento, ma piuttosto dalla condotta di Caia.

Il comportamento abusivo della conduttrice, infatti, ha determinato il danno e non la cosa custodita.

In altri termini, anche a voler ritenere che Tizio sia rimasto custode del lastrico solare, lo stesso potrebbe escludere la propria responsabilità, non sussistendo il nesso di causalità tra la cosa e l'evento di danno.

Sul punto la giurisprudenza ha chiarito che *"quando viene accertato che la situazione di pericolo sarebbe stata superata mediante l'adozione di un comportamento ordinariamente cauto da parte del danneggiato o di un terzo, deve escludersi che il danno sia cagionato dalla cosa, ridotta al rango di mera occasione dell'evento, e ritenersi, per contro, integrato il caso fortuito"*(cfr. Corte di Cassazione, sent. n. 23584 del 2013; Corte di Cassazione sent. n. 584 del 2001).

Ed ancora, nella stessa sentenza, la Corte ha osservato che l'art. 2051 c.c. *"contempla un criterio di imputazione della responsabilità che, per quanto oggettiva in relazione all'irrilevanza del profilo attinente alla condotta del custode, è comunque volto a sollecitare chi ha il potere di intervenire sulla cosa all'adozione di precauzioni tali da evitare che siano arrecati danni a terzi"*.

In definitiva, se Caia - in virtù dei poteri di diritto a lei derivanti dalla detenzione dell'appartamento – non avesse abusivamente aperto il passaggio al lastrico, e se una volta aperto avesse predisposto le cautele opportune ad evitare l'uso anomalo del manufatto, il danno non si sarebbe verificato.

La condotta della conduttrice, sostanziandosi nel c.d. fortuito incidentale, ha interrotto il nesso causale tra cosa e danno.

Alla luce delle precedenti considerazioni, si ritiene che Tizio debba difendersi in giudizio escludendo, in primo luogo, la propria posizione di presunto "custode" del lastrico solare; in via subordinata, Tizio dovrà rappresentare al giudice che il danno non è derivato dalla cosa, ma dal comportamento imprevedibile, incauto e abusivo di Caia, il quale ha interrotto il nesso eziologico tra cosa e evento dannoso.

2.2.8 A) TRACCIA PARERE

Sempronio proprietario di un immobile nel comune di Avellino conferisce al fratello Tizio una procura generale, per atto notarile, con lo scopo di vendere il suddetto immobile a terzi.

Nel testo della procura non viene indicato alcun prezzo di vendita e viene inserita una clausola che consente a Tizio di contrarre con se stesso e con le parti di cui egli sia procuratore.

Tizio in virtù della suddetta procura, stipula un contratto di compravendita con se stesso, corrispondendo a Sempronio, a titolo di prezzo dell'immobile la somma di 70.000,00 Euro.

Sempronio, assolutamente non soddisfatto del prezzo di vendita stabilito da Tizio (di gran lunga inferiore al prezzo di mercato) gli revoca con lettera raccomandata A/R la procura a suo tempo data, contestandogli di averla utilizzata a suo esclusivo vantaggio.

Tizio, dal canto suo, rappresentava a Sempronio di essersi avvalso di una perizia tecnica per stabilire il prezzo di vendita.

Sempronio si rivolge al vostro studio legale per conoscere quali mezzi ha per ritornare nella proprietà dell'immobile.

Il candidato rediga parere motivato sulla vicenda.

B) SOLUZIONE PARERE: <u>LA RAPPRESENTANZA E IL CONFLITTO DI INTERESSI.</u>

E' richiesto motivato parere sulla vicenda di seguito descritta.

Sempronio conferisce al fratello Tizio una procura con lo scopo di vendere un immobile di sua proprietà.

Nella procura viene inserita una clausola che consente a Tizio di contrarre con se stesso e con le parti di cui egli sia procuratore. Tuttavia, nel testo dell'atto non è inserita alcuna indicazione sul prezzo di vendita dell'immobile.

Tizio, in virtù della suddetta procura, stipula un contratto di compravendita con se stesso, corrispondendo a Sempronio la somma di 70.000 euro, dichiarando di essersi avvalso di una perizia tecnica per la determinazione del prezzo di vendita.

Sempronio, non soddisfatto del prezzo (inferiore al prezzo di mercato), revoca la procura, contestando a Tizio di averla utilizzata a suo vantaggio.

La questione sottesa al caso in esame concerne la validità del contratto che il rappresentante conclude con se stesso, nell'ipotesi in cui il rappresentato abbia dato un'autorizzazione generica alla stipulazione del medesimo contratto, senza quindi la puntuale determinazione di tutti gli elementi del negozio, tra cui l'indicazione del prezzo o le modalità per la sua quantificazione.

La corretta analisi della questione implica alcune precisazioni sull'istituto della rappresentanza, con particolare riferimento ai limiti entro i quali il rappresentante può legittimamente esercitare il potere conferito dal rappresentato.

La rappresentanza è il potere di un soggetto (il rappresentante) di compiere atti giuridici in nome di un altro soggetto (il rappresentato).

La dottrina inquadra l'istituto nell'ambito della cooperazione giuridicamente rilevante e, segnatamente, in quello della sostituzione soggettiva nell'attività giuridica. Ai sensi dell'art. 1387 c.c., il potere di rappresentanza è conferito dalla legge ovvero dall'interessato tramite procura.

L'operare del rappresentante deve essere preordinato a favore del rappresentato e non deve esservi conflitto di interessi fra rappresentato e rappresentante, in conformità al generale principio secondo il quale il titolare di un potere conferito nell'interesse altrui deve usare il proprio potere conformemente all'interesse per cui il potere è stato conferito.

Il legislatore, per contrastare gli abusi del potere rappresentativo, ha previsto, tramite la disposizione di cui all'art. 1394 c.c., la possibilità per il rappresentato di annullare il negozio concluso dal rappresentante in conflitto di interessi, con il limite dell'affidamento prestato dal terzo contraente.

Nel codice civile è altresì prevista un'ipotesi tipizzata di conflitto di interessi, che si configura nell'ipotesi in cui il rappresentante concluda il contratto con se stesso.

L'art. 1395 c.c., infatti, contiene una presunzione relativa di conflitto di interessi nell'ipotesi in cui il rappresentante concluda il contratto con se stesso (in proprio o come rappresentante di un'altra parte), che può essere vinta solo con la dimostrazione della due ipotesi di validità espressamente previste, vale a dire l'autorizzazione specifica da parte del rappresentato o la predeterminazione degli elementi negoziali.

Nel caso in esame, il contratto stipulato da Tizio con se stesso non sembra rientrare in nessuna delle due ipotesi di validità richiamate nell'art. 1395 c.c..

Con riferimento alla prima, la giurisprudenza ha precisato che ricorre tutte le volte in cui il rappresentato autorizzi il rappresentante alla stipula del negozio determinandone gli elementi necessari e sufficienti ad assicurare la tutela dei suoi interessi (cfr. Cassazione, sent. n. 5906/2004; Cassazione, sent. 4143/2012).

Tale ipotesi non sembra ricorrere nel caso in cui il rappresentato abbia conferito un'autorizzazione meramente generica al rappresentante, consistente nella possibilità di concludere il contratto con se stesso, senza nemmeno la determinazione del prezzo.

In altri termini, una generica autorizzazione a concludere il contratto (com'è quella del caso di specie), conferita in assenza di qualsiasi riferimento in ordine alla determinazione del prezzo, non può ritenersi in alcun modo idonea a superare la presunzione del conflitto che naturalmente può determinarsi tra l'interesse del rappresentato e quello del rappresentate, laddove quest'ultimo concluda il contratto con se stesso.

Tali principi sono stati avvalorati dalla Corte di Cassazione, la quale in un recente intervento ha chiarito che "l'autorizzazione non è idonea quando risulti generica, non contenendo, tra l'altro, alcuna indicazione in ordine al prezzo della compravendita, che impedisca eventuali abusi da parte del rappresentante" (cfr. Cassazione, sent. n. 4143/2012).

Allo stesso modo, non si ritiene che nel caso di specie ricorra l'ipotesi di validità consistente nella predeterminazione degli elementi negoziali, la quale si configura qualora il rappresentato, per tutelarsi contro eventuali infedeltà, predetermini il contenuto contrattuale in modo tale da rendere indifferente la persona dell'altro contraente e da impedire l'insorgere di ogni possibile conflitto d'interessi.

Ed infatti, Sempronio nel rilasciare la procura a vendere a Tizio non ha in alcun modo definito il contenuto del contratto, lasciando al rappresentante la possibilità di utilizzare la procura a suo esclusivo vantaggio.

Ferma dunque l'insussistenza delle ipotesi tipiche di validità del contratto concluso con se stesso, si ritiene che nessuna rilevanza possa avere nel caso in esame il fatto che Tizio si sia avvalso di una perizia tecnica per stabilire il prezzo di vendita.

La giurisprudenza, infatti, ritiene che la presunzione di conflitto di interessi possa essere superata solo ed esclusivamente mediante al dimostrazione della sussistenza di una delle due condizioni tassativamente previste (cfr. Cassazione, sent. n. 27783/2008).

Pertanto, anche nell'ipotesi in cui dalla perizia risulti che effettivamente il prezzo di vendita fosse quello di mercato, con conseguente insussistenza di uno svantaggio per il rappresentato, il negozio sarebbe comunque annullabile. Ciò in quanto resta preclusa al rappresentante la possibilità di dimostrare l'assenza in concreto del conflitto d'interessi e, cioè, di quella realtà che "la legge vuole sia acclarata dall'esistenza dell'autorizzazione specifica o dalla predeterminazione degli elementi negoziali" (cfr. Cassazione, sent. n. 27783/2008).

Alla luce delle precedenti considerazioni, si ritiene che Sempronio possa esperire l'azione di annullamento del contratto stipulato da Tizio, nel termine di prescrizione di cinque anni, e conseguentemente chiedere di essere rimesso nel possesso dell'immobile di sua proprietà.

Accanto all'azione di annullamento, Sempronio potrebbe richiedere a Tizio il risarcimento del danno derivante dall'abusivo esercizio del potere di rappresentanza, posto che il conflitto di interessi determina la violazione del generale obbligo di correttezza nell'attuazione dei rapporti giuridici ex artt. 1175 e 1375 c.c..

2.2.9 A) TRACCIA PARERE

Tizio e Caio vendevano alla Società Gamma un terreno di loro proprietà al prezzo di 100.000 euro. Dopo la vendita i due venditori venivano a conoscenza del fatto che la società acquirente aveva taciuto che sul terreno oggetto di compravendita, prima del rogito era stata trasferita una potenzialità edificatoria e pertanto il terreno era stato venduto al prezzo di un terreno non edificabile e non al maggior prezzo che sarebbe stato richiesto se ne fosse stata conosciuta l'edificabilità.

Alla luce di quanto appreso, Tizio e Caio, con atto di citazione, convenivano in giudizio la società Gamma per ottenere il risarcimento dei danni subiti in conseguenza della loro determinazione alla vendita viziata da dolo incidente.

La società, secondo gli attori, avrebbe tenuto una condotta contraria a buona fede avendo taciuto, volutamente, una informazione che secondo buona fede il compratore era tenuto a dare nella fase di conclusione del contratto.

La società Gamma, dal canto suo, si rivolge al vostro studio legale rappresentando che alla data del rogito il terreno risultava sempre classificato come zona destinata a verde e parcheggi e che l'area era divenuta edificabile solo due anni dopo il rogito, a seguito di variante del p.r.g..

Prima del rogito era intervenuto solo un accordo tra la società e il Comune in virtù del quale l'edificabilità del bene da acquistare sarebbe stata possibile solo trasferendola da altri beni immobili di proprietà di Gamma, che sarebbero diventati inedificabili.

Il candidato, premessi brevi cenni sul dolo incidente, rediga parere motivato sulla situazione prospettata da Gamma.

B) SOLUZIONE PARERE: <u>IL DOLO INCIDENTE</u>

Gli art. 1427 e ss. c.c. contengono una serie di disposizioni volte ad apprestare rimedi giuridici per l'evenienza in cui la volontà negoziale di una delle parti non si formi correttamente o liberamente a causa di errore, violenza o dolo, a causa cioè di fattori esogeni o endogeni idonei a inficiare il momento volitivo o rappresentativo dell'iter di formazione della volontà negoziale.

Ricorre il dolo quale vizio del consenso quando la determinazione volitiva di una delle parti sia frutto di un'erronea rappresentazione della realtà indotta da altrui artifizi o raggiri dotati di concreta idoneità ingannatoria, tali cioè da sorprendere la normale diligenza.

Il dolo è causa di annullamento del contratto ex art. 1439 c.c. allorchè i raggiri siano determinanti del consenso, in quanto ad esso legati da un nesso eziologico, di guisa che, senza di essi, il *deceptus* non si sarebbe determinato a contrarre.

Ricorre la diversa fattispecie del dolo incidente allorchè *ex* art. 1440 c.c. le malizie, pur non essendo state determinanti del consenso, hanno indotto l'ingannato a concludere il contratto a condizioni diverse a quelle alle quali lo avrebbe concluso in loro assenza: il contratto è valido ma il contraente in mala fede è tenuto al risarcimento del danno per il suo comportamento illecito, presupposto dell'obbligazione risarcitoria, consistente nella violazione dell'obbligo di buona fede e correttezza nello svolgimento delle trattative e nella formazione del contratto stabilito dall'art.1337 c.c. e più in genere ricavabile, quale principio che informa l'intera materia contrattuale, dagli artt. 1374, 1375, 1175 c.c..

Gli artifizi e raggiri possono anche essere integrati da reticenza di indicazioni e informazioni la cui conoscenza è invece essenziale per una corretta formazione dell'altrui volontà: si parla in tal caso di dolo omissivo.

Anche il silenzio può infatti integrare una violazione del dovere di correttezza purchè esso, di per sé inidoneo a immutare l'altrui rappresentazione della realtà, si inserisca in un comportamento più complesso che risulti nell'insieme preordinato con malizia e astuzia a realizzare l'inganno; non verta su circostanze che l'altra parte avrebbe dovuto e potuto conoscere da sé usando l'ordinaria diligenza e, da ultimo, disattenda un dovere di informazione.

Alla luce delle considerazioni svolte va dunque affrontata la vicenda esposta dalla Società Gamma, acquirente di un terreno non edificabile, convenuta in un giudizio di risarcimento danni dagli alienanti Tizio e Caio che si dolgono del comportamento contrario a buona fede della convenuta in fase di stipula del contratto per aver taciuto che il terreno oggetto di compravendita era divenuto edificabile sin da prima del rogito.

La vendita, a dire degli attori, sarebbe inficiata da dolo incidente, vertendo l'omissione di informazioni su una qualità del terreno che, se comunicata agli alienanti, avrebbe determinato gli stessi a vendere a un prezzo di certo superiore a quello pattuito.

Trattasi allora di accertare se la reticenza della Società convenuta si configuri come condotta violativa del dovere di correttezza e pertanto idonea a integrare gli estremi del vizio di cui all'art. 1440 c.c..

Il principio di buona fede e correttezza ispira l'intera disciplina del contratto, dalla formazione, all'esecuzione, all'interpretazione dello stesso - come dimostrato dai plurimi richiami di cui agli artt. 1337-1338-1374-1375-1175 - operando al contempo come canone ermeneutico, regola di comportamento delle parti e crisma di validità del contratto.

E' fuor dubbio che esso, nei contratti a prestazioni corrispettive, comporti l'insorgere delle c.d. obbligazioni collaterali di protezione, di informazione e di collaborazione al convergente fine di pervenire alla stipula del contratto di modo che ciascuna delle parti sia tenuta ad agire in modo da preservare gli interessi dell'altra, ovviamente nei limiti in cui tale impegno non comporti un apprezzabile sacrificio delle proprie ragioni.

Ne consegue che anche l'omissione di informazioni può realizzare una violazione dell'obbligo di buona fede come fonte delle obbligazioni collaterali; ma, perché esso assurga a presupposto dell'azione risarcitoria per dolo incidente è necessario che il silenzio sia qualificabile, alla luce delle circostanze e del contegno complessivo come mezzo ingannatorio e che esso verta su circostanze ed elementi attuali e rilevanti, tali da poter incidere sulla definizione delle modalità e condizioni contrattuali.

Si intende cioè segnalare che il dolo, al pari dell'errore, deve produrre una falsa rappresentazione della realtà comunque connotata dal carattere dell'essenzialità, differendo i due vizi solo per avere causa endogena l'errore ed esogena il dolo, in quanto riconducibile alla condotta dell'altro contraente.

Pare dunque pertinente al caso di specie il principio affermato da Cass. 4984/1991: —l'errore sulla natura edificatoria di un terreno ritenuto invece agricolo dall'alienante deve sussistere al momento della prestazione del consenso e presuppone l'esistenza di elementi obiettivi atti a dimostrare l'edificabilità attuale e concreta del suolo, non la mera prospettiva di futura possibilità di edificazione, ancorchè questa possa in futuro incidere sul valore del bene.

Nel caso di specie la reticenza imputata dagli attori alla Società Gamma non verte su una qualità essenziale, attuale e concreta del bene giacchè al momento della stipula del rogito il terreno risultava ancora inedificabile, essendo intervenuto a quell'epoca solo un accordo tra la Società e il Comune in virtù del quale quest'ultimo si impegnava ad una modifica del p.r.g. solo a fronte di una rinuncia da parte della Società Gamma all'edificabilità di altri terreni di sua proprietà.

Tanto è vero ciò che l'immobile oggetto del contendere è divenuto edificabile solo due anni dopo il rogito a seguito del trasferimento, come convenuto, dalla capacità edificatoria di altro terreno di proprietà della parte convenuta.

La Società ha dunque taciuto su una qualità solo potenziale del bene, silenzio dunque del tutto inidoneo a ingenerare negli attori una falsa rappresentazione della realtà e quindi a incidere sulla definizione delle condizioni contrattuali.

E ciò non solo perché trattavasi all'epoca di qualità solo potenziale ma altresì perché il successivo e futuro acquisto di tale qualità era destinato sin dall'epoca ad essere frutto del trasferimento della stessa da altro fondo della Società che pertanto sarebbe divenuto inedificabile.

Non pare dunque potersi ravvisare neppure una violazione del dovere di buona fede avendo la società taciuto sul patto intercorso col comune del tutto ininfluente rispetto all'assetto di interessi risultante dal contratto in quanto patto riguardante esclusivamente la sfera giuridica della società stessa.

N e consegue che nessuna interferenza pregiudizievole rispetto alla determinazione del prezzo può lamentare parte attrice giacchè l'edificabilità non era una qualità del fondo al tempo dell'acquisto e l'omessa comunicazione del patto intercorso col comune non costituisce raggiro idoneo a ingenerare una falsa rappresentazione della realtà.

Se la *ratio* degli obblighi collaterali di informazione e collaborazione è quella di preservare integre le ragioni di controparte, potrebbe affermarsi che nessun obbligo informativo sussisteva in capo alla società Gamma in merito al patto stipulato col comune, attenendo lo stesso esclusivamente agli assetti societari e agli interessi economici di parte convenuta.

Alla luce delle premesse svolte, pare potersi rassicurare la società Gamma in merito all'infondatezza dell'altrui pretesa risarcitoria, stante la non ravvisabilità del dolo incidente.

2.2.10 A) TRACCIA PARERE

Tizio aveva acquistato da Sempronio, con scrittura privata autenticata, un'azienda Ristorante. A causa di disavventure giudiziarie che non gli permettevano di svolgere alcuna attività, esercitando la facoltà prevista in contratto, aveva sciolto la riserva e nominato come proprietaria la figlia Mevia, continuando tuttavia a condurre personalmente la gestione dell'attività e curando i rapporti con il venditore, cui corrispondeva alle scadenze pattuite il prezzo. Successivamente, essendo intervenute delle incomprensioni tra padre e figlia, Tizio adiva il Tribunale per l'accertamento del carattere fiduciario dell'intestazione dell'azienda ristorante in capo alla figlia Mevia.

Mevia si rivolge al vostro studio legale:

a) per ottenere un parere motivato sulla vicenda;

b) per costituirsi in giudizio e far valere le proprie ragioni.

B) SOLUZIONE PARERE: "PACTUM FIDUCIAE" E DONAZIONE INDIRETTA.

La controversia in esame attiene ad una domanda promossa al fine di accertare la natura fiduciaria dell'intestazione di un ristorante in capo alla figlia Mevia da colui che, invece, sosteneva di essere il vero proprietario ossia il padre Tizio. Questi, a causa di disavventure giudiziarie che lo avevano interessato, non poteva formalmente comparire nell'asse proprietario del ristorante pur continuando, nei fatti, a gestirlo personalmente insieme ai rapporti con il venditore e a pagare le rate di prezzo pattuite.

La vicenda in esame coinvolge gli istituti giuridici del negozio fiduciario e della donazione indiretta la cui preliminare analisi è fondamentale al fine di individuare correttamente il negozio giudico stipulato da Tizio con la figlia Mevia e per l'effetto la fondatezza o meno della sua pretesa.

Con il contratto fiduciario un soggetto (detto fiduciante) trasferisce ad un altro soggetto (detto fiduciario) la proprietà di un bene (immobile, titoli azionari, denaro ecc..) con l'accordo (detto *pactum fiduciae*) che il fiduciario farà un determinato uso del bene stesso (amministrare il bene e alla fine della gestione ritrasferire il patrimonio la fiduciante, o trasferire il bene ad un terzo designato dal fiduciante ecc.).

Il fiduciario, che può essere una persona fisica o giuridica, diventa effettivo titolare del diritto trasferitogli ma la sua titolarità è strumentale ed è limitata dall'obbligazione assunta verso il fiduciante con il *pactum fiduciae* di fare del bene l'uso convenuto.

Gli scopi che possono essere perseguiti con tale istituto sono molteplici. Ad esempio, il fiduciante attraverso la "copertura" del fiduciario vuole compiere operazioni patrimoniali con la massima riservatezza oppure altro scopo potrebbe essere, soprattutto in ambito societario, quello del fiduciante di non apparire come socio e perciò intesta le partecipazioni sociali al fiduciario che esegue le disposizioni dello stesso.

Se lo scopo del fiduciante è quello di eludere, usando lo "schermo" del fiduciario, un divieto legislativo, il contratto fiduciario è nullo in quanto in frode alla legge (art.1344).

Se il fiduciario si rifiuta, al termine del rapporto, di ritrasferire il bene al fiduciante, quest'ultimo può ottenere una sentenza (art.2932c.c.) che opera il ritrasferimento dello stesso.

Può invece accadere che il fiduciario, quale pieno titolare, alieni a terzi il bene in violazione del *pactum fiduciae*. La giurisprudenza ritiene che, in questo caso, il fiduciante non possa opporre al terzo l'esistenza del *pactum fiduciae* allo scopo di recuperare il bene poiché l'accordo tra fiduciante e fiduciario genera un'obbligazione che, secondo i principi generali, può essere fatta valere solo nei confronti del fiduciario. Pertanto il terzo acquista con effetto pieno, anche se è in mala fede, e il fiduciante ha solo diritto a pretendere dal fiduciario il risarcimento del danno.

Ciò premesso è importante interrogarsi, ai fini della risoluzione della controversia in esame, se il *pactum fiduciae* contenente la capitalizzazione di tutti gli obblighi per i quali il fiduciario si impegna, debba avere una forma particolare ai fini della sua validità, specie laddove l'accordo fiduciario concerne beni immobili, atteso che l'art.1350 c.c. dispone, a pena di nullità, la forma scritta per i contratti che trasferiscono la proprietà degli immobili.

Sul punto la giurisprudenza (si veda in tal senso Cass. Civ. sez. II sentenza n. 10163/2011) ha affermato che se il *pactum fiduciae* è collegato alla compravendita di beni immobili, occorre che esso risulti da atto in forma scritta "*ad substantiam*" atteso che esso è equiparabile ad un contratto preliminare per il quale l'art.1351 c.c. impone la stessa forma del contratto definitivo. Alla mancanza di detta forma consegue l'invalidità del *pactum fiduciae* e l'inidoneità a far nascere qualunque obbligo giuridico di ritrasferimento in capo al fiduciario.

Per quanto concerne la donazione indiretta che è l'altro istituto interessato dal caso in esame, essa si realizza ogni qual volta un soggetto, per spirito di liberalità, arricchisce un altro soggetto attraverso l'uso indiretto di un atto che, di per sé, non è donazione. Nella donazione indiretta, dunque, la causa tipica (arricchimento del donatario e impoverimento del patrimonio del donante) viene realizzata attraverso un negozio diverso la cui validità è solo condizionata dal rispetto dei requisiti di forma e sostanza relativi all'atto impiegato per conseguire, indirettamente, l'intento liberale.

Alle donazioni indirette si applicano tutte le norme relative alla donazione diretta eccetto quelle relative alla forma. Infatti come si evince dall'art.1875 c.c. le donazioni indirette sono valide anche se non risultino vestite da atto pubblico.

Secondo la Cassazione, ogni qual volta il trasferimento di una *res* non è sorretto da un intento liberale e la posizione di titolarità creata in capo al beneficiario è soltanto provvisoria e strumentale al ritrasferimento a vantaggio del disponente, non si può parlare di donazione né diretta né indiretta ma di intestazione fiduciaria. Tuttavia il *pacutum fiduciae* non può essere presunto ma deve essere provato. Là dove manchi la prova dell'esistenza di un patto contenente l'obbligo di ritrasferimento in favore del fiduciante, il negozio intercorso tra le parti non può qualificarsi come fiduciario.

La prova dell'accordo fiduciario non deriva automaticamente dalla circostanza che il bene sia stato acquistato con denaro dello stipulante.

Nel caso in cui un soggetto, stipuli un contratto di compravendita pagando o impegnandosi a pagare il relativo prezzo e provveda ad effettuare la dichiarazione di nomina di cui si era riservato la facoltà al momento della conclusione del contratto, sostituendo a sé, quale destinatario degli effetti negoziali, il beneficiario della liberalità, rendendo quest'ultimo acquirente e intestatario del bene, si realizza una donazione indiretta attraverso l'uso di più negozi, tra di loro diversi ma collegati. (Cass.Civ.sez.II sentenza n.3134 del 29 febbraio 2012).

Alla luce della giurisprudenza richiamata sembrerebbe priva di fondamento la pretesa di Tizio volta ad ottenere una pronuncia che dichiari l'intestazione fiduciaria del ristorante trasferito alla figlia Mevia.

In primo luogo la configurabilità della donazione indiretta la si evince non solo dalla circostanza che Tizio ha pagato il corrispettivo con denaro proprio realizzando così la causa tipica della donazione (depauperamento del patrimonio di Tizio e arricchimento di Mevia) ma anche dall'intestazione della relativa titolarità in favore della figlia Mevia la quale, con l'accettazione, è divenuta parte in senso sostanziale del contratto.

La dichiarazione di nomina di Mevia e la sua successiva accettazione non sono stati accompagnati da alcun patto contenente l'obbligo della persona nominata di modificare la posizione ad essa facente capo a favore dello stipulante o di altro soggetto da costui designato. Non pare, infatti, sussistere alcun effettivo e certo riscontro in ordine all'esistenza di un accordo fiduciario.

A ciò si aggiunga che l'invocato patto fiduciario concernente un bene immobile è affetto da nullità per carenza di forma scritta *ad substantiam* e, come tale, è inidoneo a far nascere qualunque obbligo giuridico in capo alla figlia Mevia circa il ritrasferimento della proprietà del ristorante a favore del padre.

Tizio, per escludere la configurabilità della donazione indiretta, non potrebbe nemmeno invocare la circostanza che il trasferimento difetta della forma dell'atto pubblico perché, come già dichiarato in premessa, la donazione indiretta è esente da tale forma.

In conclusione, lo stato attuale della normativa e della giurisprudenza dovrebbero rassicurare Mevia sulla intangibilità del proprio diritto di proprietà acquisito dal padre Mevio.

2.2.11 A) TRACCIA PARERE

Tizia contatta un proprio medico per un intervento chirurgico che dovrà subire e, su indicazione del medico, viene ricoverata presso la Casa di Cura Beta.

Accertata la responsabilità del medico per cattiva esecuzione dell'intervento, il medico e la Casa di Cura vengono condannati dal Tribunale di Roma.

La Casa di Cura, assumendo di non dover rispondere personalmente e solidalmente dell'operato del chirurgo, intende proporre appello contro la sentenza del tribunale.

Tra i motivi d'appello intende far valere il fatto che fu iniziativa del solo medico e non della paziente la scelta della clinica nella quale eseguire l'intervento, la prenotazione della camera e della sala operatoria nonché la riscossione direttamente dalla cliente dell'onorario.

Osserva altresì che il medico non era legato da alcun rapporto di lavoro dipendente o di collaborazione stabile con la clinica, presso la quale eseguiva solo sporadicamente interventi chirurgici per la sua personale clientela.

In ogni caso, eccepisce che la responsabilità della Casa di Cura può essere affermata solo in relazione all'inadempimento di obbligazioni proprie di essa e, dunque, non nel caso di specie.

Il candidato rediga parere *pro veritate* su tale fattispecie.

B) SOLUZIONE PARERE: <u>RESPONSABILITA' CASA DI CURA.</u>

Nell'ambito dell'esercizio dell'attività medica, occorre distinguere la responsabilità gravante sulla struttura sanitaria, da quella di cui è chiamato a rispondere il singolo medico, che ha posto in essere la condotta colposa causa di pregiudizio per il paziente.

La giurisprudenza ha inquadrato la responsabilità della struttura sanitaria nella responsabilità contrattuale, sul rilievo che l'accettazione del paziente in ospedale, ai fini del ricovero o di una visita ambulatoriale, comporta la conclusione di un contratto. A sua volta anche l'obbligazione del medico dipendente della struttura sanitaria nei confronti del paziente, ancorchè non fondata sul contratto ma sul "contatto sociale", ha natura contrattuale.

Per diverso tempo il rapporto paziente-struttura è stato disciplinato dalla norma in materia di contratto di prestazione d'opera intellettuale vigente nel rapporto medico-paziente, con conseguente e riduttivo appiattimento della responsabilità della struttura su quella del medico.

Da ciò derivava che il presupposto per l'affermazione della responsabilità contrattuale della struttura fosse l'accertamento di un comportamento colposo del medico operante presso la struttura.

Più recentemente, invece, dalla giurisprudenza il suddetto rapporto è stato riqualificato come un autonomo e atipico contratto a prestazioni corrispettive (definito contratto di spedalità o di assistenza sanitaria) al quale si applicano le regole ordinarie sull'inadempimento fissate dall'art. 1218 c.c..

Da ciò consegue l'apertura a forme di responsabilità autonome dell'ente, che prescindono dall'accertamento di una condotta negligente dei singoli operatori, e trovano invece la propria fonte nell'inadempimento delle obbligazioni direttamente riferibile all'ente.

Quanto predetto ha trovato conferma nelle sentenze delle Sezioni Unite n. 9556/2002 e n. 577/2008 che si sono espresse in favore di una lettura del rapporto tra paziente e struttura che valorizzi la complessità e l'atipicità del legame che si instaura, che va ben oltre la fornitura di prestazioni alberghiere, comprendendo anche la messa a disposizione di medicinali e di tutte le attrezzature necessarie anche per eventuali complicazioni.

In virtù del contratto, la struttura deve quindi fornire al paziente una prestazione assai articolata, definita di assistenza sanitaria, che inquadra al suo interno, oltre alla prestazione principale medica, anche una serie di obblighi c.d. di prestazione e accessori.

Così ricondotta la responsabilità della struttura ad un autonomo contratto, la sua responsabilità per inadempimento si muove sulle linee tracciate dall'art. 1218 c.c., e, per quanto concerne le obbligazioni mediche che essa svolge per il tramite dei medici propri ausiliari, l'individuazione del fondamento di responsabilità dell'ente nell'inadempimento di obblighi propri della struttura consente quindi di abbandonare il richiamo alla disciplina del contratto d'opera professionale e di fondare semmai la responsabilità dell'ente per fatto del dipendente sulla base dell'art. 1228 c.c..

L'applicabilità dell'art. 1228 c.c., tuttavia, ha destato alcuna perplessità in ragione dell'autonomia di cui gode spesso l'ausiliario.

Ma il rilievo non è sembrato decisivo giacchè il rapporto che si instaura tra l'ausiliario e il debitore non deve necessariamente intendersi in senso di stretta dipendenza.

Dunque la circostanza che il medico goda di un grado di libertà anche elevato nell'esecuzione della prestazione sanitaria non consentirebbe di escludere il ricorso all'art. 1228 c.c. in conclusione si può avere una responsabilità contrattuale della struttura sanitaria verso il paziente danneggiato non solo per il fatto del personale medico dipendente, ma anche del personale ausiliario, nonché della struttura stessa (insufficiente o inidonea organizzazione).

Pertanto, dall'autonomia del rapporto struttura-paziente rispetto al rapporto paziente-medico, discendono conseguenze importanti sul piano dell'affermazione della responsabilità.

Infatti, ove si ritenga sussistente un contratto di spedalità tra clinica e paziente, la responsabilità della clinica prescinde dalla responsabilità o dall'eventuale mancanza di responsabilità del medico in ordine all'esito infausto di un intervento o al sorgere di un danno che non ha connessione diretta con l'esito dell'intervento chirurgico.

In particolare, non assume rilevanza, ai fini dell'individuazione della natura della responsabilità della struttura sanitaria se il paziente si sia rivolto direttamente ad una struttura del SSN o convenzionata, oppure ad una struttura privata o se, invece, si sia rivolto ad un medico di fiducia che ha effettuato l'intervento presso una struttura privata.

Ne consegue che la responsabilità della casa di cura (o dell'ente) nei confronti del paziente ha natura contrattuale e può conseguire, ai sensi dell'art. 1218 c.c., all'inadempimento delle obbligazioni direttamente a suo carico, nonché, in virtù dell'art. 1228 c.c., all'inadempimento o all'errato adempimento della prestazione medico-professionale svolta direttamente dal sanitario (12/1620), quale suo ausiliario necessario pur in assenza di un rapporto di lavoro subordinato (è sufficiente che la struttura sanitaria comunque si avvalga dell'opera di un medico 07/8826), comunque sussistendo un collegamento tra la prestazione da costui effettuata e la sua organizzazione aziendale, non rilevando in contrario la circostanza che il sanitario risulti essere anche di "fiducia" dello stesso paziente, o comunque dal medesimo scelto (07/13953), sempre che la scelta cada (anche tacitamente) sul professionista inserito nella struttura sanitaria, giacché la scelta del paziente risulta in tale ipotesi operata pur sempre nell'ambito di quella più generale ed a monte effettuata dalla struttura sanitaria, come del pari irrilevante e, che la scelta venga fatta dalla struttura sanitaria con (anche tacito) consenso del paziente (07/8826).

Secondo quanto sopra esposto le doglianze in base alle quali la Casa di Cura Beta intende proporre appello risultando del tutto irrilevanti e comunque infondate, ai fini dell'esclusione della responsabilità contrattuale sorta in capo alla medesima.

Come affermato dalla Suprema Corte di Cassazione, nelle sentenze precedentemente citate, è infatti irrilevante che sia stato il medico di fiducia cui il paziente si è rivolto, e non il paziente stesso, a decidere presso quale casa di cura effettuare l'intervento e ad occuparsi della somministrazione di vitto e alloggio, oltre che della prenotazione.

Innanzitutto perché il complesso e atipico rapporto che si instaura tra la casa di cura e il paziente, anche nell'ipotesi in cui quest'ultimo scelga al di fuori della struttura sanitaria il medico curante, non si esaurisce nella mera fornitura di prestazioni di natura alberghiera; in secondo luogo perché la responsabilità contrattuale della struttura sanitaria sorge nel momento in cui il paziente viene accettato nella struttura medesima, ai fini del ricovero o di una visita ambulatoriale.

Come del tutto irrilevante, ai fini dell'esclusione della responsabilità contrattuale della casa di cura, è il fatto che il medico abbia con la predetta un semplice rapporto di collaborazione occasionale.

Mentre del tutto infondata è l'accezione secondo la quale la responsabilità della casa di cura può essere affermata solo in relazione all'inadempimento di obbligazioni proprie .

In conclusione la struttura sanitaria in questione potrà soltanto tentare di dimostrare anche in secondo grado, l'assenza di colpa.

In fondo il medico e la struttura sono stati già condannati in primo grado per la cattiva esecuzione dell'intervento, ciò vuol dire che è già stato accertato il nesso di causalità tra l'azione del medico ed il danno cagionato al paziente.

Pertanto, la casa di cura Beta, per essere sollevata da qualsiasi responsabilità, dovrà dare la prova che la prestazione professionale sia stata eseguita in modo corretto e che gli esiti negativi o peggiorativi dell'intervento siano stati determinati da un evento imprevisto e imprevedibile (cass. civ. sez. III 28/05/2004 n. 10297).

2.2.12 A) TRACCIA PARERE

Con contratto del 28 dicembre 1966 l'Ente di Sviluppo di Puglia, Lucania e Molise vendette, con patto di riservato dominio e con l'obbligo di non alienare l'immobile per i successivi 30 anni, a Tizio un podere, con annessi fabbricati rurali, in agro di Francavilla Fontana. Cessata nel 1980 la riserva di proprietà, all'esito del pagamento di tutte le annualità di prezzo, Tizio e Caio con un'unica scrittura privata del 26 novembre 1980 stipularono due negozi giuridici: a) un contratto di affitto per 10 anni del predio, con pagamento contestuale e anticipato dell'intero canone decennale pattuito, fissato nella misura di L. dieci milioni; b) un preliminare di vendita del fondo al prezzo di L. sessanta milioni, anch'esso interamente versato, con immediata immissione nel godimento del cespite dell'affittuaria promissaria acquirente. Scaduti i dieci anni di durata dell'affitto e i trenta di inalienabilità dell'immobile, nessuna delle parti chiese che si procedesse alla stipula dell'atto pubblico di compravendita. Morto Tizio, la moglie Mevia e la figlia Tizietta convennero Caio rimasto nel possesso delterreno, innanzi al Tribunale di Brindisi, sez. spec. agraria, chiedendo che venisse dichiarata la risoluzione del contratto di affitto per gravi inadempienze dell'affittuario, con condanna della stessa alla restituzione del bene. Dedussero, a sostegno della domanda, che la convenuta aveva omesso di pagare il canone a decorrere dal 1990, essendo sopravvenuta nelle more la L. n. 203 del 1982, la quale per gli affitti a coltivatore diretto ne aveva fissato in quindici anni la durata legale, con la conseguenza che il contratto stipulato tra le parti, in mancanza della disdetta consentita dall'art. 5 della stessa fonte, si era automaticamente prorogato fino al 1997. Caio, consapevole di avere pagato l'intero prezzo ritenendo di non dovere nulla si rivolge al vostro studio legale per ottenere un parere, precisando che i due contratti del 1980 furono stipulati con l'unico intento di aggirare il vincolo di inalienabilità trentennale. Premessi brevi cenni sulla causa del contratto rediga il candidato parere motivato sulla vicenda e suggerisca a Caio la possibile difesa in giudizio.

B) SOLUZIONE PARERE: <u>LA CAUSA IN CONCRETO E IL CONTRATTO COLLEGATO</u>.

Viene richiesto parere legale, da parte di Caio, circa la possibilità di respingere la domanda restitutoria avanzata dalle eredi della sua controparte negoziale Tizio.

I due, nel 1980, stipulavano contemporaneamente un contratto di affitto e un preliminare di vendita, entrambi aventi ad oggetto un fondo di proprietà di Tizio, su cui gravava un vincolo di inalienabilità trentennale. Convenivano, in quella sede, l'immediata immissione nel godimento del bene ed il pagamento anticipato dell'ammontare di tutti i canoni di affitto. Scaduta la durata dell'affitto e cessato il vincolo di inalienabilità, tuttavia, nessuna delle parti chiedeva la stipula del definitivo. Caio, rimasto nel possesso del bene, veniva infine convenuto in giudizio per aver omesso, a partire dal 1990, il pagamento del canone d'affitto, ritenuto dalle attrici tacitamente prorogato, in mancanza di formale disdetta.

Ciò premesso, per poter garantire un'adeguata consulenza al nostro assistito, è necessario fornire alcuni cenni in merito alla causa del contratto, valutandone la sua liceità e la concreta operatività nel caso in esame, tenendo in considerazione che le parti sembrano aver fatto ricorso allo schema del cosiddetto "collegamento negoziale".

Il legislatore individua, all'art. 1325 c.c., la causa quale requisito essenziale del contratto e prevede, altresì, che la stessa deve essere lecita, ovvero non contrastare con norme imperative, ordine pubblico o buon costume (art. 1343 c.c.) e non deve manifestare l'elusione di norme imperative (art.1344 c.c.). Manca, tuttavia, una vera e propria nozione di causa negoziale, la cui identificazione è stata dunque rimessa all'interprete.

Nel tentativo di offrirne una definizione, si sono contrapposti due orientamenti: il primo, c.d. oggettivo, individua la causa nel rapporto intercorrente tra la prestazione e l'interesse della parte, mentre il secondo, c.d. soggettivo, la qualifica come l'interesse soggettivo che la parte persegue con il negozio giuridico.

A queste tesi è prevalso un terzo orientamento, che definisce la causa come funzione economica – sociale propria del contratto. Si è ritenuto possibile, in questo modo, individuare una specifica causa per ogni tipo contrattuale previsto dal legislatore, nel tentativo di attuare una sorta di controllo esterno sull'utilità sociale del contratto.

Tuttavia anche quest'ultima tesi ha, nel tempo, subito un'evoluzione dettata dall'importanza, riconosciuta a livello giurisprudenziale, di attribuire rilievo alla concreta destinazione che le parti hanno voluto dare al contratto. Ci si è, pertanto, allontanati dal concetto di causa astratta e tipica per passare a quello di causa concreta, come ragione effettiva del negozio.

Tenendo presente la suddetta evoluzione ermeneutica, nel caso di specie occorrerà procedere all'esame della causa del rapporto negoziale instauratosi, distinguendo due distinte fasi: da un lato bisognerà considerare i contratti, stipulati da Tizio e Caio, singolarmente e, dall'altro, valutarli alla luce del complesso schema negoziale tramite essi realizzato.

Innanzitutto, nessun dubbio si pone circa la liceità tanto del contratto d'affitto quanto del preliminare. Essi non violano né aggirano, infatti, il vincolo di inalienabilità posto sul fondo. Ciò chiarito, si può passare ad analizzarli nel loro reciproco rapporto, introducendo il concetto di collegamento negoziale.

Il collegamento negoziale interviene quando tra due o più contratti esiste un nesso di interdipendenza e gli stessi vengono utilizzati per raggiungere un risultato economico complesso. Essi, pertanto, mantengono la propria autonoma causa ma a questa, che può definirsi parziale, si affianca quella che nasce dal concreto collegamento. In tal senso, le sorti dei negozi collegati possono definirsi dipendenti l'una dall'altra, come esplicato dal brocardo latino "*simul stabunt simul cadent*".

Il collegamento può essere esplicito, nel caso in cui le parti lo dichiarino espressamente, oppure implicito, là dove emerga dall'indagine circa lo "scopo in concreto" perseguito dai contraenti attraverso i due contratti.

Alla luce di quanto esposto, si hanno tutti gli elementi per applicare i concetti di collegamento negoziale e di causa concreta al caso di specie.

Tizio e Caio hanno messo in atto uno schema complesso, volto a realizzare, nonostante l'esistenza di un vincolo di inalienabilità, l'interesse del primo a vendere il bene e percepirne il prezzo (tramite il contratto preliminare di vendita e la percezione anticipata delle mensilità di affitto) e del secondo ad ottenerne l'immediata disponibilità materiale a fronte del pagamento dell'intero prezzo (tramite il contratto d'affitto).

Tali interessi, attuati tramite il collegamento tra contratto d'affitto e preliminare di vendita, sono entrambi meritevoli di tutela. Non si è, difatti, verificata alcuna violazione o elusione del divieto trentennale di alienabilità.

In conclusione, tolto ogni dubbio circa la liceità della causa del collegamento negoziale realizzato da Tizio e Caio, quest'ultimo potrà continuare a possedere il bene, poiché allo scadere del contratto d'affitto è venuta meno la ragione giustificatrice di questo e il nostro assistito, in qualità di promittente acquirente, ha iniziato a possedere il bene immobile a titolo di esecuzione anticipata del contratto preliminare di vendita.

Di conseguenza, Caio potrà non solo eccepire di non dover più corrispondere alcuna somma a titolo d'affitto, ma avrà altresì titolo per ottenere, ai sensi dell'art. 2932 c.c., una sentenza che produca gli effetti del contratto non concluso. Con riguardo a quest'ultimo punto, infatti, si ritiene che il diritto di Caio alla stipula del contratto definitivo non si sia estinto per prescrizione, nonostante siano già trascorsi dieci anni dalla stipula del preliminare.

In particolare, assumono rilievo ai fini interruttivi della prescrizione, ai sensi dell'art. 2944 c.c., le circostanze del versamento integrale del prezzo del bene da parte di Caio e dell'immissione immediata di questi nel godimento del fondo.

2.2.13 A) TRACCIA PARERE

Tizia, quasi ottantenne, nel pieno delle sue facoltà fisiche e psichiche, con scrittura privata autenticata dal notaio Dott. Romolo in data 7 giugno 2010, ha designato la sua badante Mevia quale proprio amministratore di sostegno, in previsione di una propria futura ed eventuale incapacità.

In particolare, Tizia non si limitava a designare il suo possibile amministratore di sostegno, ma precisava nel contempo la propria volontà circa le cure mediche alle quali essere o non sottoposta in futuro, con pieni poteri all'amministratore di sostegno di decidere al riguardo. Quanto poi, alla *cura patrimoni*i, indicava gli investimenti da evitare e l'impossibilità di alienare i beni immobili dei quali aveva già disposto per testamento in favore della domestica stessa.

Premessi brevi cenni sull'istituto dell'amministrazione di sostegno, il candidato nella sua qualità di legale di Tizia rediga parere motivato sulla correttezza, o meno, della suddetta operazione.

B) SOLUZIONE PARERE: <u>L'AMMINISTRAZIONE DI SOSTEGNO E LE DISPOSIZIONI SULLE CURE MEDICHE.</u>

Viene richiesto parere legale da parte di Tizia circa la validità ed efficacia della scrittura privata autenticata con cui, in data 7 giugno 2010, designava la badante Mevia quale proprio amministratore di sostegno, in previsione di una futura ed eventuale incapacità.

Più precisamente, con la menzionata scrittura Tizia: a) designava Mevia quale proprio amministratore di sostegno; b) precisava la propria volontà circa le cure mediche alle quali essere sottoposta in futuro, con pieni poteri a Mevia di decidere al riguardo; c) indicava gli investimenti che Mevia avrebbe dovuto evitare e l'impossibilità di alienare i beni immobili dei quali aveva già disposto per testamento in favore della domestica.

Prima di analizzare le questioni giuridiche solevate dal caso in esame, occorre effettuare qualche breve cenno sull'istituto dell'amministrazione di sostegno qui in rilievo.

La figura dell'amministratore di sostegno è stata introdotta nel corpo del codice civile con l. n. 6/2004 ed è delineata dagli artt. 404 ss. c.c. .

Tale istituto mira ad offrire alla persona che versi in una condizione di infermità o incapacità fisica e/o psichica che gli renda impossibile provvedere anche in parte o temporaneamente ai propri interessi, uno strumento di assistenza meno invasivo rispetto alle misure dell'inabilitazione o dell'interdizione.

L'amministratore di sostegno viene nominato con decreto del giudice tutelare del luogo in cui l'amministrato ha la residenza o il domicilio, su richiesta dello stesso beneficiario ovvero di uno dei soggetti di cui all'art. 417 c.c. (artt. 404 – 406 c.c.).

La scelta del soggetto cui sarà affidato l'incarico può essere effettuata dallo stesso interessato, come nel caso di specie, o in assenza di indicazioni in tal senso, da parte del giudice tutelare (art. 408 c.c.).

Nel decreto di nomina il giudice dispone in merito alla durata ed all'oggetto dell'incarico, con particolare riferimento agli atti che l'amministratore ha il potere di compiere. Nello svolgimento delle proprie funzioni, l'amministratore deve tener conto dei bisogni e delle richieste del beneficiario (art. 410 c.c.).

La prima questione giuridica che la fattispecie in esame solleva concerne la validità della designazione di Mevia quale amministratore di sostegno della signora Tizia.

Come noto, l'art. 408 c.c. ammette la designazione in via preventiva dell'amministratore di sostegno da parte dello stesso interessato, in vista della propria eventuale incapacità, mediante atto pubblico o scrittura privata autenticata. Tale previsione attribuisce rilievo al rapporto di fiducia intercorrente tra il designante ed il soggetto prescelto, in attuazione al generale principio di autodeterminzione della persona.

Nel caso di specie, pertanto, la nomina di Mevia disposta con scrittura autenticata dal notaio dott. Romolo in data 7 giugno 2010 sarà perfettamente valida ed efficace.

Maggiori perplessità suscita, invece, l'incarico affidato a Mevia di manifestare la volontà di Tizia in merito alle cure mediche alle quali quest'ultima potrà o non potrà essere sottoposta.

Con particolare riferimento agli interventi sanitari salvavita, infatti, si pone il problema di tutelare i diritti costituzionalmente garantiti della vita e della salute. Come noto, secondo un orientamento giurisprudenziale consolidato il diritto alla salute può essere esercitato anche mediante la libertà di rifiutare le cure mediche, anche ove si tratti di trattamento di sostegno vitale il cui rifiuto conduca alla morte (Tar Lombardia, n. 214/09).

Come anticipato, peraltro, la ratio dell'istituto dell'amministratore di sostegno è quella di offrire a chi si trovi nell'impossibilità di provvedere ai propri interessi uno strumento di assistenza che dia piena attuazione agli interessi del beneficiario, sacrificandone nella minore misura possibile la capacità di agire.

Sulla scorta di tali considerazioni (diritto di rifiutare le cure e *ratio* dell'istituto), la giurisprudenza ad oggi prevalente considera legittime le direttive date in via anticipata dal beneficiario all'amministratore circa la possibilità di esprimere il consenso, ma anche l'eventuale dissenso, all'adozione di determinate terapie, ancorché salvifiche (Cass. civile n. 13584/06).

Seguendo tale orientamento, pertanto, anche le disposizioni della scrittura privata concernenti le cure mediche della signora Tizia potranno essere considerate valide ed efficaci.

Preme menzionare, tuttavia, la presenza di un orientamento giurisprudenziale minoritario secondo il quale l'amministratore di sostegno non potrebbe, in ogni caso, esprimere un dissenso a trattamenti salvavita, anche qualora lo stesso si attenesse a scelte personali del beneficiario (Trib. Genova, 6 marzo 2009, n. 6058).

Da ultimo occorre verificare la validità delle direttive della signora Tizia riguardanti la cura dei propri interessi patrimoniali.

Anche in merito a queste ultime, la *ratio* dell'istituto, improntata alla realizzazione degli interessi e delle volontà del beneficiario, consente di ritenere pienamente valide ed efficaci le disposizioni patrimoniali della signora Tizia. Nell'esercizio del proprio incarico ed, in particolare, nella gestione degli investimenti e delle proprietà immobiliari della signora Tizia, Mevia sarà pertanto vincolata alle disposizioni contenute nella mezionata scrittura privata autenticata.

In conclusione, in base a quanto premesso, possiamo affermare la validità ed efficacia dell'atto autenticato in data 7 giugno 2010 sia con riferimento alla designazione della signora Mevia quale amministratore di sostegno, sia con riferimento alle direttive concernenti le cure mediche e la *cura patrimonii*.

2.2.14 A) TRACCIA PARERE

Tizia, in cura da anni presso il ginecologo di fiducia Caio, seguiva un trattamento di stimolazione ormonale per la cura di irregolarità mestruali che non consentivano la gravidanza in soggetto ventenne. Dopo circa due anni di questa cura, veniva riscontrato, attraverso un'ecografia, un ingrossamento delle ovaie.

Su indicazione del dott. Caio, che le prenotò il ricovero e l'operazione, Tizia si rivolse alla Casa di cura Beta.

I chirurghi della Casa di Cura Beta, non informati dal dott. Caio circa le cure e i farmaci precedentemente assunti dalla sua paziente, provvedevano direttamente, senza svolgere particolari esami, all'asportazione totale delle ovaie provocando nella paziente una sterilità irreversibile.

Successivamente all'operazione Tizia, alla ricerca di un eventuale collegamento tra le cure somministrategli dal dott. Caio e l'ingrossamento delle ovaie, si rivolse al dott. Sempronio dal quale apprese un'amara verità: sebbene, infatti, non fosse dimostrabile con certezza la riconducibilità della sua patologia alle cure ricevute dal dott. Caio, il dott. Sempronio la informò del fatto che l'intervento chirurgico effettuato presso la Casa di Cura Beta era sicuramente evitabile non essendosi le ovaie ingrandite al punto di determinare la radicale asportazione mutilante.

Il dott. Sempronio le disse, inoltre, che la Casa di Cura indicatagli era assolutamente non idonea alla sua problematica e che, al contrario, si sarebbe dovuta affrontare in una Clinica Universitaria attrezzata con divisione ostetrica ospedaliera.

Tizia si rivolge al vostro studio legale per ottenere parere legale motivato sulla vicenda, in vista di un'eventuale azione di risarcimento danni nei confronti dei responsabili.

B) SOLUZIONE PARERE: <u>LA RESPONSABILITA' OMISSIVA DEL MEDICO DI FIDUCIA.</u>

Il caso sottoposto all'attenzione concerne la delicata questione dell'individuazione dei vari profili di responsabilità medica rinvenibili nel caso di inesatto adempimento della prestazione sanitaria, tanto da parte della struttura sanitaria quanto dei medici, nonchè delle possibili voci di danno ad essa riconducibili.

Tizia, affetta da irregolarità mestruali che ne procuravano la sterilità in giovane età, dopo anni di cura presso il proprio ginecologo di fiducia accusa un ingrossamento delle ovaie. Il medico Caio la indirizza presso una casa di cura, presso la quale viene automaticamente sottoposta ad intervento chirurgico con asporto di entrambe le ovaie. A seguito dell'operazione, Tizia si trova affetta da sterilità permanente e rivoltasi a un altro medico, Sempronio, viene informata della non necessità dell'intervento.

Dai fatti emergono una serie di responsabilità riconducibili in primis al ginecologo Caio e in secondo luogo alla casa di cura e alla equipe medica che si è occupata dell'operazione e di tutte le fasi ad essa prodromiche. Tutti i suddetti soggetti sono responsabili per inadempimento ai sensi dell'art. 1218 c.p..

Innanzitutto, Caio, salvo prova contraria, potrebbe essere ritenuto responsabile della patologia che avrebbe determinato l'esigenza di ricoverare Tizia nella casa di cura. A tal fine, infatti, non rileva la circostanza che non vi sia certezza che l'ingrossamento delle ovaie sia diretta conseguenza della cura impartita per anni da Caio. Ciò in quanto, per la prova del nesso di causalità nell'ambito della responsabilità civile, contrariamente a quella penale, vige la regola del c.d. più probabile che non, in forza della quale è sufficiente che la condotta del medico abbia, con un certo grado di probabilità, cagionato il danno, spettando al professionista dimostrare che la patologia è in realtà dovuta a causa, inevitabile e imprevedibile, diversa da una negligente prestazione medica (Cfr. Cass. SS.UU. 577/2008).

In secondo luogo, Caio può essere ritenuto responsabile altresì delle lesioni permanenti che sono derivate alla paziente a seguito dell'operazione, in quanto ha omesso di informare la struttura sanitaria della cura alla quale Tizia era stata sottoposta per anni e dalla quale potrebbe essere scaturito l'ingrossamento delle ovaie diagnosticato alla paziente. Infatti, anche tra medici deve ritenersi sussistente un dovere di informazione. Pertanto, se è vero che il personale medico della struttura ospitante ha esso stesso agito in modo imperito non prescrivendo i dovuti esami prima di operare, l'omissione del medico curante ben potrebbe aver contribuito causalmente alla realizzazione di una operazione in realtà non necessaria e definitivamente invalidante (Cfr. Cass. 4029/2013).

Non può escludersi che se Caio avesse reso edotti i medici della casa di cura dei farmaci assunti da Tizia durante la terapia ginecologica, gli stessi avrebbero quanto meno preso in considerazione l'ipotesi di svolgere ulteriori analisi prima di sottoporre Tizia all'intervento.

A ciò deve altresì aggiungersi che Caio risponde di negligenza medica, in solido con la casa di cura e l'equipe medica, anche per aver indirizzato Tizia presso una struttura sanitaria assolutamente inidonea ad affrontare la sua situazione medica, salvo venga fornita la prova contraria, ovvero che Tizia sia stata informata circa i limiti della struttura indicata (Cfr. Cass.n.2847/2010).

Rientra infatti nel generale dovere di informazione dal medico al paziente anche tutto ciò che concerne le capacità organizzative della struttura sanitaria rispetto alle sue esigenze mediche (cfr. Cass.n.3847/2011). Nel caso di specie, dagli elementi in possesso emerge che Caio non solo non ha informato la paziente delle predette carenze, ma ha addirittura egli stesso indirizzato Tizia presso una struttura inidonea.

L'omesso svolgimento degli esami preventivi all'operazione è una chiara conseguenza della cattiva organizzazione della casa di cura e dell'inettitudine del personale dalla stessa messa a disposizione. Ciò ha senz'altro causato, oltre agli evidenti danni alla salute e biologici a Tizia, anche una violazione della sua libertà di autodeterminazione.

Se prima dell'operazione, invece, fossero state svolte le necessarie analisi, con ogni probabilità sarebbe emersa la via alternativa all'intervento chirurgico e Tizia avrebbe potuto liberamente scegliere di non sottoporvisi.

La violazione del dovere di informazione, oltre al danno alla salute, causa un diverso ulteriore danno non patrimoniale rilevante ex se, che è appunto la violazione della propria libertà di autodeterminarsi nel senso di sottoporsi ad un intervento chirurgico o meno (Cfr. Cass.n.11950/2013)

Per quanto concerne il danno alla salute, va sottolineato che Caio risponde insieme all'azienda sanitaria e ai suoi medici della violazione del diritto alla salute e all'integrità fisica di cui agli artt. 32 Cost. e 5 c.p., dal momento che una operazione chirurgica alla quale il paziente si sia sottoposto senza una completa e preventiva informativa circa i rischi e le possibili cure alternative equivale ad una attività lesiva dell'integrità fisica, dato che priva della presupposto fondamentale che scrimina e rende lecita l'attività medico chirurgica (cfr. inter alia Cass.n.16543/2011).

Per quanto riguarda la responsabilità della casa di cura e dell'equipe medica che ha svolto l'operazione, è necessario fare un distinguo in ordine al titolo nel quale essa trova fondamento.

Trattandosi di due ipotesi di inadempimento di un'obbligazione, deve ritenersi applicabile l'art. 1218 c.c e il relativo regime probatorio. Sarà dunque sufficiente che Tizia, anche nei confronti dell'azienda ospitante e dei suoi medici, alleghi il danno (una situazione di salute deteriore rispetto a quella che precede il ricovero) e l'imperizia del personale (omesso svolgimento degli esami prodromici all'operazione), nonché l'inadempimento della prestazione sanitaria, che sarà rinvenibile in due fonti diverse.

Per quanto concerne la casa di cura, Tizia dovrà allegare il contratto di c.d. spedalità, in forza del quale si è instaurata l'obbligazione alla prestazione delle cure mediche (Cfr. Cass.n.1620/2012). Rispetto ai medici-dipendenti della casa di cura, invece, mancando un vero e proprio contratto con la paziente, sarà sufficiente allegare il c.d. contatto sociale.

In particolare, il rapporto diretto instaurato con la paziente comporta il sorgere in capo al medico di un posizione di garanzia nei confronti non solo del paziente, ma altresì dei terzi che ad esso sono legati da rapporti parentali e affettivi (cd. obbligazione di protezione senza prestazione) (Cfr. Cass.SU n.577/2008). In forza di questo peculiare rapporto, il medico sarà tenuto all'esercizio materiale della prestazione solo nei confronti della paziente, ma altresì a tenere indenni i terzi ad essa legati affettivamente dalle possibili conseguenze dannose di un inesatto adempimento (Cfr. Cass. SU ult.cit.).

Pertanto, a Tizia spetta il risarcimento del danno non patrimoniale ex art. 2059 c.c. comprensivo del danno morale (liquidato in via equitativa dal giudice), alla salute (sulla base delle apposite tabelle adattate al caso concreto e quindi alla giovane età della donna), e del danno biologico per l'invalidità permanente che consegue alla propria definitiva sterilità (Cfr. Cass.n.2847/2010).

Inoltre, può parlarsi di danno morale anche nei confronti dell'eventuale coniuge o convivente di Tizia che, in conseguenza della sua lesione permanente, patisca sia direttamente che di riflesso, la sofferenza della sterilità della compagna (Cass.n.20667/2010).

Quanto alla prescrizione per l'esercizio delle suddette azioni di risarcimento, trattandosi di responsabilità contrattuale, Tizia (e l'eventuale compagno o congiunto) dovrà attivarsi entro 10 anni (art. 2946 c.c.) da quando il diritto al risarcimento poteva essere esercitato. In ambito di responsabilità medica ciò equivale al momento in cui la lesione si è palesata ovvero se ne è avuta conoscenza, che nel caso di specie è avvenuto da quando Sempronio ha edotto Tizia della sua reale situazione di salute.

2.2.15 A) TRACCIA PARERE

Tizio e Caia si sposavano nel gennaio 2007 in regime di comunione legale dei beni.

Subito dopo le nozze, si stabilivano nell'immobile di proprietà di Mevio, padre di Tizio, concesso a quest'ultimo a titolo di comodato gratuito perché vi abitasse con la sua famiglia.

Nel 2010 dall'unione tra Tizio e Caia nascevano due bambini, Tizietto e Caietta.

Sempre nel 2010, per adeguare l'immobile alle nuove esigenze famigliari i due coniugi effettuavano modifiche al suo interno costate all'incirca 40.000,00 euro.

Nel 2013 Tizio e Caia adivano il Tribunale civile per ottenere la separazione personale giudiziale.

Al termine del giudizio di separazione, il Tribunale stabiliva l'assegnazione a Caia, quale affidataria dei minori Tizietto e Caietta, del suddetto immobile adibito a casa coniugale.

Mevio si rivolge al vostro studio legale chiedendo parere motivato sulla possibilità di recuperare la disponibilità dell'immobile di sua proprietà rappresentandovi, inoltre, che:

- egli si trovava in un periodo di forte difficoltà economica e che non era più in grado di pagare un affitto;

- Caia aveva ricevuto in eredità nel 2011 un immobile nella stessa città.

Premessi brevi cenni sul c.d. "contratto di comodato precario", rediga il candidato parere motivato in favore di Mevio, indicando, altresì, le possibili azioni da intraprendere in un eventuale giudizio.

B) SOLUZIONE PARERE: LA SEPARAZIONE GIUDIZIALE E IL COMODATO PRECARIO.

Viene richiesto parere legale da parte di Mevio, circa le possibilità di recuperare la disponibilità di un immobile di sua proprietà, da egli concesso a titolo di comodato gratuito al figlio Tizio, perché vi abitasse con la sua famiglia.

L'immobile in questione era poi stato assegnato alla moglie di Tizio, Caia, quale affidataria dei due figli minori, all'esito del giudizio di separazione personale dei coniugi.

Al fine di fornire un parere motivato in merito alla questione sollevata da Mevio, è opportuno analizzare l'istituto del comodato e la sua disciplina.

Ai sensi dell'art. 1802 c.c., il comodato è un contratto essenzialmente gratuito, con cui una parte consegna ad un'altra una cosa mobile o immobile, affinché se ne serva per un tempo o per un uso determinato.

Elemento essenziale caratterizzante il comodato è la gratuità della concessione del godimento della cosa per un uso determinato e non anche la precarietà della concessione, posto che di norma viene fissato un termine di durata, alla scadenza del quale il comodatario è tenuto a restituire la cosa.

Si parla di contratto di comodato precario, quando non sia stato pattuito un termine finale del rapporto, né risulti un termine in relazione all'uso del bene. In questo caso, il comodatario è tenuto alla restituzione della cosa, non appena il comodante la richiede, a norma dell'art. 1810 c.c. .

La figura del c.d. comodato precario si caratterizza, quindi, per il fatto che la durata del vincolo viene fatta dipendere in maniera potestativa dalla volontà del comodante, il quale può determinarne la scadenza "ad nutum" mediante richiesta di restituzione della cosa. Tale richiesta determina l'immediata cessazione del diritto del comodatario alla disponibilità e al godimento della cosa, con la conseguenza che, una volta sciolto, per unilaterale iniziativa del comodante, il vincolo contrattuale, il comodatario che rifiuti la restituzione della cosa viene ad assumere la posizione di detentore "sine titulo", e quindi abusivo, del bene altrui, salvo che dimostri di poterne disporre in base ad altro rapporto diverso dal precario.

Nel caso di specie, Mevio aveva concesso al figlio Tizio un immobile in comodato gratuito, affinché egli vi abitasse con la moglie Caia e i due figli minori. Ebbene, ove il comodato di un immobile sia stato stipulato senza limiti di durata in favore di un nucleo familiare già formato o in via di formazione, si versa nell'ipotesi del comodato a tempo indeterminato caratterizzato dalla non prevedibilità del momento in cui la destinazione del bene verrà a cessare. Infatti, in tal caso, per effetto della concorde volontà delle parti, si è impresso al comodato un vincolo di destinazione alle esigenze abitative familiari, idoneo a conferire all'uso il carattere implico della durata del rapporto, anche oltre un'eventuale crisi coniugale e senza la possibilità di fare dipendere la cessazione de vincolo esclusivamente dalla volontà, "ad nutum", del comodante. Ne consegue che il rilascio dell'immobile, finché non cessano le esigenze abitative familiari cui esso è stato destinato, può essere richiesto, ai sensi dell'art. 1809, II comma c.c., solo nell'ipotesi di sopravvenienza di un bisogno del comodante, segnato dai requisiti dell'urgenza e della non previsione (si vedano sul punto Cass. S.U. n. 04/13603 e Cass. n. 11/13592).

Analoga situazione si verifica quando il genitore di uno dei coniugi abbia concesso in comodato un immobile di sua proprietà al figlio, perché venisse destinato a casa familiare e, successivamente (come nel caso di specie), a seguito di giudizio di separazione, l'immobile in questione sia stato assegnato alla nuora del comodante, in quanto affidataria dei figli minori. Il provvedimento giudiziale di assegnazione della casa, idoneo ad escludere uno dei coniugi dall'utilizzazione in atto ed a concentrare il godimento del bene in favore dell'assegnatario, resta regolato dalla disciplina del comodato negli stessi limiti che segnavano il godimento del bene da parte della comunità domestica nella fase fisiologico della vita matrimoniale.

Di conseguenza, il comodante è tenuto a consentire la continuazione la continuazione del godimento per l'uso previsto dal contratto, salva l'ipotesi di sopravvenienza di un urgente ed imprevisto bisogno, ai sensi dell'art. 1809, II comma c.c. (Cass. S.U. n. 04/13603).

Nel caso di specie, si riscontra nella condizione di Mevio la sussistenza dello stato di bisogno richiesto dall'art. 1809, II comma c.c. ai fini della restituzione, in quanto egli si trova in gravi difficoltà economiche che gli precludono la possibilità di pagare un affitto.

Una siffatta situazione, caratterizzata da urgenza ed imprevedibilità, legittima Mevio ad esigere la restituzione immediata dell'immobile di sua proprietà concesso in comodato.

Ulteriore elemento a sostegno della possibilità di Mevio di ottenere la restituzione dell'immobile da Caia, è rappresentato dal fatto che ella nel 2011 ha ricevuto in eredità un immobile nella stessa città.

Ebbene a questo proposito si segnala la sentenza della Cassazione n. 12/14177, in cui la Corte ha chiarito che può essere disposta la restituzione dell'immobile dato in comodato per soddisfare le esigenze abitative familiari, quando la moglie assegnataria sia proprietaria di un altro immobile; sicché il nucleo familiare, pur privato dell'immobile dato in comodato, può comunque collocarsi nell'altro senza perdita per i figli dell'habitat domestico.

Ciò posto, è necessaria un'ulteriore precisazione.

I due coniugi, prima di separarsi, avevano sostenuto delle spese pari a euro 40.000,00, per migliorare la loro sistemazione all'interno dell'abitazione coniugale. Queste spese, secondo quanto disposto dalla sentenza della Cassazione n. 12/1216, non potranno essere richieste a Mevio, a titolo di rimborso ex art. 1808 c.c., in quanto non necessarie né urgenti, ma solo finalizzate ad adeguare l'immobile alle nuove esigenze familiari.

Alla luce di quanto evidenziato ed in conclusione, lo scrivente ritiene che Mevio possa agire per la restituzione dell'immobile nei confronti di Caia, la quale, in qualità di assegnataria della casa, ha la titolarità esclusiva,sia pure nell'interesse della prole, del diritto di godimento dell'immobile.

Mevio potrà avvalersi, al fine di conseguire il rilascio del bene, sia dell'azione di rivendica (occupazione senza titolo) che dell'azione contrattuale (cessazione del contratto). Qualora il comodante decidesse di esprimere l'azione contrattuale, egli non sarebbe gravato dall'onere di provare la proprietà del bene medesimo, ma soltanto dall'onere di provare l'esistenza del contratto di comodato e delle sue implicazioni.

2.2.16 A) TRACCIA PARERE

Tizio, avvocato appassionato di nautica, si recava al fiera-salone nautico di Bari per valutare l'acquisto di un gommone.

Dopo aver visitato numerosi stand, Tizio rimaneva colpito da un gommone presso lo stand di Caio. Al termine di una lunga trattativa Tizio acquistava il suddetto bene al prezzo di 15.000,00 euro, dando in permuta una sua imbarcazione e versando una caparra di 2.000 euro.

In seguito all'acquisto, però, Tizio comunicava a Caio la sua intenzione di recedere dal contratto ai sensi della normativa in tema di negoziazioni concluse fuori dai locali commerciali, rilevando il malfunzionamento del motore della barca.

Premessi brevi cenni sulla normativa del Consumatore e sugli acquisti conclusi fuori dai locali commerciali, il candidato in qualità di difensore di Tizio rediga parere pro veritate sulla vicenda.

B) SOLUZIONE PARERE: TUTELA DEL CONSUMATORE.

La questione sottesa al caso in esame concerne l'esatta individuazione del campo di applicazione della normativa sulle negoziazioni avvenute al di fuori dei locali commerciali.

In particolare, occorre stabilire se chi acquista un bene in un salone di esposizione possa usufruire delle tutele previste dal Codice del Consumo agli artt. 49 e ss., con particolare riferimento alla possibilità di esercitare liberamente il diritto di recesso, entro quattordici giorni dalla consegna (art. 56).

La vicenda trae origine dall'acquisto da parte di Tizio di un gommone all'interno di un salone nautico.

Tizio acquistava il suddetto bene presso lo stand di Caio, dando in permuta una sua imbarcazione e versando una caparra di 2.000 euro.

In seguito all'acquisto, Tizio comunicava la sua intenzione di recedere dal contratto ai sensi della normativa in tema di negoziazioni concluse fuori dai locali commerciali, rilevando il malfunzionamento del motore della barca.

Orbene, chiariti i termini della vicenda, si rende opportuno accertare se gli acquisti avvenuti presso gli stands allestiti dagli operatori di un salone di esposizione possano considerarsi alla stregua di "contratti negoziati fuori dai locali commerciali".

Per la corretta soluzione del caso proposto, occorre fare alcune necessarie precisazioni sulla tutela del consumatore.

La disciplina dei contratti del consumatore affonda le sue radici nell'esigenza, avvertita dal legislatore comunitario fin dagli anni '70, di tutelare gli interessi del consumatore, attraverso la regolazione dell'attività contrattuale che lo vede come protagonista di fronte ad un soggetto professionale in grado di dettare unilateralmente le condizioni contrattuali.

Il d.lgs. n. 206 del 2005 (c.d. Codice del consumo) rappresenta il tentativo di ricostruzione unitaria di un nuovo modello contrattuale tra consumatore e professionista, nella prospettiva di riconoscere e garantire una lista di diritti fondamentali dei consumatori afferenti la tutela della salute, la sicurezza e la qualità dei prodotti e dei servizi, la corretta informazione, la trasparenza e l'educazione al consumo.

Ai sensi dell'art. 3, comma 1, del Codice del consumo deve essere considerato consumatore la persona fisica che, anche se svolge attività imprenditoriale o professionale, conclude un qualche contratto per esigenze della vita quotidiana estranee all'esercizio di detta attività, mentre professionista è tanto la persona fisica, quanto quella giuridica, sia pubblica che privata, che utilizza il contratto nel quadro della sua attività imprenditoriale o professionale.

I contratti del consumatore, attualmente disciplinati negli artt. 33-38 del Codice del Consumo, si caratterizzano, oltre che per la suddetta classificazione soggettiva, per i seguenti aspetti: neoformalismo negoziale, controllo giudiziale sulla vessatorietà delle clausole, nullità di protezione e foro esclusivo.

A bene vedere, si tratta di specifiche forme di tutela che il legislatore ha previsto al fine di attenuare la debolezza contrattuale del consumatore.

Con riferimento al c.d. neoformalismo formale, la finalità delle prescrizioni di forma scritta risiede non solo nella funzione di certezza del contenuto contrattuale, ma anche di trasparenza e, più in generale, di tutela della corretta formazione del consenso da parte del contraente debole.

Il neoformalismo si sostanzia non solo nella prescrizione della forma scritta del contratto, ma anche nell'imposizione di un contenuto obbligatorio di informazioni da fornire al contraente, oltreché nell'obbligo di formulare le clausole in modo chiaro e comprensibile.

Ulteriore peculiarità della disciplina dei contratti del consumatore è data controllo giudiziale sulla vessatorietà delle clausole.

Ai sensi dell'art. 33 Cod. cons., si considerano vessatorie le clausole contenute in un contratto tra un consumatore e un professionista che, seppur non contrarie a buona fede poiché motivate da apprezzabili interessi del professionista, determinano, in capo al consumatore, un significativo squilibrio dei diritti e degli obblighi derivanti dal contratto.

Il controllo giudiziale, pertanto, è diretto a evitare che sussiste un significativo squilibrio tra consumatore e professionista, con riferimento alla ripartizione di diritti e obblighi.

Più segnatamente, nell'ambito del controllo di vessatorietà, il giudice deve valutare se la clausola in contestazione arrechi un significativo svantaggio al consumatore, non controbilanciato da analogo svantaggio a carico del professionista, né da altra clausola prevista a suo vantaggio, in una visione complessiva del contratto.

A ciò si aggiunga che il legislatore, per tutelare il più possibile il contraente debole, ha espressamente previsto un catalogo di clausole che si presumono vessatorie, salva prova contraria (art. 33, comma 2, cod. cons.), e una gruppo di clausole che sono sempre vessatorie, tra cui quelle che prevedono l'adesione del consumatore come estesa a clausole che non ha avuto, di fatto, la possibilità di conoscere prima della conclusione del contratto(art. 36, comma 2, cod. cons.).

Nel sistema delle clausole vessatorie, deve considerarsi anche la disposizione contenuta nell'art. 33, comma 2, lett. u), laddove prevede che si presumono vessatorie fino a prova contraria le clausole che hanno per oggetto o per effetto quello di stabilire come sede del foro competente sulle controversie località diversa da quella di residenza o domicilio elettivo del consumatore.

Con un'innovazione da tempo auspicata dalla dottrina maggioritaria, il legislatore ha sancito all'art. 36 del Codice del consumo la nullità, e non più l'inefficacia, delle clausole vessatorie.

Si tratta di una nullità di protezione, in quanto opera solo a vantaggio del consumatore e può essere rilevata d'ufficio dal giudice.

Al fine di realizzare una più adeguata tutela dei diritti del consumatore, il codice ha altresì previsto la legittimazione attiva delle associazioni rappresentative dei consumatori e degli utenti a promuovere l'azione inibitoria, oltre all'azione collettiva risarcitoria a tutela dei consumatori.

Sempre nel sistema di tutela delle ragioni del consumatore, assume particolare rilievo per l'analisi del caso di specie, la normativa specifica a tutela delle negoziazioni concluse a domicilio o fuori dai locali commerciali, introdotta dal d.lgs. n. 50/1992, con cui è stata recepita la Direttiva comunitaria n. 85/577/CEE, e oggi trasposta nel Codice del Consumo, agli artt. 49 e ss.

Qui, l'esigenza di tutela del consumatore è ancora più forte, posto che il medesimo è preso di sorpresa dall'iniziativa del professionista e, spesso, non ha alcuna possibilità di confrontare la qualità e il prezzo che gli vengono proposti con altre offerte.

Il legislatore, proprio al fine di prestare maggiori garanzie al compratore che conclude la negoziazione fuori dei locali commerciali del venditore, ha stabilito pregnanti obblighi di informazione, elencati nell'art. 49 cod. cons, stringenti requisiti formali, di cui all'art. 50, oltre alla possibilità di recere liberamente dal contratto entro quattordici giorni, senza dover fornire alcuna motivazione.

Ai fini dell'azionabilità di dette tutele, tuttavia, è necessario che il contratto venga stipulato "al di fuori dei locali commerciali".

A ben vedere, si tratta di un'espressione equivalente a quella contenuta nel d.lgs. n. 50 /1992, che faceva riferimento alle negoziazioni avvenute in "area pubblica o aperta al pubblico".

Il nodo centrale del presente parere sta proprio nel significato da attribuire a tali definizioni, così da ricostruire l'esatto campo di applicazione della relativa normativa di favore, chiarendo in quali circostanze il consumatore possa far valere le tutele di cui agli artt. 49 e ss, tra cui il diritto di recesso.

Ed invero, laddove si intendesse applicare la normativa richiamata a tutte le negoziazioni avvenute in area pubblica o aperta al pubblico, o, secondo la nuova formulazione, a tutte le contrattazioni avvenute fuori dai locali commerciali, a prescindere dagli effetti che tali modalità di vendita determinano sul consumatore, Caio dovrebbe riconoscere a Tizio il diritto di recedere liberamente da contratto e sarebbe chiamato alla restituzione della caparra, senza poter opporre alcuna eccezione. Nel caso contrario, invece, Tizio non potrebbe *tout court* recedere dal contratto, senza alcuna motivazione, ma dovrebbe far valere il difetto di conformità del bene acquistato ai sensi dell'art. 130 del Codice del Consumo, il quale prevede che, in caso di difetto di conformità, il consumatore ha diritto al ripristino, senza spese, della conformità del bene mediante riparazione o sostituzione, ovvero ad una riduzione adeguata del prezzo o alla risoluzione del contratto.

La Corte di Cassazione è recentemente intervenuta sulla questione, chiarendo che la normativa sulle negoziazioni avvenute fuori dai locali commerciali debba essere riferita *"non a qualunque negoziazione avvenuta in luogo pubblico o aperto al pubblico, ma solo ai casi in cui siano prospettabili autentiche ed effettive esigenze di difesa del consumatore, a fronte di iniziative inattese, abusive, capziose o comunque sorprendenti del professionista"* (cfr. Corte di Cassazione, sent. n. 2286328 /2014).

In buona sostanza, il contesto in cui avviene la negoziazione deve giustificare il dubbio che il consumatore sia stato indotto a concludere l'affare senza adeguate possibilità di valutare la convenienza dell'offerta e le sue reali esigenze.

Tale dubbio, secondo quanto ritenuto dalla Corte nella suddetta sentenza, non sussiste, così come non ricorre il c.d. effetto sorpresa, laddove la contrattazione avvenga in luoghi pubblici o aperti al pubblico che siano appositamente destinati all'esposizione e alla vendita di beni e servizi del professionista, luoghi ai quali il consumatore accede perché interessato al relativo acquisto.

Esemplificando, la normativa sopra richiamata non si applica laddove la negoziazione avvenga presso *"fiere, saloni ed esposizioni, che hanno per l'appunto finalità promozionali del proprio nome, marchio, immagine, ecc., in vista dell'incremento degli affari e delle vendite; ed il pubblico che vi accede è potenzialmente interessato ai prodotti esposti ed alle relative offerte"*.

Nel caso di specie, quindi, non può dirsi che Tizio sia stato sorpreso da un'improvvida iniziativa del commerciante Caio, essendo l'accesso allo stand frutto di una sua scelta deliberata e consapevole.

Non possono, pertanto, ritenersi applicabili al caso in esame le tutele previste dagli artt. 49 e ss. del codice del Consumo, con riferimento alle sole ipotesi in cui il consenso dell'acquirente venga carpito attraverso iniziative inattese, abusive e capziose.

Alla luce delle precedenti considerazioni, e del recente intervento della Corte di Cassazione, si ritiene che Tizio non possa esercitare il diritto di recesso dal contratto previsto dall'art. 56 del d.lgs n. 206/2005, non essendo applicabile la normativa in tema di negoziazioni concluse fuori dai locali commerciali per difetto dei presupposti.

Egli, al più, laddove ne sussistano le condizioni, potrà far valere contro il venditore le garanzie legali di conformità e commerciali per i beni di consumo di cui agli artt. 128 e ss del Codice del Consumo.

2.3 FORMULARIO ATTI DI DIRITTO CIVILE

2.3.1 ATTO DI CITAZIONE

A) CONTENUTO DELL'ATTO DI CITAZIONE.
Il procedimento di cognizione si articola in tre fasi:
1) la fase di **introduzione**;
2) la fase di **istruzione** in senso ampio;
3) la fase di **decisione**.

La prima fase, disciplinata nel capo primo del codice di procedura civile, intitolato "Dell'introduzione della causa", consiste in una sequenza di atti qualificati, nel loro complesso, dalla funzione di instaurare il processo.

La fase introduttiva ha, in altre parole, la funzione di realizzare il primo contatto giuridico tra i soggetti del processo attraverso la proposizione della domanda.

L'atto sul quale è imperniata questa fase è la domanda, ossia l'atto attraverso il quale il soggetto-attore chiede la tutela giurisdizionale.

Ai sensi dell'art. 163 c.p.c. la domanda si propone con le **forme proprie dell'atto di citazione**.

La citazione (che deriva dal termine latino "citare" ossia chiamare) è l'atto scritto (redatto e sottoscritto dal difensore procuratore) con cui l'attore chiama in giudizio un'altra persona (che prende appunto il nome di convenuto), affinché il giudice statuisca sulla domanda stessa in contraddittorio.

La citazione è altresì un **atto tipicamente e doppiamente recettizio**, in quanto, oltre che al convenuto esso è rivolto al giudice, al quale l'attore vuol rivolgere la domanda e dal quale si aspetta un provvedimento.

Duplice è altresì la funzione e il contenuto dell'atto stesso: da un lato, quella appunto di chiamare in giudizio colui nei cui confronti si propone la domanda (c.d. *vocatio in ius*) e, dall'altro lato, quella del rivolgere al giudice la domanda di tutela giurisdizionale mediante cognizione dei fatti costitutivi ed eventualmente lesivi con la conseguente determinazione dell'oggetto del processo (c.d. *editio actionis*).

L'art. 163, comma 3 c.p.c., elenca gli elementi che devono essere contenuti nell'atto di citazione.
In particolare tali elementi sono:

1) l'indicazione del tribunale davanti al quale la domanda è proposta.
Tale indicazione che di solito è compiuta nell'intestazione dell'atto assolve la funzione di individuare il giudice al quale si propone la domanda;

2) il nome, il cognome, la residenza e il codice fiscale dell'attore e il nome, il cognome, il codice fiscale, la residenza o il domicilio o la dimora del convenuto e delle persone che rispettivamente li rappresentano o li assistono.
Se attore o convenuto è una persona giuridica, un'associazione non riconosciuta o un comitato, la citazione deve contenere la denominazione o la ditta, con l'indicazione dell'organo o ufficio che ne ha la rappresentanza in giudizio.

Questo requisito assolve alla funzione di individuare sia l'attore che il convenuto.

Si segnala che con il D.L. 193/2009 conv. in L. 24/2010 è diventata obbligatoria l'indicazione del **codice fiscale** dell'attore, del convenuto e delle persone che li rappresentano o li assistono.

Infine, ex art. 23, co. 50, D.L. 98/2011 conv. in L. 111/2011, 50 in tutti gli atti introduttivi di un giudizio, compresa l'azione civile in sede penale e in tutti gli atti di prima difesa devono essere indicati, le generalità complete della parte, la residenza o sede, il domicilio eletto presso il difensore ed il codice fiscale, oltre che della parte, anche dei rappresentanti in giudizio.

L'art. 125, co. 1 c.p.c. come modificato dalla L. 183/2011 prevede, inoltre che il difensore indichi il proprio codice fiscale e **l'indirizzo di posta elettronica certificata** comunicato al proprio ordine e il proprio numero di fax.

3) la determinazione della cosa oggetto della domanda (c.d. *petitum* mediato).

L'art. 163, n. 3, pretende che l'atto di citazione contenga la determinazione della cosa oggetto della domanda, dove il termine "cosa" sta per "bene della vita".

4) l'esposizione dei fatti e degli elementi di diritto costituenti le ragioni della domanda, con le relative conclusioni.

Quanto all' "esposizione dei **fatti**" è l'indicazione dei fatti costitutivi e lesivi che, in quanto riconducibili in astratto ad una o più fattispecie normative, costituiscono la *causa petendi*.

L'esposizione "degli **elementi di diritto**" altro non è che la prospettazione della suddetta riconducibilità dei fatti a una o più norme.

Le **conclusioni** sono la formulazione sintetica e globale della domanda al giudice nei suoi termini essenziali.

5) l'indicazione specifica dei mezzi di prova dei quali l'attore intende valersi e in particolare dei documenti che offre in comunicazione.

L'indicazione di cui all'art. 163, terzo comma n. 5, c.p.c. continua in verità a restare facoltativa, anche dopo la riforma dell'art. 183 c.p.c., realizzata dall'art. 2, terzo comma, lett. c-ter) del D.L. 14 marzo 2005 n. 35, convertito, con modificazioni, nella L. 14 maggio 2005 n. 80, come modificato dall'art. 1, comma 1, lett. a) della L. 28 dicembre 2005 n. 263. Infatti, i numeri 1 e 2 del sesto comma dell'art. 183 c.p.c., prevedono la perdurante facoltà delle parti, ove richiesto, di produrre in atti ulteriori documenti, nonché formulare separata e nuova indicazione specifica dei mezzi di prova di cui intendono avvalersi. L'indicazione disposta nell'art. 163, terzo comma, n. 5, c.p.c., quindi, resta facoltativa, non comportando alcuna nullità dell'atto di citazione.

6) il nome e il cognome del procuratore e l'indicazione della procura, qualora questa sia stata già rilasciata.

La procura alle liti è la dichiarazione rilasciata dalla parte in causa, nella forma prevista dall'art. 83 c.p.c., con cui essa investe il procuratore della propria rappresentanza in giudizio.

Essa può essere generale o speciale (a seconda che si riferisca rispettivamente a tutte le possibili liti o ad una lite specifica) e deve essere conferita con atto pubblico o scrittura privata autenticata. La procura speciale può essere anche apposta in calce o a margine della citazione, ricorso, del controricorso, della comparsa di risposta o d'intervento, del precetto o della domanda d'intervento nell'esecuzione, ovvero della memoria di nomina del nuovo difensore, in aggiunta o in sostituzione del difensore originariamente designato.

In tali casi l'**autografia** della sottoscrizione della parte **deve essere certificata dal difensore**.

La procura **si considera apposta in calce** anche se rilasciata su foglio separato che sia però **congiunto materialmente** all'atto cui si riferisce.

La procura speciale si presume conferita soltanto per un determinato grado del processo, quando nell'atto non è espressa volontà diversa.

La precisazione dell'ultimo inciso del n. 6 dell'art. 163 c.p.c. (qualora questa sia stata già rilasciata) va posta in relazione alla facoltà prevista dall'art. 125, co. 2, c.p.c., di ritardare il rilascio della procura alla lite fino al momento della costituzione in giudizio.

Informativa sulla mediazione.

Con il D.L.vo 28/2010 – adottato in base alla delega conferita dall'art. 60 della legge 18 giugno 2009, n. 69 – il legislatore ha introdotto nel nostro ordinamento la disciplina della mediazione obbligatoria finalizzata alla conciliazione delle controversie civili e commerciali.

Alcuni articoli di detto decreto legislativo, e in particolare l'art. 5, comma 1 che indicava le ipotesi in cui la mediazione era condizione di procedibilità e l'art. 16, comma 1, che si occupava invece di individuare i requisiti degli organismi deputati a gestire i procedimenti di mediazione, sono stati tuttavia dichiarati costituzionalmente illegittimi dalla sentenza della Corte costituzionale 6 dicembre 2012, n. 272, per eccesso di delega.

La declaratoria di incostituzionalità dell'art. 5 comma 1, nello specifico, ha avuto pesanti effetti sulla disciplina posta dal decreto; sono stata travolte, infatti, dalla sentenza tutte le norme che presupponevano l'operare della condizione di procedibilità o comunque collegate con la norma dichiarata illegittima, rendendo quindi necessaria una sostanziale revisione dell'istituto della mediazione obbligatoria come originariamente concepito.

Il fatto che però le norme fossero state dichiarate costituzionalmente illegittime solo sotto un profilo formale, e cioè per eccesso di delega, ha consentito al legislatore di intervenire nuovamente, a pochi mesi di distanza dalla pronuncia della Corte, in materia di mediazione, reintroducendo in sostanza la stessa normativa dichiarata incostituzionale.

Con l'art. 84 del d.l. 21 giugno 2013, n. 69, convertito con modificazioni dalla legge 09 agosto 2013, n.98, sono state allora reintrodotte, con qualche piccola modifica, nel d.lgs. 28/2010 le stesse disposizioni che pochi mesi prima erano state dichiarate incostituzionali dalla Corte.

La mediazione obbligatoria è quindi oggi nuovamente disciplinata come **condizione di procedibilità della domanda giudiziale** (art. 5, comma 1-*bis* – inserito dall'art. 84, comma 1, lett. b) d.l. 69/2013 – , D.L.vo 28/2010) in materia di: condominio, diritti reali, divisione,successioni ereditarie, patti di famiglia, locazione, comodato,affitto di aziende, risarcimento del danno derivante da responsabilità medica e sanitaria e da diffamazione con il mezzo della stampa o con altro mezzo di pubblicità, contratti assicurativi, bancari efinanziari.

Ai sensi dell'art. 4, comma 3 del succitato decreto legislativo, all'atto del conferimento dell'incarico, l'avvocato è tenuto a informare l'assistito della possibilità di avvalersi del procedimento di mediazione, delle agevolazioni fiscali di cui agli artt. 17 e 20 e dei casi in cui l'esperimento del procedimento di mediazione è condizione di procedibilità della domanda giudiziale.

Il legislatore ha previsto, inoltre, come sanzione per la violazione degli obblighi di informazione previsti dall'art. 4, che il contratto tra l'avvocato e l'assistito possa essere annullato.

Sul piano dei requisiti formali, la norma in esame stabilisce che l'informazione debba essere fornita dal professionista in modo chiaro e per iscritto e che la stessa debba essere sottoscritta dall'assistito.

7) l'indicazione del giorno dell'udienza di comparizione; l'invito al convenuto a costituirsi nel termine di venti giorni prima dell'udienza indicata ai sensi e nelle forme stabilite dall'art. 166, ovvero di dieci giorni prima in caso di abbreviazione dei termini, e a comparire, nell'udienza indicata, dinanzi al giudice designato ai sensi dell'art. 168-bis, con l'avvertimento che la costituzione oltre i suddetti termini implica le decadenze di cui agli artt. 38 e 167.

E' questa la citazione in senso stretto o *vocatio in ius*.

L'indicazione del giorno dell'udienza deve, dunque, essere effettuato dall'attore.

L'udienza così fissata si svolgerà davanti al giudice istruttore che, alla data della citazione non è stato, ovviamente, ancora designato e che verrà poi nominato con le modalità di cui all'art. 168 bis.

Adempiendo a tale disposizione l'attore cita il convenuto invitandolo a due adempimenti: quello di costituirsi e quello di comparire all'udienza.

La novità della riforma del '90 consiste nell'invito a costituirsi in termini brevi (20 o, nel caso di abbreviazione di termini, 10 giorni prima dell'udienza di comparizione), con l'espresso avvertimento che la mancata costituzione nei termini implica le decadenze previste nell'art. 167 c.p.c., relativamente al contenuto della comparsa di risposta.

La L. 69/2009, avendo modificato **l'art. 38 c.p.c.**, il quale prevede ora che tutte le eccezioni di incompetenza (per materia, per valore e per territorio) vadano sollevate, a pena di decadenza, nella comparsa di risposta, ha novellato anche l'art. 163, co. 3, n. 7, c.p.c., estendendo l'avvertimento al convenuto anche alle decadenze di cui al predetto art. 38.

L'importanza di tale avvertimento deriva dal fatto che l'art. 164 c.p.c. novellato esplicitamente prevede la **mancanza** di esso come una ipotesi **di nullità della citazione**.

L'atto di citazione, **sottoscritto a norma dell'art. 125**, è consegnato dalla parte o dal procuratore all'ufficiale giudiziario, il quale lo notifica a norma degli artt. 137 ss.

Dottrina e giurisprudenza convengono nel ritenere che l'unico caso di citazione inesistente sia costituito proprio dal **difetto di sottoscrizione**: questa, infatti, è elemento "indispensabile per la formazione fenomenica dell'atto stesso, sicché il suo difetto determina l'inesistenza di questo e non già soltanto la sua nullità" (Cass. Civ. n. 4116 del 2001).

Contributo unificato.

Il comma 5 dell'art. 9 legge 488/1999 come recepito dal D.P.R. 30-5-2002, n. 112 (testo unico sulle spese di giustizia) rimette all'avvocato l'attestazione se la controversia sia soggetta o meno al pagamento del contributo unificato e, in caso positivo, la determinazione del valore dei procedimenti ai sensi dell'articolo 10 e ss. del codice di procedura civile.

Si stabilisce, inoltre, che nell'ipotesi in cui manchi, nelle conclusioni dell'atto introduttivo, la dichiarazione dell'avvocato circa il valore del procedimento, la causa si presume del valore di cui allo scaglione più alto.

B) I TERMINI PER COMPARIRE.

La libertà di cui l'attore gode nella scelta dell'udienza di prima comparizione è, in parte, limitata dalla legge per tutelare il diritto di difesa del convenuto.

All'art. 163 bis c.p.c. il legislatore prevede i c.d. *termini per comparire*, ossia un numero minimo di giorni liberi che l'attore deve lasciare intercorrere tra il giorno della notificazione della citazione e il giorno della prima udienza.

Tali termini sono:

- 90 giorni per le notificazioni da eseguire in Italia;
- 150 giorni per le notificazioni da eseguire all'estero.

C) NULLITA' DELLA CITAZIONE.

In generale, la nullità è la conseguenza di una violazione delle norme processuali, così grave da rendere **l'atto inidoneo a raggiungere il proprio scopo** (scopo dell'atto non è quello soggettivo di colui che lo compie, ma è la funzione tipica che la legge gli ha assegnato all'interno del processo).

Prima di questo criterio generale, sancito dal secondo comma dell'art. 156 c.p.c., il legislatore ha previsto al primo comma della medesima disposizione che la nullità si determina quando è **espressamente prevista dalla legge**.

In quest'ultimo caso è la legge stessa che compie una volta per tutte (anziché lasciarla al giudice caso per caso) la valutazione circa la indispensabilità del requisito mancante.

Con riferimento all'atto di citazione, questa valutazione preventiva è compiuta dall'art. 164 c.p.c..

L'art. 164 c.p.c. distingue i vizi relativi alla c.d. *vocatio in ius* (ossia la chiamata in giudizio) e quelli relativi alla c.d. *editio actionis* (ossia la proposizione della domanda).

Il vizio riguarda la *vocatio in ius* quando:

- nella citazione manca o è incerta l'indicazione del giudice, del nome e cognome delle parti o della data d'udienza;
- è stato assegnato termine a comparire inferiore a quello legale;
- nella citazione manca l'avvertimento al convenuto di cui all'art. 163, n. 7 c.p.c..

Il vizio riguarda la editio actionis:

- quando nella citazione manca o è assolutamente incerto l'oggetto della domanda;
- quando manca o è assolutamente incerta l'esposizione dei fatti a fondamento della domanda.

IN SEDE D'ESAME NON ESISTONO IPOTESI DI SANATORIA, DOVETE REDIGERE L'ATTO PERFETTO, CHE NON PRESENTI NESSUNA DI QUESTE DI NULLITA'.

D) NORME DI RIFERIMENTO.

Art. 125. (Contenuto e sottoscrizione degli atti di parte)

Salvo che la legge disponga altrimenti, la citazione, il ricorso, la comparsa, il controricorso, il precetto debbono indicare l'ufficio giudiziario, le parti, l'oggetto, le ragioni della domanda e le conclusioni o la istanza, e, tanto nell'originale quanto nelle copie da notificare, debbono essere sottoscritti dalla parte, se essa sta in giudizio personalmente, oppure dal difensore che indica il proprio codice fiscale. Il difensore deve, altresì, indicare l'indirizzo di posta elettronica certificata comunicato al proprio ordine e il proprio numero di fax.

La procura al difensore dell'attore può essere rilasciata in data posteriore alla notificazione dell'atto, purché anteriormente alla costituzione della parte rappresentata.

La disposizione del comma precedente non si applica quando la legge richiede che la citazione sia sottoscritta dal difensore munito di mandato speciale.

Art. 163. (Contenuto della citazione)

La domanda si propone mediante citazione a comparire a udienza fissa.

Il presidente del tribunale stabilisce al principio dell'anno giudiziario, con decreto approvato dal primo presidente della corte di appello, i giorni della settimana e le ore delle udienze destinate esclusivamente alla prima comparizione delle parti.

L'atto di citazione deve contenere:

1) l'indicazione del tribunale davanti al quale la domanda è proposta;

2) il nome, il cognome, la residenza e il codice fiscale dell'attore, il nome, il cognome, il codice fiscale, la residenza o il domicilio o la dimora del convenuto e delle persone che rispettivamente li rappresentano o li assistono. Se attore o convenuto è una persona giuridica, un'associazione non riconosciuta o un comitato la citazione deve contenere la denominazione o la ditta, con l'indicazione dell'organo o ufficio che ne ha la rappresentanza in giudizio;

3) la determinazione della cosa oggetto della domanda;

4) l'esposizione dei fatti e degli elementi di diritto costituenti le ragioni della domanda, con le relative conclusioni;

5) l'indicazione specifica dei mezzi di prova dei quali l'attore intende valersi e in particolare dei documenti che offre in comunicazione;

6) il nome e il cognome del procuratore e l'indicazione della procura, qualora questa sia stata già rilasciata; 7) l'indicazione del giorno dell'udienza di comparizione; l'invito al convenuto a costituirsi nel termine di venti giorni prima dell'udienza indicata ai sensi e nelle forme stabilite dall'art. 166, ovvero di dieci giorni prima in caso di abbreviazione dei termini, e a comparire, nell'udienza indicata, dinanzi al giudice designato ai sensi dell'art. 168-bis, con l'avvertimento che la costituzione oltre i suddetti termini implica le decadenze di cui agli artt. 38 e 167.

L'atto di citazione, sottoscritto a norma dell'art. 125, è consegnato dalla parte o dal procuratore all'ufficiale giudiziario, il quale lo notifica a norma degli artt. 137 ss.

Art. 163-bis. (Termini per comparire)

Tra il giorno della notificazione della citazione e quello dell'udienza di comparizione debbono intercorrere termini liberi non minori di novanta giorni se il luogo della notificazione si trova in Italia e di centocinquanta giorni se si trova all'estero.

Nelle cause che richiedono pronta spedizione il presidente può, su istanza dell'attore e con decreto motivato in calce all'atto originale e delle copie della citazione, abbreviare fino alla metà i termini indicati dal primo comma.

Se il termine assegnato dall'attore eccede il minimo indicato dal primo comma, il convenuto, costituendosi prima della scadenza del termine minimo, può chiedere al presidente del tribunale che, sempre osservata la misura di quest'ultimo termine, l'udienza per la comparizione delle parti sia fissata con congruo anticipo su quella indicata dall'attore. Il presidente provvede con decreto, che deve essere comunicato dal cancelliere all'attore, almeno cinque giorni liberi prima dell'udienza fissata dal presidente.

Art. 164 (Nullità della citazione)

La citazione è nulla se è omesso o risulta assolutamente incerto alcuno dei requisiti stabiliti nei numeri 1) e 2) dell'articolo 163, se manca l'indicazione della data dell'udienza di comparizione, se è stato assegnato un termine a comparire inferiore a quello stabilito dalla legge ovvero se manca l'avvertimento previsto dal numero 7) dell'articolo 163.

Se il convenuto non si costituisce in giudizio, il giudice, rilevata la nullità della citazione ai sensi del primo comma, ne dispone d'ufficio la rinnovazione entro un termine perentorio. Questa sana i vizi e gli effetti sostanziali e processuali della domanda si producono sin dal momento della prima notificazione. Se la rinnovazione non viene eseguita, il giudice ordina la cancellazione della causa dal ruolo e il processo si estingue a norma dell'articolo 307, comma terzo.

La costituzione del convenuto sana i vizi della citazione e restano salvi gli effetti sostanziali e processuali di cui al secondo comma; tuttavia, se il convenuto deduce l'inosservanza dei termini a comparire o la mancanza dell'avvertimento previsto dal numero 7) dell'articolo 163, il giudice fissa una nuova udienza nel rispetto dei termini.

La citazione è altresì nulla se è omesso o risulta assolutamente incerto il requisito stabilito nel numero 3) dell'articolo 163 ovvero se manca l'esposizione dei fatti di cui al numero 4) dello stesso articolo. Il giudice, rilevata la nullità ai sensi del comma precedente, fissa all'attore un termine perentorio per rinnovare la citazione o, se il convenuto si è costituito, per integrare la domanda. Restano ferme le decadenze maturate e salvi i diritti quesiti anteriormente alla rinnovazione o alla integrazione.

Nel caso di integrazione della domanda, il giudice fissa l'udienza ai sensi del secondo (2) comma dell'art. 183 e si applica l'articolo 167.

E) MODELLO ATTO DI CITAZIONE.

TRIBUNALE DI ....
ATTO DI CITAZIONE

per

Sempronia, nata a _____, il _____, residente in _____, via _____, n. ____ c.f. _____, elettivamente domiciliata in _____, via _____, n. ___, presso lo studio dell'avv. _____, c.f. _____, il quale la rappresenta e difende, in virtù di procura in calce al presente atto, e dichiara di voler ricevere le comunicazioni al n. di fax _____ o all'indirizzo di posta elettronica certificata _____ comunicato al proprio ordine;

- Attore

CONTRO

Caietto, nato a _____, il _____, residente in _____, via_____, n. ___, c.f. _____;

- Convenuto

PREMESSO

- che in data 25 maggio 2010 Tizio decedeva lasciando con testamento alla propria moglie Caia l'usufrutto di tutto il suo patrimonio, comprendente anche beni immobili, come legato in sostituzione della quota di legittima;
- che nominava altresì erede universale sua sorella Sempronia;
- che non molto tempo dopo moriva anche Caia lasciando il figlio naturale Caietto suo unico erede, il quale sulla base di una presunta dichiarazione rilasciata dalla madre oralmente al proprio procuratore assumeva di pretendere la quota di legittima nei confronti di Sempronia al posto dell'usufrutto rilasciatole da Tizio.

Tutto ciò premesso e ritenuto si espone in

DIRITTO

1. SULL'INSUSSISTENZA DI DIRITTI EREDITARI IN CAPO A CAIETTO.

Preliminarmente occorre chiarire l'assenza di qualsivoglia diritto in capo a Caietto con riguardo all'eredità lasciata da Tizio con apposito testamento.

Sotteso alla fattispecie in esame è l'istituto espressamente previsto dall'art.551 c.c. ossia il legato in sostituzione di legittima.

Tizio morendo lascia a sua moglie Caia l'usufrutto di tutti i suoi beni, usufrutto di valore inferiore rispetto alla legittima che gli sarebbe spettata in qualità di coniuge.

Le S.U. con una recentissima sentenza hanno aderito all'orientamento tradizionale secondo cui il legato in sostituzione di legittima si acquista automaticamente; di conseguenza il legittimario che intende conseguire la quota di riserva deve rinunciare formalmente al legato non essendo sufficiente il mero rifiuto (Cass. civ. n.7098/2011). Peraltro l'art. 1350 comma I n.5 c.c. prevede che per gli atti di rinuncia inerenti ai diritti tra i quali anche quello che in tale sede ci interessa deve avvenire attraverso la forma scritta.

A nulla vale il richiamo di Caietto, quindi, ad una presunta dichiarazione rilasciata oralmente da sua madre Caia al suo procuratore e comunicatagli da quest'ultimo con lettera datata 30 novembre 2010. Infatti, l'atto di rinuncia alla sostituzione della legittima con l'usufrutto non poteva avere altra forma che quella scritta. Non essendo intervenuto alcun atto scritto idoneo a far ritenere sussistente una diversa volontà in capo a Caia, non può non considerarsi come accettato l'usufrutto, anche se di valore inferiore rispetto alla legittima.

Inoltre si ricorda che l'art. 551 c.c. al comma II stabilisce che nel caso in cui si accetti la sostituzione del legato ancorché questa sia di valore inferiore rispetto alla legittima si perde ogni diritto a chiederne un supplemento.

Pertanto, stante quanto detto è chiaro come Caia abbia manifestato la propria volontà di accettare la sostituzione non avendo provveduto in altro modo e d'altra parte poiché il legato consisteva nell'usufrutto di tutto il patrimonio di Tizio comprensivo anche di beni immobili neppure su quest'ultimo Caietto può vantare alcun diritto.

Come noto, l'usufrutto è un istituto di diritto privato consistente nel diritto reale di godimento su cosa altrui ed avente carattere temporaneo. Tale temporaneità è commisurata alla morte dell'usufruttuario o nel massimo ad anni trenta qualora si tratti di persona giuridica, non essendo trasmissibile agli eredi.

Nel caso in esame risulta evidente quindi come alla morte di Caia l'usufrutto si sia estinto e quindi Caietto non solo non può pretendere in alcun modo la legittima avendo sua madre accettato il legato ma non può neppure vantare altri diritti non essendo l'usufrutto trasmissibile.

2. SULLA PETIZIONE DELL'EREDITA'

Come già detto, con la morte dell'usufruttuario l'usufrutto si riunisce alla nuda proprietà, si consolida quindi in capo al nudo proprietario che acquista automaticamente la piena proprietà senza dover pagare alcuna imposta, ma con la semplice voltura al catasto di detta fusione, in forza di un certificato di morte (*ex multis* Cass.civ. sez. II n 10453 del 2011).

Nel caso di specie è venuto meno l'usufrutto in capo a Caia e il diritto reale di godimento si è riunito automaticamente in capo a Sempronia avente la nuda proprietà. Pertanto, Caietto attualmente continua a possedere beni non più appartenenti a sua madre e pur essendo erede della stessa non può vantare alcun diritto non essendo l'usufrutto trasmissibile.

L'art. 533 c.c. prevede espressamente la petizione dell'eredità quale azione diretta al riconoscimento della propria qualità di erede contro chiunque possiede tutti o parte dei beni ereditari a titolo di erede o senza alcun titolo allo scopo di ottenerne la restituzione.

Fuor di dubbio che Sempronia debba essere identificata quale erede universale, come risulta da testamento olografo che si provvederà a depositare agli atti, e come non contestato neppure dallo stesso Caietto e pertanto, essendo Caia deceduta ed essendosi estinto l'usufrutto ha diritto di ottenere la reintegrazione dell'asse ereditario con i beni che erano stati lasciati in usufrutto da Tizio.

Alla luce delle argomentazioni svolte non solo Caietto non può vantare alcuna pretesa ma deve altresì provvedere alla restituzione di beni che per legge non gli spettano comprensivi dei frutti, delle spese, dei miglioramenti e delle addizioni ex art.535 c.c..

******

Per tutto quanto sopra esposto Sempronia, come in epigrafe rappresentata, difesa e domiciliata,

CITA

Caietto, nato a _____ il _____ C.F. _____ residente in _____ via _____ n. _____ a comparire dinanzi al Tribunale civile di _____ sezione e giudice da designarsi, nei noti locali del Tribunale, all'udienza del _____, ore di rito, con l'invito a costituirsi in cancelleria nel termine di 20 giorni prima dell'udienza indicata, ai sensi e nelle forme stabilite dall'art.166 c.p.c., ovvero di 10 giorni prima in caso di abbreviazione dei termini, con l'avvertenza che la costituzione oltre detto termine implica le decadenze e le preclusioni di cui agli artt. 38 e 167 c.p.c. e con l'ulteriore avvertimento che in caso di mancata costituzione si procederà in sua contumacia, per ivi sentir accogliere le seguenti

CONCLUSIONI

Piaccia all'Ill.mo Giudice adito:

a) accertare la mancanza di diritti ereditari in capo a Caietto;

b) riconoscere la qualità di erede universale in capo a Sempronia e per l'effetto ordinare la restituzione dei beni da parte di Caietto comprensivi dei frutti delle spese dei miglioramenti e delle addizioni ex art.535 c.c.;

c) con vittoria di spese, competenze ed onorari.

Si depositano:

- copia testamento olografo di Tizio che attribuisce la qualità di erede universale a Sempronia;

- copia certificato di morte di Caia.

Ai sensi dell'art. 14, co. 2, D.P.R. 115/2002 Si dichiara che il valore della controversia è pari a €_____.

_____, lì_____

Avv._____

PROCURA

La sottoscritta Sempronia, nata a _____, il _____, residente in _____ alla via _____, n. ____ (cod. fisc. _____) delega l'Avv. _____ a rappresentarla e difenderla nel presente giudizio ed in ogni successiva fase e grado, compresa esecutiva, conferendogli all'uopo ogni più ampia facoltà di legge nessuna esclusa, ivi compresa quella di conciliare, transigere, quietanzare, incassare somme, chiamare in causa terzi, spiegare domande riconvenzionali, nominare sostituti in udienza ed indicare domiciliatari,

ELEGGE DOMICILIO

presso lo studio dello stesso avvocato in _____ via _____ n. _____

DICHIARA

Inoltre di aver ricevute tutte le informazioni previste dagli artt. 7 e 13 del D.L.vo 30 giugno 2003, n. 196 e presta il proprio consenso al trattamento dei dati personali per l'espletamento del mandato conferito, nonché di essere stato informato, ai sensi dell'art. 4, co. 3, D.L.vo 28/2010 della possibilità di ricorrere al procedimento di mediazione ivi previsto e dei benefici fiscali di cui agli artt. 17 e 20 del medesimo decreto.

Dichiaro di essere stato/a informato/a, ai sensi dell'art. 2, co. 7, D. L. n. 132/2014, della possibilità di ricorrere alla convenzione di negoziazione assistita da uno o più avvocati disciplinata dagli artt. 2 e ss. del suddetto decreto legge.

_____, lì _____
Firma

_____

La firma è autentica
ed è stata apposta in mia presenza
Avv. _____

2.3.2 COMPARSA DI COSTITUZIONE E RISPOSTA

A) CONTENUTO DELLA COMPARSA DI COSTITUZIONE E RISPOSTA.

La comparsa di costituzione e risposta è lo scritto difensivo che il convenuto deve depositare in cancelleria all'atto della sua costituzione in giudizio.

E' un atto del tutto analogo a quello di costituzione dell'attore, con le sole differenze che conseguono al fatto che il convenuto entra in un processo il cui oggetto è stato già determinato dall'attore.

Esso, dunque, dovrà contenere tutti gli elementi dell'atto di citazione, tranne, ovviamente, la *vocatio in ius* (che è già avvenuta).

In particolare, l'art. 167 c.p.c. prevede che nella comparsa di risposta il convenuto deve:
- proporre tutte le difese prendendo posizione sui fatti posti dall'attore a fondamento della domanda;
- indicare le proprie generalità e il codice fiscale;
- indicare i mezzi di prova di cui intende valersi e i documenti che offre in comunicazione;
- formulare le conclusioni;
- proporre, a pena di decadenza, le eventuali domande riconvenzionali;
- proporre, a pena di decadenza, le eccezioni processuali e di merito che non siano rilevabili d'ufficio.

Inoltre, in quanto atto di prima difesa, ai sensi dell'art. 125, comma 1, c.p.c. anche la comparsa di risposta dovrà contenere l'indicazione delle generalità complete della parte, la residenza o sede, il domicilio eletto presso il difensore e il codice fiscale, oltre che della parte, anche dei rappresentanti in giudizio. Il difensore deve altresì indicare l'indirizzo di posta elettronica certificata comunicato al proprio ordine e il proprio numero di fax.

Con la legge 69/2009, che ha novellato l'art. 115 c.p.c., è stato introdotto nell'ordinamento processuale civile, il c.d. *principio di non contestazione*.

Il nuovo art. 115 c.p.c. stabilisce che "*salvi i casi previsti dalla legge, il giudice deve porre a fondamento della decisione le prove proposte dalle parti o dal pubblico ministero, nonché i fatti non specificamente contestati dalla parte costituita*".

Con tale novella, dunque, la non contestazione da parte del convenuto costituisce un elemento rilevante ai fini della determinazione dell'oggetto del giudizio, vincolante per il giudice, in quanto sottrae ad ulteriori accertamenti il fatto non contestati.

Come visto sopra, con riguardo all'oggetto del processo, il convenuto è tenuto a compiere solo un riferimento all'oggetto del processo già determinato dall'attore nell'atto di citazione (con la conseguente formulazione di conclusioni riferite a quelle dell'attore; ad esempio: *si chiede di rigettare la domanda di parte attrice*).

Non bisogna dimenticare, però, che il convenuto ha sempre la possibilità di ampliare l'oggetto della domanda con la proposizione di eccezioni o di domande riconvenzionali.

Con riferimento alle **domande riconvenzionali** occorre precisare che, essendo delle vere e proprie domande, necessario che le ragioni che le sostengono siano presenti, anche implicitamente, nel contesto della comparsa di risposta, e che i suoi elementi o fondamenti di fatto e di diritto siano ravvisabili nelle argomentazioni e nelle richieste concrete.

Al riguardo, il 2° comma dell'art. 167 c.p.c. prevede una disposizione analoga a quella di cui al 4° e

5° comma dell'art. 164 c.p.c..

È previsto, infatti, che *"se è omesso o risulta assolutamente incerto l'oggetto o il titolo della domanda riconvenzionale, il giudice, rilevata la nullità, fissa al convenuto un termine perentorio per integrarla. **Restano ferme le decadenze maturate** e salvi i diritti acquisiti anteriormente alla integrazione"*.

Da ultimo, il 3° comma dell'art. 167 c.p.c. stabilisce che il convenuto *"se intende **chiamare un terzo in causa** deve farne dichiarazione nella stessa comparsa e provvedere ai sensi dell'art. 269"* e contestualmente chiedere lo spostamento della prima udienza. Si configura in questo modo un'ulteriore preclusione a suo carico.

Il differimento della prima udienza si rende necessario perché, trattandosi di un intervento coatto ad istanza di parte, il terzo deve essere posto in condizione di poter partecipare al processo senza subire preclusioni, ossia fin dall'inizio del processo e col rispetto dei termini a comparire.

L'art. 269, 1° comma, dispone che *"alla chiamata di un terzo nel processo a norma dell'art. 106 c.p.c., la parte provvede mediante citazione a comparire nell'udienza fissata dal giudice istruttore ai sensi del presente articolo, osservando i termini dell'art. 163 bis"*.

Il 2° comma dello stesso articolo 269 prosegue, poi, disponendo che il convenuto *"deve a pena di decadenza, farne dichiarazione nella comparsa di risposta e contestualmente chiedere al giudice istruttore lo spostamento della prima udienza allo scopo di consentire la citazione del terzo nel rispetto dei termini dell'art. 163 bis"*.

Quanto alla patologia dell'atto, la giurisprudenza è rigorosa nel ritenere che il vizio di sottoscrizione comporta la conseguenza dell'inesistenza.

B) COSTITUZIONE DEL CONVENUTO.

Il convenuto, ai sensi dell'art. 166 c.p.c., deve costituirsi, a mezzo del proprio procuratore, **almeno 20 giorni prima** dell'udienza fissata nell'atto di citazione (o almeno 10 giorni prima nel caso di abbreviazione dei termini a norma dell'art. 163 bis, co. 2), depositando in cancelleria il proprio fascicolo contenente *la comparsa di risposta*, la copia dell'*atto di citazione notificato*, la *procura* ed i *documenti* che offre in comunicazione.

Se la prima udienza viene rinviata dal giudice ai sensi del nuovo art. 168 bis, ultimo comma, c.p.c., il convenuto deve costituirsi venti giorni prima di quest'udienza, fissata dal giudice.

Il rispetto dei termini è molto importante, in quanto, anche in caso di costituzione tardiva (v. art. 171 c.p.c.) si verificano a carico del convenuto le decadenze, viste sopra, dell'art. 167 c.p.c.

In proposito, bisogna sempre tenere a mente che la nuova formulazione dell'art. 167 c.p.c., introdotta dal D.L. 35/2005, conv. In L. 80/2005, prevede che il convenuto debba, **a pena di decadenza**, proporre nella comparsa di risposta anche **le eccezioni processuali e di merito non rilevabili d'ufficio**.

C) NORME DI RIFERIMENTO.

Art. 115
(Disponibilità delle prove)

Salvi i casi previsti dalla legge, il giudice deve porre a fondamento della decisione le prove proposte dalle parti o dal pubblico ministero nonché i fatti non specificatamente contestati dalla parte costituita.

Il giudice può tuttavia, senza bisogno di prova, porre a fondamento della decisione le nozioni di fatto che rientrano nella comune esperienza.

Art. 166
(Costituzione del convenuto)

Il convenuto deve costituirsi a mezzo del procuratore, o personalmente nei casi consentiti dalla legge, almeno venti giorni prima dell'udienza di comparizione fissata nell'atto di citazione, o almeno dieci giorni prima nel caso di abbreviazione di termini a norma del secondo comma dell'articolo 163-bis, ovvero almeno venti giorni prima dell'udienza fissata a norma dell'articolo 168-bis, quinto comma, depositando in cancelleria il proprio fascicolo contenente la comparsa di cui all'articolo 167 con la copia della citazione notificata, la procura e i documenti che offre in comunicazione.

Art. 167
(Comparsa di risposta)

Nella comparsa di risposta il convenuto deve proporre tutte le sue difese prendendo posizione sui fatti posti dall'attore a fondamento della domanda, indicare le proprie generalità e il codice fiscale, i mezzi di prova di cui intende valersi e i documenti che offre in comunicazione, formulare le conclusioni.

A pena di decadenza deve proporre le eventuali domande riconvenzionali e le eccezioni processuali e di merito che non siano rilevabili d'ufficio. Se è omesso o risulta assolutamente incerto l'oggetto o il titolo della domanda riconvenzionale, il giudice, rilevata la nullità, fissa al convenuto un termine perentorio per integrarla. Restano ferme le decadenze maturate e salvi i diritti acquisiti anteriormente alla integrazione.

Se intende chiamare un terzo in causa, deve farne dichiarazione nella stessa comparsa e provvedere ai sensi dell'articolo 269.

Art. 269
(Chiamata di un terzo in causa)

Alla chiamata di un terzo nel processo a norma dell'art. 106, la parte provvede mediante citazione a comparire nell'udienza fissata dal giudice istruttore ai sensi del presente articolo, osservati termini dell'art, 163 bis.

Il convenuto che intenda chiamare un terzo in causa deve, a pena di decadenza, farne dichiarazione nella comparsa di risposta e contestualmente chiedere al giudice istruttore lo spostamento della prima udienza allo scopo di consentire la citazione del terzo nel rispetto dei termini dell'art. 163 bis.

Il giudice istruttore, entro 5 giorni dalla richiesta, provvede con decreto a fissare la data della nuova udienza. Il decreto è comunicato dal cancelliere alle parti costituite. La citazione è notificata al terzo a cura del convenuto.

Ove, a seguito delle difese svolte dal convenuto nelle comparsa di risposta, sia sorto l'interesse dell'attore a chiamare in causa un terzo, l'attore deve, a pena di decadenza, chiederne l'autorizzazione al giudice istruttore nella prima udienza. Il giudice istruttore, se concede l'autorizzazione, fissa una nuova udienza allo scopo di consentire la citazione del terzo nel rispetto dei termini dell'art. 163 bis. La citazione è notificata al terzo a cura dell'attore entro il termine perentorio stabilito dal giudice.

La parte che chiama in causa il terzo deve depositare la citazione notificata entro il termine previsto dall'art. 165 e il terzo deve costituirsi a norma dell'art. 166.

Nell'ipotesi prevista dal terzo comma restano ferme per le parti le preclusioni ricollegate alla prima udienza di trattazione, ma i termini eventuali di cui al sesto comma dell'art. 183 sono fissati dal giudice istruttore nella udienza di comparizione del terzo.

D) MODELLO COMPARSA DI COSTITUZIONE E RISPOSTA.

TRIBUNALE CIVILE DI _____

Sez.___ – Dott. ___

R.g.n.___ – Ud. _____

COMPARSA DI COSTITUZIONE E RISPOSTA

(Con istanza di autorizzazione alla chiamata in causa di terzo)

Per il **Comune di Beta,** C.F._____ in persona del Sindaco pro tempore dott. Primo, con sede in via _____, n. ____, Beta ed ivi elettivamente domiciliato in Via _____ n.___ presso lo studio dell'Avv._____ C. F. che lo rappresenta e difende giusta procura in calce al presente atto in esecuzione della deliberazione della Giunta Comunale n. _____ del_____ e dichiara di voler ricevere le comunicazioni al n. di fax _____ o all'indirizzo di posta elettronica certificata _____ comunicato al proprio ordine.

- Convenuto

CONTRO

Tizio, C.F. _____, rappresentato e difeso dall'avv._____.

- Attore

Con atto di citazione notificato in data xx/xx/xxxx Tizio conveniva in giudizio, dinanzi a codesto Ill.mo Tribunale, il Comune di Beta, per sentirlo dichiarare responsabile in ordine al sinistro verificatosi in data xx/xx/xxxx e, per l'effetto, sentirlo condannare al risarcimento dei danni ivi subiti.

A fondamento della propria domanda Tizio asseriva che il giorno xx/xx/xxxx, verso le ore 21.50, mentre era alla guida della moto Kwang Yang Motor targata yyyyyy, di proprietà dello stesso, e percorreva Via del Foro Olitorio all'intersezione con Via Cicerone, a causa di una sostanza oleosa presente sul manto stradale, perdeva il controllo del veicolo cadendo in terra e riportando danni fisici e materiali.

Il risarcimento del danno, nella misura di Euro ..... scaturirebbe, a detta dell'attore, dalla responsabilità in capo al Comune di Beta sancita dagli artt. 2043 e/o. 2051.

Con il presente atto si costituisce in giudizio il Comune di Beta, come in epigrafe difeso, rappresentato e domiciliato, che contesta tutto quanto *ex adverso* dedotto, perché totalmente infondato in fatto e in

DIRITTO

I) NULLITA' EX ART. 164 1° COMMA C.P.C.

In primis, occorre rilevare la nullità dell'atto di citazione, ai sensi del primo comma dell'art. 164 c.p.c., in quanto privo dell'avvertimento previsto dal numero 7 dell'art. 163 c.p.c.

L'art. 163 c.p.c., come riformato con legge 18 giugno 2009 n. 69, prevede al numero 7 del terzo comma che l'atto di citazione debba contenere insieme all'invito al convenuto a costituirsi nel termine di venti giorni prima dell'udienza di comparizione, anche l'avvertimento che la mancata costituzione oltre il suddetto termine implica le decadenze di cui agli articoli 38 e 167.

Ai sensi dell'art. 58 della L. 69 del 2009, le disposizioni che modificano il codice di procedura civile si applicano ai giudizi instaurati dopo la data della sua entrata in vigore, avvenuta il 4 luglio 2009.

Essendo stato instaurato il presente giudizio con atto di citazione notificato in data 19 novembre 2009, privo dell'avvertimento che la mancata costituzione in giudizio nei termini di legge avrebbe comportato le decadenze di cui all'art. 38 c.p.c., si eccepisce la nullità della citazione e l'applicazione, nonostante la costituzione del convenuto, dell'art. 164 comma 3 c.p.c. (Cfr. Cass. n. 3335/2002).

II) DIFETTO DI LEGITTIMAZIONE PASSIVA DEL COMUNE DI BETA.

Deve eccepirsi, inoltre, la **carenza di legittimazione passiva** dell'Amministrazione comunale, in quanto essa non ha avuto alcun ruolo nella realizzazione dell'evento dannoso.

Il sinistro di cui è causa è avvenuto per la presenza di una non meglio identificata sostanza oleosa sull'asfalto e tale circostanza non può certo essere ricondotta all'Amministrazione, che è impossibilitata a conoscere ed essere informata, in tempo reale, delle condizioni di viabilità di ogni strada del Comune.

L'attore, ad una attenta analisi dell'atto di citazione, non lamentava una carenza di manutenzione del manto stradale, ma la presenza temporanea ed accidentale sullo stesso di una sostanza scivolosa, probabilmente rilasciata dai veicoli precedentemente transitati sulla carreggiata.

III) INFONDATEZZA IN FATTO ED IN DIRITTO

Sulla responsabilità dell'Amministrazione ex artt. 2043 e/o 2051 c.c.

I. La fattispecie dedotta in giudizio dall'attore non può essere ricondotta nell'ambito di operatività segnato dall'art. 2051c.c.

E' infatti provato agli atti che il sinistro si è verificato su di una strada comunale facente parte del demanio accidentale comunale ex artt. 822 comma 2 e 824 c.c. e, pertanto, aperta all'uso generale della collettività che si esercita mediante la fruizione *uti civis* delle utilità che dal bene è possibile trarre secondo la sua propria destinazione e attitudine.

Nei confronti di siffatti beni non è configurabile un obbligo di custodia a carico dell'Ente proprietario in quanto essi, per la loro estensione e per l'apertura all'uso generale della collettività, non consentono all'Ente il realistico esercizio di quei poteri di controllo e vigilanza destinati a prevenire l'insorgenza di eventi lesivi di diritti ed interessi dei terzi. " *La presunzione di responsabilità per danni cagionati dalle cose in custodia, di cui all'art. 2051 c.c., non si applica agli enti pubblici ogni qual volta il bene, sia esso demaniale o patrimoniale, per le sue caratteristiche – estensione e modalità d'uso – sia oggetto di una utilizzazione generale e diretta parte di terzi che limita in concreto la possibilità di custodia e vigilanza sulla cosa*" (Cass. Civ. Sez III sent. N. 265 dell'1-01-1996).

L'esclusione in parola trova il proprio fondamento nel principio *ad impossibilia neminem tenetur* e nella *ratio* su cui è infondata la responsabilità per cose in custodia ex art. 2051 c.c.

Questa, infatti, pur essendo formulata in termini tali da indurre parte della dottrina e della giurisprudenza a ricondurla nell'alveo delle ipotesi di responsabilità oggettive connotate da rapporto di specialità con il paradigma generale della responsabilità civile costituito dall'art. 2043 c.c. che, tra i propri elementi costitutivi, esige l'esistenza dell'elemento psicologico del dolo o della colpa, si limita ad introdurre una mera inversione dell'onere della prova liberatoria, che il custode può efficacemente fornire non solo in modo diretto, attraverso l'indicazione del fortuito accidentale verificatosi, ma anche in modo indiretto secondo la nota equazione *casus = non culpa.*

Proprio grazie a questa seconda e corretta lettura dell'ipotesi speciale di responsabilità si comprende agevolmente la *ratio* dell'esclusione in parola: la vasta estensione dei beni in parola rende impossibile e, quindi, inesigibile l'osservanza di quei poteri – doveri di controllo e vigilanza sul determinismo della *res* che il custode può e deve porre in essere al fine di scongiurare la propagazione di una serie casuale di eventi lesivi di diritti e interessi di terzi.

II. L'attore inoltre sostiene la sussistenza in capo all'Amministrazione della responsabilità ex art. 2043 c.c. fondata sul precetto generale del *neminem laedere*, sostenendo che sono sempre sindacabili dal Giudice ordinario i comportamenti della P.A. e dell'Ente proprietario dei beni di vasta estensione che non siano ossequiosi delle apposite discipline o delle regole di comune prudenza e cautela, rivolte a preservare l'integrità dei diritti e interessi dei terzi.

Le censure sostenute da controparte non meritano accoglimento.

Va innanzitutto rilevato che la presenza in una strada di avvallamenti, macchie d'olio, discontinuità (buche) ed altre irregolarità, non costituisce un evento straordinario ed eccezionale, ma rappresenta una comune esperienza rientrante nell' *"id quod plerumque accidit"*, che deve essere tenuta ben presente dagli utenti della strada, i quali hanno l'obbligo di comportarsi diligentemente per evitare pericoli per sé o per altri.

Ed invero, secondo un principio ormai consolidato in giurisprudenza, la p.a. è ritenuta responsabile dei danni subiti da chi circola su una strada pubblica solo se il danno è dovuto ad una situazione di fatto che costituisca un'insidia pericolosa per l'utente. Tale insidia o trabocchetto la si è ravvisata nella sussistenza di due elementi, l'uno obiettivo della non visibilità del pericolo (sorpresa), e l'altro l'imprevedibilità.

Inoltre, la responsabilità per omessa manutenzione di una strada o di un marciapiede è ascrivibile alla p.a. solo se il danno sia stato cagionato da un vero e proprio pericolo occulto e, cioè, da un'insidia non visibile né altrimenti prevedibile con l'uso dell'ordinaria diligenza.

In sintesi, per aversi la responsabilità della p.a. per danni derivanti da insidia stradale, occorre accertare se il soggetto si sia comportato secondo la normale diligenza in base alle concrete circostanze di fatti rilevanti al momento dell'incidente.

E' da osservare che tale diligenza nella specie non solo non è stata provata ma, anzi, al contrario, parrebbe mancare del tutto vista l'ora in cui si è verificato l'incidente (erano le 9:50 circa e, quindi, la visibilità era ottimale) e la dinamica dello stesso.

In conclusione, se delle responsabilità esistono, queste sono da ascrivere alla condotta del conducente giacché la sostanza oleosa indicata come causa del sinistro era ubicata all'intersezione tra due vie, dunque in un tratto di strada che richiedeva particolare attenzione e moderata velocità, accorgimenti che, se presi, avrebbero consentito di avvedersi del pericolo, evitando così l'incidente *de quo* o quantomeno limitandone sensibilmente le conseguenze.

Per scrupolo difensivo, peraltro, nella denegata ipotesi in cui codesto Tribunale dovesse ritenere applicabile l'art. 2051, il Comune di Beta evidenzia come abbia fatto tutto quanto era nelle sue possibilità per evitare l'insorgenza e l'eliminazione di situazioni di pericolo, affidando la manutenzione e la sorveglianza costante della rete viaria comunale a ditte specializzate nel settore.

III) RICHIESTA DI AUTORIZZAZIONE ALLA CHIAMATA IN CAUSA DI TERZO.

Considerato che parte attrice ha citato in giudizio il Comune di Beta sul presupposto che la strada in cui è avvenuto il sinistro sia di proprietà comunale e che essa sia responsabile per difetto di manutenzione, **l'Amministrazione comunale fa presente che tutta la gestione e la manutenzione della suddetta strada era stata affidata, all'epoca in cui è avvenuto il sinistro, all'Impresa Gamma con sede in Largo Giustiniano n. 23 - Roma, in forza di contratto repertorio n. 7345 a rogito Segretario Generale del Comune di Beta.**

Pertanto, tale impresa è da ritenere direttamente responsabile di eventuali omissioni di sorveglianza e di eventuali danni a cose e/o persone in conseguenza di sinistri (come quello di cui è causa) derivanti dalla omessa o carente manutenzione del manto e delle caditoie stradali.

Infatti, ai sensi del Capitolato Speciale d'appalto, la suddetta impresa deve essere ritenuta *"responsabile di tutti i danni, di qualsiasi natura, che possano derivare a persone o cose a causa del mancato o tardivo intervento, nonché a causa della realizzazione delle opere, sia in corso di esecuzione che già ultimate"; "l'appaltatore, tra l'altro si obbliga ad intervenire come garante nei giudizi eventualmente intentati da terzi contro il Comune in relazione ad incidenti e fatti connessi con l'appalto"; "l'appaltatore si obbliga ad intervenire in ogni caso volontariamente, ai sensi dell'art. 105 c.p.c, anche in corso di istruttoria, dietro semplice invito rivoltogli mediante lettera raccomandata (…) s'impegna, inoltre, a rimborsare a semplice richiesta tutte le somme dall'Amministrazione eventualmente corrisposte a terzi per titoli o per liti di cui sopra"* (art. 26 del Capitolato Speciale d'Appalto: "Responsabilità dell'appaltatore per danni").

Tutto ciò premesso il Comune di Beta, costituendosi in data odierna con comparsa di costituzione e risposta, **chiede al Tribunale Civile di _____ di autorizzare la chiamata in causa della suindicata Impresa Gamma, con sede in Largo Giustiniano n. 23 – Roma, per esser dalla stessa garantito e mallevato, ai sensi dell'art. 106 e 269 c.p.c., differendo altresì opportunamente l'udienza di comparizione delle parti allo scopo di consentire la citazione del terzo chiamato, ai sensi degli artt. 269 e ss. c.p.c., nel rispetto dei termini di legge.**

Con riserva di più ampiamente eccepire e contraddire, formulare richieste e produzioni istruttorie, il convenuto, come innanzi rappresentato e difeso, rassegna le seguenti

CONCLUSIONI

Voglia l'Ill.mo Tribunale adìto, *contrariis reiectis*:

- ***in via preliminare,*** accertare e dichiarare la nullità dell'atto di citazione ex art. 164, comma 1, c.p.c., applicando, nonostante la costituzione del convenuto, il disposto dell'art. 164 comma 3 c.p.c.;

- *sempre in via preliminare* **autorizzare il convenuto alla chiamata in causa dell'Impresa Gamma** nella persona del legale rappresentante con **sede in Largo Giustiniano n. 23** e/o in diverso domicilio, anche eletto, **differendo altresì l'udienza di comparizione delle parti allo scopo di consentirne la citazione, ai sensi dell'art. 269 e ss. c.p.c., nel rispetto dei termini di legge**;

- *nel merito, in via principale,* rigettare la domanda di parte attrice in quanto inammissibile ed infondata in fatto ed in diritto e, comunque, sfornita di supporto probatorio;

- *in via subordinata,* nella denegata e non creduta ipotesi di accoglimento anche parziale della domanda attrice, accertare e dichiarare il difetto di legittimazione passiva del Comune di Beta e comunque l'assenza di qualsivoglia responsabilità in capo al Comune stesso, e/o disporre l'eventuale condanna al risarcimento dei danni solo nei confronti dell'Impresa Gamma e/o dichiarare detta Impresa tenuta a rispondere del sinistro *de quo* e a garantire e manlevare il Comune di Beta dagli eventi per cui è causa e dagli eventuali danni che dovessero essere accertati in relazione agli eventi per cui è causa, e/o condannarla al pagamento di qualsiasi somma dovuta alla parte attrice dovuta alla parte attrice in conseguenza del presente giudizio.

Con vittoria di spese, competenze e onorari del giudizio, come da decreto ministeriale ex art. 9, co. 2, D.L. 24-1-2012, n. 1.

Si producono i seguenti documenti:
1) atto di citazione notificato il _____;
2)_____

_____, lì _____

Avv. _____

PROCURA

Il sottoscritto Primo, nato a _____, il _____, nella qualità di legale rappresentante del Comune Beta, con sede in _____, via_____, n.____, (cod. fisc. _____) delega l'Avv. _____ a rappresentarlo e difenderlo nel presente giudizio ed in ogni successiva fase e grado, compresa esecutiva, conferendogli all'uopo ogni più ampia facoltà di legge nessuna esclusa, ivi compresa quella di conciliare, transigere, quietanzare, incassare somme, chiamare in causa terzi, spiegare domande riconvenzionali, nominare sostituti in udienza ed indicare domiciliatari,

ELEGGE DOMICILIO
presso lo studio dello stesso avvocato in _____ via _____ n. _____

DICHIARA
Inoltre di aver ricevute tutte le informazioni previste dagli artt. 7 e 13 del D.L.vo 30 giugno 2003, n. 196 e presta il proprio consenso al trattamento dei dati personali per l'espletamento del mandato conferito, nonché di essere stato informato, ai sensi dell'art. 4, co. 3, D.L.vo 28/2010 della possibilità di ricorrere al procedimento di mediazione ivi previsto e dei benefici fiscali di cui agli artt. 17 e 20 del medesimo decreto.

Dichiaro di essere stato/a informato/a, ai sensi dell'art. 2, co. 7, D. L. n. 132/2014, della possibilità di ricorrere alla convenzione di negoziazione assistita da uno o più avvocati disciplinata dagli artt. 2 e ss. del suddetto decreto legge.

_____, lì _____

Firma

_____, nella qualità

La firma è autentica

ed è stata apposta in mia presenza

Avv. _____

2.3.3 RICORSO PER DECRETO INGIUNTIVO

A) IL PROCEDIMENTO D'INGIUNZIONE

1. Caratteri generali del procedimento ingiuntivo.

Il primo procedimento sommario regolato dal Codice di procedura civile – in particolare, dagli artt. 633 e ss. – è quello di ingiunzione. Esso costituisce un particolare tipo di procedimento di cognizione, e più precisamente di condanna, dal quale **differisce** non funzionalmente, ma **strutturalmente**, perché all'accertamento contenzioso è sostituita una **cognizione sommaria**, inizialmente senza contraddittorio, che comporta l'emanazione di un ordine del giudice. Tale ordine assume la forma di **decreto** (in quanto pronunciato *inaudita altera parte*) ovvero di **ordinanza** nelle ipotesi contemplate dall'art. 186 ter c.p.c. nel testo introdotto dall'art. 21 della L. 353/1990 (istanza di ingiunzione in corso di causa e quindi in contraddittorio delle parti).

Ridotto allo schema legale, dunque, la procedura in esame comporta che:

- *il giudice*, su ricorso del creditore, *ordina al debitore di pagare una somma* in un termine stabilito (o versare una determinata quantità di cose fungibili, o una cosa mobile determinata);

- *il debitore può proporre opposizione*, e solo in mancanza di essa il decreto acquista il valore di una sentenza passata in giudicato;

- a seguito dell'opposizione, invece, si apre un normale procedimento di cognizione.

2. Presupposti specifici del procedimento.

Quanto alla **natura** del diritto che si vuol far valere, il procedimento è ammesso solo a favore di:

1) chi è *creditore* di una *somma di denaro liquida ed esigibile* o di *una determinata quantità di cose fungibili*;

La liquidità (credito predeterminato nell'ammontare) implica che il debito si è concretato in una somma di denaro, in modo che il giudice non debba minimamente occuparsi del rapporto, anche se questo deve ovviamente essere indicato.

La esigibilità (possibilità di riscuotere il credito), se non presente al momento del deposito del ricorso, deve sussistere almeno alla scadenza del termine per l'opposizione (cfr. Cass. 19 novembre 1969, n. 3760).

2) *chi ha diritto alla consegna di una cosa mobile determinata*;

Il diritto alla consegna di una cosa mobile è in funzione evidentemente di un rapporto obbligatorio (es. vendita), non della proprietà, che non può essere tutelata per decreto (in tal senso v. Cass. 18 novembre 1974 n. 3690)

3) *avvocati, cancellieri, ufficiali giudiziari* e chiunque abbia *prestato la sua opera in occasione di un processo*, per il pagamento di onorari dovuti per le loro prestazioni giudiziali;

4) *i notai* ed altri *esercenti una libera professione* o arte per la quale esiste una *tariffa legalmente approvata*, per onorari o rimborsi di spese.

Quanto ai **requisiti** per l'accesso alle forme del procedimento ingiuntivo, la legge richiede che il creditore dia **prova scritta** del diritto che intende far valere.

La nozione di prova scritta che qui viene in rilievo è **più ampia** rispetto a quella che emerge dalla disciplina contenuta nel codice civile e negli altri libri del codice di procedura civile.

Ai sensi degli artt. 634, 635 e 636 c.p.c. sono prove scritte idonee:

- le *polizze e le promesse unilaterali* per scrittura privata e i *telegrammi*, anche se mancanti dei requisiti prescritti dal codice civile;

- *estratti autentici delle scritture contabili* dell'imprenditore che eserciti un'attività commerciale, purchè bollate e vidimate nelle forme di legge e regolarmente tenute, nonché quelli delle *scritture contabili prescritte dalle leggi tributarie*, purchè regolarmente tenute, in entrambi i casi **per le somministrazioni di merci e di denaro e per le prestazioni di servizi, anche se fatte a persone che esercitano tale attività**;

- *i libri o i registri della pubblica amministrazione*, quando un funzionario all'uopo autorizzato o un notaio ne attesta la regolare tenuta a norma delle leggi o dei regolamenti, per **i crediti dello Stato, o di enti o istituti soggetti a tutela o vigilanza dello Stato**;

- *gli accertamenti eseguiti dall'Ispettorato del Lavoro e dai funzionari degli enti*, **per i crediti derivanti da omesso versamento, agli enti di previdenza e assistenza, dei contributi ad essi dovuti.**

- il *verbale dell'assemblea condominiale che approva il rendiconto*, perché vincola anche gli assenti e i dissenzienti, **per il pagamento delle spese condominiali** (Cass. 9787/1997);

- *estratto conto*, certificato conforme alle scritture contabili da uno dei dirigenti della banca interessata, **per quanto attiene ai crediti degli istituti bancari** (Art. 50, D.L.vo 385/1993 T.U.B.).

In sostanza, prova idonea per ottenere un decreto ingiuntivo è qualsiasi documento proveniente dal debitore o anche da un terzo che abbia intrinseca legalità (Cass. n. 2924/1995) ancorché privo di efficacia probatoria assoluta, come per esempio, **le fatture commerciali**.

Nei casi previsti dai **nn. 2 e 3 dell'art. 633 c.p.c.**, in luogo della prova scritta, si richiede la parcella firmata dal ricorrente e corredata dal parere del competente Consiglio dell'Ordine. Tale parere non occorre se l'ammontare delle spese e delle prestazioni è determinato in base a tariffe obbligatorie (art. 636 comma 1 c.p.c.).

Con riguardo all'ipotesi che il diritto **dipenda da una controprestazione**, occorre che il ricorrente offra elementi idonei a far presumere l'adempimento della controprestazione o l'avveramento della condizione (art. 633, comma 2, c.p.c.).

3. Il procedimento.

3.1. Il ricorso

La domanda introduttiva del procedimento ingiuntivo è proposta, anziché con citazione, con ricorso. La differenza con l'atto di citazione introduttivo del giudizio ordinario di cognizione sta nel fatto che esso ha la struttura formale di un atto che si rivolge direttamente al giudice senza previamente provocare l'altra parte al contraddittorio: in sostanza esso contiene solo la proposizione della domanda al giudice (*editio actionis*) e non anche la *vocativo in ius* della controparte.

La forma del ricorso è stabilita dall'art. 638 c.p.c., che richiama l'art. 125 c.p.c.

Esso deve contenere:

- l'indicazione dell'ufficio giudiziario, delle parti, dell'oggetto, delle ragioni della domanda, delle conclusioni (art. 125 c.p.c.);

- l'indicazione del difensore che indica il proprio codice fiscale, nonché l'indirizzo di posta elettronica certificata comunicato al proprio ordine e il numero di fax cui desidera ricevere gli avvisi;
- l'indicazione delle prove che si producono;
- se la domanda riguarda la consegna di cose fungibili, essa deve contenere anche la dichiarazione della somma di denaro che il ricorrente è disposto ad accettare in mancanza della prestazione in natura, a definitiva liberazione dell'altra parte.

Per quanto riguarda **la competenza**, l'art. 637 c.p.c. (novellato dall'art. 100 D.L.vo n. 51 del 1998) dispone che il ricorso va proposto al *giudice di pace* o *al tribunale, in composizione monocratica*, che sarebbe competente **per la domanda proposta in via ordinaria**.

Con riferimento alla competenza va rilevata, inoltre, una **competenza aggiuntiva e facoltativa**:
- *in capo al giudice che ha deciso la causa alla quale il credito si riferisce*, per i crediti derivanti da prestazioni giudiziali o stragiudiziali, nonché da rimborso spese effettuate da legali, da cancellieri o da ufficiali giudiziari;
- *in capo al giudice* – competente per valore – *del luogo ove ha sede il consiglio dell'ordine* presso cui i legali sono iscritti oppure il consiglio notarile dal quale i notai dipendono, per i crediti degli avvocati o dei notai nei confronti dei propri clienti.

Il ricorso, con i relativi documenti, una volta depositato in cancelleria, viene sottoposto dal cancelliere all'esame del giudice, il quale, pronunciandosi *inaudita altera parte* può rigettare oppure accogliere la domanda.

3.2 Il rigetto della domanda.

Se il giudice non ritiene giustificata la domanda ordina al cancelliere di darne notizia al ricorrente **invitandolo a fornire la prova**.

Se questa integrazione non viene effettuata o risulta insufficiente o comunque se la domanda non appare fondata, il giudice **la rigetta con decreto motivato**.

Il rigetto non pregiudica la riproposizione della domanda "anche in via ordinaria".

3.3 L'accoglimento della domanda.

Se il giudice, invece, ritiene sussistenti le condizioni previste dall'art. 633 c.p.c., pronuncia decreto **motivato** (entro 30 giorni dal deposito del ricorso ex art. 641 c.p.c.) **con il quale ingiunge al debitore** di pagare la somma o di consegnare la cosa o la quantità di cose chieste (o, in luogo di queste, la somma che il ricorrente ha dichiarato di essere pronto ad accettare) nel termine perentorio **di 40 giorni dalla notifica del decreto medesimo**. Il decreto dovrà contenere, inoltre, l'espresso **avvertimento** che nello stesso termine può essere fatta **opposizione** e che, in caso di mancata opposizione, si procederà ad esecuzione forzata

In particolari condizioni il provvedimento del giudice ingiunge di pagare senza la dilazione dei 40 giorni. L'esecuzione provvisoria del decreto viene autorizzata nei casi previsti dall'art. 642 c.p.c.:
a) se il credito è fondato su cambiale, assegno bancario o circolare, su certificato di borsa o su atto ricevuto da notaio o da altro pubblico ufficiale;
b) se vi è pericolo di grave pregiudizio nel ritardo;
c) se il ricorrente produce documentazione sottoscritta dal debitore comprovante il diritto fatto valere.
Al riguardo va precisato che, mentre nella prima ipotesi il giudice deve sempre autorizzare la esecuzione provvisoria del decreto, nel secondo e nel terzo caso può esercitare facoltativamente tale potere, potendo anche imporre al ricorrente una cauzione.

Il decreto ingiuntivo deve contenere altresì la liquidazione delle spese e competenze del procedimento e l'ingiunzione di pagamento delle stesse (art. 641, comma 3, c.p.c.)

Il decreto deve essere notificato all'intimato, insieme al ricorso, **a pena di inefficacia** nel termine di: 60 giorni dalla pronuncia, se deve avvenire nel territorio della Repubblica, 90 giorni negli altri casi, ferma restando la riproponibilità della domanda.

Tali termini decorrono dal deposito del decreto in cancelleria e sono soggetti alla sospensione feriale prevista dalla L. 742/69.

Ai sensi dell'art. 643 c.p.c., la notificazione determina la pendenza della lite.

B) NORMATIVA DI RIFERIMENTO.

Art. 633.
(Condizioni di ammissibilità)

Su domanda di chi è creditore di una somma liquida di danaro o di una determinata quantità di cose fungibili, o di chi ha diritto alla consegna di una cosa mobile determinata, il giudice competente pronuncia ingiunzione di pagamento o di consegna:

1) se del diritto fatto valere si dà prova scritta;

2) se il credito riguarda onorari per prestazioni giudiziali o stragiudiziali o rimborso di spese fatte da avvocati, procuratori, cancellieri, ufficiali giudiziari o da chiunque altro ha prestato la sua opera in occasione di un processo;

3) se il credito riguarda onorari, diritti o rimborsi spettanti ai notai a norma della loro legge professionale, oppure ad altri esercenti una libera professione o arte, per la quale esiste una tariffa legalmente approvata.

L'ingiunzione può essere pronunciata anche se il diritto dipende da una controprestazione o da una condizione, purché il ricorrente offra elementi atti a far presumere l'adempimento della controprestazione o l'avveramento della condizione.

Art. 634.
(Prova scritta)

Sono prove scritte idonee a norma del numero 1 dell'articolo precedente le polizze e promesse unilaterali per scrittura privata e i telegrammi, anche se mancanti dei requisiti prescritti dal codice civile.

Per i crediti relativi a somministrazioni di merci e di danaro nonché per prestazioni di servizi, fatte da imprenditori che esercitano un'attività commerciale, anche a persone che non esercitano tale attività, sono altresì prove scritte idonee gli estratti autentici delle scritture contabili di cui agli art. 2214 e seguenti del codice civile, purché bollate e vidimate nelle forme di legge e regolarmente tenute, nonché gli estratti autentici delle scritture contabili prescritte dalle leggi tributarie, quando siano tenute con l'osservanza delle norme stabilite per tali scritture.

Art. 638.
(Forma della domanda e deposito)

La domanda di ingiunzione si propone con ricorso contenente, oltre i requisiti indicati nell'art. 125, l'indicazione delle prove che si producono. Il ricorso deve contenere altresì l'indicazione del procuratore del ricorrente oppure, quando e' ammessa la costituzione di persona, la dichiarazione di residenza o l'elezione di domicilio nel comune dove ha sede il giudice adito.

Se manca l'indicazione del procuratore oppure la dichiarazione di residenza o l'elezione di domicilio, le notificazioni al ricorrente possono essere fatte presso la cancelleria.

Il ricorso e' depositato in cancelleria insieme con i documenti che si allegano; questi non possono essere ritirati fino alla scadenza del termine stabilito nel decreto d'ingiunzione a norma dell'art. 641.

Art. 640.
(Rigetto della domanda)

Il giudice se ritiene insufficientemente giustificata la domanda, dispone che il cancelliere ne dia notizia al ricorrente, invitandolo a provvedere alla prova.

Se il ricorrente non risponde all'invito o non ritira il ricorso oppure se la domanda non e' accoglibile, il giudice la rigetta con decreto motivato.

Tale decreto non pregiudica la riproposizione della domanda, anche in via ordinaria.

Art. 641.
(Accoglimento della domanda)

Se esistono le condizioni previste nell'art. 633, il giudice, con decreto motivato da emettere entro trenta giorni dal deposito del ricorso, ingiunge all'altra parte di pagare la somma o di consegnare la cosa o la quantità di cose chieste o invece di queste la somma di cui all'art. 639 nel termine di quaranta giorni, con l'espresso avvertimento che nello stesso termine può essere fatta opposizione a norma degli articoli seguenti e che, in mancanza di opposizione, si procederà a esecuzione forzata.

Quando concorrono giusti motivi, il termine può essere ridotto sino a dieci giorni oppure aumentato a sessanta. Se l'intimato risiede in uno degli altri Stati dell'Unione europea, il termine è di cinquanta giorni e può essere ridotto fino a venti giorni. Se l'intimato risiede in altri Stati, il termine è di sessanta giorni e, comunque, non può essere inferiore a trenta né superiore a centoventi.

Nel decreto, il giudice liquida le spese e le competenze e ne ingiunge il pagamento.

Art. 642
(Esecuzione provvisoria)

Se il credito e' fondato su cambiale, assegno bancario, assegno circolare, certificato di liquidazione di borsa, o su atto ricevuto da notaio o da altro pubblico ufficiale autorizzato, il giudice, su istanza del ricorrente, ingiunge al debitore di pagare o consegnare senza dilazione, autorizzando in mancanza l'esecuzione provvisoria del decreto e fissando il termine ai soli effetti dell'opposizione.

L'esecuzione provvisoria può essere concessa anche se vi e` pericolo di grave pregiudizio nel ritardo, ovvero se il ricorrente produce documentazione sottoscritta dal debitore, comprovante il diritto fatto valere; il giudice può imporre al ricorrente una cauzione.

In tali casi il giudice può anche autorizzare l'esecuzione senza l'osservanza del termine di cui all'art. 482.

C) MODELLO RICORSO DECRETO INGIUNTIVO.

GIUDICE DI PACE DI_____
RICORSO PER DECRETO INGIUNTIVO

Tizio, residente in _____, via_____, c.f._____, amministratore del condominio ____, sito in _____, p.iva_____, elettivamente domiciliato in _____, via_____, n.___, presso lo studio dell'avv. _____, c.f._____, il quale lo rappresenta e difende, in virtù di procura in calce al presente atto, e dichiara di voler ricevere le comunicazioni della Cancelleria al n. di fax ____ o all'indirizzo di posta elettronica certificata_____ comunicato al proprio ordine, espone quanto segue.

PREMESSO

- che il sig. Mevio è proprietario di un appartamento sito in _____, via_____, n.__, all'interno del Condominio _____;

- che, con assemblea condominiale svoltasi in data 19 agosto 2007, il Condominio approvava revisione contabile relativa al periodo di gestione dal 1 gennaio 2006 al 10 ottobre 2006 (all. 1) ed il preventivo di spesa per l'anno 2007;

- che il sig. Tizio, in qualità di Amministratore del Condominio, inviava in data 31 maggio 2007, missiva (all. 2) al sig. Mevio, odierno resistente, invitandolo a versare la somma di sua spettanza pari ad Euro 500,00 , a titolo di oneri condominiali, alla quale non seguiva alcun riscontro;

- che, nuovamente, in data 9 ottobre 2007 (all. 3) l'amministratore inviava lettera raccomandata al sig. Mevio invitandolo a pagare anche le successive quote condominiali scadute per il complessivo importo di euro 1100,00, anch'essa senza alcun riscontro;

- che, l'odierno resistente non provvedeva ad alcun versamento e, pertanto, Tizio si vedeva costretto a ricorrere all'intervento di un legale;

- che, a mezzo di lettera raccomandata n. _____ (all. 4) inviata in data 10 giugno 2007, il sott. Avv.to sollecitava lo stesso Sig. Mevio al versamento di quanto dovuto;

- che, sebbene regolarmente ricevuta (all. 5), anche il detto sollecito rimaneva inevaso e pertanto in data 3 dicembre 2007 il sott. Avv.to inviava nuova lettera di sollecito (all.6) raccomandata n. _____, tornata indietro per compiuta giacenza;

- che, l'odierno resistente emetteva, in data 14 marzo 2008, assegno bancario Unicredit Banca _____ intestato al Condominio ricorrente per un importo di euro 600,00 (all. 7);

-che, in data 6 aprile 2008, si svolgeva Assemblea condominiale con la quale veniva approvato anche il preventivo di spesa dell'anno 2008 (all.8);

- che, il sig. Mevio non eseguiva più alcun versamento sul conto condominiale nonostante che, in data 15 febbraio 2008 e 1 luglio 2008, scadessero anche le altre due rate previste dal detto preventivo di spesa;

- che, all'attualità il debito nei confronti del Condominio del Sig. Mevio ammonta ad euro 2.320,00;

-che, nella fattispecie, ricorrono tutti i presupposti e le condizioni ai fini dell'emissione del decreto ingiuntivo ex artt. 633, n. 1 e 63 Disp. Att. Codice Civile, atteso che il credito del Condominio è certo, liquido ed esigibile nonché fondato su prova scritta.

***

Tanto premesso e considerato, salvo ed impregiudicato ogni altro diritto ragione ed azione, il Condominio _____in persona dell'Amministratore *pro tempore* Tizio, come in epigrafe rappresentato e difeso,

RICORRE

Alla S.V. Ill.ma affinchè voglia emettere, per i motivi di cui in narrativa, a norma degli artt. 633, n. 1 e 63 Disp. Att. Codice Civile in favore del Condominio _____ in persona dell'Amministratore Tizio ed a carico del sig. Caio residente in _____ ingiunzione di pagamento per la somma di euro 2.200,00 (euro duemiladuecentoventi/00), oltre interessi legali dalla data della scadenza delle singole rate sino all'effettivo soddisfo, nonché le spese, competenze ed onorari di procedura, oltre IVA e CPA e spese generali (12,5%) come per legge, come da allegata notula.

Si chiede, inoltre, la concessione della clausola di provvisoria esecuzione del decreto a norma dell'art. 642, c.p.c. e 63 Disp. Att. Codice Civile.

Ed invero, il credito per cui agisce l'istante è per la riscossione dei contributi condominiali in base allo stato di ripartizione approvato dall'assemblea dei Condomini avente piena efficacia nei confronti del singolo proprietario, che ai sensi dell'art. 63 Disp. Att. C.c. nonché sulla base della costante giurisprudenza sul punto (*ex multis Cass. Civ., sez. II., 8 marzo 2001, n. 4638, in Giust. Civ. Mass., 2001, 625; Cass. Civ., sez. II., 25 giugno 2001, n. 3435, in Giust. Civ. Mass., 2001, 450*) impone al Giudice l'autorizzazione della provvisoria esecuzione del decreto di ingiunzione.

Si dichiara, altresì, che, ai sensi della Legge 10.5.2002, n. 91, il valore del presente procedimento è del valore di euro 2.200,00 e che pertanto il contributo unificato ammonta ad euro 35,00.

Si allegano, unitamente al presente ricorso ed alla relativa nota spese, i seguenti documenti in copia:
1) delibera dell'assemblea dei condomini;
2) lettera dell'Amministratore in data 31 maggio 2007;
3) lettera dell'Amministratore in data 9 ottobre 2007;
4) lettera raccomandata n. _____ del sott. Avv.;
5) avviso di ricevimento detto;
6) raccomandata n. _____ del sott. Avv. non recapitata;
7) assegno bancario Unicredit Banca;
8) delibera contenente l'approvazione del preventivo di spesa anno 2008.
_____, lì_____

Avv._____

PROCURA

Il sottoscritto Tizio, nato a _____, il _____, nella qualità di legale rappresentante del Condominio, con sede in _____, via_____, n.____, (p. iva. _____) delega l'Avv. _____a rappresentarlo e difenderlo nel presente giudizio ed in ogni successiva fase e grado, compresa esecutiva, conferendogli all'uopo ogni più ampia facoltà di legge nessuna esclusa, ivi compresa quella di conciliare, transigere, quietanzare, incassare somme, chiamare in causa terzi, spiegare domande riconvenzionali, nominare sostituti in udienza ed indicare domiciliatari,

ELEGGE DOMICILIO

presso lo studio dello stesso avvocato in _____via _____ n. _____

DICHIARA

Inoltre di aver ricevute tutte le informazioni previste dagli artt. 7 e 13 del D.L.vo 30 giugno 2003, n. 196 e presta il proprio consenso al trattamento dei dati personali per l'espletamento del mandato conferito, nonché di essere stato informato, ai sensi dell'art. 4, co. 3, D.L.vo 28/2010 della possibilità di ricorrere al procedimento di mediazione ivi previsto e dei benefici fiscali di cui agli artt. 17 e 20 del medesimo decreto.

Dichiara di essere stato/a informato/a, ai sensi dell'art. 2, co. 7, D. L. n. 132/2014, della possibilità di ricorrere alla convenzione di negoziazione assistita da uno o più avvocati disciplinata dagli artt. 2 e ss. del suddetto decreto legge.

_____, lì _____

Firma

_____, nella qualità

La firma è autentica

ed è stata apposta in mia presenza

Avv. _____

2.3.4 L'OPPOSIZIONE A DECRETO INGIUNTIVO

A) IL PROCEDIMENTO DI OPPOSIZIONE A DECRETO INGIUNTIVO.

1. Natura e funzione.

L'opposizione è il mezzo con cui il destinatario dell'ingiunzione, che ritenga ingiusta la condanna, impugna il decreto ingiuntivo.

Attraverso l'opposizione il c.d. debitore ingiunto, fruendo di tutte le garanzie del contraddittorio, può ovviare al pregiudizio che può aver subito per la sommarietà della cognizione della prima fase di emissione del decreto ingiuntivo.

L'opposizione si propone con **atto di citazione** davanti al **giudice che ha emesso il decreto ingiuntivo**, nel termine di 40 giorni stabilito dalla legge (art. 641 c.p.c.) o in quello maggiore o minore fissato dal giudice.

Con l'esperimento dell'opposizione l'ingiunto *"instaura un giudizio che si svolge con tutte le garanzie del contraddittorio (c.d. contraddittorio differito) e che è ancora di primo grado in quanto si sostituisce integralmente a quello svoltosi sommariamente nella prima fase"* (MANDRIOLI)

Il decreto ingiuntivo viene così sostituito dalla sentenza che chiude la fase di opposizione.

2. Forma dell'opposizione.

L'atto con il quale viene introdotta la fase di opposizione del decreto ingiuntivo è un normale atto di citazione, sottoscritto dal difensore munito di procura e che va notificato al ricorrente. Tale notificazione deve essere effettuata nel domicilio che il ricorrente ha eletto nel ricorso o presso la residenza dichiarata o il domicilio eletto ex art. 638 c.p.c. (in caso di parte che abbia agito personalmente).

In mancanza di tale indicazione, o se il procuratore è iscritto in un albo di una circoscrizione diversa da quella del giudice adito, la notificazione al ricorrente si fa presso la cancelleria.

3. Opposizione tardiva.

Ci sono due specie di opposizione: quella normale e quella tardiva.

L'opposizione **normale** è quella che viene esperita nel termine assegnato col decreto (di solito 40 giorni).

L'opposizione **tardiva** è, invece, quella consentita eccezionalmente dopo la scadenza del suddetto termine perentorio, e fino a dieci giorni dopo il primo atto dell'esecuzione, quando l'intimato prova di non aver avuto conoscenza del decreto per irregolarità della notificazione o per caso fortuito o per forza maggiore (art. 650 c.p.c.).

4. Il giudizio: parti formali e parti sostanziali.

Ai sensi del 2° comma dell'art. 645 c.pc. *"in seguito all'opposizione, il giudizio si svolge secondo le norme del procedimento ordinario davanti al giudice adìto"*.

Questo significa che l'opposizione , la quale per un verso, non elimina il decreto ingiuntivo e , per altro verso, gli sottrae ogni efficacia diretta, lascia le parti nella medesima **posizione sostanziale** che avrebbero avuto se il decreto non fosse mai stato pronunciato.

Sotto il **profilo formale**, però, il decreto rimane come punto di riferimento della pronuncia che chiude il giudizio di primo grado, nel quale l'attore in opposizione è colui che nel giudizio ordinario sarebbe stato il convenuto, e viceversa.

Più concretamente, la pronuncia del decreto inverte l'onere di instaurare il contraddittorio senza influire sulla posizione delle parti davanti al giudice e senza invertire l'onere della prova.

In tale giudizio, l'opposto può fornire ogni prova del suo diritto, non essendo più operante il limite della prova scritta, valido solo per l'emissione del decreto. Sicché egli, pur essendo **convenuto** in giudizio dall'opponente, ha in effetti i diritti e gli oneri di un **attore sostanziale** in quanto incombe sempre a lui la dimostrazione del fondamento della sua pretesa. Ne consegue che solo **l'opponente**, in quanto **convenuto in senso sostanziale**, può **proporre domande riconvenzionali** ai sensi dell'art. 36 c.p.c., laddove l'opposto, in ragione della sua qualità sostanziale di attore, non può proporre domande diverse da quelle fatte valere con il ricorso per ingiunzione, ma può comunque, ai sensi dell'art. 183 c.p.c., precisare e modificare le domande spiegate con il ricorso ed eventualmente proporre una *reconventio reconventionis*.

5. Esiti dell'opposizione.

a) Se **l'opposizione è proposta fuori termine o l'opponente non si è costituito,** il giudice di pace o il tribunale, su istanza del ricorrente, **dichiara esecutivo il decreto** (art. 647 c.p.c.), salva nel primo caso la rinnovazione della notifica se appare probabile che l'intimato non abbia avuto conoscenza del decreto, il che peraltro l'opponente dovrebbe poi provare.

In queste ipotesi la dichiarazione di esecutività preclude ogni nuova opposizione o il proseguimento di quella proposta, giacché il decreto è ormai passato in giudicato.

Il decreto d'ingiunzione divenuto esecutivo per mancata opposizione nei termini o per mancata costituzione dell'opponente, può impugnarsi per revocazione nei casi indicati nei nn. 1, 2, 5 e 6 dell'art. 395 c.p.c. e con opposizione di terzo nei casi previsti dall'art. 404, comma 2 c.p.c..

b) Se **l'opposizione è rigettata integralmente** con sentenza passata in giudicato o provvisoriamente esecutiva o è dichiarata con ordinanza l'estinzione del processo il decreto, se non ne è già munito, acquista efficacia esecutiva.

c) Se **l'opposizione è accolta parzialmente**, il titolo esecutivo è costituito esclusivamente dalla sentenza, ma gli atti di esecuzione già compiuti conservano i loro effetti nei limiti della somma o delle quantità ridotte.

d) Se **l'opposizione è accolta totalmente,** ne deriva la caducazione integrale del decreto, sicchè, mentre sotto il profilo sostanziale, i rapporti tra le parti restano regolati dalla sentenza sull'opposizione, sotto il profilo processuale il decreto perderà ogni efficacia, compresa quella esecutiva, qualora ne fosse munito.

6. Provvedimenti sulla provvisoria esecuzione.

Qualora l'opposizione non sia fondata su prova scritta o sia di pronta soluzione, può essere concessa, con ordinanza non impugnabile, sempreché non sia stata già concessa a norma dell'art. 642 c.p.c., l'esecuzione provvisoria del decreto.

B) NORMATIVA DI RIFERIMENTO.

Art. 645.
(Opposizione)

L'opposizione si propone davanti all'ufficio giudiziario al quale appartiene il giudice che ha emesso il decreto, con atto di citazione notificato al ricorrente nei luoghi di cui all'art. 638.

Contemporaneamente l'ufficiale giudiziario deve notificare avviso dell'opposizione al cancelliere affinché ne prenda nota sull'originale del decreto.

In seguito all'opposizione il giudizio si svolge secondo le norme del procedimento ordinario davanti al giudice adito.

Art. 647.
(Esecutorietà per mancata opposizione o per mancata attività dell'opponente)

Se non è stata fatta opposizione nel termine stabilito, oppure l'opponente non si e' costituito, il conciliatore, il pretore o il presidente, su istanza anche verbale del ricorrente, dichiara esecutivo il decreto. Nel primo caso il giudice deve ordinare che sia rinnovata la notificazione, quando risulta o appare probabile che l'intimato non abbia avuto conoscenza del decreto.

Quando il decreto è stato dichiarato esecutivo a norma del presente articolo, l'opposizione non può essere più proposta né proseguita, salvo il disposto dell'art. 650, e la cauzione eventualmente prestata e' liberata.

Art. 648.
(Esecuzione provvisoria in pendenza di opposizione)

Il giudice istruttore, se l'opposizione non e' fondata su prova scritta o di pronta soluzione, puo' concedere, con ordinanza non impugnabile, l'esecuzione provvisoria del decreto, qualora non sia già stata concessa a norma dell'art. 642. Il giudice concede l'esecuzione provvisoria parziale del decreto ingiuntivo opposto limitatamente alle somme non contestate, salvo che l'opposizione sia proposta per vizi procedurali.

Deve in ogni caso concederla, se la parte che l'ha chiesta offre cauzione per l'ammontare delle eventuali restituzioni, spese e danni.

Art. 653.
(Rigetto o accoglimento parziale dell'opposizione)

Se l'opposizione è rigettata con sentenza passata in giudicato o provvisoriamente esecutiva, oppure è dichiarata con ordinanza l'estinzione del processo, il decreto, che non ne sia già munito, acquista efficacia esecutiva.

Se l'opposizione è accolta solo in parte, il titolo esecutivo è costituito esclusivamente dalla sentenza, ma gli atti di esecuzione già compiuti in base al decreto conservano i loro effetti nei limiti della somma o della quantità ridotta.

Con la sentenza che rigetta totalmente o in parte l'opposizione avverso il decreto ingiuntivo emesso sulla base dei titoli aventi efficacia esecutiva in base alle vigenti disposizioni, il giudice liquida anche le spese e gli onorari del decreto ingiuntivo.

C) MODELLO DI OPPOSIZIONE

TRIBUNALE DI MILANO
ATTO DI CITAZIONE IN OPPOSIZIONE A DECRETO INGIUNTIVO

Per

Tizia (C.F.____), nata a _____, il_____, residente in_____, via_____ n.____, rappresentata e difesa, giusta procura in calce al presente atto, dall'Avv_____ (C.F.____), presso il cui studio in _____, via____, n.____ è elettivamente domiciliata, come da procura in calce al presente atto, il quale dichiara di voler ricevere le comunicazioni al n. di fax_____o all'indirizzo di posta elettronica certificata _____comunicato al proprio ordine;

(Attrice-opponente)

Contro

Società Alfa s.r.l. (C.F._____), in persona del legale rappresentante pro tempore, con sede in Milano, via_____, n.____, rappresentata, assistita e difesa dall'avv._____ c.f. _____, del foro di_____ presso il cui studio alla via _____, n. ___, selettivamente domicilia;

(Convenuta-opposta)

FATTO

Con decreto ingiuntivo n._____ emesso il_____, notificato in data 22/10/2010, il Tribunale di Milano ingiungeva all'odierna attrice il pagamento nei confronti della società Alfa s.r.l. della somma di 3600,00 Euro a titolo di corrispettivo dovuto, per il periodo Gennaio 2004 – Gennaio 2007, per la frequenza del corso di modellismo sartoriale con sede a Roma, organizzato dalla stessa società.

In realtà Tizia, iscrittasi a uno dei corsi di modellismo sartoriale tenuti da Alfa con sede a Roma, al prezzo di 100 Euro mensili, dopo aver frequentato dal gennaio 2004 al gennaio 2005, decise di non frequentare ulteriormente il corso, in quanto questo era stato trasferito, in attuazione di una clausola contrattuale, in una nuova sede da lei difficilmente raggiungibile.

Nonostante ciò, l'odierna opponente provvedeva comunque a pagare l'importo delle rate relative al periodo in cui non aveva frequentato, fino al gennaio 2007, in conformità alla clausola contrattuale per cui, in caso di recesso prima del termine, la corsista avrebbe dovuto pagare l'intero corrispettivo per il periodo minimo di 36 mesi.

DIRITTO

1. NULLITA' DEL DECRETO INGIUNTIVO PER INCOMPETENZA TERRITORIALE DEL GIUDICE

In via pregiudiziale, ai sensi degli artt. 633 e 637 c.p.c., si eccepisce la nullità del decreto ingiuntivo per incompetenza del Tribunale di Milano alla sua emissione.

Nel caso di specie, evidentemente, ci troviamo di fronte ad un cosiddetto "contratto con il consumatore", in quanto tale disciplinato dalle norme del "Codice del Consumo" di cui al D.L.vo 6 settembre 2005, n. 206.

E' innegabile, infatti, che le parti del contratto in questione, da un lato Tizia "che agisce per scopi estranei all'attività professionale eventualmente svolta", dall'altro Alfa s.r.l. "che agisce nell'esercizio della propria attività imprenditoriale", individuino esattamente le figure del consumatore e del professionista, così come delineate dall'art. 3 Cod. Cons..

Con particolare riferimento alla competenza territoriale delle controversie inerenti a contratti stipulati tra professionista e consumatore, il Codice del consumo prevede all'art. 33, lett. u, che il foro competente a giudicare questo tipo di controversie sia quello di "residenza o domicilio elettivo del consumatore".

Solamente questo foro, dunque, considerato costantemente dalla giurisprudenza "inderogabile" e "speciale" rispetto a quello individuato ai sensi degli art. 18 e 20 del c.p.c., sarebbe stato competente a giudicare della eventuale emissione di un decreto ingiuntivo nei confronti di Tizia.

In realtà, anche laddove si escluda l'applicabilità del "Codice del Consumo", il foro di Milano dovrebbe comunque dichiarare la sua incompetenza e la conseguente nullità del decreto ingiuntivo, poiché, ai sensi degli artt. 18 e 20 del cod. proc. civ., sarebbe stato competente il Tribunale del luogo in cui il convenuto ha la sua residenza o domicilio, ovvero quello del luogo in cui l'obbligazione è sorta o doveva eseguirsi (Tribunale di Roma).

2. NULLITA' DEL DECRETO INGIUNTIVO PER INCOMPETENZA PER VALORE DEL GIUDICE ADITO.

Sempre in via pregiudiziale, fermo restando quanto detto in merito alla individuazione della competenza territoriale del giudice, si eccepisce, visto il valore della causa, la incompetenza del Tribunale a favore del Giudice di pace.

Sulla base, infatti, del combinato disposto dagli artt. 7 e 637 c.p.c., il giudice competente per le cause relative a beni mobili di valore non superiore a cinquemila euro è il giudice di pace.

Nel caso in esame, dunque, il ricorso per decreto ingiuntivo del valore di 3.600,00 euro avrebbe dovuto essere proposto dinanzi al giudice di pace e non davanti al tribunale, con conseguente nullità del ricorso stesso, ai sensi dell'art. 633 c.p.c..

3. PRESCRIZIONE PARZIALE DEL DIRITTO.

In via preliminare, nel merito, si eccepisce la prescrizione del diritto ad ottenere il pagamento delle mensilità anteriori ad ottobre 2005.

Nel contratto di iscrizione al corso di modellismo sartoriale, infatti, era previsto il pagamento del corrispettivo di 100 Euro, da parte dell'alunna, con decorrenza mensile.

In forza dell'art. 2948, n. 4 c.c. tutto quanto deve essere pagato periodicamente è soggetto a prescrizione quinquennale.

Considerato che la Società Alfa ha notificato il decreto ingiuntivo il 22 ottobre 2010 e che esso non è stato preceduto da alcuna messa in mora o da corrispondenza con la quale venisse fatta richiesta delle somme ingiunte, le prestazioni di pagamento delle lezioni risalenti fino ad ottobre 2005 non possono considerarsi più dovute, in ragione dell'intervenuta prescrizione.

4. INFONDATEZZA DELLA DOMANDA.

Si rappresenta, altresì, che non sussiste alcun titolo alla pretesa avanzata dall'ingiungente, in ordine alle somme asseritamente maturate dalla Alfa s.r.l. a partire dall'ottobre 2005, per le quali non si possa ritenere decorso il termine di prescrizione.

L'odierna attrice, infatti, ha estinto la propria obbligazione attraverso il pagamento di quanto dovuto per il periodo di frequenza dell'intero corso.

Nonostante le fosse diventato impossibile seguire il corso per il trasferimento dello stesso in una nuova città da lei difficilmente raggiungibile, Tizia ha provveduto a pagare comunque l'importo delle rate relative al periodo in cui non ha frequentato, fino al gennaio 2007 (ultimo mese di frequenza necessaria del corso, come da contratto).

Per quanto detto e comprovato dalle ricevute di pagamento depositate, dunque, la domanda della Alfa s.r.l. è infondata e le somme richieste, non dovute, per estinzione della relativa obbligazione.

5. NULLITA' DI ALCUNE CLAUSOLE CONTRATTUALI.

Nel merito, si eccepisce altresì la nullità di alcune clausole del contratto, ai sensi dell'art. 36, primo comma, Cod. Cons., e la conseguente non debenza da parte di Tizia delle somme ingiunte.

Fermo restando, infatti, quanto detto sopra in merito alla qualifica del contratto in questione come contratto con il consumatore, è evidente la nullità, per violazione dell'art. 33, comma 1 Cod. Cons., della clausola contrattuale secondo cui la corsista avrebbe dovuto corrispondere l'intero corrispettivo, anche "in caso di recesso prima del termine o di mancata frequenza del corso".

Non vi è chi non veda come detta clausola costituisca clausola vessatoria ai sensi del 1° comma dell'art. 33 Cod. Cons., determinando a carico del consumatore un "significativo squilibrio dei diritti e degli obblighi derivanti dal contratto".

Mentre infatti per il consumatore, a prescindere dalle sue ragioni, è previsto il pagamento di una somma di denaro nel caso di recesso anticipato dal contratto, altrettanto non è stabilito a carico del professionista, che inevitabilmente si viene a trovare in una situazione di vantaggio.

Detta clausola assume i caratteri della vessatorietà anche ai sensi della lettere d), e) ed f) dell'art. 33 Cod. Cons., perché l'obbligatorio pagamento di tutto il corso, a prescindere dalle motivazioni e dalla data del recesso, impongono a carico del consumatore "una penale manifestamente eccessiva", mentre l'adempimento del professionista è condizionato dalla sua sola volontà.

In secondo luogo, si eccepisce la nullità della ulteriore clausola contrattuale che prevede la possibilità per la Alfa s.r.l. di trasferire in una nuova città la sede dei corsi, senza tener presenti le esigenze dei frequentanti.

In questo caso la possibilità del "professionista di modificare unilateralmente le caratteristiche del servizio da fornire, senza un giustificato motivo indicato nel contratto stesso" fa presumere la vessatorietà della clausola ai sensi dell'art. 33, comma 2, lett. m) Co. Cons., e la sua conseguente nullità in virtù dell'art. 36, comma 1, Cod. Cons..

6. IN VIA RICONVENZIONALE, RESTITUZIONE DELLE SOMME PAGATE PER IL PERIODO SUCCESSIVO A GENNAIO 2005.

Vista la nullità delle suddette clausole contrattuali che imponevano a Tizia, in caso di recesso anticipato, il pagamento dell'importo complessivo relativo a tutta la durata del corso, a prescindere dalla sua localizzazione, si evidenzia in questa sede il carattere indebito del pagamento, effettuato dall'odierna attrice, delle somme relative ai mesi successivi a gennaio 2005, data in cui ha cessato di frequentare il corso per il suo trasferimento in località da lei difficilmente raggiungibile.

Per questo motivo, Tizia ha diritto ad ottenere la restituzione della somma di Euro 2.400,00, pagata per il periodo gennaio 2005 – gennaio 2007, nonostante l'impossibilità di frequentare il corso.

Per i motivi sopra illustrati, Tizia come sopra rapp.ta e difesa,

CITA

La società Alfa s.r.l., in persona del legale rappresentante *pro tempore*, elett.te domiciliata in via_____ n. ___, presso lo studio dell'avv._____ da cui è rappresentata, assistita e difesa per mandato in atti, a comparire all'udienza del____ innanzi al Tribunale di Milano, nelle note sedi, con l'invito a costituirsi nel termine di venti giorni prima dell'udienza indicata ai sensi e nelle forme dell'art. 166 c.p.c., ovvero dieci giorni prima in caso di abbreviazione dei termini, con l'avvertimento che la costituzione oltre i suddetti termini implica le decadenze di cui agli artt. 38 e 167 c.p.c., affinchè l'On Tribunale adito, rigettata ogni contraria deduzione ed eccezione, voglia accogliere le seguenti

CONCLUSIONI

- *in via pregiudiziale*, annullare il decreto ingiuntivo in epigrafe indicato per incompetenza territoriale e per valore del giudice che lo ha emesso;
- *in via principale*, annullare il decreto ingiuntivo indicato in epigrafe per infondatezza della pretesa, e per l'effetto dichiarare prescritti i crediti ingiunti anteriori all'ottobre 2005;
- *in via riconvenzionale*, accertata la nullità delle clausole vessatorie del contratto, condannare la Alfa s.r.l. a restituire a Tizia la somma indebitamente pagata di Euro 2.400,00.

Vinte le spese.

Si depositano

- copia decreto ingiuntivo opposto;
- copia ricevute di pagamento alla Alfa s.r.l.;
- copia contratto di iscrizione al corso di modellismo;

Lì_____

Avv._____

Ai sensi dell'art. 14, co. 2, D.P.R. 115/2002 Si dichiara che il valore della controversia è pari a €

_____.

PROCURA

La sottoscritta Tizia, nata a _____, il _____, residente in _____ alla via _____, n. ____ (cod. fisc. _____) delega l'Avv. _____a rappresentarla e difenderla nel presente giudizio ed in ogni successiva fase e grado, compresa esecutiva, conferendogli all'uopo ogni più ampia facoltà di legge nessuna esclusa, ivi compresa quella di conciliare, transigere, quietanzare, incassare somme, chiamare in causa terzi, spiegare domande riconvenzionali, nominare sostituti in udienza ed indicare domiciliatari,

ELEGGE DOMICILIO

presso lo studio dello stesso avvocato in _____via _____ n. _____

DICHIARA

Inoltre di aver ricevute tutte le informazioni previste dagli artt. 7 e 13 del D.L.vo 30 giugno 2003, n. 196 e presta il proprio consenso al trattamento dei dati personali per l'espletamento del mandato conferito, nonché di essere stato informato, ai sensi dell'art. 4, co. 3, D.L.vo 28/2010 della possibilità di ricorrere al procedimento di mediazione ivi previsto e dei benefici fiscali di cui agli artt. 17 e 20 del medesimo decreto. Dichiara di essere stato/a informato/a, ai sensi dell'art. 2, co. 7, D. L. n. 132/2014, della possibilità di ricorrere alla convenzione di negoziazione assistita da uno o più avvocati disciplinata dagli artt. 2 e ss. del suddetto decreto legge.

_____, lì _____

Firma

_____

La firma è autentica
ed è stata apposta in mia presenza
Avv. _____

2.3.5 L'APPELLO

A) L'APPELLO.

a) Caratteri generali dell'istituto.

L'appello è il mezzo di impugnazione concesso dalla legge alla parte per chiedere la riforma totale o parziale di un provvedimento del giudice che essa ritiene ingiusto.

Esso introduce il giudizio di secondo grado, ossia una fase del processo, in cui il giudizio può venire rinnovato, non per un semplice e globale riesame della sentenza di primo grado ma per un nuovo esame della causa nei limiti delle specifiche censure contenute nella domanda d'appello.

La determinazione dei vizi della sentenza non è prefissata dalla legge ma è affidata alla stessa parte, la quale può lamentare quindi davanti al giudice dell'impugnazione l'integrale ingiustizia della sentenza. Di qui il carattere illimitato dell'appello – in contrapposizione agli altri mezzi di impugnazione c.d. limitati – che impedisce una distinzione tra momento rescindente e rescissorio, e cioè del momento in cui si ha l'annullamento e la caducazione del provvedimento impugnato da quello in cui si ha l'emissione di un nuovo provvedimento, destinato a sostituirsi al primo.

In altre parole, con il mezzo di impugnazione in esame è possibile dolersi sia di vizi in senso specifico che inficiano la sentenza di primo grado (cd."*errores in judicando*" e "*errores in procedendo*"), sia di vizi in senso lato, che attengono alla mera ingiustizia del provvedimento emesso in primo grado. Per queste ragioni l'appello viene definito un mezzo di impugnazione *a critica libera*.

Con l'appello si ha un totale riesame della controversia e non soltanto un controllo dei vizi: è definito anche un mezzo di gravame, in quanto costituisce un mezzo *devolutivo* in cui il giudice di appello viene reinvestito del potere di riesaminare ciò che è già stato oggetto di esame da parte del giudice di prima istanza. L'effetto devolutivo è tuttavia potenziale e non automatico: il giudice di appello deve invero esaminare solo le questioni che le parti gli hanno devoluto.

b) I presupposti.

È regolato dagli artt. 339 e ss. del codice di procedura civile ed ha ad oggetto la contestazione di una sentenza di primo grado.

Il fine di tale impugnazione è la riforma totale o anche solo parziale della pronuncia impugnata dalla parte soccombente o parzialmente soccombente in prima istanza.

La soccombenza è elemento indefettibile che giustifica l'interesse ad impugnare.

L'art. 339 c.p.c. stabilisce che sono appellabili "*le sentenze pronunciate in primo grado, purchè l'appello non sia escluso dalla legge o dall'accordo delle parti a norma dell'art. 360, secondo comma.*

È inappellabile la sentenza che il giudice ha pronunciato secondo equità a norma dell'art. 114."

La sentenza può essere impugnata chiedendo una riforma integrale oppure parziale: nel secondo caso, vengono impugnati solo alcuni punti, che rappresentano autonome statuizioni, ciascuna delle quali può essere anche oggetto di diverse impugnazioni.

L'impugnazione va proposta al giudice superiore e quindi, ai sensi dell'art. 341 cpc, le sentenze del giudice di pace sono appellate al Tribunale e quelle del Tribunale alla Corte di Appello nella cui circoscrizione ha sede il giudice che ha pronunciato la sentenza.

L'individuazione del giudice di appello, ai sensi di detta norma, attiene ad una competenza territoriale *sui generis* e non è applicabile al riguardo l'art. 38 c.p.c., che si riferisce esclusivamente al giudizio di primo grado.

Qualora la causa venga incardinata innanzi al giudice incompetente, il nuovo art. 50 c.p.c. stabilisce la continuazione del processo dal giudice incompetente a quello competente (*translatio judicii*). Pertanto, l'appello tempestivamente proposto innanzi al giudice incompetente vale ad instaurare un processo valido che è suscettibile di prosecuzione innanzi al giudice competente se riassunto nel termine fissato dal giudice e, in mancanza di fissazione, nel termine di tre mesi (questo evidentemente non vale per chi deve sostenere l'esame di Stato e dovrà individuare nell'atto d'appello correttamente la competenza del giudice di II grado)

c) Forma dell'appello

L'appello si propone con atto di citazione ai sensi dell'art. 342 c.p.c., sulla scorta delle indicazioni contenute nell'art. 163 c.p.c., nel termine di 30 giorni dalla notifica della sentenza o, in mancanza, entro 6 mesi dalla pubblicazione (deposito) della stessa.

In seguito al decreto legge n. 83/2012, è stata radicalmente modificata la struttura dell''atto di appello. Si impone oggi, infatti, l'indicazione di una motivazione in luogo del pregresso riferimento all'esposizione sommaria dei fatti ed ai motivi specifici: bisognerà evidenziare, mediante un'indicazione puntuale delle parti del provvedimento, non più solo quello che non è legittimo nell'atto impugnato, ma come lo stesso dovrebbe essere innovato. Tutto completato dalla precisazione circa la rilevanza della contestazione: non contestazioni teoriche, quindi, ma rilevanti ai fini di una pronuncia favorevole.

Come evidenziato nell'esposizione dei caratteri generali, si tratta di un'impugnazione libera, ma non priva di specificità.

Secondo quanto previsto dal nuovo art. 342 c.p.c., «l'appello deve essere motivato. La motivazione dell'appello deve contenere, **a pena di inammissibilità**: 1) l'indicazione delle parti del provvedimento che si intendono appellare e delle modifiche che vengono richieste alla ricostruzione del fatto compiuta dal giudice di primo grado; 2) l'indicazione delle circostanze da cui deriva la violazione della legge e della loro rilevanza ai fini della decisione impugnata».

Nella prima parte la disposizione codifica l'interpretazione data dalla giurisprudenza: l'indicazione dei motivi specifici dell'impugnazione è un requisito di ammissibilità della stessa.

Il primo dei due requisiti posti dal n. 1 dell'art. 342 c.p.c. impone la specificazione dell'oggetto dell'appello: occorre chiarire se si intende chiedere la riforma totale o parziale della sentenza di primo grado. Si tratta di un requisito di ammissibilità dell'impugnazione che, pur non essendo prima della riforma espressamente previsto dalla legge, era già pacificamente operante.

La seconda parte del n. 1 dell'art. 342 c.p.c. richiede l'indicazione delle «modifiche che vengono richieste alla ricostruzione del fatto compiuta dal giudice di primo grado». Tale disposizione ha acceso il dibattito su un'eventuale trasformazione dell'appello in una impugnazione a motivi limitati. In proposito si ritiene di aderire alla dottrina maggioritaria che esclude tale mutamento. A ben vedere, infatti, la norma non richiede la enunciazione di specifiche ragioni. Per sfuggire alla sanzione dell'inammissibilità, risulta sufficiente sollevare l'ingiustizia del provvedimento di primo grado e domandare al giudice di appello un nuovo giudizio di fatto. La vera novità si sostanzia nell'obbligatorietà dell'indicazione del contenuto della nuova valutazione richiesta (ad esempio per dimostrare la sussistenza del pregiudizio è necessario specificare quale sarebbe stata la corretta valutazione dei fatti e quali vantaggi avrebbe comportato per la parte).

Alla luce di quanto detto il n. 1 dell'art. 342 c.p.c., dunque, non apporta significativi elementi di novità al quadro normativo anteriore.

Ad analoghi rilievi si presta l'interpretazione del n. 2 dell'art. 342,comma 1 c.p.c., per il quale l'ammissibilità dell'appello è subordinata all'«indicazione delle circostanze da cui deriva la violazione della legge e della loro rilevanza ai fini della decisione impugnata».

Non si pretende la indicazione di specifici *errores in procedendo* o *in iudicando*, ma delle "circostanze" sulle quali si fonda l'errore di diritto e degli effetti che esso ha prodotto e, quindi, del pregiudizio subito.

Anche in riferimento al n. 2, pertanto, l'appello resta un mezzo di gravame a motivi illimitati, grazie al quale si può denunciare l'ingiustizia della decisione di primo grado, derivante da errori nella valutazione dei fatti o da *errores in procedendo* o *in iudicando*, fonte di specifico pregiudizio per l'appellante.

La portata precettiva delle innovazioni consiste nell'imporre, a pena di inammissibilità dell'appello, la specifica indicazione delle parti del provvedimento impugnato delle quali si chiede la riforma, degli errori di fatto e degli errori di diritto, nonché dei pregiudizi che da tali errori avrebbe subito l'appellante.

d) Domanda d'appello.

L'appello non può contenere nuove domande, a pena di inammissibilità.

Ai sensi dell'art. 345 c.p.c. possono "*domandarsi gli interessi, i frutti e gli accessori maturati dopo la sentenza impugnata, nonché il risarcimento dei danni sofferti dopo la sentenza stessa*".

"*Non possono proporsi nuove eccezioni, che non siano rilevabili anche d'ufficio*" e "*non sono ammessi nuovi mezzi di prova e non possono essere prodotti nuovi documenti, salvo che che la parte dimostri di non aver potuto proporli o produrli nel giudizio di primo grado per causa ad essa non imputabile*".

"Si ha **domanda nuova** per modificazione della *causa petendi* quando i nuovi elementi, dedotti dinanzi al giudice di secondo grado comportino il mutamento dei fatti costitutivi del diritto azionato, modificando l'oggetto sostanziale dell'azione ed i termini della controversia, in modo da porre in essere una pretesa diversa da quella fatta valere in prima grado e sulla quale si è svolto il contraddittorio" (cfr Cass. S.U. 15408/2003).

Riguardo alle **eccezioni**,invece, le parti possono proporre in appello solo eccezioni in senso proprio, rivolte cioè esclusivamente al rigetto della domanda, in relazione ai motivi di censura od ai motivi esposti già in primo grado.

Nuove eccezioni sono inammissibili.

Allo stesso modo, non possono essere prodotti **nuovi documenti** e **nuovi mezzi di prova**, salvo che la parte dimostri di non averli potuti produrre nel giudizio di primo grado, per cause ad essa non imputabili.

Il divieto di chiedere l'ammissione di nuovi mezzi di prova riguarda solo le **prove costituende** e non quelle **precostituite**, nel cui caso la produzione di nuovi documenti non esige uno specifico provvedimento del giudice.

Per quanto riguarda, invece, **le domande e le eccezioni non riproposte**, queste si intendono rinunciate ai sensi dell'art. 346 c.p.c.

Si tratta delle domande e delle eccezioni proposte in primo grado ma non accolte in sentenza: qualora in sede di gravame non vengano riproposte, allora si intendono rinunciate dalla parte impugnante.

e) Appello incidentale (art. 343 c.p.c.)

L'appello incidentale si propone, a pena di decadenza, nella comparsa di risposta (art. 343 c.p.c.).

Qualora invece l'interesse a proporre appello incidentale sorga dall'impugnazione proposta da altra parte che non sia l'appellante principale, si propone nella prima udienza successiva alla proposizione dell'impugnazione stessa.

La proposizione dell'appello incidentale non richiede particolari formalità ed è soggetto alla stessa disciplina di quello principale.

Il vantaggio è dato dal prolungamento dei termini di impugnazione quando è stata esperita già un'impugnazione principale e contiene una domanda distinta da quelle proposte con l'appello principale.

È ammissibile **l'appello incidentale condizionato** proposto contro il medesimo capo della sentenza impugnata che ha formato oggetto dell'appello principale, quando rispetto a tale capo, entrambe le parti siano risultate parzialmente soccombenti.

Con tale strumento, l'appellato manifesta la propria volontà di vedere riformata la sentenza su un capo già impugnato dall'appellante.

f) Riserva di appello

Contro le sentenze non definitive o parziali, una parte può riservarsi di proporre appello, differendo i termini.

Ai sensi dell'art. 340 c.p.c., *"l'appello può essere differito qualora la parte soccombente ne faccia riserva, a pena di decadenza, entro il termine per appellare e, in ogni caso, non oltre la prima udienza dinanzi al giudice istruttore successiva alla comunicazione della sentenza stessa"*.

Esprimendo tale facoltà, la parte soccombente si riserva la possibilità di impugnare tale pronuncia contestualmente all'impugnazione della sentenza definitiva.

Qualora un'altra parte impugni immediatamente la sentenza non definitiva, la riserva perde efficacia.

Costituisce sentenza non definitiva quella che rinviando al prosieguo il riconoscimento del bene in contestazione statuisca su questioni in senso lato pregiudiziali o su domande connesse o su alcuni capi dell'unica domanda ovvero sull'*an debeatur*.

g) Procedimento

L'appello si propone con atto di citazione ritualmente notificato nei termini di legge (entro 30 giorni dalla notifica della sentenza oppure entro 6 mesi dalla pubblicazione della sentenza non notificata – si applica la sospensione feriale nel computo dei termini).

Successivamente alla notifica dell'atto, l'appellante deve costituirsi in giudizio ed iscrivere la causa a ruolo, secondo le forme ed i termini previsti per le cause innanzi al tribunale.

La mancata costituzione in giudizio nei termini rende improcedibile l'appello, ai sensi dell'art. 348 c.p.c.

Se invece l'appellante non compare alla prima udienza, il giudice, con ordinanza, rinvia ad altra udienza e la mancata comparizione alla nuova udienza comporta l'improcedibilità dell'appello anche d'ufficio. (art. 348, 2 comma c.p.c.).

Filtro. L'art. 32 del D.L. 83/2012 convertito in L. 134/2012 ha inserito nel codice di procedura civile gli artt. 348 *bis* e 348 *ter*, aventi ad oggetto l'inammissibilità dell'appello. L'art. 348 *bis*, in particolare, prevede che fuori dei casi in cui debba essere dichiarata con sentenza l'inammissibilità o l'improcedibilità dell'appello, l'impugnazione dovrà essere dichiarata inammissibile dal giudice competente nel caso in cui non abbia una ragionevole probabilità di essere accolta.

È stato così introdotto un filtro di inammissibilità che si basa su una valutazione di ragionevole fondatezza del gravame che dovrà svolgersi in via preliminare rispetto alla trattazione dello stesso.

Tale filtro non opera nelle cause in cui è previsto l'intervento obbligatorio del P.M. (ipotesi dalla evidente connotazione pubblicistica) e nei casi in cui la parte ha optato in primo grado per il procedimento sommario di cognizione, caratterizzato da una non formale istruttoria, che viene così recuperata non solo con il già previsto appello più aperto ai nuovi mezzi di prova ma, appunto, con un'impugnazione senza filtri di inammissibilità.

In altri termini, quando il giudice ritenga che l'impugnazione non abbia fondatezza nel merito, dichiara l'inammissibilità con ordinanza, altrimenti procede alla trattazione, senza adottare alcun provvedimento.

L'ordinanza di inammissibilità potrà essere pronunciata soltanto nell'ipotesi in cui nessuna delle impugnazioni principali e incidentali non tardive abbia ragionevoli probabilità di essere accolta.

In caso di inammissibilità, sarà impugnabile per Cassazione la sentenza di primo grado e questo assorbe ogni tutela costituzionalmente necessaria.

L'appellante deve formare il proprio fascicolo di parte ed inserire nello stesso copia uso appello della sentenza impugnata, pena l'improcedibilità dell'appello.

(Tuttavia la giurisprudenza dominante stabilisce che non è improcedibile l'impugnazione quando, al momento della decisione, si trovi comunque allegata agli atti una copia della sentenza, anche se è stata depositata nell'intervallo tra l'udienza di precisazione delle conclusioni e quella di discussione).

L'appellante inoltre è tenuto a depositare in giudizio anche il fascicolo di primo grado, mentre suddetto obbligo non incombe in capo al convenuto, il quale deve depositare la propria comparsa di costituzione e risposta, l'atto di appello notificato e la procura.

La sentenza di primo grado è provvisoriamente esecutiva (art. 282 c.p.c.) e, di conseguenza, è prevista la possibilità che il giudice d'appello, su istanza della parte proposta con l'impugnazione principale o incidentale, sospenda in tutto o in parte l'efficacia esecutiva ovvero, se questa è iniziata, l'esecuzione della sentenza, ordinando, qualora lo ritenga opportuno, il versamento di una cauzione (art. 283 c.p.c.).

Ciò è possibile quando sussistono gravi e fondati motivi, anche in relazione alla possibilità di insolvenza di una delle parti: il giudice dovrà pertanto tener conto, da un lato, della probabile fondatezza dell'impugnazione proposta e, dall'altro lato, dei pregiudizi che potrebbero derivare dall'adempimento della sentenza, bilanciando i due elementi.

Sull'istanza di sospensione il giudice provvede alla prima udienza, con ordinanza non impugnabile (né revocabile o modificabile e neppure reclamabile al collegio).

Qualora vi siano ragioni di urgenza, la parte può, tramite ricorso, chiedere al giudice (ovvero, in caso di procedimento di fronte alla corte d'appello, al presidente del collegio) che la decisione sulla sospensione sia pronunciata prima dell'udienza di comparizione delle parti.

Il giudice fissa con decreto in calce al ricorso la data di apposita udienza, ordinando alle parti la comparizione in camera di consiglio e, se ricorrono giusti motivi di urgenza, con lo stesso decreto può provvisoriamente disporre l'immediata sospensione dell'efficacia esecutiva o dell'esecuzione della sentenza. Quest'ultimo sarà poi confermato, modificato o revocato all'udienza in camera di consiglio.

La trattazione avviene innanzi al Collegio ma il Presidente dello stesso può delegare per l'assunzione dei mezzi istruttori uno dei suoi componenti; esaurita l'attività di cui all'art. 350 (ed eventualmente 351) c.p.c., il giudice può anzitutto pronunciare un'ordinanza relativa alle prove (art. 356 c.p.c.) ammettendo una prova nuova, disponendo la rinnovazione totale o parziale dell'assunzione già avvenuta in primo grado ovvero anche ammettendo una prova illegittimamente non ammessa dal giudice di primo grado; se competente è la corte d'appello l'assunzione delle prove è collegiale, a pena di nullità.

In questi casi – così come in tutti gli altri casi in cui il giudice dia disposizioni per effetto delle quali il procedimento deve continuare – si applicano le disposizioni sull'istruzione probatoria (artt. 191 ss. c.p.c.).

Quando invece non devono essere assunti nuovi mezzi di prova, il giudice, senza essere obbligato a fissare una nuova udienza, invita le parti a precisare le conclusioni e dispone lo scambio delle memorie conclusionali e delle repliche ai sensi dell'art. 190 c.p.c.

La sentenza è depositata entro il termine di sessanta giorni dalla scadenza del termine per il deposito delle memorie di replica e va in ogni caso (*id est*: non solo quando riforma, ma anche quando conferma) a sostituire la sentenza impugnata.

Di fronte alla corte d'appello ciascuna parte ha il diritto di chiedere che la causa sia discussa oralmente di fronte al collegio, dovendo in tal caso formulare una doppia istanza, dapprima in sede di precisazione delle conclusioni e poi al momento del deposito delle memorie di replica alle conclusionali. Il presidente del collegio, con decreto, fissa la data dell'udienza di discussione – da tenersi entro sessanta giorni – e designa il relatore. La discussione è preceduta dalla relazione della causa e la sentenza è depositata in cancelleria nei sessanta giorni successivi.

Se invece l'appello è proposto al tribunale, ciascuna parte può chiedere che, successivamente allo scambio delle conclusionali, sia fissata udienza di discussione non oltre sessanta giorni dalla scadenza del termine per il deposito delle comparse medesime; la sentenza viene depositata in cancelleria entro i sessanta giorni successivi.

h) Rimessione al primo giudice – Improcedibilità ed inammissibilità dell'appello.

Il giudice di appello può decidere di rimettere la causa al giudice di primo grado per ragioni di giurisdizione negata (art. 353 c.p.c.) oppure per altri motivi indicati nell'art. 354 c.p.c., ossia se dichiara nulla la citazione introduttiva oppure se ritiene dovesse essere integrato il contraddittorio in primo grado o se dichiara la nullità della sentenza a norma dell'art. 161 c.p.c.

Ulteriore caso di rimessione è dato dalla riforma della sentenza che ha pronunciato sull'estinzione del processo.

Qualora l'appello venga dichiarato inammissibile o improcedibile, questo non può essere riproposto neanche se non è ancora decorso il termine di legge.

i) Riassunto della riforma del 2012

Ricapitolando quanto detto nei capitoli precedenti, al fine di una migliore comprensione delle novità apportate al codice di procedura civile dalla **legge n. 134 del 7.08.2012** si riassumono i tratti salienti della riforma.

Innanzitutto occorre puntualizzare che essa sarà applicabile ai giudizi di appello introdotti con ricorso depositato o con citazione di cui sia stata richiesta la notificazione dal trentesimo giorno successivo a quello di entrata in vigore della legge di conversione: pertanto dal giorno 11.9.2012.

La novità più dirompente è probabilmente una sorta di udienza filtro: il nuovo appello è filtrato, ovvero sottoposto ad un filtro circa la ragionevole probabilità di accoglimento; il ricorso è dichiarato inammissibile con ordinanza non reclamabile quando non ha una ragionevole probabilità di essere accolto, ferma restando la necessità, codificata dall'art. 348 *ter* c.p.c., di ascoltare le parti - sul punto - all'udienza ex art. 350 c.p.

Vengono aboliti gli **"specifici motivi"** richiesti in appello; con la riforma serve la motivazione dell'appello stesso: la motivazione dell'appello deve contenere, a pena di inammissibilità:

- l'indicazione delle parti del provvedimento che si intende appellare e delle modifiche che vengono richieste alla ricostruzione del fatto compiuta dal giudice di primo grado;
- l'indicazione delle circostanze da cui deriva la violazione della legge e della loro rilevanza ai fini della decisione impugnata.

In tema di prove nuove, viene eliminato il riferimento all'**indispensabilità**: oggi l'ingresso di prove nuove è ammissibile solo ove la parte dimostri di non aver potuto proporli o produrli nel giudizio di primo grado per causa ad essa non imputabile.

La novità più dirompente, però, si ribadisce, emerge dalla lettera del nuovo art. 348 *bis* c.p.c.: fuori dei casi in cui deve essere dichiarata con sentenza l'inammissibilità o l'improcedibilità dell'appello, l'impugnazione e' dichiarata inammissibile dal giudice competente quando non ha una ragionevole probabilità di essere accolta.

Tale enunciazione non vale per le cause in cui è obbligatoria la presenza del pubblico ministero e nel grado di appello ad ordinanza decisoria conclusiva di rito sommario di cognizione.

All'udienza di cui all'articolo 350 c.p.c. il giudice, prima di procedere alla trattazione, sentite le parti, dichiara inammissibile l'appello, a norma dell'articolo 348 *bis*, comma 1° c.p.c., con ordinanza succintamente motivata anche mediante il rinvio agli elementi di fatto riportati in uno o piu' atti di causa e il riferimento a precedenti conformi.

Quando è pronunciata l'inammissibilità, contro il provvedimento di primo grado può essere proposto, a norma dell'articolo 360 c.p.c., ricorso per Cassazione.

In tal caso, il termine per il ricorso per Cassazione avverso il provvedimento di primo grado decorre dalla comunicazione o notificazione, se anteriore, dell'ordinanza che dichiara l'inammissibilità.

L'ordinanza di inammissibilità e' pronunciata solo quando sia per l'impugnazione principale che per quella incidentale di cui all'articolo 333 c.p.c. ricorrono i presupposti di cui al primo comma dell'articolo 348 *bis* c.p.c.; in mancanza, il giudice procede alla trattazione di tutte le impugnazioni comunque proposte contro la sentenza; in pratica: o entrambe le impugnazioni sono inammissibili, così da dichiarare l'inammissibilità, oppure deve essere dichiarata l'ammissione (in caso di ammissibilità solo di una impugnazione); non c'è spazio per l'inammissibilità parziale.

Tutto quanto detto vale anche per il rito del lavoro.

L'elemento di maggior rilievo è dato sicuramente dalla **ragionevole probabilità** di accoglimento.

Il giudice si pronuncia sulla questione della ragionevole probabilità tramite ordinanza succintamente motivata, anche mediante il rinvio agli elementi di fatto riportati in uno o più atti di causa e il riferimento a precedenti conformi; quest'ultima non è impugnabile, essendo previsto – al più – che dalla data (della comunicazione o notificazione) dell'ordinanza suddetta decorra il termine per proporre ricorso per Cassazione, fermo restando il *dies ad quem* decadenziale fissato dall'art. 327 c.p.c.

Sono ipotizzabili almeno quattro impostazioni diverse per rispondere:

-la tesi della probabilità giurisprudenziale;

-la tesi dei due terzi;

-la tesi della ragionevolezza;

-la tesi (preferibile) del *fumus boni iuris* rafforzato.

Quando non si applica il filtro: casi codificati ed impliciti

Il filtro *de quo* non si applica, ai sensi dell'art. 348 *bis* c.p.c., quando è proposto per le cause in cui è necessario l'intervento del Pubblico Ministero, ex art. 70 c.p.c., e quando si appella un'ordinanza decisoria a rito sommario di cognizione, ex art. 702 *quater* c.p.c.

Accanto ai suddetti casi codificati, però, si ritiene che ben possano sussistere altri casi, per così dire impliciti in cui non è predicabile il filtro e tantomeno la c.d. udienza filtro.

I possibili casi di inapplicabilità del filtro, in via implicita sono almeno:

1) quando il giudice pronuncia con sentenza l'inammissibilità (ad esempio in quanto l'atto è tardivo);

2) quando viene dichiarata con sentenza l'improcedibilità (ad esempio per costituzione tardiva dell'appellante);

3) quando proposti appello principale ed incidentale, solo uno di questi non ha ragionevole probabilità di accoglimento; in tal caso, il giudice procede alla trattazione di tutte le impugnazioni comunque proposte contro la sentenza ex art. 348 ter c.p.c.

Il nuovo art. 342 c.p.c.,*post* novella del 2012, richiede che l'appello, oltre a soddisfare i requisiti di cui all'art. 163 c.p.c.:

-sia motivato;

-contenga, a pena d'inammissibilità, l'indicazione delle parti del provvedimento che si intende appellare e delle modifiche che vengono richieste alla ricostruzione del fatto compiuta dal giudice di primo grado;

-contenga, a pena d'inammissibilità, l'indicazione delle circostanze da cui deriva la violazione della legge e della loro rilevanza ai fini della decisione impugnata.

Pertanto, emerge che se prima era richiesta l'esposizione sommaria dei fatti, oggi dopo lanovella bisogna indicare esattamente al giudice le parti appellate e le modifiche richieste: non va indicato solo quello che non va, ma anche come dovrebbe andare.

Inoltre vanno indicate le circostanze da cui deriva la violazione di legge, unitamente alla loro rilevanza pratica.

L'appellante dovrà subito specificare quali aspetti della sentenza contesta: non basterà l'indicazione del capo o della statuizione del dispositivo, ma dovranno essere indicate anche le parti di motivazione della sentenza che si vogliono mettere in discussione; se l'impugnazione vorrà colpire la sentenza in tutte le sue parti, allora non basterà il riferimento generico a tutti i contenuti della stessa, poiché tutto l'atto va motivato.

B) NORMATIVA DI RIFERIMENTO
Capo II: DELL'APPELLO

Art. 339.
(Appellabilità delle sentenze)

Possono essere impugnate con appello le sentenze pronunciate in primo grado, purché l'appello non sia escluso dalla legge o dall'accordo delle parti a norma dell'articolo 360, secondo comma.

E' inappellabile la sentenza che il giudice ha pronunciato secondo equità a norma dell'articolo 114.

Le sentenze del giudice di pace pronunciate secondo equità a norma dell'articolo 113, secondo comma, sono appellabili esclusivamente per violazione delle norme sul procedimento, per violazione di norme costituzionali o comunitarie ovvero dei principi regolatori della materia.

Art. 341
(Giudice dell'appello)

L'appello contro le sentenze del giudice di pace e del tribunale si propone rispettivamente al tribunale e alla corte di appello nella cui circoscrizione ha sede il giudice che ha pronunciato la sentenza.

Art. 342
(Forma dell'appello)

L'appello si propone con citazione contenente le indicazioni prescritte dall'articolo 163. L'appello deve essere motivato. La motivazione dell'appello deve contenere, a pena di inammissibilità:

1) l'indicazione delle parti del provvedimento che si intende appellare e delle modifiche che vengono richieste alla ricostruzione del fatto compiuta dal giudice di primo grado;

2) l'indicazione delle circostanze da cui deriva la violazione della legge e della loro rilevanza ai fini della decisione impugnata.

Tra il giorno della citazione e quello della prima udienza di trattazione devono intercorrere termini liberi non minori di quelli previsti dall'articolo 163-bis.

Art. 345
(Domande ed eccezioni nuove)

Nel giudizio d'appello non possono proporsi domande nuove e, se proposte, debbono essere dichiarate inammissibili d'ufficio. Possono tuttavia domandarsi gli interessi, i frutti e gli accessori maturati dopo la sentenza impugnata, nonché il risarcimento dei danni sofferti dopo la sentenza stessa.

Non possono proporsi nuove eccezioni, che non siano rilevabili anche d'ufficio.

Non sono ammessi nuovi mezzi di prova e non possono essere prodotti nuovi documenti, salvo che la parte dimostri di non aver potuto proporli o produrli nel giudizio di primo grado per causa ad essa non imputabile. Può sempre deferirsi il giuramento decisorio.

Art. 348
(Improcedibilità dell'appello)

L'appello è dichiarato improcedibile, anche d'ufficio, se l'appellante non si costituisce in termini.

Se l'appellante non compare alla prima udienza, benché si sia anteriormente costituito, il collegio, con ordinanza non impugnabile, rinvia la causa ad una prossima udienza, della quale il cancelliere dà comunicazione all'appellante. Se anche alla nuova udienza l'appellante non compare, l'appello è dichiarato improcedibile anche d'ufficio.

Art. 348-bis
(Inammissibilità dell'appello)

Fuori dei casi in cui deve essere dichiarata con sentenza l'inammissibilità o l'improcedibilità dell'appello, l'impugnazione è dichiarata inammissibile dal giudice competente quando non ha una ragionevole probabilità di essere accolta.

Il primo comma non si applica quando:

a) l'appello è proposto relativamente a una delle cause di cui all'articolo 70, primo comma;

b) l'appello è proposto a norma dell'articolo 702-quater.

Art. 348-ter
(Pronuncia sull'inammissibilità dell'appello)

All'udienza di cui all'articolo 350 il giudice, prima di procedere alla trattazione, sentite le parti, dichiara inammissibile l'appello, a norma dell'articolo 348-bis, primo comma, con ordinanza succintamente motivata, anche mediante il rinvio agli elementi di fatto riportati in uno o più atti di causa e il riferimento a precedenti conformi. Il giudice provvede sulle spese a norma dell'articolo 91.

L'ordinanza di inammissibilità è pronunciata solo quando sia per l'impugnazione principale che per quella incidentale di cui all'articolo 333 ricorrono i presupposti di cui al primo comma dell'articolo 348-bis. In mancanza, il giudice procede alla trattazione di tutte le impugnazioni comunque proposte contro la sentenza.

Quando è pronunciata l'inammissibilità, contro il provvedimento di primo grado può essere proposto, a norma dell'articolo 360, ricorso per cassazione. In tal caso il termine per il ricorso per cassazione avverso il provvedimento di primo grado decorre dalla comunicazione o notificazione, se anteriore, dell'ordinanza che dichiara l'inammissibilità. Si applica l'articolo 327, in quanto compatibile.

Quando l'inammissibilità è fondata sulle stesse ragioni, inerenti alle questioni di fatto, poste a base della decisione impugnata, il ricorso per cassazione di cui al comma precedente può essere proposto esclusivamente per i motivi di cui ai numeri 1), 2), 3) e 4) del primo comma dell'articolo 360.

La disposizione di cui al quarto comma si applica, fuori dei casi di cui all'articolo 348-bis, secondo comma, lettera a), anche al ricorso per cassazione avverso la sentenza d'appello che conferma la decisione di primo grado.

Art. 352
(Decisione)

Esaurita l'attività prevista negli articoli 350 e 351, il giudice, ove non provveda ai sensi dell'articolo 356, invita le parti a precisare le conclusioni e dispone lo scambio delle comparse conclusionali e delle memorie di replica a norma dell'articolo 190; la sentenza è depositata in cancelleria entro sessanta giorni dalla scadenza del termine per il deposito delle memorie di replica.

Se l'appello è proposto alla corte di appello, ciascuna delle parti, nel precisare le conclusioni, può chiedere che la causa sia discussa oralmente dinanzi al collegio. In tal caso, fermo restando il rispetto dei termini indicati nell'articolo 190 per il deposito delle difese scritte, la richiesta deve essere riproposta al presidente della corte alla scadenza del termine per il deposito delle memorie di replica.

Il presidente provvede sulla richiesta fissando con decreto la data dell'udienza di discussione da tenersi entro sessanta giorni; con lo stesso decreto designa il relatore.

La discussione è preceduta dalla relazione della causa; la sentenza è depositata in cancelleria entro i sessanta giorni successivi.

Se l'appello è proposto al tribunale, il giudice, quando una delle parti lo richiede, dispone lo scambio delle sole comparse conclusionali a norma dell'articolo 190 e fissa l'udienza di discussione non oltre sessanta giorni dalla scadenza del termine per il deposito delle comparse medesime; la sentenza è depositata in cancelleria entro i sessanta giorni successivi.

Quando non provvede ai sensi dei commi che precedono, il giudice può decidere la causa ai sensi dell'articolo 281-sexies.

C) MODELLO DELL'APPELLO (ex art. 342 come novellato dalla L. 134/2012)

CORTE D'APPELLO DI .....
ATTO DI CITAZIONE IN APPELLO

Per Tizio, C.F._____, nato a _____, il_____, residente in_____, via_____, n.___, elettivamente domiciliato in_____, via___, n.__, presso lo studio dell'Avv._____, C.F._____, il quale lo rappresenta e difende, in virtù di procura in calce al presente atto, e dichiara di voler ricevere le comunicazioni al n. di fax_____ o all'indirizzo di posta elettronica certificata_____comunicato al proprio ordine, ex art. 125, co.1, c.p.c.

CONTRO

Caio (C.F.___) rappresentato e difeso dall'Avv.____ (C.F.____)

FATTO

In data ____ veniva formulato atto di citazione diretto a ____ nei confronti di ____

In fase istruttoria emergeva che _____ come desumibile da quanto scritto _____

In data ____ venivano presentate le memorie conclusionali e, successivamente, le repliche, con cui si chiedeva ___

Con sentenza n. ____ pubblicata in data ___ notificata in data __ il Tribunale di .__ statuiva che ___
(1)

> Avverso la predetta sentenza, errata e ingiusta, interpone appello l'istante, con il presente atto, al fine di ottenerne **l'integrale riforma**, per i seguenti motivi in
>
> *ovvero*
>
> **Avverso i capi nn. <...>** della prefata sentenza, errati e ingiusti, interpone appello l'istante, con il presente atto, al fine di ottenerne la riforma, per i seguenti motivi in
>
> *ovvero*
>
> Con il presente scritto difensivo si impugna la suddetta sentenza esattamente **nella parte di cui** al n. 3, pag. 3 **dove si dice che** "..." ed il n. 4, pag. 4 dove si dice che "..."; si chiede **la modifica** di tali parti in favore di una pronuncia che affermi
>
> -.....
>
> -.....

DIRITTO *(2)*

Tutto quanto esposto viene richiesto per la seguente motivazione:

---

1. TITOLO MOTIVO (che riassuma in poche parole la censura che si muove alla sentenza)

- il fatto, per come enunciato dal giudice di prime cure, non è condivisibile perché in contrasto con

………

- La nuova ricostruzione è rilevante ai fini della decisione perché…..

Si evidenzia che la richiesta è in linea con la giurisprudenza prevalente di cui alle sentenze …., così sussistendo numerosissime probabilità di accoglimento *(3)*.

---

2. ISTANZA SOSPENSIONE SENTENZA

Le considerazioni sopra esposte in fatto e in diritto dimostrano la fondatezza dei motivi dell'appello che lasciano presumere la probabile riforma della sentenza impugnata.

Nelle more del presente giudizio, tuttavia, l'istanza rischia di vedersi irreversibilmente pregiudicata dall'esecuzione della sentenza gravata, che ha disposto _____

Risultano, dunque, integrati i gravi motivi che, ai sensi, dell'art. 283 c.p.c., giustificano la sospensione dell'esecuzione della sentenza appellata.

Tanto affermato, l'odierno appellante

CITA

Il _____ a comparire innanzi alla Corte d'Appello di _____ per l'udienza del _____, con invito al convenuto a costituirsi nel termine di venti giorni prima dell'udienza indicata, ai sensi e nelle forme stabilite dall'art. 166 c.p.c., ovvero di dieci giorni prima in caso di abbreviazione dei termini, e a comparire, nell'udienza indicata, dinanzi al collegio designato ai sensi dell'art. 168 bis c.p.c., con l'avvertimento che la costituzione oltre i suddetti termini implica la decadenza di cui all'art. 343 c.p.c. (appello incidentale), per ivi sentire accogliere le seguenti

CONCLUSIONI

Voglia la Corte d'Appello di ....., in riforma della sentenza impugnata:

- *in via preliminare*, accogliere l'istanza di sospensione della esecuzione della sentenza impugnata;

- *in via principale*, ritenere fondati i motivi di gravame e per l'effetto, in riforma della sentenza appellata condannare _____ a_____

con vittoria delle spese, competenze e onorari dei due gradi di giudizio.

Ai sensi dell'art. 14, D.P.R. n. 115 del 2002, si dichiara che il valore della presente causa è di € .....

Si depositano:

1) copia autentica della sentenza di primo grado;

2) il fascicolo di primo grado dell'appellante.

_____, lì _____

Firma

Avv. _____

PROCURA *(4)*

La sottoscritta Sempronia, nata a _____, il _____, residente in _____ alla via _____, n. ____ (cod. fisc. _____) delega l'Avv. _____a rappresentarla e difenderla nel presente giudizio ed in ogni successiva fase e grado, compresa esecutiva, conferendogli all'uopo ogni più ampia facoltà di legge nessuna esclusa, ivi compresa quella di conciliare, transigere, quietanzare, incassare somme, chiamare in causa terzi, spiegare domande riconvenzionali, nominare sostituti in udienza ed indicare domiciliatari,

ELEGGE DOMICILIO

presso lo studio dello stesso avvocato in _____via _____ n. _____

DICHIARA

Inoltre di aver ricevute tutte le informazioni previste dagli artt. 7 e 13 del D.L.vo 30 giugno 2003, n. 196 e presta il proprio consenso al trattamento dei dati personali per l'espletamento del mandato conferito, nonché di essere stato informato, ai sensi dell'art. 4, co. 3, D.L.vo 28/2010 della possibilità di ricorrere al procedimento di mediazione ivi previsto e dei benefici fiscali di cui agli artt. 17 e 20 del medesimo decreto.

Dichiaro di essere stato/a informato/a, ai sensi dell'art. 2, co. 7, D. L. n. 132/2014, della possibilità di ricorrere alla convenzione di negoziazione assistita da uno o più avvocati disciplinata dagli artt. 2 e ss. del suddetto decreto legge.

_____, lì _____

Firma

_____

La firma è autentica
ed è stata apposta in mia presenza
Avv. _____

(1) Dopo l'illustrazione dell'iter del processo di primo grado, conviene ribadire la volontà di proporre l'impugnazione. A seguito dell'entrata in vigore della riforma dell'appello intervenuta con l'art. 54 del D.L. n. 83/2012, convertito in L. n. 134/2012, non sono più ammissibili le impugnazioni generiche. Non è pertanto più ammissibile l'utilizzo di formule di stile "ampie", dovendosi invece circoscrivere con precisione l'oggetto dell'appello, a pena di inammissibilità dell'impugnazione: l'appellante deve specificare, in altri termini, se chiede la riforma totale o parziale della sentenza di primo grado (vedi art. 342, comma 1, n. 1) c.p.c. come novellato dall'art. 54 del D.L. n. 83/2012).

(2) L'art. 342 c.p.c. richiede, a seguito della riforma operata con l. 134/2012, che l'appello sia motivato, a pena d'inammissibilità. Tale motivazione, pretesa dal suddetto art. 342 c.p.c., impone

una riformulazione dell'atto di appello; bisognerà, infatti, redigere l'atto con una parte che evidenzia i rilievi che si muovono alla ricostruzione del fatto compiuta dal giudice di primo grado, e un'altra parte nella quale si indica la versione dei fatti che si sostiene.

(3) Poiché il giudice d'appello può dichiarare l'inammissibilità basandosi su precedenti giurisprudenziali ex art. 348 ter c.p.c., allora al fine di evitare tale pronuncia può essere utile indicare la presenza di orientamenti favorevoli all'accoglimento dell'impugnazione. Quando è pronunciata l'inammissibilità, prima di procedere alla trattazione (sentite le parti), viene emessa un'ordinanza succintamente motivata, anche attraverso il rinvio ad uno o più atti di causa e il riferimento a precedenti conformi.

(4)In sede d'esame, di fronte ad un atto d'appello è sempre meglio riproporre la procura anche se conferita in primo grado ed è consigliabile inserirla in calce piuttosto che a margine dell'atto. Ricordatevi che la procura deve essere redatta nello stesso foglio dell'atto e mai in uno totalmente separato da quelli che userete per la prova scritta.

D) ESEMPI DI APPELLO

Traccia 1

Un quindicenne trasportato su un ciclomotore guidato da un coetaneo e rovinato a terra a causa dell'urto con il guard-rail alla sua destra, fu ricoverato in ospedale per fratture alla gamba destra, interessanti anche il ginocchio.

Per errori diagnostici dei medici, non accortisi della lesione di un'arteria, l'arto andò in cancrena e, dopo sette giorni, dovette essere amputato.

Il tribunale, decidendo sulla conseguente domanda risarcitoria, ritenne che per il 50% il fatto fosse ascrivibile alla stessa vittima (per aver viaggiato su un mezzo abilitato al trasporto del solo conducente) e che, per l'altra metà, il danno dovesse essere solidalmente risarcito dalla SAI s.p.a. (quale impresa designata dal Fondo di garanzia, chiamato a rispondere dell'abbagliamento provocato da un'autovettura non identificata), dal primario ortopedico dell'ospedale dove il paziente era stato inizialmente ricoverato e della ASL di cui l'ospedale costituiva un presidio (per il ritardo nella diagnosi di pregiudizio del circolo arterioso della gamba).

Liquidò il danno, patrimoniale e non patrimoniale, in complessivi€ 1.000.000 e condannò solidalmente i responsabili al risarcimento nella misura di € 500.000.

Il ragionamento del Tribunale è stato in sostanza il seguente:

a) la vittima aveva viaggiato su un ciclomotore, che non è abilitato al trasporto di due persone e che, se le trasporta, ha un minore equilibrio e aveva così violato le disposizioni del codice della strada sicché l'evento si era verificato per il 50% per un comportamento a lui stesso ascrivibile;

b) l'errore dei medici non valeva ad interrompere il nesso causale tra il comportamento *contra legem* del conducente della vettura non identificata e l'evento dannoso finale (amputazione della gamba);

c) la SAI s.p.a. (per il Fondo di garanzia) doveva dunque rispondere dei danni solidalmente con il primario e con la ASL;

d) in applicazione dell'art. 1227, primo comma, cod. civ., il risarcimento doveva però essere contenuto solo nella metà del danno, perché il danneggiato aveva concorso col suo comportamento a cagionarlo.

Senza ripetere il fatto, rediga il candidato atto di appello nell'interesse del danneggiato, illustrando le ragioni per le quali chiedereste la riforma della sentenza.

SOLUZIONE TRACCIA 1.

CORTE D'APPELLO DI_____
ATTO DI CITAZIONE IN APPELLO

Per il Sig._____, C.F._____, nato a _____, il_____, residente in_____, via_____, n.___, e la Sig.ra _____, C.F._____, nata a _____, il_____, residente in_____, via_____, n.___, quali esercenti la potestà genitoriale nei confronti di_____, nato a _____, il_____, residente in_____, via_____, n.____, elettivamente domiciliati in_____, via_____, n.___, presso lo studio dell'Avv._____, C.F._____, il quale li rappresenta e difende, in virtù di procura a margine del presente atto, e dichiarano di voler ricevere le comunicazioni al n. di fax_____ o all'indirizzo di posta elettronica certificata_____comunicato al proprio ordine, ex art. 125, co.1, c.p.c.

-Appellanti

CONTRO

- Società SAI S.p.a., in persona del legale rappresentante p.t. Sig._____, C.F._____, P. IVA_____, con sede in_____, via_____, n.___, rappresentata e difesa come in atti dall'Avv._____

E

- Azienda Sanitaria Locale di_____, in persona del legale rappresentante p.t.
Sig._____, C.F._____, residente in_____, via_____, n.____, rappresentata e difesa come in atti dall'Avv._____
- il Dott._____, nato a_____, il_____, C.F._____, residente in_____, via_____, n.____, rappresentato e difeso come in atti dall'Avv._____

-Appellati

AVVERSO

La sentenza del Tribunale di_____, n._____ del_____, depositata in data_____

FATTO

Con atto di citazione del_____ notificato il_____ gli odierni appellanti, quali esercenti la potestà genitoriale di _____ convenivano in giudizio la Società SAI S.p.a., l'Azienda Sanitaria Locale di_____ e il Dr._____ dinanzi al Tribunale di_____ per ottenere il risarcimento del danno subito dal figlio minore_____.
La domanda traeva origine dall'incidente occorso al figlio minore_____, a seguito dell'abbagliamento da parte di una autovettura non identificata, e del conseguente errore diagnostico da parte dei medici del nosocomio in cui era stato ricoverato, che aveva portato all'amputazione

dell'arto inferiore.

Con comparsa di costituzione del_____ si costituiva la ASL di_____ la quale richiedeva il rigetto della domanda in quanto infondata in fatto e in diritto essendosi resa necessaria l'amputazione dell'arto per fatto assolutamente imprevedibile e sicuramente non addebitabile ala struttura ospedaliera.

Con comparsa di costituzione del_____ si costituiva il Dr._____il quale chiedeva volersi dichiarare l'infondatezza in fatto e in diritto della pretesa attorea.

Con comparsa di costituzione e risposta del_____ si costituiva la SAI S.p.a. (per il Fondo di Garanzia) la quale, evidenziando che il minore viaggiava insieme ad un coetaneo su un ciclomotore non abilitato al trasporto di due persone e che la caduta fosse dovuta unicamente a tale violazione del codice della strada, chiedeva il rigetto della domanda.

Con sentenza n._____ del_____ il Tribunale di_____ stabiliva che

a) la vittima aveva viaggiato su un ciclomotore, che non è abilitato al trasporto di due persone e che, se le trasporta, ha un minore equilibrio e aveva così violato le disposizioni del codice della strada sicché l'evento si era verificato per il 50% per un comportamento a lui stesso ascrivibile;

b) l'errore dei medici non valeva ad interrompere il nesso causale tra il comportamento *contra legem* del conducente della vettura non identificata e l'evento dannoso finale (amputazione della gamba);

c) la SAI S.p.a. (per il Fondo di garanzia) doveva dunque rispondere dei danni solidalmente con il primario e con la ASL;

d) in applicazione dell'art. 1227, primo comma, cod. civ., il risarcimento doveva però essere contenuto solo nella metà del danno, perché il danneggiato aveva concorso col suo comportamento a cagionarlo.

Pertanto liquidava il danno, patrimoniale e non patrimoniale, in complessivi euro 1.000.000 e condannava solidalmente i responsabili al risarcimento nella misura di euro 500.000.

Avverso la predetta sentenza, errata e ingiusta, interpongono appello gli istanti, con il presente atto, al fine di ottenerne **l'integrale riforma**, per le seguenti motivazioni in

DIRITTO
1.VIOLAZIONE E/O FALSA APPLICAZIONE DELL'ART. 1227 CC 1° CO.

Il giudice di "prime cure" decidendo sulla domanda risarcitoria avanzata dagli attori, ha ritenuto di condannare solidalmente i convenuti, essendo il fatto ascrivibile per il 50% alla stessa vittima, al risarcimento del danno nella misura di euro 500.000, su un danno liquidato complessivamente in euro 1.000.000.

L'assunto è errato.

In primo luogo occorre evidenziare che la sentenza impugnata arriva ad una simile conclusione sulla base del fatto che l'errore dei medici non vale ad interrompere il nesso causale tra la prima condotta, relativa all'incidente provocato dal comportamento "contra legem" del conducente della vettura non identificata, e l'evento di danno finale consistito nell'amputazione della gamba del minore_____.

Sulla base di tale ragionamento, poi, si deduce che il risarcimento doveva essere contenuto solo nella m,età del danno, perché il danneggiato aveva concorso con il suo comportamento a cagionarlo.

Emerge da quanto detto una evidente violazione del disposto dell'art. 1227 cc nella parte in cui circoscrive il concorso colposo del creditore unicamente all'evento di danno al cui verificarsi egli ha colposamente contribuito.

Nel caso di specie, in particolare, il minore_____ avrebbe contribuito, avendo viaggiato su un mezzo abilitato al trasporto del solo conducente, solamente al verificarsi delle fratture alla gamba destra derivanti dalla rovinosa caduta a terra del ciclomotore.

Chiarito ciò, non si vede come possa applicarsi l'art. 1227 cc 1° co anche per il secondo evento di danno, rappresentato dall'amputazione della gamba, dovuta ad un errore diagnostico dei medici, come altresì accertato nella sentenza di primo grado in maniera incontrovertibile.

Non è in alcun modo possibile sostenere sulla base di un giudizio prognostico ex ante che in assenza dell'errore medico la caduta dal ciclomotore avrebbe di per sé comportato l'amputazione dell'arto, costituendo invece il ritardo nella diagnosi di pregiudizio del circolo arterioso l'unica causa che ha determinato la cancrena della gamba e la sua successiva amputazione.

2.SULLA GRAVITA' DELLA COLPA DEL CREDITORE – VIOLAZIONE E/O FALSA APPLICAZIONE ART. 1227 CC.

La sentenza impugnata ha ritenuto che il fatto colposo della vittima ha concorso per il 50% a cagionare il danno.

La decisione oltre che essere sul punto assolutamente carente di motivazione, non essendo possibile dal testo della sentenza ricostruire l'iter logico che ha portato il primo giudice ad una tale quantificazione, viola altresì quanto disposto dall'art. 1227 cc, nella parte in cui prevede che il risarcimento è diminuito secondo la gravità della colpa e l'entità delle conseguenze che ne sono derivate.

Il legislatore, dunque, ha fornito agli operatori due precisi parametri su cui determinare la diminuzione del risarcimento conseguente al concorso colposo del creditore, i quali devono necessariamente essere letti ed interpretati congiuntamente.

La gravità della colpa, infatti, non può che valutarsi con riferimento all'entità delle conseguenze derivate, e così il contrario.

Emerge, dunque, "ictu oculi" come la valutazione del giudice di primo grado, oltre a non aver percepito, come visto, la diversità dei due eventi di danno, non abbia tenuto in considerazione gli anzidetti criteri, avendo attribuito per un evento dipeso da un errore medico, accertato in tutta la sua gravità il 50% della responsabilità alla vittima, la cui colpa, seppur deprecabile, è stata unicamente quella di viaggiare in due persone su un mezzo abilitato per trasportarne solo una.

3.SUL NESSO DI CAUSALITA'.

Da ultimo si evidenzia che, anche laddove si aderisse alla soluzione prospettata nella sentenza impugnata, circa la non interruzione del nesso di causalità, l'attore non ha i alcun modo contribuito all'evento dannoso, non dovendosi procedere a nessuna diminuzione del risarcimento.

Dovendosi considerare, come da consolidata giurisprudenza, il concorso di cui all'art. 1227 cc, solo in termini di apporto causale all'evento dannoso, e trovandoci di fronte ad una condotta assolutamente "contra legem", quale quella tenuta dalla vettura non identificata, per cui l'evento dannoso (caduta dal motociclo) sarebbe avvenuto anche in assenza della condotta illegittima della vittima, non può trovare applicazione al caso di specie l'art. 1227 cc.

Il risarcimento del danno, dunque, è dovuto unicamente e in toto dagli appellati.

I Sigg._____ e_____ per i suddetti motivi intendono ottenere l'integrale riforma della predetta sentenza.

Tanto affermato, gli odierni appellanti

CITANO

La SAI S.p.a., la ASL di_____, il Dr._____ a comparire innanzi alla Corte d'Appello di ____ per l'udienza del _____, con invito ai convenuti a costituirsi nel termine di venti giorni prima dell'udienza indicata, ai sensi e nelle forme stabilite dall'art. 166 c.p.c., ovvero di dieci giorni prima in caso di abbreviazione dei termini, e a comparire, nell'udienza indicata, dinanzi al collegio designato ai sensi dell'art. 168 bis c.p.c., con l'avvertimento che la costituzione oltre i suddetti termini implica la decadenza di cui all'art. 343 c.p.c. (appello incidentale), per ivi sentire accogliere le seguenti

CONCLUSIONI

Voglia la Corte d'Appello di_____, in riforma della sentenza impugnata:

- *in via principale*, ritenere fondati i motivi di gravame e per l'effetto, in riforma della sentenza appellata condannare gli appellati, in solido, al risarcimento del danno pari ad euro 1.000.000;

- *in via subordinata,* condannare gli appellati in solido con il creditore ad una somma comunque superiore al 50% del totale stabilito in euro 1.000.000

con vittoria delle spese, competenze e onorari dei due gradi di giudizio.

Ai sensi dell'art. 14, D.P.R. n. 115 del 2002, si dichiara che il valore della presente causa è di euro 1.000.000.

Si depositano:

1) copia autentica della sentenza di primo grado;
2) il fascicolo di primo grado dell'appellante.

_____, lì _____

Firma

Avv. _____

PROCURA

I sottoscritti Sig_____ e Sig.ra_____, in qualità di genitori esercenti la potestà ei confronti di_____, deleghiamo l'Avv. _____a rappresentarlo e difenderlo nel presente giudizio ed in ogni successiva fase e grado, compresa esecutiva, conferendogli all'uopo ogni più ampia facoltà di legge nessuna esclusa, ivi compresa quella di conciliare, transigere, quietanzare, incassare somme, chiamare in causa terzi, spiegare domande riconvenzionali, nominare sostituti in udienza ed indicare domiciliatari,

ELEGGONO DOMICILIO

presso lo studio dello stesso avvocato in _____via _____ n. _____

DICHIARANO

Inoltre di aver ricevute tutte le informazioni previste dagli artt. 7 e 13 del D.L.vo 30 giugno 2003, n. 196 e prestano il proprio consenso al trattamento dei dati personali per l'espletamento del mandato conferito, nonché di essere stato informato, ai sensi dell'art. 4, co. 3, D.L.vo 28/2010 della possibilità di ricorrere al procedimento di mediazione ivi previsto e dei benefici fiscali di cui agli artt. 17 e 20 del medesimo decreto.

_____, lì _____

Firma

Sig._____

Sig.ra_____

La firma è autentica

ed è stata apposta in mia presenza

Avv. _____

Traccia n. 2

Tizio è proprietario di un terreno sito in Brindisi che non ha nessun accesso alla via pubblica. L'unico modo per accedervi è quello di attraversare tre fondi rispettivamente di proprietà di Caio, Sempronio e Mevio.

Mentre con Caio e con Sempronio è in buoni rapporti, con Mevio (complici anche vecchi attriti personali) Tizio non ha altra via che quella di adire l'autorità giudiziaria.

Il Tribunale di Brindisi, con sentenza n. 78 del 2014 depositata in data 26 giugno 2014, accoglie la domanda di costituzione di una servitù coattiva di passaggio a piedi e con mezzi agricoli sul fondo appartenente al convenuto Mevio, a vantaggio di quello limitrofo di proprietà dell'attore Tizio.

Mevio, a questo punto, si rivolge al vostro studio legale rappresentandovi che gli altri due proprietari dei fondi frapposti all'accesso alla via pubblica non erano stati convenuti in giudizio e che nei contratti stipulati da Tizio con loro, in data 30 luglio 2014, di costituzione di servitù di passaggio non erano stati indicati il fondo servente, il fondo dominante ed il tipo di servitù.

a) Il candidato rediga, dunque, l'atto ritenuto più opportuno per tutelare la posizione giuridica del sig. Mevio.

SOLUZIONE TRACCIA 2

CORTE DI APPELLO DI LECCE
ATTO DI CITAZIONE IN APPELLO

Per **Mevio**, C.F. ----, nato a ----, il ----, residente in ----,via ----, n.----, rappresentato e difeso dall'Avv. ---- (C.F.----, PEC.----, FAX----), ed elettivamente domiciliato presso il suo studio sito in----, via-----, n.---;

Appellante

CONTRO

Tizio, C.F.---, nato a ---, il----, n.…., rappresentato e difeso nel primo grado di giudizio dall'Avv.---;

Appellato

AVVERSO

la sentenza n. 78 del 26 giugno 2014 del Tribunale di Brindisi, resa nel giudizio avente R.G. n.----, depositata in cancelleria in data----, non notificata.

PREMESSO

- che Tizio è proprietario di un terreno sito in Brindisi che non ha accesso alla via pubblica;

- che, nello specifico, l'unico modo per accedere alla strada principale è quello di attraversare tre fondi rispettivamente di proprietà dell'odierno appellante Mevio, di Caio e di Sempronio;

- che, con atto di citazione notificato in data----, Tizio ha convenuto dinanzi al Tribunale di Brindisi solamente Mevio, al fine di ottenere sul suo fondo la costituzione di una servitù di passaggio coattiva;

- che Mevio si è costituito in giudizio, eccependo l'inesistenza del diritto fatto valere da tizio, per non aver parte attrice proposto la domanda di costituzione coattiva della servitù di passaggio anche nei confronti di Caio e Sempronio, proprietari degli altri due fondi intercludenti;

- che, disattendendo le difese articolate da parte appellante, il Tribunale di Brindisi, in data 26 giugno 2014, con sent. n. 78, ha accolto la domanda di Tizio;

Tutto ciò premesso, il sig. Mevio, come in epigrafe rappresentato, difeso e domiciliato, propone appello avverso la sentenza n. 78, essendo la stessa ingiusta e lesiva dei diritti dell'appellante per i seguenti

MOTIVI

1. **INESISTENZA DEL DIRITTO DI PASSAGGIO COATTIVO PER MANCATA INTEGRAZIONE DEL CONTRADDITTORIO. VIOLAZIONE E FALSA APPLICAZIONE ARTT. 1051 C.C. E 102 C.P.C..**

La sentenza impugnata è erronea e ingiusta nella parte in cui riconosce a Tizio il diritto di passaggio coattivo sul fondo dell'odierno appellante, in difetto dei presupposti di cui all'art. 1051 c.c. ed in violazione dell'art. 102 c.p.c..

Come anticipato nella ricostruzione in fatto, il giudice di *prime cure* avrebbe dovuto, una volta rilevata la sussistenza di una fattispecie di litisconsorzio necessario ex art. 102 c.p.c., respingere la domanda attorea in quanto tesa a far valere (nei soli confronti del sig. Mevio) un diritto inesistente.

Al contrario, non ritenendo neppure di ordinare a Tizio di integrare il contraddittorio, procedendo alle rituali e necessarie notifiche, il Tribunale di Brindisi ha emesso una sentenza costitutiva di diritto di servitù che si palesa anch'essa irrimediabilmente inesistente, sia per evidenti vizi di rito che di merito.

Sul punto si ricorda, innanzitutto, che il passaggio coattivo costituisce una delle figure di servitù prediali coattive previste dal codice civile.

Si tratta di servitù tipiche, avendo ciascuna il contenuto predeterminato dalla legge, sicché non sono ammissibili altri tipi al di fuori di quelli espressamente previsti da una specifica norma per il soddisfacimento di necessità ritenute meritevoli di tutela.

Anche il diritto di passaggio, dunque, può essere riconosciuto dal giudice solo in presenza dei presupposti espressamente previsti dal legislatore e deve corrispondere ad un'utilità effettiva del soggetto che ne richiede la costituzione.

Ai sensi dell'art. 1051 c.c., il proprietario di un fondo, circondato da altri fondi, che non abbia un'uscita sulla via pubblica e che non possa procurarsela senza eccessivo dispendio o disagio, ha diritto di ottenere il passaggio sui fondi vicini.

A bene vedere, quindi, è l'interclusione assoluta o relativa che legittima la costituzione della servitù coattiva di passaggio.

Relativizzata la nozione di fondo all'uso produttivo o civile cui esso è adibito dal proprietario, l'interclusione sussiste se e quanto l'unità immobiliare che si assume come fondo dominante sia circondata da terreno di proprietà aliena, in modo che il passaggio non possa essere attuato se non con il sacrificio del diritto altrui.

Tuttavia, se è vero che l'interclusione legittima il proprietario del fondo intercluso ad ottenere la costituzione della servitù di passaggio sul fondo altrui, è altrettanto vero che la relativa domanda deve necessariamente essere diretta ad ottenere il passaggio su tutti i fondi che sia necessario attraversare per il collegamento con la strada pubblica e non solo su parte di questi.

Di conseguenza, se la domanda del proprietario di un fondo intercluso da altri fondi è volta ad ottenere il passaggio coattivo solo su uno dei suddetti fondi (passaggio che di per sé non consente di accedere alla pubblica via), tale domanda deve necessariamente essere respinta, perché non diretta a soddisfare l'utilità che il legislatore ha inteso tutelare con la previsione di cui all'art. 1051 c.c., vale a dire il collegamento con la via pubblica.

In tale ultima ipotesi, dunque, il rigetto della domanda giudiziale dovrebbe avvenire sia in considerazione della mancata integrazione processuale del litisconsorzio necessario, sia perché, a monte, sarebbe diretta a far valere un diritto inesistente.

Sul punto, si sono espresse le Sezioni Unite della Corte di Cassazione, chiarendo che "*la domanda di costituzione coattiva di servitù di passaggio deve essere contestualmente proposta nei confronti dei proprietari di tutti i fondi che sia necessario attraversare per il collegamento con la strada pubblica, dovendo in mancanza essere respinta, perché diretta a far valere un diritto inesistente*" (cfr. Corte di Cassazione, Sezioni Unite, sent. n. 9685/2013).

In altre parole, le Sezioni Unite hanno ribadito che la proposizione dell'azione nei confronti di tutti i proprietari dei fondi che si frappongono all'accesso alla via pubblica è diretta a realizzare la funzione propria del diritto riconosciuto al proprietario del fondo intercluso dall'art. 1051 c.c..

Alla luce di quanto detto, allora, non avendo Tizio notificato l'atto introduttivo del giudizio anche a Sempronio e Caio, proprietari degli altri due fondi intercludenti, la sua domanda di costituzione di servitù di passaggio doveva essere respinta e l'odierna sentenza impugnata deve essere riformata.

2. IRRILEVANZA DELLE SERVITÙ NEGOZIALI STIPULATE DA CAIO E SEMPRONIO.

Ferma l'erroneità della sentenza gravata, è necessario rappresentare a Codesta Ecc.ma Corte l'assoluta irrilevanza delle servitù costituite a favore di Tizio sul fondo di Caio e Sempronio, per effetto dei contratti stipulati in data 30.7.2014.

Invero, sotto un primo profilo, si tratta di pattuizioni successive alla domanda articolata da Tizio, che in quanto tali non possono in alcun modo incidere sull'insussistenza del diritto fatto valere in primo grado da Tizio.

Sotto un diverso profilo, i contratti stipulati con Caio e Sempronio devono considerarsi comunque invalidi, non contenendo alcuna indicazione sul fondo servente, su quello dominante o sul tipo di servitù.

Ed infatti, se è vero che anche le servitù coattive possono essere costituite con contratto, è altrettanto vero che il contratto, ai sensi dell'art- 1321 c.c., deve necessariamente contenere alcuni elementi.

In particolare, poiché i modi di costituzione delle servitù sono tipici, nel caso di costituzione negoziale di servitù, pur non essendo necessario l'uso di formule specifiche, è necessario che risultino senza incertezze o siano determinabili gli estremi idonei a dimostrare il reale intento delle parti, quali l'indicazione del fondo dominante e di quello servente, il peso e l'utilità costituenti il contenuto della servitù e la determinazione dell'estensione e delle modalità di esercizio della stesse.

Orbene, posto che la mancanza di tali elementi rende indeterminabile l'oggetto del contratto, gli accordi negoziali suddetti devono considerarsi nulli ai sensi degli artt. 1418 e 1346 c.c.

3. OMESSA MOTIVAZIONE. MANCANZA DELLA PROVA SULL'IMPOSSIBILITÀ DI PROCURARSI L'ACCESSO SULLA VIA PUBBLICA SENZA ECCESSIVO DISPENDIO O DISAGIO.

Questa difesa intende altresì rilevare che il Tribunale di Brindisi non ha considerato, con conseguente difetto di motivazione, la circostanza che la parte attrice nel primo grado di giudizio non ha dimostrato di non potersi garantire l'accesso alla via pubblica senza eccessivo dispendio o disagio.

Tale omissione, non considerata dal giudice di prime cure, si pone in contrasto con i principi che regolano la distribuzione dell'onere della prova di cui all'art. 2967 c.c.

Tutto ciò premesso, Mevio, così come sopra rappresentato e difeso ed elettivamente domiciliato, propone appello per la riforma e/o l'annullamento della Sentenza n. 78, emessa dal Tribunale Civile di Brindisi in data 26.06.2014 e per l'effetto

CITA

Tizio, nato a ----, il---, rappresentato e difeso nel precedente grado di giudizio dall'Avv.----, ed elettivamente domiciliato presso il suo studio in ----, via -----, n.----, a comparire innanzi all'Ecc.ma Corte di Appello di Lecce, nei soliti locali, sezione e giudice designandi, all'udienza che si terrà il giorno ----, ore di rito, con invito a costituirsi nel termine di venti giorni prima dell'udienza di comparizione anzidetta, nei modi e nelle forme di cui agli artt. 166 e 347 c.p.c., con l'avvertimento che la costituzione oltre i suddetti termini comporterà le decadenze di cui all'artt. 167 e 343c.p.c., per ivi sentir accogliere le seguenti

CONCLUSIONI

Piaccia all'Ecc.ma Corte di Appello adita, in riforma della sentenza impugnata, e in accoglimento del presente appello:

- in via principale, rigettare la domanda di Tizio, di costituzione di una servitù coattiva di passaggio sul fondo di Mevio, perché diretta a far valere un diritto inesistente;

- in subordine, rigettare la domanda perché Tizio non ha provato di non potersi procurare l'accesso alla pubblica via senza eccessivo dispendio o disagio;

- in ogni caso, dichiarare la nullità degli accordi negoziali stipulati in data 30.7.2014;

- con vittoria di spese, competenze ed onorari del doppio grado di giudizio.

Si dichiara, ai fini del pagamento del contributo unificato, che il valore della presente causa è pari a Euro _____.

Si depositano i seguenti documenti:

- Fascicolo del primo grado di giudizio;

- Copia autentica della sentenza n. 78/2014;

- Visure Catastali ed estratti di mappa dei fondi di proprietà di Tizio, Mevio, Sempronio e Caio;

- Copia dei contratti per scrittura privata di servitù tra Tizio, Sempronio e Caio;

- Copia informativa mediazione;

Data_____

Avv. _____

PROCURA

Mevio, nato a ---, il ----, residente in----, via-----, n----, delega a rappresentarlo e difenderlo nel presente giudizio l'Avv. -----, conferendogli all'uopo tutti i poteri e facoltà di legge, ivi compreso quello di chiamare in causa, transigere, incassare somme e rilasciare quietanze, nonché quello di farsi sostituire.

ELEGGO

Domicilio presso il suo studio in----, via ----, n.-----;

DICHIARO

Di aver preso visione della normativa di cui al D.Lvo n. 196/2003 e di prestare consenso al trattamento dei dati personali. Dichiaro altresì di essere stato informato della possibilità di ricorrere al procedimento di mediazione di cui al D.Lvo n. 28/2010 e dei benefici ivi previsti agli artt. 17 e 20.

Dichiaro di essere stato/a informato/a, ai sensi dell'art. 2, co. 7, D. L. n. 132/2014, della possibilità di ricorrere alla convenzione di negoziazione assistita da uno o più avvocati disciplinata dagli artt. 2 e ss. del suddetto decreto legge.

Data_____

Firma_____

Per autentica

Avv. _____

2.3.6 PROCEDIMENTI CAUTELARI

A) I PROCEDIMENTI CAUTELARI IN GENERALE

a) Caratteri generali dell'istituto.

La disciplina dei procedimenti cautelari è dettata dagli artt. 669 bis e ss del codice di procedura civile.

Sono dei provvedimenti ottenuti con la proposizione di una azione cautelare rivolti a evitare in via provvisoria, prima del processo o durante il tempo necessario perché questo si svolga, che vengano irrimediabilmente pregiudicate le condizioni o i beni occorrenti per il fruttuoso esercizio di una azione di cognizione o un'azione esecutiva. Sono considerati "sommari" perché si compongono in una struttura bifasica dove nella prima fase il giudice cautelare (individuato nel Tribunale Monocratico che sarebbe competente per il merito) accoglie (art. 669-octies) o rigetta (art. 669-septies) la richiesta di autorizzazione della misura cautelare con ordinanza e sulla base della sussistenza o meno dei due requisiti propri del ricorso cautelare (il *periculum in mora* e il *fumus boni iuris*); mentre nella seconda fase si instaura il giudizio a cognizione piena che integra il principio del contraddittorio e il principio dispositivo a tutela della difesa delle parti.

b) Procedimento.

La domanda di misura cautelare si propone con ricorso depositato presso la cancelleria del giudice competente per il merito.

Se competente per il merito è il giudice di pace, la domanda si propone al tribunale (art. 669 ter c.p.c.).

Quando invece la domanda è proposta in corso di causa, è competente il giudice della stessa (art. 669 quater c.p.c.).

Il giudice ha una forte discrezionalità nel valutare la domanda, tanto che l'art. 669 sexies stabilisce letteralmente che "*sentite le parti, omessa ogni formalità non essenziale al contraddittorio, procede nel modo che* **ritiene più opportuno** *agli atti di istruzione indispensabili, in relazione ai presupposti ed ai fini del provvedimento richiesto, e provvede con ordinanza all'accoglimento o al rigetto della domanda*".

Al secondo comma stabilisce che il giudice può provvedere anche con decreto *inaudita altera parte*, qualora la convocazione della controparte possa pregiudicare l'attuazione del provvedimento, salvo fissare con lo stesso decreto l'udienza di comparizione delle parti davanti a sé entro un termine perentorio non superiore a 15 giorni.

I presupposti per l'azione cautelare sono dati dal *fumus boni iuris* e dal *periculum in mora*.

I provvedimenti cautelari sono provvisori e strumentali al giudizio di merito.

Perdono efficacia se il giudizio di merito non è iniziato nei termini perentori fissati dal giudice con il provvedimento di concessione o qualora non sia versata la cauzione di cui all'art. 669 *undecies* c.p.c. (il giudice può imporre all'istante il versamento di una cauzione per l'eventuale risarcimento del danno).

c) Ordinanza di accoglimento.

Nel caso in cui il giudice ritiene fondata la domanda dell'istante, emette ordinanza di accoglimento della misura cautelare e fissa un termine perentorio, non superiore a 60 giorni,per l'inizio del giudizio di merito (art 669 *octies* c.p.c.).

Se il giudice non fissa un termine, la causa di merito deve comunque iniziare entro il termine perentorio di 60 giorni. (art. 669 *octies*, comma 2).

Il mancato rispetto del termine perentorio rende inefficaci le misure cautelari concesse; lo stesso avviene qualora il giudizio di merito si estingua (art. 669 *nonies* c.p.c.).

La declaratoria di inesistenza del diritto cautelato comporta l'inefficacia automatica del provvedimento cautelare di modo che la pronunzia del giudice sul punto ha mera funzione dichiarativa.

Il giudice del merito, nel corso dell'istruzione, può **revocare** o **modificare** con ordinanza il provvedimento cautelare, su istanza di parte, anche se emesso anteriormente alla causa, "*se si verificano mutamenti nelle circostanze o se si allegano fatti anteriori di cui si è acquisita conoscenza successivamente al provvedimento cautelare*" (art. 669 *decies* c.p.c.).

d) Ordinanza di declaratoria di competenza e di rigetto (art. 669 *septies*)

L'ordinanza con cui il giudice dichiara la propria **incompetenza** non preclude la riproposizione della domanda ed avverso di essa non è proponibile l'impugnazione del regolamento di competenza.

È ammesso invece il reclamo ai sensi dell'art. 669 *terdecies* c.p.c. ed è escluso invece il ricorso per cassazione.

L'ordinanza di **rigetto** dell'istanza di provvedimento cautelare "*non preclude la riproposizione dell'istanza per il provvedimento cautelare quando si verifichino mutamenti delle circostanze o vengano dedotte nuove ragioni di fatto o di diritto*".

Avverso tale provvedimento è ammissibile il reclamo; lo stesso non può invece essere impugnato in Cassazione ai sensi dell'art. 111 Cost., dal momento che questa norma ammette il ricorso solo per i provvedimenti decisori e tale non è l'ordinanza di rigetto del provvedimento cautelare.

e) Reclamo (art. 669 *terdecies* c.p.c.)

"*Contro l'ordinanza con la quale è stato concesso o negato il provvedimento cautelare è ammesso reclamo nel termine perentorio di 15 giorni dalla pronuncia in udienza ovvero dalla comunicazione o dalla notificazione se anteriore*".

L'impugnazione avverso le ordinanze del giudice cautelare sono esperibili solo attraverso questo strumento, non essendo possibile proporre altri rimedi incluso il ricorso per cassazione ex art. 111 Costituzione.

Il reclamo ha ad oggetto sia le questioni di rito che di merito ed investe il collegio (di cui non dovrà far parte il giudice istruttore che ha emesso l'ordinanza) della piena conoscenza del caso.

I termini sono brevissimi nel pieno rispetto della sveltezza e dell'urgenza della procedura.

Qualora ci siano mutamenti o circostanze sopravvenute, questi devono essere portati a conoscenza, nel rispetto del principio del contraddittorio, in questo procedimento e non è consentita la rimessione al primo giudice (art. 669 *terdecies*, comma 4).

Il collegio, convocate le parti, si pronuncia non oltre 20 giorni dal deposito in cancelleria del ricorso ed emette **ordinanza non impugnabile** di accoglimento o di rigetto del reclamo.

La proposizione del reclamo non sospende l'esecuzione del provvedimento, a meno che il Presidente del tribunale o della corte investiti, in caso di rischio di grave danno dispone *"con ordinanza non impugnabile la sospensione dell'esecuzione o subordinarla alla prestazione di congrua cauzione"*. (art. 669 *terdecies*, comma 6).

Il reclamo è oggi ammissibile avverso ogni tipo di ordinanza e non solo contro quelle di accoglimento, a seguito della sentenza della Corte Costituzionale n. 253 del 1994 che ha dichiarato illegittimo l'articolo in esame nella parte in cui non prevedeva il reclamo avverso le ordinanze di rigetto dell'istanza, con lesione dell'uguaglianza processuali tra le parti (veniva riconosciuto il diritto di reclamo al solo convenuto in caso di accoglimento dell'istanza).

f) I procedimenti possessori e i procedimenti cautelari.

I procedimenti possessori sono quei procedimenti che hanno per oggetto la reintegrazione o la manutenzione del possesso (azioni previste dal codice civile per la tutela del possesso).

Essi sono disciplinati agli artt. 703, 704 e 705 c.p.c. ed hanno per oggetto gli aspetti procedurali per la proposizione e lo svolgimento delle azioni possessorie (artt. 1168 e 1170 c.c.).

Con questi procedimenti il legislatore ha voluto concedere al possessore molestato nell'esercizio del potere di fatto sulla cosa, o privato in maniera illegittima di esso, una immediata tutela il cui scopo è quello di ottenere la cessazione della turbativa (si parla in questo caso di azione di manutenzione) o la reintegra nel possesso (si parla in questo caso di azione di spoglio) in maniera rapida.

Con le modifiche introdotte con **il D.L 35/2005**, è scomparso il rinvio generale alle norme del rito cautelare uniforme, poiché è stata sancita **l'applicabilità degli artt. 669 *bis* e ss.** solo in quanto compatibili.

Occorre specificare che solo l'istanza di parte determina il passaggio dalla fase della cognizione di carattere sommario alla fase di merito. La fase di merito quindi non è un momento non necessario, ma solo eventuale, del giudizio possessorio. Se una delle due parti lo richiede, il giudice, fissa davanti a sé l'udienza per continuare il giudizio di merito.

Le domande di reintegrazione e di manutenzione nel possesso sono decise con ordinanza reclamabile ai sensi dell'art. 669 *terdecies*. Se richiesto da una delle parti, entro 60 gg dalla comunicazione del provvedimento che ha deciso sul reclamo, il giudice fissa dinanzi a sé l'udienza per la prosecuzione del giudizio di merito.

Le azioni possessorie possono essere proposte non solo prima dell'inizio della causa di merito ma anche in corso di causa.

Se la domanda è proposta "*ante causam*", la competenza a decidere è del giudice del luogo nel quale è avvenuto il fatto denunciato, mentre se pende già un giudizio di merito l'azione va proposta al giudice della causa già pendente.

Quando al giudice viene richiesta la reintegrazione nel possesso egli fornisce i provvedimenti temporanei essenziali, mentre le parti hanno poi la facoltà di continuare il giudizio davanti al giudice del petitorio.

Va sottolineato che il convenuto nel giudizio possessorio non può proporre giudizio petitorio (ossia il giudizio di merito) fino a quando non viene definito il primo giudizio (possessorio) e non viene eseguita la decisione. Tuttavia, il convenuto ha la facoltà di proporre il giudizio petitorio nel caso in cui dimostri che l'esecuzione del provvedimento possessorio non possa avere luogo per fatto dell'attore. L'azione possessoria assicura una tutela veloce, semplice ed efficiente al possessore, che, per altro, non ha l'obbligo di fornire una prova del fatto che sia titolare del diritto di proprietà sul bene; egli, infatti, deve semplicemente dimostrare il suo possesso, vale a dire una situazione di fatto che consiste nell'esercizio di un potere sulla cosa come se fosse proprietario (anche se proprietario non è).

Nel procedimento possessorio, normalmente, non ha dunque importanza verificare se il possessore sia anche effettivamente titolare del diritto reale ma solo se egli esercita il potere di fatto sulla cosa.

I provvedimenti immediati ed urgenti vengono dati dal giudice sulla sola base di sommarie informazioni.

B) NORMATIVA DI RIFERIMENTO.

Art. 669-*bis*
Forma della domanda
La domanda si propone con ricorso depositato nella cancelleria del giudice competente.

Art. 669-*ter*.
(Competenza anteriore alla causa)
Prima dell'inizio della causa di merito la domanda si propone al giudice competente a conoscere del merito. Se competente per la causa di merito è il giudice di pace, la domanda si propone al tribunale. Se il giudice italiano non è competente a conoscere la causa di merito, la domanda si propone al giudice, che sarebbe competente per materia o valore, del luogo in cui deve essere eseguito il provvedimento cautelare.

A seguito della presentazione del ricorso il cancelliere forma il fascicolo d'ufficio e lo presenta senza ritardo al presidente del Tribunale *[o al pretore dirigente]* il quale designa il magistrato cui è affidata la trattazione del procedimento.

Art. 669-*quater*.
(Competenza in corso di causa)
Quando vi è causa pendente per il merito la domanda deve essere proposta al giudice della stessa.

Se la causa pende davanti al tribunale la domanda si propone all'istruttore oppure, se questi non è ancora designato o il giudizio è sospeso o interrotto, al presidente, il quale provvede ai sensi dell'ultimo comma dell'articolo 669-*ter*.

Se la causa pende davanti al giudice di pace, la domanda si propone al tribunale.

In pendenza dei termini per proporre l'impugnazione, la domanda si propone al giudice che ha pronunziato la sentenza.

Se la causa pende davanti al giudice straniero, e il giudice italiano non è competente a conoscere la causa di merito, si applica il terzo comma dell'articolo 669-*ter*.

Il terzo comma dell'articolo 669-*ter* si applica altresì nel caso in cui l'azione civile è stata esercitata o trasferita nel processo penale, salva l'applicazione del comma secondo dell'articolo 316 del codice di procedura penale.

Art. 669-*sexies*.
(Procedimento)

Il giudice, sentite le parti, omessa ogni formalità non essenziale al contraddittorio, procede nel modo che ritiene più opportuno agli atti di istruzione indispensabili in relazione ai presupposti e ai fini del provvedimento richiesto, e provvede con ordinanza all'accoglimento o al rigetto della domanda. Quando la convocazione della controparte potrebbe pregiudicare l'attuazione del provvedimento, provvede con decreto motivato assunte ove occorra sommarie informazioni. In tal caso fissa, con lo stesso decreto, l'udienza di comparizione delle parti davanti a sé entro un termine non superiore a quindici giorni assegnando all'istante un termine perentorio non superiore a otto giorni per la notificazione del ricorso e del decreto. A tale udienza il giudice, con ordinanza, conferma, modifica o revoca i provvedimenti emanati con decreto.

Nel caso in cui la notificazione debba effettuarsi all'estero, i termini di cui al comma precedente sono triplicati.

Art. 669-*septies*.
(Provvedimento negativo)

L'ordinanza di incompetenza non preclude la riproposizione della domanda. L'ordinanza di rigetto non preclude la riproposizione dell'istanza per il provvedimento cautelare quando si verifichino mutamenti delle circostanze o vengano dedotte nuove ragioni di fatto o di diritto.

Se l'ordinanza di incompetenza o di rigetto è pronunciata prima dell'inizio della causa di merito, con essa il giudice provvede definitivamente sulle spese del procedimento cautelare.

La condanna alle spese è immediatamente esecutiva.

Art. 669-*octies*.
(Provvedimento di accoglimento)

L'ordinanza di accoglimento, ove la domanda sia stata proposta prima dell'inizio della causa di merito, deve fissare un termine perentorio non superiore a sessanta giorni per l'inizio del giudizio di merito, salva l'applicazione dell'ultimo comma dell'articolo 669-*novies*.

In mancanza di fissazione del termine da parte del giudice, la causa di merito deve essere iniziata entro il termine perentorio di sessanta giorni.

Il termine decorre dalla pronuncia dell'ordinanza se avvenuta in udienza o altrimenti dalla sua comunicazione.

Per le controversie individuali relative ai rapporti di lavoro alle dipendenze delle pubbliche amministrazioni, escluse quelle devolute alla giurisdizione del giudice amministrativo, il termine decorre dal momento in cui la domanda giudiziale è divenuta procedibile o, in caso di mancata presentazione della richiesta di espletamento del tentativo di conciliazione, decorsi trenta giorni.

Nel caso in cui la controversia sia oggetto di compromesso o di clausola compromissoria, la parte, nei termini di cui ai commi precedenti, deve notificare all'altra un atto nel quale dichiara la propria intenzione di promuovere il procedimento arbitrale, propone la domanda e procede, per quanto le spetta, alla nomina degli arbitri.

Le disposizioni di cui al presente articolo e al primo comma dell'articolo 669-*novies* non si applicano ai provvedimenti di urgenza emessi ai sensi dell'articolo 700 e agli altri provvedimenti cautelari idonei ad anticipare gli effetti della sentenza di merito, previsti dal codice civile o da leggi speciali, nonché ai provvedimenti emessi a seguito di denunzia di nuova opera o di danno temuto ai sensi dell'articolo 688, ma ciascuna parte può iniziare il giudizio di merito.

Il giudice, quando emette uno dei provvedimenti di cui al sesto comma prima dell'inizio della causa di merito, provvede sulle spese del procedimento cautelare.

L'estinzione del giudizio di merito non determina l'inefficacia dei provvedimenti di cui al sesto comma, anche quando la relativa domanda è stata proposta in corso di causa.

L'autorità del provvedimento cautelare non è invocabile in un diverso processo.

Art. 669-*novies*.
(Inefficacia del provvedimento cautelare)

Se il procedimento di merito non è iniziato nel termine perentorio di cui all'articolo 669-*octies*, ovvero se successivamente al suo inizio si estingue, il provvedimento cautelare perde la sua efficacia. In entrambi i casi, il giudice che ha emesso il provvedimento, su ricorso della parte interessata, convocate le parti con decreto in calce al ricorso, dichiara, se non c'è contestazione, con ordinanza avente efficacia esecutiva, che il provvedimento è divenuto inefficace e dà le disposizioni necessarie per ripristinare la situazione precedente. In caso di contestazione l'ufficio giudiziario al quale appartiene il giudice che ha emesso il provvedimento cautelare decide con sentenza provvisoriamente esecutiva, salva la possibilità di emanare in corso di causa i provvedimenti di cui all'articolo 669-*decies*.

Il provvedimento cautelare perde altresì efficacia se non è stata versata la cauzione di cui all'articolo 669-undecies, ovvero se con sentenza, anche non passata in giudicato, è dichiarato inesistente il diritto a cautela del quale era stato concesso. In tal caso i provvedimenti di cui al comma precedente sono pronunciati nella stessa sentenza o, in mancanza, con ordinanza a seguito di ricorso al giudice che ha emesso il provvedimento.

Se la causa di merito è devoluta alla giurisdizione di un giudice straniero o ad arbitrato italiano o estero, il provvedimento cautelare, oltre che nei casi previsti nel primo e nel terzo comma, perde altresì efficacia:

1) se la parte che l'aveva richiesto non presenta domanda di esecutorietà in Italia della sentenza straniera o del lodo arbitrale entro i termini eventualmente previsti a pena di decadenza dalla legge o dalle convenzioni internazionali;

2) se sono pronunciati sentenza straniera, anche non passata in giudicato, o lodo arbitrale che dichiarino inesistente il diritto per il quale il provvedimento era stato concesso. Per la dichiarazione di inefficacia del provvedimento cautelare e per le disposizioni di ripristino si applica il secondo comma del presente articolo.

Art. 669-*decies*.
(Revoca e modifica)

Salvo che sia stato proposto reclamo ai sensi dell'articolo 669-terdecies, nel corso dell'istruzione il giudice istruttore della causa di merito può, su istanza di parte, modificare o revocare con ordinanza il provvedimento cautelare, anche se emesso anteriormente alla causa, se si verificano mutamenti nelle circostanze o se si allegano fatti anteriori di cui si e' acquisita conoscenza successivamente al provvedimento cautelare. In tale caso, l'istante deve fornire la prova del momento in cui ne è venuto a conoscenza.

Quando il giudizio di merito non sia iniziato o sia stato dichiarato estinto, la revoca e la modifica dell'ordinanza di accoglimento, esaurita l'eventuale fase del reclamo proposto ai sensi dell'articolo 669-*terdecies*, possono essere richieste al giudice che ha provveduto sull'istanza cautelare se si verificano mutamenti nelle circostanze o se si allegano fatti anteriori di cui si e' acquisita conoscenza successivamente al provvedimento cautelare. In tale caso l'istante deve fornire la prova del momento in cui ne e' venuto a conoscenza.

Se la causa di merito è devoluta alla giurisdizione di un giudice straniero o ad arbitrato, ovvero se l'azione civile è stata esercitata o trasferita nel processo penale, i provvedimenti previsti dal presente articolo devono essere richiesti al giudice che ha emanato il provvedimento cautelare.

Art. 669-*terdecies*.
(Reclamo contro i provvedimenti cautelari)

Contro l'ordinanza con la quale è stato concesso o negato il provvedimento cautelare è ammesso reclamo nel termine perentorio di quindici giorni dalla pronuncia in udienza ovvero dalla comunicazione o dalla notificazione se anteriore.

Il reclamo *[contro i provvedimenti del pretore si propone al tribunale, quello]*contro i provvedimenti del giudice singolo del tribunale si propone al collegio, del quale non può far parte il giudice che ha emanato il provvedimento reclamato. Quando il provvedimento cautelare e' stato emesso dalla Corte d'appello, il reclamo si propone ad altra sezione della stessa Corte o, in mancanza, alla Corte d'appello più vicina.

Il procedimento è disciplinato dagli articoli 737 e 738.

Le circostanze e i motivi sopravvenuti al momento della proposizione del reclamo debbono essere proposti, nel rispetto del principio del contraddittorio, nel relativo procedimento. Il tribunale può sempre assumere informazioni e acquisire nuovi documenti. Non e' consentita la rimessione al primo giudice.

Il collegio, convocate le parti, pronuncia, non oltre venti giorni dal deposito del ricorso, ordinanza non impugnabile con la quale conferma, modifica o revoca il provvedimento cautelare. Il reclamo non sospende l'esecuzione del provvedimento; tuttavia il presidente del tribunale o della Corte investiti del reclamo, quando per motivi sopravvenuti il provvedimento arrechi grave danno, può disporre con ordinanza non impugnabile la sospensione dell'esecuzione o subordinarla alla prestazione di congrua cauzione.

C) MODELLO RICORSO

TRIBUNALE CIVILE DI ___
RICORSO EX ART. ___ E 669-bis E SS. C.P.C.

La Società Alfa (3), con sede in ___, via ___, (P.IVA ____), in persona del legale rappresentante *pro tempore*, Sig. ___, elettivamente domiciliata in ___, via ___, presso lo studio dell'Avv. ___, del Foro di___, che la rappresenta e difende, giusta procura in calce al presente atto, premesso quanto segue

IN FATTO

Esposizione dei fatti articolati per punti specifici.

IN DIRITTO

Articolazione delle ragioni in diritto a sostegno della richiesta, con particolare riguardo alle seguenti condizioni:

1) Fumus boni juris (verosimile e probabile esistenza del diritto cautelato).

2) Periculum in mora (sussistenza di un pregiudizio attuale, grave e irreparabile).

3) Strumentalità (individuazione dell'azione di merito da esperire per la tutela piena. Può essere utile indicare tale requisito con la seguente formula: La Società Alfa intende procedere ad avviare la relativa fase di merito per accertare la concreta sussistenza del diritto vantato, essendo tuttavia urgente un„azione volta ad evitare che possa essere vanificata l'efficacia del successivo giudizio).

4) Residualità (con riferimento al solo procedimento ex art. 700 c.p.c. (Tale condizione fa riferimento alla necessità di esporre i motivi che hanno reso impossibile il ricorso ad uno degli altri procedimenti cautelari tipici)

5) Pregiudizio in caso di convocazione di controparte (l'art. 669-sexies). (A seguito di contraddittorio sommario, di cui al primo comma dello stesso articolo, prevede la possibilità che sia emesso un decreto inaudita altera parte nel caso in cui la convocazione di controparte possa pregiudicare l'attuazione del procedimento. È pertanto indispensabile, ove si voglia prescindere dalla convocazione di parte resistente, indicare le ragioni a sostegno di tale specifica richiesta)

Tanto considerato e premesso, in fatto e in diritto, la Società Alfa, come in epigrafe rappresentata, difesa e domiciliata, rivolge formale

ISTANZA

affinché l'Ill.mo Tribunale adito voglia:

emettere decreto inaudita altera parte ordinando (…) e contestualmente fissare udienza ex art. 669-sexies 2 c.p.c., indicando altresì i termini per la notificazione del ricorso e del decreto;

ovvero, in via gradata, ove non siano ritenuti sussistenti i presupposti di cui al numero 5) delle ragioni in diritto sopra esposte, fissare la comparizione delle parti in contraddittorio, procedendo nel modo ritenuto opportuno agli atti di istruzione ritenuti indispensabili, e provvedere ordinando (…), con contestuale fissazione di un termine per l'inizio del giudizio di merito, comunque condannando il resistente al pagamento delle spese, competenze ed onorari della presente procedura, ovvero rinviando per la liquidazione e la condanna all'esito della successiva fase di merito.

In via istruttoria: (indicare i mezzi istruttori di cui ci si intende avvalere, tenendo presente anche in questo caso il carattere sommario del procedimento)

DICHIARAZIONE DEL VALORE DELLA CAUSA

Ai sensi della L. 488/99, così come modificata e integrata dal D.P.R. 115/02, si dichiara che il valore della presente causa è pari ad € ___, dovrà pertanto applicarsi il contributo unificato nella misura determinata in relazione allo scaglione di appartenenza, diminuita della metà, per un importo pari ad €

Luogo e data

Avv. (firma)

2.3.7. L'AZIONE DI DANNO TEMUTO (art. 1172 c.c.)

A) L' AZIONE DI DANNO TEMUTO IN GENERALE

a) Caratteri generali dell'istituto.

La denuncia di danno temuto è un'azione di nunciazione il cui scopo è quello di prevenire il pregiudizio o il danno che possono derivare da una cosa altrui.

In particolare, essa viene concessa al possessore, al titolare di un diritto reale di godimento o al proprietario che tema che da un albero, un edificio o un'altra cosa inanimata presenti nel fondo o nella proprietà vicina possa scaturire il pericolo di un grave danno e immediato alla cose che rappresenta l'oggetto del diritto, e ha lo scopo di ottenere un provvedimento immediato dal giudice che disponga le cautele del caso.

L'azione ipotizza una condotta omissiva del denunciato rispetto ad uno specifico dovere di prevenire il danno temuto.

La condizione dell'azione di danno temuto non deve individuarsi in un danno certo o già verificatosi, bensì anche nel solo ragionevole pericolo che il danno si verifichi (cfr Cass. Sez. I, n.10282/2004).

Deve ritenersi integrata l'ipotesi di danno temuto quando il ricorrente assume che da un'opera eseguita sull'altrui proprietà possa derivare danno al proprio fondo, non in considerazione dell'azione da sé posta in essere, bensì per il pericolo di danno cui soggiace il fondo in conseguenza della situazione determinatasi per effetto dell'opera portata a compimento.

La denuncia di danno temuto si basa sull'urgenza di provvedere causata dall'esistenza del cosiddetto pericolo nel ritardo. Come richiesto per ogni procedimento cautelare è inoltre necessario che sussista anche una verosimiglianza dell'esistenza del diritto.

Si parla di azione di nunciazione perché la denuncia di danno temuto rappresenta un'azione cautelare il cui fine è quello di **porre fine a una minaccia** – sia essa futura o presente – **che potrebbe convertirsi in un danno concreto**. La denuncia rappresenta il prodromo a un giudizio ordinario che mira a ottenere un provvedimento di condanna definitivo nei confronti del possessore della cosa che ha causato il pericolo. Dal punto di vista giuridico, in ogni caso, le due azioni sono indipendenti, anche se, allo stato dei fatti, risultano collegate.

b) Procedimento.

Chi teme che una sua proprietà possa essere danneggiata da una situazione di pericolo derivante da una cosa inanimata deve presentare ricorso presso il Tribunale del luogo in cui si trova l'edificio che rischia di essere danneggiato. Il soggetto, obbligatoriamente assistito da un avvocato, è tenuto ad allegare al ricorso le circostanze che inducono a ritenere grave il danno potenziale.

A differenza di altri procedimenti cautelari, una volta ottenuto il provvedimento in fase cautelare, **non vi è l'obbligo di intraprendere l'azione di merito** per impedire che la validità del provvedimento stesso decada.

Se la domanda è proposta in corso di causa è competente il giudice del merito e si applica la disciplina dell'art. 669 *quater* c.p.c.

Per la disciplina del ricorso si rinvia alle dispense relative ai procedimenti cautelari per quanto applicabili.

c) L'azione di danno temuto e l'azione di manutenzione.

La denuncia di danno temuto è istituto diverso dall'azione di manutenzione ex art. 1170 c.c., in virtù della quale chi è molestato nel possesso di un immobile, di un diritto reale sopra un immobile o di una universalità di mobili può chiedere la manutenzione del possesso medesimo: detta diversità si riverbera anche sui termini entro i quali le rispettive azioni possono essere esercitate.

La prima, infatti, può essere esercitata entro l'ordinario termine di cui all'art. 2946 c.c., mentre per la seconda il termine previsto è entro un anno dalla turbativa.

È diversa, inoltre, la situazione di pericolo idonea a legittimare le azioni.

Il pericolo richiesto per la prima deve concretarsi nell'incombente minaccia di un danno grave e prossimo, mentre ai fini della manutenzione è sufficiente che il pericolo stesso consista nel perdurare di una qualunque turbativa o molestia di fatto e di diritto, o nella proiezione in futuro dei pregiudizievoli effetti di un già verificatosi mutamento incidente sulla consistenza o sulle modalità di esercizio del possesso.

d) Legittimazione attiva e passiva.

La denunzia di danno temuto non presuppone l'esclusiva altruità della cosa da cui deriva il pericolo, giacché, diversamente dall'art. 1171 c.c., per l'ipotesi della nuova opera si fa riferimento a *"qualsiasi edificio, albero o altra cosa"*, con un formula generica cosicché potrebbe ritenersi compresa anche la cosa di cui l'istante è comproprietario.

Poiché il diritto ad agire è riconosciuto al proprietario o a colui che ha altro diritto di godimento o è possessore, chi propone la denuncia deve fornire la prova del titolo, con ogni mezzo.

La tutela postula un rapporto tra cosa e cosa; l'azione non può quindi essere proposta da colui che l'esperisce a tutela di un suo diritto personale.

In caso di accoglimento dell'istanza, l'obbligo di rimuovere la situazione di pericolo o di danno incombe su colui che abbia la proprietà, il possesso o comunque la disponibilità della cosa dalla quale proviene la minaccia di danno.

B) NORMATIVA DI RIFERIMENTO

Art. 1172.
Denunzia di danno temuto.

Il proprietario, il titolare di altro diritto reale di godimento o il possessore, il quale ha ragione di temere che da qualsiasi edificio, albero o altra cosa sovrasti pericolo di un danno grave e prossimo alla cosa che forma l'oggetto del suo diritto o del suo possesso, può denunziare il fatto all'autorità giudiziaria e ottenere, secondo le circostanze, che si provveda per ovviare al pericolo.

L'autorità giudiziaria, qualora ne sia il caso dispone idonea garanzia per i danni eventuali.

C) MODELLO RICORSO

Tribunale di ...
Ricorso per denuncia di danno temuto

il Sig. ... nato a ..., il ..., C.F.: ..., rappresentato e difeso dall'Avv. ...., C. F.: presso cui elettivamente domicilia in ..., via ..., n. ..., giusta procura a margine del presente atto, con richiesta di effettuarsi le comunicazioni di Cancelleria a mezzo fax all'utenza n. ... ovvero a mezzo p.e.c. all'indirizzo e-mail ...

Espone quanto segue

- Parte istante è proprietaria di un appartamento, con annesso terreno, sito in ..., via ..., n. ..., confinante con il terreno del sig. ...;
- a ridosso del confine con la proprietà del ricorrente, nella proprietà del sig. ... vi è un deposito che, a causa della mancanza di opere di manutenzione e delle abbondanti piogge, rischia di crollare sulla proprietà del ricorrente ove vi è una piantagione di ...;
- con raccomandata a.r., datata ...., l'esponente ha richiesto al Sig. ... di svolgere le riparazioni necessarie ad eliminare detto pericolo;
- tanto premesso, ricorrono i presupposti per l'emissione del provvedimento cautelare poichè: vi è il pericolo di un danno grave e sussiste il '*fumus boni iuris*" perché ... ; sussiste altresì il "*periculum in mora*", poiché ...

Tutto ciò premesso, il sig. ..., come sopra rappresentato, difeso ed elettivamente domiciliato

RICORRE

alla S.V. Ill.ma, affinché valutata l'urgenza ed assunte, ove occorra, sommarie informazioni, nonché disposta consulenza tecnica d'ufficio, voglia ordinare con decreto motivato, ai sensi dell'art. 669-sexies, c.p.c., secondo comma, "inaudita altera parte", al Sig. ... la immediata esecuzione dei lavori di ristrutturazione del deposito suddetto, disponendo idonea garanzia per gli eventuali danni.

Con vittoria di spese, competenze e onorari del giudizio.

Produce, mediante deposito in Cancelleria, i seguenti atti e documenti: ...

Chiede ammettersi prova per testi sulle seguenti circostanze di fatto: "Vero è che" ...

Il presente procedimento ha un valore di Euro ...

Luogo, data

firma avvocato

2.3.8. IL RICORSO EX ART 700 C.P.C.

A)IL PROCEDIMENTO D'URGENZA

a) Caratteri generali dell'istituto.

Il ricorso ex art. 700 c.p.c. è rivolto ad ottenere un provvedimento d'urgenza atipico che salvaguardi, nel tempo occorrente per giungere ad una decisione di merito, il diritto fatto valere dal ricorrente nel caso in cui sia minacciato da un pregiudizio imminente ed irreparabile.

Art. 700 c.p.c. *"Fuori dai casi regolati nelle precedenti sezioni di questo capo, chi ha fondato motivo di temere che durante il tempo occorrente per far valere il suo diritto in via ordinaria, questo sia minacciato da un pregiudizio imminente e irreparabile, può chiedere con ricorso al giudice i provvedimenti di urgenza, che appaiono, secondo le circostanze, più idonei ad assicurare provvisoriamente gli effetti della decisione sul merito".*

I provvedimenti d'urgenza emessi ai sensi dell'art. 700 c.p.c. hanno di norma il carattere dell'atipicità, nel senso che vanno adottati, secondo le circostanze, allo scopo di assicurare provvisoriamente gli effetti della decisione di merito senza però necessariamente anticipare il prevedibile contenuto della medesima.

Tali provvedimenti hanno natura e funzione cautelari in quanto sono rivolti ad assicurare che la futura pronuncia del giudice non resti pregiudicata nel tempo necessario ad attuarla. Sono perciò destinati a perdere ogni efficacia e vigore a seguito della decisione emessa nel successivo giudizio di merito, nella quale rimangono assorbiti e caducati.

A seguito della riforma introdotta dalla l.80/2005, il **provvedimento d'urgenza mantiene la propria efficacia indipendentemente dalla proposizione del giudizio di merito.**

Requisito indispensabile per la tutela d'urgenza è l'**esistenza di un diritto da far valere in via ordinaria** – o quantomeno un'apparenza del diritto stesso (Cass.civ., sent. 5925 del 1999) – (*fumus boni iuris*).

L'esperimento del ricorso ex art. 700 c.p.c. presuppone, a pena della inammissibilità dell'azione, l'inesistenza di specifici rimedi cautelari tipici - c.d. requisito della residualità o atipicità del provvedimento d'urgenza. Non può nemmeno essere pronunciato qualora il diritto di cui si teme il pregiudizio sia tutelabile in via ordinaria attraverso un processo la cui rapidità di svolgimento è affine a quella del procedimento cautelare.

b) I presupposti.

I presupposti per un ricorso d'urgenza sono individuati nel *fumus boni iuris* e nel *periculum in mora*, individuato nella minaccia di un *"un pregiudizio imminente e irreparabile"*: l'insussistenza di un rischio di pregiudizio irreparabile (*"periculum in mora"*) esonera il giudice dalla disamina dell'altro requisito del *"fumus boni iuris"*.

Periculum in mora – Imminenza ed attualità del pregiudizio.

In particolare la dottrina ritiene che il requisito dell'imminenza del pregiudizio implichi che "l'evento dannoso paventato da chi domanda il provvedimento d'urgenza debba non essere di remota possibilità, ma incombere con vicina probabilità, e cioè che l'*iter* che conduce a detto evento sia già, se non proprio iniziato, almeno direttamente ed univocamente preparato".

Non è dunque sufficiente, ai fini dell'emissione del provvedimento d'urgenza, la sola remota possibilità di un pregiudizio al diritto cautelando; in tal senso è schierata anche la giurisprudenza prevalente, secondo cui la nozione di imminenza coincide con l'incombente minaccia del pregiudizio che, ove ravvisata dal giudice della cautela, legittima il rilascio del provvedimento richiesto.

Come efficacemente sintetizzato, "il riferimento all'imminenza del pregiudizio significa che il timore di danno non dev'essere legato a eventi ancora lontani nel tempo ma, com'è stato detto, *incombere con vicina probabilità*": sotto questo profilo, l'imminenza è requisito della tutela urgente che pare correlato con il carattere preventivo della medesima.

Tuttavia l'aggettivo "imminente" non è riferito soltanto ad eventi comunque futuri, ma vale anche come sinonimo di 'pressante' o di 'impellente': è imminente quindi anche un pregiudizio attuale a cui sia urgente porre rimedio, come d'altronde è pacificamente ammesso".

Il pregiudizio deve essere imminente ed attuale tanto che il gran tempo trascorso tra il verificarsi delle azioni che si assumono lesive e l'istanza cautelare ex art. 700 c.p.c. fa ritenere insussistente il requisito indefettibile dell'urgenza.

Nell'apprezzamento dei requisiti dell'imminenza e dell'attualità, il giudice gode di una significativa potestà discrezionale.

L'intervento dell'Organo giudicante può essere precedente o contestuale all'evento dannoso ovvero, in date circostanze, anche successivo, condizionando di conseguenza il contenuto del provvedimento d'urgenza, che potrà assolvere anche una funzione essenzialmente preventiva – ossia diretta ad impedire la violazione o la sua continuazione o ripetizione – oltre che repressiva – cioè finalizzata alla eliminazione degli effetti dannosi della violazione già effettuata.

In tale ultima ipotesi, a pregiudizio già realizzatosi, l'adozione della misura cautelare urgente appare giustificata quando vi sia il concreto rischio di reiterazione dell'evento pregiudizievole ovvero per attenuarne gli effetti dannosi nelle ipotesi in cui sia difficile o impossibile il successivo risarcimento o, ancora, per scongiurare ulteriori esiti dannosi del pregiudizio già prodottosi.

Viceversa, quando la condotta lesiva si è completamente realizzata e non può produrre ulteriori conseguenze negative, deve ritenersi esclusa l'imminenza del pregiudizio con conseguente insussistenza della situazione di pericolo denunciata.

Il ricorso all'art. 700 c.p.c. è, pertanto, proficuamente esperibile sia per evitare il prodursi di un evento lesivo, sia per inibire le conseguenze pregiudizievoli della condotta illecita già verificatasi.

c) Proposizione della domanda.

La domanda di misura cautelare d'urgenza, come anticipato, va proposta con ricorso al giudice ordinario individuato dalla disciplina generale dettata anche per i procedimenti cautelari ex art. 669 c.p.c. e ss.

Prima dell'inizio della causa di merito, il ricorso si propone al giudice competente a conoscere del merito. (art. 669 bis c.p.c.).

Se competente per la causa di merito è il giudice di pace, la domanda si propone al tribunale (comma 2°).

Quando la domanda è proposta nel corso di una causa già pendente, allora deve essere rivolta al giudice della stessa (art. 669 quater).

Se la causa pende davanti al giudice di pace, la domanda si propone al tribunale (art. 669 quater, comma 3°).

d) Accoglimento della domanda.

L'accoglimento della domanda comporta la concessione della misura cautelare ed il giudice provvede tramite **ordinanza**.

L'ordinanza non è assimilabile alla sentenza che chiude il processo: tuttavia, stante la facoltà del giudizio di merito, qualora il ricorrente decida di non incardinarlo, il provvedimento d'urgenza regolerà la situazione giuridica.

Qualora il giudice con l'ordinanza, di accoglimento o di rigetto, si dichiari incompetente, non è ammissibile l'impugnazione con regolamento per competenza. Detta ordinanza è, infatti, passibile unicamente di **reclamo** ai sensi dell'art. 669 – *terdecies* c.p.c.

Il reclamo deve essere proposto nel termine di 15 giorni dalla pronuncia in udienza o dalla comunicazione o notificazione, se anteriori.

Il reclamo contro provvedimenti del giudice singolo del tribunale vanno proposti al collegio.

Tale impugnazione investe sia le questioni di rito che quelle di merito ed il relativo procedimento è disciplinato dagli articoli 737 e 738 c.p.c. (ossia in camera di consiglio).

Non è invece proponibile il ricorso straordinario per cassazione, ai sensi dell'art. 111 Cost., in quanto detti provvedimenti sono privi di stabilità e inidonei al giudicato, ancorché nessuna delle parti del procedimento cautelare abbia interesse ad iniziare l'azione di merito; tale ricorso non può valutarsi, benché il ricorrente lo richieda, neppure come istanza di regolamento preventivo di giurisdizione ai sensi dell'art. 41 c.p.c., da qualificare anch'essa inammissibile finché l'istante non abbia iniziato il giudizio di merito per il quale sorge l'oggetto del procedimento, unitamente all'interesse concreto e attuale a conoscere il giudice dinanzi al quale lo stesso deve eventualmente proseguire.

e) Esecuzione di un provvedimento di urgenza.

L'esecuzione di un provvedimento d'urgenza non costituisce esecuzione forzata in senso tecnico, e perciò non è applicabile ad essa l'art. 479 c.p.c., che prescrive la previa notificazione del titolo in forma esecutiva e del precetto.

Il soggetto beneficiario di un provvedimento cautelare e di urgenza può alternativamente servirsi, per l'esecuzione, della forma coattiva diretta o della normale procedura di esecuzione, notificando alla controparte il titolo e l'intimazione ad adempiere.

f) Rigetto della domanda.

Nel caso in cui la domanda venga rigettata, è possibile la riproposizione di una nuova domanda, posto che il precedente rigetto non costituisce giudicato e non impedisce quindi la riproposizione su fatti parzialmente diversi da quelli posti a base della precedente.

Tuttavia, la Corte Costituzionale, con sent. 23-6-1994 n. 253, ha dichiarato l'**illegittimità** dell'art. 669 – *terdecies* "nella parte in cui non ammette il reclamo ivi previsto, anche avverso l'ordinanza con cui sia stata rigettata la domanda di provvedimento cautelare".

Pertanto, avverso le ordinanze cautelari, di accoglimento o di rigetto, è sempre ammesso il reclamo.

B) NORMATIVA DI RIFERIMENTO.

Art. 700

Fuori dai casi regolati nelle precedenti sezioni di questo capo, chi ha fondato motivo di temere che durante il tempo occorrente per far valere il suo diritto in via ordinaria, questo sia minacciato da un pregiudizio imminente e irreparabile, può chiedere con ricorso al giudice i provvedimenti di urgenza, che appaiono, secondo le circostanze, più idonei ad assicurare provvisoriamente gli effetti della decisione sul merito.

Art. 669-*bis*
Forma della domanda

La domanda si propone con ricorso depositato nella cancelleria del giudice competente.

Art. 669-*ter*.
(Competenza anteriore alla causa)

Prima dell'inizio della causa di merito la domanda si propone al giudice competente a conoscere del merito. Se competente per la causa di merito è il giudice di pace, la domanda si propone al tribunale. Se il giudice italiano non è competente a conoscere la causa di merito, la domanda si propone al giudice, che sarebbe competente per materia o valore, del luogo in cui deve essere eseguito il provvedimento cautelare. A seguito della presentazione del ricorso il cancelliere forma il fascicolo d'ufficio e lo presenta senza ritardo al presidente del Tribunale *[o al pretore dirigente]* il quale designa il magistrato cui è affidata la trattazione del procedimento.

Art. 669-*quater*.
(Competenza in corso di causa)

Quando vi è causa pendente per il merito la domanda deve essere proposta al giudice della stessa.

Se la causa pende davanti al tribunale la domanda si propone all'istruttore oppure, se questi non è ancora designato o il giudizio è sospeso o interrotto, al presidente, il quale provvede ai sensi dell'ultimo comma dell'articolo 669-*ter*.

Se la causa pende davanti al giudice di pace, la domanda si propone al tribunale. In pendenza dei termini per proporre l'impugnazione, la domanda si propone al giudice che ha pronunziato la sentenza.

Se la causa pende davanti al giudice straniero, e il giudice italiano non è competente a conoscere la causa di merito, si applica il terzo comma dell'articolo 669-*ter*. Il terzo comma dell'articolo 669-*ter* si applica altresì nel caso in cui l'azione civile è stata esercitata o trasferita nel processo penale, salva l'applicazione del comma secondo dell'articolo 316 del codice di procedura penale.

Art. 669-*terdecies*.
(Reclamo contro i provvedimenti cautelari)

Contro l'ordinanza con la quale è stato concesso o negato il provvedimento cautelare è ammesso reclamo nel termine perentorio di quindici giorni dalla pronuncia in udienza ovvero dalla comunicazione o dalla notificazione se anteriore.

Il reclamo *[contro i provvedimenti del pretore si propone al tribunale, quello]*contro i provvedimenti del giudice singolo del tribunale si propone al collegio, del quale non può far parte il giudice che ha emanato il provvedimento reclamato. Quando il provvedimento cautelare è stato emesso dalla Corte d'appello, il reclamo si propone ad altra sezione della stessa Corte o, in mancanza, alla Corte d'appello più vicina.

Il procedimento è disciplinato dagli articoli 737 e 738.

Le circostanze e i motivi sopravvenuti al momento della proposizione del reclamo debbono essere proposti, nel rispetto del principio del contraddittorio, nel relativo procedimento. Il tribunale può sempre assumere informazioni e acquisire nuovi documenti. Non è consentita la rimessione al primo giudice.

Il collegio, convocate le parti, pronuncia, non oltre venti giorni dal deposito del ricorso, ordinanza non impugnabile con la quale conferma, modifica o revoca il provvedimento cautelare.

Il reclamo non sospende l'esecuzione del provvedimento; tuttavia il presidente del tribunale o della Corte investiti del reclamo, quando per motivi sopravvenuti il provvedimento arrechi grave danno, può disporre con ordinanza non impugnabile la sospensione dell'esecuzione o subordinarla alla prestazione di congrua cauzione.

C) MODELLO DEL RICORSO

1)

TRIBUNALE DI
RICORSO *EX* ART. 700 C.P.C.

Il sig. _____, nato a _____, residente in _____ , via _____, C.F._____, rappresentato e difeso dall'avv. _____, come da procura in calce (*o a margine*) presente ricorso;

PREMESSO

- che, in data _____, sono state diffuse da parte della società X immagini fotografiche che ritraggono il ricorrente in atteggiamenti tali da ledere irreparabilmente la propria immagine, in quanto _____;

- che la società X, malgrado il ricorrente, con lettera raccomandata del _____, l'abbia diffidata affinché provvedesse a rimuovere il pregiudizio in questione, non si è adoperata in alcun modo in tal senso;

- che, in attesa di promuovere l'eventuale giudizio di merito per far valere il proprio diritto _____, e per ottenere il risarcimento del danno causato dall'illegittimo comportamento della società X,

CHIEDE

che, ai sensi del combinato disposto degli artt. 700 e 669-*bis* e seguenti c.p.c., il G.I. voglia ordinare, con decreto *inaudita altera parte* o, in subordine, fissata l'udienza per la comparizione delle parti, i provvedimenti necessari alla rimozione del pregiudizio di cui in premessa e condannare la società X alla rifusione delle spese, delle competenze e degli onorari della presente procedura.

Con riserva di ogni azione in ordine al risarcimento di tutti i danni subiti.

Si producono:

1) _____ ;

2) _____ .

Ai sensi degli artt. 134, terzo comma, e 136, terzo comma, c.p.c., l'avv. _____ dichiara di voler ricevere eventuali avvisi e comunicazioni al seguente indirizzo di posta elettronica: _____ (*oppure al seguente numero di fax:* _____).

_____, lì _____

Avv. _____

2)

TRIBUNALE CIVILE DI _____

RICORSO EX ART. 700 C.P.C.

Per

Società Alfa, (C.F.____), in persona del legale rappresentante p.t., con sede in _____, via___, n.____, rappresentata e difesa, giusta procura in calce al presente atto, dall'Avv._____ e domiciliata presso il suo studio in _____, via____, n.____;

- ricorrente

CONTRO

Banca Beta, in persona del legale rappresentante p.t., con sede in _____, via____, n._____;

- resistente

PREMESSO CHE

- in data 27.9.2009 la società Alfa, allo scopo di tutelarsi dall'oscillazione dei tassi di interesse sui finanziamenti contratti a tasso variabile stipulava con la Banca Beta contratto quadro di swap;

- al primo contratto faceva seguito in data 12/10/2009 contratto di mandato per la negoziazione di strumenti finanziari e una serie di contratti interest rate swap;

- con questi ultimi contratti, l'ultimo dei quali stipulato in data 2/7/2010, Alfa e Beta si accordavano per scambiarsi reciprocamente, per tre anni dalla stipula, pagamenti calcolati:

a) sulla base di un tasso di interesse fisso, quanto ai pagamenti di Alfa;

b) sulla base di un tasso di interesse variabile per quanto riguarda Banca Beta;

- in forza delle caratteristiche del contratto, se il tasso di interesse crolla ci sono due conseguenze:

1. vantaggio per il rapporto di finanziamento

2. nello swap, però, Alfa deve versare la differenza alla banca.

- i contratti successivi a quello quadro incorporano le passività prodotte da quello precedente e prevedono un tasso di interesse a carico di Alfa sempre più alto;

- per effetto della pregressa passività, degli ulteriori costi, e della mancanza di copertura del rischio sottostante, i successivi contratti hanno determinato solo un incremento dei costi e l'impossibilità concreta di utilizzare tale meccanismo per tutelarsi realmente dal rischio delle oscillazioni del tasso di interesse;

- dall'indagine tecnica effettuata per Alfa da F.&B. s.p.a. è emerso che il 60% del costo complessivo dell'operazione per la società attrice si spiega con costi impliciti (cioè sulle condizioni reali del contratto) e non sulla base di movimenti avversi di mercato;

- nel frattempo Banca Beta, in conseguenza del crollo dei tassi di interesse rilevati dalla Banca centrale, ha continuato ad addebitare ingenti somme a Alfa, in dipendenza del contratto di interest swap, sull'unico conto corrente di Alfa, sul quale la stessa tiene i depositi di liquidità con i quali, tra l'altro, provvede a pagare i suoi dipendenti.

Tutto ciò premesso, la Società Alfa, come in epigrafe rappresentata e difesa, agisce in via d'urgenza ai sensi degli artt. 669 bis e 700 c.p.c., per ottenere tutti i provvedimenti idonei alla tutela dei propri diritti, per i seguenti:

MOTIVI

Sul *fumus boni juris* per illegittimità dei contratti di interest swap stipulati con la Banca Beta.

Come già anticipato nella ricostruzione della vicenda, la società Alfa ha stipulato con la Banca Beta un accordo in cui al finanziamento concesso per evitare le oscillazioni dei tassi di interesse, sono stati affiancati una serie di contratti di interest swap, con mandato per la Banca di investire in strumenti finanziari.

La prima questione giuridica che si pone è quella dell'inquadramento della fattispecie contrattuale e della sua riconducibilità alla sfera dei contratti atipici consentiti dall'ordinamento.

Come noto, infatti, all'art. 1322 il Codice civile stabilisce la regola della autonomia contrattuale, secondo la quale le parti di un contratto sono libere di determinarne il contenuto e di adottare schemi di contratto non disciplinati espressamente dalla legge, salvo però che siano diretti a realizzare interessi meritevoli di tutela secondo l'ordinamento giuridico e che non contrastino, quindi, con la legge, l'ordine pubblico e il buon costume.

Proprio al fine di stabilire la meritevolezza o meno, secondo l'ordinamento, dei contratti in questione, è necessaria una indagine sulla causa in concreto perseguita dalle parti.

Nella specie, ci troviamo di fronte ad un negozio complesso costituito da una serie di contratti e di operazioni finanziare tra loro funzionalmente collegate, la cui causa deve essere ricercata nel legame negoziale tra il finanziamento e la vendita di strumenti finanziari, con la conseguenza che alla fattispecie deve essere ritenuta applicabile la disciplina di cui agli artt. 21 e ss. del TUF.

L'art. 21 del T.U.F. inquadra e definisce i criteri generali secondo i quali gli intermediari finanziari debbano svolgere la prestazione dei servizi e delle attività di investimento, stabilendo espressamente che devono "a) comportarsi con diligenza, correttezza e trasparenza, per servire al meglio l'interesse dei clienti e per l'integrità dei mercati; b) acquisire le informazioni necessarie dai clienti e operare in modo che essi siano sempre adeguatamente informati".

La protezione degli interessi dei clienti/investitori è il filo conduttore di tutta la disciplina in materia di intermediazione finanziaria, in cui evidentemente il legislatore ha ben pensato, vista la situazione di asimmetria informativa che pervade detto settore a svantaggio dei risparmiatori, di prevedere un sistema di obblighi e di tutele a favore della "parte contrattuale debole".

Il ruolo della Banca, in quanto intermediario finanziario, è dunque quello di consigliare il cliente sugli investimenti più opportuni e di informarlo sul possibile andamento negativo degli stessi.

Nel caso di specie, invece, il comportamento della Banca Beta è stato totalmente di segno opposto rispetto alle suddette prescrizioni legislative.

Come emerso, infatti, dall'indagine tecnica effettuata per Alfa da F.&B. s.p.a., il 60% del costo complessivo dell'operazione per la società attrice si spiega con costi impliciti (cioè sulle condizioni reali del contratto) e non sulla base di movimenti avversi di mercato.

Ciò significa che, a prescindere dall'andamento dei mercati finanziari, il risultato non immediatamente percepibile sarebbe stato per Alfa comunque negativo, in spregio tanto dei sopraelencati doveri di correttezza e diligenza, quanto delle norme in tema di conflitto di interessi che impongono all'intermediario di adottare ogni misura ragionevole per identificare i conflitti di interesse con il cliente, svolgendo una gestione indipendente, sana e prudente e "salvaguardando i diritti dei clienti sui beni affidati". (art. 21, comma 1bis, T.U.F.).

Sulla base di quanto detto, dal momento che il rapporto tra Banca Beta e Alfa prevede un vantaggio certo a favore della prima ed un'alea rilevante a carico del secondo, è possibile parlare di "contratto aleatorio unilaterale" avente natura atipica e sulla base di quanto detto sopra, non meritevole di tutela da parte dell'ordinamento giuridico ai sensi dell'art. 1322 c.c..

In altre parole, essendo il risultato pratico perseguito dalle parti oggettivamente contrario alle norme contemplate dal legislatore in materia di strumenti finanziari, ne deriva la completa illiceità della causa e di riflesso la non meritevolezza di tutela da parte dell'ordinamento di detto negozio, con conseguente nullità dello stesso ai sensi degli artt. 1343 e 1418 c.c..

Sul periculum in mora.

Ricorre altresì l'altro indefettibile presupposto della tutela cautelare (*periculum in mora*) sotto un duplice aspetto, in quanto proprio la palese illegittimità dell'operazione economica messa in piedi dalla banca Beta per conseguirne un sicuro vantaggio concreta un risultato dannoso per la ricorrente che potrebbe determinare, nelle more di un giudizio ordinario di cognizione, ulteriori danni irreparabili sia nei suoi confronti sia nei confronti dei suoi dipendenti.

Questi ultimi, oltre al danno che indirettamente subirebbero da un dissesto economico del proprio datore di lavoro, potrebbero altresì vedere pregiudicata sin da subito la propria situazione economica per il mancato pagamento dei loro stipendi.

Come sopra esposto, infatti, la Banca Beta, in conseguenza del crollo dei tassi di interesse rilevati dalla Banca centrale, ha continuato ad addebitare ingenti somme a Alfa, in dipendenza del contratto di interest swap, sull'unico conto corrente di Alfa, sul quale la stessa tiene i depositi di liquidità con i quali, tra l'altro, provvede a pagare i suoi dipendenti.

Data, dunque, la possibilità di una notevole diminuzione delle somme depositate presso la Banca, solo l'immediata declaratoria di nullità del contratto può contenere i danni già subiti da Alfa, facendo in modo che non ne rispondano direttamente anche i suoi dipendenti.

Sul risarcimento del danno.

Fermo quanto sopra esposto, ci si riserva di agire in un successivo giudizio di merito, oltre che per l'accertamento e la dichiarazione di nullità del contratto stipulato tra le parti, anche per il risarcimento ex art. 2043 c.c. del danno patito, tanto dal punto di vista del danno emergente quanto del lucro cessante.

Tutto ciò premesso la Società Alfa, in persona del legale rappresentante p.t., come sopra rappresentata e difesa

RICORRE

a codesto ill.mo Tribunale, in via d'urgenza ai sensi degli artt. 669 bis e 700 c.p.c., affinché il giudice designando voglia:

a) con decreto inaudita altera parte dichiarare la nullità dell'intero negozio giuridico e dei singoli contratti facenti parte stipulati tra la società Alfa e la Banca Beta, perché in contrasto con gli artt. 1322, 1343 e 1418 c.c.;

b) contestualmente fissare, col medesimo decreto, l'udienza di comparizione delle parti davanti a sé entro un termine non superiore a quindici giorni, assegnando all'istante termine per la notifica del ricorso e del pedissequo decreto alla resistente, per ivi confermare i provvedimenti cautelati già emessi;

c) condannare la resistente al pagamento delle spese, delle competenze e degli onorari di questo procedimento cautelare, oltre maggiorazioni I.V.A. e c.p.a. come per legge.

Con riserva, nel merito, di ogni azione risarcitoria.

In via istruttoria, si produce

1. copia contratti nn. stipulati tra Alfa e Beta;

2. estratto conto del c.c. n. _____

3. indagine tecnica effettuata da S&B s.p.a.

_____, lì_____

Avv._____(firma)

3. LEZIONI DI DIRITTO PENALE

3.1 ARGOMENTI DI ATTUALITA' GIURIDICA

> ➢ **Il rischio consentito nell'attività sportiva.**

di Filippo Lombardi

Sommario: 1. *La scriminante del rischio consentito. Dal momento genetico e fisiologico al momento patologico. 2. Cass. pen. 19473/2005 in tema di illecito sportivo e rischio consentito. Il momento patologico della scriminante tacita. 3. La Cassazione con la sentenza 7536/2013 conferma i consolidati orientamenti, con alcune precisazioni.*

1. La scriminante del rischio consentito. Dal momento genetico e fisiologico al momento patologico.
Una questione sempre attuale è rappresentata dalla qualificazione e dai criteri operativi che reggono la "scriminante" del rischio consentito in ambito sportivo.
Gli sport si dividono in due tipologie: quelli "a violenza necessaria" (es. gli sport da combattimento come la *boxe*) e quelli "a violenza eventuale" (es. il calcio, la pallacanestro), in cui il comportamento dei partecipanti non è schiettamente finalizzato al contatto fisico, ma questo può verificarsi secondo l'*id quod plerumque accidit*. E', in altri termini, probabile che accada.
La tematica rivela dunque un *punctum pruriens,* relativo alla doverosità dell'intervento sanzionatorio di tipo penale nel momento in cui un evento penalmente rilevante si verifichi durante la pratica dello sport di riferimento.

La questione è di indubbia importanza, se si considera che l'intervento di uno strumento repressivo forte come quello penale, se male applicato, potrebbe scoraggiare la pratica sportiva, da sempre considerata attività utile alla socializzazione, all'educazione al rispetto delle regole, e al benessere psico-fisico.

Appare quindi fondamentale stabilire un giusto bilanciamento tra la tutela della persona coinvolta in manifestazioni sportive e la tutela dello sport nella sua massima espressione.

Da sempre, non a caso, la giurisprudenza e la dottrina hanno partorito valutazioni tendenti a preservare la pratica sportiva da ingerenze dell'ordinamento penale. Si è fatto riferimento al concetto di *attività (pur pericolosa ma) socialmente adeguata,* e all'applicazione analogica delle scriminanti del *consenso dell'avente diritto* di cui all'art. 50 c.p. e dell'*esercizio di un diritto* di cui al successivo art. 51 c.p. Alla prima concezione, di matrice tedesca, si è replicato che essa non può trovare accoglimento in un ordinamento a legalità formale come il nostro, poiché fa riferimento alla rilevanza e all'aspettativa sociale più che agganciarsi ad un preciso riferimento normativo. Alla tesi dell'applicazione analogica del consenso dell'avente diritto, non del tutto ripudiata ma bisognosa di aggiustamenti, è stato però precisato che il limite sia da riscontrare nell'articolo 5 del codice civile. Alla tesi che intende applicare analogicamente l'articolo 51 c.p. (esercizio di un diritto), altra dottrina ha obiettato come non sia immune da critiche. Infatti, l'evento penalmente rilevante che si verifica durante una competizione sportiva può essere scriminato, in realtà, grazie ad un *"cumulo" di presupposti*: consenso dell'avente diritto (che vale come accettazione del rischio di danno e costituirebbe il presupposto dell'esercizio del diritto), idoneità psico-fisica alla pratica, rispetto delle regole che disciplinano lo specifico sport. Pur essendo quest'ultima una soluzione più completa e degna di attenzione, essa è applicabile solo alle competizioni sportive ufficiali, e non a quelle amatoriali. La giurisprudenza ha quindi spesso ribadito la necessità di scriminare comportamenti astrattamente punibili che ricadano nel fenomeno agonistico sportivo, pur dovendo accettare che la relativa scriminante sia una c.d. *scriminante tacita*, agganciata all'articolo 2 Cost. nella parte in cui tutela l'espressione della personalità di un soggetto in quanto singolo o in quanto inserito in contesti sociali allargati.

Il corollario che deriva da queste osservazioni è il seguente: le attività sportive godono di regole proprie che fungono da vere e proprie *leges artis*, cioè regole precauzionali che presiedono al corretto svolgimento della competizione. Tali regole vengono create appositamente per evitare eventi lesivi o per contenerli nei limiti dell'imprescindibile (ad es. nel caso di sport necessariamente violento), e ne deriva che, qualora esse siano effettivamente rispettate, non si verificheranno eventi astrattamente punibili; o, seppure essi si verificassero, rientrerebbero nell'area del c.d. *rischio consentito*, con assenza di conseguenze dal punto di vista penale.

La fenomenologia che interessa in questa sede deriva, al contrario, dal *momento patologico* della scriminante, il quale è logicamente connesso al travalicamento del limite stesso del rischio consentito.

Si ritiene utile, per fornire una risposta adeguata sul problema, far riferimento ad una pronuncia della Suprema Corte, la *sentenza n. 19473 del 2005*, con la quale gli Ermellini hanno posto dei paletti interessanti.

2. *Cass. pen. 19473/2005*, in tema di illecito sportivo e rischio consentito. Il momento patologico

della scriminante tacita.

Dopo aver reso omaggio al senso e alle finalità che lo sport esplica e persegue nell'ambito sociale, nella misura in cui esso contribuisce al benessere psico-fisico e all'educazione dei praticanti, la Corte pone l'attenzione sull'area del rischio consentito.

In prima battuta sottolinea che l'area del rischio consentito deve ritenersi coincidente coi contorni delineati dai regolamenti disciplinari dello sport di cui trattasi caso per caso. Questo è fondamentale, in quanto il potenziale praticante può, tramite la presa visione delle "regole del gioco", formarsi una piena consapevolezza circa i pericoli a cui va incontro, e solo così può decidere di accettare la pratica di quello sport e di affrontare i relativi rischi. Al di fuori dell'alveo del rischio consentito interviene lo strumento penale.

Il principio ricavabile da tale argomentazione è: *ciò che è lecito discende dal rispetto delle regole, ciò che è illecito presuppone la loro violazione.*

Questo principio è vero solo *prima facie*, in quanto poco dopo nella sentenza si legge che vi è un caso in cui la violazione delle regole di gioco non comporta responsabilità penale. E' il caso della loro violazione involontaria da parte del praticante.

Cercando di fornire una *reductio ad unitatem* dei casi possibili, si può argomentare come segue:

1) *caso di violazione involontaria della regola di gioco, che produce un evento astrattamente punito da una norma penale.* In questo caso, come anche attenta dottrina sottolinea, sancire che tale violazione debba essere considerata illecito penale contribuirebbe a scoraggiare gli utenti ad intraprendere un'attività sportiva o a costituire formazioni sociali e/o federazioni a ciò devolute, per timore di interventi sanzionatori "facili". Si verserà nel campo del mero illecito sportivo (*rectius*: infrazione regolamentare).

2) *caso di violazione volontaria della regola di gioco, che produce un evento astrattamente punito da una norma penale.* In questo caso, la Corte ammette l'intervento del diritto penale, ma rimarca la necessità di accertamento dell'elemento soggettivo. Si possono verificare quindi due casi:

- violazione volontaria con intento lesivo. In questo caso, come è facile intuire, il reato sarà doloso: l'evento sportivo è solo l'occasione in cui l'offesa è cagionata, mentre la condotta tenuta, mascherata da azione di gioco, è solo la veste esteriore, atteggiandosi come puro pretesto per ledere l'altrui incolumità per motivi estranei alla competizione.

- violazione volontaria con intento non lesivo. In questo secondo caso, il fine dell'atleta non è quello di produrre un danno all'avversario, bensì quello di evitargli un vantaggio dal punto di vista sportivo. Ad esempio, se il calciatore esegue il fallo tattico (o antisportivo) con un *tackle* che produce delle lesioni alle gambe dell'avversario che sfuggiva alla sua difesa, ciò non comporta automaticamente l'intento lesivo, ma può sottacere una semplice finalità connessa alla gara: evitare che la parte offesa potesse realizzare un *goal*.

E' chiaro che, secondo le regole generali, potrà effettuarsi un accurato accertamento, demandato alla fase processuale, circa l'eventualità che dal punto di vista soggettivo vi sia stata una vera e propria *accettazione del rischio* di provocare l'evento nefasto, versandosi in tal caso nell'ambito del dolo eventuale.

3. La Cassazione con la *sentenza 7536/2013* conferma i consolidati orientamenti, con alcune precisazioni.

La Suprema Corte si è pronunciata di recente su un caso di "ritorsione" verificatosi a margine di una partita di calcio femminile. Tizia e Caia sono le due giocatrici coinvolte. Tizia, durante l'intera partita, realizza molti illeciti disciplinari nei confronti di Caia, sanzionati dall'arbitro attraverso l'applicazione del regolamento calcistico. All'ennesima scorrettezza di Tizia, avvenuta nei momenti finali della partita, Caia reagisce colpendo quest'ultima al volto, e procurandole una lesione che necessiterà di sei punti di sutura.

In appello, la condotta di Caia viene scriminata in base all'articolo 52 del codice penale (legittima difesa). Secondo il giudice di gravame, infatti, Caia si è protetta dalla condotta aggressiva di Tizia, avendo come finalità quella di preservare la propria incolumità dinanzi ad un'escalation di scorrettezze della seconda.

La Suprema Corte ribalta il verdetto, facendo corretta applicazione dei principi richiamati dalla pronuncia del 2005. Secondo i Giudici, più precisamente, la condotta di Caia si atteggia come condotta di pura ritorsione, slegata dal contesto sportivo. In questi termini, si comprende come la reazione lesiva vada ben oltre l'alveo del rischio consentito, poiché, in base a quanto ammettono i Giudici, non è assolutamente lecito che Tizia si attendesse, all'atto di intraprendere la competizione, la possibilità che un'altra giocatrice reagisse in quel modo, "costruendosi" un'aggressività da manifestare non attraverso le modalità agonistiche connesse all'evento sportivo, bensì esternandola in una vera e propria vendetta personale.

Con la pronuncia in parola, però, gli Ermellini riconoscono l'applicabilità dell'attenuante della c.d. *provocazione* (art. 62, comma 1, n. 2) c.p.), evidentemente in quanto l'*escalation* di scorrettezze praticate durante il gioco dalla parte offesa, pur rimanendo confinata nell'illecito disciplinare legato all'attività sportiva *de qua,* può essere intesa come un fatto ingiusto idoneo a cagionare uno stato d'ira a cui può seguire la commissione del fatto tipico.

> ## Concussione e induzione indebita: la linea di demarcazione tracciata dalle Sezioni Unite (Cassazione penale, Sezione Unite, 14 marzo 2014, n. 12228).

di Francesco Vittorio Rinaldi

SOMMARIO: 1. Introduzione. – 2. L'evoluzione normativa della disciplina della concussione. – 3. La legge 190/2012 e la riforma della concussione: la ratio dell'intervento normativo e le differenze strutturali tra le fattispecie in astratto. – 4. Gli elementi costitutivi delle fattispecie di cui all'art. 317 c.p. e all'art. 319-quater. - 4.1. Gli elementi in comune: a) la condotta di abuso della qualità o dei poteri; b) l'evento della dazione o della promessa di denaro o altra utilità. - 4.2. L'elemento di differenziazione della condotta: la costrizione o l'induzione. I tre criteri discretivi utilizzati dalla giurisprudenza prima delle Sezioni Unite. – 5. Il nucleo centrale del problema: il significato di "costrizione" e di "induzione". - 5.1. L'abuso costrittivo. – 5.2. L'abuso induttivo. – 6. I criteri discretivi elaborati dalle Sezioni Unite. – 7. Conclusioni.

1. INTRODUZIONE

La legge (cosiddetta "anticorruzione") del 6 novembre 2012, n. 190[149], recante *"disposizioni per la prevenzione e la repressione della corruzione e dell'illegalità nella pubblica amministrazione"*, pubblicata in Gazzetta Ufficiale n. 265 del 13 novembre 2012 ed entrata in vigore il 28 novembre 2012, ha introdotto talune rilevanti modifiche in ordine alla disciplina dell'organizzazione della Pubblica Amministrazione, sia nell'ambito del diritto amministrativo[150], sia del diritto penale. Con riguardo a quest'ultimo ambito, in particolare, la legge n. 190 del 2012, con le disposizioni contenute nell'articolo 1, commi 75-83, ha innovato la disciplina dei reati dei pubblici ufficiali nei confronti della pubblica amministrazione.

La riforma, presentata come momento imprescindibile per il rilancio del Paese[151], risponde essenzialmente a due ragioni.

---

[149] Sulla nuova legge per la prevenzione della corruzione e dell'illegalità nelle amministrazioni, BALBI, *Alcune osservazioni in tema di riforma dei delitti contro la pubblica amministrazione*, in *Diritto penale* contemporaneo - *Riv. trim.*, n, 3-4/2012, p. 5 ss; DOLCINI, VIGANÒ, *Sulla riforma in cantiere dei delitti di corruzione*, in *Diritto penale contemporaneo - Riv. trim.*, n. 1/2012, p. 232 ss; VIGANÒ, *La riforma dei delitti di corruzione*, in GAROFOLI-TREU (a cura di), *Libro dell'anno del diritto*, Treccani, 2013; PALAZZO, *Concussione, corruzione e dintorni: una strana vicenda*, in *Diritto penale contemporaneo - Riv. trim.*, n. 1/2012, p. 227 ss; SPENA, *Per una critica dell'art. 319-quater c.p.. Una terza via tra concussione e corruzione?*, in *www.penalecontemporaneo.it*; GAROFOLI, *La nuova disciplina dei reati contro la P.A.*, in *www.neldiritto.it*, nonché in *www.penalecontemporaneo.it*; GAROFOLI, *La nuova legge anticorruzione, tra prevenzione e repressione*, in *www.giustizia-amministrativa.it*, nonché in *www.penalecontemporaneo.it*, in *www.nwldiritto.it* ed in *www.magistraturademocratica.it*; VALENTINI, *Dentro lo scrigno del legislatore penale*, in *www.penalecontemporaneo.it*. MANNA, *La scissione della concussione in due fattispecie distinte, nell'ambito di un quadro d'assieme*, in *Archivio Penale - Riv. Quadr.*, gennaio-aprile 2013, fasc. 1; RONCO, *L'amputazione della concussione e il nuovo delitto di induzione indebita: le aporie di una riforma*, in *Archivio Penale - Riv. Quadr.*, gennaio-aprile 2013, fasc. 1; GAMBARDELLA, *Dall'atto alla funzione pubblica: la metamorfosi legislativa della corruzione "impropria"*, in *Archivio Penale - Riv. Quadr.*, gennaio-aprile 2013, fasc. 1; BRUNELLI, *La riforma dei reati di corruzione nell'epoca della precarietà*, , in *Archivio Penale - Riv. Quadr.*, gennaio-aprile 2013, fasc. 1. AMATO, PADOVANI, in *Legge anticorruzione/2: l'analisi delle norme penali*, in *Guida al Diritto*, 48, 2012. VINCIGUERRA, FORNASARI, BONINI, BEVILACQUA, in *Prevenzione e repressione della corruzione e dell'illegalità nella pubblica amministrazione (Legge 190/2012). Una prima lettura delle disposizioni penali*, in *Giur. it.*, 12, 2012; FIANDACA, *L'induzione indebita a dare o promettere utilità (art.319-quater c.p.): una fattispecie ambigua e di dubbia efficacia*, in *Foro it.*, 2013, II, 205 ss.
Si consenta inoltre, il rinvio a RINALDI, *La legge "anticorruzione" e la riforma dei reati contro la Pubblica amministrazione,* in *Diritto & Diritti, www.diritto.it.*

[150] Si veda in particolare GAROFOLI, *La nuova legge anticorruzione, tra prevenzione e repressione, cit.*

[151] BALBI, Alcune osservazioni, *cit.*

In primo luogo essa è stata introdotta al fine di perfezionare un sistema normativo ritenuto da tempo inadeguato a prevenire e contrastare fenomeni corruttivi sempre più diffusi e insidiosi[152]; la legge n. 190/2012 infatti, è volta ad implementare l'apparato preventivo e repressivo contro l'illegalità nella pubblica amministrazione[153], in modo da ridurre la "forbice" tra la realtà effettiva e quella che emerge dall'esperienza giudiziaria[154].

E' stato rilevato invero che, dal raffronto tra i dati giudiziari e quelli relativi alla percezione del fenomeno *lato sensu* corruttivo, forniti da *Trasparency International* e dalla *Banca mondiale*, emerge la preoccupante sussistenza di un rapporto inversamente proporzionale tra corruzione "praticata" e corruzione "denunciata e sanzionata", con la crescita esponenziale della prima e la forte riduzione della seconda[155].

In secondo luogo, la legge "anticorruzione" risponde all'esigenza di adeguare l'ordinamento interno agli impegni assunti a livello internazionale, con la ratifica di talune Convenzioni[156]. Tali obblighi invero, sono vincolanti sul piano interno, in virtù del richiamo contenuto nel primo comma dell'articolo 117 della Costituzione, che sancisce che la potestà legislativa è esercitata nel rispetto dei vincoli derivanti dagli *"obblighi internazionali"*.

In particolare, la legge 190/2012 si ispira alla *Convenzione delle Nazioni Unite sulla corruzione*, adottata dall'Assemblea generale il 31 ottobre 2003 (cosiddetta *"Convenzione di Merida"*), ratificata con la legge 3 agosto 2009, n. 116 e, soprattutto, alla *Convenzione penale sulla corruzione* del Consiglio d'Europa del 27 gennaio 1999 (*Convenzione di Strasburgo*), ratificata dall'Italia con la legge 28 giugno 2012, n. 110. La riforma della corruzione inoltre tiene conto dei rilievi formulati dal *Working Group on Bribery* (WGB) dell'OCSE, poi ripresi dal rapporto redatto dal *"Group of States against corruption"* (GRECO)[157], istituito in seno al Consiglio di Europa, che ha adottato la raccomandazione con la quale l'organo ha invitato gli Stati membri ad adottare un regime sanzionatorio di misure efficaci, proporzionate e dissuasive contro la corruzione[158], che includano anche sanzioni privative della libertà personale.

Sulla scorta dell'adesione alla Convenzione di Merida è stata istituita la "CIVIT", ossia l'Autorità nazionale anticorruzione[159].

---

[152] Per un'analisi della diffusione del fenomeno corruttivo si veda il *Rapporto della Commissione per lo studio e l'elaborazione di proposte in tema di trasparenza e prevenzione della corruzione nella pubblica amministrazione, Roma 2012, 7 e ss, pubblicato a cura del Ministero per la pubblica amministrazione e la semplificazione*, in *www.governo.it/GovernoInforma/documenti/20121022/rapporto_corruzioneDEF.pdf*.

[153] Relazione dell'Ufficio del Massimario della Corte di Cassazione, (Rel. n. III/11/2012), *Novità legislative: L. 6 novembre 2012, n. 190 recante "Disposizioni per la prevenzione e la repressione della corruzione e dell'illegalità nella pubblica amministrazione"*.

[154] AMATO, *Concussione: resta solo la condotta di "costrizione"*, in *Legge anticorruzione/2: l'analisi delle norme penali, Guida al Diritto*, 48, 2012.

[155] GAROFOLI, *La nuova disciplina, cit.*

[156] BALBI, *Alcune osservazioni, cit.*; DOLCINI, VIGANÒ, *Sulla riforma, cit.*

[157] Nel Rapporto si legge che nella riunione plenaria del GRECO, svoltasi a Strasburgo il 20-23 marzo 2012 si osservava che l'allora vigente art. 317 c.p. *«può portare a risultati irragionevoli, in quanto colui che offre la tangente ha il diritto insindacabile di essere esentato dalla sanzione»* e si invitava pertanto, il nostro legislatore a *«esaminare in modo approfondito la pratica applicazione del reato di concussione, [...] al fine di accertare il suo eventuale uso improprio nelle indagini e nell'azione penale nei casi di corruzione»*.
Si legge, invero, in DOLCINI, VIGANO', *Sulla riforma in cantiere, cit.* che le istituzioni internazionali, tra cui l'OCSE e il GRECO da tempo esprimono preoccupazioni in ordine al pericolo che *«attraverso un uso generico del delitto di concussione da parte della magistratura italiana (inquirente e giudicante), il privato che ha effettuato un'indebita dazione di denaro o altra utilità sfugga alla punizione, allegando di essere stato "indotto" al pagamento o alla promessa da condotte abusive del pubblico funzionario»*.

[158] AMATO, *Concussione: resta solo la condotta di "costrizione", cit.* .

[159] GAROFOLI, *Il contrasto alla corruzione: il percorso intrapreso con la l. 6 novembre 2012, n. 190, e le politiche ancora necessarie*, in *www.neldiritto.it*, nonché in *www.giustizia-amminitrativa.it*.

La legge anticorruzione, secondo una parte della dottrina, offre una risposta non del tutto soddisfacente[160] a tali esigenze.

Di recente, invero, anche l'Unione Europea si è espressa in senso critico sull'intervento normativo italiano in tema di lotta alla corruzione[161].

La riforma si muove essenzialmente attraverso una triplice linea direttrice.

In primo luogo, la legge 190/2012, in linea di continuità con le convenzioni internazionali richiamate, si caratterizza per un generale inasprimento del trattamento sanzionatorio previsto per alcune fattispecie di reato[162], al fine di potenziarne l'efficacia dissuasiva[163]. Dall'aumento delle pene

---

[160] BALBI, *Alcune osservazioni, cit.* Fortemente critico sulla riforma l'A., secondo cui: «*la riforma…ben difficilmente segnerà una tappa davvero significativa, e apprezzabile, nell'evoluzione del nostro sistema penale. Quello che fa pensare, alla luce di tutto ciò, è l'inspiegabile consenso sociale addensatosi su di un testo normativo di medio spessore e di modesto impatto. Certo, la definizione mediatica di decreto anticorruzione ha svolto la sua parte, quasi che non esprimersi a favore di esso sembrasse costituire una forma di connivenza nei confronti di politicanti corrotti. Lascia sempre un po' di amarezza pensare che tanta voglia di legalità proveniente dal corpo sociale possa essere così facilmente veicolata su obiettivi più o meno casuali.*». Di opinione contraria, DOLCINI, VIGANÒ, *Sulla riforma, cit.*, secondo cui: «*ci pare opportuno ancora una volta ribadire…un complessivo apprezzamento per la riforma progettata, che affronta finalmente, seppur in modo parziale in ragione delle difficili contingenze politiche, un nodo essenziale per il futuro del paese: sulla base di un disegno di politica criminale magari non ambizioso, ma quanto meno chiaro e razionale. Di questi tempi, non è poco.*».
Critico il giudizio di PALAZZO, *Concussione, corruzione e dintorni, cit.* ; secondo l'A. infatti: «*Se legiferare significasse procedere* frigido pacatoque animo, *l'attuale vicenda della riforma dei delitti contro la pubblica amministrazione ne sarebbe un'evidente smentita. Ma soprattutto lo sconcerto prodotto dalla raffica di notizie di reato delle ultime settimane e la giusta attenzione dedicata dalla stampa quotidiana ai conati legislativi, con un occhio sempre sospettosamente rivolto ai processi in corso per smascherare temute "trappole" eventualmente nascoste tra le pieghe delle nuove norme, hanno messo nell'ombra la stranezza- diciamo così- che questa vicenda rivela ad un osservatore un po' più distaccato.*»; FIANDACA, *L'induzione indebita a dare o promettere utilità (art.319-quater c.p.): una fattispecie ambigua e di dubbia efficacia, cit.*, in cui l'A. scrive «*Che il nuovo assetto di disciplina dei reati contro la pubblica amministrazione rifletta un disegno politico-criminale davvero razionale o ragionevole, è in realtà controvertibile [...]. Dubbi legittimi investono anche la plausibilità tecnica e l'efficacia della nuova fattispecie di cui all'art. 319-quater c.p., che viene a incrementare il ventaglio delle possibili opzioni qualificatorie di forme di condotta tra loro molto contigue e dai confini non di rado assai fluidi, con conseguente aumento delle incertezze applicative e del concreto rischio di arbitrio giudiziale. Né mancano ulteriori obiezioni [...], che insistono nell'evidenziare la contraddizione tra la punibilità del privato indotto e la sua possibile disponibilità a denunciare i comportamenti subiti e, nel contempo, gli effetti negativi sulla prescrizione derivanti dalla previsione (sempre nell'ipotesi di cui all'art. 319-quater c.p.) di un trattamento punitivo inferiore a quello riservato alla concussione. Sembrano, dunque, esservi ragioni per ripensare la pur recente riforma. Ma pensare di poter procedere a una riforma della riforma sarebbe, in un frangente politico assai incerto e fragile come l'attuale, assai poco realistico*».

[161] Relazione dell'Unione Europea sulla lotta alla corruzione, Allegato sull'Italia della Relazione della Commissione al Consiglio e al Parlamento europeo, in *www.ec.europa.eu/dgs/home-affairs/what-we-do/policies/organized-crime-and-human-trafficking/corruption/anti-corruption-report/docs/2014_acr_italy_chapter_it.pdf.*
Nella Relazione si legge che «*la nuova legge lascia tuttavia irrisolta una serie di problemi: non modifica la disciplina della prescrizione, la normativa penale sul falso in bilancio e sull'autoriciclaggio e non introduce fattispecie di reato per il voto di scambio. Il nuovo testo frammenta inoltre le disposizioni di diritto penale sulla concussione e la corruzione, rischiando di dare adito ad un'ambiguità nella pratica e di limitare ulteriormente la discrezionalità dell'azione penale*».

[162] A tal riguardo occorre rilevare, a titolo esemplificativo, che la L. 190/2012 ha aumentato i minimi edittali del reato di peculato, di cui all'art. 314 c.p., il cui minimo, prima di tre anni di reclusione, è stato portato a quattro anni; allo stesso modo è stata aumentata la pena prevista per il reato di abuso di ufficio, di cui all'art. 323 c.p., prima racchiusa da un minimo di sei mesi fino al massimo di tre anni di reclusione, ed ora ricompresa tra uno e quattro anni di reclusione. Ancora, è stato innalzato il minimo edittale previsto per le fattispecie di corruzione per un atto contrario ai doveri di ufficio (corruzione propria), di cui all'art. 319 c.p., portato alla pena da quattro ad otto anni di reclusione, a fronte della "vecchia" pena della reclusione da due a cinque anni ed è stata aumentata inoltre la pena prevista per il reato di corruzione in atti giudiziari, di cui all'art. 319-*ter* c.p., la cui sanzione per il fatto previsto dal primo comma, prima racchiusa tra tre ed otto anni di reclusione, è ora ricompresa tra quattro e dieci anni, mentre, con riguardo all'ipotesi aggravata, di cui al secondo comma, il minimo edittale è stato elevato a cinque anni di reclusione, a fronte dei quattro anni precedentemente previsti. Occorre segnalare quanto al primo aspetto, inoltre, l'aumento del minimo edittale, da tre a

consegue, quale principale corollario, il prolungamento del termine di prescrizione[164].

Una seconda linea direttrice si identifica con la "rimodulazione" di talune fattispecie, quali la **concussione**[165] (che è stata fatta oggetto di uno «spacchettamento»[166] o «sdoppiamento» delle due condotte, di costrizione e di induzione, precedentemente contemplate dall'**art. 317 c.p.**, il quale ora contiene il riferimento alla sola condotta della costrizione e non anche a quella dell'induzione, che è contemplata da un'autonoma fattispecie incriminatrice, disciplinata dall'**art. 319-*quater* c.p.**[167]) e la corruzione per il compimento di un atto di ufficio (art. 318 c.p.), di cui sono stati innovati la rubrica (*"Corruzione per l'esercizio della funzione"*) ed il contenuto della norma[168].

---

quattro anni di reclusione, previsto per il reato di concussione, di cui all'art. 317 c.p. Quanto al trattamento sanzionatorio inteso in senso lato, occorre infine rilevare che la legge 190 del 2012 ha posto rimedio alla dimenticanza nella quale era incorso il legislatore precedentemente, con la L. 300 del 2000, che ha introdotto, tra le altre, la norma di cui all'articolo **322-*ter* c.p.**, sulla confisca in generale. Il legislatore del 2012 infatti, ha esteso la confisca per equivalente al "**profitto**", oltre che al prezzo, anche sulla scorta delle sollecitazioni pervenute dalla giurisprudenza di legittimità.

[163] BEVILACQUA, *Il sistema sanzionatorio delineato dalla legge anticorruzione*, in *Prevenzione e repressione della corruzione e dell'illegalità nella pubblica amministrazione (Legge 190/2012). Una prima lettura delle disposizioni penali*, in *Giur. it.*, 12, 2012; AMATO, *Nella confisca per equivalente spunta il profitto*, in *Legge anticorruzione/2: l'analisi delle norme penali*, Guida al Diritto, 48, 2012. Cass., Sez. Un., 25 ottobre 2007, n. 10280, Miragliotta; Cass., Sez. Un., 27 marzo 2008, n. 26654, Fisia Italimpianti Spa e altri.

[164] Critico sul punto BALBI, *Alcune osservazioni, cit.*, il quale evidenzia che «*L'innalzamento dei limiti editali risulta del tutto svincolato da qualsiasi opzione di teleologia funzionale, ma anche da più "banali" istanze di proporzione rispetto alla gravità del fatto: parossisticamente estranee a qualsiasi dosimetria virtuosa,le scelte sembrano rispondere al solo obiettivo di innalzare i termini prescrizionali alla luce di una indifendibile disciplina generale della prescrizione, disciplina su cui il legislatore onesto dovrà, il prima possibile, inevitabilmente tornare.*».

[165] L'attuale **art. 317 c.p. "concussione"**: «*Il pubblico ufficiale che, abusando della sua qualità o dei suoi poteri, costringe taluno a dare o a promettere indebitamente, a lui o ad un terzo, denaro o altra utilità è punito con la reclusione da sei a dodici anni*».
Sulla **concussione**: VINCIGUERRA, *La riforma della concussione*, in *Prevenzione e repressione della corruzione e dell'illegalità nella pubblica amministrazione (Legge 190/2012). Una prima lettura delle disposizioni penali*, in *Giur. it.*, 12, 2012; AMATO, *Concussione: resta solo la condotta di "costrizione", cit.*; AMATO, *Concussione ambientale? Serve sempre la "pretesa"*, in *Legge anticorruzione/2: l'analisi delle norme penali*, in *Guida al Diritto*, 48, 2012; BALBI, *Alcune osservazioni, cit.*; DOLCINI, VIGANÒ, *Sulla riforma in cantiere, cit.*; VIGANÒ, *La riforma dei delitti di corruzione, cit.*; PALAZZO, *Concussione, corruzione e dintorni, cit.*; GAROFOLI, *La nuova disciplina, cit.*

[166] PALAZZO, *Concussione, corruzione e dintorni: una strana vicenda*, in *Diritto penale contemporaneo, Riv. trim., n. 1/2012*, p. 227 ss.

[167] L'**art. 319-*quater* c.p. "induzione indebita a dare o promettere utilità"**: «*Salvo che il fatto costituisca più grave reato, il pubblico ufficiale o l'incaricato di pubblico servizio che, abusando della sua qualità o dei suoi poteri, induce taluno a dare o a promettere indebitamente, a lui o a un terzo, denaro o altra utilità è punito con la reclusione da tre a otto anni.*» (comma 1). «*Nei casi previsti dal primo comma, chi dà o promette denaro o altra utilità è punito con la reclusione fino a tre anni.*». (comma 2).
Sulla nuova fattispecie di reato: SPENA, *Per una critica dell'art. 319-quater c.p. . Una terza via tra concussione e corruzione?,cit.*; AMATO, *Concussione: resta solo la condotta di "costrizione", cit.*; VINCIGUERRA, *La riforma della concussione, cit.*; BALBI, *Alcune osservazioni, cit.*; DOLCINI, VIGANÒ, *Sulla riforma in cantiere, cit.*; VIGANÒ, *La riforma dei delitti di corruzione, cit.*; PALAZZO, *Concussione, corruzione e dintorni, cit.*; GAROFOLI, *La nuova disciplina, cit*; FIANDACA, *L'induzione indebita a dare o promettere utilità (art.319-quater c.p.): una fattispecie ambigua e di dubbia efficacia*, in *Foro it.*, 2013, II, 205 ss.

[168] L'**art. 318 c.p. "corruzione per l'esercizio della funzione"**: «*Il pubblico ufficiale che, per l'esercizio delle sue funzioni o dei suoi poteri, indebitamente riceve, per sé o per un terzo, denaro o altra utilità o ne accetta la promessa è punito con la reclusione da uno a cinque anni*».
Sulla corruzione: FORNASARI, *Il significato dei delitti di corruzione (e incidenze "minori" su altri delitti contro la P.A.)*, in *Prevenzione e repressione della corruzione e dell'illegalità nella pubblica amministrazione (Legge 190/2012). Una prima lettura delle disposizioni penali*, in *Giur. it.*, 12, 2012; PADOVANI, *La messa a "libro paga" del pubblico ufficiale ricade nel nuovo reato di corruzione impropria*, in *Legge anticorruzione/2: l'analisi delle norme penali*, in *Guida al Diritto*, 48, 2012; AMATO, *Corruzione: si punisce il mercimonio della funzione*, in *Legge anticorruzione/2: l'analisi delle norme penali*, in *Guida al Diritto*, 48, 2012; BALBI, *Alcune osservazioni, cit.*; DOLCINI, VIGANÒ, *Sulla riforma in cantiere, cit.*; VIGANÒ, *La riforma dei delitti di corruzione, cit.*; PALAZZO, *Concussione, corruzione e dintorni, cit.*;

Infine, una terza linea di intervento è costituita dall'introduzione del reato di *"traffico di influenze illecite"*, ai sensi del nuovo art. 346-*bis* c.p.[169]. Tale fattispecie, in particolare, è stata inserita allo scopo di adeguare l'ordinamento interno agli obblighi imposti dalle convenzioni internazionali[170].

Una delle problematiche maggiormente discusse sin dal periodo immediatamente successivo all'entrata in vigore della legge 190/2012, è rappresentata da quella attinente all'individuazione del **criterio discretivo**[171] tra le condotte di costrizione e di induzione indebita, costitutive rispettivamente dei reati di **concussione (art. 317 c.p.)** e di **induzione indebita a dare o promettere utilità (319-quater c.p.)**.

Tale questione problematica ha generato nell'opinione dottrinale e giurisprudenziale uno squarcio così profondo, che, a poco meno di sei mesi dall'entrata in vigore della riforma, i giudici della Cassazione[172] hanno richiesto l'intervento delle Sezioni Unite per dirimere il contrasto interpretativo.

GAROFOLI, *La nuova disciplina, cit.*

[169] L'**articolo 346-bis c.p. "traffico di influenze illecite"**: «*Chiunque, fuori dei casi di concorso nei reati di cui agli articoli 319 e 319-ter, sfruttando relazioni esistenti con un pubblico ufficiale o con un incaricato di pubblico servizio, indebitamente fa dare o promettere, a sé o ad altri, denaro o altro vantaggio patrimoniale, come prezzo della propria mediazione illecita verso il pubblico ufficiale o l'incaricato di un pubblico servizio ovvero per remunerarlo, in relazione al compimento di un atto contrario ai doveri d'ufficio o all'omissione o al ritardo di un atto del suo ufficio, è punito con la reclusione da uno a tre anni*». (comma 1). «*La stessa pena si applica a chi indebitamente dà o promette denaro o altro vantaggio patrimoniale*». (comma 2). «*La pena è aumentata se il soggetto che indebitamente fa dare o promettere, a sé o ad altri, denaro o altro vantaggio patrimoniale riveste la qualifica di pubblico ufficiale o di in incaricato di un pubblico servizio.*" (comma 3). «*Le pene sono altresì aumentate se i fatti sono commessi in relazione all'esercizio di attività giudiziarie*». (comma 4). «*Se i fatti sono di particolare tenuità, la pena è diminuita*».
Sulla nuova fattispecie del traffico di influenze illecite: AMATO, *Arriva la sanzione per il traffico di influenze illecite*, in *Prevenzione e repressione della corruzione e dell'illegalità nella pubblica amministrazione (Legge 190/2012). Una prima lettura delle disposizioni penali*, in *Giur. it.*, 12, 2012; BONINI, *Traffico di influenze illecite (art. 346-bis c.p.)*, in *Prevenzione e repressione della corruzione e dell'illegalità nella pubblica amministrazione (Legge 190/2012). Una prima lettura delle disposizioni penali*, in *Giur. it.*, 12, 2012; BALBI, *Alcune osservazioni, cit.*; DOLCINI, VIGANÒ, *Sulla riforma in cantiere, cit.*; VIGANÒ, *La riforma dei delitti di corruzione, cit.*; PALAZZO, *Concussione, corruzione e dintorni, cit.*; GAROFOLI, *La nuova disciplina, cit.* Il delitto di traffico di influenze illecite segue topograficamente la fattispecie di millantato credito, di cui all'art. 346 c.p. dalla quale si distingue tuttavia, per l'effettiva esistenza delle relazioni con il pubblico ufficiale o l'incaricato di pubblico servizio.

[170] L'**art. 18** della **Convenzione delle Nazioni Unite sulla corruzione del 2003** (c.d. *"Convenzione di Merida"*) impone agli Stati ratificanti l'obbligo di incriminare (cosiddetta condotta di *trading in influence*): **lett. a)** «*il fatto di promettere, offrire o concedere ad un pubblico ufficiale o ad ogni altra persona, direttamente o indirettamente, un indebito vantaggio affinché detto ufficiale o detta persona abusi della sua influenza reale o supposta, al fine di ottenere da un'amministrazione o da un'autorità pubblica dello Stato Parte un indebito vantaggio per l'istigatore iniziale di tale atto o per ogni altra persona*» e alla **lett. b)** «*il fatto, per un pubblico ufficiale o per ogni altra persona, di sollecitare o di accettare, direttamente o indirettamente, un indebito vantaggio per sé o per un un'altra persona al fine di abusare della sua influenza reale o supposta per ottenere un indebito vantaggio da un'amministrazione o da un'autorità pubblica dello Stato Parte*»".
L' **art. 12** della **Convenzione penale sulla corruzione del 1999 del Consiglio di Europa** (Convenzione di Strasburgo) prevede invece che: «*Ciascuna parte adotta i provvedimenti legislativi e di altro tipo che si rivelano necessari per configurare in quanto reato in conformità al proprio diritto interno quando l'atto è stato commesso intenzionalmente, il fatto di proporre, offrire o dare, direttamente o indirettamente qualsiasi indebito vantaggio a titolo di rimunerazione a chiunque dichiari o confermi di essere in grado di esercitare un'influenza sulle decisioni delle persone indicate agli articoli 2, 4 a 6 e 9 ad 11, a prescindere che l'indebito vantaggio sia per se stesso o per altra persona, come pure il fatto di sollecitare, di ricevere, o di accettarne l'offerta o la promessa di rimunerazione per tale influenza, a prescindere che quest'ultima sia o meno esercitata o che produca o meno il risultato auspicato*».

[171] Sui criteri discretivi tra concussione e induzione indebita, GAROFOLI, *Concussione e indebita induzione: il criterio discretivo e i profili successori*, in *www.penalecontemporaneo.it*.

[172] **Cass., VI, ord. 9-13 maggio 2013, n. 20430** (Pres. DE ROBERTO, Est. APRILE), commentata da VIGANÒ, *L'ordinanza di rimessione alle Sezioni Unite sulla distinzione tra concussione e induzione indebita*, in *www.penalecontemporaneo.it*, CISTERNA, *La differenza tra concussione e induzione indebita finisce al vaglio delle Sezioni Unite della Cassazione. Con lo spacchettamento dell'originario delitto generati tre orientamenti da riportare a unità*, in *Guida al dir.*, 24, 2013, 77 e

La giurisprudenza, prima dell'intervento risolutivo del Supremo Consesso, allo scopo di distinguere tra le ipotesi di concussione e quelle di induzione indebita, ha utilizzato in particolare tre criteri discretivi: **a**) un primo criterio fa leva sull'intensità della pressione psicologica prevaricatrice; **b**) un secondo criterio si basa sull'oggetto della prospettazione, distinguendo il danno ingiusto o *contra ius* (nella concussione) dal danno legittimo o *secundum ius* (nell'induzione); **c**) un terzo criterio discretivo proposto da un orientamento intermedio della giurisprudenza, infine, affianca al criterio dell'intensità della pressione psicologica, quello del diverso effetto esplicato dalla pressione morale sul privato, facendo leva inoltre in funzione complementare anche sull'intenzione avuta di mira dall'*extraneus*, attribuendo valore ai fini dell'induzione, al vantaggio indebito perseguito dal privato[173].

Sul tema è intervenuta di recente la Cassazione, con una pronuncia resa a Sezioni Unite (**Cass., Sez. Un., 14 marzo 2014, n. 12228**[174]), con la quale i giudici di legittimità hanno risolto due questioni, e cioè: **1**) quella principale, del **criterio di demarcazione** della linea di confine tra le condotte di costrizione e di induzione e, dunque, tra i reati di concussione e di induzione; **2**) la questione accessoria, connessa alla prima, del **rilievo intertemporale** delle suddette modifiche in tema di concussione e della conseguente disciplina successoria applicabile.

Nella presente trattazione saranno analizzati i principali passaggi motivazionali della sentenza.

2. L'EVOLUZIONE NORMATIVA DELLA DISCIPLINA DELLA CONCUSSIONE

I giudici delle Sezioni Unite della Cassazione sono stati chiamati a dirimere la seguente questione di diritto: «*quale sia, a seguito della legge 6 novembre 2012, n. 190, la* **linea di demarcazione** *tra la fattispecie di* **concussione** *(prevista dal novellato art. 317 cod. pen.) e quella di* **induzione indebita a dare o promettere utilità** *(prevista dall'art. 319-quater cod. pen. di nuova introduzione) soprattutto con riferimento al rapporto tra la condotta di costrizione e quella di induzione e alle connesse problematiche di* **successione di leggi penali nel tempo**»[175].

La soluzione delle questioni prospettate dall'ordinanza di remissione della Cassazione, Sez. VI, n. 20430/2013, secondo i giudici di legittimità, passa attraverso la preventiva analisi della *ratio* complessiva della riforma del reato di concussione, finalizzata a coglierne gli aspetti più rilevanti sia di tipo sostanziale, sia di tipo processuale.

Al fine di evidenziare le modifiche operate dal legislatore, i giudici della Suprema Corte, dopo aver sottolineato la peculiarità del delitto di concussione[176], analizzano in via preliminare le diverse formulazioni del delitto *de quo* succedutesi nel tempo, individuando in particolare, quattro fasi.

---

ss; CISTERNA, *Corruzione: per una trama normativa sfilacciata la nuova concussione finisce alle sezioni unite,* in *Guida al dir.,* 22, 2013, 16 ss., CISTERNA, *Gli effetti perversi di uno "spacchettamento", ivi,* 20 ss., CISTERNA, *Un congegno interpretativo molto delicato che non considera la percezione del privato, ivi,* 28 ss.

[173] Gli orientamenti sono stati esaminati nella *Relazione dell'Ufficio del Massimario della Corte di Cassazione, (Rel. n. XIX, del 3/5/2013), Orientamento di giurisprudenza: Reati contro la pubblica amministrazione – delitti dei pubblici ufficiali – in genere – delitto di cui all'art. 319-quater cod. pen. – attività di induzione – differenze con la condotta di costrizione di cui all'art. 317 cod. pen.,* redatta da CANTONE.

[174] **Cass., Sez. Un., 14 marzo 2014, n. 12228** (Pres. SANTACROCE, Est. MILO), la sentenza delle Sezioni Unite si può leggere in *www.cortedicassazione.it/Notizie/GiurisprudenzaPenale/SezioniUnite/SchedaNews.asp?ID=1989.*

[175] Cass., Sez. Un., n. 12228/2014, punto n. 1. del considerato in diritto.

[176] Le Sezioni Unite della Cassazione invero, rilevano che «*il delitto di concussione ha sempre rappresentato – sia storicamente che sistematicamente – una delle peculiarità della normativa del nostro ordinamento, in una prospettiva di specifica stigmatizzazione del fatto, considerata la sua plurima essenza lesiva, che incide non solo sul buon andamento e sull'imparzialità della pubblica amministrazione ma anche sulla libertà di autodeterminazione della vittima, sì da non risultare comprimibile, come accade in altri ordinamenti (quello tedesco e quello spagnolo), all'interno di un reato contro il patrimonio, qual è l'estorsione*» (punto n. 4, considerato in diritto).

In una prima fase (dal 1889 al 1930), il legislatore, nel codice Zanardelli del **1889**, agli articoli 169[177] e 170[178], distingueva due forme di illecito, differenti sia sul piano ontologico, sia sul piano sanzionatorio. La prima disposizione invero, disciplinava la "**concussione mediante costrizione**", detta anche "esplicita"o "violenta", che puniva, con pena più severa, la condotta del pubblico ufficiale che, abusando del suo ufficio, costringeva taluno a dare o promettere indebitamente a sé o ad un terzo, danaro o altra utilità. L'art. 170, primo comma, del codice del 1889, invece, prevedeva la fattispecie, meno grave, di "**concussione per induzione**", detta anche "implicita" o "fraudolenta", che veniva punita con una pena meno severa. Le due fattispecie si distinguevano per l'assenza, in quest'ultima figura di reato, di una condotta costrittiva del pubblico ufficiale, il quale si limitava solamente ad indurre il privato all'indebita dazione.

La previsione di due forme distinte di concussione era giustificata dalla differente gravità, maggiore per la costrizione e minore per l'induzione, delle condotte contemplate dalle due norme[179], come si evince dalla Relazione al codice Zanardelli[180].

Tale dicotomia invero, si ispirava al codice toscano del 1853, che conteneva la disciplina delle due distinte fattispecie agli articoli 181[181] e 182[182].

Il codice Zanardelli del 1889 contemplata inoltre, una terza ipotesi di reato, ancora meno grave, costituita dalla "**concussione negativa**", che si configurava nel caso in cui il pubblico ufficiale, senza costringere o indurre il privato alla promessa o alla dazione indebita, si limitava a ricevere ciò che non gli era dovuto, giovandosi dell'errore.

Era prevista per le tre figure criminose l'attenuante della lieve entità della somma di denaro o dell'utilità promessa o data.

La formulazione delle differenti fattispecie di concussione risentiva della matrice liberale alla quale era ispirato il codice Zanardelli, che attribuiva pregnanza agli interessi del singolo.

La dottrina dell'epoca identificava la *ratio* delle norme incriminatrici con lo scopo di evitare lo spoglio dell'altrui patrimonio «*mediante incussione di timore ed inganno*»[183].

Il codice del 1889 non prevedeva per le ipotesi di concussione un regime più rigoroso rispetto alle analoghe fattispecie commesse dai privati; la concussione "violenta" e "implicita", invero, erano punite allo stesso modo rispettivamente, dell'estorsione e della truffa.

---

[177] **Art. 169** del codice penale Zanardelli del 1889: «*Il pubblico ufficiale che, abusando del suo ufficio, costringe alcuno a dare o promettere indebitamente a sé o ad un terzo, danaro o altra utilità, è punito con la interdizione perpetua dai pubblici uffici, con la reclusione da tre a dieci anni e con la multa non inferiore alle lire trecento*».

[178] **Art. 170** del codice penale Zanardelli: «*Il pubblico ufficiale che, abusando del suo ufficio, induce alcuno a dare o promettere indebitamente, a sé o ad un terzo, danaro o altra utilità, è punito con la reclusione da uno a cinque anni, con la interdizione temporanea dai pubblici uffici e con la multa da lire cento a cinquemila*».

[179] VINCIGUERRA, *La riforma della concussione*, in *Prevenzione e repressione della corruzione e dell'illegalità nella pubblica amministrazione (Legge 190/2012). Una prima lettura delle disposizioni penali*, in *Giur. it.*,12, 2012.

[180] *Relazione ministeriale sui libri II e III del progetto di codice penale presentato alla Camera dei Deputati ds S.E. il Ministro di Grazia e Giustizia e dei Culti (Zanardelli) nel 22 novembre 1887*, Torino, 55. Nella Relazione si legge che l'induzione evoca l'idea dell'inganno e dunque essa si verifica quando «*il pubblico ufficiale, invece di minacciare a viso aperto, adopera, abusando della sua qualità, artifizii od inganni per indurre taluno a somministrare, pagare o promettere indebitamente...*».

[181] **Art. 181** del codice toscano del 1853: «*Quel pubblico ufficiale, che, abusando della sua autorità, costringe taluno a somministrare indebitamente a lui, o ad un terzo, denari od altra utilità; è punito, come colpevole di concussione, con l'interdizione dal pubblico servigio, e con la casa di forza da tre a dodici anni, alla quale, ne' casi più leggieri, può sostituirsi la carcere da uno a tre anni.*».

[182] **Art. 182** del codice toscano del 1853: «*Se un pubblico ufficiale, abusando della sua qualità, ha indotto taluno a somministrare indebitamente a lui, o ad un terzo, denari od altra utilità, od ha profittato dell'errore altrui, per esigere ciò che non era dovuto, o più di ciò che era dovuto; soggiace alla carcere da due mesi a cinque anni, ed all'interdizione dal pubblico servigio.*».

[183] Cass., Sez. Un., n. 12228/2014, punto n. 4. del considerato in diritto.

Nella seconda fase (dal 1930 al 1990), inaugurata dall'emanazione del codice Rocco del **1930**, il legislatore eliminò la distinzione tra le ipotesi di concussione mediante costrizione e mediante induzione[184], prevedendo un'unica figura di concussione, disciplinata dall'art. 317 c.p., che rappresentava una norma a più fattispecie alternative e inglobava al suo interno sia la concussione per costrizione, sia per induzione. Nella versione originaria la norma citata disponeva che «*Il pubblico ufficiale che, abusando della sua qualità o delle sue funzioni, costringe o induce taluno a dare o a promettere indebitamente, a lui o a un terzo, denaro o altra utilità, è punito con la reclusione da quattro a dodici anni e con la multa non inferiore a lire seicentomila*».

Sulla definizione di "induzione" nella Relazione al codice penale del 1930 si legge che "*la induzione deve per necessità consistere nel trarre taluno in inganno circa l'obbligo, ch'egli abbia, di dare o promettere, o nel condizionare la prestazione della propria attività a una indebita remunerazione*"[185].

La diversa gravità delle due condotte di costrizione e di induzione è stata contestata dagli autori dell'attuale codice penale; nella Relazione ministeriale al progetto definitivo del codice Rocco infatti, si legge che "*nel fatto criminoso della concussione l'indurre ha una gravità non minore del costringere [...] In ogni caso, la volontà dell'offeso cede all'uso di mezzi, che intrinsecamente sono non meno efficaci e odiosi d'una costrizione morale*"[186].

Con il codice del 1930 è stata soppressa inoltre, la circostanza attenuante speciale della lieve entità della somma o dell'utilità data o promessa dal soggetto privato.

La concussione negativa, invece, trasmigrò nell'autonoma fattispecie di peculato mediante profitto dell'errore altrui, di cui all'art. 316 c.p., tuttora vigente.

La formulazione della fattispecie della concussione introdotta dal legislatore in tale epoca risulta coerente con l'ideologia del regime fascista, secondo cui lo Stato assumeva un ruolo sovraordinato rispetto ai singoli cittadini, «*considerati non più nella loro individualità, bensì quali membri della collettività, "annullati", per così dire, nella comunità statuale*».

Il legislatore dell'epoca fascista inoltre, riservava ai pubblici ufficiali e agli incaricati di pubblico servizio una posizione di privilegio, inasprendo le sanzioni previste per i reati commessi in loro danno e introducendo la circostanza aggravante comune di cui all'art. 61, comma primo, n. 10) c.p., del fatto commesso in danno di un pubblico ufficiale. D'altro canto, ai medesimi soggetti, proprio in virtù della posizione di privilegio ad essi attribuita, era riservato un trattamento sanzionatorio più rigoroso in caso di commissione di illeciti qualificati, tra cui, appunto, la concussione.

Nella terza fase, il cui inizio è segnato dalla legge n. 86 del **1990**, è stato ampliato il novero dei soggetti attivi del reato di concussione, di cui all'art. 317 c.p., con l'estensione di tale fattispecie anche alla categoria degli incaricati di pubblico servizio, recependo, così, le indicazioni della dottrina.

I giudici delle Sezioni Unite nella recente pronuncia rilevano che «*la logica sottesa a tale estensione della soggettività attiva non può che essere ravvisata nel fatto che l'abuso, quale elemento primario caratterizzante la concussione, non rinvia necessariamente a condotte coincidenti con l'esercizio dei poteri autoritativi, propri della pubblica funzione, ma anche a comportamenti condizionanti comunque la libertà di autodeterminazione del soggetto passivo*»[187].

L'altra importante modifica introdotta nel 1990 è rappresentata dalla sostituzione dell'espressione «*abusando [...] delle sue funzioni*» con quella «*abusando [...] dei suoi poteri*», che appare più

---

[184] *Lavori preparatori del codice penale e del codice di procedura penale, Vol. V, Progetto definitivo di un nuovo codice penale con la relazione del Guardasigilli on. Alfredo Rocco*, parte II, Roma, 1929, 129.

[185] *Relazione ministeriale sui libri II e III del progetto di codice penale presentato alla Camera dei Deputati ds S.E. il Ministro di Grazia e Giustizia e dei Culti (Zanardelli) nel 22 novembre 1887, cit.* .

[186] *Ivi* .

[187] Cass., Sez. Un., n. 12228/2014, punto n. 7. del considerato in diritto.

corretta, alla luce dell'inclusione quali soggetti attivi del reato degli incaricati di pubblico servizio, atteso che questi ultimi non possono abusare di "funzioni", essendo le stesse riservate al pubblico ufficiale, ma soltanto di "poteri".

L'ultima tappa ha preso origine a partire dall'entrata in vigore della legge 6 novembre **2012**, n. 190, con la quale il legislatore ha scisso le condotte di costrizione e di induzione, disciplinate ora da due diverse disposizioni, segnando *in parte qua* il ritorno all'antica previsione normativa del codice Zanardelli.

L'art. **317 c.p.** (la cui rubrica è rimasta inalterata), che detta la disciplina della **concussione**, nella formulazione vigente a seguito della modifica del 2012, invero dispone che «*Il pubblico ufficiale che, abusando della sua qualità o dei suoi poteri, costringe taluno a dare o a promettere indebitamente, a lui o a un terzo, denaro o altra utilità è punito con la reclusione da sei a dodici anni*».

L'art. **319-*quater* c.p.**, di nuova introduzione, che contempla la fattispecie di **induzione indebita a dare o promettere utilità**, prevede invece, che "**Salvo *che il fatto costituisca più grave reato*, il pubblico ufficiale o l'incaricato di pubblico servizio** che, abusando della sua qualità o dei suoi poteri, **induce** taluno a dare o a promettere indebitamente, a lui o a un terzo, denaro o altra utilità è punito con la reclusione da **tre** a **otto** anni" (primo comma) e che "nei casi previsti dal primo comma, chi dà o promette denaro o altra utilità è punito con la reclusione fino a **tre** anni" (secondo comma).

3. LA LEGGE 190/2012 E LA RIFORMA DELLA CONCUSSIONE: LA *RATIO* DELL'INTERVENTO NORMATIVO E LE DIFFERENZE STRUTTURALI TRA LE FATTISPECIE IN ASTRATTO

Dopo aver esaurito l'analisi delle diverse formulazioni del reato di concussione che si sono succedute nel tempo, evidenziandone i tratti distintivi rispetto alla disciplina vigente, i giudici della Cassazione operano il confronto strutturale tra le due fattispecie di concussione di cui all'art. 317 c.p., e di induzione indebita a dare o promettere utilità di cui all'art. 319-*quater* c.p., individuando innanzitutto le differenze tra le stesse.

Sul piano sostanziale, invero, la riformulazione del reato di concussione, di cui al previgente art. 317 c.p., ha innovato la precedente disciplina sotto molteplici profili: **a)** in primo luogo, il delitto di concussione è stato "spacchettato"[188] (o "sdoppiato") nelle due fattispecie di concussione per costrizione (art. 317 c.p.) e induzione indebita a dare o promettere utilità (art. 319-*quater* c.p.); **b)** in secondo luogo, è stato espunto il riferimento all'incaricato di pubblico servizio quale soggetto attivo del reato di concussione; **c)** in terzo luogo, è stato innalzato il minimo edittale della pena prevista per la concussione (da quattro a sei anni di reclusione); **d)** in quarto luogo, è stata ridotta la pena per la fattispecie di induzione indebita (mentre la pena per la concussione mediante induzione era quella della reclusione da quattro a dodici anni, ora la reclusione è prevista da un minimo di tre anni ad un massimo di otto; **e)** infine, è stata prevista la punizione anche del soggetto privato indotto[189], il quale soggiace alla pena della reclusione fino a tre anni.

La nuova normativa ha differenziato il comportamento, ritenuto più grave, «*integrato dall'atteggiamento prevaricatore dell'agente nella sua forma più aggressiva della costrizione del*

---

[188] PALAZZO, *Concussione, corruzione e dintorni*, cit. .

[189] L'art. 319-*quater* c.p., oltre al comportamento del pubblico ufficiale e dell'incaricato di pubblico servizio, sanziona anche quello dell'*extraneus*; tale previsione si giustifica alla stregua della considerazione che, poiché il soggetto non è stato "costretto" dal pubblico funzionario alla promessa o alla dazione, ma è stato soltanto "indotto", egli «*conserva pertanto, pur sempre un ampio margine di libertà nell'assecondare o meno la richiesta del soggetto qualificato e non può, quindi, considerarsi "vittima" del reato ma "concorrente" nello stesso*» (Cass., Sez. Un. 12228/2014, considerato in diritto, punto n. 8.).

soggetto passivo», inquadrabile nello schema della concussione di cui al nuovo art. 317 c.p., rispetto a quella *«forma più sfumata di condotta attuata mediante un'attività di **persuasione, suggestione** o **inganno»**[190], confluita ora nella fattispecie di induzione indebita, di cui all'art. 319-*quater* c.p.

Il legislatore con la riforma del 2012, invero, ha inteso *«**bilanciare** i diversi **valori** tutelati dalle due norme e **proporzionare** le corrispondenti **pene»**[191].

Sicché, come affermato dai giudici della Cassazione nella sentenza in commento, la *ratio* della riforma *«sta proprio nell'esigenza [...] di **chiudere ogni possibile spazio d'impunità al privato** che, non costretto ma semplicemente indotto da quanto prospettatogli dal pubblico funzionario disonesto, effettui in favore di costui una dazione o una promessa indebita di denaro o altra utilità»*[192].

La questione della punibilità del privato indotto fu discussa anche dai compilatori del codice Zanardelli. Nel progetto 17 maggio 1868 si legge che *«la Commissione considerava che [...] prevede una specie di concussione, la quale ha tutte le sembianze di una estorsione commessa dall'ufficiale pubblico con abuso della sua qualità, ma non prevede ugualmente l'altro caso [...] che l'ufficiale pubblico, con abuso della sua qualità, può commettere a danno di un cittadino, quando, per fare un atto del suo ministero o astenersi dal farne uno ingiusto, pretenda o riceva dalla parte interessata*

---

[190] Cass., Sez. Un. 12228/2014, considerato in diritto, punto n. 8.

[191] *Ivi.* Nella sentenza vengono richiamate le considerazioni espresse dal Guardasigilli, in risposta alla presentazione di emendamenti, nella seduta del 10 maggio 2012 delle Commissioni riunite I e II della Camera dei Deputati: *«... la concussione è stata circoscritta ai soli casi in cui la condotta dell'autore del reato abbia determinato una vera e propria costrizione in capo al privato, e quindi la oggettività attiva e la conseguente punibilità sono state limitate al pubblico ufficiale in quanto titolare dei poteri autoritativi atti ad incutere* metus publicae potestatis. *Le condotte di induzione [...] sono state invece scorporate in un'autonoma fattispecie di reato, quella dell'indebita induzione a dare o promettere denaro o altra utilità, nella quale sono soggetti attivi tanto il pubblico ufficiale quanto l'incaricato di pubblico servizio e la punibilità è estesa anche al privato, in quanto questi non è costretto, ma semplicemente indotto alla promessa o dazione, cioè mantiene un margine di scelta tale da giustificare l'irrogazione di una pena nei suoi confronti, seppure in misura ridotta rispetto a quella prevista per il pubblico agente»*; e intervenendo nella seduta del 29 ottobre 2012 della Camera dei Deputati,, in occasione della discussione del disegno di legge, il Guardasigilli sottolineava che *«nel nostro ordinamento si può creare una certa confusione tra chi è certamente vittima del reato e chi in qualche modo ha contribuito allo stesso. E' per questo che abbiamo introdotto la fattispecie intermedia della concussione per induzione».*

[192] Cass., Sez. Un. 12228/2014, considerato in diritto, punto n. 8. Sul punto, inoltre, DOLCINI, VIGANÒ, *Sulla riforma in cantiere*, cit.,, in cui gli autori rilevano che la ragione sottesa alla previsione della punibilità del privato si identifica con la volontà che l'ordinamento lanci un *«messaggio univoco sul piano general-preventivo che i pubblici funzionari non devono essere pagati dai privati per esercitare o per aver esercitato, in un senso o nell'altro, le proprie funzioni. La catena di più o meno interessati adeguamenti e connivenze dei privati rispetto a prassi devianti dei titolari deve essere spezzata con decisione, senza consentire al privato di invocare- in assenza di atti riconducibili al paradigma 'forte' della violenza o della minaccia- la propria difficile situazione economica, la necessità di 'tirare avanti' o simili, per giustificare indebite corresponsioni di denaro o utilità, dalle quali spesso il privato imprenditore finisce per trarre posizioni di indebito vantaggio rispetto ai concorrenti».*

Critica, sulla punizione del privato indotto, una parte della dottrina: PALAZZO, *Concussione, corruzione e dintorni*, cit., secondo cui *«...la punibilità del privato rappresenta una virata dai risvolti problematici sul piano dei valori in gioco. E' vero che quello dell' "induzione" è un terreno paludoso, in cui il privato, specie quando persegue un proprio legittimo vantaggio... mostra un'inclinazione spontaneamente accondiscendente al pubblico funzionario. Ma è anche vero che le situazioni in concreto possono essere molto diverse fra loro e che anche senza subire esplicite minacce la necessità di non uscire dal giro, di non aggravare una situazione debitoria pericolosa, e così via, può rendere il privato facile preda di un pubblico funzionario tanto più quanto più quest'ultimo sia scaltro ed avvezzo ad esercitare la prassi del detto e non detto. Ebbene, la punibilità dell'indotto finisce per creare indirettamente un obbligo a carico del privato di sottrarsi- e isolarsi- alle spire avvolgenti di chi comunque ha il coltello dalla parte del manico... In conclusione, parrebbe quasi di avvertire una certa contraddizione... tra il meritorio intento di "dare un segnale" forte in questo momento di inquietante "antipolitica" e il risultato di coinvolgere, corresponsabilizzare il privato scaricando alla fine su di lui- nella sua diversificata umanità- il compito di opporsi all'opera "induttrice" del funzionario pubblico»*; secondo l'A., inoltre, l'assoggettamento a pena del privato potrebbe comportare nella realtà applicativa un indebolimento della tutela, in considerazione della *«riduzione delle chances probatorie»*, a causa dell'interesse comune delle parti a mantenere il silenzio più assoluto.

una mancia o un donativo qualunque. Ora, questa ipotesi, benché si avvicini alquanto alla corruzione, tuttavia è il risultato di tali elementi giuridici da essere più logicamente trasportata nel capo della concussione; anche perché il privato, che subisce [...] essendo piuttosto una vittima che un corruttore, dev'essere immune da ogni pena»[193].

La medesima conclusione emerge anche nella Relazione Rocco, in cui viene affermata l'equivalenza della previsione alternativa della costrizione e dell'induzione, poiché quando uno è *indotto «in ogni caso la volontà dell'offeso cede all'uso di mezzi, che intrinsecamente sono non meno efficaci e odiosi d'una costrizione morale»*[194].

L'introduzione della previsione della punizione del privato risponde all'esigenza di conformare l'ordinamento interno alle disposizioni dettate dagli organismi internazionali, i quali richiedono la punizione anche del privato che si adegua e paga[195]. Il rapporto *GRECO* in particolare, ha segnalato la necessità di evitare che la previsione della concussione, non conosciuta nelle restanti codificazioni europee, potesse consentire al corruttore di *«sfuggire a sanzioni, presentandosi come vittima di concussione»*[196].

4. GLI ELEMENTI COSTITUTIVI DELLE FATTISPECIE DI CUI ALL'ART. 317 C.P. E ALL'ART. 319-*QUATER*

Esaurita l'analisi concernente la *ratio* complessiva della riforma e le differenze strutturali tra le fattispecie astratte di concussione e di induzione indebita a dare o promettere utilità, i giudici della Cassazione passano in rassegna gli elementi in comune tra le fattispecie di concussione e di induzione indebita a dare o a promettere utilità.

Le due figure di reato hanno in comune l'elemento dell'abuso della qualità o dei poteri da parte del pubblico agente e l'evento del reato, cioè la dazione o la promessa di denaro o altra utilità; mentre, si distinguono per le diverse condotte, di costrizione nella concussione di cui al novellato art. 317 c.p., e di induzione, nella fattispecie di induzione indebita a dare o a promettere utilità, di cui al nuovo art. 319-*quater* c.p.

4.1. Gli elementi in comune: a) la condotta di abuso della qualità o dei poteri; b) l'evento della dazione o della promessa di denaro o altra utilità

La concussione e l'induzione indebita a dare o promettere utilità invero, hanno in comune due elementi costitutivi, e cioè: **a)** il segmento della **condotta** rappresentato dall'**abuso della qualità o dei poteri** dell'agente pubblico; **b) l'evento** terminale costituito dalla **dazione o promessa di denaro o altra utilità**.

Quanto al primo, la giurisprudenza ricostruisce il significato del verbo "abusare", evidenziandone l'assenza di una definizione organica nella parte speciale e richiamando talune disposizioni presenti nella parte speciale del codice penale, tra cui vengono citate in modo esemplificativo quelle concernenti le fattispecie di esercizio abusivo della professione (art. 348 c.p.), di usurpazione di onori e titoli (art. 498 c.p.), fattispecie ora depenalizzata, e il reato di circonvenzione di incapaci (art. 643 c.p.).

Il valore da attribuire al concetto di abuso evocato dagli art. 317 e 319-*quater* c.p., dunque, secondo le Sezioni Unite *«deve essere desunto dalla particolare qualifica dell'agente e dall'oggetto stesso*

---

[193] CRIVELLARI, *Codice penale per il Regno d'Italia*, V, Torino, 1894, 764.

[194] *Lavori preparatori del codice penale e del codice di procedura penale, Vol. V, Progetto definitivo di un nuovo codice penale con la relazione del Guardasigilli on. Alfredo Rocco, cit.* .

[195] DOLCINI, VIGANÒ, *Sulla riforma in cantiere, cit.*

[196] Relazione dell'Ufficio del Massimario della Corte di Cassazione, (Rel. n. III/11/2012), *cit.*

*dell'abuso, nel senso che quest'ultimo deve concretarsi [...] nella "strumentalizzazione da parte del soggetto pubblico di una qualità effettivamente sussistente (**abuso della sua qualità**) o delle attribuzioni ad essa inerenti (**abuso dei suoi poteri**) per il perseguimento di un **fine immediatamente illecito**". In sostanza, nelle richiamate norme, l'abuso è indicativo dell'esistenza, in capo all'agente pubblico, di un diritto all'uso della qualità o dei poteri, che viene però deviato dalla sua funzione tipica e si atteggia come contrapposto logico dell'uso così come positivamente delineato e, in quanto tale, inclusivo di imprescindibili limiti»*[197].

L'abuso, quindi, rappresenta un elemento essenziale e qualificante delle condotte di costrizione e di induzione, in quanto ne costituisce il *«mezzo imprescindibile»*[198], lo strumento attraverso il quale l'agente pubblico ottiene la dazione o la promessa, che integrano l'**evento** finale comune della due fattispecie.

L'uso del verbo al gerundio ("abusando"), peraltro, conferma lo stretto nesso tra l'abuso e la condotta (di induzione o costrizione) attraverso cui si manifesta. L'abuso infatti, si lega e si fonde con la costrizione o l'induzione, qualificando lo specifico disvalore di cui agli artt. 317 e 319-*quater* c.p. rispetto ad altre fattispecie caratterizzate dalla coartazione e dalla compressione della libertà di autodeterminazione.

I giudici delle Sezioni Unite distinguono due tipologie di abuso: **soggettivo** (abuso della qualità); **oggettivo** (abuso dei poteri).

L'abuso soggettivo si sostanzia nell'uso indebito della posizione soggettiva personale del pubblico agente, il quale strumentalizza la qualità soggettiva in modo da fare sorgere nel privato *«rappresentazioni costrittive o induttive di prestazioni non dovute»*[199].

L'abuso oggettivo invece, consiste nella strumentalizzazione da parte del pubblico agente dei poteri a lui conferiti dalla legge, nel senso che essi vengono esercitati dall'agente in modo distorto,e cioè *«per uno scopo oggettivamente diverso da quello per cui sono stati conferiti e in violazione delle regole giuridiche di legalità, imparzialità e buon andamento dell'attività amministrativa»*[200].

Nell'ambito dell'abuso oggettivo, i giudici della Cassazione distinguono quattro forme: a) l'esercizio dei poteri fuori dei casi previsti dalla legge; b) il mancato esercizio di tali poteri quando sarebbe doveroso esercitarli; c) esercizio dei poteri in modo difforme da quello dovuto; d) minaccia di una delle situazioni descritte.

All'abuso è riconducibile anche l'esercizio strumentale di un'attività lecita e doverosa per ottenere un'indebita utilità; in tali ipotesi il carattere abusivo della condotte si sostanzia nella deviazione dal fine[201], in modo da tradire la funzione tipica del potere conferito nell'interesse pubblico.

L'abuso di poteri può manifestarsi anche in forma omissiva[202] e può profilarsi sia nell'attività amministrativa vincolata[203], sia in quella discrezionale[204].

---

[197] Cass., Sez. Un., 14 marzo 2014, n. 12228, considerato in diritto, punto n. 10.

[198] *Ivi.*

[199] Al punto n. 10.1. del considerato in diritto, si legge anche che *«... l'abuso della qualità, per assumere rilievo come condotta costrittiva o induttiva, deve sempre concretizzarsi in un* facere *(non è configurabile in forma omissiva) e deve avere efficacia psicologicamente motivante per il soggetto privato; costui cioè deve comunque avvertire la possibile estrinsecazione dei poteri del pubblico agente, con conseguenze per sé pregiudizievoli o anche ingiustamente favorevoli e, proprio per scongiurare le prime o assicurasi le seconde, decide di aderire all'indebita richiesta».*

[200] Punto n. 10.2. della sentenza.

[201] La Cassazione sembra richiamare la particolare figura di vizio dell'atto amministrativo costituita dall'**eccesso di potere** e sembra rievocare il principio civilistico dell'abuso del diritto di tipo modale.

[202] Al Punto n. 10.2. si legge che *«Il pubblico funzionario, infatti, può deliberatamente astenersi dall'esercitarli, ricorrendo a sistemi defatigatori di ritardo, di ostruzionismo volti a conseguire la dazione o la promessa di denaro o altra utilità in cambio del sollecito compimento dell'atto richiesto».*

[203] Nell'attività vincolata l'abuso consiste nel compimento dell'atto in modo difforme da quello descritto dalla legge.

4.2. L'elemento di differenziazione della condotta: la costrizione o l'induzione. I tre criteri discretivi utilizzati dalla giurisprudenza prima delle Sezioni Unite

Completata l'analisi degli elementi in comune tra le due fattispecie di reato, i giudici di legittimità si danno carico successivamente di esaminare l'elemento centrale di differenziazione tra le stesse, costituito dal secondo segmento della condotta del pubblico agente. Le fattispecie di concussione (art. 317 c.p.) e di induzione indebita (art. 319-*quater* c.p.) si differenziano infatti, per le diverse condotte, di costrizione e di induzione, contemplate dalle norme.

I giudici della Cassazione osservano invero che «*il vero cuore del problema [...] risiede proprio nella individuazione della linea di confine tra la costrizione e la induzione*»[205].

La dottrina e la giurisprudenza hanno sottolineato che le due fattispecie si differenziano per l'uso del verbo "costringe" nella prima e "induce" nella seconda.

Le Sezioni Unite ricostruiscono il significato delle due espressioni ricorrendo al confronto con le interpretazioni dottrinali e giurisprudenziali che sono state prospettate nelle varie formulazioni della concussione susseguitesi nel tempo.

Nel vigore del codice Zanardelli del 1889 il verbo "costringere" designava l'abuso del pubblico ufficiale caratterizzato dall'uso palese della violenza fisica e morale nei confronti del privato per estorcergli denaro o altra utilità (art. 169); il verbo "indurre" invece, veniva inteso nel senso di "circonvenire" e designava l'abuso qualificato dalla sola induzione in errore del privato, il quale veniva ingannato nel ritenere dovuta la prestazione non dovuta (art. 170).

Nella giurisprudenza di tale epoca non vi era alcuna incertezza interpretativa e si riteneva che l'*iniura* si potesse realizzare *aut vi aut fraude*.

Con l'entrata in vigore del codice Rocco del 1930, le condotte di costrizione e di induzione venivano unificate in un'unica disposizione ed equiparate *quoad poenam*, al fine di realizzare l'obiettivo di politica criminale di conferire maggior prestigio alla pubblica amministrazione.

L'equiparazione delle due condotte favoriva un'interpretazione estensiva del concetto di induzione, che si differenziava dalla costrizione solo per la minore quantità di pressione psicologica esercitata sulla vittima dal soggetto pubblico.

La giurisprudenza distingueva tra le condotte di costrizione ed induzione avvalendosi del criterio delle modalità di realizzazione della condotta del pubblico funzionario e quindi, facendo leva sul differente grado di coartazione morale. Sulla base di tale criterio la giurisprudenza affermava che la costrizione «*presuppone una maggiore carica intimidatoria, una più perentoria iniziativa del funzionario pubblico finalizzata alla coartazione psichica dell'altrui volontà, sì da porre l'interlocutore di fronte ad un aut-aut, da non lasciargli alcun significativo margine di scelta e dall'obbligarlo sostanzialmente alla dazione o alla promessa indebita (*voluit quia coactus). *L'induzione invece designa una più sfumata azione di pressione dell'agente pubblico sull'altrui volontà e si concretizza, oltre che nell'inganno, in forme di suggestione o di persuasione ovvero di una più blanda pressione morale, sì da lasciare al destinatario una maggiore libertà di autodeterminazione, un più ampio margine di scelta in ordine alla possibilità di soddisfare (*coactus tamen voluit) *o non la richiesta d'indebito*»[206].

Tale criterio distintivo, basato essenzialmente sulle differenti modalità di espressione della condotta prevaricatrice, appariva soddisfacente in quanto la concussione costituiva una fattispecie mista

---

[204] Nell'attività discrezionale l'abuso si esplica attraverso l'uso della discrezionalità non conforme agli interessi pubblici, con conseguente deviazione dell'atto dalla causa tipica

[205] Punto n. 11. della motivazione della sentenza in commento.

[206] Punto n. 11.2. della motivazione della sentenza in commento .

alternativa ed il reato era pertanto indifferentemente integrato da condotte costrittive o induttive. Alla parificazione sostanziale delle condotte corrispondeva l'equiparazione del disvalore insito nelle stesse e nel trattamento sanzionatorio edittalmente previsto.

La distinzione tra le due fattispecie aveva un'incidenza pratica attenuata, tanto che spesso nella formulazione processuale delle imputazioni si adoperavano i verbi "costringe" o "induce" in modo fungibile, come un'endiadi[207]. La distinzione assumeva rilievo solo al fine della quantificazione in concreto della pena ai sensi dell'art. 133 c.p.

In seguito all'entrata in vigore della legge 190/2012, la giurisprudenza ha dovuto rivedere l'orientamenti ermeneutici prospettati in passato, poiché essi si sono rivelati inidonei da soli ad individuare un criterio discretivo tra concussione e induzione indebita valido anche dopo la riforma stessa.

Le previsioni incriminatrici contenute negli artt. 317 e 319-*quater* c.p. secondo i giudici della Suprema Corte sono differenti, in particolare, per quanto concerne: **a**) il trattamento sanzionatorio; **b**) il ruolo del soggetto privato (che è "vittima" nella concussione ma "concorrente" e "complice" nell'induzione indebita); **c**) i beni giuridici tutelati. Quanto a quest'ultimo aspetto, i giudici delle Sezioni Unite rilevano che «*i beni giuridici tutelati dalle due norme non sono integralmente sovrapponibili, essendo la figura delittuosa di cui all'art. 317 cod..pen., caratterizzata da una dimensione* **plurioffensiva** *(aggressione all'imparzialità e al buon andamento della pubblica amministrazione, nonché alla libertà di autodeterminazione del soggetto e al patrimonio del privato), laddove il reato di cui all'art. 319-*quater *cod. pen. ha natura* **monoffensiva***, presidia soltanto il buon andamento e l'imparzialità della pubblica amministrazione e si pone, pertanto, in una dimensione esclusivamente pubblicistica*»[208].

La distinzione tra le due condotte di costrizione e di induzione costituisce il nucleo problematico centrale attorno al quale gravita l'attenzione della giurisprudenza.

Allo scopo di distinguere le due condotte (di costrizione e di induzione) e, quindi, le fattispecie di cui agli artt. 317 e 319-*quater* c.p., la giurisprudenza ha prospettato tre diversi criteri discretivi[209].

Un primo orientamento[210] ha ritenuto ancora valido ai fini della distinzione tra le due fattispecie il criterio discretivo della diversa **intensità della pressione psicologica** prevaricatrice.

Una parte della giurisprudenza invero è pervenuta a tale esito rilevando che le due norme sono l'effetto di una mera operazione di "sdoppiamento" dell'unica figura di concussione contemplata del previgente art. 317 c.p., senza l'integrazione di ulteriori elementi descrittivi; di talché, l'utilizzo nelle nuove disposizioni incriminatrici di parole identiche a quelle presenti nella previgente formulazione deve considerarsi espressivo della *voluntas legis* di attribuire ai termini "costrizione" e "induzione" il medesimo significato ad esse assegnato dal diritto vivente formatosi nella vigenza della concussione

---

[207] *Ivi.*

[208] Così al punto 11.3 della motivazione della sentenza.

[209] **Cass., VI, ord. 9-13 maggio 2013, n. 20430** (Pres. DE ROBERTO, Est. APRILE), commentata da VIGANÒ, *L'ordinanza di rimessione alle Sezioni Unite sulla distinzione tra concussione e induzione indebita*, in www.penalecontemporaneo.it; CISTERNA, *La differenza tra concussione e induzione indebita finisce al vaglio delle Sezioni Unite della Cassazione. Con lo spacchettamento dell'originario delitto generati tre orientamenti da riportare a unità*, in *Guida al dir.*, 24, 2013, 77 e ss; CISTERNA, *Corruzione: per una trama normativa sfilacciata la nuova concussione finisce alle sezioni unite*, in *Guida al dir.*, 22, 2013, 16 ss., CISTERNA, *Gli effetti perversi di uno "spacchettamento"*, *ivi*, 20 ss., CISTERNA, *Un congegno interpretativo molto delicato che non considera la percezione del privato*, *ivi*, 28 ss

[210] Tra le sentenze che hanno aderito al primo orientamento: Cass., Sez. VI, 21 febbraio 2013, n. 8695 (imp. Nardi), in *Foro it.*, 2013, II, 188, con nota di DI PAOLA e commento di FIANDACA, *L'induzione indebita a dare o promettere utilità (art.319-quater c.p.): una fattispecie ambigua e di dubbia efficacia*, cit; in www.penalecontemporaneo.it, con nota di VIGANÒ, *La Cassazione torna sulla distinzione tra concussione e induzione indebita*; Cass., Sez. VI, 11 gennaio 2013, n. 16154 (imp. Pierri); Cass., Sez. VI, 11 gennaio 2013, n. 17285 (imp. Vaccaro); Cass., Sez. VI, 21 gennaio 2013, n. 3093 (imp. Aurati).

"unitaria".

In omaggio a tale indirizzo la costrizione «*è ravvisabile nel comportamento del pubblico ufficiale che, ricorrendo a modalità di pressione molto intense e perentorie, ingenera nel privato una situazione di metus, derivante dall'abuso della qualità o della pubblica funzione, sì da limitare gravemente la libera determinazione del soggetto, ponendolo in una situazione di minorata difesa rispetto alla richiesta, esplicita o larvata, di denaro o altra utilità*»; l'induzione invece «*si manifesta in un contegno del pubblico ufficiale o dell'incaricato di pubblico servizio che, abusando della sua qualità o dei suoi poteri, attraverso forme più blande di persuasione, di suggestione, anche tacita, o di atti ingannatori, determini il soggetto privato, consapevole dell'indebita pretesa e non indotto in errore del pubblico agente, a dare o promettere a lui o a terzi denaro o altra utilità*»[211].

Secondo tale impostazione «*ciò che continua a distinguere la condotta induttiva da quella costrittiva è l'intensità della pressione prevaricatrice, non disgiunta dagli effetti che spiega nella psiche del destinatario*»[212].

L'opzione ermeneutica in commento evidenzia che l'induzione «*si concretizza in una più tenue attività di suggestione, di persuasione o di pressione morale, che non condiziona gravemente la libertà di determinazione dell'indotto, il quale conserva – ed è per tale ragione punibile – un ampio margine di libertà di non accedere alla richiesta indebita proveniente dal pubblico agente*», mentre nella costrizione «*l'attività di pressione viene posta in essere con modalità più marcatamente intimidatorie, tali da provocare uno stato di soggezione in cui la libertà di autodeterminazione del concusso, pur non del tutto eliminata, finisce per essere notevolmente compressa, sì da rendere il destinatario dell'indebita pretesa "vittima" e, in quanto tale, non punibile*»[213].

La punizione del privato indotto, ai sensi del secondo comma dell'art. 319-*quater* c.p., dunque, si giustifica sulla base del carattere più blando della pressione su di lui esercitata, il che consente allo stesso di resistervi.

Un secondo orientamento[214] ha individuato il carattere discretivo tra la concussione e l'induzione nel diverso **oggetto della prospettazione** o della minaccia del pubblico ufficiale; mentre nella concussione il funzionario pubblico prospetta al soggetto privato un danno ingiusto e *contra ius*, nell'induzione il danno è legittimo e cioè *secundum ius*.

---

[211] Cass., Sez. Un., 12228/2014, punto n. 2.1. dei motivi in diritto.

[212] *Ivi.*

[213] *Ivi.*

[214] Cass., Sez. VI, 22 gennaio 2013, n. 3251 (imp. Roscia), con nota di DI PAOLA e commento di FIANDACA, *L'induzione indebita a dare o promettere utilità (art.319-quater c.p.): una fattispecie ambigua e di dubbia efficacia*, cit., in *Foro it.*, 2013, II, 188 ss., e con commento di CISTERNA, *Nella nuova figura prevista dal legislatore disposta anche la punizione del privato*, in *Guida al diritto*, 7, 2013, 57 ss. ed in *www.penalecontemporaneo.it*, con nota di LEO, *Le prime decisioni della Cassazione sulla riforma dei delitti contro la pubblica amministrazione: il reato di "induzione indebita a dare o promettere utilità" (art. 319-quater c.p.)*, in *www.penalecontemporaneo.it*. Nella sentenza si legge: «*ci si può chiedere se sia ancora sostenibile, in forza di incerti dati traibili dai lavori preparatori o da giurisprudenze espresse per risolvere problematiche diverse da quella attuale, ritenere che l'induzione di cui all'articolo 319-quater debba essere considerata una blanda costrizione, quale deriverebbe da minacce implicite, ovvero meno gravi, quale potrebbe essere il lucro cessante rispetto a quello emergente o il danno non patrimoniale rispetto a quello patrimoniale. Occorre cioè domandarsi se può ancora ritenersi legittima una operazione interpretativa, condotta alla stregua degli orientamenti dettati con riferimento al pregresso regime normativo, volta ad operare una distinzione tra le due norme in ragione di una supposta diversa intensità quantitativa della coazione per come ricavata dal tenore oggettivo delle condotte realizzate*».

Aderiscono al secondo orientamento anche: Cass. Sez. VI, 11 febbraio 2013, n. 11794 (imp. Melfi), con nota di GATTA, *Ancora sui rapporti tra concussione e induzione indebita a dare o promettere utilità*, in *www.penalecontemporaneo.it*, con commento di AMATO, *La differenza tra concussione e induzione indebita è nel vantaggio avuto dal destinatario della pretesa. Il privato anche se non in condizione paritaria resta libero di accedere alla domanda illecita*, in *Guida al dir.*, 19, 2013, 71 ss.; Cass. Sez. VI, 15 febbraio 2013, n.7495 (imp. Gori), con nota di VIGANÒ, *Concussione e induzione indebita: il discrimine sta nell'ingiustizia del male prospettato al privato*, in *www.penalecontemporaneo.it*.

A sostegno di tale impostazione una parte della giurisprudenza di legittimità ha addotto talune argomentazioni.

In primo luogo, la tesi esposta fa leva sul dato linguistico, secondo cui mentre il verbo "costringere" è descrittivo di un'azione e del suo effetto, la voce "indurre" delinea soltanto l'effetto e non anche l'azione, che può essere perciò la più varia.

In secondo luogo, la giurisprudenza evidenzia sotto il profilo sistematico che il termine "induzione" è presente in altre disposizioni del codice penale nelle quali tale termine indica il risultato dell'azione, che si concretizza attraverso le più diverse modalità, alternative e a volte incompatibili tra loro, quali la violenza, la minaccia, l'offerta o la promessa di qualsivoglia utilità (art. 377-*bis* c.p.) ovvero la propaganda (art. 507 c.p.) o l'inganno (art. 558 c.p.).

In terzo luogo, una parte della giurisprudenza rileva che in ossequio alla riformulazione legislativa occorre distinguere tra le fattispecie di cui all'art. 317 c.p. e quella di cui all'art. 319-*quater* c.p. attribuendo ai due termini "costringe" e "induce" un significato sicuro ed in grado di offrire ai due concetti un tasso di maggiore determinatezza[215].

Sulla base di tale interpretazione la giurisprudenza precisa che «*compie il reato di cui all'art. 317 cod. pen. chi costringe e cioè chi, abusando della sua qualità e dei suoi poteri, prospetta un danno ingiusto per ricevere indebitamente la consegna o la promessa di denaro o di altra utilità. Di converso, [...] compie il reato di cui all'art. 319-quater cod. pen. chi per ricevere indebitamente le stesse cose prospetta una qualsiasi conseguenza dannosa che non sia contraria alla legge.[...] Nell'un caso, la costrizione consegue alla minaccia, intesa, secondo il linguaggio tecnico-giuridico (art. 612 cod. pen.), come prospettazione di un male ingiusto; nell'altro non può parlarsi tecnicamente di minaccia, perché il danno non è iniura datum, manca quindi la costrizione, anche se il risultato viene comunque raggiunto, in quanto il soggetto privato è indotto alla promessa o alla consegna dell'indebito*»[216].

In quarto luogo, la giurisprudenza evidenzia che tale esegesi sarebbe suffragata e legittimata da un assetto razionale dei valori in gioco, essendo ragionevole la più severa punizione di chi prospetta un danno ingiusto rispetto a colui che prospetta un pregiudizio conseguente all'applicazione della legge; sarebbe inoltre ragionevole la punizione anche del soggetto privato che, aderendo alla pretesa dell'indebito avanzata dall'agente pubblico, persegue un proprio interesse ed orienta il suo agire nell'ottica di un «*tornaconto personale*»[217], ponendo in essere una condotta rimproverabile e compatibile perciò con il principio di colpevolezza di cui all'art. 27, commi primo e terzo, Cost., così come interpretato dalla giurisprudenza costituzionale[218].

Un terzo orientamento[219], intermedio, pur condividendo la premessa del primo indirizzo interpretativo, secondo cui occorre assegnare rilievo alla maggiore o minore pressione psicologico, tuttavia se ne discosta in parte, ritenendo il criterio utilizzato insufficiente a fondare l'unico parametro di distinzione tra le condotte di costrizione e di induzione indebita. Spesso infatti, vi sono situazioni al limite (c.d. "zona grigia") nelle quali «*non è chiaro né è facilmente definibile se la pretesa del pubblico agente, proprio perché proposta in maniera larvata o subdolamente allusiva, ovvero in forma implicita o indiretta, abbia ridotto fino quasi ad annullarla o abbia solo attenuato la*

---

[215] Cass., Sez. Un., 12228/2014, punto n. 2.2. dei motivi in diritto.

[216] *Ivi.*

[217] *Ivi.*

[218] A tal proposito appare opportuno richiamare, in particolare, le sentenze della Corte Cost. 364/1988, con commento di FIANDACA, *Principio di colpevolezza ed ignoranza scusabile della legge penale: «prima lettura» della sentenza n. 364/1988,* in *Foro it.*, 1988, I, 1385 ss.; Corte Cost. 1085/1988, con nota di INGROIA, in *Foro it.*, 1989, I, 1377 ss.; Corte Cost. 322/2007, in *www.cortecostituzionale.it.*

[219] Cass., Sez. VI, 11 febbraio 2013, n. 11794 (imp. Melfi), cit.

libertà di autodeterminazione del privato»[220].

Al fine di distinguere tra le fattispecie di costrizione e di induzione è necessario, stando a tale orientamento, fare leva oltre che sul criterio dell'**intensità della pressione psicologica** esercitata dal pubblico agente, anche sul **tipo di vantaggio** che il destinatario della pretesa indebita consegue nell'aderire alla stessa.

Il privato infatti, *«è certamente persona offesa di una concussione per costrizione se il pubblico ufficiale [...] lo abbia posto di fronte all'alternativa "secca" di condividere la richiesta indebita oppure di subire un pregiudizio oggettivamente ingiusto; non gli è lasciato, in concreto, alcun margine di apprezzabile di scelta, è solo vittima del reato perché, senza essere motivato da un interesse al conseguimento di un qualche vantaggio, si determina alla promessa o alla dazione esclusivamente per scongiurare il pregiudizio minacciato* (certat de damno vitando)*»*[221].

Al contrario, il privato è coautore del reato ed è perciò punibile nel caso in cui *«conserva un margine apprezzabile di autodeterminazione sia perché la pressione del pubblico agente è più blanda, sia perché ha interesse a soddisfare la pretesa del pubblico funzionario per ottenere un indebito beneficio, che finisce per orientare la sua decisione (*certat de lucro captando)*»*[222].

Tale criterio discretivo, misto, si fonda in sostanza sul diverso **effetto** che la pressione del pubblico agente spiega sul privato e ad esso viene affiancato, in funzione complementare, il criterio del **vantaggio indebito** perseguito dal soggetto privato nell'induzione.

5. IL NUCLEO CENTRALE DEL PROBLEMA: IL SIGNIFICATO DI "COSTRIZIONE" E DI "INDUZIONE"

Tanto premesso sull'evoluzione storica della formulazione del reato di concussione, sulla *ratio* complessiva dell'intervento, sulle differenze strutturali tra gli artt. 317 c.p. e 319-*quater* c.p., sugli elementi in comune e su quelli che distinguono le due fattispecie, nonché, dopo aver ricostruito gli orientamenti espressi dalla giurisprudenza, i giudici della Cassazione nella parte centrale della motivazione della sentenza resa a Sezioni Unite (**Cass. Sez. Un., 14 marzo 2014, n. 12228**) risolvono con una articolata argomentazione le due questioni problematiche prospettate, concernenti: **1)** l'individuazione del criterio discretivo tra le innovate fattispecie di cui agli artt. 317 e 319-*quater* c.p.; **2)** il connesso rilievo intertemporale di tali modifiche.

Le Sezioni Unite della Suprema Corte offrono una soluzione ermeneutica solo in parte coincidente con gli orientamenti delineati dalla giurisprudenza.

I giudici di legittimità, invero, pur condividendo le nozioni base di costrizione e di induzione elaborate dalla giurisprudenza e imperniate sulla maggiore o minore intensità della pressione psichica esercitata sul privato, ritengono di dover ampliare l'osservazione, al fine di individuare un criterio discretivo tra le due condotte più affidabile, di tipo oggettivo, anche sulla base della considerazione, di particolare importanza, che alla luce delle modifiche legislative del 2012 la fattispecie induttiva postula un concorso necessario del soggetto passivo[223].

La giurisprudenza delle Sezioni Unite ritiene che tale criterio discretivo non può essere affidato esclusivamente alle modalità espressive dell'abuso del pubblico agente e agli effetti che tali modalità esplicano sulla psiche del privato. Tali nozioni sono generiche e difettano di un elevato grado di determinatezza.

È preferibile dunque, secondo i giudici di legittimità, un criterio che tenga conto del contenuto della prospettazione dell'*intraneus* e degli effetti che da essa derivano sull'*extraneus*, in termini di danno o

---

[220] Cass., Sez. Un. 12228/2014, punto 2.3. della motivazione in diritto.
[221] *Ivi.*
[222] *Ivi.*
[223] Cass., Sez. Un., 12228/2014, punto 12. delle motivazioni.

vantaggio, qualora quest'ultimo non aderisca alla richiesta alternativa di dazione o promessa di denaro o altra utilità.

La maggiore o minore gravità della pressione, quindi, deve essere valutata in funzione del suo contenuto sostanziale, idoneo a far emergere oggettivamente la natura costrittiva o induttiva.

5.1. L'abuso costrittivo

Il nucleo portante della motivazione della sentenza *de qua* ruota attorno alla delimitazione delle condotte di costrizione e di induzione[224].

Con riferimento alla prima, i giudici delle Sezioni Unite affermano che il verbo "costringe" utilizzato nella fattispecie di concussione, di cui all'art. 317 c.p., non ha posto alcun problema applicativo; esso infatti, benché descriva il risultato della condotta del pubblico agente, tipizza anche la condotta stessa, in quanto evoca talune modalità di comportamento che sono qualificabili sotto il profilo criminologico.

Il termine "costrizione" indica in generale una "eterodeterminazione" della volontà; per mezzo della costrizione cioè il soggetto viene obbligato contro la sua volontà a compiere un'azione che altrimenti non avrebbe compiuto o ad astenersi dal compiere un'azione che altrimenti avrebbe compiuto.

Il significato del termine va ricavato dal sistema normativo, sia sulla base dei principi fondamentali del diritto penale, sia sulla base dei valori e dei principi costituzionali (artt. 54 e 97 Cost.), che guidano i doveri dei pubblici ufficiali e disciplinano i rapporti di questi ultimi con i cittadini.

La fattispecie di concussione di cui all'art. 317 c.p. postula un collegamento funzionale tra l'abuso della qualità o dei poteri del pubblico ufficiale e la costrizione; di talché la fattispecie risultante da tale collegamento può essere correlata al reato di estorsione aggravata, di cui al combinato disposto di cui agli artt. 629 e 61, co. 1, n. 9).

L'abuso costrittivo si sostanzia invero in una costrizione psichica relativa (*vis compulsiva*) e non in una coazione assoluta (*vis absoluta*), nella quale viene eliminata totalmente la libertà di autodeterminazione della vittima, la quale *non agit sed agitur*[225].

Nell'abuso costrittivo, caratterizzante della fattispecie di concussione, secondo i giudici della Corte di legittimità è implicito il riferimento a due mezzi di coartazione tipici: **1)** la **violenza**; **2)** la **minaccia**.

La violenza, per vero poco frequente statisticamente nelle ipotesi di concussione, può essere adoperata dall'agente quale mezzo di costrizione nelle ipotesi in cui questi disponga di mezzi di contenzione o di immobilizzazione[226].

Più statisticamente frequente è la realizzazione del reato di concussione attraverso l'utilizzo del mezzo costrittivo della minaccia.

La giurisprudenza di legittimità distingue tra due forme di minaccia: **a)** minaccia-fine; **b)** minaccia-mezzo.

La prima designa l'obiettivo finalistico dell'agire. In campo penale essa è sanzionata ai sensi dell'art. 612 c.p.; in campo civile, la minaccia-fine invece è idonea a dare la stura alla responsabilità per fatto illecito e dunque, dà luogo al risarcimento del danno ai sensi dell'art. 2043 c.c.

La minaccia-mezzo o minaccia condizionante costituisce una modalità della condotta che l'ordinamento penale sanziona in quanto essa offende la libertà di autodeterminazione del soggetto. Nell'ordinamento civile invece la minaccia-mezzo può dar luogo all'annullamento del contratto per vizio della volontà.

---

[224] *Ivi.* Punti 13.-15. del considerato in diritto.

[225] Punto 13.1. del considerato in diritto

[226] Punto 13.2. del considerato in diritto

L'abuso costrittivo nella concussione richiama implicitamente la seconda forma di minaccia, e cioè, la minaccia-fine.

Esaurito l'inquadramento della concussione nel quadro normativo vigente, i giudici della Suprema Corte si danno carico di definire la minaccia.

Ebbene, secondo la giurisprudenza l'essenza della minaccia risiede, al contrario della violenza, che contiene già in sé un male, nella prospettazione di un male futuro e ingiusto[227].

Tale definizione è stata ricavata dalla dottrina recente sulla base della definizione di violenza morale contenuta nell'art. 1435 c.c., secondo cui *«la violenza deve essere di tal natura da fare impressione sopra una persona sensata e da farle temere di esporre sé o i suoi beni a un male ingiusto e notevole...»*.

La nozione di "male" viene invece elaborata sulla scorta dell'interpretazione *a contrario* del secondo comma dell'art. 1322 c.c.; in virtù di tale lettura deve ritenersi che la locuzione "male" designa la lesione di un interesse meritevole di tutela secondo l'ordinamento giuridico.

Nel codice penale non vi è alcuna definizione della minaccia; tuttavia, l'art. 612 c.p., pur non offrendo una definizione di "minaccia", punisce la minaccia-fine, il cui oggetto è costituito da un "ingiusto danno". Il riferimento al concetto di "danno ingiusto" che connota la minaccia-fine deve essere esteso anche alla minaccia-mezzo.

La locuzione "danno ingiusto", secondo l'opinione dei giudici di legittimità, costituisce, alla luce dell'intero sistema normativo, l'equivalente dell'espressione civilistica "male ingiusto".

Il danno oggetto della minaccia dunque deve essere giuridicamente "ingiusto", e cioè contrario alla norma giuridica, *contra ius,* e lesivo di un interesse personale o patrimoniale della vittima. Il parametro sulla base del quale deve essere valutata l'ingiustizia deve essere oggettivo.

Rientrano nel concetto del danno ingiusto varie ipotesi: a) perdita di un bene legittimamente acquisito; b) mancata acquisizione di un bene a cui si ha diritto; c) omessa adozione di un provvedimento vincolato favorevole; d) ingiusta lesione di un interesse legittimo[228].

La minaccia intesa in questo senso costituisce la forma di coazione alternativa alla violenza.

In sostanza il concetto giuridico di minaccia si identifica con l'annuncio di un male o danno ingiusto e cioè con la comunicazione *«di un sopruso, di un illecito che abbia idoneità ad incutere timore, paura in chi lo percepisce, sì da pregiudicarne l'integrità del benessere psichico e la libertà di autodeterminazione»*[229].

La Cassazione precisa inoltre che la minaccia *«non necessariamente deve concretizzarsi in espressioni esplicite e brutali, ma potrà essere anche implicita (si pensi ai casi di ostruzionismo a mezzo del quale il soggetto attivo fa comprendere che solo con la dazione o la promessa dell'indebito una richiesta legittima del privato potrà essere esaudita), velata, allusiva, più blanda ed assumere finanche la forma del consiglio, dell'esortazione, della metafora, purché tali comportamenti evidenzino, in modo chiaro, una carica intimidatoria analoga alla minaccia esplicita, vi sia cioè una "esteriorizzazione" della minaccia, pur implicita o sintomatica, come forma di condotta positiva»*[230].

Anche la minaccia che assuma toni apparentemente "morbidi" e "concilianti", infatti, è idonea a ad incutere timore sulla persona offesa e può quindi integrare il concetto giuridico di minaccia.

Alla luce delle considerazioni esposte, i giudici delle Sezioni Unite ritengono che la condotta rilevante ai fini della concussione si identifica con l'abuso costrittivo, che consiste nel prospettare alla vittima un danno ingiusto (*contra ius*) e che pone la vittima in una condizione di sostanziale

---

[227] Punto 13.4. del considerato in diritto
[228] *Ivi.*
[229] *Ivi.*
[230] *Ivi.*

mancanza di alternativa, cioè sostanzialmente *«con le spalle al muro»*[231]. Il privato in questi casi offre la propria disponibilità a dare o promettere denaro o altra utilità (danno minore) che sa non essere dovuta, perché vuole evitare il danno maggiore minacciato (*certat de damno vitando*)[232]; sicché egli assume il ruolo di "vittima" e non è quindi punibile[233].

Nei casi di concussione rimane perciò estraneo alla sfera psichica del privato lo scopo di perseguire un vantaggio indebito; se il soggetto perseguisse un tornaconto personale infatti, egli sarebbe co-protagonista e non vittima della vicenda illecita[234].

Sicché caratterizzano l'**abuso costrittivo** due elementi, e cioè: **a**) il **danno ingiusto** (elemento positivo); **b**) l'**assenza del vantaggio indebito** (elemento negativo).

La concussione si caratterizza inoltre per la presenza del *metus publicae potestatis*, derivante dalla posizione di supremazia dell'*intraneus*, il quale pone la vittima in uno stato di soggezione psicologica.

Il *metus* costituisce invero *«l'espressione dell'oggettivo e stringente condizionamento della libertà di determinazione del soggetto passivo, il quale, per il timore del danno ingiusto minacciato dal pubblico ufficiale, è deprivato di ogni capacità di resistenza ed è costretto a soccombere – senza alcuna sostanziale alternativa – di fronte alla indebita pretesa di quest'ultimo»*[235].

Secondo i fautori della riforma la presenza del *metus* e di poteri realmente autoritativi e costrittivi può essere ravvisata soltanto nel pubblico ufficiale, unico soggetto attivo del reato proprio in questione.

Viene espunto dal novero dei soggetti attivi della concussione l'incaricato di pubblico servizio[236].

Tale scelta, in controtendenza con l'intervento normativo del 1990 (legge n. 86/1990), sancisce *in parte qua* il ritorno alla originaria previsione contenuta nell'art. 317 del codice Rocco.

In ultima analisi, la condotta di costrizione è caratterizzata dalla violenza e dalla minaccia; quanto alla seconda, essa si sostanzia in una coazione psicologica relativa (*vis compulsiva*) che, a causa della prospettazione da parte dell'*intraneus* di un danno ingiusto (*contra ius*) genera nell'*extraneus* un timore, per scongiurare il quale egli si determina alla dazione e alla promessa (*certat de damno vitando*).

Il rapporto tra il pubblico agente e il privato non è paritario, ma il secondo è vittima della condotta prevaricatrice del primo.

La riformulazione della concussione per costrizione impone di risolvere i **problemi successori** tra la vecchia disposizione di cui all'art. 317 c.p., che contemplava al suo interno in via alternativa le condotte di costrizione e di induzione poste in essere dal pubblico ufficiale o dall'incaricato di pubblico servizio, e la nuova norma, che contiene il solo riferimento alla condotta di costrizione del pubblico ufficiale.

Sul punto le Sezioni Unite, nel ribadire che tale indagine successoria deve essere guidata dal confronto strutturale tra le fattispecie legali astratte, in ossequio all'orientamento maggioritario della

---

[231] Punto 13.5. del considerato in diritto

[232] *Ivi.*

[233] Si legge nel punto 13.5. della motivazione: *«Una simile situazione intuitivamente giustifica, in base ai valori e ai principi che ispirano l'ordinamento penale, il ruolo di vittima che la parte esterna all'amministrazione assume: in uno Stato democratico di diritto, infatti, non può pretendersi che i cittadini ingiustamente prevaricati e coartati dai detentori dei pubblici poteri sprigionino risorse inesigibili di resistenza, per scongiurare la deviazione dell'attività amministrativa dalle finalità di imparzialità e di corretto funzionamento che devono guidarla»*

[234] Punto 13.5. del considerato in diritto.

[235] Punto 13.6. del considerato in diritto

[236] Sul punto i giudici delle Sezioni Unite esprimono le proprie perplessità, rilevando che *«il quadro sanzionatorio [...] presenta [...] aspetti paradossali ed irragionevoli per le sproporzioni in eccesso o in difetto che lo attraversano a seconda che il fatto incriminato sia commesso dal pubblico ufficiale o dall'incaricato di pubblico servizio».*

Cassazione[237], concludono nel senso della **continuità normativa** con riferimento alla condotta costrittiva del **pubblico ufficiale**, poiché *«nulla è mutato»*[238] quanto alla posizione di quest'ultimo.

Dal confronto strutturale tra la vecchia "concussione per costrizione" e la nuova "concussione" emerge infatti, che gli elementi strutturali della fattispecie, con riguardo al pubblico ufficiale, sono del tutto sovrapponibili.

La successione delle leggi è pertanto disciplinata *in parte qua* dal quarto comma, dell'art. 2 c.p., che disciplina la successione tra norme modificative sancendo l'applicazione del trattamento sanzionatorio più favorevole (nel caso di specie, quello della vecchia disposizione dell'art. 317 c.p.).

Per quanto concerne l'incaricato di pubblico servizio, la condotta di abuso costrittivo posto in essere dallo stesso sfugge allo statuto penale della pubblica amministrazione, ma non viene comunque privata del tutto della rilevanza penale, essendo riconducibile, a seconda della vicenda concreta, alle fattispecie di estorsione (art. 629 c.p.), violenza privata (art. 610 c.p.) e violenza sessuale (609-*bis* c.p.), nel caso in cui la vittima sia costretta a prestazioni sessuali[239].

Pur essendo stata abrogata la norma incriminatrice che punisce l'incaricato di pubblico servizio, il sistema giuridico continua ad assegnare rilevanza penale al fatto in essa descritto, in quanto esso può essere inquadrato in altre fattispecie già previste dall'ordinamento giuridico; si verifica, cioè, un'ipotesi di *abrogatio sine abolitione*, soggetta anch'essa al regime successorio di cui al quarto comma, dell'art. 2 c.p. e quindi, all'applicazione delle disposizioni che prevedono il trattamento sanzionatorio più favorevole, salvo che la sentenza di condanna non sia irrevocabile.

5.2. L'abuso induttivo

L'art. 319-*quater* c.p. punisce invece la condotta di "induzione".

Allo scopo di tracciare la linea di confine tra tale fattispecie e quella di concussione, è necessario dunque chiarire il significato del termine "induce".

Il verbo "indurre" è dotato di polivalenza semantica e può essere utilizzato in termini di "condotta-evento", in quanto è idoneo a descrivere sia comportamenti profondamente diversi tra loro, sia il risultato degli stessi.

La natura proteiforme dell'induzione è confermata dal confronto sistematico con le altre fattispecie di reato che contemplano la condotta di induzione.

I giudici della Suprema Corte invero, distinguono varie forme di induzione, e cioè: a) induzione "semplice", in cui il termine compare in modo esclusivo (artt. 600-*bis*, comma primo, n. 1 e 600-*ter*, comma primo, n. 1, cod. pen.); b) induzione "combinata", in cui le modalità di comportamento vengono descritte in vario modo, tra cui: 1) quella "abusiva", caratterizzata dall'abuso di qualità o poteri (art. 319-*quater* c.p.) o dall'abuso delle condizioni di inferiorità psichica o fisica (art. 609-*bis*, comma secondo, n. 1, cod. pen.); 2) quella "fraudolenta", incentrata sull'inganno e sull'errore (artt. 494, 558, 601, 640, 609-*bis*, comma secondo, n. 2, c.p.); 3) quella "corruttiva", attuata mediante offesa o promessa di denaro (artt. 322, comma secondo, 377, 377-*bis* cod. pen.); 4) quella "violenta", che si realizza con violenza e minaccia (art. 377-*bis* cod. pen.)[240].

Sulla base del confronto sistematico si evince, secondo i giudici di legittimità, che il termine "induzione" connota condotte diverse tra loro, le quali sono accomunate dal risultato induttivo.

Secondo il linguaggio comune invero, l'induzione si differenzia dalla costrizione per *«il diverso e più tenue valore condizionante che spiega, in termini di comunicazione non solo espressiva ma*

---

[237] Cass., Sez. Un., 26 marzo 2003, 25887 (Pres. MARVULLI, Est. LATTANZI), in *Foro it.*, 2003, II, 586 ss. con nota di TESAURO e NICOSIA; Cass., Sez. Un., 26 febbraio 2009, n. 24468 (Pres. CARBONE, Est. MILO).

[238] Cass., Sez. Un., 12228/2014, punto n. 23.3. del considerato in diritto

[239] *Ivi.*

[240] Cass., Sez. Un., 12228/2014, punto n. 14.1. del considerato in diritto.

contenutistica, sull'altrui sfera giuridica»[241].

Il riferimento implicito nell'induzione al condizionamento psichico tuttavia, è incerto sul versante epistemologico oltre che giuridico e perciò esso va chiarito in omaggio ai principi di certezza del diritto e di legalità, ed in specie di determinatezza.

Quest'ultimo principio, corollario del principio di legalità, di cui all'art. 25, comma secondo, Cost., richiede la verificabilità empirica nel processo degli elementi costitutivi delle fattispecie penali, allo scopo di arginare il rischio di arbitrii del potere giudiziario insito nell'operazione di interpretazione della legge penale.

A tal proposito, occorre evidenziare che la Corte Costituzionale con le sentenze n. 5/2004 e 327/2008[242] ha stabilito che al fine di valutare la compatibilità con il principio di determinatezza, è opportuno interpretare gli elementi costitutivi delle fattispecie penali alla luce di due criteri: a) il complessivo contesto normativo (dato sistematico); b) la finalità dell'intervento legislativo (dato teleologico).

I giudici di legittimità pervengono ad un'interpretazione costituzionalmente orientata dell'elemento costitutivo dell'induzione di cui all'art. 319-*quater* c.p., utilizzando tali criteri ermeneutici.

Alla luce di tale lettura interpretativa, ricostruendo il contesto normativo i giudici della Cassazione in primo luogo evidenziano, in virtù della clausola di riserva («*salvo che il fatto costituisca più grave reato*») contenuta nell'*incipit* dell'art. 319-*quater* c.p., «*la funzione di selettività residuale*» della condotta di "induzione" rispetto a quella di "costrizione" di cui all'art. 317 c.p., nel senso che la prima «*copre quegli spazi non riferibili alla costrizione, vale a dire quei comportamenti del pubblico agente, pur sempre abusivi e penalmente rilevanti, che non si materializzano però nella violenza o nella minaccia di un male ingiusto e non pongono il destinatario di fronte alla scelta ineluttabile ed obbligata tra due mali parimenti ingiusti*»[243].

Con la clausola di riserva dunque, il legislatore ha inteso tracciare il confine tra le fattispecie di concussione e di induzione indebita, ricomprendendo in quest'ultima le condotte che non rientrano nella prima.

L'induzione perciò deve essere intesa quale alterazione del processo volitivo altrui che lascia al soggetto passivo più ampi spazi decisionali rispetto alla costrizione.

In secondo luogo, i giudici di legittimità ritengono che il termine "induzione" vada interpretato anche alla luce della disposizione di cui al secondo comma dell'art. 319-*quater* c.p., che sancisce la punizione del privato indotto.

La previsione della punibilità del privato, secondo le Sezioni Unite «*è il vero indice rivelatore del significato dell'induzione*»[244].

L'indotto infatti è «*complice dell'induttore*»[245]; ciò incide invero «*sulla dimensione teleologica della fattispecie, confinandone il raggio in ambito strettamente pubblicistico*»[246]. Con l'introduzione della punibilità del privato, cioè, il legislatore, sulla scorta delle sollecitazioni internazionali[247], ha perseguito la finalità di ridurre lo spazio di impunibilità del privato confinandolo alle sole ipotesi di

---

[241] *Ivi.*

[242] In *www.cortecostituzionale.it.*

[243] Cass., Sez. Un., 12228/2014, punto n. 14.2. del considerato in diritto.

[243] Punto 14.3. del considerato in diritto.

[244] Punto 14.4. del considerato in diritto.

[245] *Ivi.*

[246] *Ivi.*

[247] Si legge, invero, in DOLCINI, VIGANO', *Sulla riforma in cantiere, cit.* che le istituzioni internazionali, tra cui l'OCSE e il GRECO da tempo esprimono preoccupazioni in ordine al pericolo che «*attraverso un uso generico del delitto di concussione da parte della magistratura italiana (inquirente e giudicante), il privato che ha effettuato un'indebita dazione di denaro o altra utilità sfugga alla punizione, allegando di essere stato "indotto" al pagamento o alla promessa da condotte abusive del pubblico funzionario*»

costrizione.

Alla luce di tale dato teleologico pertanto, occorre considerare anche gli effetti sortiti dalla condotta del pubblico agente sulla volontà del privato, al fine di verificare se quest'ultima nel suo processo formativo sia stata "piegata" dall'altrui sopraffazione o soltanto "condizionata" od "orientata" da pressioni psichiche di vario genere, diverse però dalla violenza o dalla minaccia[248].

La minaccia, evocata dal concetto di costrizione è estranea all'induzione; essa presuppone una vittima ed un autore e mai nell'ordinamento penale il destinatario di una minaccia, intesa in senso tecnico-giuridico, è considerato un correo. Al contrario, l'ordinamento penale prevede che colui che ha commesso un reato nello stato di necessità determinato dall'altrui minaccia non risponde del reato (art. 54, comma terzo, c.p.). Argomentando *a contrario*, la Corte sostiene che «*dove non vi è vittima non può esservi per definizione minaccia*»[249].

Sicché, un primo criterio discretivo tra costrizione e induzione e dunque, tra concussione e induzione indebita a dare o promettere utilità, è costituito dalla «***dicotomia minaccia-non minaccia***»..

Le modalità di realizzazione della condotta dell'induzione pertanto, secondo i giudici della Suprema Corte si concretizzano «*nella persuasione, nella suggestione, nell'allusione, nel silenzio, nell'inganno (sempre che quest'ultimo non verta sulla doverosità della dazione o della promessa, del cui carattere indebito il privato resta perfettamente conscio; diversamente, si configurerebbe il reato di truffa), anche variamente e opportunamente collegati e combinati tra loro, purché tali atteggiamenti non si risolvano nella minaccia implicita, da parte del pubblico agente, di un danno antigiuridico, senza alcun* **vantaggio indebito** *per l'*extraneus»[250].

Tale vantaggio indebito perseguito dal privato, al pari della minaccia per la concussione, rappresenta il «*criterio di essenza*» della fattispecie induttiva, giustificando la punibilità dell'indotto[251].

Nell'ipotesi dell'induzione infatti, il privato si determina coscientemente e volontariamente alla dazione o alla promessa poiché spinto da motivazioni opportunistiche, in quanto egli mira a conseguire un indebito tornaconto personale.

L'interpretazione prospettata risulta peraltro coerente con il canone della personalità della responsabilità penale, intesa come responsabilità propria (per fatto proprio), colpevole (cioè, espressione di una condotta rimproverabile dall'ordinamento almeno sotto l'aspetto della colpa), di cui all'art. 27, comma primo, Cost., letto in combinato disposto con il terzo comma.

I due elementi che caratterizzano l'induzione sono quindi: 1) l'**abuso prevaricatore** dell'agente; 2) l'**indebito vantaggio** perseguito dall'*extraneus*.

Il pubblico funzionario nell'abuso induttivo opera comunque in posizione di forza e sfrutta la situazione di debolezza del privato, il quale, tuttavia, aderisce alla richiesta dell'*intraneus* non per evitare un danno ingiusto, ma per conseguire un vantaggio indebito (*certat de lucro captando*)[252].

---

[248] Cass., Sez. Un., 12228/2014, punto n. 14.4. del considerato in diritto.

[249] Cass., Sez. Un., 12228/2014, punto n. 14.4. del considerato in diritto.

[250] Punto n. 14.5 del considerato in diritto.

[251] Al punto 14.5. del considerato in diritto si legge che «*Da costui, non vittima di costrizione, è certamente esigibile il dovere di resistere alla pressione induttiva dell'*intraneus, *considerato che l'obiettivo primario perseguito dalla norma in esame, come si è sottolineato in dottrina, è quello di "disincentivare forme di sfruttamento opportunistico della relazione viziata dall'abuso della controparte pubblica" e di lanciare, quindi, un chiaro messaggio sull'illiceità del pagare pubblici funzionari, salvo il caso di costrizione scriminante*».

[252] La Cassazione scrive che «*l'induzione "non costringe ma convince". Il soggetto privato cede alla richiesta del pubblico agente non perché coartato e vittima del* metus *nella sua espressione più forte, ma nell'ottica di trarre un indebito vantaggio per sé (scongiurare una denuncia, un sequestro, un arresto legittimi; assicurarsi comunque un trattamento di favore), attivando così una dinamica completamente diversa da quella che contraddistingue il rapporto tra concessore e concusso e ponendosi, pur nell'ambito di un* **rapporto intersoggettivo asimmetrico**, *in una logica negoziale, che è assimilabile a quella corruttiva – sintomatica la collocazione topografica dell'art. 319-quater cod. pen. in calce ai delitti di corruzione – e conduce, se non ad escludere, quanto meno ad attenuare notevolmente anche il* metus

L'induzione, attesa la logica negoziale che la sorregge, pur in un rapporto asimmetrico, si colloca in una posizione intermedia tra concussione e fattispecie di corruzione.

Quanto ai profili successori, la Cassazione stabilisce che sussiste **continuità normativa** anche tra la fattispecie previgente di "concussione per induzione" di cui al vecchio art. 317 c.p. e l'induzione indebita a dare o promettere utilità di cui al nuovo art. 319-*quater* c.p., in quanto non è cambiata la struttura normativa della fattispecie.

A sostegno dell'impostazione i giudici di legittimità adducono molteplici argomentazioni[253].

Ne consegue l'applicazione della disciplina successoria di cui al secondo comma dell'art. 2 c.p., che disciplina le norme modificative, imponendo l'assoggettamento del reo alla disciplina più favorevole, salvo il limite del giudicato.

6. I CRITERI DISCRETIVI ELABORATI DALLE SEZIONI UNITE

I giudici del Supremo Consesso nella massima composizione sostengono dunque che le fattispecie di cui agli artt. 317 e 319-*quater* c.p. debbano essere distinte facendo leva sui peculiari elementi costitutivi delle condotte di costrizione e di induzione. Sono due pertanto, i criteri discretivi elaborati dalla giurisprudenza di legittimità a Sezioni Unite, e cioè: **a**) il criterio del **danno ingiusto**; **b**) quello del **vantaggio indebito**.

Il primo criterio discretivo secondo ruota attorno alla dicotomia minaccia-non minaccia. In omaggio a tale criterio, si verte nell'ipotesi della concussione quando il pubblico agente prospetta al privato la minaccia di un male ingiusto (*contra ius*), antigiuridico e cioè contrario all'ordinamento. Al contrario, si verte nell'ipotesi dell'induzione indebita quando non vi è una vera e propria minaccia in senso giuridico.

Il secondo criterio, che si fonda sulla caratteristica essenziale dell'induzione, e cioè la minore consistenza della pressione prevaricatrice del pubblico agente, valorizza le finalità perseguite dal privato. Se questi si determina alla dazione o alla promessa di denaro o altra utilità solo per evitare un male peggiore (*certat de damno vitando*), si verte nell'ipotesi di concussione.

Viceversa, qualora l'*extraneus* si determina alla dazione o alla promessa dell'indebito, prestando acquiescenza alla blanda pressione del privato pur potendo resistervi, si verte invece nell'ipotesi di induzione indebita, poiché in tal caso la condotta del privato è finalizzata a conseguire un indebito vantaggio (*certat de lucro captando*). In tali ipotesi la condotta prevaricatrice dell'agente pubblico costituisce per l'*extraneus* solo l'occasione per conseguire l'illecito vantaggio.

Le Sezioni Unite in chiusura ravvisano la sussistenza di casi ambigui, «*border line*», che si inseriscono nella c.d. "zona grigia" tra concussione e induzione indebita. In tali casi i giudici di legittimità sostengono che i criteri del danno ingiusto e del vantaggio indebito debbano essere coordinati ed apprezzati alla luce della situazione di fatto e della vicenda concreta.

Rientrano nei casi problematici, a titolo esemplificativo, cinque fattispecie: 1) l'abuso della qualità; 2) la prospettazione di un danno generico; 3) la minaccia-offerta (o minaccia-proposta); 4) l'esercizio del potere discrezionale; 5) altri casi nei quali occorre bilanciare i beni giuridici coinvolti.

---

publicae potestatis, *concettualmente poco conciliabile con la scelta opportunistica ed avvertito solo come oggettiva "soggezione" alla posizione di preminenza del funzionario pubblico».*

[253] Si legge al punto 23.4. della sentenza che «*Molteplici ragioni militano per tale continuità: a) il volto strutturale dell'abuso induttivo è rimasto immutato; b) la prevista punibilità dell'indotto non investe direttamente la struttura tipica del reato, ma interviene, per così dire, solo "al suo esterno"; c) la vecchia descrizione tipica già contemplava, infatti, la dazione/promessa del privato e delineava un reato plurisoggettivo improprio o naturalisticamente plurisoggettivo, inquadramento dogmatico quest'ultimo che non incide sulla ricognizione logico-strutturale; d) finanche sotto il profilo assiologico, la nuova incriminazione è in linea con quella previgente, anche se ne restringe la portata offensiva alla sola dimensione pubblicistica del buon andamento e dell'imparzialità della pubblica amministrazione».*

La prima ipotesi (abuso della qualità) si verifica quando il pubblico funzionario fa valere il peso istituzionale della propria posizione soggettiva per conseguire la dazione o la promessa dell'indebito. Tale situazione equivoca può generare nel privato una condizione di totale soggezione, in quanto determinata dal timore di possibili ritorsioni antigiuridiche (in tal caso viene integrato il reato di concussione); al contrario, può invece indurre il privato a dare o promettere l'utilità per acquisire la benevolenza del pubblico agente, allo scopo di conseguire favori futuri ("disponibilità clientelare").

La seconda ipotesi invece, si verifica con la prospettazione implicita da parte del pubblico agente di un danno generico. In tali ipotesi il privato può, per auto-suggestione o per *metus ab intrinseco*, caricare la vicenda di significati tali da avvertire un'oggettiva ingiustizia e l'intento intimidatorio dell'*extraneus*.

La minaccia-offerta (o minaccia-promessa) consiste nella contestuale minaccia di un danno ingiusto e offerta di un vantaggio indebito.

In tali ipotesi la minaccia e l'offerta si fondono nello stesso contesto; sicché, ai fini della configurazione delle ipotesi di induzione indebita o di concussione occorre accertare rispettivamente se il vantaggio indebito prevalga o meno sulla minaccia.

Delicata è la questione della prospettazione del potere discrezionale in senso sfavorevole. Il discrimine tra le fattispecie di concussione e di induzione indebita è dato in tale ipotesi dall'esercizio legittimo o meno dell'attività amministrativa. La minaccia dell'esercizio di un potere discrezionale in modo da sviare la causa tipica dell'attività amministrativa integra il reato di concussione.

Diversamente, se l'atto discrezionale, pregiudizievole per il privato, viene prospettato nell'ambito di un'attività amministrativa legittima, si verte nell'ipotesi di induzione indebita.

Infine, secondo i giudici della Cassazione, in alcuni casi occorre distinguere tra concussione e induzione indebita a dare o promettere utilità operando un confronto e bilanciando i beni giuridici coinvolti nella vicenda. Si verte in tali ipotesi, ad esempio nel caso in cui il dirigente dell'unità operativa di una struttura sanitaria pubblica, per operare il soggetto personalmente e con precedenza sugli altri pazienti, pretenda dal medesimo, allarmandolo circa l'urgenza dell'intervento "salvavita", una certa somma di denaro[254]. In tale ipotesi, sulla scorta del bilanciamento dei beni giuridici coinvolti (il bene-vita da una parte, quello del patrimonio dall'altra), la Corte ritiene che venga integrato il reato di concussione.

7. CONCLUSIONI

In conclusione, allo scopo di porre ordine nell'esplicazione della articolata motivazione della sentenza, sembra opportuno riportare testualmente i **principi di diritto**[255] enunciati nella pronuncia delle Sezioni Unite:
- «*il reato di cui all'art. 317 cod. pen., come novellato dalla legge n. 190 del 2012, è designato dall'**abuso costrittivo** del **pubblico ufficiale**, attuato mediante **violenza** o – più di frequente – mediante **minaccia**, esplicita o implicita, di un **danno** contra ius, da cui deriva una grave limitazione, senza tuttavia annullarla del tutto, della libertà di autodeterminazione del destinatario, che, **senza alcun vantaggio indebito** per sé, è posto di fronte all'alternativa secca di subire il male prospettato o di evitarlo con la dazione o la promessa dell'indebito*»;
- «*il reato di cui all'art. 319-quater cod. pen., introdotto dalla legge n. 190 del 2012, è designato dall'**abuso induttivo** del **pubblico ufficiale** o dell'**incaricato di un pubblico servizio**, vale a dire da una condotta di **persuasione**, di **suggestione**, di **inganno** (purché quest'ultimo non si risolva in induzione in errore sulla doverosità della dazione), di **pressione morale**, con un più tenue valore*

---

[254] L'esempio si legge nel punto n. 21. del considerato in diritto
[255] I principi di diritto vengono enunciati al punto n. 25. della motivazione.

condizionante la libertà di autodeterminazione del destinatario, il quale, disponendo di più ampi margini decisionali, finisce col prestare acquiescenza alla richiesta della prestazione non dovuta, perché motivato dalla prospettiva di conseguire un **indebito tornaconto personale**, il che lo pone in una situazione di complicità col pubblico agente e lo rende meritevole di sanzione»;

- «nei casi c.d. ambigui, quelli cioè che possono collocarsi al confine tra la concussione e l'induzione indebita (la c.d. **"zona grigia"** dell'abuso della qualità, della prospettazione di un male indeterminato, della minaccia-offerta, dell'esercizio del potere discrezionale, del bilanciamento tra beni giuridici coinvolti nel conflitto decisionale), i criteri di valutazione del **danno antigiuridico** e del **vantaggio indebito**, che rispettivamente contraddistinguono i detti illeciti, devono essere utilizzati nella loro operatività dinamica all'interno della **vicenda concreta**, individuando, all'esito di una approfondita ed equilibrata valutazione complessiva del fatto, i dati più qualificanti»;

- «v'è **continuità normativa**, quanto al **pubblico ufficiale**, tra la previgente **concussione per costrizione** e il **novellato art. 317 cod. pen.**, la cui formulazione è del tutto sovrapponibile, sotto il profilo strutturale, alla prima, con l'effetto che, in relazione ai fatti pregressi, va applicato il più favorevole trattamento sanzionatorio previsto dalla vecchia norma»;

- «l'**abuso costrittivo** dell'**incaricato di pubblico servizio**, illecito attualmente estraneo allo statuto dei reati contro la pubblica amministrazione, è in continuità normativa, sotto il profilo strutturale, con **altre fattispecie incriminatrici di diritto comune**, quali, a seconda dei casi concreti, l'estorsione, la violenza privata, la violenza sessuale (artt. 629, 610, 609-bis, con l'aggravante di cui all'art. 61, comma primo, n. 9, cod. pen.)»;

- «sussiste **continuità normativa**, quanto alla posizione del pubblico agente, tra la **concussione per induzione** di cui al previgente art. 317 cod. pen. e il nuovo reato di induzione indebita a dare o promettere utilità di cui all'**art. 319-quater cod. pen.**, considerato che la pur prevista punibilità, in quest'ultimo, del soggetto indotto non ha mutato la struttura dell'abuso induttivo, ferma restando, per i fatti pregressi, l'applicazione del più favorevole trattamento sanzionatorio di cui alla nuova norma»;

- «il reato di concussione e quello di induzione indebita si differenziano dalle fattispecie corruttive, in quanto i primi due illeciti richiedono, entrambi, una **condotta di prevaricazione abusiva** del funzionario pubblico, idonea, a seconda dei contenuti che assume, a costringere o a indurre l'extraneus, comunque in **posizione di soggezione**, alla dazione o alla promessa indebita, mentre l'accordo corruttivo presuppone la **par condicio contractualis** ed evidenzia l'incontro assolutamente libero e consapevole delle volontà delle parti»;

- «il **tentativo di induzione indebita**, in particolare, si differenzia dall'istigazione alla corruzione attiva di cui all'**art. 322, commi terzo e quarto, cod. pen.**, perché, mentre quest'ultima fattispecie si inserisce sempre nell'ottica di instaurare un **rapporto paritetico** tra i soggetti coinvolti, diretto al mercimonio dei pubblici poteri, la prima presuppone che il funzionario pubblico, abusando della sua qualità o dei suoi poteri, ponga potenzialmente il suo interlocutore in uno **stato di soggezione**, avanzando una richiesta perentoria, ripetuta, più insistente e con più elevato grado di pressione psicologica rispetto alla mera sollecitazione, che si concretizza nella proposta di u semplice scambio di favori».

> **La corruzione per l'esercizio della funzione**.

di Ilaria Salvemme

Sommario: 1. Premessa – 2. L'adempimento degli obblighi internazionali – 3. La corruzione per atto conforme ai doveri d'ufficio e la corruzione per l'esercizio della funzione – 4. Il diritto intertemporale – 5. Rapporti con altri reati. La concussione – 5.1 La corruzione propria – 5.2 Il traffico di influenze illecite.

1.Premessa. Con la legge 6 novembre 2012, n. 190 il legislatore ha provveduto a riformare i delitti contro la pubblica amministrazione anche attraverso la rimodulazione delle fattispecie di corruzione e concussione, l'introduzione di nuovi reati e l'inasprimento delle misure sanzionatorie.

La necessità di dover rispondere alle sollecitazioni provenienti da organismi internazionali ha generato la novella summenzionata, dando vita ad un complesso sistema che ridisegna la Pubblica Amministrazione, ma soprattutto il rapporto tra quest'ultima ed i privati. A prevalere, infatti, era ed è ancora la branca amministrativa, nonostante le maggiori ripercussioni si siano registrate in ambito penalistico.

Il disegno di legge n. S-2156, depositato in Senato nel 2010, infatti, era stato costruito privilegiando il lato amministrativo in ossequio alla concezione del diritto penale come *extrema ratio*[256]. Approvato il 15 giugno 2011, il d.d.l. è stato poi trasmesso alla Camera con il n. C-4434, dove è stato approvato con modifiche per essere ritrasmesso al Senato con il n. S- 2156-B. In un primo momento esso conteneva provvedimenti quali la piena attuazione dell'art. 6 della Convenzione di Merida e degli artt. 20 e 21 della Convenzione penale sulla corruzione del Consiglio d'Europa del 27 gennaio 1999 in materia di specializzazione tra le autorità preposte alla lotta alla corruzione e di cooperazione tra le autorità nazionali, non ultimo attraverso l'individuazione di un'Autorità Nazionale Anticorruzione con compiti di controllo, prevenzione e contrasto della corruzione e dell'illegalità. Con la specifica previsione di dover collaborare con il Dipartimento per la Funzione Pubblica, tale autorità ha finito per avere, tra gli altri, il compito di incrementare il livello di trasparenza nell'attività della P.A. e di censire le posizioni dirigenziali attribuite a persone individuate discrezionalmente, senza selezioni pubbliche.

Sempre in ambito prettamente amministrativo il legislatore è intervenuto incisivamente sul d. lgs. 30 marzo 2001 n. 165 introducendo l'art. 54 *bis* a tutela dei *whistleblowers* ovvero dei soggetti che denunciano episodi corruttivi all'interno dell'amministrazione pubblica ed ha previsto una delega al Governo finalizzata all'emanazione di una legge contenente delle sanzioni per il superamento dei termini previsti nei procedimenti amministrativi.

L'introduzione di profili penalistici, dunque, è avvenuta nel corso del complesso *iter* parlamentare che ha caratterizzato la proposta di legge ed ha riguardato un generale inasprimento sanzionatorio, la

---

256 PALAZZO ritiene che il d.d.l. fosse inizialmente sbilanciato sul versante amministrativo in ossequio alla volontà delle istituzioni ed organizzazioni internazionali, che avrebbero richiesto una simile costruzione normativa in ragione della sporadicità con la quale il diritto penale può colpire (*Corruzione, concussione e dintorni: una strana vicenda*, in *Diritto penale contemporaneo*, Rivista trimestrale, 1, 2012, p. 227 e ss.).

suddivisione della fattispecie di concussione prevista nell'art. 317 c.p. in due norme: «la corruzione [per costrizione]» e «l'induzione indebita a dare o promettere utilità», rispettivamente contenute negli artt. 317 e 319 *quater*; l'introduzione della fattispecie di «corruzione per l'esercizio della funzione» in aggiunta a quella di «corruzione per atto contrario ai doveri d'ufficio» (artt. 318 e 319 c.p.), l'allargamento delle ipotesi soggettive attraverso l'eliminazione del riferimento al pubblico impiegato, l'introduzione del reato di traffico di influenze illecite (art. 346 *bis* c.p.) e della corruzione tra privati (art. 2635 c.c.).

Non può dimenticarsi, inoltre, la previsione di un codice comportamentale da adottare all'interno delle pubbliche amministrazione e la fissazione del valore limite che le regalie nei confronti del pubblico funzionario possono avere. Limite, il predetto, che potrebbe forse atteggiarsi a soglia di punibilità, etero integrando le fattispecie penalmente rilevanti di corruzione, concussione e induzione indebita.

2. *L'adempimento degli obblighi internazionali.* Strettamente connessa all'incremento della connotazione penalistica del disegno di legge è la ricezione delle spinte provenienti dal diritto europeo ed internazionale.

La Convenzione ONU adottata dall'assemblea il 31 ottobre 2003, aperta alla firma a Merida nel 2004, ratificata con legge 3 agosto 2009 n. 116 ed approvata anche dall'Unione Europea con decisione del Consiglio del 25 settembre 2008, prevede infatti come obiettivo la tutela della stabilità politica e della sicurezza delle società. In una tale ottica le misure di natura penalistica ed in special modo quelle concernenti la corruzione costituiscono dei meri strumenti.

Negli artt. 15 e 16 si disciplina la corruzione di pubblici ufficiali nazionali e stranieri ovvero appartenenti ad organizzazioni internazionali. L'art. 15 in particolare dispone che «ogni stato deve adottare misure legislative e quant'altro sia necessario al fine di considerare reato, se commesso volontariamente: a) la promessa, l'offerta o la dazione al pubblico ufficiale in maniera diretta od indiretta di un'indebita utilità per se medesimo o per un terzo affinchè eserciti od ometta di esercitare le sue mansioni; b) l'induzione o l'accettazione direttamente od indirettamente da parte del pubblico ufficiale di un'indebita utilità per se medesimo o per un terzo affinchè eserciti od ometta di esercitare le sue mansioni.».

Si prevede, dunque, l'incriminazione delle ipotesi di corruzione e concussione senza operare alcuna distinzione tra di esse nè alcun riferimento ad un atto d'ufficio[257].

Peculiarità, queste ultime, che non rappresentano una novità nel panorama giuridico italiano in quanto già oggetto della c.d. Proposta di Cernobbio[258], formulata ed operata nel 1994 da esponenti

---

257 La Convenzione ONU prevede anche la necessità di fissare un lungo termine di prescrizione in relazione ai reati di corruzione (art. 29) al fine di tutelare maggiormente i beni giuridici passibili di lesione dai medesimi. La mancata recezione di una tale indicazione da parte del legislatore italiano è stata sottolineata più volte, non ultimo dall'Ufficio Studi del Consiglio Nazionale Forense, che ha sottolineato come attraverso la legge 190/12 non si sia prodotto alcun intervento in materia di regime della prescrizione, reati collegati alla corruzione, falso in bilancio, autoriciclaggio, pene accessorie, trattamento ed eventuale non punibilità del *whistleblower* (*Legge n. 190/12. Disposizioni per la prevenzione e la repressione della corruzione e dell'illegalità nella pubblica amministrazione. Scheda di analisi* a cura dell'Ufficio Studi del Consiglio Nazionale Forense, p. , in www.consiglionazionaleforense.it).

258 Per consultare il testo della proposta di riforma si veda *Riv. trim. dir. pen. Econ.* 1994, II, p. 911 e ss. Per ciò che concerne altre esigenze di riforma sorte negli anni successivi, FIANDACA, *Esigenze e prospettive di riforma nei reati di corruzione e concussione*, in *Riv it. Dir. e proc. pen.*, 2000, p. 883.

della magistratura, della dottrina e dell'avvocatura italiana.

Proposta interessante da rileggere nell'ottica della riforma attuale in quanto si richiedeva la semplificazione delle fattispecie di corruzione attraverso la fusione delle medesime con la concussione, l'eliminazione di ogni riferimento all'atto contrario o conforme ai doveri d'ufficio e all'incaricato di pubblico servizio con qualifica di pubblico impiegato, nonché l'inasprimento del trattamento sanzionatorio.

Si ipotizzava, dunque, il superamento delle categorie della corruzione propria, impropria, antecedente e susseguente, prevedendo che la concussione fosse ricondotta nell'alveo dell'art. 629 c.p., peraltro aggravato, nel momento in cui il soggetto agente fosse coinciso con il pubblico ufficiale; ciò oltre al superamento dell'atto come fulcro della normativa in nome della volontà di sanzionare l'asservimento delle funzioni proprie del pubblico ufficiale.

Alcuni degli elementi suddetti, elaborati con lo scopo di semplificare l'onere probatorio dell'accusa, costituiscono le principali novità fatte proprie dalla legge 190/12[259].

3. La corruzione per atto conforme ai doveri d'ufficio e la corruzione per l'esercizio della funzione. Il novellato art. 318 c.p. presenta delle considerevoli peculiarità. Prima di tutto il cambiamento significativo ed eloquente della rubrica da «corruzione per atto d'ufficio» a «corruzione per l'esercizio della funzione» come a voler ribadire senza equivoci la perdita di centralità dell'atto, in linea con quanto statuito nel successivo art. 322, commi 1 e 3 c.p.

In secondo luogo il legislatore ha unificato le due ipotesi di corruzione antecedente e susseguente con evidenti ricadute sulla punibilità del corruttore *ex* art. 321 c.p.

Da ultimo, non compare più alcun riferimento alla «retribuzione», sostituita con la formula «denaro o altra utilità».

A completare il quadro l'allargamento della platea di soggetti attivi attraverso l'eliminazione del riferimento al pubblico impiegato presente nell'art. 320 c.p. e l'inasprimento della cornice edittale prevista (la pena è stata innalzata sia nel minimo – un anno – che nel massimo – cinque anni).

Da quanto riportato emerge come il legislatore abbia completamente ridisegnato la fattispecie di corruzione per un atto d'ufficio criminalizzando prima di tutto l'asservimento della funzione o la "messa a libro paga del pubblico agente".

La corruzione impropria, in tal modo, è divenuta "secondaria", seppure certamente ricompresa nella norma *de qua*.

Ed infatti, l'eliminazione del riferimento all'atto ed al concetto di retribuzione ha fatto sì che, in linea con i principali orientamenti emersi già nel periodo antecedente al novembre 2012 nell'ambito della giurisprudenza di legittimità, cadesse la criminalizzazione in via primaria del mercimonio della funzione amministrativa, con evidenti ricadute anche in ambito processuale.

La necessità di non dover individuare un atto, infatti, certamente rappresenta una semplificazione

---

259 Tra le novità non va annoverata la creazione di un'unica fattispecie in luogo di quelle corruzione e concussione, in linea con quanto sostenuto da alcuna dottrina, secondo cui va salvaguardata la volontà di mantenere ferma la maggiore gravità della retribuzione di atti contrari ai doveri d'ufficio (SEMINARA, *La riforma dei reati di corruzione e concussione come problema giuridico e culturale* in *Diritto penale e processo*, 10, 2012 p. 1235).

probatoria[260] . Una tale ragione, oltre alla volontà di colmare quella che costituiva una lacuna emersa nell'ambito dell'ordinamento giuridico penale ha indotto in alcuni arresti la Suprema Corte a prescindere dall'individuazione di un atto nella ricostruzione della fattispecie di cui all'art. 318 c.p. *ante* riforma. Ciò, nonostante l'importanza dell'atto fosse ribadita implicitamente anche dall'elemento soggettivo richiesto ai fini dell'integrazione del reato: il dolo specifico[261] , cosa che sembrava potesse mettere in dubbio la stessa configurabilità del dolo eventuale in relazione al reato *de quo*[262] .

Alla base di un tale evoluzione il fatto che, già precedentemente alla novella del 2012, la concezione dell'atto non era univoca[263] .

Equivocità che metteva in discussione la centralità stessa del predetto elemento, nonostante la stretta connessione al concetto di retribuzione parimenti appartenente alla fattispecie tipica di cui all'art. 318 c.p.

Di per sé, infatti, la retribuzione evocava il concetto di proporzionalità con la conseguente esclusione della punibilità ogni qual volta l'utilità fosse apparsa di scarso rilievo o comunque di valore sproporzionatamente inferiore al vantaggio che l'atto avrebbe portato nella sfera del privato (piccoli donativi d'uso od oggetti di scarso valore) [264] .

Causalmente connesso a quest'ultima, dunque, l'atto veniva accolto non solo in una concezione formale di natura legislativa, amministrativa o giudiziaria, bensì anche quale comportamento attivo od omissivo rappresentante il concreto esercizio di poteri inerenti all'ufficio[265] .

Dubbia la riconducibilità in un tale alveo dell'atto discrezionale.

Giurisprudenza risalente riteneva che in tal caso si sarebbe versato nell'ipotesi di cui all'art. 319 c.p. in quanto si sarebbe lesa la spontaneità che avrebbe dovuto sorreggere la libera scelta dell'*intraneus*[266] . Orientamento poi superato in ragione del fatto che anche gli atti discrezionali non sono totalmente liberi, ma caratterizzati anch'essi dalla doverosità. L'art. 318 c.p., dunque, doveva considerarsi integrato nel momento in cui fossero stati rispettati i limiti posti dalla legge all'esercizio dei poteri di valutazione comparativa degli interessi[267] .

Le principali *querelles*, tuttavia, che potrebbero ripresentarsi anche in seguito alla riforma, inerivano alla determinazione o determinabilità dell'atto.

---

260 Di rigidità del sistema delineato dal legislatore del 1930 in relazione centralità dell'atto parla BRUNELLI, *Le disposizioni penali nella legge contro la corruzione: un primo commento*, p. 3, in www.federalismi.it.

261 FERRANTE, Le fattispecie di corruzione in FORTUNA (a cura di) I delitti contro la Pubblica Amministrazione, Giuffrè. 2010, p. 101; BENUSSI, I delitti contro la Pubblica Amministrazione, p. 442; contra BALBI, I delitti di corruzione, un'indagine strutturale e sistematica, Jovene, 2003, p. 158, secondo cui ai fini dell'integrazione del reato l'art. 318 avrebbe richiesto il dolo generico.

262 CATENACCI (a cura di), Reati contro la Pubblica Amministrazione e contro l'amministrazione della giustizia, Giappichelli, 2012, p. 97.

263 Non costituiva oggetto di contestazione, quantomeno in seno alla sola dottrina, il fatto che l'atto dovesse essere individuato o individuabile poiché la promessa o l'utilità data in funzione del compimento di futuri ed imprecisati atti omissivi o commissivi poiché ciò non consentiva di stabilire l'esistenza o meno della proporzione tra questi ultimi e l'illecita promessa o dazione (MARINUCCI DOLCINI, *Codice penale commentato*, Ipsoa, 1999, art. 318).

264 FORNASARI, *Delitti di corruzione*, in BONDI, DI MARTINO, FORNASARI, *Reati contro la pubblica amministrazione*, Giappichelli, 2004, p. 202; FIANDACA MUSCO, *Diritto Penale. Parte Speciale*. Vol. I, Zanichelli, p. 232; CATENACCI (a cura di), *Reati contro la Pubblica Amministrazione*, cit., p. 94; *contra* VINCIGUERRA, *I delitti contro la Pubblica Amministrazione*, Cedam, 2008, p. 219.

265 Si veda Cass. Pen., sez. VI, 10 ottobre 2000 n. 10612, in *Guida al diritto*, 2000, 43, p. 79.

266 Cass. Pen., sez. VI, 14 novembre 1968 , Farroni, in *Riv. Pen.*, 1969, 11, p. 211.

267 Cass. Pen., sez. VI, 9 luglio 2009, n. 36083 in CED Cass. Pen. 2009.

Dato il riferimento presente all'interno della fattispecie interessata agli elementi dell'atto e della retribuzione, essa sarebbe risultata integrata, come già riportato, soltanto in nel caso in cui si fosse dimostrata l'esistenza di un rapporto sinallagmatico. Ove l'atto non fosse stato determinabile, non lo sarebbe stato neanche il rapporto[268].

In una tale ottica un ulteriore orientamento sosteneva l'integrazione dell'art. 319 c.p. nel momento in cui all'interno del patto illecito la retribuzione fosse stata prevista per una serie di atti non ancora singolarmente programmati[269]

In altri arresti, tuttavia, la giurisprudenza di legittimità ha ritenuto che si realizzasse comunque la corruzione impropria nel momento in cui l'indebita utilità fosse effettuata in ragione delle funzioni esercitate dal pubblico agente, ovvero all'asservimento delle medesime[270], con alacre reazione della dottrina maggioritaria, la quale ha sempre sostenuto che una tale ipotesi costituisse un esempio di interpretazione analogica in *malam partem*[271].

Anche con la volontà di armonizzare il diritto vivente avallando le ricostruzioni giurisprudenziali, probabilmente, il legislatore ha riformato le fattispecie di corruzione creando tra le ipotesi previste negli artt. 318 e 319 c.p. un rapporto di *genus ad species*[272].

L'abbandono di ogni riferimento all'atto conforme ai doveri di ufficio per la funzione ad ai poteri del pubblico ufficiale ha fatto sì che la nuova fattispecie penalmente rilevante delineata dall'art. 318 c.p. permettesse l'incriminazione delle condotte di asservimento della funzione pubblica ad interessi privati. Il denaro o l'altra utilità, dunque, non retribuiscono la prestazione dell'attività, quanto la presa in considerazione degli interessi di cui è portatore il privato[273].

Eliminando ogni diretto riferimento all'atto l'art. 318 c.p. diviene la fonte incriminatrice delle nuove fattispecie di corruzione impropria e di asservimento della funzione, visti i riferimenti letterali perpetrati a quest'ultima nonché all'esercizio di poteri.

In tal modo, solo le condotte di corruzione per atto contrario ai doveri d'ufficio finirebbero per ricondursi nell'alveo dell'art. 319 c.p. in quanto caratterizzate dalla presenza di un atto. Diretta conseguenza dell'acquisizione di un carattere residuale per la corruzione propria, infatti, è che la contrarietà ai doveri d'ufficio venga interpretata letteralmente e non considerata integrata per la sola

---

268 Si veda anche Cass. Pen., sez. VI, 16 ottobre 1997 n. 9354, in *Cass. Pen.* 1981, con nota di SCARDACCIONE.

269 Cass. Pen., sez. VI, 26 marzo 2007, n. 22205 in *Guida dir.*, 2007, 29, p. 99.. Sull'"anticipazione", quantomeno in via interpretativa, del contenuto della riforma da parte della giurisprudenza di legittimità si veda anche GAROFOLI, *La nuova disciplina dei reati contro la P.A.*, p. 10 e ss. , in www.penalecontemporaneo.it.

270 Cass. Pen., sez. VI, 7 giugno 2001, n. 32938 in *Riv. Pen.*, 2001, p. 913; Cass. Pen., sez. VI, 24 settembre 1996 in *Riv. pen.* 1997, p. 216; Cass. Pen., sez. VI, 6 marzo 1998 n. 2894 in *Cass. Pen.*, 1999, p. 2514, 3405 con nota di RAMPIONI ; Cass. Pen., sez. VI, 29 maggio 2007, Eliseo, in *Cass. Pen.*, 2008, p. 201; Cass. Pen., sez. F., 8 settembre 2009, rv. 245182.

271 Così, CATENACCI, *Reati contro la Pubblica Amministrazione*, cit., p. 101, secondo cui lo spostamento del fulcro dell'incriminazione dall'atto alla funzione costituisce una palese violazione del principio di tassatività; MANES, *L'atto d'ufficio nella fattispecie di corruzione*, Riv. it. Dir. proc. pen. 2000, p. 925 od anche, ma in termini meno critici SPENA, Il *turpe mercato. Teoria e riforma dei delitti di corruzione pubblica*, Giuffrè, 2003, p. 245.

272 Una simile visione trova dei riscontri anche nel diritto comparato, in particolare nel § 331 del Codice penale tedesco e nell'art. 422 del Codice penale spagnolo. (DOLCINI, VIGANO', *Sulla riforma in cantiere dei delitti di corruzione* in *Diritto penale contemporaneo*, Rivista Trimestrale, 1, 2012, p. 232 e ss.).

273 Alcuni sostengono che l'eliminazione di ogni riferimento all'atto e la sostituzione della retribuzione con la promessa o dazione rendono poco chiari i limiti entro cui il legislatore confina l'area del penalmente rilevante, rendendo così l'intera legge ambigua (BRUNELLI, *Le disposizioni penali*, cit., p. 5 e ss.).

circostanza che l'atto, eventualmente discrezionale, sia stato retribuito[274].

Secondo alcuna dottrina la vera novità della novella sarebbe costituita non dall'allargamento dell'area del penalmente rilevante, quanto dalla collocazione della messa a libro paga del pubblico agente sullo stesso piano della corruzione impropria[275]. Ciò in quanto, come già riportato, alcuni orientamenti giurisprudenziali che avevano ammesso la criminalizzazione dell'asservimento della funzione avevano parimenti ritenuto che essa potesse essere collocata nel raggio d'azione della norma di cui all'art. 319 c.p.

Altri si mostrano scettici nei confronti di una lettura che vede l'art. 318 comprendere le sole ipotesi dell'asservimento e della corruzione impropria. Il fatto che nella rubrica si sia voluto mantenere il termine corruzione, infatti, potrebbe mirare a mantenere l'esigenza di un rapporto mercantilistico ai fini dell'integrazione della fattispecie. Se la novella si limitasse ad equiparare le condotte di corruzione impropria con quelle di asservimento funzionale del pubblico agente da parte del privato, infatti, la concezione mercantilistica verrebbe solo attenuata poiché il concetto stesso di asservimento evocherebbe un'idoneità della condotta che escluderebbe l'incriminazione dell'indebita dazione.

Del tutto lontana da una tale ipotesi, tuttavia, nonostante l'utilizzo del termine corruzione, si dimostrerebbe la scelta di formulare la fattispecie in maniera del tutto generica, tale da ricomprendere ogni indebita dazione[276].

Per ciò che concerne la retribuzione, la dottrina maggioritaria ha letto l'assenza di ogni riferimento alla medesima come la volontà da parte del legislatore di reprimere ogni comportamento od ogni prassi tesa a giustificare il conferimento di regalie al funzionario pubblico[277].

Contro una tale visione un orientamento che valorizza l'art. 1, comma 44 della legge 190/12 [278].

All'interno della norma predetta è prevista, infatti, l'emanazione da parte del Governo di un Codice di un Codice di Comportamento finalizzato ad assicurare la qualità dei servizi e la prevenzione dei fenomeni di corruzione, simile a quello previsto dal d. lgs. 8 giugno 2001 n. 231.

Tale codice, infatti, dovrà contenere «una specifica sezione dedicata ai doveri dei dirigenti, articolati in relazione alle funzioni attribuite, e comunque prevede per tutti i dipendenti pubblici il divieto di chiedere o di accettare, a qualsiasi titolo, compensi, regali o altre utilita', in connessione con l'espletamento delle proprie funzioni o dei compiti affidati, fatti salvi i regali d'uso, purche' di modico valore e nei limiti delle normali relazioni di cortesia.»

4. Il diritto intertemporale. Con l'entrata in vigore della legge 190/12 si è posto il problema della

---

274 BRUNELLI, *Le disposizioni penali*, cit., p. 5 e ss.

275 Così anche PULITANO', *La novella in materia di corruzione*, in *Cass. Pen.*, 2012, suppl. al n. 11, p. 7.

276 Così SEMINARA, *La riforma dei reati di corruzione e concussione*, cit. p. 1236. Ad ulteriore conferma di quanto riportato, l'autore asserisce che il novellato art. 318 c.p. non può comprendere soltanto le ipotesi di corruzione impropria ed asservimento, poiché ciò comporterebbe un modesto alleggerimento probatorio per l'accusa. Sarebbe comunque necessario provare, ai fini dell'integrazione del reato la proiezione dell'utilità su un esercizio dei poteri o delle funzioni favorevoli al privato.

277 SEMINARA, *La riforma dei reati di corruzione e concussione*, cit. p. 1237; BRUNELLI, *Le disposizioni penali*, cit., p. 5 e ss., secondo cui la riforma ha aperto la strada ai reati bagatellari. L'inserimento di termini come influenza od ingerenza nello svolgimento della funzione, infatti, avrebbe consentito di conferire il giusto peso alla consistenza dell'illecita retribuzione; BALBI, *Alcune osservazioni in tema di riforma dei delitti contro la pubblica amministrazione*, in *Diritto penale contemporaneo*, Rivista trimestrale, 2012, 4, p. 5.

278 VALENTINI, Dentro lo scrigno del legislatore penale.Alcune disincantate osservazioni sulla legge anti-corruzione, p. 16 in www.penalecontemporaneo.it .

punibilità dei fatti di corruzione impropria commessi antecedentemente alla novella in considerazione delle notevoli differenze che caratterizzano le due fattispecie di cui all'art. 318 *ante* e *post* riforma.

La Corte di Cassazione sembrerebbe aver già affrontato il quesito. Da un'informazione provvisoria proveniente dalla VI sezione emerge come la suprema Corte abbia affermato la continuità normativa, *ex* art. 2, comma 4, c.p. tra la previgente e l'attuale formulazione dell'art. 318 c.p.

In conseguenza della mancata verificazione di un'*abolitio criminis* o di un'ipotesi di nuova incriminazione, le condotte di corruzione impropria commesse anteriormente alla novella legislativa dovranno continuare ad essere punite ai sensi dell'art. 318 c.p.[279]. Il giudice, dunque, dovrà applicare la disciplina sanzionatoria più favorevole al reo tra quella previgente e quella attualmente prevista dal legislatore[280].

Ciò, naturalmente, ove non si palesi un'ipotesi di corruzione impropria susseguente. In tal caso, infatti, mentre precedentemente l'art. 321 c.p., nello stabilire le sanzioni per il privato corruttore, non rinviava all'art. 318, comma , c.p. non assoggettando dunque a sanzione il privato, la nuova formulazione della norma concernente la corruzione per l'esercizio della funzione elimina tali differenziazioni.

A ciò consegue, dunque, l'incriminazione del privato sia nel caso in cui la promessa o la dazione precedano l'esercizio della funzione o dei poteri, sia nel caso li seguano, con evidente creazione di una nuova incriminazione, ai sensi dell'art. 2, comma 1, c.p.

5. *Rapporti con altri reati. La concussione*. La riforma dei delitti contro la pubblica amministrazione ha interessato anche, come in precedenza riportato, la fattispecie di concussione. In luogo della precedente formulazione dell'art. 317 c.p., che prevedeva ai fini dell'integrazione del reato che il soggetto agente realizzasse alternativamente la condotta di costrizione ovvero quella di induzione, il legislatore del 2012 ha previsto due distinte norme: la concussione e la induzione indebita a dare o promettere denaro od altra utilità.

Parte della dottrina ritiene che esse, pur ponendosi nel solco della continuità normativa [281] ovvero

---

279 Cass. Pen., sez. VI, ud. 11 gennaio 2013, Pres. De Roberto, Est. Cortese, ric. Abbruzzese, come esposto nella nota di GATTA, in www.penalecontemporaneo.it.

280 Mentre il previgente norma disciplinante la corruzione impropria disponeva la reclusione tra sei mesi a tre anni, il nuovo art. 318 c.p. commina una pena più elevata tanto nel minimo quanto nel massimo edittale (la reclusione da uno a sei anni).

281 Contrariamente a ciò, nella III Relazione del novembre 2012 dell'Ufficio del Massimario della Corte di Cassazione si sostiene che «la diversa caratterizzazione della nuova ipotesi di reato rispetto alla fattispecie, precedentemente contenuta nell'art. 317 c.p., di concussione "per induzione", renda tutt'altro che scontato il riconoscimento del menzionato rapporto di continuità normativa tra le due previsioni incriminatrici, anche al di là delle eventuali intenzioni del legislatore. Per contro la conservazione della condotta di induzione nella fattispecie di nuovo conio legittima anche conclusioni di segno diametralmente opposto, potendosi sostenere che la relativa nozione accolta in precedenza nell'art. 317 già presentava una accezione sufficientemente lata da comprendere il significato che il legislatore sembra avergli attribuito nella disposizione di nuovo conio, nella quale peraltro è stato replicato anche il requisito per cui comunque la condotta del pubblico agente deve connotarsi per l'abuso di potere o di qualità».

L'orientamento testé riportato ha trovato una smentita nella tesi fatta propria dalle Sezioni Unite della Corte di Cassazione (24.10.2013 (dep. 14.3.2014), n. 12228, Pres. Santacroce, Rel. Milo, ric. Maldera), le quali, dopo aver stabilito le linee di demarcazione ed i criteri utili nella distinzione tra le fattispecie di cui ai novellati artt. 317 e 319 *quater*, hanno ritenuto che sussistesse continuità normativa tra l'art. 317 c.p. nella previgente formulazione e le norme summenzionate (per un approfondimento si veda GATTA, *Dalle Sezioni Unite il criterio per distinguere concussione e* nell'ipotesi prevista dall'art. 2, comma 4, c.p. [282], siano in realtà foriere di numerose innovazioni.

L'induzione a dare o promettere denaro od altra utilità, infatti, sarebbe molto più vicina alla figura della corruzione per l'esercizio della funzione che non alla concussione di cui all'art. 317 c.p., non ultimo nell'ottica della collocazione sistematica.

Si è osservato innanzi tutto che la formula onnicomprensiva utilizzata nell'art. 319 *quater* consente[283] di farvi rientrare comportamenti ricollegabili a condotte del pubblico ufficiale sia conformi che contrarie alle funzioni dell'ufficio.

Nell'induzione, inoltre, il soggetto passivo non è più una semplice vittima, ma il responsabile di un delitto di minore entità. Proprio la rilevanza penale della condotta del privato che subisce l'induzione avvicinerebbe la nuova fattispecie nell'alveo dei delitti di corruzione [284].

Per il privato corruttore, dunque, l'art. 319 *quater* rappresenterebbe una nuova fattispecie capace di incarnare forse più di ogni altra il senso della legge 190/12: la necessità di non lasciare più impunito qualsiasi comportamento connivente e lesivo per la P.A. Un modo per ossequiare anche i principi internazionali che avrebbero imposto di non lasciare alcuno spazio all'impunità del soggetto privato, criminalizzando tutte le condotte che si pongono nella zona grigia tra corruzione e concussione.

La distinzione tra induzione indebita e fattispecie corruttiva, allora, potrà basarsi ancora una volta sulla presenza o meno di una situazione di soggezione psicologica del privato dinanzi ad un pubblico ufficiale[285].

Ed infatti, se il criterio discretivo tra concussione ed induzione indebita è dato dalla differente condotta richiesta ai fini dell'integrazione delle fattispecie penalmente rilevanti: l'eterodeterminazione della volontà ovvero la costrizione psichica anche relativa nei confronti dell'*extraneus* che deve chiaramente trovarsi dinanzi ad una secca alternativa, un *aut aut* tra la cessione alle richieste dell'*intraneus* ed il mancato conseguimento del bene della vita, unita all'uso di violenza o minaccia, intesa come prospettazione di un danno ingiusto nell'un caso e la soccombenza nei confronti del funzionario pubblico al fine di poter conseguire un indebito vantaggio nell'altro[286] ; certamente dovrà aderirsi a quanto sostenuto anche dalle Sezioni Unite della Corte di Cassazione nella sentenza n. 12228 del 14.03.2014, ovvero che in seguito alla novella legislativa, la fattispecie di cui all'art. 319 *quater* si collochi nel mezzo tra quella di concussione e quella corruttiva.

'induzione indebita': minaccia di un danno ingiusto vs. prospettazione di un vantaggio indebito, in www.penalecontemporaneo.it).

282 Si ritiene che le due nuove fattispecie si pongano in rapporto di specialità con la previgente norma di cui all'art. 317, dando così luogo ad un fenomeno di successione meramente modificativa delle leggi penali ed alla necessaria applicazione della *lex mitior*, così DOLCINI, VIGANO', *Sulla riforma in cantiere dei delitti di corruzione*, cit., p. 232 e ss

283 PULITANO', La novella in materia di corruzione, cit., p. 10.

284In realtà, come sostenuto dalle Sezioni Unite della Suprema Corte (sent. n. 12228/14), la *ratio* alla base della nuova incriminazone prevista dall'art. 319 *quater*, comma 2, c.p. sia la volontà di punire tutte le ipotesi che potrebbero presentarsi nella prassi e di rimediare all'annoso conflitto che per lungo tempo ha visto "fronteggiarsi" dottrina e giurisprudenza in materia di c.d. concussione ambientale.

285 Così GAROFOLI, *La nuova disciplina dei reati contro la P.A.*, in www.penalecontemporaneo.it, p. 13; PALAZZO, *Concussione, corruzione e dintorni, una strana vicenda*, cit., p. 227.

286 Le Sezioni Unite ritengono che centrale nella ricostruzione della fattispecie di cui all'art. 319 *ter* sia la nuova incriminazione prevista nel comma 2 ovvero il fatto che il privato possa atteggiarsi a complice. Nella necessità dunque, di ricostruire un equilibrio tra l'atteggiamento dell'*intraneus*, che resta comunque di sovraordinazione e la possibilità che il privato rivolga la situazione in proprio favore, utilizzandola per conseguire un indebito vantaggio, hanno conferito una notevole importanza al dispositivo di cui all'art. 319 *quater*, comma 2.

A distinguerla da quest'ultima il fatto che, trattandosi di un reato-contratto per alcuni versi, le parti del *pactum sceleris* si trovino sullo stesso piano tanto che al privato sia anche concesso di prendere l'iniziativa e di proporre un accordo che consenta ad entrambi di conseguire dei vantaggi indebiti.

5.1. La corruzione propria. Il rapporto tra corruzione per l'esercizio della funzione e corruzione per atti contrari ai doveri d'ufficio è molto complesso.

Dal punto di vista del diritto intertemporale, infatti, potrebbe profilarsi un rapporto di genere a specie sia tra le norme di cui agli artt. 318 e 319 c.p. nell'attuale formulazione, sia tra la norma di cui al previgente art. 318 e quella novellata dalla legge 190/12.

Nel momento in cui l'interprete dovesse trovarsi dinanzi a casi di asservimento della pubblica funzione commessi precedentemente all'entrata in vigore della riforma, potrebbero profilarsi tre distinte ipotesi.

Il fatto potrebbe essere ritenuto lecito ai sensi dell'art. 2, comma 1, c.p. oppure potrebbe, in ossequio ai previgenti orientamenti giurisprudenziali in precedenza esposti, essere ricondotto nell'alveo dell'art. 319 ovvero dell'art. 318 c.p.

La predetta situazione costituirebbe un esempio di specialità sincronica, in applicazione dell'art. 15 c.p., dunque, dovrebbe applicarsi l'art. 319 c.p., contenente la norma speciale.

Una tale conclusione, tuttavia, non terrebbe conto del fatto che il diritto vivente si è formato su interpretazioni *contra legem* in quanto ritenute analogiche in *malam partem*, nonché della relazione di sussidiarietà esistente tra la norma di cui all'art. 318 e quella di cui all'art. 319 c.p.

Nei casi in precedenza riportati, dunque, si rivela ancora una volta centrale, ai fini della risoluzione del concorso di norme, l'elemento dell'atto. Nel momento in cui esso non sia né determinato né determinabile, infatti, l'asservimento della funzione pubblica dovrà ricondursi alla norma di cui all'art. 318 c.p., mentre ove esso dovesse dimostrarsi non determinato ma determinabile, sarebbe integrata l'ipotesi di corruzione per atto contrario ai doveri d'ufficio.

5.2 Il traffico di influenze illecite. Interessante è poi il rapporto tra questa e la norma di cui all'art. 346 *bis* c.p.

Introdotta dal legislatore del 2012 la nuova fattispecie del traffico di influenze illecite trova anch'essa origine nelle convenzioni internazionali e nella volontà del legislatore di censurare l'intera filiera, per così dire, del contratto illecito.

Punendo il soggetto che si pone in una posizione intermedia tra il privato ed il funzionario pubblico in un momento antecedente alla promessa od alla dazione di denaro o altra utilità, il legislatore anticipa la soglia della rilevanza penale, criminalizzando in tal modo qualsiasi condotta atta a sfociare in un comportamento lesivo nei confronti del buon andamento e dell'imparzialità della pubblica amministrazione.

La nuova norma sembra pensata per essere applicata là dove l'influenza dell'intermediario non addivenga ad alcunchè. Se, infatti, questi agisse od intercedesse offrendo o promettendo qualcosa, si verterebbe già nell'ipotesi prevista dall'art. 322, comma 2, c.p., di istigazione alla corruzione, se non nel tentativo di corruzione *ex* artt. 56 e 319 *ter* c.p.[287]

Tale arretramento della soglia di rilevanza penale, tuttavia, è stato ipotizzato solo in riferimento ai reati di corruzione per atto contrario ai doveri d'ufficio e di concussione, visto il richiamo effettuato dall'art. 346 bis alle sole norme di cui agli artt. 319 e 319 *ter* c.p [288].

Interrogatesi sull'omissione concernente la norma contenuta nell'art. 318 c.p., la dottrina e la giurisprudenza di legittimità hanno dato luogo ad orientamenti differenti.

Vi è chi ritiene che il riferimento al solo atto contrario ai doveri d'ufficio trovi la propria ragion d'essere nella volontà del legislatore di attribuire rilevanza penale alle sole mediazioni finalizzate alla realizzazione di una corruzione per atti contrari ai doveri d'ufficio poiché ciò costituirebbe un indicatore di tipicità indispensabile al fine di superare eventuali dubbi circa la determinatezza della norma, oltre ad evitare che condotte totalmente prive di illiceità ovvero inoffensive possano assurgere a fattispecie penalmente rilevanti[289].

Ai fini dell'integrazione della corruzione per l'esercizio della funzione, in altre parole, non interessa se uno o più atti saranno compiuti. Considerare penalmente rilevante un comportamento prodromico a quello descritto nella fattispecie di corruzione per l'esercizio della funzione arretrerebbe troppo la soglia della rilevanza penale. Ciò senza contare che il riferimento ampliativo ai poteri del pubblico agente contribuisce ad includere nella fattispecie penalmente rilevante l'influenza che il soggetto potrebbe esercitare su un altro funzionario pubblico [290].

L'Ufficio del Massimario della Corte di Cassazione ha ritenuto che la mancanza di qualsiasi riferimento all'art. 318 c.p., unitamente alla specificazione che il denaro debba essere dato o promesso al fine di mediare con o remunerare il pubblico ufficiale per un atto contrario ai doveri d'ufficio, indichi la possibilità che la norma di cui all'art. 346 *bis* c.p.e quella di cui all'art. 318 c.p. possano concorrere.

Secondo altri, invece, l'art. 346 *bis* c.p., anticipa la soglia della rilevanza penale in relazione ai soli contratti illeciti aventi ad oggetto un atto contrario ai doveri d'ufficio. Il traffico avente ad oggetto l'esercizio delle funzioni o dei poteri conforme al diritto ovvero un generico asservimento del pubblico ufficiale sarebbero penalmente irrilevanti.

Nell'ambito della corruzione impropria, quindi, il limite della soglia penalmente rilevante sarebbe incarnato dalla fattispecie di cui all'art. 322, comma 1, c.p. [291].

---

287 Così VALENTNI, secondo cui per l'integrazione della fattispecie in oggetto è necessario e sufficiente che si configuri il solo preaccordo di intercessione, in *Dentro lo scrigno del legislatore penale,* cit., p. 3; *contra* l'Ufficio del Massimario della Corte di Cassazione, secondo cui ritenendo che il reato sia configurabile solo nel momento in cui la mediazione non venga effettivamente esercitata, resterebbero per così dire scoperti i casi in cui l'intermediario agisca effettivamente presso il funzionario ma senza dare o promettere alcunchè.

288 Nell'ultimo passaggio della legge al Senato è stato escluso dalla clausola di riserva il riferimento all'art. 318 c.p.

289 MERENDA, *Il traffico di influenze illecite: nuova fattispecie e nuovi interrogativi,* p. 6, in www.penalecontemporaneo.it.

290 BRUNELLI, *Le disposizioni penali,* cit., p. 5 e ss.

291 Si veda VALENTINI, Dentro lo scrigno del legislatore penale, cit., p. 5.

> ➢ **La causalità penale. Focus sulla teoria condizionalistica e sugli approdi giurisprudenziali in ordine all'accertamento del nesso causale.**

di *Filippo Camela*

CASSAZIONE PENALE – Sez. IV – 14 gennaio 2013 n. 1716 – Pres. Sirena – Est. Romis – (*Cassa Corte di Appello di Milano*)
Responsabilità professionale medica – Reati omissivi impropri – Colpa.
In tema di responsabilità professionale medica, nel caso in cui il sanitario si trovi di fronte ad una sintomatologia idonea a porre una diagnosi differenziale, la condotta è colposa quando non vi si proceda, mantenendosi nell'erronea posizione diagnostica iniziale. E ciò vale non soltanto per le situazioni in cui la necessità della diagnosi differenziale sia già in atto, ma anche quando è prospettabile che vi si debba ricorrere nell'immediato futuro a seguito di una prevedibile modificazione del quadro o della significatività del perdurare del quadro già esistente.

Nesso di causalità – Certezza processuale – Accertamento.
L'esistenza del nesso causale deve essere accertata in termini di certezza processuale la quale non può non essere individuata se non con l'utilizzo degli strumenti di cui il giudice dispone per le sue valutazioni probatorie; pertanto, la certezza intesa in questa accezione deve essere raggiunta attraverso la valutazione di tutte le circostanze del caso concreto sottoposte all'esame del magistrato secondo un procedimento logico che consenta di poter ricollegare un evento ad una condotta omissiva "al di là di ogni ragionevole dubbio".

Sommario: *1. Considerazioni introduttive sul tema della causalità. 2. La teoria condizionalistica. 3. I rilievi critici alla teoria della condicio sine qua non. 4. Superamento delle critiche e integrazione della teoria condizionalistica con il criterio della sussunzione sotto leggi scientifiche. 5. L'evoluzione dellagiurisprudenza di legittimità sul coefficiente di probabilità: la rivoluzionecopernicana operata dalla sentenza Franzese. 6. L'accertamento del nesso di causalità nei reati omissivi colposi. 7. Conclusioni.*

1. Considerazioni introduttive sul tema della causalità.

La causalità penale rappresenta un elemento costitutivo del reato in tutte quelle fattispecie incriminatici che prevedono un evento naturalistico (ad esempio, "la morte di un uomo" nel delitto di omicidio). Essa, in particolare, individua il nesso (dal latino *nectere*, cioè legare) che lega la condotta, quale atto umano (dal latino *ago agere*, cioè elemento agente, fatto causante), e l'evento (dal latino *evenire*, quel che vien fuori). Tale collegamento consente, nell'ambito di un diritto penale ispirato ai principi di materialità (art. 25, comma 2, Cost.) e di personalità della responsabilità penale (art. 27, comma 1, Cost.), l'imputazione di un evento lesivo al soggetto che ha contribuito, con la propria condotta, alla verificazione del risultato dannoso. Il rapporto di causalità, dunque, funge da criterio di imputazione oggettiva del fatto all'agente.
La disciplina generale della causalità penale si rinviene agli artt. 40 ("*Nessuno può essere punito per*

un fatto preveduto dalla legge come reato, se l'evento dannoso o pericoloso, da cui dipende l'esistenza del reato, non è conseguenza della sua azione od omissione. Non impedire un evento, che si ha l'obbligo giuridico di impedire, equivale a cagionarlo") e 41 c.p. (*"Il concorso di cause preesistenti o simultanee o sopravvenute, anche se indipendenti dall'azione od omissione del colpevole, non esclude il rapporto di causalità fra l'azione od omissione e l'evento. Le cause sopravvenute escludono il rapporto di causalità quando sono state da sole sufficienti a determinare l'evento. In tal caso, se l'azione od omissione precedentemente commessa costituisce per sé un reato, si applica la pena per questo stabilita. Le disposizioni precedenti si applicano anche quando la causa preesistente o simultanea o sopravvenuta consiste nel fatto illecito altrui").*

2. La "teoria condizionalistica".

A ben vedere, tuttavia, la disciplina codicistica non è in grado di fornire una adeguata risposta alla seguente domanda: qual è il criterio che consente di stabilire che un dato evento è il risultato di una data azione?

La soluzione al quesito posto ha indotto la dottrina penalistica italiana ad elaborare una serie di teorie per l'accertamento del nesso di causalità. Tra le teorie principali si segnalano quella condizionalistica, quella della causalità adeguata e quella della causalità umana.

Considerato che le ultime due teorie nascono come correttivi alla prima teoria nella sfera dei delitti c.d. aggravati dall'evento ci soffermeremo, per quanto qui di interesse, soltanto sulla teoria c.d. condizionalistica.

La comprensione di questa teoria è ancorata al concetto di causa che spesso si utilizza nel senso comune e rispecchia una domanda che spesso ci poniamo nella vita reale: che cosa sarebbe successo se non avessi agito in quel determinato modo? Un grande penalista tedesco, Karl Engisch, sottolineava che " *pentimento, risentimento, rimprovero si manifestano sempre nelle frasi: se io non avessi fatto questo o quest'altro, l'evento X non sarebbe accaduto; se tu non avessi agito come hai agito, l'evento X non si sarebbe verificato".*

Tale concezione, trasportata sul terreno giuridico, viene denominata condizionalistica o della *condicio sine qua non* poiché ritiene che ogni evento è la conseguenza di molti fattori causali che sono tutti egualmente necessari perché l'evento si verifichi. Ne consegue che è causa ogni condizione dell'evento, ogni antecedente senza il quale l'evento non si sarebbe verificato. In particolare, l'accertamento del nesso di causalità avviene attraverso il giudizio ipotetico controfattuale (contrario ai fatti) condotto con il c.d. procedimento di eliminazione mentale. L'interprete deve, con altre parole, alla stregua di un valutazione *ex post*, verificare se una volta eliminato il fattore condizionante (il comportamento umano) l'evento viene meno. Alla luce di tale criterio, un'azione è *condicio sine qua non* di un evento se senza di essa l'evento non si sarebbe verificato (formula positiva) ovvero un'azione non è causa dell'evento se senza di essa l'evento si sarebbe ugualmente verificato (formula negativa).

Un riscontro pratico della teoria in esame si ha, ad esempio, nell'ipotesi in cui Tizio pugnala Caio il quale decede in quanto colpito in un organo vitale. È di tutta evidenza che la condotta di Tizio è *condicio sine qua non* dell'evento morte poiché se eliminata mentalmente l'evento viene meno.

3. I rilievi critici alla "teoria della *condicio sine qua non*".

Al di fuori dell'esempio riportato, la teoria condizionalistica, così come originariamente formulata, prestava il fianco ad una serie di critiche nei casi pratici più complessi.

Si è eccepito, innanzitutto, che la teoria della *condicio sine qua non* condurrebbe, se portata alle estreme conseguenze, a considerare causali anche i remoti antecedenti dell'evento delittuoso (c.d. "regresso all'infinito"); di talchè, tornando all'esempio di prima, i genitori di Tizio potrebbero essere ritenuti responsabili dell'omicidio di Caio per aver procreato l'omicida e creato, quindi, una condizione indispensabile dell'evento.

La teoria condizionalistica presentava ulteriori inconvenienti nell'ipotesi in cui un evento sarebbe stato ugualmente prodotto da un'altra causa intervenuta nello stesso momento (c.d. "causalità alternativa ipotetica") ovvero nel caso di concorso di più condizioni, ciascuna della quali in grado da sola di produrre il risultato ("c.d. causalità addizionale").

Si contestava, infine, la "limitata efficacia euristica" della teoria condizionalistica. La dottrina , in particolare, manifestava forti perplessità in tutte quelle ipotesi nelle quali non era possibile spiegare, in assenza di leggi causali, il perché dell'evento. Secondo questa critica, necessitava sapere in anticipo se una determinata azione rientrasse o meno nel novero di quegli accadimenti in grado di produrre eventi del tipo di quello verificatosi in concreto.

4. Superamento delle critiche e integrazione della teoria condizionalistica con il criterio della sussunzione sotto leggi scientifiche.

Le considerazioni critiche mosse da parte della dottrina sono state superate attraverso puntuali precisazioni a ciascuna di esse.

La tesi del c.d. "regresso infinito" e le conseguenze abnormi che la stessa avrebbe evidenziato sono state ridimensionate dai fautori della teoria condizionalistica i quali hanno osservato che l'accertamento del nesso causale verte esclusivamente su quegli antecedenti (comportamenti umani) riconducibili al coefficiente soggettivo del dolo o, quantomeno, della colpa.

Nell'ipotesi di "causalità alternativa", l'accertamento del nesso di causalità prende come parametro di riferimento (oltre alla condotta) l'evento in concreto verificatosi. Nel caso, ad esempio, di un incendio provocato da un soggetto non è possibile obiettare che quel genere di evento si sarebbe ugualmente verificato per cause naturali.

Infine, è stata confutata anche la tesi dell'inapplicabilità della teoria della *condicio sine qua non* nel caso di "causalità addizionale". Occorre, al riguardo, puntualizzare che *"hanno efficacia causale quelle condizioni dell'evento che, cumulativamente considerate, ne costituiscono un presupposto necessario e che lo sarebbero alternativamente se l'altra condizione mancasse"*[292]. Pertanto, se Tizio e Caio immettono, in maniera indipendente l'uno dall'altro, una eguale dose di veleno nel bicchiere di Sempronio cagionandone la morte, vanno ritenuti responsabili di omicidio entrambi gli agenti.

Non vi è dubbio che la critica che ha suscitato maggiore imbarazzo ai fautori della teoria condizionalistica è stata quella della "limitata efficacia euristica". Le fondate perplessità suscitate da quest'ultima ponevano il problema di individuare i metodi e i percorsi logici da seguire per poter affermare che da un determinato antecedente derivi un determinato conseguente.

I limiti così evidenziati della teoria condizionalistica condussero dottrina e giurisprudenza ad individuare gradualmente alcuni correttivi alla stessa.

---

[292] FIANDACA-MUSCO, *Diritto Penale, Parte Generale*, 2008, 227

In una prima fase, la giurisprudenza di merito e di legittimità hanno accolto il c.d. "metodo individualizzante". Secondo quest'ultimo, l'accertamento del rapporto di causalità si svolge tra accadimenti singoli e concreti indipendentemente da una loro eventuale riproducibilità in futuro. Tale metodo è stato, a sua volta, oggetto di numerose critiche. Si contestava, in particolare, che il giudice dovesse comportarsi come uno "storico" al cui "fiuto" o "intuizione", in assenza di una legge causale in grado di spiegare il perché e il come l'evento sia conseguenza di una determinata azione, è rimesso di scoprire le connessioni causali tra i singoli fatti oggetti di giudizio.

In una seconda fase, la giurisprudenza è approdata al metodo "generalizzante". Tale metodo consente di ritenere validi, in assenza di leggi scientifiche, i risultati di una generalizzazione in senso comune (c.d. massime di esperienza). Non si dubita che siffatto criterio, per mezzo del quale la determinazione del nesso causale non è più affidato alla discrezionalità, risponde ad esigenze di garanzia.

La terza fase trae le sue origine da una nota pronuncia di legittimità collocata alla fine degli anni 90[293] la quale, nel ripudiare definitivamente il metodo individualizzante, ha adottato definitivamente il metodo generalizzante della "sussunzione sotto leggi scientifiche". Secondo questo modello, un antecedente è condizione necessaria dell'evento soltanto qualora rientri nel novero di quegli antecedenti che, sulla base di una successione regolare conforme ad una legge dotata di validità scientifica (c.d. legge generale di copertura), portano ad eventi del tipo di quello verificatosi in concreto.

La legge scientifica di copertura può essere "universale" o "statistica". Rientra nella prima categoria la legge in grado di affermare che la verificazione di un evento è invariabilmente accompagnata dalla verificazione di un altro evento. Rientra nelle seconda categoria, invece, la legge che attesta che la verificazione di un evento è accompagnata dal prodursi di un altro evento in una certa percentuale di casi. Se da un lato è evidente che una legge scientifica universale è in grado di soddisfare al massimo le esigenze di certezza e di rigore scientifico è altrettanto palese che la limitatezza delle conoscenza umane raramente consente di fare affidamento su leggi di questo tipo. Considerato, inoltre, che il giudice non è uno scienziato ed è chiamato ad accertare un fatto di reato il quale, a sua volta, potrebbe rimandare ad un numero considerevole di antecedenti, sarebbe irrealistico pretendere un accertamento fondato sulla certezza assoluta. Ecco allora che in sede giudiziale è possibile accontentarsi di un accertamento a carattere probabilistico.

5. L'evoluzione della giurisprudenza di legittimità sul coefficiente di probabilità: la rivoluzione copernicana operata dalla sentenza Franzese.

Preso atto, dunque, che il giudice può fare ricorso a leggi generali scientifiche statistiche, la domanda che si pone è la seguente: qual è il grado di probabilità minimo per fondare l'accertamento del nesso di causalità?

La soluzione al quesito posto ha segnato in maniera indelebile il solco di una lunga e memorabile evoluzione giurisprudenziale che si è registrata, in particolare, nell'ambito della colpa professionale medica.

Un primo indirizzo giurisprudenziale riteneva che *"quando è in gioco la vita umana anche sole*

---

[293] Cass. Pen., sez. VI, 6 dicembre 1990 n. 4793

poche probabilità di successo...sono sufficienti"[294]. Successivamente, è stato osservato che *"il rapporto di causalità sussiste anche quando l'opera del sanitario, se correttamente e tempestivamente intervenuta, avrebbe avuto non già la certezza, bensì soltanto serie ed apprezzabili possibilità di successo, tali che la vita del paziente sarebbe stata, con una certa probabilità, salvata"[295]* (nella specie, venne considerata rilevante una possibilità di successo del 30%). Tale parametro, tuttavia, non pareva ancora in grado di esprimere una certezza sul piano processuale. La Suprema Corte, difatti, giunse a sostenere che *"è necessario che l'esistenza del nesso causale venga riscontrata con sufficiente grado di certezza, se non assoluta ... almeno con un grado tale da fondare su basi solide un'affermazione di responsabilità, non essendo sufficiente a tal fine un giudizio di mera verosimiglianza"[296]*. All'inizio dell'anno 2000 la prevalente giurisprudenza di legittimità ha posto l'accento sulle *"serie e rilevanti (o apprezzabili) possibilità di successo"*, sull' *"alto grado di possibilità"[297]*. Alla fine dell'anno 2000, la Suprema Corte ha effettuato talune puntualizzazioni. In particolare, e' stato invero rilevato che *"il problema del significato da attribuire alla espressione "con alto grado di probabilità" ... non può essere risolto se non attribuendo all'espressione il valore, il significato, appunto, che le attribuisce la scienza e, prima ancora, la logica cui la scienza si ispira, e che non può non attribuirgli il diritto"*; ed e' stato quindi affermato che per la scienza non v'e' alcun dubbio che dire "alto grado di probabilità", "altissima percentuale", "numero sufficientemente alto di casi", voglia dire che, in tanto il giudice può affermare che una azione o omissione sono state causa di un evento, in quanto possa effettuare il giudizio controfattuale avvalendosi di una legge o proposizione scientifica che *"enuncia una connessione tra eventi in una percentuale vicina a cento"[298]* realizzandosi così quella probabilità vicina alla certezza.

L'evoluzione giurisprudenziale è in seguito pervenuta alla distinzione tra "probabilità statistica" e "probabilità logica". La prima, ricavata dall'osservazione di fenomeni ripetuti nel tempo, indica il grado di frequenza con cui la connessione tra certi antecedenti e conseguenti si verifica nella realtà esterna. La seconda, invece, indica il grado di fondatezza logica o di credibilità dell'impiego della legge statistica nel caso concreto. Un orientamento all'interno della sezione quarta penale della Suprema Corte ha sostenuto che la pur necessaria ricerca delle cosiddette "leggi di copertura", universali o statistiche, non può da sola *"condurre ad affermare la sussistenza del nesso di causalità sulla base di un giudizio di probabilità statistica, essendo invece necessaria la formulazione di un giudizio di probabilità logica, inteso come quello che sia caratterizzato da elevata credibilità razionale"[299]*.

In sintesi, alla luce di quanto fin qui esposto, la giurisprudenza risultava divisa in ordine alla percentuale di validità statistica. Un primo orientamento affermava l'esistenza del rapporto di causalità in presenza di "serie ed apprezzabili probabilità"che l'evento fosse conseguenza dell'azione. Un secondo orientamento riteneva, invece, che per accertare il nesso di causalità fosse necessaria la prova che un diverso comportamento dell'agente avrebbe impedito l'evento con un

---

[294] Cass. Pen., sez. IV, 12 maggio 1983 n. 4320

[295] Cass. Pen., sez. IV, 17 gennaio 1992 n.371

[296] Cass. Pen., sez. IV, 16 novembre 1993 n. 10437

[297] Cass. Pen., sez. IV, 01 febbraio 2000 n. 1126 (e' stata apprezzata, a tali fini, una percentuale del 75% di probabilità di sopravvivenza della vittima, ove fossero intervenute una diagnosi corretta e cure tempestive)

[298] Cass. Pen., sez. IV, 28 settembre 2000 n.1688; Cass. Pen., sez. IV, 29 novembre 2000 n. 2139

[299] Cass. Pen., sez. IV, 23 gennaio 2002 n. 22568

elevato grado di probabilità "prossimo alla certezza", e cioè in una percentuale di casi "quasi prossima a cento".

In tale contesto sono state chiamate a pronunciarsi le Sezioni Unite della Suprema Corte le quali, con una sentenza storica[300] definita da parte della dottrina (Tonini) come una sorta di "rivoluzione copernicana", ha fissato una serie di principi di diritto. Tra questi, oltre a quanto già detto e per quanto in questa sede motivo di specifico interesse, le Sezioni Unite hanno affermato che *"non é consentito dedurre automaticamente dal coefficiente di probabilità espresso dalla legge statistica la conferma, o meno, dell'ipotesi accusatoria sull'esistenza del nesso causale, poiché il giudice deve verificarne la validità nel caso concreto, sulla base delle circostanze del fatto e dell'evidenza disponibile, così che, all'esito del ragionamento probatorio che abbia altresì escluso l'interferenza di fattori alternativi, risulti giustificata e processualmente certa la conclusione che la condotta omissiva del medico è stata condizione necessaria dell'evento lesivo con alto o elevato grado di credibilità razionale o probabilità logica".* Alla luce di tale soluzione ermeneutica, i coefficienti di probabilità anche non "prossimi ad 1" possono, in un contesto caratterizzato dal raggiungimento della prova dell'insussistenza di altri fattori causali, condurre ad un accertamento sull'esistenza del nesso eziologico; specularmente, in presenza di un quadro probatorio che evidenzia la presenza di altri fattori causali, coefficienti di probabilità statistica di per sé elevatissimi restano inidonei a giustificare il riconoscimento del rapporto di causalità.

6. L'accertamento del nesso di causalità nei reati omissivi colposi.

L'evoluzione della giurisprudenza sull'accertamento del nesso di causalità narrata nel paragrafo che precede si è formata prevalentemente in materia di colpa professionale medica. Si rende, pertanto, necessario, effettuare una breve disamina sul rapporto di causalità nell'ambito dei reati omissivi.

I reati omissivi si distinguono in reati omissivi propri e impropri. I primi rappresentano fattispecie tipizzate dal legislatore che non presentano tra gli elementi costitutivi del reato un evento. La fattispecie di reato è integrata, dunque, dal mancato compimento di un'azione che la legge penale comanda di realizzare (ad es. l'omissione di soccorso). I secondi, invece, nascono dal combinato disposto della c.d. clausola di equivalenza contenuta all'art. 40, comma 2, c.p. (*"non impedire un evento, che si ha l'obbligo giuridico di impedire, equivale a cagionarlo"*) con una fattispecie commissiva di reato che dà vita ad una fattispecie omissiva per via di interpretazione giudiziale. Ciò premesso, soltanto questi ultimi, stante la presenza dell'elemento costitutivo dell'evento, rilevano ai fini nel nesso causale.

Senza addentrarci troppo nello specifico sulla struttura dei reati omissivi impropri, anche denominati commissivi mediante omissione, si elencano i seguenti requisiti ai fini della loro configurabilità: 1) la sussistenza di un obbligo giuridico di agire; 2) la violazione di tale obbligo; 3) la verificazione dell'evento; 4) il rapporto causale fra l'omissione e l'evento.

Ai fini della presente trattazione, la nostra attenzione è focalizzata soltanto sull'ultimo punto.

In particolare, anche se oggi viene riconosciuta una sostanziale idoneità del processo di spiegazione causale sia nelle fattispecie commissive sia in quelle omissive, è necessario tenere conto di alcuni profili problematici in ordine a queste ultime. Posto che, *in prima facie*, in caso di comportamento

---

[300] Cass. Pen., S.U., 10 luglio 2002, 30328

omissivo la verifica del nesso di causalità avviene attraverso le stesse regole applicabili in caso di comportamento commissivo (teoria condizionalistica integrata attraverso il criterio della sussunzione sotto leggi scientifiche), il giudice deve, tuttavia, porre mentalmente due condizioni entrambe ipotetiche: deve, da un lato, supporre un fatto che non si è verificato (la condotta doverosa, prescritta nella regola cautelare violata, che il soggetto avrebbe dovuto tenere) e, dall'altro, supporre le conseguenze che ci sarebbero state ma che di fatto non si sono realizzate. Il giudice, con altre parole, deve valutare, alla luce di un giudizio doppiamente ipotetico, se l'azione doverosa sarebbe stata in grado di impedire quel tipo di evento in concreto verificatosi (teoria della concretizzazione del rischio). Quanto affermato trova conferma in una pronuncia della Suprema Corte secondo la quale l'elemento discretivo tra fattispecie commissive e omissive sull'accertamento del nesso causale *"attiene soltanto alla necessità, in caso di comportamento omissivo, di fare ricorso ... ad un giudizio controfattuale meramente ipotetico anziché fondato sui dati della realtà; infatti, nel caso di comportamento omissivo, è solo con riferimento alle regole cautelari inosservate che può formularsi un concreto rimprovero nei confronti del soggetto e verificarsi, con giudizio controfattuale ipotetico, la sussistenza del nesso di causalità"*[301]. In sintesi, nei delitti omissivi colposi il giudice è chiamato a verificare, alla luce dei criteri suesposti, se l'inosservanza della regola cautelare di condotta costituisca la causa dell'evento. A tal fine, è necessaria la c.d. concretizzazione del rischio o dello scopo di protezione della norma, quale criterio di collegamento tra causa ed evento. Ne consegue che la responsabilità penale colposa è circoscritta a quei soli eventi lesivi del bene giuridico tutelato che la norma cautelare, violata dal soggetto, mirava ad evitare.

7. Conclusioni.

La vicenda portata all'attenzione della Suprema Corte trae origine dalla condotta di un medico al quale era stato contestato il delitto di cui all'art. 590 c.p. per aver cagionato ad un paziente, nel corso di un intervento chirurgico, lesioni gravi da cui era derivata l'incapacità ad attendere alle ordinarie occupazioni per un periodo di quarantadue giorni nonché postumi neurologici permanenti del linguaggio e della capacità di movimento complessiva. Si contestava, in particolare, al medico di aver agito con imprudenza, imperizia e negligenza nell'osservanza e nell'applicazione e nell'adozione delle regole generali dell'arte medica e con colpa specifica ravvisabile nella violazione di arte medica e medico – chirurgica consistita nell'imprudenza nella scelta dei provvedimenti attuati nel corso dell'intervento chirurgico. All'esito del giudizio di primo grado, il Tribunale di Milano dichiarava l'imputato colpevole del reato a lui ascritto.

Proposto rituale gravame, anche la Corte di Appello di Milano confermava l'impugnata decisione. Il medico ricorreva per Cassazione adducendo, tra l'altro, il vizio di motivazione in ordine al rapporto di causalità tra la sua condotta e le lesioni riportate dal paziente.

La sezione quarta penale ha ritenuto fondate le doglianze relative alla ritenuta sussistenza del nesso causale. In particolare, la Suprema Corte, pur qualificando colposa la condotta del ricorrente poiché lo stesso, in presenza di una sintomatologia idonea a porre una diagnosi differenziale, aveva mantenuta ferma l'erronea posizione diagnostica iniziale, ha ritenuto non provato il nesso causale tra la condotta del professionista e le lesioni riportate dal paziente. Dopo aver ripercorso, nel corpo

---

[301] Cass. Pen., sez. IV, 27 gennaio 2006 n. 3380

motivazione della decisione, l'iter giurisprudenziale sul tema della causalità già affrontato in questa sede (vedi par. 5) fino ad arrivare alla nota sentenza *"Franzese"*, ha dimostrato di recepire i principi di diritto in essa fissati. Tra questi, è stato ribadito che *"non é consentito dedurre automaticamente dal coefficiente di probabilità espresso dalla legge statistica la conferma, o meno, dell'ipotesi accusatoria sull'esistenza del nesso causale, poiché il giudice deve verificarne la validità nel caso concreto, sulla base delle circostanze del fatto e dell'evidenza disponibile, così che, all'esito del ragionamento probatorio che abbia altresì escluso l'interferenza di fattori alternativi, risulti giustificata e processualmente certa la conclusione che la condotta omissiva del medico è stata condizione necessaria dell'evento lesivo con alto o elevato grado di credibilità razionale o probabilità logica"*. Alla luce di questo principio, la Suprema Corte non ha ritenuto condivisibile quanto affermato nella decisione impugnata atteso che la stessa si è fondata su indicazioni peritali sulla ricostruzione del nesso di causalità formulate secondo quei criteri meramente probabilistici ritenuti di per sé non sufficienti dalle Sezioni Unite del 2002.

Per queste ragioni, la Suprema Corte ha annullato la sentenza impugnata con rinvio ad altra sezione della Corte di Appello di Milano.

> L'utilizzo per fini propri dell'utenza telefonica in dotazione presso la P.A.: dall'abuso d'ufficio alla presa di posizione delle Sezioni Unite in favore del peculato d'uso.

di Ilaria Salvemme

Ponendo (forse) fine ad una *querelle* che per anni ha visto fronteggiarsi diversi orientamenti, la Corte di Cassazione, a Sezioni Unite Penali, ha sussunto il fatto dell'utilizzo per fini personali dell'utenza telefonica assegnata per ragioni d'ufficio al di sotto della fattispecie di cui all'art. 314, comma 2, c.p. (sent. n. 19054 del 2 maggio 2013).

Ciò nonostante solo nel 2011 la Suprema Corte avesse preso posizione in favore dell'integrazione, in caso simile a quello in precedenza riportato, del reato di cui all'art. 323 c.p. (sez. VI, sent. n. 20094 del 4 maggio 2011). Ribadendo la sussistenza di una differente oggettività giuridica tra i delitti di peculato ed abuso d'ufficio in quanto nel peculato la violazione dei doveri d'ufficio rappresenta una modalità d'azione e non la condotta stessa, la Corte aveva ritenuto che il reato di cui all'art. 314 c.p., potesse configurarsi solo nel momento in cui il pubblico ufficiale ovvero l'incaricato di pubblico servizio si fossero appropriati di denaro o altra cosa mobile detenuta per ragioni inerenti il proprio ufficio.

Nella vicenda da ultimo descritta in primo grado il G.I.P. aveva ritenuto di dover assolvere dai reati di cui agli artt. 56 e 314 c.p. e 56 e 323 c.p. l'imputato accusato di aver tentato di ottenere, utilizzando il telefax a disposizione del proprio ufficio, delle informazioni dalla locale sede A.C.I.

Informazioni che normalmente sarebbero state fornite solo dietro pagamento di un corrispettivo, ma che, al contrario, nel caso di specie erano state ottenute millantando ragioni d'ufficio e sottacendo la loro utilità alla coniuge dell'imputato per lo svolgimento della propria professione.

Il Giudice di prime cure aveva dapprima ritenuto di dover archiviare, con un separato provvedimento, la contestazione del delitto di peculato e conseguentemente, disposto il proscioglimento anche in relazione al reato di cui all'art. 323 c.p. Ravvisata l'esistenza di un concorso apparente tra le due norme, infatti, aveva statuito che il peculato rappresentasse una violazione più grave rispetto all'altro delitto, non ultimo per via della clausola residuale in esso presente. Asserita, pertanto, l'insussistenza del peculato, *«per la irrilevanza del danno patrimoniale alla stregua delle motivazioni contenute nel provvedimento di archiviazione, non poteva per ciò stesso rivivere l'imputazione di abuso di ufficio»*.

Punto di partenza dell'*iter* ermeneutico, dunque, il fatto che il peculato assorbisse l'abuso d'ufficio. Il concorso di norme che in tal modo veniva a crearsi è stato risolto in quella sede attraverso l'applicazione del criterio della sussidiarietà, unico principio, insieme a quello di specialità espressamente previsto dall'art. 15 c.p., ad aver ottenuto un riconoscimento ufficiale da parte della Corte di Cassazione (per il principio di sussidiarietà trova applicazione tra due norme quella che, descrivendo al pari dell'altra un dato grado di offesa al medesimo bene giuridico, garantisce la maggior tutela ed è, quindi, in grado di assorbirne il disvalore; per quanto universalmente accettato, tale criterio prende in considerazione il rapporto tra le norme nell'ottica della sola funzione dalle medesime svolta, mentre per il principio di specialità (l'unico fondato su una espressa previsione legislativa), secondo cui quando un medesimo fatto appaia disciplinato da più norme una delle quali si ponga come speciale rispetto all'altra, trova applicazione quest'ultima, condurrebbe l'analisi sul piano della struttura e del contenuto delle norme; così ANTOLISEI, *Manuale di diritto penale. Parte generale*, 2001, p. 138; *Giurisprudenza sistematica di diritto penale*, diretta da BRICOLA e ZAGREBELSKY, Utet, 1995, p. 221).

Invero i due criteri summenzionati non esauriscono la gamma dei principi deputati a risolvere eventuali conflitti apparenti di norme nell'ordinamento penale italiano. Nel corso degli anni noti orientamenti dottrinari, recepiti talvolta anche dalla giurisprudenza, hanno sostenuto la validità dei criteri della consunzione e dell'assorbimento.

Nonostante, infatti, l'eventualità che un fatto potesse essere ricondotto *prima facie* sotto differenti norme penali fosse stata preventivata da parte del legislatore del '30, avendo costui emanato l'art. 15 c.p., parte della dottrina ha sempre ritenuto insufficiente simile previsione (in tale ottica FIANDACA e MUSCO asseriscono che il fatto che solo il criterio di specialità trovi un esplicito riconoscimento normativo non implica che il predetto sia l'unico criterio utile alla risoluzione del concorso apparente tra norme, in *Diritto penale. Parte generale*, Bologna, 2009, p. 680).

Questa la principale ragione alla base della elaborazione delle ipotesi in precedenza riportate, nonché dell'ampliamento della portata dell'art. 15 c.p. sino a ricomprendere anche la specialità reciproca (BRUNELLI ritiene che il criterio della specialità reciproca debba essere pienamente accolto nell'ordinamento italiano in quanto lo stesso legislatore ne avrebbe riconosciuto l'esistenza; argomentando a partire dall'art. 84 c.p. afferma: «*nel tracciare la figura del reato complesso,*[il legislatore] *stabilisce la deroga al concorso di reati quando fatti che costituirebbero per se stessi reato sono considerati dalla legge elementi costitutivi o [...] circostanze aggravanti di un solo reato. [...] Essa sembra riprodurre l'ipotesi della specialità bilaterale, dove la zona di sovrapposizione è popolata da elementi costitutivi e da fatti che costituirebbero per se stessi reato*»; l'art. 84 c.p., dunque, sarebbe un completamento dell'art. 15 c.p.; *Il diritto penale delle fattispecie criminose*,
    Giappichelli, 2011, p. 194).

Laddove il rapporto di specialità, genericamente inteso, si caratterizza per la presenza nella struttura di una norma di tutti gli elementi dell'altra oltre ad uno c.d. specializzante, nella specialità reciproca ciascuna norma è al tempo stesso generale e speciale perchè entrambe annoverano accanto ad un nucleo di elementi comuni, elementi specifici (in merito MANTOVANI, *Diritto Penale*, Padova, 2007, p. 456.).

Nell'arresto n. 47164 del 23.12.2005, facendo ordine nel dibattito relativo alla risoluzione del conflitto apparente di norme, le Sezioni Unite penali della Corte di Cassazione hanno affermato che i criteri dell'assorbimento e della consunzione (il quale troverebbe accoglimento nell'ultimo inciso dell'art. 15 c.p. e rappresenterebbe un'applicazione sostanziale del principio processuale del *ne bis in idem,* postulando l'operatività della norma di più ampia portata sotto il profilo degli interessi e dei mezzi d'offesa considerati, in modo da esaurire l'intero disvalore del fatto e dirimere parimenti anche i conflitti tra fattispecie strutturalmente diverse),che la dottrina aveva elaborato senza che godessero di un consenso unanime, (se parte della dottrina ritiene che il principio di sussidiarietà sia utile nella risoluzione del concorso apparente di norme, PAGLIARO, *Principi di diritto penale*, Giuffrè, 2000, pg. 198 e ss.; altra sostiene che esso più che risolvere il conflitto pone il problema attraverso il riferimento alla "norma di più ampia portata", così BRICOLA e ZAGREBELSKY, *Giurisprudenza sistematica*, p. 222), non potessero trovare accoglimento all'interno di un ordinamento penale come quello italiano, caratterizzato dal principio di legalità (*«i criteri di assorbimento e consunzione sono privi di fondamento normativo, perchè l'inciso finale dell'art. 15 c.p. allude alle clausole di riserva previste dalle singole norme incriminatrici. (...) Inoltre i giudizi di valore che i criteri di assorbimento e consunzione richiederebbero sono tendenzialmente in contrasto con il principio di legalità, in particolare con il principio di determinatezza e tassatività, perchè fanno dipendere da incontrollabili valutazioni intuitive del giudice l'applicazione di una norma penale»).* Gli unici strumenti deputati a risolvere eventuali conflitti apparenti di norme, pertanto, sono quelli di specialità e di sussidiarietà.

Presupposto necessario al fine di garantire l'operatività di quest'ultimo è il fatto che le due norme in apparente conflitto tutelino il medesimo bene.

Relativamente ai reati di peculato ed abuso d'ufficio una tale ipotesi, ancora prima di trovare una ferma opposizione da parte della suprema Corte di Cassazione, non godeva del consenso della dottrina maggioritaria. Numerosi profili critici emersi, infatti, hanno impedito ai diversi indirizzi sorti di confluire in un'unica direzione.

L'analisi dell'oggettività giuridica del delitto di peculato mostra come esso abbia subito un'evoluzione, invero non registrata dalla dottrina unanime. Se in un primo tempo si riteneva tutelasse il patrimonio della pubblica amministrazione (DE MARSICO, *Il danno patrimoniale nel peculato,* in *Riv. It. Dir. e proc. pen.,* 1954, p. 564; FIANDACA – MUSCO, *Diritto Penale. Parte Speciale*, Vol. I, p. 185; GALLO, *Delitto di peculato ed illecito amministrativo,* in *Riv. Pen.* 1966, p. 399; SCORDAMAGLIA, voce *Peculato,* in *Enc. Dir.* Vol. XXXII, Giuffrè, 1982, p. 620), in un secondo momento si è identificato il bene giuridico con il buon andamento e l'imparzialità della medesima (in merito PAGLIARO asserisce che tre siano le principali teorie concernenti il bene giuridico tutelato dal delitto di abuso d'ufficio a seconda che propugnino l'interesse alla probità e correttezza del pubblico ufficiale, al buon andamento ed all'imparzialità della pubblica amministrazione, in *Principi*, p. 34).

In particolare si è ritenuto che il buon andamento fosse leso nel momento in cui il pubblico ufficiale avesse disposto arbitrariamente della cosa svolgendo un'attività non rispondente alle finalità proprie dell'ente (contrariamente a ciò, PAGLIARO ha sostenuto che, anche antecedentemente alla riforma, la norma *de qua* tutelasse un duplice ordine di interessi: quello al mantenimento della destinazione della cosa e quello a che il soggetto agente non abusasse della propria posizione per avvantaggiare sé od altri, assegnando preminenza al secondo; argomentando sistematicamente dalla collocazione delle norme del peculato e della malversazione, egli asseriva che le medesime tutelassero gli stessi beni, per poi affermare la preminenza del secondo; la natura privata dell'interesse al mantenimento della destinazione della cosa non poteva determinare che la soccombenza dello stesso dinanzi all'impronta pubblicistica del reato; l'unificazione della vecchia malversazione con il peculato avrebbe confermato una simile visione; il buon andamento sarebbe leso quando l'agente, disponendo arbitrariamente della cosa, ponga in essere un'attività amministrativa non rispondente alle finalità che l'ordinamento assegna all'ente pubblico, mentre l'imparzialità lo sarebbe nel momento in cui il soggetto utilizzi la propria posizione per procurare un vantaggio a sé o ad altri, in *Principi*, p. 35 e ss.; *contra* FIANDACA e MUSCO, i quali ritengono che il bene giuridico tutelato sia sempre il patrimonio della pubblica amministrazione, come confermerebbe anche l'eliminazione della condotta di distrazione dal fatto tipico, in *Diritto penale. Parte Speciale*, Vol. I, IV ed. p.187).

Di diverso avviso l'orientamento secondo cui il delitto in esame avrebbe natura plurioffensiva tutelando la legalità, l'efficienza, la probità della pubblica amministrazione, oltre al patrimonio appartenente ad essa ovvero a terzi (in tal senso si è espresso il ROMANO, *Delitti contro la pubblica amministrazione. I delitti dei pubblici ufficiali*, Giuffrè, 2002, p. 20 e ss; ANTOLISEI, *Diritto penale. Parte speciale*, Vol. II, Giuffrè, 1997, p. 284.).

L'assenza di un eventuale danno patrimoniale, pertanto, certamente non avrebbe escluso l'integrazione del reato, stante la lesione agli altri beni protetti dalla norma (seppure parte della dottrina, come FORNASARI, *Peculato,* in BONDI – DI MARTINO – FORNASARI, *Reati contro la pubblica amministrazione,* Giappichelli, 2004, p. 117, si sia mostrata molto critica nei confronti di una simile visione, deve registrarsi la costante adesione alla stessa da parte della giurisprudenza di legittimità, *ex plurimis* Cass., 2 marzo 1999 n. 4328, in *questa rivista* 2001, p. 166).

La connotazione della patrimonialità implicava necessariamente che i beni oggetto di peculato, sottratti dalla sfera pubblica nella quale si trovavano per ragioni di ufficio o di servizio, possedessero un valore economico in assenza del quale non avrebbe potuto ravvisarsi il reato mancando una qualsivoglia lesione all'integrità patrimoniale della pubblica amministrazione (GAMBARDELLA, *Peculato,* in *Codice Penale. Rassegna di giurisprudenza e dottrina,* Vol. III, a cura di LATTANZI e LUPO, Giuffrè, 2005, p. 270).

In ogni caso il contenuto dell'offesa, al di là della collocazione della figura del privato nell'ambito dell'oggettività giuridica, è costituito da condotte di appropriazione incompatibili con la detenzione per ragione d'ufficio o di servizio. Ciò che rileva ai fini dell'integrazione del delitto, infatti, è l'appropriazione da parte del soggetto dotato di qualifiche pubblicistiche del bene ovvero l'interversione del titolo del possesso. Il soggetto attivo, in altre parole, non svolge più le proprie funzioni allo scopo di realizzare i fini istituzionali demandatigli, quanto piuttosto dei fini propri.

La riforma intervenuta con la legge 234 del 1997 ha condizionato fortemente anche il dibattito relativo all'oggettività giuridica del delitto di abuso d'ufficio. Se, infatti, nessuno ha mai nutrito dubbi circa il fatto che ad essere tutelati fossero il buon andamento e l'imparzialità della pubblica amministrazione (Cass., 15 novembre 1996 n. 3513, in *questa rivista* 1998, p. 1623; Cass. 9 ottobre 1995, *C.E.D. Cass.* 203326), la riformulazione della norma ha indotto parte della dottrina e della giurisprudenza a ritenere che il reato si fosse trasformato da monoffensivo in plurioffensivo.

Ed infatti, se precedentemente al 1997 il vantaggio conseguito od il danno arrecato erano semplici coefficienti dell'elemento soggettivo, considerato che l'elemento psicologico richiesto al fine di integrare il reato era il dolo specifico, in seguito alla riforma si è ritenuto che oltre all'interesse pubblico al buon andamento, fosse tutelato anche l'interesse del privato a non essere turbato nei propri diritti costituzionalmente garantiti.

Alla prevalenza dell'uno o dell'altro orientamento consegue la possibilità o meno per il privato di opporsi alla richiesta di archiviazione (ipotesi sottolineata da GAMBARDELLA M., in *Peculato,* cit. p. 334; interessante è a tale riguardo l'opinione di PAGLIARO, il quale ritiene che la norma in oggetto sia monoffensiva e che pertanto l'unico bene da essa tutelato sia il buon andamento e l'imparzialità della pubblica amministrazione, sostenendo parimenti che il privato sia persona offesa agli effetti processuali di cui all'art. 408 c.p.p., non solo quando l'abuso sia stato posto in essere al fine di danneggiarlo, ma anche quando sia stato commesso per ottenere un ingiusto vantaggio e questo abbia avuto, come effetto indiretto, un danno del privato medesimo (in *Principi di diritto penale. Parte Speciale,* Vol. I, *Delitti contro la pubblica amministrazione,* Giuffrè, p. 234). Deve sottolinearsi come il delitto possa realizzarsi solo attraverso l'esercizio del potere da parte del pubblico ufficiale per scopi diversi da quelli imposti dalla funzione ad esso attribuita. Ed infatti la condotta è delineata dalla violazione di norme di legge o di regolamento ovvero dall'omessa astensione in presenza di un interesse proprio o di un prossimo congiunto. La realizzazione dell'evento di danno, dunque, non è sufficiente ad integrare la fattispecie penalmente rilevante a meno che non sia realizzata attraverso le due modalità distinte ed alternative (Cass. Pen., sez. VI, 19.10.2004, n. 45813 in *Guida dir.* 1995, n. 18, p. 74 e ss.) delineate dal legislatore.

Il disvalore tutelato dall'abuso d'ufficio, pertanto, è costituito essenzialmente dall'abuso delle facoltà connesse alle funzioni proprie della qualifica pubblica. All'interno di una tale visione minore attenzione finisce per focalizzare la questione relativa al momento patrimoniale del fatto, poiché questa non può più concentrarsi sul privato o sulla natura plurioffensiva del delitto.

Il privato, infatti, potrebbe certamente assumere le vesti di soggetto passivo del reato, ma il bene giuridico tutelato sarebbe comunque costituito solo dal buon andamento e dall'imparzialità della pubblica amministrazione (RAMPIONI, *I reati dei pubblici ufficiali contro la P.A.,* in *Questioni fondamentali della parte speciale del diritto penale,* a cura di FIORELLA, Giappichelli, 2011, p. 703.)

Tralasciando l'analisi concernente il bene giuridico ed anche le differenze strutturali che caratterizzano i reati di peculato ed abuso d'ufficio, le Sezioni Unite della Cassazione concentrano il loro ragionamento sugli elementi caratterizzanti le fattispecie di cui all'art. 314, comma 1 e 2, c.p.

Ed infatti, riportando i vari orientamenti che avevano ritenuto che l'indebito utilizzo di un utenza telefonica detenuta per ragioni d'ufficio integrasse il reato di abuso d'ufficio o di peculato ordinario, le Sezioni Unite hanno confutato simili tesi concentrandosi essenzialmente sull'elemento dell'appropriazione. Esclusa in prima battuta l'integrazione del reato di cui all'art. 323 c.p. in considerazione dell'impossibilità di configurare in un simile comportamento la "violazione di leggi o di regolamenti", ovvero di ravvisare nello svolgimento della condotta la contestualità con "lo svolgimento delle funzioni o del servizio", è tuttavia proprio la necessarietà dell'elemento dell'appropriazione ad escludere l'integrazione dell'abuso d'ufficio.

Propendendo per una concezione autonomista del diritto penale e dunque facendo propria una nozione di possesso e di appropriazione differenti da quelle elaborate in ambito civilistico, la Suprema Corte ha ritenuto il primo debba identificarsi con la possibilità per il soggetto agente di operare sulla destinazione della cosa mobile oggetto della condotta, per distoglierla dal fine pubblicistico cui era destinata, ed avviarla indebitamente verso una finalità sua propria.

Una simile ipotesi è tuttavia estranea a fatti come quello oggetto della presente analisi. Ed infatti, in tali casi certamente la distrazione del bene mobile non assume carattere permanente e dunque, anche se si realizzasse un'appropriazione nel senso di una inversione del possesso, questa non sarebbe che momentanea.

Va, a tale proposito, distinto il caso in cui si ritenga che oggetto di appropriazione sia il bene mobile dell'apparecchio telefonico ovvero le onde elettromagnetiche ad esso connesse che permettono a varie utenze telefoniche di mettersi in contatto tra di loro.

La Corte ritiene che il secondo caso non sia possibile poiché in primo luogo le energie, seppure equiparate ai beni mobili ex art. 624 c.p., possono essere oggetto di appropriazione in via autonoma solo nel caso in cui sia possibile separarle dalla cosa da cui promanano, altrimenti oggetto della condotta deve essere considerata quest'ultima. In secondo luogo, poi, tali energie non possono essere oggetto di alcuna appropriazione poiché ciò presupporrebbe che siano state dapprima nella disponibilità del soggetto agente.

Una forma di appropriazione definitiva intesa come distrazione a carattere permanente, dunque, non è possibile.

Il fatto oggetto d'analisi, pertanto, deve sussumersi sotto la fattispecie delineata dall'art. 314, comma 2 c.p., il peculato d'uso, fattispecie autonoma e non attenuata del peculato ordinario. Ciò in quanto oggetto dell'appropriazione e dunque della successiva restituzione può essere considerato il solo apparecchio telefonico, tuttavia solo a patto che la predetta restituzione sia legata da una continuità temporale con il momento terminale dell'utilizzo (per un maggiore approfondimento si veda BENUSSI, *Il pubblico funzionario che fa uso del cellulare di servizio per fini privati risponde di peculato d'uso*, in penalecontemporaneo,it).

Precisa ancora la Corte, in riferimento all'offensività, che in ossequio al predetto principio generale dell'ordinamento giuridico penale il reato *de quo* può ritenersi integrato soltanto ove procuri un danno economico, corrispondente alla quantità di denaro comunque speso dall'amministrazione per coprire il costo delle telefonate effettuate, non risibile, conferendo in tal modo all'illecito penale una connotazione di effettiva offensività al bene giuridico, senza la quale il reato si configurerebbe come una semplice "offesa al dovere" (in tema di bene giuridico e di rapporto tra bene strumentale e bene finale, che talvolta caratterizza le fattispecie penalmente rilevanti, si veda FIORELLA A., voce R*eato in generale, Enc. Dir. XXXVIII*, Giuffrè, 1987, p. 798 e ss; l'autore asserisce che erroneamente alcune fattispecie di reato sono ritenute plurioffensive, poiché, al contrario, esse sarebbero caratterizzate dalla seriazione dei beni giuridici, ovvero «*disposte secondo una progressione di maggiore o minore distanza dalla condotta o, per dire più esattamente, dalla sua capacità offensiva*»).

3.2 TRACCE E PARERI DI DIRITTO PENALE.

3.2.1 A) TRACCIA PARERE.

Nell'estate 2015, Sempronio e Caia, marito e moglie, si recano insieme al figlio Caietto, di anni 12, in una nota località marittima per passare insieme un piacevole periodo di vacanza.

Durante il soggiorno Caia, invaghitasi del vicino di ombrellone Tizio, intraprende con lui un rapporto extraconiugale di nascosto dal marito Sempronio, dovutosi allontanare dalla suddetta località per improvvisi motivi lavorativi.

In realtà, l'obbiettivo di Tizio era quello di frequentare la donna per acquisire la fiducia del figlio Caietto e per poi abusare sessualmente di lui.

Un pomeriggio Tizio, approfittando del fatto che Caia aveva lasciato Caietto in sua compagnia per recarsi in un paese vicino a fare degli acquisti, conduceva il minore Caietto nel proprio appartamento dove lo aspettava il suo amico Mevio. Entrati nell'abitazione, Tizio trascinava con la forza Caietto nella camera da letto e qui lo costringeva, tenendolo immobilizzato, a subire violenza sessuale alla presenza costante di Mevio, che assisteva all'atto.

La mattina seguente all'episodio, Caia, notando degli strani arrossamenti ed ecchimosi vicino alle zone genitali del bambino, gli chiedeva spiegazioni in merito e comprendeva quanto accaduto il giorno precedente. La stessa decideva però di non denunciare Tizio per paura delle conseguenze che sarebbero derivate sul proprio matrimonio dalla scoperta della sua relazione extraconiugale.

Tale comportamento della madre consentiva però a Tizio di ripetere, in più occasioni e con le stesse modalità della prima volta, le violenze nei confronti del bambino.

Tornato il padre e intuita la gravità della situazione, denunciava la moglie e Tizio per gli abusi sessuali subiti dal figlio.

Caia, preoccupata per la denuncia del marito, si rivolge al vostro studio legale per ottenere parere motivato sulle possibili conseguenze penali della propria condotta.

Il candidato, qualificata penalmente la condotta di Tizio, rediga il suddetto parere prestando particolare attenzione alle varie forme di concorso di persone nel reato individuabili nella descritta fattispecie.

B) SOLUZIONE PARERE: <u>VIOLENZA SESSUALE DI GRUPPO E CONCORSO DI PERSONE.</u>

Viene richiesto di redigere motivato parere in merito alla eventuale sussumibilità – sotto il profilo concorsuale – della condotta di Caia sotto il reato di violenza sessuale di gruppo aggravata.

Caia, infatti, venuta a conoscenza degli abusi sessuali perpetrati nei confronti del figlio Caietto dal proprio amante Tizio (alla presenza del di lui amico Mevio), nulla faceva per porvi fine, temendo le possibili conseguenze sul suo matrimonio della scoperta della relazione extraconiugale. Ciò favoriva inevitabilmente la prosecuzione dei detti abusi, sempre alla presenza di Mevio, fino a che il padre del bambino, accortosi della situazione, sporgeva denuncia nei confronti della moglie e del suo amante.

Ebbene, preliminarmente, si ritengono necessarie alcune considerazioni sul reato di violenza sessuale di gruppo ex art. 609 *octies* c.p..

L'art. 609 *octies* c.p., quale fattispecie autonoma di reato a carattere necessariamente plurisoggettivo, si esplica nella partecipazione, da parte di più persone riunite, ad atti di violenza sessuale.

Tale reato, configurabile anche nell'ipotesi in cui gli autori del delitto siano solamente due (Cass. pen. 3348/04), non necessita, ai fini della sua consumazione, del compimento dell'abuso sessuale da parte di tutti i partecipanti, atteso che può essere commesso anche da uno solo dei responsabili, purché alla presenza di tutti "nel momento e sul luogo del delitto" (Cass. pen. 948/15).

Ad ogni buon conto, requisito indispensabile è che ogni correo abbia apportato un contributo causale alla commissione del reato, individuabile anche in termini di rafforzamento della volontà criminosa dell'autore.

Obiettivo della norma è pertanto quello di garantire una maggior tutela della libertà di autodeterminazione sessuale di ciascuno, attraverso la previsione di un'autonoma e più grave fattispecie criminosa rispetto al dettato di cui all'art. 609 *bis* c.p.: ciò in ragione della più accentuata forza intimidatoria esercitata sulla vittima dalla presenza di più persone.

Inoltre, gli atti sessuali puniti dalla norma *de qua* devono concretizzarsi in un qualsiasi atto finalizzato ed idoneo a porre in pericolo la predetta libertà di autodeterminazione. Devono dunque considerarsi, oltre alla violenza carnale, ogni forma di toccamento, palpeggiamento, bacio e sfregamento sulle parti intime della vittima non consenziente, pur se fugace (Cass. pen. 42871/13, Cass. pen., 16757/09, Cass. pen., 21167/06).

Elemento soggettivo dev'essere il dolo, riscontrabile anche nelle ipotesi in cui la violenza abbia finalità diversa da quella a sfondo sessuale (Cass. pen 39710/11).

Evidente, pertanto, nel caso di specie che la circostanza che Tizio abbia immobilizzato Caietto e lo abbia costretto a subire in più occasioni violenze e che Mevio, sempre presente, potesse intervenire agevolmente nella esecuzione del delitto in ogni momento o limitarsi a presidiare il luogo del delitto, parrebbe configurare in capo agli stessi il reato di cui all'art. 609 *octies* c.p..

Di tale fattispecie criminosa saranno chiamati a rispondere Tizio e Mevio, seppur in continuazione, in forma aggravata ai sensi dell'art. 609 *ter*, I co., n. 1 c.p., atteso che la vittima Caietto non aveva ancora compiuto i quattordici anni.

Peraltro, neppure parrebbe rilevare la mancata denuncia nei confronti di Mevio, atteso che il reato *de quo* è procedibile d'ufficio.

Alla luce di quanto esposto, quindi, occorre ora verificare se la condotta omissiva tenuta dalla madre (manifestatasi nella mancata denuncia alle Autorità e soprattutto nell'aver agevolato il protrarsi della condotta illecita di Tizio e Mevio) abbia un rilievo penalistico sotto il profilo concorsuale, tenuto conto anche del suo ruolo genitoriale.

Ciò in considerazione del disposto normativo di cui all'art. 110 c.p., secondo il quale soggiacciono alla medesima pena tutti coloro che concorrono alla realizzazione del medesimo reato. In particolare, tale "partecipazione" può essere materiale, laddove attenga alla fase della esecuzione del reato, oppure morale.

In tale seconda ipotesi la partecipazione può consistere nell'aver provocato o rafforzato l'altrui proposito criminoso (istigazione) o nell'aver facilitato la preparazione o l'attuazione (agevolazione).

In ogni caso, pacifico è che ogni concorrente debba avere la volontà effettiva di cooperare nel reato e fornisca un contributo causale al verificarsi dell'evento.

Sul punto, occorre altresì precisare che il concorso può esplicarsi sia in una forma attiva che omissiva, ovvero non impedendo un evento che si ha l'obbligo giuridico di impedire ex art. 40, II co. c.p..

Ebbene, il detto obbligo di intervenire per impedire il verificarsi dell'evento è di certo riscontrabile in capo al genitore, in forza della posizione di garanzia dallo stesso ricoperta ai sensi dell'art. 147 c.c., e si concretizza nel dovere di proteggere i propri figli da ogni situazione di pericolo e di tutelarne l'integrità psicofisica, con l'adozione di ogni comportamento a ciò idoneo.

Ad ulteriore conferma, rilevante si ritiene anche la posizione della giurisprudenza di legittimità, secondo la quale non esiste in capo al genitore, a conoscenza degli abusi sessuali subiti dal proprio figlio minore, l'obbligo di denuncia, ma esiste l'obbligo di porre in essere un comportamento capace di impedire il verificarsi dell'evento lesivo (che non coincide necessariamente con la denuncia penale) (Cass. pen. 4127/13, 1369/12).

Viceversa, non può che concretizzarsi un'oggettiva ipotesi di concorso morale nella fattispecie delittuosa (Cass. pen. 26369/11).

In ragione di ciò, tornando al caso concreto, pacifiche le seguenti considerazioni sulla condotta tenuta dalla madre Caia.

Caia non denunciava l'amante e l'amico Mevio e neppure interveniva concretamente a porre fine alla condotta delittuosa degli stessi: la medesima, infatti, seppur conscia della posizione di pericolo a cui esponeva il figlio ogni volta che lo affidava a Tizio, ciononostante continuava a lasciarlo alle sue cure, favorendo la perpetrazione dei predetti abusi.

Per tali motivi, si ritiene che Caia possa legittimamente rispondere a titolo di concorso morale per omissione, del reato di violenza sessuale di gruppo aggravata commesso da Tizio e Mevio in danno del figlio.

3.2.2 A) TRACCIA PARERE

Sempronio, amministratore unico e legale rappresentante della Società Beta, compiva svariate operazioni al fine di distrarre i fondi della suddetta società e sottrarli all'aggressione dei creditori in vista della ormai prossima dichiarazione di fallimento.

Dopo qualche mese, Sempronio depositava in Tribunale i libri contabili della società di cui veniva dichiarato il fallimento in data 15.04.2013.

Denunciato da alcuni creditori della società, Sempronio veniva prima indagato e poi imputato per il reato di bancarotta fraudolenta distrattiva della società Beta.

Tra le varie condotte accertate dagli organi inquirenti, spiccava quella attraverso la quale Sempronio aveva "autoriciclato" il denaro proveniente dalla bancarotta fraudolenta. Per fare ciò egli si era servito di una ignara anziana signora alla quale aveva fatto sottoscrivere con l'inganno, in data 12.01.2013, una polizza assicurativa sulla vita.

Preoccupato per tale ultima condotta, Sempronio si rivolge al vostro studio legale per conoscere quali ulteriori conseguenze penali potrebbero derivargli dalla descritta vicenda.

Il candidato rediga il richiesto parere.

B) SOLUZIONE PARERE: <u>REATO DI AUTORICICLAGGIO.</u>

Si richiede parere legale in merito alla posizione di Sempronio, amministratore unico e legale rappresentante della società Beta, imputato del reato di bancarotta fraudolenta distrattiva di fondi della medesima società.

In particolare, è necessario verificare quali ulteriori conseguenze penali potrebbero derivargli dal fatto di aver compiuto un'attività – asseritamente – di autoriciclaggio, facendo sottoscrivere ad un'ignara signora una polizza assicurativa sulla vita.

Al fine di dare soluzione al quesito proposto è necessario verificare, in primo luogo, se la condotta di Sempronio possa sussumersi sotto la fattispecie di reato di "autoriciclaggio" di cui all'articolo 648 *ter* comma 1 c.p. ovvero se debba essere ricondotta ad altre fattispecie delittuose.

In secondo luogo, si dovrà accertare quali conseguenze produca la circostanza che l'attività di ripulitura dei fondi distratti dalla società non sia stata posta in essere direttamente da Sempronio ma sia avvenuta mediante la sottoscrizione della polizza assicurativa da parte dell'inconsapevole signora.

Premesso ciò, giova rilevare che la norma di cui all'articolo 648 *ter*,comma 1 cod. pen. mira a sanzionare la condotta di chi "avendo commesso o concorso a commettere un delitto non colposo, impiega, sostituisce, trasferisce in attività economiche, finanziarie, imprenditoriali o speculative il denaro, i beni o le altre utilità provenienti dalla commissione di tale delitto, in modo da ostacolare concretamente l'identificazione della loro provenienza delittuosa".

La disposizione, pertanto, punisce l'impiego, da parte dello stesso autore del reato non colposo presupposto, dei proventi da questo derivanti in ulteriori attività, occultandone la reale provenienza.

La norma, tuttavia, è stata introdotta dalla legge n. 166 del 15 dicembre 2014, entrata in vigore in data 1 gennaio 2015, mentre la condotta di Sempronio è stata posta in essere nel corso del 2013. Di conseguenza, l'art. 648 *ter*, comma 1 cod. pen. non può trovare applicazione poiché, ai sensi dell'art. 2, comma 1, cod. pen. " nessuno può essere punito per un fatto che secondo la legge del tempo in cui fu commesso, non costituiva reato."

Occorre allora verificare se la condotta di Sempronio possa sussumersi sotto la fattispecie di reato di "riciclaggio", di cui all'art. 648 *bis* c.p., a mente del quale è punito "chiunque sostituisce o trasferisce denaro beni o altre utilità provenienti da delitto non colposo, ovvero compie in relazione ad essi altre operazioni, in modo da ostacolare l'identificazione della loro provenienza delittuosa".

La norma punisce la condotta di colui che si adopera per la ripulitura del denaro mediante la sostituzione del denaro "sporco" con quello "pulito" , attraverso il trasferimento di capitali illeciti occultandone la provenienza, ovvero con il compimento di altre operazioni comunque dirette al medesimo risultato.

In ragione del fatto che, però, l'articolo 648 *bis* cod. pen. contiene una clausola di riserva, in virtù della quale la disposizione citata trova applicazione "fuori dei casi di concorso nel reato", chi ha concorso alla realizzazione del reato da cui proviene il denaro riciclato, cioè il reato presupposto (che nel caso di specie è rappresentato dalla bancarotta fraudolenta), non potrà essere punito per il delitto di riciclaggio ma solo per il reato presupposto.

Nel caso di specie, occorrerà tuttavia valutare se l'ulteriore circostanza che Sempronio si sia servito dell'anziana signora, traendola in inganno, potrebbe far sussumere comunque la condotta di Sempronio sotto il reato di riciclaggio, nonostante la suddetta clausola di riserva.

All'uopo, infatti, va sottolineato che l'ipotesi del soggetto che ha commesso il reato a causa di un errore sul fatto che costituisce reato determinato dall'altrui inganno è prevista dall'art. 48 c.p., il quale dispone che del fatto commesso dalla persona ingannata risponde chi l'ha determinata a commetterlo. Quanto alla natura dell'art. 48 c.p., in giurisprudenza si sono contrapposte due tesi ben distinte.

Il primo orientamento (quello maggioritario) afferma che "l'art. 48, contempla non già una forma di concorso nel reato, inconcepibile in quanto manca nell'autore materiale del reato, vittima dell'inganno, l'elemento psicologico necessario perchè si possa considerarlo concorrente nel reato, bensì una forma di reità mediata, ossia un caso particolare di esclusione della punibilità con sostituzione della responsabilità dell'autore mediato ossia di colui che si serva per commettere un reato (c.d. decipiens: autore mediato), di altro soggetto come strumento (c.d. deceptus: autore immediato), inducendolo in errore mediante artificio od altro mezzo atto a sorprenderne la buona fede ed a determinarlo a commettere il fatto reato: ex plurimis Cass. 750/1967 riv 105464; Cass. 1653/1973 riv 126712; Cass. 15481/2004 riv 229240; Cass. 27133/2006 riv 235010".

Il secondo orientamento, invece, sostiene che"l'art. 48 c.p. costituisce un'ipotesi di concorso nel reato alla quale, quindi, si applicano le relative regole"

Le conseguenze pratiche che discendono dall'accoglimento dell'uno o dell'altro inquadramento sistematico incidono direttamente:

a) sull'applicabilità o meno delle norme sul concorso di persone;

b) sulla refluenza nell'ambito della disciplina del tentativo: infatti, per i fautori dell'autore mediato, la punibilità è anticipata al momento in cui il decipiens compie l'attività ingannatoria anche se questa poi non ha alcun seguito in quanto il deceptus non compie alcun atto; al contrario, per l'altra teoria, nella suddetta ipotesi è applicabile la sola misura di sicurezza ex art. 115 c.p., comma 2, in quanto il tentativo è configurabile solo quando il deceptus compia atti diretti in modo non equivoco a commettere il delitto.

A ben vedere, però, qualunque tesi si voglia accogliere, un punto è pacifico ed indiscusso: il decipiens risponde del comportamento tenuto dal deceptus perchè, sotto il profilo fattuale, è stato lui che ha ordito, ideato e promosso il reato commesso, poi, materialmente, dalla persona ingannata.

La responsabilità penale, quindi, deriva, per il decipiens, da quella stessa constatazione di ordine naturalistico che sta alla base del concorso dei reati, ossia dal fatto che della commissione di un reato rispondono tutti coloro che abbiano contribuito alla determinazione dell'evento apportando ad esso un contributo causale; di conseguenza, risponde non solo colui che ha materialmente eseguito il reato ma anche colui che lo abbia ideato ed abbia determinato altri a commetterlo pur senza parteciparvi materialmente. All'interno di tale previsione generale (art. 110 c.p.), la legge, poi, con una fitta trama di norme (artt. 111 e 112 c.p., art. 113 c.p., comma 2, artt. 114, 116, 117, 47 e 48 c.p., art. 51 c.p., commi 2 e 4, art. 54c.p., comma 3, art. 86 c.p.) prevede, in via eccezionale, da una parte, esenzioni di responsabilità per l'autore materiale, e dall'altra, stabilisce se e in che termini, in ipotesi particolari, i concorrenti rispondano del reato commesso.

Alla luce del disposto di cui all'art. 648 *bis* c.p., secondo cui colui che ha commesso il reato presupposto non può essere ritenuto punibile anche del reato di riciclaggio, essendo del tutto irrilevanti le modalità con le quali sostituisca o trasferisca il provento del reato presupposto – sia che esse siano dirette sia che siano, ex art. 48 c.p., per interposta persona per avere l'agente tratto in inganno un terzo autore materiale del delitto –, deve tuttavia concludersi che Sempronio andrà esente da responsabilità per la condotta con cui ha autoriciclato i proventi della bancarotta.

2.2.3 A) TRACCIA PARERE

Il 2.11.2014 due agenti di una "volante" della Polizia si recavano presso la dimora di Caia per verificare l'osservanza della misura cautelare domestica applicata al suo convivente Mevio, che veniva trovato regolarmente in casa.

Mentre era in corso il controllo, sopraggiungevano nell'abitazione altri tre agenti del locale Commissariato per eseguire un ordine del p.m. di accompagnamento di Mevio negli uffici di polizia per esaminarlo quale persona informata su fatti di rilievo penale. Alla richiesta di spiegazioni di Mevio gli agenti del Commissariato non fornivano adeguate risposte e la circostanza allarmava il prevenuto. Questi, dopo aver manifestato l'intenzione di chiamare il suo avvocato per chiedergli consigli su come comportarsi, desisteva da tale intento perchè ciò gli veniva impedito dall'agente Tizio che gli toglieva di mano il cellulare. A questo punto Mevio accoglieva l'invito a recarsi con gli agenti in commissariato e a salire a bordo dell'autovettura di servizio rimasta in sosta nell'angusto vicolo sottostante l'abitazione.

Tuttavia, all'atto di entrare in auto, mentre l'agente Romolo gli apriva la portiera posteriore della vettura, Mevio con mossa repentina spingeva da tergo l'agente, facendolo cadere a terra e dandosi a precipitosa fuga vanamente inseguito dal Romolo e dagli altri poliziotti. Veniva rintracciato e arrestato soltanto tre giorni dopo in un ristorante della riviera adriatica in compagnia della sua convivente.

Il Tribunale, pur avendo ritenuto "illegittimo" l'ordine di accompagnamento che gli agenti del Commissariato avevano tentato di eseguire nel domicilio dell'imputato, perchè effettuato al di fuori delle condizioni previste dall'art. 377 c.p.p., (necessità di previa citazione a comparire; necessità del previo assenso dell'A.G. disponente la misura cautelare domiciliare nei confronti di Mevio), riteneva Mevio colpevole del reato di evasione dal regime cautelare degli arresti domiciliari condannandolo alla pena di due anni e sei mesi di reclusione.

In particolare, il Tribunale riteneva che, "sebbene l'iniziale allontanamento potesse trovare una giustificazione nell'anomalia della situazione creatasi, la prosecuzione della fuga non poteva trovare scusanti e poneva il prevenuto nella condizione di latitanza. Sicchè la stessa integrava il contestato reato di evasione".

Mevio si rivolge al vostro studio per ottenere assistenza legale in merito ai fatti sopradescritti, riferendovi che aveva ritenuto di sottrarsi con la fuga agli agenti, essendosi convinto (per tutte le circostanze evidenziate) di una azione indebita in suo danno.

Il candidato, premessi brevi cenni sul reato permanente e sul reato istantaneo con effetti permanenti, rediga parere legale motivato in ordine alla possibilità di proporre appello avverso la suddetta sentenza.

SOLUZIONE PARERE: <u>REATO ISTANTANEO E REATO PERMANENTE.</u>

Si redige parere motivato in ordine all'opportunità di proporre appello avverso la sentenza di primo grado pronunciata nei confronti di Mevio, con la quale è stato condannato per il reato di evasione dal regime cautelare degli arresti domiciliari, alla pena di due anni e sei mesi di reclusione ai sensi dell'art. 385 c.p..

In particolare, dai fatti narrati emerge che, mentre Mevio si trovava nel luogo di esecuzione della misura cautelare domestica che gli era applicata, sopraggiungevano degli agenti del locale Commissariato i quali, in ottemperanza ad un presunto ordine del P.M., gli intimavano di seguirli negli uffici di polizia. Mevio, molto preoccupato, chiedeva immediatamente spiegazioni agli agenti, i quali però non gliene fornivano e gli impedivano anche di chiamare il proprio avvocato. Mevio, così, all'atto di salire a bordo dell'autovettura di servizio, intimorito e convinto dell'indebita condotta delle forze dell'ordine, con mossa repentina spingeva via un agente e si dava ad una fuga conclusasi solo tre giorni dopo con l'arresto.

Il Tribunale, pur riconoscendo l'illegittimità dell'ordine di accompagnamento in quanto effettuato in violazione dell'art. 377 c.p.p., riteneva che "sebbene l'iniziale allontanamento potesse trovare giustificazione nell'anomalia della situazione creatasi, la prosecuzione della fuga non poteva trovare scusanti e poneva il prevenuto nella condizione di latitanza. Sicchè la stessa integrava il contestato reato di evasione."

Per la soluzione dei quesiti che suscita, il caso prospettato richiede di verificare se la condotta di Mevio possa integrare il reato di evasione ai sensi dell'art. 385 c.p., come statuito dal Tribunale.

Prima di analizzare la fattispecie in oggetto, è necessario distinguere la figura del reato permanente da quella del reato istantaneo con effetti permanenti, ponendo particolare attenzione al momento consumativo del delitto. Il primo si integra, in particolare, allorquando la condotta illecita si protragga nello spazio e nel tempo, non consumandosi istantaneamente con una sola azione od omissione.

Il delitto permanente può dirsi dunque consumato solo alla cessazione della condotta illecita.

Diversamente, il reato istantaneo con effetti permanenti si consuma nel momento in cui viene integrata la condotta o l'evento illecito previsto dalla norma, malgrado i suoi effetti permangano finchè non possa dirsi cessata la lesione dell'interesse giuridico tutelato.

Dottrina e giurisprudenza riconducono il reato di evasione, che punisce chiunque in stato di arresto o detenzione evade o si allontani dal luogo designato nel provvedimento, ai reati istantanei con effetti permanenti (Cass. n. 25976/2010).

Orbene, il delitto di cui all'art. 385 c.p. si consuma nel momento in cui il soggetto attivo si allontana dal luogo della detenzione o degli arresti domiciliari, benchè i suoi effetti permangono sino al momento in cui l'evaso rientri nel luogo dal quale non avrebbe dovuto allontanarsi, interrompendo così l'elusione del controllo da parte dell'autorità vigilante.

Ciò in quanto il bene giuridico tutelato dal delitto in oggetto si sostanzia nell'interesse dello Stato al mantenimento della restrizione personale del custodito, nonchè nella tutela dell'incolumità pubblica. Ne consegue che i suddetti beni giuridici potranno dirsi protetti solo alla cessazione dello stato di evasione del soggetto sottoposto a misure restrittive.

Con riferimento al caso in oggetto, la condotta di Mevio pare aver integrato tutti gli elementi del delitto di evasione di cui all'art. 385 c.p., sottraendosi l'agente all'osservanza della misura cautelare domestica.

Tuttavia, la fuga di Mevio deve imputarsi esclusivamente alla convinzione di quest'ultimo di una azione indebita a suo danno in virtù della situazione anomala venutasi a creare.

Ed invero, egli non si è volontariamente allontanato dalla propria dimora, ma la condotta evasiva è stata posta in essere allorquando i tre agenti, in violazione dell'art. 377 c.p.p., senza fornire adeguate informazioni e impedendogli di contattare il suo avvocato, lo hanno invitato a recarsi in Commissariato.

La paura di quello che gli sarebbe potuto succedere ha indotto, allora, Mevio a fuggire dal luogo degli arresti domiciliari, nella erronea convinzione della necessità di salvare se stesso dal pericolo attuale di un danno grave alla persona, ai sensi del combinato disposto degli artt. 54 e 59, ultimo comma c.p..

Tutto quanto sopra è stato correttamente osservato anche dal Tribunale, il quale ha ritenuto la sussistenza della causa di giustificazione putativa alla luce della anomala situazione creatasi, ma ha ritenuto di non estendere la causa di esclusione dell'antigiuridicità alla latitanza, con conseguente condanna di Mevio per il delitto di evasione.

Alla luce dell'analisi del reato di cui all'art. 385 c.p. quale delitto istantaneo con effetti permamenti, come detto sopra, si ritiene illogico distinguere in due momenti la condotta di Mevio: la fuga e la latitanza.

Ed invero, il reato imputatogli si è consumato al momento della fuga e con riferimento al momento della consumazione devono essere valutate anche le cause di giustificazione, a nulla rilevando il perdurare degli effetti del reato posto in essere.

Quanto sopra trova conferma nella pronuncia della Suprema Corte n. 14037 del 2015, con la quale è stato chiarito che il delitto di evasione dagli arresti domiciliari ha natura istantanea e si consuma nel momento in cui il soggetto si allontana dal luogo di esecuzione della misura, con la conseguenza che deve aversi riguardo alla situazione esistente in tale momento per valutare l'applicabilità delle cause di giustificazione, anche putative.

In conclusione, si ritiene possibile e auspicabile proporre appello avverso la sentenza di condanna di primo grado, in ragione del fatto che, contrariamente a quanto ritenuto dal Tribunale, al momento della consumazione da parte di Mevio del reato di evasione – ossia al momento dell'allontanamento del luogo di restrizione ai domiciliari – la condotta dello stesso era scriminata dalla convinzione dell'agente di porsi al riparo dal pericolo attuale di un danno grave alla propria persona.

La ritenuta sussistenza di una scriminante al momento della consumazione del reato esclude, dunque, l'antigiuridicità della condotta posta in essere da Mevio, che dovrebbe essere assolto perchè il fatto non costituisce reato.

2.2.4 A) TRACCIA PARERE.

Nel corso delle indagini preliminari relative ad un incidente aereo che aveva causato la morte del pilota e del copilota dell'apparecchio interessato, il P.M. nominava Tizio come consulente tecnico ex art. 359 c.p.p., al fine di svolgere una valutazione tecnico-scientifica circa le modalità con cui era avvenuto l'incidente e in merito alla idoneità dall'addestramento impartito al pilota deceduto dalla società Beta cui apparteneva il veicolo.

Recatosi presso la sede operativa della società Beta, Tizio chiedeva di acquisire tutta la documentazione relativa all'addestramento del pilota. Al momento della consegna di detti documenti, il rappresentante legale della società Mevio, conscio dell'insufficiente periodo di addestramento cui era stato sottoposto il pilota, offriva a Tizio la somma di 200.000,00 euro affinché predisponesse una relazione asserente, contrariamente ai dati emergenti dalle investigazioni, la idoneità dell'addestramento impartito dalla medesima società al pilota deceduto.

Tizio, sdegnato dall'offerta, la rifiutava e lasciava immediatamente i locali della società.

Preoccupato per l'accaduto, Mevio si rivolge al vostro studio legale per ottenere parere motivato circa le possibili conseguenze penali della propria condotta.

B) SOLUZIONE PARERE: <u>REATO DI INTRALCIO ALLA GIUSTIZIA</u>.

Viene richiesto motivato parere legale da Mevio circa le possibili conseguenze penali della propria condotta come di seguito descritta.

Nel corso di indagini preliminari relative ad un incidente aereo che aveva causato la morte del pilota e del copilota, Tizio, nominato consulente tecnico dal P.M. ex art. 359 c.p.p., si recava presso la sede della società Beta, cui apparteneva il veicolo, al fine di acquisire documentazione relativa all'addestramento impartito al pilota. Al momento della consegna di tali documenti, tuttavia, Mevio, rappresentante legale della società Beta, consapevole dell'insufficiente periodo di addestramento cui era stato sottoposto il pilota, offriva a Tizio la somma di 200.000,00 euro affinché predisponesse una relazione asserente, contrariamente ai dati emergenti dalle investigazioni, la idoneità dell'addestramento impartito dalla medesima società al pilota deceduto. Tizio, però, sdegnato dall'offerta, la rifiutava e lasciava immediatamente i locali della società.

Al fine di valutare le possibili conseguenze penali della condotta tenuta da Mevio, occorre prendere in considerazione diverse ipotesi di reato.

Ancor prima, però, si ritiene necessario valutare se Tizio, nominato consulente tecnico dal P.M. ex art. 359 c.p.p., rivesta la qualifica di pubblico ufficiale.

Tra i vari strumenti cui il Pubblico Ministero può ricorrere nello svolgimento delle indagini vi è, infatti, la possibilità di nominare un consulente tecnico ai sensi dell'art. 359 c.p.p.. Il P.M. ricorre a tale designazione, in genere, quando si debba procedere ad accertamenti, rilievi segnaletici, descrittivi o fotografici ed ogni altra operazione tecnica per cui sono necessarie specifiche competenze.

E' d'uopo, altresì, rilevare che il consulente tecnico non può rifiutare la propria opera. La posizione del consulente tecnico, analizzando le norme del codice di rito, appare equiparabile a quella delle persone informate sui fatti. Egli, in effetti, al pari dei testimoni, deve essere citato per mezzo di un decreto (art. 377, comma 3, c.p.p.).

L'art. 501, comma 1, c.p.p., inoltre, stabilisce che per l'esame dei periti e dei consulenti tecnici si osservano le disposizioni sull'esame dei testimoni, in quanto applicabili. Ne consegue l'obbligo, come per i testimoni, di dire la verità e ciò in virtù del fine per il quale essi prestano la propria opera per mezzo della quale, appunto, il P.M. decide,vagliate le risultanze delle indagini, di determinarsi di esercitare l'azione penale.

La qualificabilità del consulente tecnico così nominato quale pubblico ufficiale e l'individuazione del momento in cui lo stesso acquisisce tale qualifica ha costituito oggetto di un forte dibattito giurisprudenziale.

Taluno riteneva, in particolare, che la qualifica di pubblico ufficiale fosse acquisita dai consulenti fin dal momento della designazione. Tale orientamento si fondava, in sintesi, sul fine per il quale veniva richiesta la propria opera; infatti, poiché essi contribuivano alle indagini preliminari fornendo informazioni per le quali erano necessarie specifiche competenze e coadiuvando, pertanto, il P.M. nel determinarsi nell'esercizio dell'azione penale, essi acquistavano la funzione pubblica già dal momento della nomina.

Di contro, altri orientamenti, ponendo l'attenzione sull'equiparazione dei consulenti ai testimoni, evidenziavano che la qualifica di pubblico ufficiale era acquisita solo nel momento in cui il P.M.

decidesse di avvalersi del loro operato e, quindi, solo nel momento in cui li citasse con decreto ex art. 377, comma 3, c.p.p..

Ad oggi, appare dominante il primo orientamento secondo il quale il consulente tecnico è pubblico ufficiale sin dal momento della nomina.

Per ciò che inerisce, invece, le modalità dell'opera in concreto prestata, occorre distinguere fra dichiarazioni incidenti sulle rappresentazioni di fatto e quelle incidenti sulle dichiarazioni di scienza; le prime volte ad esaminare i fatti concreti; le seconde volte a valutare, per mezzo di indagini scientifiche i fatti della vicenda per la quale sono chiamati a testimoniare. In sintesi, quindi, la distinzione si basa su indagini statistiche e valutative. Secondo un primo orientamento dominante, sull'opera del consulente sono sempre entrambe presenti. Ciò in quanto, per valutare scientificamente dei fatti occorre comunque prima averli individuati. Secondo altro orientamento, invece, ben può accadere che il consulente venga chiamato solo ad esporre taluni fatti senza che vi sia alcuna valutazione scientifica.

Ciò premesso, occorre stabilire quale incidenza abbiano le tesi prospettate sulla qualificazione della condotta di Mevio.

La sua condotta sembrerebbe potersi sussumere sotto diverse fattispecie di reato.

Egli potrebbe essere imputato, in primo luogo, di tentativo di corruzione in atti giudiziari (art. 319 ter e 56 c.p.). In questo caso, quindi, bisogna determinare se la sua condotta sia stata compiuta con atti idonei diretti in modo non equivoco a commettere il delitto di corruzione in atti giudiziari e valutare se il rifiuto di Tizio possa essere equiparato alla non verificazione dell'evento così come disposto dall'art. 56 c.p..

Si deve, innanzitutto, guardare al delitto base. Si tratta di un delitto contro la P.A..

Il bene giuridico tutelato dalla norma è non solo il buon andamento e l'imparzialità della P.A. ex art. 97 della Costituzione, ma anche il legittimo affidamento del singolo nel giusto processo (art. 111 Cost.).

Per ciò che attiene alla condotta, questa appare essere vincolata, stante il richiamo agli artt. 318 e 319 c.p. che disciplinano, rispettivamente, la corruzione impropria (per l'esercizio della funzione) e propria (per un atto contrario ai doveri d'ufficio). Nel caso di specie, la condotta di Mevio sembrerebbe tesa a chiedere un atto contrario ai doveri d'ufficio. Secondo unanime giurisprudenza, per atto contrario ai doveri d'ufficio si deve intendere ogni atto che tende ad asservire la funzione agli interessi del privato (Cass. n. 30762/09).

L'art. 319 c.p. disciplina una fattispecie a concorso necessario in quanto ciò che si va a sanzionare è proprio il *pactum sceleris* tra un soggetto (P.U.) corrotto e un soggetto (privato) corruttore. Inoltre la fattispecie punisce sia la corruzione cd. antecedente, sia la corruzione cd. susseguente.

A questo punto è necessario correlare la condotta di cui all'art. 319 c.p. e quella ex art. 319 *ter* ed infine valutare se il comportamento di Mevio possa essere così qualificato.

La condotta sanzionata in astratto dalle norme in questione è quella del P.U. che, per omettere o per ritardare o per aver omesso o ritardato un atto del suo ufficio, ovvero per compiere o per aver compiuto un atto contrario ai doveri di ufficio, riceve per sé o per un terzo denaro o altra utilità, o ne accetta la promessa col fine di favorire o danneggiare una parte del processo (dolo specifico).

Nel caso di specie, però, non sembra che Mevio possa essere chiamato a rispondere di tale delitto; infatti, pur avendo Mevio offerto a Tizio la somma di 200.000,00 euro per predisporre una relazione asserente dati contrari a quelli emergenti dalle investigazioni, ha posto in essere una condotta che in concreto non può essere ricondotta al tentativo di corruzione in atti giudiziari per diverse ragioni.

La prima è inerente all'imputazione soggettiva: la norma predispone, infatti, una fattispecie a concorso necessario e, più in particolare, essa imprime disvalore all'accordo. Nel caso di specie invece appare evidente che Tizio e Mevio non agiscono di concerto.

Il rifiuto di Tizio ad "addomesticare" la relazione, poi, a livello sistematico, non può essere equiparato ad un evento non verificatosi ex art. 56 c.p., dal momento che esiste una specifica ipotesi di istigazione alla corruzione disciplinata da una norma diversa che presuppone proprio la mancata accettazione del P.U..

Infine, quanto al dolo specifico richiesto ex art. 319 ter c.p., interpretando la norma in senso letterale, si evidenzia che, nel caso concreto, trovandosi, Tizio e Mevio nella fase delle indagini preliminari e quindi nella fase iniziale del procedimento, questo non viene integrato in quanto Mevio non è ancora "parte" nel processo e quest'ultimo non è nemmeno iniziato se per processo si vuole intendere il luogo i formazione della prova.

Altra ipotesi di reato sotto cui potrebbe sussumersi la condotta di Mevio è quella disciplinata dall'art. 322 c.p. (istigazione alla corruzione). La norma sanziona la condotta induttiva tesa a convincere o a persuadere il P.U. o l'incaricato di pubblico servizio a omettere o a ritardare un atto del suo ufficio, ovvero a fare un atto contrario ai suoi doveri. La pena stabilita è prevista per il reato di cui all'art. 319 c.p. (due a 5 anni) ridotta di un terzo.

In questo caso occorre partire, in via preliminare, dall'analisi delle tesi prospettate riguardo alle modalità di estrinsecazione dell'opera del consulente tecnico e di quelle inerenti la qualifica di P.U..

L'art. 322 c.p. disciplina una fattispecie di pericolo per cui la soglia di punibilità è anticipata; infatti si pone l'accento sul disvalore della condotta induttiva poiché pone in pericolo il buon andamento e l'imparzialità della P.A.. L'elemento psicologico richiesto è il dolo generico e quindi occorre che l'agente preveda e voglia come conseguenza della propria azione o omissione l'evento dannoso o pericoloso.

Nel caso di specie, dunque, bisogna valutare se dall'azione di Mevio scaturisca il pericolo per la Pubblica Amministrazione.

Considerata la peculiarità del delitto in esame che si configura solo se la condotta è rivolta a un P.U. si richiamano le argomentazioni svolte in premessa circa la qualifica di Tizio come Pubblico ufficiale o incaricato di pubblico servizio.

Per ciò che attiene alle modalità con cui opera il consulente tecnico occorre fare un distinguo. Accedendo alla tesi della giurisprudenza dominante, si configura il delitto di cui all'art. 322 c.p. quando l'offerta o la promessa di denaro o altra utilità sia diretta ad influire sulle valutazioni a carattere tecnico scientifico (Cass. S.U. n. 43384/2013). Nel caso di specie, è evidente che Mevio intende con la propria condotta, influire sui dati di carattere storico inerenti l'incidente aereo. Egli, infatti, chiede a Tizio di confermare, contrariamente ai dati emergenti dalle investigazioni, l'idoneità dell'addestramento impartito al pilota deceduto nell'incidente.

La sua richiesta non involge pure le modalità dell'incidente, per le quali occorrerebbe una valutazione tecnico scientifica.

Secondo un orientamento maggioritario, da queste premesse discende la possibilità di prevedere due tipologie di delitti differenti: da un lato, quindi, l'istigazione alla corruzione, dall'altro l'intralcio alla giustizia ex art. 377 c.p. (nella vecchia formulazione, la norma era rubricata come subornazione).

Si deve distinguere fra condotte tese al alterare prospettazioni di fatto (qualificabili ex art. 377 c.p. in relazione all'art. 371 bis c.p.) e quelle mirate ad ottenere false dichiarazioni di scienza (qualificabili ex art. 322 c.p.).

Applicando la tesi dominante in giurisprudenza al caso concreto, appare evidente che l'offerta di Mevio a Tizio mirasse ad ottenere che fossero prospettate false circostanze di fatto. Mevio, infatti, chiede a Tizio, a fronte dell'offerta di 200.000,00 euro, di dichiarare che il pilota deceduto avesse ricevuto un'adeguata formazione. La sua condotta sarebbe sussumibile in quella prevista ex art. 377 c.p. e non in quella ex 322 c.p. (Cass. S.U. n. 51824/14).

L'art. 377 c.p. punisce la condotta di chi offre o promette denaro o altra utilità alla persona chiamata a rendere dichiarazioni davanti all'Autorità Giudiziaria o ad altri soggetti fra cui è compreso il consulente tecnico.

Tale offerta o promessa non deve essere accettata. L'induzione è tesa a far commettere a tali soggetti determinati reati (art. 371 bis – false informazioni al PM; art. 371 ter – false dichiarazioni al difensore; art. 372 - -falsa testimonianza; art. 373 – falsa perizia o interpretazione).

In conclusione, prospettate a Mevio tutte le ipotesi sopracitate, si deve ritenere che sia possibile che egli venga imputato per l'ipotesi di cui all'art. 377 comma 1 c.p. avendo egli offerto 200.000,00 euro a Tizio affinchè questi predisponesse una relazione in cui asseriva che il pilota deceduto aveva ricevuto un'adeguata formazione. Tali asserzioni si basano su valutazioni di fatto e non di scienza.

In effetti, la preparazione dei piloti consta di diversi elementi: lezione a carattere pratico (ore di volo) e lezioni a carattere teorico.

La rispondenza fra questi elementi predefiniti e quelli su cui si è richiesto di mentire è basata su dati fattuali e non su valutazioni scientifiche. Pertanto, Mevio potrà essere punito ex art. 377 comma 1 c.p. in relazione anche all'art. 371 bis, con una pena ridotta dalla metà a 2/3 applicabile al massimo edittale previsto per l'art. 371 bis (quattro anni di reclusione).

3.2.5 A) TRACCIA PARERE.

Tizio, "consigliere politico" del Ministro dell'Economia, in occasione di una visita a Milano nell'anno 2010, incontrava Sempronio, presidente del Consorzio di Costruzione dell'EXPO. Durante il suddetto incontro, su esplicita richiesta di Sempronio, Tizio lasciava intendere che avrebbe potuto sollecitare il suo amico Ministro sullo stanziamento di finanziamenti statali per i lavori dell'EXPO e che tutta l'operazione avrebbe avuto il "costo" di 50.000,00 euro. Effettivamente, dopo pochi mesi dal pagamento della suddetta somma in contanti presso un Hotel di Roma, pur senza coinvolgere minimamente il Ministro, ma attraverso i contatti avuti con alcuni funzionari del CIPE, Tizio riusciva a far stanziare 3.000.000 di euro per proseguire i lavori dell'EXPO.

A seguito di un'approfondita indagine della Procura di Roma e di un articolato processo, Tizio veniva condannato dal Tribunale di Roma nel 2015 per il reato di cui all'art. 319 c.p..

Assunte le vesti del legale di Tizio, il candidato rediga:

a) parere motivato sulla vicenda, suggerendo la possibile linea difensiva per il cliente;

b) l'atto ritenuto più opportuno per la tutela degli interessi del cliente.

B) SOLUZIONE PARERE: REATO DI TRAFFICO DI INFLUENZE ILLECITE.

È richiesto parere motivato sulla vicenda di seguito descritta.

Tizio, "consigliere politico" del Ministro dell'Economia, durante un incontro con Sempronio, faceva sorgere il dubbio a quest'ultimo di poter influire positivamente sulle decisioni del Ministro circa lo stanziamento di finanziamenti statali per i lavori dell'Expo.

Tizio chiariva a Sempronio che, a tal fine, avrebbe dovuto pagare una somma di 50.000 €.

Dopo aver ricevuto la somma pattuita, Tizio riusciva a far stanziare 3.000.000 € per la prosecuzione dei lavori dell'Expo: finanziamenti che lo stesso riusciva ad ottenere solo ed esclusivamente in virtù dei propri contatti con taluni funzionari del CIPE, senza alcun genere di coinvolgimento in suddetta attività da parte del Ministro.

A fronte di tali fatti, verificatisi nel 2010, Tizio veniva condannato dal Tribunale di Roma nel 2015, essendo riconosciuto penalmente responsabile per il reato di "*corruzione per un atto contrario ai doveri d'ufficio*", di cui all'art. 319 c.p.

La questione sottesa al caso in esame concerne, *in primis*, l'esatta qualificazione della condotta posta in essere da Tizio, al fine di poter stabilire la correttezza della pronuncia di condanna emessa dal giudice di *prime cure*.

Il reato di corruzione di cui all'art. 319 c.p. punisce con la pena della reclusione da uno a sei anni "*il pubblico ufficiale che, per l'esercizio delle sue funzioni o dei suoi poteri, indebitamente riceve, per se o per un terzo, denaro o altra utilità o ne accetta la promessa*".

Com'è facilmente intuibile dalla lettura della norma, il reato *de quo* appartiene alla categoria dei cd. reati propri, atteso che soggetto attivo del reato non può essere il *quisque de populo*, bensì unicamente il pubblico ufficiale.

Questione del tutto preliminare, ai fini della nostra analisi, è valutare la riconducibilità della qualifica rivestita da Tizio ("consigliere politico"del Ministro) nel novero della nozione di "pubblico ufficiale", con lo specifico riferimento all'art. 357 c.p., ai sensi del quale "agli effetti della legge penale, sono pubblici ufficiali, coloro i quali esercitano una pubblica funzione legislativa, giudiziaria o amministrativa".

Recente giurisprudenza, interrogatasi sul punto, ha ritenuto che non possa riconoscersi la qualifica di pubblico ufficiale a colui il quale sia stato designato dal Ministro "consigliere personale su temi inerenti la politica", soltanto in ragione del rapporto di fiducia intercorrente tra gli stessi. Più specificatamente, con la recentissima sent. 51688 del 2014, la Suprema Corte ha chiarito che "il consigliere politico non ricopre un incarico istituzionalizzato e la somministrazione fiduciaria di consigli politici non è riconducibile all'esercizio di alcuna delle funzioni tipizzate dall'art. 357, primo comma, c.p."

Motivo per cui, dunque, non si può attribuire la veste di pubblico ufficiale a Tizio e, conseguentemente, non può ritenersi integrato il reato di cui all'art. 319 c.p.

Ma anche laddove si volesse dar seguito alla differente interpretazione che rinviene nel "consigliere politico" un pubblico ufficiale, non potrebbe, comunque, ritenersi configurato il reato di corruzione ex art. 319 c.p. in virtù della considerazione che siffatta fattispecie di reato appartiene alla categoria dei reati cd. "propri funzionali". Trattasi di quei reati che si caratterizzano per il fatto che il soggetto agente non solo deve ricoprire la qualifica di pubblico ufficiale ma, altresì, deve sfruttare o comunque strumentalizzare funzioni o poteri connessi all'esercizio cui appartiene per ricevere denaro o altra utilità non dovuti. In altre parole, è necessario che l'intervento del pubblico ufficiale in esecuzione dell'accordo illecito sia espressione della pubblica funzione dallo stesso esercitata.

Cosicchè, in conformità a quanto chiarito dalla giurisprudenza maggioritaria, non può ritenersi configurato il delitto di corruzione ex art. 319 c.p. allorquando l'intervento del pubblico ufficiale *"non comporti l'attivazione di poteri istituzionali propri del suo ufficio o non sia in qualche modo a questi ricollegabile, e invece sia destinato ad incidere nella sfera di attribuzione di pubblici ufficiali terzi rispetto ai quali il soggetto agente è assolutamente carente di potere istituzionale"*: in tal senso si è espressa la Corte di Cassazione con sentenza del 04 maggio 2006, n. 33435.

Se ben si analizza il caso sottoposto alla nostra attenzione, risulta evidente come, effettivamente, Tizio sia riuscito a dar attuazione al proprio accordo illecito con Sempronio attraverso l'influenza che lo stesso ha esercitato su taluni funzionari del CIPE, i quali sono soggetti terzi non facenti parte dell'ufficio cui Tizio appartiene; né risulta che, nonostante l'iniziale promessa, Tizio abbia mai sollecitato il Ministro dell'Economia circa l'erogazione della ingente somma di denaro, dovendosi escludere, al contrario, un eventuale coinvolgimento dello stesso nella vicenda illecita.

Alla luce di quanto esposto sinora, deve dunque concludersi per l'insussistenza di tutti quegli elementi necessari ai fini della possibile configurazione del delitto di corruzione.

Resta, adesso, da comprendere se il comportamento tenuto nell'occasione da Tizio possa dar luogo ad altra fattispecie penalmente prevista dal nostro ordinamento.

Si accennava, nella ricostruzione dei fatti, alla somma di 50.000 euro, versata da Sempronio in favore di Tizio, quale compenso per la attività di sollecito svolta nei confronti del proprio amico Ministro. Evidente peraltro che, facendo apparire il Ministro dell'Economia, quale "suo amico", Tizio generava in Sempronio il dubbio di poter influire postivamente sulle decisioni del Ministro stesso.

La condotta di Tizio, così descritta, potrebbe inquadrarsi nella specifica fattispecie del "millantato credito" ex art. 346 c.p., atteso che la condotta penalmente rilevante consiste, appunto, nel millantare credito, ossia nell'ostentare la possibilità di influire sul pubblico ufficiale per farsi dare da un privato denaro o qualsivoglia altro genere di utilità come prezzo della mediazione verso il pubblico ufficiale stesso.

Risalendo nel tempo la giurisprudenza e la dottrina hanno interpretato in maniera differente la condotta di millanteria.

Il millantare credito veniva infati inizialmente inteso come vanteria di un'influenza inesistente idonea ad ingannare il terzo che, credendo alle parole del millantatore, gli consegnava il denaro destinato a ricompensare la presunta mediazione.

Successivamente, considerato che il reato di cui all'art. 346 c.p. è stato concepito per tutelare il prestigio della Pubblica Amministrazione, si è consolidato l'indirizzo ermeneutico secondo cui per integrare la millanteria non è necessaria una condotta ingannatoria o raggirante, perché ciò che rileva è la vanteria dell'influenza sul pubblico ufficiale che, da sola, a prescindere dai rapporti effettivamente intrattenuti, offende l'immagine della Pubblica Amministrazione (v. ex multis Cass. Pen., 17.03.2010, n. 13479).

Accanto al suddetto reato, la legge n. 190 del 2012 ha aggiunto, all'art. 346 bis c.p., la nuova e autonoma fattispecie di "Traffico di influenze illecite", che fissa come presupposto della ricezione del denaro (chiesto come prezzo della mediazione propria o come retribuzione per il pubblico ufficiale), lo sfruttamento delle relazioni esistenti con il Pubblico Ufficiale.

In altre parole, ai sensi dell'art. 346 bis c.p., autore del reato non è più chi millanta influenze (non rileva se vere o false), ma chi sfrutta influenze effettivamente esistenti.

Ciò posto, non può farsi a meno di notare che, sebbene l'art. 346 bis c.p. appaia più confacente alle condotte descritte nel caso di specie, esso è stato introdotto in un momento successivo alla commissione dei fatti in disamina.

A questo punto, considerata la pena più mite prevista dall'art. 346 bis c.p. rispetto a quella dell'art. 346 c.p., occorre individuare e chiarire se i fatti commessi prima dell'entrata in vigore della nuova norma, le cui condotte ricadevano pacificamente all'interno dell'art. 346 c.p., possano rientrare nel delitto di traffico di influenze illecite, alla luce dei principi generali dell'ordinamento in tema di favor rei e di successione delle leggi penali nel tempo.

A tal proposito, va premesso innanzitutto che alla delimitazione dell'efficacia nel tempo delle norme penali soccorre una pluralità di previsioni normative, quali l'art. 25, comma 2, Cost., in base al quale *"nessuno può essere punito se non in forza di una legge che sia entrata in vigore prima del fatto commesso"*, o l'art. 11 delle disposizioni preliminari al codice civile, norma che sancisce la generale irretroattività della legge. A siffatte norme deve, comunque, aggiungersi la minuziosa disciplina dettata dall'art.2 del c.p. in tema di successione di leggi penali nel tempo.

Per ciò che rileva ai fini della nostra indagine, è bene osservare come la norma codicistica, oltre ad enunciare il generale principio di irretroattività delle norme penali incriminatrici, al primo comma, prevede, al quarto comma, l'applicazione della legge più favorevole ancorchè entrata in vigore successivamente alla commissione del fatto.

Pertanto, in applicazione del principio *"favor rei"*, l'art. 346 bis c.p. sarà destinato a retroagire a fatti commessi nel 2010, essendo la sanzione ivi prevista di entità inferiore a quella di cui all'art. 346 c.p..

Peraltro, ai fini di una maggior chiarezza, si precisa che il principio di cui all'art. 2 co.4, c.p. risulta pienamente applicabile al caso in disamina, atteso che l'unico sbarramento previsto *ex lege* è costituito dall'intervenuto giudicato sul provvedimento di condanna.

Sul punto si è di recente pronunciata la Corte di Cassazione chiarendo che: *"Le condotte di colui che, vantando un'influenza effettiva verso il pubblico ufficiale, si fa dare o promettere denaro o altra utilità come prezzo della propria mediazione o col pretesto di dover comprare il favore del pubblico ufficiale, condotte finora qualificate come reato di millantato credito ai sensi dell'art. 346 c.p., commi 1 e 2, devono, dopo l'entrata in vigore della L. n. 190 del 2012, in forza del rapporto di continuità tra norma generale e norma speciale, rifluire sotto la previsione dell'art. 346 bis c.p., che punisce il fatto con pena più mite."* (**Cassazione penale, sez. VI, 28 novembre 2014, n. 51688**).

Individuata la disposizione complessivamente più favorevole e chiarita l'applicabilità del principio di cui all'art. 2 co. 4 c.p. al caso in esame, a Tizio potrebbe essere contestato il reato di "traffico di influenze illecite" ex art. 346 bis, punito con la minore pena della reclusione da uno a tre anni.

Suddetta pena, peraltro, non potrà essere aggravata ai sensi dei successivi commi 3 e 4 della medesima norma, atteso che Tizio, come ampiamente chiarito, non riveste la qualifica di pubblico ufficiale (comma 3), né i fatti in disamina sono stati commessi in relazione all'esercizio di attività giudiziarie (comma 4).

Alla luce di quanto detto, Tizio potrà certamente impugnare la sentenza di primo grado emessa dal Tribunale di Roma chiedendo in primo luogo di essere assolto dal reato di cui all'art. 319 c.p. e in subordine di riqualificare il fatto come reato previsto dall'art. 346 bis c.p così come introdotto dalla legge 190 del 2012.

3.2.6 A) TRACCIA PARERE

Tizio e Caia, recatisi nel supermercato Gamma, previa effrazione delle placchette antitaccheggio, occultavano nelle maniche del giubbotto e nella borsa talune confezioni di profumi, caffè e biscotti, sottratti dagli scaffali.

I due, giunti alle casse, si limitavano a pagare solo una confezione di merendine.

Tutta l'azione furtiva, in realtà, si era svolta sotto gli occhi dell'addetto alla sicurezza che aveva seguito i gesti e gli spostamenti dei due ed aveva scelto di bloccarli dopo il superamento delle casse invece che durante le operazioni di sottrazione e di occultamento della merce.

Premessi brevi cenni sul tentativo di reato, il candidato, assunte le vesti di legale di Tizio e Caia, rediga parere motivato.

B) SOLUZIONE PARERE: <u>FURTO IN SUPERMERCATO.</u>

E' richiesto motivato parere sulla vicenda di seguito descritta.

Tizio e Caia sottraevano della merce dagli scaffali di un supermercato e, previa effrazione delle placchette antitaccheggio, la occultavano rispettivamente nelle maniche del giubbotto e della borsa.

Dopo aver superato le casse, limitandosi a pagare soltanto uno dei prodotti sottratti, i due venivano bloccati dall'addetto alla sicurezza che aveva seguito tutti i loro gesti.

La questione sottesa al caso in esame concerne l'esatta qualificazione della condotta di sottrazione di merci all'interno di un supermercato, avvenuta sotto il costante controllo del personale di vigilanza, allorché l'autore sia fermato dopo il superamento della barriera delle casse con la merce sottratta.

In particolare, occorre stabilire se tale condotta integri una fattispecie di furto consumato o solo tentato.

L'analisi della predetta questione richiede alcune precisazioni sul tentativo di reato, con particolare riferimento alla fattispecie di furto.

L'istituto in esame si configura quando l'agente compie atti idonei, diretti in modo non equivoco a commettere un reato, se l'azione non si compie o l'evento non si verifica.

Esso è disciplinato dall'art. 56 c.p., al quale è riconosciuta una funzione estensiva dell'ordinamento penale.

Infatti attraverso la sua combinazione con singole norme incriminatrici di parte speciale, si rendono punibili fatti che altrimenti sarebbero penalmente irrilevanti, poiché arrestatisi in un momento antecedente alla loro consumazione.

Il tentativo, dunque, è correlato al concetto di consumazione del reato, che esprime la realizzazione di tutti gli elementi costitutivi di una fattispecie criminosa.

Il delitto tentato, in quanto autonoma figura di reato, consta di un elemento oggettivo e di uno soggettivo.

Sotto il profilo psicologico, è necessario il dolo, cioè l'intenzione da parte dell'agente di compiere un delitto.

Sotto il profilo oggettivo, invece, vengono in rilievo l'incompiutezza dell'azione o la mancata verificazione dell'evento e i requisiti della idoneità e univocità degli atti.

In particolare, ai fini dell'integrazione del delitto tentato, è richiesto, da un lato, che gli atti posti in essere dall'agente siano causalmente adeguati alla commissione del reato e, dall'altro, che essi rivelino compiutamente l'intenzione dell'agente.

Applicando tali principi alla fattispecie di furto, che punisce colui che si impossessa mediante sottrazione di una cosa mobile altrui, per trarne profitto per sé o per altri, ne discende che, in presenza di atti idonei e univocamente diretti a realizzare l'impossessamento della cosa, l'agente potrà essere punito a titolo di tentativo.

Per contro, soltanto l'effettiva instaurazione di un nuovo potere di fatto sulla cosa, al di fuori dell'altrui sfera di vigilanza, può integrare il delitto nella sua forma consumata.

Nel caso di specie, Tizio e Caia sono stati fermati con la merce sottratta subito dopo il superamento della barriera delle casse, in quanto costantemente vigilati dall'addetto alla sicurezza.

Pertanto, il controllo del sorvegliante ha impedito loro di impossessarsi dei prodotti sottratti, con conseguente mancata realizzazione di tutti gli elementi costitutivi della fattispecie di furto (art. 624

c.p.).

Tuttavia, nonostante tale circostanza, la qualificazione della condotta in esame ha dato luogo ad un contrasto giurisprudenziale.

Infatti, in base ad un primo orientamento costituisce furto consumato quello che si commette all'atto del superamento della barriera delle casse di un supermercato con della merce prelevata dagli scaffali e sottratta al pagamento (cfr. Cass. Pen. N. 23020/2008).

In tale prospettiva, nessun rilievo è attribuito alla circostanza che l'azione furtiva sia avvenuta sotto la costante vigilanza del personale incaricato della sorveglianza.

Pertanto, secondo tale indirizzo interpretativo, ai fini della consumazione del furto in un supermercato, sarebbe sufficiente il mero conseguimento della disponibilità materiale della cosa, che si realizza allorchè l'agente abbia superato la barriera delle casse senza pagare il prezzo.

Per contro, in base ad un secondo orientamento, la condotta in questione integra soltanto un tentativo di furto.

Tale indirizzo, a ben guardare, sembra più attento al ruolo svolto dall'elemento dell'impossessamento nell'ambito della fattispecie di cui all'art. 624 c.p..

Infatti, il furto può dirsi integrato in tutti i suoi elementi costitutivi soltanto quando il bene sottratto sia uscito effettivamente dalla sfera di vigilanza e controllo del precedente possessore, con conseguente instaurazione di un nuovo potere di fatto sulla cosa.

In quest'ottica, pertanto, il furto non può dirsi consumato, atteso che nonostante la sottrazione e l'occultamento della merce da parte dell'agente, l'azione furtiva può essere interrotta in qualsiasi momento dall'addetto alla sicurezza che ha costantemente vigilato (cfr. Cass. Pen. N. 38534/2010).

Tale contrasto ermeneutico è stato risolto da ultimo dalle Sezioni Unite della Corte di Cassazione, la quale con sentenza n. 52117 del 16.12.2014, ha optato per la qualificazione della condotta in esame in termini di furto tentato, aderendo all'orientamento maggiormente rispettoso del connotato di effettività che deve caratterizzare l'impossessamento, quale momento consumativo del delitto di furto. In particolare la Suprema Corte ha affermato che "*il monitoraggio nella attualità della azione furtiva avviata, esercitato sia mediante la diretta osservazione della persona offesa (o dei dipendenti addetti alla sorveglianza o della forze dell'ordine presenti in loco), sia mediante appositi apparati di rilevazione automatica del movimento della merce, e il conseguente intervento difensivo in continenti a tutela della detenzione, impediscono la consumazione del delitto di furto, che resta allo stadio del tentativo, in quanto l'agente non ha conseguito, neppure momentaneamente, l'autonoma ed effettiva disponibilità della refurtiva, non ancora uscita dalla sfera di vigilanza e di controllo diretto del soggetto passivo*".

Ciò posto, nel caso di specie può ritenersi che la condotta di Tizia e Caio integri una fattispecie di furto solo tentato e non consumato.

Infatti, il prelevamento della merce dagli scaffali del supermercato, l'effrazione delle placchette antitaccheggio e l'occultamento di alcuni prodotti nelle maniche del giubbotto e nella borsa costituiscono atti idonei e diretti univocamente alla commissione del delitto di furto, punibili ai sensi degli artt. 56 c.p. e 624 c.p..

Il fatto che gli agenti siano stati sorvegliati e, infine, fermati dall'addetto alla sicurezza impedisce la consumazione del predetto delitto, atteso che la merce sottratta non è uscita dalla sfera di controllo della persona offesa e ciò a prescindere dall'avvenuto superamento della barriera delle casse.

Chiarita la riconducibilità del comportamento di Tizio e Caia al tentativo di furto, occorre individuare le circostanze che potrebbero essere contestate agli agenti.

A tal proposito, va premesso innanzitutto che la giurisprudenza è unanime nel ritenere che sono compatibili con il reato tentato tutte le circostanze, sia aggravanti che attenuanti, previste per il reato consumato, ad eccezione di quelle che presuppongono l'avvenuta consumazione del reato (cfr. Cassazione, sentenza n. 16313/2006).

Ciò posto, in conseguenza della manomissione delle placche antitaccheggio, agli agenti potrebbe essere contestata la circostanza aggravante prevista al n.2) dell'art. 625, ben potendosi configurare anche quando la violenza sia posta in essere nei confronti dello strumento materiale apposto sulla cosa per garantire una più efficace difesa della stessa (cfr. Cassazione penale 3372 del 2012).

Tuttavia, in un'ottica difensiva, si potrebbe sostenere che nel caso in esame la suddetta effrazione non possiede quei caratteri individuati dalla giurisprudenza in ordine all'aggravante di violenza sulle cose.

In proposito, si potrebbe argomentare che l'uso di energia fisica da parte di Tizio e Caia al fine di rimuovere le placchette antitaccheggio non abbia determinato in alcun modo la trasformazione o il danneggiamento della cosa altrui, con conseguente insussistenza dell'aggravante di cui all'art. 625, com. I, n. 2), cod.pen..

Ai medesimi non potrà essere contestata la circostanza aggravante di cui all'art. 625, co 1, n. 2), in ragione dell'occultamento della merce, posto che "*l'insidiosità della condotta non si configura nel mero occultamento sulla persona o nella borsa di merce esposta in un esercizio di vendita a self service trattandosi di banale, ordinario accorgimento che non vulnera in modo apprezzabile le difese apprestate a difesa del bene*"(cfr. Cassazione, sentenza n. 40354 del 2013).

Alle luce delle precedenti considerazioni, e del recentissimo intervento delle Sezioni Unite della Cassazione, si ritiene che la condotta di Tizio e Caia sarà qualificata come tentativo di furto ai sensi del combinato disposto degli artt. 56 e 624 c.c.

Nel caso di contestazione dell'aggravante di violenza sulle cose di cui all'art. 625, com. I, n. 2) cod. pen., vi sono elementi per affermarne l'insussistenza, atteso che l'energia fisica utilizzata da Tizio e Caia sulla merce sottratta non sembra averne provocato il danneggiamento o la trasformazione. Si potrà sostenere altresì la configurabilità dell'attenuante ex art. 62, co. 1 n. 4 c.p..

3.2.7 A) TRACCIA PARERE.

Caio, imprenditore nel settore tessile, venuto a conoscenza dell'avvenuta ristrutturazione, allo scopo di adibirla a centro congressi e casa comunale per la celebrazione dei matrimoni con rito civile, di un'antica dimora nobiliare sita nel Comune di Alfa e di proprietà del medesimo ente, si reca da Sempronio, imprenditore edile e titolare della ditta aggiudicataria dell'appalto avente ad oggetto la ristrutturazione dell'immobile, al fine di verificare la possibilità di occuparsi della fornitura delle tappezzerie necessarie per conferire maggiore eleganza allo stabile in vista dei suoi futuri utilizzi.

Sempronio gli consiglia di parlare con Tizio, assessore del Comune di Alfa con delega ai lavori pubblici, in vista della probabile indizione di una procedura di evidenza pubblica per la fornitura de qua, prevenendolo altresì circa la possibilità di dover "omaggiare" l'assessore, essendo occorsi in tale prassi lui stesso e lo studio di professionisti che si è occupato della redazione del progetto di ristrutturazione, perché suggerito loro da altri imprenditori aggiudicatari di appalti.

Una volta giunto negli uffici comunali per incontrare Tizio, Caio presenta all'assessore l'attività della propria impresa, illustrandone l'ottimo curriculum e   lasciando intendere di essere interessato alla fornitura delle tappezzerie all'antica dimora.

Pur comprendendo le intenzioni dell'imprenditore, l'assessore si mostra titubante, prospettando la possibilità di non procedere ad un affidamento diretto per la fornitura di cui innanzi, quanto piuttosto ad effettuare un'indagine di mercato allo scopo di consentire l'esecuzione della prestazione alla migliore impresa tessile possibile; ragione per la quale Caio avrebbe dovuto dimostrare adeguatamente le capacità della propria impresa.

Ritenendo che la titubanza di Tizio fosse fittizia, Caio, memore di quanto confidatogli da Sempronio, lascia intendere all'assessore di voler procedere, nel caso in cui si fosse aggiudicato l'appalto, alla "restituzione di una parte del compenso previsto". Ipotesi, questa, che trova il consenso del Tizio.

In seguito ad alcune segnalazioni in merito alle procedure di evidenza pubblica che hanno interessato la dimora, tuttavia, viene aperta un'indagine coordinata dalla Procura competente. Con il contributo proveniente dalle dichiarazioni di Sempronio viene alla luce l'intero sistema di aggiudicazione degli appalti in vigore nel Comune Alfa.

Tizio, conseguentemente, riceve un'informazione di garanzia relativamente al reato di cui all'art. 317 c.p.

Allarmato, Caio si reca dal proprio legale.

Assunte le vesti del legale di Caio, il candidato rediga motivato parere in merito alla posizione del proprio assistito.

B) SOLUZIONE PARERE: <u>CONCUSSIONE, CORRUZIONE E INDUZIONE INDEBITA.</u>

La questione sottesa al caso in esame concerne l'esatta qualificazione della condotta di Caio, titolare di una ditta tessile, il quale, venuto a conoscenza della prassi diffusa tra le ditte concorrenti di omaggiare un certo assessore per ottenere l'aggiudicazione degli appalti indetti dal Comune di Alfa, assume l'iniziativa di recarsi presso l'ufficio dello stesso allo scopo di ottenere l'affidamento di una fornitura di materiale di tappezzeria.

Dinanzi al comportamento titubante dell'assessore, il quale prospetta di non voler procedere ad un affidamento diretto quanto piuttosto ad effettuare un'indagine di mercato, Caio lascia intendere che restituirà una parte del compenso previsto nel caso in cui si aggiudicherà l'appalto, raccogliendo in tal senso il consenso dell'assessore.

Successivamente Caio apprenderà che per tale vicenda l'assessore Tizio sarà indagato per il reato di cui all'art. 317 c.p..

Innanzitutto è doveroso precisare che, laddove venisse confermata la qualificazione della condotta di Tizio come concussione ex art. 317 c.p., Caio non subirebbe alcuna conseguenza penale, posto che tale fattispecie criminosa non prevede nessuna pena a carico del soggetto concusso.

Emergendo, però, dall'analisi dei fatti l'insussistenza di una vera e propria condotta costrittiva da parte del pubblico ufficiale Tizio idonea ad integrare la figura criminis di cui all'art. 317 c.p. , è possibile ipotizzare una riqualificazione giuridica da parte delle autorità inquirenti delle condotte realizzate, con conseguente rilevanza penale del comportamento di Caio.

Dovendo necessariamente dar conto di tale eventualità, visto il reale andamento delle cicostanze di fatto, occorrerà stabilire, dunque, se Caio sia stato indotto alla promessa indebita a seguito del comportamento condizionante del pubblico ufficiale, concorrendo con questi a commettere il reato di "induzione indebita a dare o promettere utilità" o in alternativa se egli abbia con la propria condotta integrato gli estremi della più grave fattispecie della "corruzione".

Ciò sarà possibile solo attraverso la valutazione complessiva e approfondita della dinamica intersoggettiva intercorsa tra l'assistito Caio e l'assessore Tizio, nonché della cornice storico-fattuale in cui si snoda la vicenda.

L'analisi della predetta questione richiede alcune precisazioni preliminari in merito alle fattispecie di reato individuate.

Il reato di "induzione indebita a dare o promettere utilità", di cui all'art. 319 quater c.p., si configura quando il pubblico ufficiale o l'incaricato di un pubblico servizio, salvo il caso in cui il fatto costituisca un più grave reato, induce taluno a dare o promettere indebitamente a lui o a terzi denaro o altra utilità; la stessa norma punisce, inoltre, l'autore della dazione o della promessa indebita.

Tale reato, introdotto con la legge n. 190 del 2012, è frutto della scissione della originaria fattispecie unitaria di concussione nei due distinti delitti della concussione e della induzione indebita. La decisione presa dal Legislatore del 2012 è stata quella di differenziare nettamente il comportamento prevaricatore dell'agente nella sua forma più aggressiva della costrizione del soggetto passivo (inquadrabile nello schema della concussione di cui al novellato art. 317 c.p.), rispetto alla condotta "più sfumata" di persuasione, suggestione, o inganno che ora è confluita nella fattispecie di induzione di cui all'art. 319 quater c.p..

A differenza delle condotte costrittive, nelle ipotesi induttive non viene compromessa del tutto la libertà di autodeterminazione del soggetto privato il quale disponendo di ampi margini decisionali finisce per prestare acquiescenza alla richiesta della prestazione non dovuta, nella prospettiva di conseguire un vantaggio indebito.

La "ratio" della riforma sta, quindi, proprio nell'esigenza di eliminare ogni possibile spazio di impunità del privato che, non costretto ma semplicemente indotto da quanto prospettatogli dal funzionario pubblico, effettui in favore di costui una dazione o promessa indebita.

E' bene inoltre sottolineare che nei sopra descritti reati la condotta del pubblico ufficiale segue sempre, quale modalità di realizzazione, l'abuso della qualità o dei poteri pubblici ingenerando nel privato uno stato di soggezione.

Più delicata appare invece la distinzione tra il nuovo delitto di induzione indebita e il reato di corruzione, in considerazione del fatto che il primo occupa una posizione intermedia proprio tra la concussione e l'accordo corruttivo in senso stretto.

La fattispecie criminosa della corruzione, infatti, sia essa propria o impropria, si configura a seguito di un "pactum sceleris" intervenuto tra un soggetto privato e un pubblico ufficiale, in una situazione di "par condicio contrattualis".

In questa ipotesi il privato, pertanto, determina e manipola liberamente la propria volontà di addivenire ad un accordo con il pubblico ufficiale, il quale non si pone in una posizione di superiorità e non suscita, quindi, alcuno stato di soggezione nel privato.

Nel caso di specie laddove si prendano in considerazione solo le dinamiche relazionali intercorse tra Caio e l'assessore Tizio potrebbero risultare mancanti gli elementi costitutivi della fattispecie di induzione indebita e presenti invece quelli propri del delitto di corruzione.

Si ricorda infatti che Caio si reca liberamente e di propria iniziativa presso l'ufficio dell'assessore Tizio e avanza una proposta che Tizio, non assumendo alcun atteggiamento costrittivo né tantomeno di persuasione o suggestione almeno apparente, si limita ad accettare.

Tuttavia non può trascurarsi la circostanza per cui Caio abbia agito in preda ad un condizionamento ambientale scaturito dalle informazioni ricevute dall'imprenditore Sempronio circa il "modus operandi" seguito dall'assessore Tizio nell'aggiudicazione degli appalti.

Proprio la qualificazione giuridica di tale ultima circostanza ha dato vita ad un netto contrasto giurisprudenziale tra chi intravede la realizzazione di un reato di corruzione e chi invece contesta il differente reato di induzione indebita (prima della novella del 2012 si discuteva sulla configurabilità della "concussione ambientale").

Secondo un primo orientamento, quando il privato appaltatore di opere pubbliche si inserisce in meccanismi di sistematico pagamento di tangenti, diviene protagonista di tale sistema di mercanteggiamento di pubblici poteri mancando in lui lo stato di soggezione rispetto al pubblico ufficiale. Secondo tale ragionamento "non può essere ravvisabile la natura concussiva nemmeno nella sua possibile accezione di concussione c.d. ambientale, rimanendo ravvisabile un delitto di corruzione" (cfr. Cass. Pen., sez. VI del 12.04.2011, n. 16335).

La circostanza, poi, che entrambe le parti si relazionino nel contesto di una comunicazione semplificata nella sostanza e di per se stessa priva di profili di illiceità, in quanto entrambe facciano riferimento a una sorta di convenzione tacitamente riconosciuta, non consente di prescindere dall'individuazione di uno specifico comportamento costrittivo o induttivo del pubblico ufficiale per ritenere realizzato un reato di matrice concussiva (cfr. Cass. Pen. Sez. VI, del 14.03.2013 n. 11946).

Secondo il contrapposto orientamento giurisprudenziale, in ipotesi simili a quella di specie è stata riconosciuta la presenza di un allarmante sistema di illegittimità nell'ambito di alcune sfere della pubblica amministrazione, laddove la costrizione o l'induzione da parte del pubblico ufficiale si realizza anche attraverso una sorta di convenzione tacita che non viene palesata ma che il pubblico ufficiale fa valere e che il privato subisce.

In questo orientamento ermeneutico si enfatizza la presenza, nella cornice storico-fattuale considerata, di regole già codificate idonee a rendere meno formale il comportamento condizionante del funzionario pubblico necessario a integrare gli estremi del reato di concussione o induzione indebita.

Secondo la prospettiva appena delineata, alla quale si ritiene di aderire, Caio è stato indotto alla promessa indebita dall'assessore Tizio, nonostante questi non abbia compiuto atti di natura induttiva specifici e ben individuati, influenzato dal contesto ambientale che ha suscitato in lui uno stato d'animo di soggezione rispetto alla volontà del pubblico ufficiale, percepita come dominante.

Alla luce di quanto detto, dunque, nell'ipotesi in cui le autorità inquirenti riqualificassero i fatti oggetto di indagine, Caio potrebbe risponderebbe del reato di cui all'art. 319 quater, secondo comma, c.p., essendo stato evidentemente condizionato nella promessa indebita da regole già codificate, confermate dal compotamento complessivamente tenuto da Tizio durante l'intera vicenda.

3.2.8 A) TRACCIA PARERE

Tizio, candidato per il   partito Gamma all'Assemblea Regionale Siciliana ed al Senato della Repubblica alle elezioni del 13 e 14 aprile 2011, poco prima di quelle elezioni teneva due incontri, all'interno dello studio medico del dr. Mevio, con alcuni esponenti dell'articolazione mafiosa di Cosa Nostra denominata gruppo Pallavicino, capeggiato da Sempronio operante nell'omonimo territorio della città di (OMISSIS).

A detti incontri avevano preso parte, oltre al titolare dello studio, alcuni esponenti del sodalizio mafioso individuati nel vecchio capo Sempronio, nonchè in Caio e in Romolo. Tizio vi aveva partecipato in compagnia del collaboratore Salvatore.

Oggetto degli incontri era la conclusione di un patto di scambio politico- mafioso in base al quale i partecipanti, comparenti in qualità di rappresentanti del gruppo mafioso Pallavicino, si erano impegnati a svolgere campagna elettorale in favore di Tizio, cui avevano chiesto e dal quale avevano ottenuto un contributo in denaro dell'entità di 3.000,00 Euro.

Ricevuti ben 30.000 voti (primo degli eletti nella Regione), Tizio veniva eletto come Senatore della Repubblica.

In data 28 ottobre 2014, Tizio apprende dai giornali che Caio, divenuto collaboratore di giustizia, aveva riferito alla Procura di Palermo tutte le circostanze descritte inerenti alla campagna elettorale di Tizio.

Tizio, preoccupato dalla notizia, si rivolge al vostro studio legale per conoscere la rilevanza penale della propria condotta. Vi riferisce, inoltre, che i suddetti esponenti di Cosa Nostra si erano semplicemente impegnati a garantirgli il voto dei loro amici e parenti e che la somma pagata (tramite bonifico) era una retribuzione dell'attività di volantinaggio svolta dagli stessi.

Il candidato, premessi brevi cenni sulla successione di leggi penali nel tempo, rediga parere motivato sulla vicenda.

B) SOLUZIONE PARERE: <u>SCAMBIO ELETTORALE POLITICO-MAFIOSO.</u>

E' richiesto motivato parere sulla vicenda di seguito descritta.

Tizio, candidato all'Assemblea regionale siciliana e al Senato della Repubblica nelle elezioni del 2011, intratteneva degli incontri con alcuni esponenti del gruppo mafioso Pallavicino. In particolare, i rappresentanti del sodalizio mafioso si impegnavano a svolgere campagna elettorale in favore di Tizio in cambio di un contributo in denaro pari a tremila euro.

Nell'ottobre 2014, l'esponente del gruppo mafioso Caio, divenuto collaboratore di giustizia, riferiva alla Procura di Palermo tutte le circostanze relative alla campagna elettorale di Tizio e il ruolo svolto dall'associazione mafiosa nel reperimento di parte dei 30.000 voti complessivamente ricevuti dal candidato.

La questione giuridica sottesa al caso in esame concerne l'esatta qualificazione della condotta dell'esponente politico che abbia ottenuto un aiuto elettorale da parte di un'organizzazione di stampo mafioso in cambio della corresponsione di una somma di denaro. In proposito occorre stabilire se le recenti modifiche apportate dalla legge 17 aprile 2014 n. 62 al reato di scambio elettorale politico-mafioso, di cui all'art. 416 ter c.p., incidano sulla rilevanza penale della condotta di Tizio.

L'analisi della questione richiede alcune precisazioni sull'istituto della successione di leggi penali nel tempo.

Tale istituto riguarda i casi in cui una norma successiva interviene a disciplinare un fatto commesso sotto la vigenza di una norma precedente.

Si tratta di un principio che trova espresso richiamo nell'art. 25 della Costituzione, nell'art. 11 delle disposizioni preliminari al Codice Civile, nonché nell'art. 2 del Codice Penale.

La disposizone che, tuttavia, ne regola più compiutamente i principi e le regole di funzionamento è l'art. 2 del Codice Penale, così come novellato dalla Legge n. 85 del 2006.

In particolare, il comma primo sancisce il principio di irretroattività della legge penale incriminatrice. Ciascun individuo, infatti, deve poter conoscere anticipatamente le conseguenze anche penali delle proprie azioni: diversamente verrebbe a ledersi la libera autodeterminazione del soggetto, nonché svuotata di senso la stessa funzione rieducativa della pena.

Diversa *ratio*, invece, anima il comma secondo dell'art. 2 c.p., il quale disciplina, l'ipotesi di successiva abolizione del reato, prevedendo la retroattività della norma abolitiva chiaramente più favorevole per il reo, anche oltre gli effetti del giudicato penale.

Il comma terzo, introdotto con la novella del 2006, prevede la possibilità di conversione, utilizzando i criteri di ragguaglio di cui all'art. 135 c.p.p. della pena detentiva in pena pecuniaria, anche oltre il limite del giudicato.

Il comma quarto, che interessa al caso in esame, sancisce il principio di retroattività della norma penale meramente modificativa, ma più favorevole. In altre parole, se la legge del tempo in cui fu commesso il reato e le posteriori sono diverse si applica quella le cui disposizioni sono più favorevoli al reo, salvo che sia stata pronunciata sentenza irrevocabile. La norma modificativa più favorevole potrà dunque applicarsi retroattivamente solo nei confronti dei processi pendenti.

A tale riguardo la giurisprudenza ha chiarito che *"l'individuazione, tra una pluralità di disposizioni succedutesi nel tempo, di quella più favorevole al reo va eseguita non in astratto, sulla base della loro mera comparazione, ma in concreto, mediante il confronto dei risultati che deriverebbero dall'effettiva applicazione di ciascuna di esse alla fattispecie sottoposta all'esame del giudice"* (Cass. Civ, sez. I, 2 ottobre 2003, n. 40915).

Ciò posto, occorre stabilire se nel caso di specie l'accordo intercorso tra il candidato Tizio e gli esponenti del sodalizio di stampo mafioso possa essere ricondotto all'ipotesi delittuosa di cui all'art. 416 ter c.p., considerando i profili di diritto intertemporale conseguenti all'entrata in vigore della legge 62/2014.

La fattispecie dello scambio elettorale politico-mafioso di cui all'art. 416 ter c.p. è stata introdotta nel nostro ordinamento dalla legge 7 agosto 1992 n. 356, al fine di colpire, nella fase genetica, l'instaurazione di rapporti tra il mondo della politica e quello delle organizzazioni criminali di stampo mafioso. Nella sua originaria formulazione, il contenuto dell'illecito era costituito da un accordo sinallagmatico con cui un soggetto appartenente ad un clan prometteva voti ad un candidato in una competizione elettorale in cambio dell'elargizione di solo denaro. Pur non facendo alcun riferimento all'impiego del metodo mafioso come aspetto connotativo della prestazione del procacciamento di voti, conteneva ugualmente un rinvio all'art. 416 bis, comma 3, c.p. che come è noto definisce tale metodo stabilendo che *"l'associazione è di tipo mafioso quando coloro che ne fanno parte si avvalgono della forza di intimidazione del vincolo associativo e della condizione di assoggettamento e di omertà che ne deriva al fine di impedire od ostacolare il libero esercizio del voto o di procurare voti a sé o ad altri in occasione di consultazioni elettorali"*. In tale stesura era prevista, inoltre, la sola punibilità di chi "ottiene la promessa di voti prevista dal terzo comma del'art. 416 bis c.p. in cambio dell'erogazione di denaro" con la reclusione da 7 a 12 anni.

Il 17 aprile 2014 è intervenuta la riforma del delitto di scambio elettorale contenuta nella legge n. 62/2014, che tra gli altri aspetti, ha inserito un riferimento espresso al "metodo mafioso", imponendo dunque al giudice il compito di verificare se ciò abbia inciso sulla qualificazione giuridica del fatto.

A differenza della previgente disposizione, la quale puniva solo il politico e non anche il procacciatore di voti appartenente alla cosca mafiosa, l'odierna formulazione del secondo comma dell'art. 416 ter c.p. delinea un reato divenuto a fattispecie plurisoggettiva necessaria propria, prevedendo la punibilità oltre che del politico anche di chi promette di procurare i voti avvalendosi del metodo mafioso di cui all'art. 416 bis c.p. con la reclusione da 4 a 10 anni.

Mentre in passato poteva sorgere il dubbio se fosse irrilevante, o meno, la modalità attraverso la quale l'esponente del clan mafioso si impegnava a procurare i voti oggetto dell'accordo, oggi invece è sicuramente divenuto un aspetto significativo, meritevole di specifica ed attenta ponderazione nell'ambito di ogni processo penale che riguardi il reato di voto di scambio.

Il legislatore ha inserito tale ulteriore elemento allo scopo di non punire il semplice accordo politico-elettorale del candidato con il sodalizio di tipo mafioso. Secondo la nuova formulazione dell'art. 416 ter c.p. è necessario, perché possa dirsi integrato il reato, che la promessa abbia ad oggetto il procacciamento dei voti, nei modi, con i metodi e secondo gli scopi dell'organismo mafioso.

La fattispecie oggetto del presente parere deve essere attentamente rivalutata, dunque, in base allo "jus superveniens" allo scopo di stabilire se la condotta contestata al politico, consistente nella mera dazione di denaro in cambio della promessa di voti, senza il ricorso al metodo mafioso, debba essere derubricata e sussunta nella meno grave ipotesi di "corruzione elettorale" ex art. 96 e ss. del D.P.R. n. 361/1957 c.d. Testo Unico delle leggi elettorali.

Nel caso che ci occupa il reato è stato commesso poco prima delle elezioni indette per i giorni 13 e

14 aprile 2011, quando ancora era in vigore, la previgente disciplina. In ossequio a quanto disposto dall'art. 2, comma 4 c.p., essendo entrata in vigore una norma modificativa, dovrà essere applicata la c.d. "lex mitior" che in questo caso è sicuramente la nuova disposizione introdotta con la legge n. 62/2014 avendo cornici edittali più ridotte.

La cornice edittale del novellato delitto di scambio elettorale è stata ridotta rispetto alla previgente disciplina passando dall'originaria forbice sanzionatoria che prevedeva la pena detentiva da 7 a 12 anni alla nuova che commina invece la detenzione da 4 a 10 anni.

Inoltre, ai fini della configurabilità del reato e la sussistenza della punibilità è richiesta non solo la mera accettazione di una promessa di aiuto durante la campagna elettorale ma anche il raggiungimento della prova dell'eventuale ricorso al metodo mafioso nelle attività di procacciamento dei voti, vale a dire avvalendosi del vincolo di assoggettamento e intimidazione derivante dall'appartenenza al sodalizio mafioso.

Sul punto si è pronunciata di recente la Corte di Cassazione che con sentenza del 23 agosto 2014, n. 36382 ha sancito che questa parte di novella *"rende, per confronto con la previgente versione, penalmente irrilevanti condotte pregresse consistenti in pattuizioni politico - mafiose che non abbiano espressamente contemplato tali concrete modalità di procacciamento dei voti; quale logica conseguenza, deve esservi stata, ai fini della punibilità, piena rappresentazione e volizione da parte dell'imputato di aver concluso uno scambio politico- elettorale implicante l'impiego da parte del sodalizio mafioso della sua forza di intimidazione e costrizione della volontà degli elettori"*.

Alla luce di quanto finora argomentato, deve essere provato per la configurazione del reato che il patto intercorso tra Tizio e gli esponenti della cosca mafiosa abbia avuto ad oggetto il ricorso al metodo mafioso.

Dagli elementi riscontrabili nelle dichiarazioni del collaboratore di giustizia e in quelle di Tizio, sembrerebbe mancare in capo a quest'ultimo la piena rappresentazione e volizione di aver concluso uno scambio politico mafioso impilcante l'impiego da parte del sodalizio criminale della forza intimidatrice e di costrizione della volontà degli elettori, tale da integrare il reato ai sensi del novellato art. 416 ter c.p..

Egli, infatti, ha stipulato l'accordo nella convinzione che gli esponenti della cosca mafiosa di Cosa Nostra si fossero impegnati a garantirgli il voto dei loro amici e parenti e che la somma pagata tramite bonifico fosse una retribuzione per la semplice attività di volantinaggio svolta dagli stessi.

La condotta di Tizio, non integrando il reato di cui all'art. 416 ter c.p., potrebbe essere ricondotta nel sensibilmente meno grave reato di corruzione e coercizione elettorale ex art. 96 e ss. del D.P.R. n. 361/1957 c.d. Testo Unico delle leggi elettorali.

3.2.9 A) TRACCIA PARERE

Tizio, titolare dell'azienda di costruzione Gamma, decideva di partecipare alla procedura ad evidenza pubblica indetta dalla Regione Lazio per l'appalto dei lavori di costruzione della nuova sede dell'Ospedale Sant'Andrea. Il bando di gara richiedeva quale condizione per partecipare alla gara l'assenza di qualsiasi tipo e misura di irregolarità fiscale. A tal fine i partecipanti erano tenuti a rendere un'autocertificazione che attestasse la propria posizione di regolarità fiscale. In questo senso provvedeva anche Tizio firmando la suddetta dichiarazione. All'esito delle varie fasi della gara Tizio risultava vincitore dell'appalto. Subito dopo l'aggiudicazione e la stipula del contratto, atti in cui veniva attestato dai pubblici ufficiali il possesso da parte di Gamma di tutti i requisiti previsti dal Bando, però, su impulso delle aziende escluse la Regione procedeva ad un controllo contabile che rivelava una situazione completamente difforme da quella dichiarata da Tizio e cioè un ammontare di oltre 100.000,00 euro di debiti scaduti dovuti dall'azienda all'Agenzia delle Entrate. L'anomalia della situazione sollecitava altresì un controllo da parte dell'Agenzia delle Entrate nella sede dell'azienda. Nell'ambito di tale controllo Tizio, per sfuggire a nuove sanzioni, decideva di non consegnare le proprie scritture contanili, presentando all'Agenzia delle entrate una dichiarazione scritta, con la quale attestava che le scritture contabili erano andate distrutte a seguito di un allagamento che aveva danneggiato gli uffici della propria azienda. Egli confermava tale versione sporgendo formale denuncia presso il Commissariato di Polizia. A seguito, però, di approfondite ricerche da parte degli organi inquirenti le scritture contabili venivano rinvenute nei locali dell'azienda. Tizio si rivolge al vostro studio legale per ottenere parere legale motivato in merito alle eventuali conseguenze penali delle descritte condotte. Premessi brevi cenni sui delitti contro la fede pubblica, rediga il candidato il richiesto parere.

B) SOLUZIONE PARERE: <u>REATI DI FALSO.</u>

Viene richiesto parere legale motivato da parte di Tizio in merito alle eventuali conseguenze penali della condotta di seguito descritta.

La vicenda in esame trae origine dall'aggiudicazione di un appalto da parte della Regione Lazio a Tizio, avvenuta sulla base della presentazione da parte di quest'ultimo di un'autocertificazione falsa, con la quale l'aggiudicatario attestava la regolarità della propria posizione fiscale con l'Agenzia delle Entrate. Dopo la stipulazione del contratto, tuttavia, l'Ente regionale procedeva a un controllo contabile che rivelava una situazione completamente difforme da quella dichiarata da Tizio e cioè un ammontare ingente di debiti scaduti dovuti al Fisco. Tizio, allora, nell'ambito di un successivo controllo avviato dal Fisco, per sfuggire a nuove sanzioni, dopo aver occultato le proprie scritture contabili, presentava all'Agenzia delle Entrate una dichiarazione scritta, con la quale attestava falsamente che le scritture contabili erano andate distrutte a seguito di un episodio alluvionale, e conformava tale versione al Commissariato di Polizia, sporgendo formale denuncia.

Orbene, chiariti i termini della vicenda, si rende necessario verificare la rilevanza penale del comportamento di Tizio con particolare riferimento ai reati di falso ideologico del privato in atto pubblico di cui all'art. 483 c.p., di falso ideologico del pubblico ufficiale per induzione di cui agli artt. 479 e 48 c.p. e di truffa aggravata di cui all'art. 640, comma 2, n. 1, c.p.. Preliminarmente, al fine di dare una corretta soluzione al caso che ci occupa, occorre fare alcune precisazioni sui delitti contro la fede pubblica, con particolare attenzione alle falsità in atti.

I delitti contro la fede pubblica, disciplinati nel libro II, titolo VII, del Codice penale agli artt. 453 e ss c.p., comprendono le falsità in monete, le falsità in sigilli, le falsità in atti e le falsità personali.

Il bene giuridico tutelato dalle norme che disciplinano i delitti di falso è la fede pubblica. Quest'ultima è generalmente intesa in una duplice veste: da un punto di vista soggettivo, come sentimento di fiducia che la collettività ripone in determinati oggetti o simboli cui lo Stato attribuisce valore giuridico; nel versante oggettivo, va interpretata come stato di certezza che riguarda alcuni oggetti o simboli sulla cui veridicità deve potersi fare affidamento per rendere più sicuro e affidabile il traffico giuridico ed economico.

Di recente, le Sezioni Unite della Corte di Cassazione hanno sottolineato la natura plurioffensiva dei delitti di falso, evidenziando che essi "tutelano direttamente non solo l'interesse pubblico alla genuinità materiale e alla veridicità ideologica di determinati atti, ma anche quello del soggetto privato sulla cui sfera l'atto sia destinato ad incidere concretamente"(cfr. Corte di Cassazione, Sezioni Unite, sent. n. 46982/2007).

Al fine di valutare la compatibilità del sistema dei delitti di falso con il principio di offensività di cui all'art. 49 c.p., la dottrina ha profuso un costante impegno nel distinguere le ipotesi di falsità veramente meritevoli di punizione dai casi di c.d. falsità tollerabile, cioè penalmente irrilevanti, normalmente catalogate ricorrendo alla distinzione tra falso grossolano, falso innocuo e falso inutile.

Ciò posto, per la soluzione del caso in esame, assume particolare rilievo l'analisi delle falsità in atti di cui agli artt. 476 e ss c.p..

L'oggetto materiale su cui incidono queste condotte di falso va individuato nel "documento", vale a dire ogni scritto contenente esposizione di dati, fatti o dichiarazioni di volontà, sia questo atto pubblico (nella accezione lata del suo significato penalistico) o scrittura privata.

Nel sistema delle falsità in atti, è determinante la distinzione che riguarda le falsità ideologiche e quelle materiali, risolta attraverso un criterio interpretativo di tipo strutturale. Sicché, si sostiene che nel falso materiale, il documento è manomesso nella sua essenza materiale, ossia nella sua genuinità; nel falso ideologico, il documento, pienamente genuino è attinto da una falsità sostanziale, cioè afferente al suo contenuto ideale, che importa la lesione della sua veridicità.

Ciò premesso in ordine ai delitti contro la fede pubblica, e ai caratteri essenziali delle falsità in atti, nel caso di specie si tratta di stabilire entro quale fattispecie criminosa sia sussumibile la condotta di Tizio, consistita nella falsa attestazione, a mezzo di dichiarazione sostitutiva prestata ex art. 46 D.P.R. 445/2000, di presupposti indispensabili per la partecipazione ad una gara pubblica.

La rilevanza penale del suddetto comportamento deve essere valutata anche tenendo conto del fatto che i pubblici ufficiali competenti nella procedura di gara, tratti in errore dalle mendaci affermazioni di Tizio, hanno redatto gli atti conclusivi della procedura (l'atto di aggiudicazione e il contratto), destinati ad attestare il vero, sulla base di tali affermazioni non veritiere, da ciò derivando l'astratta configurabilità del delitto di cui all'art. 479 c.p..

Procedendo con ordine, in primo luogo, la presentazione di un'autocertificazione falsa è riconducibile al reato di falsità ideologica commessa dal privato in atto pubblico di cui all'art. 483 c.p., il quale punisce con la reclusione fino a due anni, il privato che attesta falsamente fatti dei quali l'atto è destinato a provare la verità. Il delitto è configurabile solo nei casi in cui una specifica norma giuridica attribuisca all'atto la funzione di provare i fatti attestati dal privato al pubblico ufficiale, così collegando l'efficacia probatoria dell'atto al dovere del dichiarante di affermare il vero.

Nel caso in esame, il presupposto descritto va ritenuto sussistente, posto che il D.L.vo n. 445 del 2000 attribuisce all'autocertificazione piena valenza probatoria nei confronti della pubblica amministrazione.

Sul punto, in un recente intervento, la Corte di Cassazione ha chiarito che *"integra il reato di falsità ideologica commesso dal privato in atto pubblico la condotta di colui che attesti falsamente, in nome della società rappresentata, l'inesistenza di irregolarità fiscali definitivamente accertate; infatti, il precetto primario di cui all'art. 483 c.p. dal disposto degli artt. 46 e 47 D.P.R. n. 445 del 2000, atteso che le dichiarazioni sostitutive ivi previste sono considerate come fatte a pubblico ufficiale"* (cfr. Corte di Cassazione, sent. n. 31/2012).

Oltre a configurare il suddetto reato previsto dall'art. 483 c.p., la condotta di Tizio potrebbe essere sussunta sotto il delitto di "falsità ideologica commessa da pubblico ufficiale in atti pubblici" (art. 479 c.p.), che censura la condotta del soggetto di cui all'art. 357 c.p. il quale, ricevendo o formando un atto nell'esercizio delle sue funzioni, attesti falsamente che un fatto è stato da lui compiuto o è avvenuto alla sua presenza, ovvero attesti come da lui ricevute dichiarazioni in realtà a lui non rese, ovvero ometta o alteri dichiarazioni da lui ricevute, o comunque attesti falsamente fatti dei quali l'atto è destinato a provare la verità.

Segnatamente, Tizio sarà chiamato a rispondere del delitto di cui all'art. 479 c.p., in applicazione di quanto previsto dall'art. 48 c.p., che in caso di errore sul fatto che costituisce reato determinato dall'altrui inganno, chiama a rispondere del fatto commesso, non la persona ingannata, bensì chi l'ha indotta a commetterlo.

La Corte di Cassazione, in una fattispecie del tutto analoga, ha chiarito che *"integra il reato di falso per induzione la condotta del pubblico ufficiale che, nell'atto da lui formato, fa riferimento ad atti o a dichiarazioni sostitutive (non veri) provenienti dal privato e riferiti a presupposti richiesti per la legittima emanazione dello stesso atto pubblico; in tali casi, infatti, non ricorre soltanto la fattispecie di reato di cui all'art. 483 c.p., posto che il p.u. non si limita a recepire l'attestazione del mentitore né a supporre che quella attestazione sia veridica, ma compie, sia pure implicitamente, una attestazione falsa circa la sussistenza effettiva di quei presupposti indefettibili: attestazione di rispondenza a verità che si connette alla funzione fidefaciente che la legge assegna alle dichiarazioni sostitutive dei privati"* (Cfr. Cassazione penale, SS. UU., 28 giugno 2007, n. 35488).

Attesa l'astratta ipotizzabilità dei delitti di cui agli artt. 483 e 479 c.p., si tratta di stabilire se i medesimi possano concorrere o, se al contrario, ricorra un'ipotesi di concorso apparente.

La Corte di Cassazione, in tali casi, è giunta a riconoscere il concorso materiale, ritenendo che il delitto di falsa attestazione del privato (art. 483 c.p.) può concorrere con quello della falsità per induzione in errore del pubblico ufficiale nella redazione dell'atto al quale l'attestazione inerisca di cui agli art. 48 e 479 c.p. (Cfr. Cassazione penale, SS. UU., 28 giugno 2007, n. 35488).

Al fine di prospettare lo scenario peggiore che potrebbe presentarsi in capo a Tizio, è opportuno rappresentare che la sua condotta potrebbe integrare anche gli estremi della truffa aggravata di cui all'art. 640, comma 2, n.1), atteso che il soggetto agente, con artifizi e raggiri, consistiti anche nella presentazione di dichiarazioni false, ha indotto in errore i pubblici ufficiali, ottenendo un ingiusto profitto, consistente nell'ingiusta e illegittima aggiudicazione dell'appalto, e cagionando il relativo pregiudizio in danno dell'amministrazione regionale (cfr. Corte di Cassazione, sent. n. 14359/2012).

In tale ultimo caso, peraltro, i reati di falso non sarebbero assorbiti nella fattispecie criminosa di cui all'art. 640 c.p., posto che *"non ricorrerebbe l'ipotesi del reato complesso per la cui configurabilità è necessario che sia la legge a prevedere un reato come elemento costitutivo o circostanza aggravante di un altro e non quando siano le particolari modalità di realizzazione in concreto del fatto tipico a determinare un'occasionale convergenza di più norme e, quindi, un concorso di reati"* (cfr. Corte di Cassazione n. 21409 del 2008).

Si ravvisa, peraltro, ai sensi dell'art. 81 c.p., un'ipotesi di continuazione tra i delitti richiamati, data l'univocità del disegno criminoso.

Per quanto concerne, invece, la rilevanza penale della condotta posta in essere da Tizio dopo la segnalazione fatta dalla Regione all'Agenzia delle Entrate, occorrerà verificare se essa possa o meno integrare il delitto punito dall'art. 483 c.p., dal momento che tale fattispecie si configura solo allorchè la falsa attestazione contenuta nell'atto pubblico sia riferibile a fatti che l'attestante ha il dovere di esporre veridicamente e dei quali l'atto è destinato a provare la verità.

In particolare, bisognerà valutare se la falsa dichiarazione di smarrimento delle scritture contabili, in quanto indirizzata da Tizio alla Agenzia delle Entrate e alle Forze dell'ordine, sia destinata a provare la verità dei fatti che attesta e se l'ordinamento ricollega ad essa un effetto giuridico specifico.

Sul punto, la Sezioni Unite della Corte di Cassazione hanno rilevato che *"l'art. 483 c.p. è configurabile solo nei casi in cui una specifica norma giuridica attribuisca all'atto la funzione di provare i fatti attestati dal privato al p.u., così collegando l'efficacia probatoria dell'atto medesimo al dovere del dichiarante di affermare il vero"*(cfr. corte di Cassazione, Sezioni Unite, sent. n.9/1999).

Applicando tali direttive al caso di specie, non sembra potersi riconoscere alcuna conseguenza penale alla falsa denuncia di smarrimento delle scritture contabili, non essendoci alcuna norma che attribuisca specifici effetti alla dichiarazione di smarrimento delle scritture contabili resa dal privato all'Agenzia delle Entrate e al Commissariato di Polizia.

La stesse Sezioni Unite, nella sentenza richiamata, hanno escluso la configurabilità del reato di cui all'art. 483 c.p. in un'ipotesi di falsa denuncia di smarrimento effettuata mediante una dichiarazione raccolta a verbale da un pubblico ufficiale. Nello stesso senso, la recente sentenza della Cassazione, sez. V, 2 aprile 2014, n. 18279 ha affermato in un caso simile a quello di specie che *"il delitto di falsità ideologica commessa dal privato in atto pubblico (art. 483 c.p.) sussiste solo qualora l'atto pubblico, nel quale la dichiarazione del privato è trasfusa, sia destinato a provare la verità dei fatti attestati, e cioè quando una norma giuridica obblighi il privato a dichiarare il vero ricollegando specifici effetti all'atto-documento nel quale la sua dichiarazione è stata inserita dal pubblico ufficiale ricevente. Tale non è il caso in esame in quanto certamente la dichiarazione di distruzione di documentazione contabile e societaria, benché rilasciata a organo di polizia giudiziaria e al curatore fallimentare, non è destinata a provare la verità dei fatti che attesta. A tale dichiarazione, infatti, l'ordinamento non ricollega alcun effetto giuridico specifico."*

Alla luce delle precedenti considerazioni, e del panorama giurisprudenziale richiamato, si ritiene che Tizio potrà essere chiamato a rispondere dei delitti di cui all'art. 483, 479 in combinato disposto con l'art. 48 e 640, comma 2, n. 1, c.p., in continuazione tra loro ai sensi dell'art. 81 c.p., per aver ottenuto l'aggiudicazione di un appalto presentando una autodichiarazione falsa.

Con ogni probabilità, Tizio potrebbe essere chiamato a rispondere anche del reato di occultamento o distruzione di documenti contabili. Non si ritiene, tuttavia, che sarà considerato copevole per aver presentato dichiarazioni false all'Agenzia delle Entrate e per aver sporto falsa denuncia al Commissariato di Polizia.

3.2.10 A) TRACCIA PARERE.

Mevia e Tizia, dipendenti da oltre vent'anni dell'azienda Gamma, denunciavano Caio e Sempronio, rispettivamente direttore di produzione e suo stretto collaboratore, per aver costituito un gruppo che maltrattava i lavoratori.

In particolare le due donne rappresentavano di non essere più gradite all'interno dell'azienda (nonostante vi lavorassero da molti anni) perchè si erano rifiutate di conformarsi alle logiche di quel gruppo - tra le quali quelle di sottostare a scherzi, anche a sfondo sessuale, da parte dei superiori e dei colleghi - e perchè iscritte ad organizzazioni sindacali.

Venivano poste in essere nei loro confronti una serie di condotte vessatorie, consistenti:

- in approcci sessuali tanto verbali quanto fisici (sotto forma di toccamenti delle natiche e di altre parti del corpo, baci e tentativi di baci, abbracci e sfregamenti intenzionali del corpo con le parti intime, approcci tutti rifiutati dalle due donne);

- nella loro assegnazione deliberata a macchinari difettosi con rifiuto di provvedere alla relativa riparazione (Tizia in un'occasione subiva la bruciatura della mano destra);

- in contestazioni e rimproveri pubblici, a contenuto gratuitamente offensivo;

- in demansionamenti punitivi e episodi di preordinato isolamento delle stesse lavoratrici (in particolare Mevia veniva costretta a lavorare per due intere giornate, all'interno di una sala di umidificazione, procurandole tale incarico una grave forma di broncopolmonite).

Tali condotte avevano ingenerato in Tizia e Mevia uno stato di paura ed ansia, compromettendo, in tal modo, il normale svolgimento della loro vita quotidiana.

Caio e Sempronio avevano ammesso in più occasioni di comportarsi in quel modo nei confronti di Tizia e Mevia perché "non volevano entrare a far parte della grande famiglia".

Caio e Sempronio preoccupati per la denuncia, si rivolgono al vostro studio legale, rappresentandovi che le condotte denunciate servivano a disciplinare una realtà aziendale molto vasta, costituita da oltre 50 dipendenti che istigati dai sindacati tendevano a non lavorare diligentemente.

Il candidato in qualità di legale di Caio e Sempronio rediga parere motivato sugli eventuali reati configurabili nelle condotte denunciate da Tizia e Mevia.

B) SOLUZIONE PARERE: <u>MALTRATTAMENTI IN FAMIGLIA E RAPPORTO DI LAVORO.</u>

Viene richiesto parere legale da parte di Caio e Sempronio al fine di conoscere le conseguenze legali della vicenda che li vede coinvolti, così come di seguito descritta.

Caio e Sempronio, rispettivamente direttore di produzione e stretto collaboratore dell'azienda Gamma, venivano denunciati da Mevia e Tizia, dipendenti da oltre venti anni della medesima azienda, per aver costituito un gruppo che maltrattava i lavoratori. Nello specifico, le due donne rappresentavano di non essere più gradite all'interno dell'azienda perché si erano rifiutate di conformarsi alle logiche del gruppo e perché iscritte ad organizzazioni sindacali.

Le lavoratrici riferivano, inoltre, come nei loro confronti venissero poste in essere una serie di condotte vessatorie quali approcci sessuali, tanto verbali quanto fisici, contestazioni e rimproveri pubblici a contenuto offensivo, nonché demansionamenti punitivi.

Tali condotte avevano ingenerato in Tizio e Mevia uno stato di paura ed ansia tale da compromettere lo svolgimento della loro vita quotidiana ed inoltre, in alcune circostanze, avevano persino causato delle ulteriori lesioni personali quali bruciature e broncopolmoniti.

Tizia e Mevia riferivano peraltro che Caio e Sempronio avrebbero ammesso in più occasioni di comportarsi in quel modo perché le stesse non volevano entrare a far parte del gruppo che avevano formato e che maltrattava gli altri lavoratori.

Caio e Sempronio, al contrario, sostenevano che tutte le loro condotte erano improntate a disciplinare una realtà aziendale molto vasta, costituita da oltre cinquanta dipendenti che, istigati dai sindacati, tendevano a non lavorare diligentemente.

Le condotte così come descritte parrebbero, a prima vista, configurare un'ipotesi di c.d. "mobbing".

Per mobbing si intende comunemente una condotta del datore del lavoro, o del superiore gerarchico, complessa, continuata e protratta nel tempo, tenuta nei confronti di un lavoratore nell'ambiente di lavoro. Essa si manifesta non con un unico o più atti illegittimi, ma con comportamenti intenzionalmente ostili, reiterati e sistematici, esorbitanti o incongrui rispetto all'ordinaria gestione del rapporto di lavoro, espressivi di un disegno in realtà finalizzato alla persecuzione o alla vessazione del lavoratore, tale che ne consegua un effetto lesivo della sua salute psico-fisica.

Tale comportamento rappresenta una violazione dell'obbligo di sicurezza posto dall'art. 2087 c.c. a carico del datore di lavoro e determinante la nascita, in capo al lavoratore, del diritto al risarcimento del danno.

Nel nostro codice penale, però, non vi è traccia di una specifica norma incriminatrice volta a contrastare il fenomeno del mobbing in ambiente lavorativo.

Le pratiche persecutorie realizzate ai danni del lavoratore dipendente e finalizzate alla sua emarginazione possono, tuttavia, in taluni casi, integrare il delitto previsto e punito dall'art. 572 c.p. rubricato "Maltrattamenti contro familiari e conviventi".

Secondo quanto affermato dalla giurisprudenza della Suprema Corte di Cassazione affinchè ciò sia possibile è necessario che il rapporto tra il datore di lavoro e il dipendente assuma natura parafamiliare, sia cioè caratterizzato da relazioni intense ed abituali, da consuetudini di vita tra i soggetti, dalla soggezione di una parte nei confronti, dalla fiducia riposta dal soggetto più debole del rapporto in quello che ricopre la posizione di supremazia (Cass. Pen. n. 685 del 2010).

Viceversa, non si ritiene possibile assimilare il fenomeno del mobbing ai maltrattamenti in famiglia qualora i comportamenti ostili, umilianti, ridicolizzanti e lesivi della dignità personale del lavoratore si presentino all'interno di grandi strutture aziendali.

In tali casi l'analogia non può trovare applicazione in quanto l'articolata organizzazione aziendale non determina una stretta ed intensa relazione diretta tra datore di lavoro e dipendente, tale da determinare una comunanza di vita assimilabili a quella che caratterizza il consorzio familiare (Cass. Pen. n. 26594 del 2009). In quest'ultima ipotesi sussisterebbe unicamente il fenomeno del mobbing e verrebbe escluso il reato di maltrattamenti, così come affermato in un caso simile a quello di specie dalla Suprema Corte di Cassazione nella sentenza n. 13088 del 5 marzo 2014 nella quale si afferma che *"il reato di maltrattamento in famiglia nel luogo di lavoro è configurabile solo qualora l'azienda abbia dimensioni ridotte dal punto di vista spaziale, personale e organizzativo, tale da equiparare le relazioni tra le persone (datore di lavoro o equiparato e lavoratori) a quelle esistenti tra componenti di una famiglia in senso stretto"*.

Nel caso di specie, infatti, pur essendo presenti tutti gli elementi caratterizzanti il fenomeno del mobbing, la vastità dell'azienda Gamma, composta da oltre cinquanta dipendenti, induce senz'altro a ritenere insussistente la stretta ed intensa relazione tra datore di lavoro e dipendente, necessaria per la configurazione del reato di cui all'art. 572 c.p..

Tutto ciò non esclude, tuttavia, che le condotte denunciate possano comunque assumere una qualche rilevanza penale. Si ritiene, difatti che gli approcci sessuali posti in essere da Caio e Sempronio, sotto forma di toccamenti delle natiche e di altre parti del corpo, baci e tentativi di baci, abbracci e sfregamenti intenzionali del corpo contro le parti intime, possono integrare gli estremi del reato di violenza sessuale previsto e punito dall'art. 609 bis c.p..

La giurisprudenza della Suprema Corte di Cassazione ha, al riguardo, affermato che la condotta sanzionata dall'art. 609 bis c.p. comprende qualsiasi atto che, risolvendosi in un contatto corporeo, pur se fugace ed estemporaneo, tra soggetto attivo e soggetto passivo del reato ovvero in un coinvolgimento della sfera fisica di quest'ultimo, ponga in pericolo la libera autodeterminazione della perona offesa nella sfera sessuale (Cass. Pen. n. 7369 del 2006).

Con riguardo invece all'assegnazione deliberata a macchinari difettosi, al preordinato isolamento e agli altri comportamenti che avrebbero causato, rispettivamente a Tizia e a Mevia, una bruciatura alla mano, una grave forma di broncopolmonite nonché, ad entrambe un forte stato di paura ed ansia, si ritiene possa essere ascritto a Caio e Sempronio il delitto di lesioni personali di cui all'art. 582 c.p..

Trattasi di un reato di evento a forma libera che può essere commesso con qualunque mezzo idoneo a causare la lesione e, perfino, con una condotta priva di violenza fisica, qual è quella di cui trattasi, e da cui derivi una malattia nel corpo e nella mente.

Quanto ai rimproveri pubblici a contenuto offensivo potrebbe configurarsi il reato di ingiuria di cui all'art. 594 c.p. laddove venga dimostrata l'offesa all'onore ed al decoro delle due donne "presenti".

Da ultimo si deve rappresentare che la condotta complessiva di Caio e Sempronio potrebbe essere sussunta, alternativamente, nel reato di violenza privata di cui all'art. 610 c.p. ovvero in quello di atti persecutori di cui all'art. 612 bis c.p.. La configurazione di tale ultima fattispecie potrebbe tanto più essere sostenuta dalla pubblica accusa nell'ipotesi in cui venisse effettivamente provato uno stato di paura ed ansia tale da compromettere lo svolgimento della vita quotidiana delle due vittime.

In conclusione, dunque, sebbene le condotte di Caio e Sempronio, così come rappresentate da Tizia e

Mevia, potrebbero essere associate a più fattispecie penali, si ritiene di dover escludere la contestazione del reato di maltrattamenti in famiglia data la vastità della realtà aziendale i cui le condotte si sono esplicate.

Ciò non impedirebbe comunque a Tizia e Mevia di agire in separato giudizio, innanzi al giudice civile, per ottenere da parte di Caio e Sempronio il risarcimento dei danni causati in violazione dell'art. 2087 c.c..

3.2.11 A) TRACCIA PARERE

A seguito di denuncia di Caio e relative indagini di polizia giudiziaria, fu sottoposto a misura cautelare carceraria per il reato di corruzione in atti giudiziari Tizio, cancelliere del tribunale di Salerno, in servizio presso la sezione distaccata di Eboli.

Dalla confessione resa dall'indagato emerse che Tizio , "in accordo con il collega Mevio, si era "messo in affari" con alcuni avvocati interessati ad azionare in sede esecutiva migliaia di titoli del lotto, al fine di ottenere rapide approvazioni dei piani di riparto redatti dai predetti avvocati".

Di tali titoli, la cui vincita di poche migliaia di lire non risultava pagata, gli avvocati facevano incetta, corrispondendo agli acquirenti il prezzo nominale dei titoli, che venivano poi azionati in sede esecutiva nell'esclusivo interesse degli avvocati per lucrare onorari e spese legali.

1. Tizio si rivolge al vostro studio legale per un parere legale sulla propria situazione processuale.

2. Rediga il candidato l'atto processuale più opportuno per la difesa in giudizio di Tizio.

B) SOLUZIONE PARERE: <u>CORRUZIONE IN ATTI GIUDIZIARI.</u>

Per poter offrire valide indicazioni a Tizio su quale sia la sua situazione processuale, occorre preliminarmente analizzare la struttura del reato di cui è indagato.

Bisogna, infatti, verificare se possa sussumersi nella fattispecie di cui all'articolo 319 ter cod. penale, la condotta materialmente posta in essere da Tizio, ossia il "mettersi di affari" con alcuni avvocati interessati ad azionare, in sede esecutiva, migliaia di titoli del lotto e ad ottenere una rapida approvazione dei piani di riparto da loro redatti.

In particolare, approfittando della circostanza che la vincita di poche migliaia di lire risultava non pagata, gli avvocati-indagati per corruzione, dopo aver corrisposto agli acquirenti il prezzo nominale dei titoli, azionavano gli stessi titoli per lucrare onorari e spese legali, all'insaputa dei loro "clienti".

Orbene, non si può non chiarire che, ai sensi dell'art. 319 ter c.p. è punito con la reclusione da tre ad otto anni il pubblico ufficiale che, col fine di favorire o danneggiare una parte in processo, riceve una retribuzione o ne accetta la promessa, per compiere un atto non dovuto del suo ufficio ovvero per omettere o ritardare (o per aver omesso o ritardato) un atto del suo ufficio o, infine, per compiere (o aver compiuto) un atto contrario al dovere d'ufficio.

Ciò premesso, non si può dubitare del fatto che Tizio, in quanto cancelliere del Tribunale di Salerno in servizio presso la sezione distaccata di Eboli, rientri nel novero dei pubblici ufficiali ex art. 357 c.p..

Più specificamente, Tizio esercita una pubblica funzione "giudiziaria", dato che tale espressione deve essere intesa in senso improprio, non solo quale esercizio della giurisdizione, ma anche con riferimento alle funzioni di altri organi, quali gli ausiliari del giudice.

Né si può sostenere che Tizio non fosse conscio di tale sua posizione.

Altro presupposto perché si configuri il reato de quo consiste nella "retribuzione", che può constare di denaro o di altrà utilità, intendendosi per tale non solo quella di natura patrimoniale, ma anche il vantaggio sociale percepito dalla collettività come "utile". (cfr. Cass. Pen., 24656/2010).

Dagli elementi a nostra disposizione non si evince cosa Tizio abbia effettivamente ottenuto o cosa gli sia stato concretamente promesso, ma, dalla circostanza che egli abbia confessato di essersi "messo in affari" con gli avvocati, si può ragionevolmente dedurre che lo stesso abbia concluso un vero e proprio pactum sceleris.

In presenza di tale accordo, perché si perfezioni il reato è sufficiente l'accettazione della promessa ovvero la dazione dell'utilità, non essendo necessario attendere, rispettivamente, che quanto promesso venga elargito e che, a fronte della retribuzione, l'ufficiale compia l'atto.

Tuttavia, per la consumazione del reato occorre appurare la sussistenza di altro imprescindibile presupposto: l'atto d'ufficio da compiere deve appartenere alla sfera di influenza dell'ufficio del soggetto corrotto, non potendosi, altrimenti, ipotizzare una concreta offesa al bene giuridico protetto né considerare Tizio responsabile del reato di cui all'art. 319 ter c.p..

In proposito, non pare superfluo chiarire che debba considerare superata la tesi per cui ad essere tutelato sia puramente il prestigio della Pubblica Amministrazione. Più verosimilmente, deve ritenersi protetto dalla norma in questione il buon andamento dell'Amministrazione della giustizia, nel caso in cui siano posti in essere atti contrari al dovere d'ufficio siano omessi o ritardati gli atti dovuti.

Viceversa, nel caso in cui sia posto in essere un atto dovuto dietro il pagamento o la promessa di pagamento di un'utilità, si dovrà prestare attenzione al se sia stato leso o messo in pericolo il bene dell'imparzialità e della correttezza dell'Amministrazione giudiziaria.

Ciò premesso, può ragionevolmente affermarsi che la condotta di Tizio, tesa a far sì che si procedesse ad una rapida approvazione dei piani di riparto redatti dagli avvocati, sia in concreto idonea a ledere uno dei suindicati beni giuridici? In proposito, non si può ignorare che, come anticipato da parte della dottrina e della giurisprudenza, il reato di corruzione in atti giudiziari è ipotizzabile solo se l'atto o il comportamento oggetto di mercimonio rientri nella competenza del soggetto corrotto. (cfr. ex multis Cass. Pen. 33435/2006).

Ebbene, dalla lettura degli articoli 57 e 58 c.p.c. emerge che l'attività del cancelliere consiste nel documentare a tutti gli effetti, nei casi previsti dalla legge, le attività proprie, degli organi giudiziari e delle parti; egli deve, inoltre, assistere il giudice in tutti gli atti dei quali deve essere formato processo verbale, attendere al rilascio di copie ed estratti autentici, occuparsi delle notificazioni e comunicazioni, iscrivere le cause a ruolo, formare il fascicolo d'ufficio e conservare quelli delle parti.

In che modo, dunque, Tizio avrebbe potuto garantire una rapida approvazione dei piani di riparto redatti dagli avvocati? E' vero che lo stesso art. 58 c.p.c. prevede il dovere-potere del cancelliere di occuparsi anche delle altre incombenze che la legge gli attribuisce, ma non si vede in che modo tra quelli comunque individuati dal legislatore Tizio avrebbe potuto favorire gli avvocati.

Si può, forse, immaginare che l'indagato abbia influito sull'assegnazione delle procedure esecutive a giudici maggiormente propensi a liquidare in misura più elevata i compensi legali.

Tuttavia, dalla lettera dell'art. 168 bis c.p.c. emerge chiaramente come il compito di designare il giudice istruttore spetti al Presidente del Tribunale, che può, peraltro, decidere di procedere egli stesso all'istruzione.

Nessuna possibilità di influire su tale meccanismo di designazione avrebbe quindi, un cancelliere, almeno in astratto. Peraltro, da più parti è stato sostenuto che sarebbe sufficiente che l'agente si trovi, per ragioni del suo ufficio, nella possibilità di compiere l'atto per il quale ha accettato l'utilità o la promessa, ma nel caso di specie non risulta dimostrata tale eccezionale condizione.

Dovrebbe, dunque, ritenersi normalmente e legittimamente operante il giudice istruttore..

Tizio andrebbe, dunque, assolto perché il fatto non sussiste, mancando un elemento di tipicità del fatto; il comportamento oggetto di baratto non è, infatti, espressione, diretta o indiretta, della pubblica funzione esercitata da Tizio, in qualità di cancelliere.

A tal punto, ogni indagine circa la ricorrenza del dolo specifico, quale elemento soggettivo, dovrà considerarsi superflua.

Va anche avvertito che, recentemente, la Corte di Cassazione (sent. 24349/2012 sez. VI Penale), proprio con riferimento ad una fattispecie simile, ha confermato che, se è vero che il funzionario di cancelleria può esercitare un potere idoneo ad incidere sul concreto funzionamento e sull'esito del procedimento giudiziario, ciò deve essere comprovato adeguatamente da elementi probatori.

Si rende dunque edotto Tizio della possibilità che i giudici non accolgano la linea difensiva ora prospettata ovvero ritengano acquisiti elementi probatori idonei a dimostrare la concreta idoneità lesiva della sua condotta.

In tal caso, non si potrà che chiedere al giudice di comminare la pena, tenendo conto dell'avvenuta confessione, ai sensi dell'art. 133 c.p., potendosi desumere dalla stessa una minore disposizione o inclinazione a commettere reati (Cass. Pen. 723/1969).

3.2.12 A) TRACCIA PARERE

Forzando la serratura della saracinesca, Tizio si introduceva nel box auto di proprietà di Sempronio dove era custodita l'auto di quest'ultimo.

Salito a bordo dell'autovettura, Tizio si apprestava ad uscire con la stessa dal box.

Nel frattempo sopraggiungeva sul luogo una pattuglia della polizia.

Tizio, allarmato dalla presenza delle forze dell'ordine, scendeva dall'auto, ancora per metà all'interno del box, e nel tentativo di darsi alla fuga spingeva uno dei poliziotti sopraggiunti, il quale cadeva rovinosamente a terra fratturandosi un polso.

Pur riuscendo a fuggire, dopo pochi minuti, Tizio veniva fermato e arrestato da altra pattuglia.

Tizio si rivolge al vostro studio legale chiedendo parere motivato sulle conseguenze penali della propria condotta.

B) SOLUZIONE PARERE: <u>TENTATA RAPINA IMPROPRIA</u>.

Viene richiesto parere legale da parte di Tizio in merito ai reati ravvisabili nella condotta di seguito descritta.

Egli, dopo aver forzato la porta di un garage, si è introdotto al suo interno e si è messo al volante dell'auto ivi custodita. Percorsi pochi metri, accortosi dell'arrivo della polizia, scendeva dall'auto e si dava alla fuga, spingendo l'agente di polizia che aveva cercato di bloccarlo, causandogli la frattura del polso.

La prima questione giuridica da affrontare è quella della riconducibilità di dette condotte sotto l'unica fattispecie di "tentata rapina impropria" ovvero sotto le due diverse fattispecie, in concorso tra loro, di tentato furto e dell'ulteriore reato di violenza.

Sul problema bisogna dar conto, sin da subito, dell'esistenza di un acceso contrasto in seno alla giurisprudenza di legittimità, da ultimo composto dall'intervento delle Sezioni Unite con sentenza n. 34952 del 2012.

In particolare, secondo l'orientamento maggioritario espresso in più occasioni dalla seconda sezione penale della Corte di Cassazione e recentemente avallato dalle Sezioni Unite, la condotta di colui il quale, subito dopo il compimento di atti esecutivi diretti alla sottrazione del bene, arrestatisi "in itinere" per causa estranea alla sua volontà, abbia usato minaccia o violenza alla persona per assicurarsi l'impunità, rientra nella fattispecie di tentativo di rapina impropria, ai sensi degli articoli 56 e 628, secondo comma, codice penale.

In virtù dell'articolo 628, secondo comma, c. p., infatti, soggiace alla pena prevista per la rapina "chi adopera violenza o minaccia immediatamente dopo la sottrazione (…) per procurare a sé o ad altri l'impunità".

Quanto alla locuzione "immediatamente dopo la sottrazione" bisogna precisare che essa comporta la verifica dell'esistenza non solo di un nesso cronologico, ma anche psicologico tra la condotta di sottrazione e quella di violenza. È necessario, in altre parole, che il rapporto di immediatezza sia collegato finalisticamente con l'intenzione del reo di perseguire gli scopi previsti dal dispostodell'articolo 628, comma 2, c.p..

Nel caso di specie, vista la contestualità delle due azioni e il chiaro intento di usare la violenza per garantirsi l'impunità in presenza della polizia, non sembrerebbero esserci dubbi sulla sussumibilità del fatto sotto il reato di rapina impropria.

Resta, però, da verificare la presenza dell'ulteriore elemento della sottrazione del bene, che evidentemente, nel caso in esame, non si è perfezionata, essendo Tizio sceso dall'auto quando questa era per metà ancora nel garage.

In questo caso, dunque, si può parlare solo di tentativo di rapina impropria e non di rapina impropria consumata, avendo l'agente tentato di sottrarre la cosa altrui ma non essendoci realmente riuscito.

Proprio sul mancato verificarsi dell'elemento della sottrazione si fonda, altresì, il diverso orientamento della Cassazione che ritiene configurabile in ipotesi di tale specie il reato di tentato furto in concorso con un diverso reato di violenza. Secondo questo filone giurisprudenziale, infatti, «la configurabilità della rapina impropria, alla stregua del testuale tenore della norma incriminatrice, presuppone inderogabilmente l'avvenuta sottrazione della cosa. Mancando, quindi, tale presupposto - come si verifica nel caso in cui l'agente, sorpreso prima di aver effettuato la sottrazione, usi violenza o minaccia al solo fine di fuggire o di procurarsi l'impunità - il fatto non può essere qualificato come tentativo di rapina impropria dandosi luogo invece alla configurabilità, oltre che del tentato furto, anche dell'altro autonomo reato che abbia come elemento costitutivo la violenza o la minaccia» (Cass, sez. VI, 16 giugno 2009, n. 25100).

Quanto, appunto, alla condotta di Tizio di violenza nei confronti del poliziotto, essa è sussumibile nella fattispecie di "resistenza a pubblico ufficiale" di cui all'articolo 337 c.p., suscettibile di concorrere tanto con il reato di furto quanto con quello di rapina impropria. Proprio con riferimento a quest'ultima eventualità la Cassazione ha precisato che il delitto di violenza può concorrere con quello di rapina impropria, giacché la violenza, pur essendo elemento costitutivo di entrambi i reati, quando venga esercitata nei confronti di un pubblico ufficiale, viola anche un interesse giuridico diverso, consistente nel normale funzionamento e nel prestigio della pubblica amministrazione.

Inoltre, la circostanza che egli abbia colpito l'agente di polizia causandogli delle lesioni fa sì che si configuri l'ulteriore reato di lesioni, ai sensi dell'articolo 582 c.p.

Sul punto la giurisprudenza ha chiarito che "quando la violenza esercitata nei confronti di un pubblico ufficiale, al fine di opporglisi mentre compie un atto dell'ufficio, eccede il fatto di percosse e involontariamente provoca lesioni personali in danno dell'interessato, si determina un concorso tra il delitto di resistenza e quello di lesioni e per quest'ultimo sussiste l'aggravante della connessione teleologica di cui all'articolo 61, n. 2 , c.p." (Cass., sez. VI, 20 gennaio 2004, n. 1272).

Alla luce di quanto detto, ritenendo lo scrivente di aderire alla tesi minoritaria della giurisprudenza che propende per la configurabilità del reato di tentato furto in abitazione (56 e 624 bis c.p.), Tizio risponderà oltre che di questo reato, anche dei reati di resistenza a pubblico ufficiale e di lesioni personali aggravate ai sensi dell'articolo 61 numero due c.p., tutti reati uniti dal vincolo della continuazione.

Nell'ipotesi in cui, però, l'organo giudicante aderisse alla tesi maggioritaria, egli risponderebbe del più grave reato di tentata rapina impropria, aggravata ai sensi del comma 3 bis dell'art. 628 c.p., e degli ulteriori reati di cui agli artt. 337 c.p., 582 c.p..

LA GIURISPRUDENZA SUL CASO

Cassazione penale, Sezioni Unite, 12 settembre 2012, n. 34952

1. Il Tribunale di Palermo, con ordinanza del 19 settembre 2011, rigettava la richiesta di riesame proposta nell'interesse di R. B. avverso l'ordinanza in data 5 settembre 2011 del Giudice per le indagini preliminari dello stesso Tribunale che aveva applicato al medesimo la misura cautelare della custodia in carcere.

A carico del R. il Pubblico ministero aveva richiesto l'applicazione di detta misura cautelare in ordine al reato di cui agli artt. 99 e 110 c.p., art. 61 c.p., n. 5, art. 56 c.p., art. 628 c.p., commi 2 e 3, nn. 1 e 3-bis, perchè, in concorso con altri, al fine di profitto, introducendosi all'interno dell'abitazione dei coniugi V. in R., compiva atti idonei e diretti in modo non equivoco ad impossessarsi dei beni ivi presenti e, quindi, usava violenza nei confronti di V., nel frattempo entrata nell'abitazione, per guadagnare la fuga e l'impunità. In particolare il R. le metteva una mano sulla bocca per non farla gridare mentre altro correo la teneva ferma da dietro; intimandole i concorrenti di rimanere in silenzio, e spingendola quindi all'interno dell'appartamento, dandosi poi tutti alla fuga.

Il Tribunale, oltre ad affermare la sussistenza di gravi indizi di colpevolezza a carico dell'indagato, il quale era stato riconosciuto dalla vittima ed aveva ammesso i fatti, e a reputare sussistente il pencolo di reiterazione del reato, stante la particolare proclività al delitto del R., riteneva corretta la qualificazione giuridica dei fatti quale rapina impropria nella forma tentata, dichiarando di aderire all'orientamento giurisprudenziale costante e prevalente espresso, ex plurimis, da Sez. 2, n. 6479 del 13/01/2011, espressamente citata, secondo il quale è configurabile il tentativo di rapina impropria nel caso in cui l'agente, dopo aver compiuto atti idonei all'impossessamento della res altrui, non portati a compimento per cause indipendenti dalla propria volontà, adoperi violenza o minaccia per assicurarsi l'impunità.

Nel caso di specie, la parte offesa aveva dichiarato che, rientrata a casa dopo una passeggiata con i cani, trovava la propria abitazione a soqquadro e, all'interno, tre individui che la bloccavano e le mettevano una mano davanti alla bocca intimandole di non gridare e, dopo averla spinta, si davano alla fuga.

Sulla base di tale ricostruzione dei fatti, il Tribunale riteneva indubbio che l'indagato avesse compiuto atti idonei e univocamente diretti ad impossessarsi dei beni presenti nell'appartamento ed avesse poi usato violenza sulla vittima allo scopo di procurarsi l'impunità.

2. Ricorre per cassazione R personalmente lamentando, con unico motivo, la "violazione di legge ed il vizio di motivazione ex art. 606 c.p.p., lett. b) ed e) in relazione all'art. 628 cod. pen. e artt. 274, 275 e 292 cod. proc. pen.".

Il ricorrente contesta la qualificazione giuridica dei fatti e la sussunzione degli stessi nell'ambito della fattispecie della rapina impropria sia pure nella forma tentata.

Secondo il ricorrente, il quale cita a sostegno della tesi difensiva la dottrina prevalente e la giurisprudenza minoritaria della Corte di cassazione, il tentativo di rapina impropria sarebbe ipotizzabile solo quando la sottrazione della cosa si sia realizzata, dovendosi invece ritenere integrato il tentativo di furto, in concorso con altro reato contro la persona, quale minaccia o percosse, in mancanza di detto presupposto. Riconoscere la rapina impropria anche nell'ipotesi di sottrazione non realizzatasi costituirebbe una forzatura della chiara lettera della legge e risolverebbe in un'applicazione analogica in malam partem, con il conseguente aggravamento del carico sanzionatorio, così che una riqualificazione giuridica del fatti potrebbe avere refluenza sul giudizio di proporzione ed adeguatezza della misura cautelare disposta.

3. La Seconda Sezione penale, cui il ricorso era stato assegnato, con ordinanza del 25.1.2012, depositata il successivo 9.2.12, ha rilevato l'esistenza di due distinti orientamenti sulla questione della configurabilità del tentativo di rapina impropria nel caso in cui la condotta di sottrazione della cosa non venga completata.

L'ordinanza mette a confronto le argomentazioni che sostengono i due indirizzi.

In particolare, l'indirizzo maggioritario "presta scarsa attenzione al tenore letterale della disposizione ed individua la medesima ratio, sul piano delle valutazioni politico-criminali delle fattispecie: nel delitto di rapina il legislatore, in ragione del nesso teleologico che unisce le due offese - alla libertà morale e fisica, da un lato, al patrimonio dall'altro, - ha attribuito maggior gravità al furto proprio perchè per commetterlo si aggredisce un interesse ben più rilevante afferente alla persona. La stessa ratto presiederebbe la disciplina del tentativo di rapina impropria nel caso che il nesso teleologico ed il rapporto di immediatezza si configuri tra la violenza e la ricerca della impunità perchè maggior gravità deve ricollegarsi alla condotte di aggressione del bene patrimonio e del bene integrità fisica o morale alla persona rispetto alle due distinte lesioni ai predetti beni giuridici, non collegate, le lesioni, nemmeno da un nesso di immediatezza e di strumentalità".

Quanto all'indirizzo minoritario, secondo l'ordinanza, esso "richiamandosi al principio di stretta legalità e di tassatività della norma penale, valorizza il dato letterale che pone la sottrazione quale prius ontologico della condotta tipica della rapina impropria e configura il delitto quale fattispecie a tempo circoscritto ovvero vincolato: la sottrazione non costituirebbe una parte della condotta tipica della rapina impropria, ma solo un presupposto fattuale che deve sussistere nella sua compiutezza tanto nella consumazione quanto nel tentativo. Se così non si ragionasse, si dovrebbe configurare la sottrazione quale inizio della esecuzione della fattispecie, con risultati ingiusti e paradossali perchè in violazione del principio di tassatività delle fattispecie penali e del favor rei. Si aggiunge, peraltro, che, in difetto di una sottrazione completamente attuata, la violenza o la minaccia non potrebbero essere considerati diretti e in modo inequivoco a commettere una rapina impropria. Ed, ancora, che il dolo volto solo alla sottrazione non potrebbe, in corso di opera, in seguito ad una condotta volta a garantirsi l'impunità, convertirsi nel dolo di rapina, anche impropria, che presupporrebbe una volontà rappresentativa fin dall'inizio di usare comunque violenza e minaccia anche dopo solo una sottrazione tentata. Ed infine, quanto alla ratio ed alle ragioni di politica criminale, si sottolinea il minor disvalore giuridico-sociale della condotta di chi usi minaccia e violenza per garantirsi solo l'impunità, senza aver sottratto nulla, dalla condotta di chi agisce con l'intento di sottrarre ad altri ed impossessarsi così della cosa altrui e di conseguenza, in aggiunta, di garantirsi l'impunità".

4. Il Primo Presidente, con decreto del 21 febbraio 2012, assegnava il ricorso alle Sezioni Unite, fissando per la trattazione l'odierna udienza.

5. Ha depositato memoria il difensore di R., il quale afferma che la tesi giuridica secondo la quale condotte e situazioni di fatto analoghe a quelle di cui al presente procedimento vadano sussunte nell'ambito del tentativo di furto anzichè inquadrate come tentata rapina impropria appare più fondata, perchè compatibile con il tenore letterale della fattispecie incriminatrice di cui all'art. 628 cod. pen., essendo la norma chiara nel riferirsi ad un'aggressione alla persona commessa immediatamente dopo la sottrazione. Il difensore, richiama, inoltre, la dottrina che configura la sottrazione, nella rapina impropria, quale presupposto del fatto e non condotta tipica di reato, intendendosi per presupposti del fatto gli elementi materiali che precedono l'azione e sono necessari per la sua esistenza, con la conseguenza che il tentativo non può riguardare i presupposti di fatto della condotta ma esclusivamente la condotta tipica del reato. Secondo la tesi difensiva, la sottrazione non è rilevante sul piano dell'offesa tipica dei delitti di che trattasi, poichè è l'illecito impossessamento il fulcro della lesione tipica del furto e della rapina. La mancata sottrazione della cosa impedisce, inoltre, di considerare in un unico contesto teleologia) il tentativo di furto e la successiva violenza o minaccia per conseguire l'impunità. Il soggetto che pur potendo non si appropria della cosa con violenza o minaccia dimostra, anche dal punto di vista soggettivo, un atteggiamento psicologico incompatibile con l'espropriazione violenta tipica della rapina impropria. Infine, secondo il difensore, sarebbe operazione contra legem applicare la medesima risposta punitiva all'ipotesi di mancata sottrazione seguita da reati contro la persona, proprio per la minore offensività di quest'ultima ipotesi, e sostenere il contrario significherebbe porsi in contrasto con il principio di legalità.

Motivi della decisione

1. Il motivo di ricorso pone la seguente questione di diritto, in relazione alla quale il ricorso stesso è stato rimesso a queste Sezioni Unite: "Se sia configurabile il tentativo di rapina impropria, o se invece debba ritenersi il concorso tra il tentativo di furto con un reato di violenza o minaccia, nel caso in cui l'agente, dopo aver compiuto atti idonei diretti all'impossessamento della cosa altrui, non portati a compimento per fatti indipendenti dalla sua volontà, adoperi violenza o minaccia nei confronti di quanti cerchino di ostacolarlo, per assicurarsi l'impunità".

2. Come già rilevato dall'ordinanza di rimessione a queste Sezioni Unite, sulla suddetta questione si registrano due orientamenti giurisprudenziali contrastanti.

Secondo l'orientamento ampiamente maggioritario della Cassazione ed anzi consolidato fino al 1999, è configurabile il tentativo di rapina impropria nel caso in cui l'agente, dopo aver compiuto atti idonei diretti all'impossessamento della res altrui, non portati a compimento per cause indipendenti dalla propria volontà, adoperi violenza o minaccia per assicurarsi l'impunità.

Per tale soluzione, volendo limitare la citazione alle pronunce massimate degli ultimi anni, si esprimono Sez. 2, n. 6479 del 13/01/2011, Lanza, Rv. 249390; Sez. 2, n. 44365 del 26/11/2010, Panebianco, Rv. 249185,; Sez. 2, n. 42961 del 18/11/2010, Rv. 249123; Sez. 2, n. 36723 del 23/09/2010, Solovchuk Rv. 248616; Sez. 2, n. 22661 del 19/05/2010, Tushe, Rv. 247431; Sez. 2, n. 23610 del 12/03/2010, Russomanno, Rv. 247292; Sez. 6, n. 25100 del 29/04/2009, Rosseghini, Rv. 244366; Sez. 2, n. 3769 del 16/12/2008, dep. 2009, Solimeo, Rv. 242558; Sez. 6, n. 45688 del 20/11/2008, Bastea, Rv. 241666; Sez. 2, n. 19645 del 08/04/2008, Petocchi, Rv. 240408; Sez. 2, n. 20258 del 26/03/2008, Boudegzdame, Rv. 240104; Sez. 2, n. 29477 del 29/02/2008, Chirullo, Rv. 240640; Sez. 2, n. 38586 del 25/09/2007, Mancuso, Rv. 238017; Sez. 2, n. 40156 del 10/11/2006, Taroni, Rv. 235448. Tale orientamento si basa su una serie di argomentazioni. La prima è espressa da una lettura logico- sistematica e non meramente letterale dell'art. 628 c.p., comma 2, che descrive la condotta tipica della rapina impropria e che permette di individuare quella che configura la forma tentata del reato in questione ogni qual volta l'azione tipica non si compia o l'evento non si verifichi, fattispecie che ricorre specificamente nell'ipotesi di colui che adopera violenza o minaccia per procurarsi l'impunità immediatamente dopo aver compiuto atti idonei, diretti in modo non equivoco a sottrarre la cosa mobile altrui, senza essere riuscito nell'intento a causa di fattori sopravvenuti estranei al suo volere.

Il delitto di rapina, infatti, sia nella forma propria che in quella impropria, costituisce un tipico delitto di evento, suscettibile come tale di arrestarsi allo stadio del tentativo, qualora la sottrazione non si verifichi. Pertanto allorché un tentativo di furto sfoci, come nel caso di specie, in violenza o minaccia finalizzate ad assicurarsi l'impunità, una valutazione sistematica impone di concludere che, anche in caso di mancato conseguimento della sottrazione del bene altrui, sia stata messa in atto una rapina impropria incompiuta e quindi un tentativo di rapina impropria (Sez. 2, n. 42961 del 2010 cit. e Sez. 2, n. 7264 del 2004 cit.).

Altra argomentazione fa riferimento al concetto di fattispecie criminosa complessa, alla quale deve ricondursi anche la rapina impropria, ed afferma che le fattispecie componenti la figura in esame (sottrazione e violenza) possono presentarsi entrambe alla stadio del tentativo, sicchè l'unitarietà della rapina resta tale anche quando dette condotte si arrestino ad ipotesi tentate. Non sarebbe, in altri termini, consentito procedere, proprio per l'unità della figura delittuosa, ad una considerazione autonoma degli elementi componenti volta a ravvisare un concorso di reati fra tentato furto e fatti contro la persona. Nel caso in cui un tentativo di furto sfocia in violenza o minaccia finalizzate all'impunità non può dividersi l'azione in due tronconi, l'uno configurante un delitto consumato contro la persona (lesioni, minaccia o altro) e l'altro un delitto tentato contro il patrimonio (furto), tanto più quando ci si trovi davanti ad un reato complesso come la rapina, ma deve pervenirsi ad una valutazione organica, la quale non può non portare a concludere che è stata messa in atto una rapina impropria incompiuta e quindi un tentativo di rapina impropria, anche se non si era conseguita la sottrazione del bene altrui (Sez. 2, n. 19645 del 2008 cit. e altre). Su tali basi si precisa che la violenza successiva alla sottrazione non sta a rappresentare, in questa prospettiva, un concetto di esaurimento "consumativo" del primo momento in cui si articola la condotta criminosa, ma intende normativamente sottolineare esclusivamente il profilo cronologico e funzionale che colloca quella condotta come un prius rispetto all'altra, lasciando inalterata l'applicabilità, a quella stessa condotta, degli ordinar principi in tema di tentativo (Sez. 2, n. 19645 del 2008, cit.).

Sotto il profilo della ratio legis, si osserva che con le norme sulla rapina il legislatore ha voluto sanzionare con particolare rigore l'autore del reato contro il patrimonio che ricorra alla violenza o alla minaccia, sicché non è logico ritenere che il medesimo legislatore abbia voluto sottrarre ad uguale trattamento colui che pur sempre usando violenza o minaccia attenti al patrimonio altrui e non riesca nell'intento per cause estranee alla sua volontà.

3. L'orientamento minoritario prende le mosse da Sez. 5, n. 3796 del 12/07/1999, Jovanovic, Rv. 215102, che, per la prima volta, contrasta la consolidata giurisprudenza, aprendosi piuttosto alle argomentazioni della dottrina maggioritaria, seguendola nell'opposta direzione della non ipotizzabilità del tentativo di rapina aggravata in mancanza del presupposto dell'avvenuta sottrazione della cosa, dovendosi configurare, nel caso in cui l'agente, sorpreso prima di aver effettuato la sottrazione, usi violenza o minaccia al solo fine di fuggire o di procurarsi altrimenti l'impunità, un tentato furto in aggiunta ad altro autonomo reato che abbia come elemento costitutivo la violenza o la minaccia.

Rimasta inizialmente del tutto isolata, detta tesi è stata, successivamente, seguita anche da Sez. 5, n. 16952 del 14/12/2009, dep. 2010, Mezzasalma, Rv. 246860; Sez. 6, n. 4264 del 10/12/2008, dep. 2009, Coteanu, Rv. 243057; Sez. 6, n. 10984 del 27/11/2008, dep. 2009, Strzezek, Rv. 243683; Sez. 6, n. 43773 del 30/10/2008, Muco, Rv. 241919; Sez. 5, n. 32551 del 13/04/2007, Mekhatria, Rv. 236969

Tale orientamento si basa in primo luogo e principalmente sull'elemento letterale, affermando che "il capoverso dell'art. 628 cod. pen. impone claris verbis che la sottrazione della cosa preceda l'esplicazione di violenza o minaccia ("... adopera violenza o minaccia immediatamente dopo la sottrazione ...") sicchè l'agente, qualora - sorpreso prima di aver compiuto la sottrazione - usi violenza o minaccia al solo fine di fuggire o procurarsi altrimenti l'impunità, risponde non di tentata rapina ma di tentato furto, eventualmente in concorso con altro reato avente come elemento costitutivo la violenza o la minaccia ... . Nella formazione progressiva della fattispecie, l'imprescindibile nesso temporale tra "sottrazione" e violenza/minaccia finalizzata rappresenta l'essenza caratterizzante della rapina impropria, nel senso che il secondo comportamento, qualora rimanga avulso dal primo (venuto a mancare), può solo assumere rilevanza autonoma (reato di lesioni e/o minaccia). Allo stesso modo, l'idoneità degli atti volti all'impossessamento (che non raggiungano, tuttavia, la soglia della "sottrazione") consente ancora la configurabilità del tentativo di furto, ma perde ogni significato in relazione alla rapina impropria.

In definitiva, la mancanza di "sottrazione della cosa" impedisce che la violenza successiva possa assurgere anche solo al rango di "atto idoneo diretto in modo non equivoco" alla commissione di una rapina impropria" (Sez. 5, n. 3796 del 1999).

4. Ad avviso delle Sezioni Unite non si ravvisano argomentazioni idonee a superare il risalente e più volte ribadito, anche in tempi recenti, orientamento maggioritario.

5. Occorre, in primo luogo, sgombrare il campo dalla suggestiva argomentazione, sostenuta dal ricorrente sulla scia della prevalente dottrina, secondo la quale il tenore letterale del capoverso dell'art. 628 cod. pen. sarebbe tale che la tesi della configurabilità del tentativo di rapina impropria nel caso in esame contrasterebbe con il principio di legalità e con il divieto di analogia.

Queste Sezioni Unite hanno avuto modo di chiarire (Sez. U, n. 1235 del 28/10/2010, dep. 2011, Giordano) che il principio di legalità trova fondamento, oltre che nella Costituzione, anche nell'art. 7 della Convenzione Europea dei Diritti dell'Uomo (oltre che nell'art. 15 del Patto internazionale sui diritti civili e politici e nell'art. 49 della Carta dei diritti fondamentali di Nizza, oggi espressamente richiamata nel corpus comunitario attraverso l'art. 6, par. 1, del Trattato di Lisbona del 13 dicembre 2007). Nella giurisprudenza della Corte EDU al suddetto principio si collegano i valori della accessibilità (accessibility) della norma violata e della prevedibilità (foreseeability) della sanzione, accessibilità e prevedibilità che si riferiscono non alla semplice astratta previsione della legge, ma alla norma "vivente" quale risulta dall'applicazione e dalla interpretazione dei giudici; pertanto, la giurisprudenza viene ad assumere un ruolo decisivo nella precisazione del contenuto e dell'ambito applicativo del precetto penale. Il dato decisivo da cui dedurre il rispetto del principio di legalità, sempre secondo la Corte EDU, è, dunque, la prevedibilità del risultato interpretativo cui perviene l'elaborazione giurisprudenziale, tenendo conto del contenuto della struttura normativa, prevedibilità che si articola nei due sotto-principi di precisione e di stretta interpretazione (Corte EDU, 02/11/2006, Milazzo c. Italia; Grande Camera, 17/02/2004, Maestri c. Italia; 17/02/2005, K.A. e A.D. c. Belgio; 21/01/2003, Veeber c. Estonia; 08/07/1999, Baskaya e Okcuoglu c. Turchia; 15/11/1996, Cantoni c. Francia; 22/09/1994, Hentrich c. Francia; 25/05/1993, Kokkinakis c. Grecia; 08/07/1986, Lithgow e altri c. Regno Unito).

Non vi è dubbio che nel caso in esame la prevedibilità del risultato interpretativo con riferimento al "diritto vivente" è piuttosto rappresentata da una giurisprudenza, non proprio maggioritaria, ma addirittura granitica, per molti decenni, fino alla pronuncia di alcune sentenze difformi. Si discute, pertanto, della modifica di un risultato interpretativo "normalmente" prevedibile, in quanto da una consistente e pluridecennale giurisprudenza, e ciò può avvenire solo nel caso in cui tale risultato contrasti, in modo chiaro ed evidente, con i principi di precisione e di stretta interpretazione. In verità, si tratta di una questione sulla quale si è manifestata in modo evidente la differenza tra gli orientamenti assunti dalla quasi totalità della giurisprudenza di legittimità e gli approdi ermeneutici cui è pervenuta la maggior parte della dottrina. Gli argomenti a favore della tesi giurisprudenziale minoritaria si traggono, quindi, soprattutto dalla dottrina, alla quale si richiama il ricorrente, e con tali argomenti occorre confrontarsi.

6. Su alcune considerazioni di base può ritenersi che vi sia sufficiente concordia di opinioni.

Nelle diverse fattispecie descritte nell'art. 628 cod. pen. si manifesta chiaramente la scelta normativa di tutelare i beni giuridici patrimonio e persona, o, per meglio dire, i beni della inviolabilità del possesso e contestualmente della sicurezza e libertà della persona.

Vi è ampio consenso nel riconoscere il carattere plurioffensivo del reato di rapina e la sua caratteristica di reato complesso: la condotta disegnata nell'art. 628 cod. pen., infatti, è costituita dalla stessa azione di sottrazione-impossessamento tipica del furto, cui si aggiunge l'elemento della violenza alla persona o della minaccia. Da qui la natura complessa del reato, risultante dalla commistione del reato di furto con il corrispondente reato relativo al tipo di violenza di volta in volta esercitata (percosse, minacce).

Sotto la comune denominazione di rapina il codice colloca, però, due ipotesi distinte dalla diversa successione delle condotte che compongono il delitto di rapina e da una differente direzione finalistica del comportamento violento o minaccioso. Nel caso in cui la violenza o la minaccia esercitate rappresentino il mezzo, precedente o concomitante rispetto all'impossessamento, usato per perseguire l'offesa al patrimonio, si realizza l'ipotesi della rapina cd. propria. Quando invece la violenza o la minaccia servono come mezzo per assicurare il possesso della cosa sottratta o, in alternativa, per procurare a sè o ad altri l'impunità, si avrà la diversa fattispecie definita rapina impropria.

Nelle due figure certamente il ruolo centrale è assunto dalla violenza o dalla minaccia, che nella rapina propria precedono lo spossessamento e sono funzionali ad esso, mentre nella rapina impropria seguono al medesimo, ma entrambe le figure presuppongono che l'agente non abbia il possesso della cosa che vuole sottrarre.

Entrambe le fattispecie legali sono considerate dal legislatore equivalenti sotto il profilo sanzionatorio.

7. Alla tesi della configurabilità del tentativo di rapina impropria anche nel caso in cui non venga portata a compimento la sottrazione della cosa mobile altrui si muove, principalmente, la critica di trascurare il dato testuale del capoverso dell'art. 628 cod. pen., che sarebbe esplicito nel richiedere che violenza e minaccia siano utilizzate "dopo la sottrazione".

Tale critica appare infondata.

Deve osservarsi che la formulazione della norma in esame ha una spiegazione logica ben precisa: il legislatore, con l'espressione "immediatamente dopo" intendeva stabilire il nesso temporale che deve intercorrere tra i segmenti dell'azione criminosa complessa, ma non anche definire le caratteristiche, consumate o tentate, di tali segmenti. In altri termini, nella formulazione della norma svolge un ruolo centrale la necessità di un collegamento logico-temporale tra le condotte di aggressione al patrimonio e di aggressione alla persona, attraverso una successione di immediatezza. E' necessario e sufficiente che tra le due diverse attività concernenti il patrimonio e la persona intercorra un arco temporale tale da non Interrompere il nesso di contestualità dell'azione complessiva posta in essere. Questo è il punto centrale e il solo indefettibile della norma incriminatrice dell'art. 628 cod. pen., comma 2 che giustifica l'equiparazione del trattamento sanzionatorio tra la rapina propria e quella impropria, indipendentemente dall'essere quelle stesse condotte consumate o solo tentate.

Del resto, lo stesso dato testuale suggerisce, ponendo in alternativa la finalità di assicurarsi il possesso e quella di procurarsi l'impunità, che quest'ultima finalità può sussistere anche senza previa sottrazione. In altri termini, la norma in esame punisce la violenza o la minaccia anche se queste vengano poste in essere per assicurarsi l'impunità, cioè esse non vengono considerate per sè sole o in un contesto distinto e separato e, pertanto, il legislatore ha voluto che fossero punite non come tali, cioè come entità giuridiche a sè stanti, ma con riferimento all'attività criminosa per la quale il reo intendeva assicurarsi l'impunità, attività la quale, pur se sintetizzata nel termine "sottrazione", non può non comprendere tutte le fasi in cui essa in concreto si manifesta, e quindi da quella iniziale del tentativo di impossessamento a quello finale dell'impossessamento della cosa che ne è oggetto.

8. La tesi propugnata dal ricorrente richiama quella dottrina che configura la sottrazione come un mero presupposto del reato di rapina impropria e non come parte della condotta di tale reato. Ma proprio tale ricostruzione teorica della fattispecie dimostra che il semplice dato testuale non è così chiaro e univoco come si afferma, se per interpretarlo è necessario fare ricorso a categorie dogmatiche quanto meno di dubbia applicabilità nel caso di specie.

Secondo tale tesi, la sottrazione del bene è presupposto di fatto e non condotta tipica del reato, con la conseguenza che, se l'art. 56 cod. pen. consente di equiparare sul piano della tipicità la condotta compiuta e gli atti idonei diretti in modo non equivoco al suo compimento, la clausola di apertura del tentativo può riguardare solo la condotta tipica del reato e non i presupposti di fatto della condotta. In questa costruzione teorica, inoltre, non ha senso porsi il problema di una causazione volontaria del presupposto, essendo invece determinante ai fini del dolo che il soggetto se ne rappresenti l'esistenza. Di contro deve osservarsi che è ben difficile attribuire natura di mero presupposto alla sottrazione, trattandosi pur sempre di una condotta consapevole e già illecita dello stesso agente e non certo di un elemento naturale o giuridico anteriore all'azione delittuosa ed indipendente da essa. L'unico presupposto della rapina, nelle sue varie forme, è la mancanza di possesso della cosa oggetto dell'azione.

Non si comprende, poi, perchè nella struttura della rapina propria, in cui la violenza o la minaccia precedono e sono funzionali all'impossessamento, si possano ravvisare due condotte tipiche, entrambe suscettibili di estensione con il meccanismo del tentativo, mentre nel caso della rapina impropria la sola condotta tipica sarebbe quella della violenza o minaccia e la sottrazione si configurerebbe come mero presupposto. Il delitto di rapina ha, nelle sue due configurazioni, natura unitaria, quale reato plurioffensivo, in cui, con l'azione violenta e la sottrazione del bene, si aggrediscono contemporaneamente due beni giuridici, il patrimonio e la persona. Del resto, è opinione ampiamente condivisa quella della natura unitaria del reato complesso; pertanto, se la rapina costituisce un reato composto risultante dalla fusione di due reati, non se ne può scindere l'unità valutando separatamente i componenti costitutivi delle figure criminose originarie; e se l'art. 628 cod. pen. opera un'unificazione tra fattispecie consumate, la stessa unificazione dovrebbe continuare a valere, salvo il diverso titolo di responsabilità, quando una di esse si presentasse nello stadio del tentativo.

D'altro canto, non condivisibile appare la lettura dell'elemento della sottrazione come presupposto di fatto che non deve necessariamente essere oggetto di dolo, purchè l'agente se ne rappresenti l'esistenza, poichè ciò equivarrebbe a dire che l'elemento soggettivo di un delitto contro il patrimonio mediante violenza alle persone non dovrebbe necessariamente cadere sulla condotta di aggressione al patrimonio, limitandosi ad investire la condotta di violenza o minaccia, con la conseguenza paradossale che si potrebbe rispondere di rapina impropria per una sottrazione non voluta. In realtà, il dolo richiesto dalla fattispecie è stato definito doppiamente specifico, in quanto integrato dal dolo del furto, implicitamente richiamato, e dall'ulteriore scienza e volontà di usare la violenza o minaccia al fine di assicurare a sè o ad altri il possesso della cosa sottratta o di procurare a sè o ad altri l'impunità.

9. La tesi che sta a fondamento del ricorso, sempre per giustificare l'affermazione di indefettibilità del dato, che si pretende testuale, della sottrazione compiutamente realizzata, fa ricorso alla impostazione teorica secondo cui lo schema del delitto tentato può ritenersi riferibile al reato complesso globalmente considerato anche allorquando un troncone della condotta sia giunto a perfezione e l'altro sia rimasto allo stadio del tentativo penalmente significativo, ma soltanto se la porzione della condotta compiutamente realizzata è quella che la norma richiede sia realizzata per prima, oppure allorquando l'ordine cronologico di realizzazione appaia indifferente, condizione quest'ultima che non si realizzerebbe nella fattispecie di rapina impropria, nella quale l'ordine dei fatti è sovvertito rispetto alla sequenza tipica.

In verità, è opinione largamente diffusa, e certamente preferibile, che si ha tentativo di delitto complesso sia quando non sia stata ancora raggiunta la compiutezza nè dell'una nè dell'altra componente, sia quando sia stata raggiunta la consumazione dell'una e non quella dell'altra.

Ciò, come si è detto, può ritenersi pacifico con riferimento al delitto di rapina propria, nè diversamente può opinarsi con riguardo al delitto di rapina impropria, trattandosi di affermazione indimostrata che l'ordine dei fatti di cui alla rapina propria debba considerarsi "tipica"; anzi, è lo stesso legislatore che, equiparando le due fattispecie del primo e del secondo comma dell'art. 628 cod. pen., mostra di considerare indifferente la sequenza, ferma rimanendo la tipologia delle singole componenti del reato complesso. Del resto, anche i sostenitori dell'interpretazione qui disattesa riconoscono che sia configurabile il tentativo di rapina impropria nel caso in cui il soggetto agente abbia sottratto la cosa altrui e subito dopo abbia tentato un'azione violenta o anche minacciosa nei confronti della vittima del reato o di terzi per assicurarsi il possesso del bene. Non si vede, pertanto, la ragione di negare la configurabilità del tentativo nel caso in cui rimanga incompiuta l'azione di sottrazione della cosa altrui.

Si afferma anche che una violenza tentata che non segua ad una sottrazione completamente realizzata non potrebbe dirsi diretta in modo non equivoco alla realizzazione della rapina impropria. Ma tale affermazione si scontra già con il dato concreto della realtà criminale, quale è ben evidenziata proprio nel caso di cui al presente processo, nel quale gli autori del reato si erano introdotti nell'abitazione della vittima e la avevano "messa a soqquadro" senza nulla sottrarre a causa dell'intervento della vittima medesima: è di tutta evidenza il compimento di atti idonei diretti in modo non equivoco alla sottrazione della cosa mobile altrui.

Piuttosto deve osservarsi che l'art. 628 cod. pen., comma 2 fa riferimento alla sola sottrazione e non anche all'impossessamento, ciò che conduce a ritenere che il delitto di rapina impropria si possa perfezionare anche se il reo usi violenza dopo la mera apprensione del bene, senza il conseguimento, sia pure per un breve spazio temporale, della disponibilità autonoma dello stesso.

Il requisito della violenza o minaccia che caratterizza il delitto di rapina, certamente può comportare una differenziazione in ordine al momento consumativo rispetto al furto. Mentre, infatti, con riferimento al furto, finchè la cosa non sia uscita dalla sfera di sorveglianza del possessore questi è ancora in grado di recuperarla, così facendo degradare la condotta di apprensione del bene a mero tentativo, al contrario, nella rapina, la modalità violenta o minacciosa dell'azione non lascia alla vittima alcuna possibilità di esercitare la sorveglianza sulla res. Per la consumazione del delitto di rapina è quindi sufficiente che la cosa sia passata sotto l'esclusivo potere dell'agente, essendone stata la vittima spossessata materialmente, così perdendo di fatto i relativi poteri di custodia e di disposizione fisica. In considerazione della successione "invertita" delle due condotte di aggressione al patrimonio e alla persona che caratterizza la rapina impropria, il legislatore, al fine di mantenere equiparate le due fattispecie criminose del primo e dell'art. 628 cod. pen., comma 2 non richiede il vero e proprio impossessamento della cosa da parte dell'agente, ritenendo sufficiente per la consumazione la sola sottrazione, così lasciando spazio per il tentativo ai soli atti idonei diretti in modo non equivoco a sottrarre la cosa altrui, atti che sono di tutta evidenza sussistenti nel caso di cui al presente procedimento.

Ne consegue la fondatezza della tesi della maggioritaria giurisprudenza, secondo la quale, combinando la norma incriminatrice dell'art. 628 c.p., comma 2 con l'art. 56 cod. pen., se ne trae che se si tenta un furto senza realizzare la sottrazione della cosa e si commette immediatamente dopo un'azione violenta contro una persona, che ha per fine di assicurare l'impunità per il tentativo di furto, l'azione violenta resta strumentale a quella già realizzata e, pertanto, assorbita.

Ammessa, dunque, concettualmente la ipotizzabilità del tentativo con riferimento alla fase della sottrazione, ne deriva che la successiva violenza esercitata per procurarsi l'impunità, non resta avulsa dal modello legale prefigurato nell'art. 628 c.p., comma 2, ma ad esso si coniuga a perfezione, dando così vita alla figura tentata di rapina impropria, senza alcuna illogica scansione del reato complesso in autonome figure di tentato furto e violenza o minaccia.

10. Altro argomento a favore della non ipotizzabilità del tentativo di rapina impropria fa leva su ragioni di politica criminale: si è sostenuto che una volta venuto meno il rapporto tra l'offesa alla persona e quella al patrimonio, ossia il legame di consequenzialità che unisce le due offese, non avrebbe senso applicare il regime sanzionatorio della rapina, giustificato proprio in ragione del nesso teleologico tra l'aggressione ai due beni. In altri termini, l'allargamento delle maglie della fattispecie di rapina impropria nel senso indicato dalla prevalente giurisprudenza comporterebbe l'applicazione di una sanzione particolarmente grave anche per un fatto che non si ritiene dotato di significativo disvalore.

Anche tale argomentazione non può essere condivisa, poichè la mancata consumazione della condotta di aggressione al patrimonio o della condotta di aggressione alla persona non fanno venir meno il legame tra le due forme di aggressione, come struttura portante del reato complesso di rapina, che persiste nelle due forme propria e impropria e che giustifica il trattamento sanzionatorio più grave.

E' ben vero che nella rapina impropria non sussiste il nesso funzionale e strumentale che in quella propria unisce l'aggressione alla persona all'aggressione al patrimonio, ma un volta che il legislatore ha stabilito che la mancanza di tale specifico nesso non esclude l'equiparabilità ai fini sanzionatori della rapina impropria, deve ritenersi che la congiunta e contestuale aggressione ai due beni giuridici attribuisce di per sè maggiore gravità alle condotte di aggressione del bene patrimonio e del bene sicurezza e libertà della persona e perciò è previsto che sia punita più severamente delle due distinte lesioni ai predetti beni giuridici.

Se il legislatore ha ritenuto con il delitto di rapina di sanzionare in maniera ben più severa le condotte di per sè autonomamente punibili della violenza o minaccia e del furto, in ragione del nesso di contestualità che unisce le due offese, attribuendo così maggiore gravità anche al furto, appare ragionevole ritenere che tale ratio sussista anche nel caso in cui il soggetto agente tenta di sottrarre il bene altrui ed è poi disposto per assicurarsi l'impunità ad usare violenza o minaccia. Non vale l'obiezione che l'equiparazione del trattamento sanzionatorio può essere fondata su una connessione "analoga", quale sarebbe quella che lega l'offesa al patrimonio già realizzata e l'offesa alla persona commessa per assicurarsi il possesso della cosa sottratta o per conseguire l'impunità; poichè il rapporto di "analogia" rispetto al trattamento sanzionatorio deve essere tra termini corrispondenti e, quindi, tra tentativo dì rapina impropria e tentativo di rapina propria e quest'ultimo, come dimostrano i molteplici casi giurisprudenziali (ad es. Sez. 2, n. 18747 del 20/03/2007, Di Simone, Rv. 236401; Sez. 2, n. 21955 del 10/02/2005, Granillo, Rv. 231966; Sez. 2, n. 3596 del 01/02/1994, Evinni, Rv. 197753), è configurabile anche nelle ipotesi in cui non siano perfezionate nè l'offesa al patrimonio nè quella alla persona, quando la condotta dell'agente sia potenzialmente idonea a produrre l'impossessamento della cosa mobile altrui, mediante violenza o minaccia, e la direzione univoca degli atti, desumibile da qualsiasi elemento di prova, renda manifesta la volontà di conseguire l'intento criminoso.

Pertanto, il legame posto dal legislatore tra la condotta di aggressione al patrimonio e la condotta di violenza al fine di guadagnare l'impunità per il delitto precedentemente commesso è frutto della valutazione del maggior disvalore sociale che caratterizza l'azione violenta o minacciosa comunque connessa ad un aggressione al patrimonio, a prescindere che l'intento si sia realizzato o meno.

11. Sulla base delle esposte argomentazioni deve essere formulato il seguente principio di diritto: "E' configurabile il tentativo di rapina impropria nel caso in cui l'agente, dopo aver compiuto atti idonei diretti in modo non equivoco alla sottrazione della cosa altrui, adoperi violenza o minaccia per procurare a sè o ad altri l'impunità".

12. In applicazione del suddetto principio il ricorso deve essere rigettato con la conseguenza della condanna del ricorrente al pagamento della spese processuali.

Copia del presente provvedimento deve essere trasmesso al direttore dell'istituto penitenziario, affinchè provveda a quanto previsto dall'art. 94 disp. att. c.p.p., comma 1-ter..

3.2.13 A) TRACCIA PARERE

Tizio, a seguito di un ricovero in ospedale per problemi respiratori, scopriva di essere affetto di malattia da HIV. Al momento del ricovero egli era sposato da 1 anno e mezzo con Caia, dopo un fidanzamento di 1 anno.

Sia durante che dopo il ricovero, non la informava del proprio stato di sieropositività e continuava ad intrattenere con lei rapporti sessuali non protetti.

Dopo 8 mesi, anche a Caia veniva diagnosticato il virus HIV e successivamente decedeva a causa del decorso infausto della malattia.

Tizio viene rinviato a giudizio per omicidio volontario.

Il candidato, assunte le vesti del difensore di Tizio, rediga motivato parere considerando sia, la sussistenza del nesso di causalità, sia dell'elemento soggettivo.

B) SOLUZIONE PARERE: <u>DOLO EVENTUALE E COLPA COSCIENTE</u>.

Si richiede parere legale motivato in merito alla posizione di Tizio, nel procedimento penale a suo carico, imputato del reato di omicidio volontario per aver intrattenuto, consapevole della propria positività al virus HIV, rapporti sessuali non protetti con la moglie senza mai rivelarle la propria patologia sino a causarne la morte per AIDS conclamata.

La prima questione giuridica da affrontare è quella dell'esistenza o meno di un rapporto di causalità che colleghi la condotta omissiva di Tizio all'evento morte della moglie.

Se da un lato la rilevanza causale della condotta di Tizio è certamente incrementata dal fatto che egli ha omesso di comunicare alla moglie la scoperta della propria sieropositività, impedendole così di ricevere le cure in un periodo precedente alla reale scoperta, dall'altro lato l'accertamento del nesso di causalità non potrà non tener conto di una serie di altri fattori che caratterizzano il caso di specie.

E' altrettanto importante, infatti, nell'accertamento del nesso eziologico escludere l'esistenza di possibili fattori causali alternativi.

Considerato che la infezione da virus HIV è caratterizzata da un lungo periodo di incubazione (che arriva fino a diciotto mesi) intercorrente tra la trasmissione del virus e la rilevazione della sieropositività, dovranno cadere sotto la lente della nostra indagine i tempi in cui si è svolta la vicenda in questione.

In proposito non bisogna neppure dimenticare che la fase iniziale dell'infezione è asintomatica e che in molti casi il soggetto si rende conto del proprio stato di salute solo quando la malattia è già in una fase avanzata, con possibile retrodatazione del contagio anche di dieci anni.

Sul punto, dunque, non potrà non tenersi conto del fatto che, al momento del ricovero, il rapporto tra Tizio e Caia ha avuto una durata complessiva (tra fidanzamento e matrimonio) di soli due anni.

La "brevità" di tale periodo non consente di stabilire con certezza lo sviluppo cronologico degli avvenimenti che hanno portato al contagio, non essendo detto difatti che Tizio per il sol fatto di aver scoperto per primo di essere sieropositivo sia di conseguenza il contagiatore, essendo possibile anche il contrario.

Nondimeno l'accertamento del nesso di causalità dovrà passare attraverso la contemporanea esclusione della interferenza di altre possibili cause di trasmissione dell'infezione, come ad esempio trasfusioni di sangue o anche rapporti sessuali non protetti con altri uomini.

In proposito, infatti, secondo quanto affermato dalle Sezioni Unite della Cassazione con la nota sentenza Franzese, per affermare la sussistenza del nesso di condizionamento non è sufficiente riscontrare l'elevata probabilità statistica che una determinata condotta possa aver cagionato l'evento lesivo, ma dall'esito del ragionamento probatorio, che abbia altresì escluso l'incidenza di fattori alternativi dovrà risultare che la condotta sia stata condizione necessaria dell'evento "con alto o elevato grado di probabilità logica".

In altre parole, nel caso di specie, laddove dal dibattimento emergessero spiegazioni alternative del contagio di Caia, si potrebbe arrivare ad escludere la sussistenza del nesso di causalità.

In caso contrario, il nesso causale potrà dirsi accertato processualmente, incidendo notevolmente la reiterazione della condotta pericolosa da parte di Tizio, dopo il ricovero in ospedale, sul coefficiente di probabilità statistico di contagio.

Passando ora all'esame dell'elemento psicologico del reato occorrerà distinguere le condotte di Tizio antecedenti al ricovero da quelle successive.

Quanto alle prime, dovrà certamente escludersi la sussistenza dell'elemento soggettivo penalmente rilevante richiesto dal reato di omicidio volontario, non emergendo dal fatto alcuna prova che l'imputato nutrisse motivi di ragionevole sospetto che la sintomatologia manifestatasi prima del ricovero dipendesse da infezione HIV e che quindi, quale portatore dell'infezione, potesse contagiare altri soggetti.

Quanto invece alle condotte successive alla scoperta dell'infezione per determinare la sussistenza o meno dell'elemento soggettivo richiesto dalla norma incriminatrice, si dovrà affrontare la questione giuridica della differenza esistente tra l'ipotesi di dolo eventuale e quella della colpa cosciente.

Sul tema molto si è discusso in giurisprudenza, soprattutto con riferimento ad ipotesi fattuali come quella in discussione, pervenendosi spesso a conclusioni differenti.

Secondo l'orientamento giurisprudenziale prevalente, precisato che il dolo eventuale e la colpa cosciente hanno in comune l'elemento rappresentativo, cioè la previsione dell'evento, la linea di confine è determinata dall'elemento volitivo, perchè nel caso del dolo eventuale l'agente opera accettando il rischio di cagionare l'evento quale conseguenza della propria azione od omissione, mentre nel caso della colpa cosciente il soggetto esclude il verificarsi dell'evento e, dunque, non ne accetta il rischio.

In altre parole, l'elemento discretivo tra le due figure sarebbe, secondo questo orientamento, l'accettazione del rischio (sul punto si veda Cass. pen., sez. 1, 19 giugno 2002, n. 28647).

Un secondo filone giurisprudenziale, invece, pone l'accento sul concetto di prevedibilità dell'evento, nel senso che sarebbe ravvisabile il dolo eventuale nel caso in cui il verificarsi dell'evento si presenti come concretamente possibile, mentre si verserebbe in ipotesi di colpa cosciente allorchè la verificabilità dell'evento costituisca una mera ipotesi astratta (Cass. pen. sez. 1, 8 novembre 1995, n. 832).

In realtà le due tesi illustrate non si contraddicono totalmente perché è evidente che l'accettazione del rischio, da parte dell'agente, che l'evento si realizzi sarà ravvisabile quando il verificarsi dell'evento stesso si presenti concretamente possibile.

In altri termini, solo quando l'evento è in concreto possibile e, quindi, prevedibile si può avere un elemento di prova che permetta di affermare che l'agente non solo si è rappresentato il rischio del verificarsi dell'evento, ma che lo ha accettato, nel senso che si è determinato ad agire anche a costo di cagionare l'evento.

Nel caso contrario, quando l'evento sia solo astrattamente verificabile e non sia concretamente prevedibile, appare difficile ascriverlo alla volizione dell'agente, sia pure sotto il profilo dell'accettazione del rischio, non essendo la verificabilità dell'evento percepita dall'agente come concretamente realizzabile.

Sulla scorta delle brevi considerazioni svolte e considerato che, dopo il ricovero, Tizio era certamente a conoscenza della sua malattia e delle modalità di contagio, il suo atteggiamento psicologico in questa seconda fase sarà probabilmente qualificato alla stregua di dolo eventuale.

Sebbene, infatti, l'obiettivo della condotta omissiva di Tizio non fosse certamente la morte della moglie ma quello di mantenere inalterato il rapporto coniugale e di evitare conseguenze dannose, egli non ha escluso la possibilità di cagionare l'evento, accettando il rischio dell'aggravamento irreversibile della già cagionata lesione della salute della moglie.

In conclusione, nel processo a carico di Tizio si potrà provare, in prima battuta, ad escludere la sussistenza del rapporto di causalità basandosi soprattutto sull'assenza di prova circa l'esclusione di fattori causali alternativi di trasmissione.

In secondo luogo, laddove al contrario si riterrà sussistente il rapporto di causalità alla luce di un giudizio di elevata credibilità razionale, si dovrà insistere sul fatto che al momento del contagio (molto probabilmente anteriore al suo ricovero) Tizio non fosse a conoscenza della sua sieropositività e di conseguenza non poteva prevedere e accettare il rischio di un eventuale contagio della moglie.

LA GIURISPRUDENZA SUL CASO

Cassazione penale sez. V, 3 ottobre 2012, n. 38388

Con sentenza 1.10.09, il tribunale di Velletri ha condannato A.L. alla pena di 6 anni e 6 mesi di reclusione, all'interdizione perpetua dai pubblici uffici, all'interdizione legale e alla sospensione dell'esercizio della potestà genitoriale durante l'esecuzione della pena, al risarcimento dei danni e alla rifusione delle spese in favore della parte civile, perché ritenuto responsabile del reato ex artt. 577 u.c., 582, 583 co. 2 n. 1, 585 c.p.,per aver trasmesso alla moglie M.P. - il virus della immunodeficienza -,a mezzo di rapporti sessuali consumati senza precauzione - nella consapevolezza di essere affetto di malattia da HIV, cagionandole una malattia, probabilmente insanabile, con pericolo di vita.

Con sentenza 19.10.2010, la corte di appello di Roma, in riforma della sentenza 1.10.09 del tribunale di Velletri, ha assolto l'A. perché il fatto non costituisce reato.

La procura generale presso la corte di appello di Roma ha presentato ricorso per vizio di motivazione: secondo la corte - in base alla relazione del perito di ufficio non vi è prova che il contagio sia stato cagionato con rapporti in epoca immediatamente prossima al (omissis), data di dimissione dallo (omissis), in cui risulta documentalmente comunicata la diagnosi finale: polmonite da pneumocistis Carinii in paziente HIV positivo. Risulta infatti che per entrambi i coniugi l'insorgenza dell'infezione da HIV risale ad epoca precedente all'anno.

La sentenza rileva che non vi è prova che l'imputato nutrisse motivi di ragionevole sospetto che la sintomatologia manifestatasi prima del ricovero dipendesse da infezione HIV e che quindi, quale portatore dell'infezione, potesse contagiare altri soggetti: secondo la perizia, le manifestazioni dell'infezione in sintomatologie di allarmante significatività si verificano con ampio ritardo, rispetto all'insorgenza dell'infezione medesima.

Secondo la procura generale, all'A. è stato contestato non solo di aver omesso di informare la moglie, ma anche di averle impedito di curarsi adeguatamente, in quanto:

a) durante il proprio ricovero in ospedale aveva fatto credere alla moglie che i medici comunicavano solo con i pazienti e non con i familiari, impedendo alla moglie di conoscere la verità e di intraprendere tempestive ed adeguate iniziative terapeutiche;

b) dopo le dimissioni dall'ospedale, l'imputato,per nascondere l'infezione, assumeva farmaci in confezioni prive di etichetta, dicendo che si trattava di cortisone;

c) ai primi sintomi della moglie, oltre ad opporsi al ricovero in ospedale, l'accompagnava al medico di famiglia, riferendo che la donna era depressa e fece così prescriverle farmaci antidepressivi.

L'intervento di altro medico, richiesto dalla madre della donna, ha consentito il ricovero all'ospedale di (…) dove veniva diagnosticato il virus HIV.

Le menzogne, gli artifici, le simulazioni e il complessivo silenzio nella sentenza sono stati considerati non rilevanti perché successivi al contagio; in tal modo, la corte ha omesso però di considerare che all'evento/contagio, causato dall'iniziale condotta omissiva dell'imputato, è seguito - in danno della moglie - l'evento/peggioramento delle condizioni di salute e del pericolo di vita - accertato all'atto del suo ricovero all'ospedale (omissis) -, causato dall'inscindibile complesso di condotte omissive e fraudolente sopra descritte.

Questi eventi lesivi non possono che ricondursi alla condotta dell'A. , non essendo possibile frapporre uno iato con il contagio, che costituisce una tappa intermedia del processo causativo della malattia, del suo insanabile aggravamento, del pericolo di vita in danno della moglie Questa problematica è stata trattata in maniera marginale dalla sentenza impugnata, che non ha motivato sul punto più rilevante per l'individuazione della responsabilità dell'imputato.

Il ricorso merita accoglimento, in quanto la corte di appello, nella motivazione della sentenza impugnata, ha effettivamente ignorato la parte essenziale e decisiva - ai fini della risoluzione del thema decidendum - della complessa condotta dell'A. , che si è articolata:

a) in una componente omissiva,sotto il profilo conoscitivo, in relazione alla mancata comunicazione alla donna della propria malattia e del rischio del contagio;

b) in una componente ostativa sotto il profilo operativo, in relazione all'impedimento - con menzogne, artifici, simulazioni - di tempestiva predisposizione,da parte della moglie, di interventi idonei a intralciare, neutralizzare, impedire il radicarsi e il peggioramento della malattia, nonché il verificarsi del pericolo di vita.

La corte di appello ha cioè esaminato e valutato parzialmente la illecita condotta, dando rilievo esclusivo al comportamento dell'A. che, pur consapevole di essere affetto da AIDS, intrattenendo rapporti sessuali con la donna senza alcuna precauzione e senza informarla dei rischi cui poteva andare incontro, ha causato l'evento/contagio. Omettendo di rilevare gli ulteriori sviluppi storici, si configura l'ipotesi di lesioni colpose aggravate dalla previsione dell'evento. Secondo un condivisibile orientamento interpretativo della dottrina e della giurisprudenza, la colpa cosciente sarebbe ravvisabile nel soggetto,che, nel caso di specie, pur rappresentandosi l'evento a rischio come possibile risultato della sua condotta, ha agito confidando che il contagio avrebbe potuto anche non avvenire ed escludendo che la salute della moglie potesse subire dei danni. Ciò, in quanto l'attuale imputato, anche in base al modesto livello culturale e nonostante le informazioni avute dai medici nelle occasioni nelle quali è razionalmente da ritenere che egli li abbia consultati nel corso della degenza e nel corso della terapia, potrebbe aver maturato la convinzione, poggiante sulla considerazione che il proprio stato di salute era sotto controllo terapeutico, che niente di male sarebbe successo alla moglie.

La corte però ha omesso di considerare che a questa componente strettamente omissiva e reticente della condotta dell'imputato se ne è intrecciata un'altra: al di là della consapevole e persistente volontà di mantenere questa disinformazione della vittima, con il silenzio, con condotta in negativo,è subentrata una condotta operativa, in positivo, costituita:

a) dall'iniziativa di accompagnarla al medico di famiglia e di riferire la falsa diagnosi che la donna era depressa, facendole così prescrivere farmaci antidepressivi;

b) dalla sua opposizione al ricovero della moglie in ospedale (avvenuto solo a seguito di intervento di un medico, sollecitato dalla madre della M.).

Da questa condotta è derivata, secondo il tribunale, il successivo evento del ritardo della necessaria terapia, dell'aggravamento, dell'irreversibilità della malattia, del pericolo di morte diagnosticato dai periti. Questo evento dell'aggravamento e dell'irreversibilità della malattia non è stato voluto, al pari del primo (il contagio), essendo altro l'obiettivo dell'imputato (complessivamente, mantenere inalterato il rapporto coniugale ed evitare conseguenze per sé dannose o comunque procrastinare al massimo la conoscenza di una diagnosi che, per la sua tardività, inevitabilmente si sarebbe rivelata a suo danno, sul piano della libertà e del suo patrimonio). Questo complesso obiettivo di conservazione dello status di coniuge nonostante la propria malattia. e di impunità o, quanto meno di autotutela a fronte delle conseguenze della sua iniziale omissione, è dimostrato dalle risultanze processuali : la consapevolezza del rischio e la volontà di correrlo a spese del coniuge, nell'intrattenere rapporti sessuali non protetti, è confermata dalla testimonianza del medico dell'ospedale (omissis) , a cui l'imputato confidò di aver taciuto alla moglie il proprio stato di sieropositività, dopo averne avuto diagnosi, "per non perderla"; nel suo esame, la M. ha riferito che suo marito non si è fatto più vedere, neppure per mantenere i contatti con le figlie e ha anche omesso di corrisponderle l'assegno di mantenimento).

La giurisprudenza specifica che sussiste l'elemento psicologico del dolo eventuale quando l'agente, pur non avendo di mira il fatto a rischio, ne abbia accettato - nella proiezione della propria azione verso la realizzazione di un fatto primario - la concreta possibilità del suo verificarsi, in un necessario rapporto eziologico con l'azione medesima. L'autore non respinge quindi il rischio, e non adegua la propria condotta in maniera coerente e funzionale a manifestare una controvolontà verso l'evento diverso, rispetto a quello primariamente voluto (sez. IV, n. 28231 del 24,6,09, rv 244693; sez. V, n. 44712 del 17.9.08, rv 242610, sez. I, n. 832 dell'8.1.1995; sez. IV n. 11024 del 10.10.1996, rv 207333; sez. V, n. 18568 del 21.1.2011).

Si deve quindi concludere che A., pur essendo in grado di rappresentarsi la concreta possibilità che la sua azione reticente e depistante potesse causare un evento diverso da quello per cui materialmente agiva (continuare indisturbato il menage familiare, lasciando in clandestinità il contagio di HIV alla moglie e ostacolando tempestivi interventi terapeutici), non ha escluso la possibilità di cagionare l'evento a rischio (l'aggravamento irreversibile della già cagionata lesione della salute della moglie): gli è mancata quindi la controvolontà verso l'evento altro, accettazione del rischio e quindi con la volizione dell'evento medesimo. È quindi del tutto errata la motivazione della decisione della corte di appello di assoluzione dell'A. per mancanza dell'elemento psicologico del dolo eventuale, in quanto la motivazione è impostata sulla ricostruzione e sulla valutazione della iniziale frazione della condotta dell'A. e sulla correlata omissione di ricostruzione e valutazione della parte maggiormente significativa di tale condotta, costituente ineludibile chiave di lettura di tutta la vicenda in esame. Ne deriva la declaratoria di nullità dell'impugnata sentenza. Il tempo trascorso dalla data di consumazione del reato, così come indicata nel capo di imputazione, ha determinato il maturare del termine di prescrizione, tenuto anche conto della durata delle sospensioni, il giorno 3.1.2009, antecedentemente alla data di emissione della sentenza di primo grado (1.10.2009), sentenza che, per questa causa, va parimenti annullata.

3.2.14 A) TRACCIA PARERE

Nella serata del 22.4.07 CAIO ha avvertito telefonicamente il suo amico TIZIO che al bar Gamma, sito in Montecatini Terme, c'era SEMPRONIO, verso il quale TIZIO nutriva un forte risentimento, in quanto la sua ragazza, tale MEVIA, in un periodo in cui egli era stato assente dall'Italia, aveva avuto una relazione sentimentale con il SEMPRONIO. Quest'ultimo era seduto ad un tavolo del bar assieme ai suoi amici GIORGIO, Vladimiro e Daniela, fidanzata di Giorgio; ad un altro tavolo era seduto CAIO, assieme ad altre persone.

TIZIO è giunto al bar armato di coltello e, senza entrare, ha intimato al SEMPRONIO di uscire. I due hanno cominciato a discutere; poi TIZIO ha colpito il SEMPRONIO con una coltellata alla regione sottocostale. Sono a questo punto intervenuti gli amici dei due contendenti ed è iniziata una rissa, nella quale si sono fronteggiati i due gruppi contrapposti.

Secondo la testimonianza di Daniela, Giorgio, che impugnava un bastone, simile ad una mazza di baseball, è stato afferrato da dietro da CAIO, che gli ha messo una gamba fra le gambe, trascinandolo a terra all'indietro; quindi CAIO, a terra supino, aveva sopra di sè pure supino Giorgio, che impugnava il bastone; CAIO gli ha quindi bloccato le mani, consentendo a TIZIO di gettarsi sul Giorgio, bloccare le sue gambe fra le sue ginocchia e colpirlo ripetutamente al petto con il coltello, fino a provocarne la morte.

Dopo di che TIZIO e CAIO si sono dati la fuga, per essere poi fermati dalla p.g. il primo a Milano, il secondo a Bari, mentre cercavano di lasciare l'Italia.

Caio si rivolge al vostro studio legale e vi chiede parere motivato sulla propria posizione nella vicenda descritta.

B) SOLUZIONE PARERE: <u>RISSA AGGRAVATA E CONCORSO ANOMALO.</u>

Viene richiesto parere legale in merito alla posizione di Caio che la sera del 22.04.2007, dopo aver avvisato telefonicamente il suo amico Tizio della presenza, nel bar Gamma, di Sempronio, con cui la sua fidanzata Mevia aveva avuto una relazione sentimentale, rimase coinvolto in una rissa nell'ambito della quale, venuto a contatto diretto con Giorgio, procedeva a bloccargli le mani, mentre era supino su di sé, consentendo a Tizio di colpirlo ripetutamente con il coltello fino a provocarne la morte.

Posto che materialmente l'omicidio è stato commesso da Tizio, occorre capire se Caio debba rispondere solo del reato di rissa aggravata od anche di concorso in omicidio e, nell'eventualità, se ricorra un vero e proprio concorso morale o materiale ai sensi dell'art. 110 c.p. o, più favorevolmente, un concorso anomalo con la relativa riduzione di pena di cui all'art. 116 c.p..

Stando alla testimonianza di Daniela, la cui attendibilità dovrà essere valutata nel corso del processo, essendo essa comunque la fidanzata di Giorgio, pare inconfutabile la contestazione del reato di rissa, che si configura quando un gruppo di persone in numero superiore a tre venga alle mani con il proposito di ledersi reciprocamente (Cass., sez. V, 13 maggio 2004 n. 43524).

Tale reato, posto a tutela dell'incolumità individuale, inoltre, per la sua sussistenza richiede che i partecipanti alla rissa devono essere animati dal reciproco intento di recare offesa agli avversari, e la reciprocità di cui innanzi, pare proprio dimostrata dal fatto che Giorgio impugnasse un bastone, simile ad una mazza da baseball, e che Caio lo abbia afferrato da dietro per impedirgli di usare il bastone.

Il caso di specie, invero, sembra però rientrare nel secondo comma dell'art. 588 c.p. che disciplina la rissa aggravata, per il caso in cui nella rissa taluno rimanga ucciso o riporti lesioni personali, prevedendo la punibilità dei corrissanti per il solo fatto della partecipazione alla rissa. Si tratta di un tipico caso di reato aggravato dall'evento, della cui legittimità si è anche dubitato, in quanto l'evento aggravante sembra posto a carico dei corrissanti a titolo di responsabilità oggettiva, cioè indipendentemente da un legame doloso o colposo, ma la cui legittimità è stata salvata dalla giurisprudenza, richiedendo la prevedibilità dell'evento ulteriore.

Premesso ciò, se dovesse accertarsi che Caio fosse stato in grado di prevedere almeno il fatto di lesioni, si dovrà accertare se i reati di lesioni personali e omicidio, commessi nel corso della rissa, siano elementi costitutivi del reato di rissa aggravata o, in quanto titoli autonomi, concorrono con il reato di cui all'art. 588, comma 2.

Su tale questione, risalente e consolidata giurisprudenza ha ritenuto che tali reati più gravi non debbono essere contestati autonomamente; più precisamente, la sezione V della Cassazione con sentenza 5 novembre 1974 - 10 marzo 1975 n. 2686, ha stabilito quanto segue: "il bene tutelato dall'art. 588 c.p. è sempre l'incolumità personale, che è messa in pericolo (ipotesi semplice) o che è lesa (ipotesi aggravata) da una violenta contesa tra più persone, non si ha dunque titolo autonomo di reato diversamente punito, ma un'ipotesi aggravata dello stesso reato, onde è possibile il giudizio di comparazione tra circostanze".

Però, sebbene la rissa possa concorrere materialmente con qualsiasi delitto che non ne sia elemento costitutivo o circostanza aggravante, Caio deve essere reso edotto della circostanza che, recente giurisprudenza ha stabilito che il reato di rissa aggravata concorre con altri reati, come quelli di lesioni personali e di omicidio.

Emerge, così, la seconda questione da affrontare, in quanto occorre verificare se sussista la responsabilità di Caio a titolo di concorso in omicidio ai sensi dell'art. 110 c.p. o a titolo di concorso anomalo ex art. 116 c.p..

Il caso di cui si discute, sembra inquadrabile nell'ambito del concorso anomalo, che si occupa del caso in cui il reato commesso sia diverso da quello voluto da taluno dei concorrenti, poiché il fatto che Caio abbia preso parte alla rissa non dimostra che egli avesse voluto il reato più grave dell'omicidio ai danni di Giorgio, in quanto egli era mosso soltanto dall'intento di ledere.

La più favorevole ipotesi del concorso anomalo sembra sussistere nel caso che ci occupa, poiché ne ricorrono i requisiti, ossia l'adesione dell'agente a un reato concorsualmente voluto, la commissione da parte di altro concorrente di un reato diverso o più grave e l'esistenza di un nesso causale, anche psicologico, tra la condotta dell'agente compartecipe e l'evento diverso e più grave in concreto verificatosi.

Onde evitare che ricadesse nelle ipotesi vietate di responsabilità oggettiva, la giurisprudenza di legittimità, ormai unanime, soffermandosi sul terzo requisito, ha ritenuto che "sussiste la responsabilità a titolo di concorso anomalo ex art. 116 c.p., in ordine al reato più grave e diverso da quello voluto qualora vi sia la volontà di partecipare con altri alla realizzazione di un determinato fatto criminoso ed esista un nesso causale nonché psicologico tra la condotta del soggetto che ha voluto solo il reato meno grave e l'evento diverso, nel senso che quest'ultimo deve essere oggetto di possibile rappresentazione in quanto logico sviluppo, secondo l'ordinario svolgersi e concatenarsi dei fatti umani, di quello concordato, senza peraltro che l'agente abbia effettivamente previsto ed accettato il relativo rischio, poiché in tal caso ricorrerebbe l'ipotesi di concorso ex art. 110 c.p.; inoltre la prognosi postuma sulla prevedibilità del diverso reato commesso dal ricorrente va effettuata in concreto valutando la personalità dell'imputato e le circostanze ambientali nelle quali si è svolta (Cass. sez. V, 8 luglio 2009 – 9 ottobre 2009 n. 39339).

Invero, per quanto astrattamente potrebbe sussistere la responsabilità di Caio a titolo di concorso anomalo in omicidio, deve segnalarsi che con una recente sentenza, la n. 31219 del 7 luglio 2009, la I sezione della Cassazione ha ribadito quell'orientamento secondo il quale "il reato di rissa aggravata concorre con altri reati, come quelli di lesioni e di omicidio, solo con riferimento al corrissante autore degli ulteriori fatti e a coloro nei cui confronti siano eventualmente ravvisabili gli estremi del concorso materiale o morale ai sensi dell'art. 110 c.p., mentre nei confronti dei corrissanti diversi dagli autori o coautori dei reati più gravi è configurabile la speciale fattispecie di rissa aggravata e non il concorso anomalo ai sensi dell'art. 116 c.p.".

Diversamente, o altra parte della giurisprudenza, distingue autonomamente le posizioni, quella dell'autore materiale dell'omicidio che risponde indifferentemente a titolo dolo o di colpa, daquella degli altri corrissanti, che rispondono di dolo misto o colpa, qualora siano stati in grado di prevedere, accettandone l'eventualità, almeno un fatto di lesioni; così facendo arriva a sostenere che la configurabilità del reato di rissa aggravata non è idoneo ad escludere la ricorrenza anche del concorso anomalo (Cass., sez. I, 3 febbraio 2010 – 3 maggio 2010 n. 16762).

Dunque, sulla base di questa ricostruzione, il dolo coprirebbe il reato base di rissa e la colpa cadrebbe sull'evento morte.

L'addebito a titolo di colpa richiede però in primis una verifica sulla misura oggettiva della colpa, attraverso un giudizio sulla prevedibilità e d evitabilità dell'evento alla stregua dell'agente modello, ed in secondo luogo un'analisi della misura soggettiva della colpa.

Non potendo valutare la condotta di Caio alla stregua di un agente modello, non avendo egli svolto un'attività socialmente utile ma soprattutto non potendo individuare quali sarebbero le cautele che Caio avrebbe dovuto adottare per lo svolgimento di un'attività che di per sé è illecita; dovendo soggettivizzare questa ipotesi di responsabilità oggettiva per renderla conforme all'art. 27 Cost., non rimane che prendere in considerazione la misura soggettiva, valutando quindi la prevedibilità non alla stregua dell'*homo eiusdem condicionis et professionis*, ma alla stregua del soggetto che commette il delitto, alla luce cioè di quelle che sono le ulteriori conoscenze di Caio.

Sulla base di ciò, Caio potrebbe essere chiamato a rispondere anche di concorso anomalo in omicidio, solo se sia possibile prevedere in concreto l'evento morte, dunque solo se sia possibile dimostrare che Caio avrebbe potuto concretamente prevedere che Tizio si sarebbe presentato al bar con un coltello, e che il suo intento non fosse solo quello di rimproverare Sempronio, ma anche di cagionare la morte di quanti sarebbero accorsi in suo aiuto.

Sembra pertanto di poter concludere nel senso che, nel processo a carico di Caio, si potrà insistere affinché gli venga contestata la sola ipotesi di rissa aggravata di cui all'art. 588, comma 2, in quanto per i corrissanti diversi dall'autore materiale, non è configurabile il concorso in altri reati, che ne costituiscano i presupposti.

In secondo luogo, laddove al contrario si dovesse ritenere che la rissa aggravata possa concorrere con i reati di lesioni e omicidio, dovrà insistersi per una qualificazione del concorso di Caio ai sensi dell'art. 116 c.p. (e non dell'ipotesi più grave di concorso morale o materiale, di cui all'art. 110 c.p.), di cui potrà rispondere solo se si dovesse accertare che l'evento morte fosse prevedibile in concreto.

3.2.15 A) TRACCIA PARERE

Tizio, per regolare una questione personale con il vecchio socio in affari Mevio, decideva di gambizzarlo dinanzi all'uscita di un locale della zona. Appostatosi in un luogo buio, quando vide uscire la sagoma di Mevio sparò nei suoi confronti due colpi di pistola uno dei quali raggiungeva effettivamente al polpaccio il bersaglio, mentre l'altro lo mancava e colpiva al collo il passante Sempronio, ferendolo senza provocarne la morte.

Tizio al momento di fuggire vide che in realtà Mevio stava uscendo in quel momento dal locale e che il soggetto colpito per primo era una persona differente, simile a Mevio solo per corporatura fisica.

Il candidato, assunte le vesti del legale di Tizio, prestando particolare attenzione all'elemento soggettivo dei reati, analizzi le fattispecie configurabili e le possibili difese in giudizio.

B) SOLUZIONE PARERE: <u>LA DIVERGENZA TRA VOLUTO E REALIZZATO.</u>

La questione sottoposta all'attenzione ha ad oggetto l'applicazione dell'istituto dell' *aberratio* con tutte le problematiche connesse all'elemento soggettivo che deve sottendere l'azione del reo.

Infatti, Tizio, appostatosi nel buio all'uscita di un locale, convinto di trovarsi di fronte al proprio socio d'affari Mevio e di regolare con lui dei "conti in sospeso", sparava due colpi di pistola, uno dei quali centrava alla gamba il bersaglio, poi rivelatosi persona diversa da Mevio, l'altro feriva per errore Sempronio.

Innanzitutto è utile premettere che sussiste *aberratio* sia quando per errori esecutivi l'offesa venga rivolta a soggetto diverso da quello voluto (*aberratio ictus*), sia nell'ipotesi in cui si realizzi un evento di natura diversa da quello che l'agente si proponeva e quindi si commetta un altro delitto (*aberratio delicti*) (cfr. Cass.n.15990/2006).

In particolare, la prima ipotesi (art.82 c.p.) si verifica quando "per errore nell'uso dei mezzi di esecuzione del reato, o per un'altra causa, è cagionata offesa a persona diversa da quella alla quale l'offesa era diretta". In tal caso, il colpevole risponde "come se avesse commesso il reato in danno della persona che voleva offendere" e si verte nel caso di *aberratio ictus* c.d. monolesiva.

Quando invece "oltre alla persona diversa, sia offesa anche quella alla quale l'offesa era diretta, il colpevole soggiace alla pena stabilita per il reato più grave, aumentata fino alla metà", e si parla di *aberratio ictus* plurilesiva.

L'*aberratio delicti* monolesiva, invece, ricorre "se, per errore nell'uso dei mezzi di esecuzione del reato, o per un'altra causa, si cagiona un evento diverso da quello voluto", allora " il colpevole risponde, a titolo di colpa, dell'evento non voluto, quando il fatto è preveduto dalla legge come delitto colposo".

Se il colpevole ha cagionato altresì l'evento voluto, si applicano le regole sul concorso dei reati e si verte in ipotesi di *aberratio delicti* plurilesiva.

Nel caso di specie, occorre prestare particolare attenzione alla disciplina dell'*aberratio ictus*, dal momento che Tizio non ha realizzato un evento diverso da quello voluto, bensì è incorso in un errore esecutivo che si è riflesso su uno dei soggetti concretamente colpiti dalla sua azione delittuosa.

Questo, infatti, voleva ed ha effettivamente cagionato delle lesioni. Ciò che tuttavia deve analizzarsi per verificare le responsabilità ad esso ascrivibili, è il titolo in forza del quale l'evento lesioni sia ad esso addebitabile, sia rispetto al soggetto che aveva di mira sia rispetto a Sempronio ferito accidentalmente.

Tizio, infatti, oltre ad avere erroneamente ferito un soggetto ulteriore rispetto a quello al quale mirava, ha altresì colpito per sbaglio lo stesso bersaglio, avendolo scambiato per una persona diversa.

Pertanto, dovrebbe ritenersi che questi abbia posto in essere senz'altro una *aberratio ictus* dicui all'art. 82 c.p. relativamente all'offesa arrecata a Sempronio, essendosi l'errore riflesso nell'oggetto materiale dell'azione (cfr. Cass.n.15990/2006), mentre lo stesso non può dirsi rispetto a colui che invece ha colpito volontariamente.

Al fine di individuare le conseguenza per esso concretamente prospettabili, è utile quindi scindere in due parti l'analisi del caso concreto.

In particolare, relativamente all'offesa cagionata a Sempronio, deve ritenersi che Tizio ne risponderà secondo la disciplina dell'*aberratio ictus*, in quanto effettivamente Tizio lo ha colpito a causa di un errore commesso nella fase di esecuzione del reato.

Sul punto, si rileva che a lungo la dottrina si è interrogata circa il titolo in forza del quale venisse addebitato all'agente l'offesa cagionata al soggetto diverso da quello dovuto.

Un orientamento propugna la possibile imputabilità della responsabilità a titolo oggettivo, ovvero sulla base del semplice nesso causale tra l'azione e l'evento dannoso (cfr. Cass.n.38303/2005).

Altro orientamento, propende invece per l'attribuzione a titolo di dolo anche dell'offesa cagionata per errore, sostenendo la traslazione normativa dell'elemento subiettivo che sottende l'azione voluta anche all'offesa ulteriore non voluta né rappresentata, in quanto il soggetto si sarebbe consapevolmente posto in una situazione di illiceità potenzialmente volta a sviluppi ulteriori rispetto a quelli voluti (cfr. Cass.n.3803/2005). Conseguentemente, l'accertamento del giudice circa l'elemento soggettivo dovrebbe rivolgersi esclusivamente al fatto preso di mira dall'agente.

Un ultimo orientamento, maggiormente garantista, in ossequio al principio di colpevolezza di cui all'art.27, II comma Cost., sostiene l'esistenza di una responsabilità dolosa mista a colpa. Nel dettaglio, l'agente risponderebbe per dolo solo rispetto al fatto voluto e rappresentatosi, mentre l'offesa ulteriore non potrebbe attribuirsi a titolo di responsabilità oggettiva dovendosi piuttosto accertare concretamente la sussistenza degli elementi della colpa rispetto ad essa. Conseguentemente prima dovrebbe verificarsi che l'offesa arrecata sia astrattamente punibile anche a titolo di colpa, successivamente dovrebbe indagarsi sulla effettiva violazione di norme cautelari da parte del reo.

Nel caso di specie, sembra che, indipendentemente da quale dei suesposti orientamenti si abbracci, Tizio debba ritenersi responsabile delle lesioni accidentalmente cagionate a Sempronio.

Anche sposando la tesi del dolo misto a colpa, infatti, Tizio ha cagionato al passante delle lesioni personali, fattispecie delittuosa senz'altro prevista dall'ordinamento in forma colposa all'art. 590 c.p..

Inoltre, deve ritenersi che, seppure voglia escludersi l'esistenza di norme precauzionali per colui che già versi in una condotta illecita, parte della dottrina ha ipotizzato quale requisito subiettivo, in alternativa alla verifica della violazione delle predette norme, la prevedibilità da parte dell'agente della possibilità di realizzare l'evento in danno di altro soggetto.

Ebbene, nel caso di specie, sembra potersi ritenere che colui il quale spari più di un colpo al buio e per di più in luogo pubblico e presumibilmente affollato, come nel caso di specie l'uscita da un locale, avrebbe dovuto prevedere la possibilità di colpire terzi.

Rispetto all'estraneo accidentalmente colpito al collo, dunque, Tizio dovrebbe rispondere di lesioni dolose per effetto dell'art.82 c.p. (*aberratio ictus*) in combinazione con l'art.582 c.p..

Per quanto riguarda invece il soggetto colpito al polpaccio, benchè questi diverga nell'identità rispetto a colui che voleva realmente colpirsi, deve ritenersi l'irrilevanza dell'errore ai fini dell'applicabilità dell' *aberratio*.

Infatti, lo sbaglio in cui è incorso Tizio rispetto alla vittima gambizzata, non ha investito le modalità esecutive dell'azione, bensì attiene ad un elemento intellettivo che riguarda la mera identità dell'offeso, requisito del tutto indifferente all'interno della struttura del fatto tipico del delitto di lesioni personali, nonché rispetto alla valutazione dello stesso disvalore penale della condotta delittuosa (cfr. cass.n.28378/2008).

Per tale ragione non può ritenersi esistente neanche un errore sul fatto tipico a norma dell'art. 47 c.p., dal momento che nella mente di Tizio l'unico dato che si è falsamente rappresentato è appunto l'identità della vittima, la quale non rientra tra gli elementi costitutivi del delitto che assumono valore all'interno del reato in questione.

Per tali motivi, rispetto a questa condotta delittuosa, Tizio dovrebbe risponderne come se avesse effettivamente colpito dolosamente Mevio oltre che Sempronio.

Scomposte, per comodità di analisi, le due offese scaturite dalla condotta di Tizio, è ora necessario guardare al fatto concreto nella sua complessità. Deve ritenersi che Tizio, ferendo volontariamente il soggetto scambiato per Mevio e per errore esecutivo Sempronio, ha posto in essere una condotta sussumibile nella *aberratio ictus* plurilesiva di cui all'art.82, II comma, c.p., relativamente al delitto di lesioni dolose di cui all'art.582 c.p..

In particolare, per effetto di tale disciplina, si considera come se Tizio avesse commesso un unico reato di lesioni personali dolose, atteso che questo era l'elemento subiettivo originario, a nulla rilevando che l'offesa si sia poi estesa materialmente ad un soggetto ulteriore (cfr. Cass.n.15990/2006). Conseguentemente, attesa l'omogeneità dell'offesa volontariamente cagionata e quella che ne è derivata per errore, a Tizio dovrebbe applicarsi la pena prevista per il reato di lesioni dolose aumentata fino alla metà.

Tuttavia, è utile osservare che lo scambio di persona in cui è incorso Tizio rispetto a Mevio, se non assume rilevanza ai fini della valutazione della sua responsabilità penale, potrebbe assumerne relativamente al regime delle circostanze aggravanti e attenuanti ad esso applicabili.

Infatti, l'art.60 c.p. stabilisce che *"Nel caso di errore sulla persona offesa da un reato, non sono poste a carico dell'agente le circostanze aggravanti, che riguardano le condizioni o qualità della persona offesa, o i rapporti tra offeso e colpevole. Sono invece valutate a suo favore le circostanze attenuanti, erroneamente supposte, che concernono le condizioni, le qualità o i rapporti predetti"*.

Deve tuttavia precisarsi che in tale esclusione non rientra l'aggravante della premeditazione in quanto non attinente alle condizioni o qualità della persona offesa. Dunque, se questa circostanza sussiste rispetto a Mevio, soggetto effettivamente preso di mira, la sua addebitabilità a carico di Tizio permane anche relativamente a colui che è stato colpito per errore, ritenendosi compatibile con l'*aberratio* anche tale particolare intensità di dolo (cfr. Cass.n.15990/2006).

Nel caso di specie, quindi, in forza della disciplina dell'*aberratio ictus plurilesiva*, Tizio potrebbe essere incolpato di lesioni dolose aggravate dalla premeditazione. In particolare a questo potrebbe essere comminata una pena la cui base edittale consiste in quella prevista per il delitto di cui all'art.582 c.p. aumentata fino alla metà.

In suo favore, tuttavia, potrebbe prospettarsi l'applicazione delle circostanze aggravanti e attenuanti secondo il disposto dell'art. 60 c.p..

3.2.16 A) TRACCIA PARERE

Al termine della procedura giudiziale di divorzio con l'ex moglie Mevia, Tizio veniva condannato a corrisponderle un assegno di mantenimento mensile di Euro 600,00 al mese. Dopo l'iniziale adempimento alla suddetta obbligazione, Tizio, che nel frattempo aveva subito un drastico ridimensionamento del proprio stipendio, cessava arbitrariamente la corresponsione dell'assegno. L'ex moglie Mevia presentava querela alle autorità competenti e avviatosi un processo penale nei confronti di Tizio, egli veniva condannato per i reati p.p. dagli artt. 388 c.p. e dall'art. 12 sexies della L. 1 dicembre 1970 n. 898 (in riferimento all'art. 570 c.p., comma 2). Tale condanna veniva pronunciata nonostante la moglie prima del dibattimento avesse rimesso la querela nei suoi confronti. Tizio si rivolge al vostro studio legale per ottenere parere motivato in merito alla possibilità di impugnare e ottenere una modifica della sentenza di condanna di primo grado.

B) SOLUZIONE PARERE: <u>MANCATA CORRESPONSIONE DELL'ASSEGNO DI DIVORZIO.</u>

Tizio richiede parere legale in merito all'opportunità di ricorrere in appello avverso la sentenza che lo condanna per i fatti di seguito illustrati.

A seguito di una drastica riduzione del proprio stipendio, Tizio cessa di versare l'assegno di mantenimento a Mevia, dalla quale è giudizialmente divorziato. Il procedimento si conclude con la condanna di Tizio per i reati previsti agli artt. 388 c.p. e 12 sexies della l. 1 dicembre 1970, n. 898 (d'ora in poi legge sul divorzio), in riferimento all'art. 570, comma 2 c.p., nonostante Mevia, prima del dibattimento, abbia rimesso la querela.

La prima questione giuridica da affrontare concerne la procedibilità nei confronti di Tizio per i reati ascrittigli.

Quanto al reato di mancata esecuzione dolosa di un provvedimento del giudice, l'art. 388, comma 6, c.p. prescrive la perseguibilità a querela di parte. L'intervenuta remissione di querela configura un'ipotesi di estinzione del reato (art. 152 c.p.), che avrebbe dovuto determinare il giudice a pronunciare sentenza di non doversi procedere, ai sensi dell'art. 129 c.p.p. .

Le stesse considerazioni non sono, *tout court*, estensibili al reato previsto all'art. 12 sexies della legge sul divorzio, il quale prevede: "*Al coniuge che si sottrae alla corresponsione degli assegni dovuti a norma degli artt. 5 e 6 della presente legge si applicano le pene previste dall'art. 570 del Codice penale*".

La generalità del rinvio all'art. 570 c.p. ha lasciato spazio a due differenti orientamenti in ordine alla perseguibilità della fattispecie in esame.

Secondo un primo approccio ermeneutico, il rinvio sarebbe da intendersi all'intero regime sanzionatorio prescritto dall'art. 570 c.p., ivi comprese le norme sulla procedibilità. Dall'adozione di tale orientamento discenderebbe, in generale, la necessità di una querela di parte, eccettuate, tuttavia, le ipotesi di cui al n. 1 e, limitatamente ai reati commessi nei confronti dei minori, al n. 2 del comma 2 dell'art. 570 c.p. (in questo senso v. Cass. Pen., Sez. VI, del 2/3/2004, n. 21673).

L'orientamento maggiormente condiviso dalla giurisprudenza di legittimità, invece, evidenzia l'autonomia della fattispecie dell'art. 12 sexies della legge sul divorzio rispetto alla norma di cui all'art. 570 c.p., alla quale rinvierebbe soltanto "quoad poenam", con la conseguenza che, nel silenzio della disposizione, le violazioni dell'obbligo di corresponsione dell'assegno di divorzio sarebbero perseguibili d'ufficio (v. ex multis Cass. Pen., Sez. VI, del 25/9/2009, n. 39938).

A sostegno di tale tesi viene posta una pronuncia della Corte Costituzionale del 1989, ma dai riflessi ancora attuali, secondo cui è inammissibile la questione di illegittimità costituzionale per contrasto agli artt. 3 e 29 Cost., del citato art. 12 sexies, nella parte in cui, disponendo che al coniuge che si sottrae all'obbligo di corrispondere l'assegno fissato con sentenza che pronuncia lo scioglimento o la cessazione degli effetti civili del matrimonio si applicano le pene dell'art. 570 c.p., non prevede che il reato sia punibile a querela della persona offesa (Corte Cost., sent. n. 472, del 1989, più recente sent. n. 325, del 1995). La Corte delle leggi giustifica la disparità sul piano della perseguibilità in base al rilievo che le due fattispecie, pur avendo spiccati elementi di affinità, si differenziano sia sotto il profilo soggettivo (della permanenza del vincolo matrimoniale), sia sotto il profilo oggettivo (relativamente alla natura e al contenuto dell'assegno).

Pertanto, la difformità di trattamento tra coniuge separato e coniuge divorziato, sarebbe giustificata dalla posizione giuridica più debole del secondo nei confronti del coniuge obbligato al versamento dell'assegno di mantenimento, rispetto al coniuge separato, che può ancora vantare la pendenza del vincolo.

Da qui la previsione di una più severa tutela della posizione giuridica dell'avente diritto in seguito al divorzio.

La questione della perseguibilità del reato di cui all'art 12 sexies non può dirsi approdata ad un'univoca soluzione nemmeno grazie all'intervento delle Sezioni Unite della Cassazione in ordine al rapporto tra la fattispecie "de quo" e l'art. 570 c.p., di cui si discuterà appresso (Cass. Pen., S.U., del 31/5/2013, n. 23866), che pur riprendendo la risalente pronuncia delle Corte Costituzionale succitata, non manca di evidenziare la sussistenza di una radice comune tra le due fattispecie, volte entrambe a garantire, rafforzandola con l'assistenza della pena, l'osservanza di obblighi che traggono origine attuale o pregressa, da un rapporto familiare fondato sul matrimonio.

La condivisione di tali tematiche renderebbe maggiormente confacente alle esigenze di tutela dell'art. 12 sexies proprio il regime di perseguibilità a querela di parte, prescritto dall'art. 570 c.p., giacchè quest'ultimo, novellato con la legge 24 novembre 1981, n. 689, che ne ha introdotto la perseguibilità a querela, ha inteso limitare l'ingerenza dello Stato nei rapporti familiari e configurare non già, come sino ad allora ritenuto, una norma penale a tutela della famiglia, bensì una garanzia del vincolo familiare, nella prospettiva del libero svolgimento delle personalità individuali (in questo senso Cass. Pen. Sez. VI del 2/3/2004, n. 21673).

Evidenziata l'incertezza in ordine all'esito che potrebbe avere in sede di appello, la richiesta di una declaratoria di improcedibilità anche in relazione alla condanna per il reato previsto dall'art. 12 sexies legge sul divorzio, preme allo scrivente affrontare un'ulteriore questione.

Tizio è stato condannato dal Tribunale penale per il reato previsto dall'art. 12 sexies legge divorzio, in riferimento all'art. 570 comma 2 c.p.. Tale circostanza merita di essere rimeditata alla luce di un recente arresto delle Sezioni unite (Cass. Pen., S.U., del 31/5/2013, n. 23866), in relazione alla portata del rinvio all'art. 570 c.p. effettuato dall'art. 12 sexies.

La vaghezza del rinvio all'art. 570 c.p., cui si è già avuto modo di accennare, ha dato adito a due contrapposti orientamenti anche in ordine all'individuazione del "quoad poenam".

La giurisprudenza di legittimità della Suprema Corte era piuttosto incline a riferire il rinvio al trattamento sanzionatorio dell'art. 570, comma 2, c.p., trattandosi di una fattispecie incriminatrice del tutto autonoma, e dal contenuto differente, da quella prevista al comma 1 della medesima disposizione. (tra le tante, Cass. Pen., Sez. VI, del 26/01/2009, n. 3426).

Tale ricostruzione trovava il proprio fondamento in una ritenuta "affinità sostanziale" tra la fattispecie dell'art. 12 sexies legge sul divorzio e il comma 2 dell'art. 570 c.p., nell'ipotesi della mancata corresponsione dei mezzi di sussistenza. In altri termini, entrambe le norme erano da intendersi poste a tutela di obblighi aventi natura prettamente economica, e non morale (come quelle contemplate al comma 1 della disposizione codicistica). Ne discendeva che, in caso di mancato versamento degli assegni prescritti a norma degli artt. 5 e 6 della legge sul divorzio, il coniuge inadempiente sarebbe stato sottoposto alla pena congiunta della reclusione e della multa (come prevede, appunto, il comma 2 dell'art. 570 c.p.), a prescindere dalla valutazione della sussistenza dello stato di bisogno del coniuge beneficiario dell'assegno e dall'accertamento delle capacità economiche del coniuge obbligato al versamento dello stesso, elementi richiesti ai fini della valutazione della sussistenza dell'art. 570 c.p. .

Le Sezioni Unite, dal canto loro, hanno sradicato la tesi della sostanziale analogia tra le due disposizioni, evidenziando proprio la difformità contenutistica e funzionale dell'assegno di mantenimento rispetto ai "mezzi di sussistenza", richiamati dall'art. 570 c.p., comma 2.

L'assegno di mantenimento dovuto dall'ex coniuge, a seguito di divorzio, sarebbe comprensivo di tutti gli introiti economici e materiali idonei a garantire a quest'ultimo un tenore di vita analogo a quello avuto in costanza di matrimonio.

Diversamente, la nozione "mezzi di sussistenza" avrebbe una portata contenutistica più ristretta, ossia limitata a "ciò che è indispensabile a vivere, senza tenere conto delle condizioni sociali e di vita pregresse dell'avente diritto" (Cass. Pen., Sez. VI, del 21/11/2012, n. 49755).

La diversità oggettiva, secondo il giudice di legittimità, impedisce di <u>trovare</u> rapporti analogici tra l'art. 12 sexies legge sul divorzio e il secondo comma dell'art. 570 c.p., sicché il rinvio all'art. 570 c.p. sarebbe, correttamente, da riferire al primo comma della disposizione codicistica, che prevede la pena alternativa della reclusione o della multa (Cass. Pen., Se. VI, del 31/5/2013, n. 23866).

Alla luce delle considerazioni su esposte, lo scrivente, ritenendo di condividere l'orientamento minoritario che vede perseguibile a querela di parte il reato di cui all'art. 12 sexies della legge sul divorzio, sarebbe proficuo, per la posizione giuridica di Tizio, impugnare la sentenza di condanna di primo grado al fine di ottenere l'annullamento e la declaratoria di non doversi procedere per entrambi i reati di agli artt. 388 c.p. e 12 sexies legge sul divorzio, per estinzione degli stessi, determinata dall'intervenuta rimessione di querela da parte della persona offesa.

Tuttavia, nell'evenienza di un accoglimento, da parte della Corte territoriale, dell'orientamento che ritiene la fattispecie dell'art. 12 sexies perseguibile d'ufficio, si ritiene opportuno richiedere una rideterminazione della relativa pena ai sensi del comma 1, art. 570 c.p., conformemente al principio di diritto enunciato dalle S.U. lo scorso maggio.

3.2.17 A) TRACCIA PARERE

Tizio e Caio facevano irruzione armata nella banca Gamma per effettuare una rapina.

Una volta entrati, Tizio, sottratta una pistola ad una guardia giurata, prendeva in ostaggio dapprima una donna e poi un ragazzo al fine di consentire che il complice potesse fuggire con il bottino di novemila euro sottratti all'istituto di credito.

Una volta uscito dalla banca Caio veniva inseguito nella fuga da agenti di Polizia e sparava al loro indirizzo, per farli desistere, un colpo di pistola ad altezza d'uomo.

Caio, al termine dell'inseguimento veniva catturato. Tizio, invece veniva bloccato subito mentre usciva dalla banca.

Il candidato analizzi la fattispecie o le fattispecie configurabili nelle condotte descritte, e rediga parere *pro veritate* in merito.

B) SOLUZIONE PARERE: <u>RAPINA, SEQUESTRO DI PERSONA E CONCORSO.</u>

Viene richiesto parere legale in merito alla rilevanza penale della condotta tenuta da Tizio e Caio, i quali facevano irruzione armata all'interno della banca Gamma al fine di commettere una rapina.

Ciò posto, è necessario esaminare distintamente la posizione di ciascun soggetto, per poi analizzarle congiuntamente alla luce delle norme in materia di concorso di persone nel reato.

Con riferimento a Tizio, devono essere prese in considerazione le fattispecie incriminatrici previste dagli artt. 628 c. p. e 605 c.p. .

Questi, infatti, entrato in banca con l'intento di rapinarla, prendeva in ostaggio dapprima una donna e poi un ragazzo. Si tratta, quindi, di stabilire se le fattispecie della rapina e del sequestro di persona ricorrono, nel caso di specie, contemporaneamente in forza di un concorso di reati oppure sia applicabile il diverso istituto del concorso apparente di norme.

La soluzione a tale interrogativo deve necessariamente passare attraverso l'esposizione dell'orientamento giurisprudenziale sul punto. In particolare, è opinione pacifica che il delitto di sequestro di persona rimanga assorbito in quello di rapina, senza concorrere con esso, solo laddove tra i due reati si instauri un rapporto funzionale, ravvisabile in una privazione della libertà personale, propria del sequestro di persona, entro i limiti temporali strettamente necessari alla consumazione della rapina (vedi Cass., Sez. II, n. 24837/2009).

Il caso in esame, tuttavia, presenta una peculiarità: Tizio agiva nel modo descritto al fine di consentire a Caio di fuggire con il bottino. Recentemente pronunciatasi su un caso analogo, la Corte di Cassazione ha, a questo proposito, precisato che *"nella violenza integratrice del delitto di rapina non si può fare rientrare la privazione della libertà personale della vittima attuata dai rapinatori dopo l'impossessamento violento e non al fine dello stesso, bensì per potersi allontanare dal posto più agevolmente, giacché la condotta dei rapinatori integra un autonomo delitto di sequestro di persona, aggravato dal nesso teleologico"* (Cass., Sez. II, sent. n. 4986/2012).

D'altra parte, alla medesima soluzione è possibile pervenire anche argomentando in ragione della diversità dei beni giuridici tutelati dalle due norme e dell'assenza di ogni rapporto di sussidiarietà o consunzione tra esse. (vedi Cass., Sez. I, sent. n. 31735/2010).

È possibile, ora, soffermarsi sul delitto di rapina ex art. 628 c.p., in ordine al quale si pone il problema di stabilire il momento consumativo, poiché nel caso concreto risulta che Tizio veniva subito bloccato mentre usciva dalla banca, mentre Caio riusciva a darsi alla fuga e veniva catturato solo a seguito di un inseguimento da parte degli agenti di polizia. Il problema si traduce, in sostanza, nell'individuazione del momento di raggiungimento della massima offensività giuridica del delitto di furto che, ai sensi della norma generale di cui all'art. 84 c.p., è elemento costitutivo, insieme alla violenza privata, della rapina.

Sul punto si è registrato un dibattito in dottrina e giurisprudenza. Presupposto comune è che la condotta di furto si articola in due fasi: quella della sottrazione, ovvero la privazione dell'altrui possesso contro la volontà del soggetto spossessato, e l'impossessamento, fase che segna il momento consumativo del furto e della rapina ex art. 628, comma 1, c.p..

Un primo orientamento ritiene di ravvisare la consumazione nel prelievo del bene preso di mira dalla condotta criminosa, senza che sia necessario che lo stesso sia altresì uscito dalla sfera di signoria e vigilanza del precedente possessore. Tale ultimo requisito è, invece, richiesto dal contrapposto e prevalente orientamento giurisprudenziale, a mente del quale il reato è consumato solo quando si instauri con la cosa una relazione diretta al di fuori del controllo da parte del soggetto passivo del reato (vedi Cass., Sez. V, sent. n. 11947/1992). Applicando tale principio al caso di specie e soffermandosi sulla condotta di Caio, il quale si dava alla fuga con la refurtiva, si ritiene integrata da parte di questo, un'autonoma situazione possessoria e pertanto, la rapina può definirsi consumata.

Ci si deve, a questo punto, concentrare su un ulteriore profilo di antigiuridicità, della condotta di Caio, il quale sparava un colpo di arma da fuoco ad altezza uomo all'indirizzo degli agenti di polizia che lo stavano inseguendo. Considerando che tale azione non pare aver sortito conseguenze lesive per alcuno degli agenti coinvolti, si dovrà ritenere arrestato alla stadio del tentativo il delitto di lesioni o, addirittura di omicidio. L'adeguatezza causale dell'atto compiuto e l'univoca direzione verso la realizzazione dell'evento morte, integranti la figura del delitto tentato, ben potrebbero essere ritenuto sussistenti alla luce della risultanza fattuale, e non contestabile, del colpo sparato ad altezza d'uomo. L'intento di far desistere gli inseguitori avrebbe, infatti, potuto attuarsi anche con un colpo sparato all'altezza di gambe o piedi o in aria.

Esaminate tutte le fattispecie astrattamente riconducibili alle condotte di Tizio e Caio, occorre analizzare i profili inerenti al concorso di persone.

Innanzitutto, i due saranno probabilmente ritenuti responsabili di concorso in rapina consumata, aggravata ai sensi dell'art. 628, comma 3, n. 1, c. p..

Per quanto riguarda, invece, i delitti di sequestro di persona, da ritenersi aggravato ai sensi dell'art. 61 n.2 c.p., e del tentato omicidio, realizzati individualmente il primo da Tizio e il secondo da Caio, si deve stabilire se si configura un'ipotesi di concorso ordinario ex art. 110 c.p. o anomalo ex art. 116 c.p..

Si ritiene di potersi propendere per la prima delle due soluzioni: in primo luogo, il dato testuale dell'art. 116 c.p. parla di "reato diverso da quello voluto da taluno dei concorrenti", mentre nel nostro caso abbiamo a che fare con due reati "ulteriori". Inoltre, un altro elemento a favore dell'applicazione del concorso ordinario risiede nell'elemento soggettivo, in ordine al quale la Cassazione ha recentemente ribadito consistere nella previsione e accettazione, da parte del concorrente che non sia l'esecutore materiale, del rischio della sua verificazione (vedi Cass., Sez. II, sent. n. 4041/2013).

Si può, in conclusione, prevedere una responsabilità concorsuale ordinaria ex art. 110 c.p. anche per i delitti da ultimo indicati. Si potrà, infine, ipotizzare l'applicazione, ex art. 81 cpv c.p., del vincolo della continuazione e, con esso, del più mite trattamento sanzionatorio del cumulo giuridico in luogo di quello materiale.

3.2.18 A) TRACCIA PARERE

Tizio e Caio, agenti in servizio presso la Polizia Municipale, consegnavano ripetutamente a privati ed al di fuori dei turni di servizio gli apparecchi radio in loro esclusiva dotazione per le riservate comunicazioni di servizio al fine di consentire agli stessi privati - titolari di ditte di soccorso stradale - di ascoltare le comunicazioni stesse che segnalavano sinistri stradali onde portarsi tempestivamente sul posto e - in applicazione della accettata prassi che attribuiva il recupero dei mezzi coinvolti alla ditta che per prima si portava sul posto - lucrare su detto recupero. Tizio e Caio ricevevano la corresponsione di un prezzo settimanale per la cessione di tali apparecchi.

Il collega Sempronio, insospettito dalla visione di un apparecchio radio in possesso del titolare di una ditta di soccorso stradale, presentava un esposto alla Procura che apriva un'indagine.

A questo punto, Tizio si reca da un avvocato per conoscere le possibili conseguenze penali della propria condotta.

Il candidato, assunte le vesti del difensore di Tizio, analizzi la fattispecie o le fattispecie configurabili nella condotta descritta, e rediga parere motivato in merito.

B) SOLUZIONE PARERE: <u>I RAPPORTI TRA PECULATO E ABUSO D'UFFICIO.</u>

Per affrontare le possibili conseguenze della condotta ascrivibile a Tizio, è necessario analizzare le fattispecie del reato di peculato (art.314 c.p.), di abuso d'ufficio (art.323 c.p.) e in ultimo di corruzione (art.319 c.p.).

Infatti Tizio, agente di Polizia Municipale, al di fuori dei turni di servizio ha ripetutamente consegnato a privati appartenenti a ditte di rimorchio gli apparecchi radio destinati alle comunicazioni di servizio affinchè, ascoltandole, questi potessero intervenire tempestivamente sul posto aggiudicandosi il servizio di trasporto. In cambio Tizio, insieme al collega Caio, percepivano un introito settimanale.

La condotta di Tizio, *prima facie*, si presta ad essere riconducibile a più ipotesi di reato.

Innanzitutto sembra venire in rilievo il delitto di peculato, ai sensi dell'art. 314 c.p., il quale, per la parte qui di interesse, punisce il pubblico ufficiale che, avendo per ragioni del proprio ufficio o servizio il possesso o comunque la disponibilità di denaro o di altra cosa mobile altrui, se ne appropria.

Tizio è infatti un pubblico ufficiale che trovandosi nella disponibilità materiale dell'apparecchio radio per le comunicazioni di servizio, ha tenuto rispetto a tale bene una condotta del tutto incompatibile con il titolo per il quale lo possiede, cedendolo a terzi per fini esclusivamente privatistici. Secondo parte della giurisprudenza, non assumendo alcun rilievo la breve durata della sottrazione e l'intenzione di restituire il bene de quo, tale condotta di sottrazione sarebbe sufficiente ad integrare l'elemento dell'appropriazione. E' sufficiente infatti che l'agente si rapporti al bene "*uti domunus*", disponendone come fosse cosa propria (cfr. Cass.n.11425/2012).

Tuttavia, deve darsi atto di un diverso orientamento, il quale non ricollega *tout court* alla disposizione di un bene "*non secundum lege*" la fattispecie del peculato, bensì configura il meno grave reato dell'abuso di ufficio, ex art. 323 c.p. quando la condotta non comporti la perdita del bene e la conseguente lesione patrimoniale a danno dell'avente diritto (cfr. Cass.n.18160/2010).

Malgrado una recente sentenza si sia espressa a favore del primo e più rigido orientamento, ravvisando una condotta appropriativa anche nel comportamento del pubblico ufficiale che ceda la cosa provvisoriamente a terzi estranei alla pubblica amministrazione per un uso al di fuori del controllo della pubblica amministrazione (Cfr. Cass.n.16381/2013), sembrano sussistere buoni argomenti per tentare un rovesciamento dell'approdo giurisprudenziale affermatosi.

Entrambe le fattispecie, peculato e abuso d'ufficio, tutelano l'interesse al buon andamento della pubblica amministrazione insieme all'integralità patrimoniale dell'ente pubblico. Tuttavia, mentre nel peculato la violazione del dovere d'ufficio risiede nella modalità della condotta, ovvero l'appropriazione della cosa di cui il pubblico ufficiale ha il possesso per i fini del suo ufficio, nell'abuso d'ufficio la condotta si identifica con l'abuso funzionale, cioè con l'uso dei mezzi inerenti ad una funzione pubblica per finalità diverse da quelle pubbliche (Cfr. Cass.n. 34157/2008).

Nel caso di specie, Tizio e Caio, cedendo momentaneamente l'apparecchio radio ai privati al di fuori dei turni di servizio, non si sono appropriati di un bene violando le regole del loro ufficio, in quanto al momento dell'appropriazione questi non si trovavano ad esercitare pubbliche funzioni. Piuttosto, gli agenti hanno distratto dal fine pubblico e per proprio profitto il bene di cui disponevano. In merito è stato ritenuto che integrasse la figura dell'abuso d'ufficio, e non quella di peculato, *"l'appropriazione a proprio profitto e per finalità diverse da quelle d'ufficio di un bene di esiguo valore economico rientrante nella sfera pubblica"*(Cfr. Cass. n.1905/2002). Dunque, dopo la soppressione della fattispecie del peculato per distrazione, tutte le corrispondenti ipotesi sono assorbite nel reato di abuso d'ufficio (Cfr. Cass.n.23066/2009).

Sebbene l'art 323 c.p. si apra con una clausola di sussidiarietà a favore di altro eventuale reato più grave, sembra possibile escludere anche il delitto di corruzione propria ex art. 319 c.p..

La norma infatti richiede che il pubblico ufficiale per omettere ovvero per compiere o ritardare un atto contrario ai doveri d'ufficio riceva per sé o per un terzo denaro o altra utilità.

Nel caso di specie, pur sussistendo un mercimonio, esso ha ad oggetto l'uso di un bene pubblico, non "un atto d'ufficio", il quale pur comprendendo una vasta gamma di comportamenti umani, deve rientrare tra quelli effettivamente o quanto meno potenzialmente riconducibili all'incarico di pubblico ufficiale (Cfr. Cass.n.38698/2007).

Pertanto, tenendo conto di tutte le ipotesi e soluzioni prospettate dalla giurisprudenza, si conclude nel senso che la condotta di Tizio potrebbe astrattamente ricondursi al concorso con Caio nel delitto di peculato ovvero a quello meno grave di abuso d'ufficio.

Attesa la "ripetizione" della condotta tenuta dai concorrenti, con ogni probabilità verrà ravvisata la continuazione nel reato ai sensi dell'art. 81 c.p. con applicazione della pena prevista per il reato ascritto aumentata fino al triplo.

In ultimo, si prospetta la possibilità di far valere l'attenuante comune di cui all'art. 62, n.4, c.p., dal momento che la "distrazione" del bene pubblico dalle finalità dell'ufficio è avvenuta al di fuori dell'orario di servizio, dunque in ossequio al principio di offensività di cui all'art. 27 Cost., può ritenersi che non vi sia stato un rilevante danno al buon andamento della pubblica amministrazione, né tanto meno un danno patrimoniale.

3.3 FORMULARIO ATTI DIRITTO PENALE

3.3.1 L'APPELLO PENALE

A) L'APPELLO IN GENERALE.

1. Natura dell'appello e limiti di impugnabilità.

L'appello è un mezzo di impugnazione *ordinario*(in quanto può avere ad oggetto solo una sentenza che non sia ancora passata in giudicato) e *devolutivo*(in quanto comporta un riesame della controversia relativamente alle parti impugnate, con la conseguenza che la nuova sentenza adottata a conclusione del giudizio di appello sostituisce quella impugnata) mediante il quale si chiede al giudice dell'impugnazione un secondo giudizio di merito sull'oggetto del giudizio di primo grado totalmente o parzialmente considerato.

Nella *summa divisio* dei mezzi di impugnazione fra *actio querela nullitatis* e gravame, l'appello è più simile ad un gravame, anche se non è gravame puro perché la cognizione del giudice d'appello è **limitata ai capi e punti della decisione cui si riferiscono i motivi** di impugnazione indicati dall'appellante nell'atto d'appello.

Il giudizio d'appello integra pertanto un **secondo grado di giudizio di merito**.

La Costituzione non garantisce l'appellabilità delle sentenze (come invece avviene per la ricorribilità in Cassazione) e, pertanto, l'appello è consentito solo nei casi tassativamente previsti dal codice di procedura penale.

Non tutte le sentenze sono quindi appellabili, motivo per il quale si procedere ora all'analisi dei provvedimenti appellabili e non appellabili.

2. Sentenze inappellabili dopo la c.d. legge Pecorella (legge n. 46 del 2006).

L'appello è esperibile in generale contro le sentenze di condanna sia dal P.M. che dall'imputato; contro le sentenze di proscioglimento, invece, solo dal P.M. e solo a seguito della declaratoria di illegittimità costituzionale, da parte della sentenza 24 gennaio 2007, n. 26 della Corte costituzionale, dell'art. 1 della legge n. 46 del 2006 nella parte in cui, sostituendo l'art. 593 c.p.p., aveva escluso che il P.M. potesse proporre appello contro le sentenze di proscioglimento, fatta eccezione per le ipotesi in cui fosse emersa dopo il giudizio una nuova prova decisiva.

Sono, invece, **inappellabili**:

- per l'imputato ed il P.M., la *sentenza di proscioglimento predibattimentale* emanata ai sensi dell'art. 469 c.p.p.;
- per l'imputato ed il P.M., le *sentenze di patteggiamento*; il P.M. può proporre appello solamente se la pena è stata applicata dal giudice che abbia ritenuto ingiustificato il dissenso del P.M. (art. 448 commi 1 e 2 c.p.p.);
- per l'imputato ed il P.M., le *sentenze di condanna alla sola pena dell'ammenda* (art. 593 comma 3 c.p.p.);
- per l'imputato ed il P.M. la *sentenza di non luogo procedere emessa in udienza preliminare* (art. 428 c.p.p.);
- per il P.M., le *sentenze di condanna in sede di giudizio abbreviato*, a meno che non sia stato

modificato il titolo di reato (art. 443 comma 3 c.p.p.);

- per l'<u>imputato</u>, *le sentenze di proscioglimento emanate a seguito di giudizio abbreviato* (art. 443 comma 1 c.p.p.);

- per il solo <u>imputato</u> – a seguito della sentenza 26/2007 della Corte costituzionale cui si è già fatto riferimento – ,*la sentenza di proscioglimento emanata a seguito di dibattimento*, a meno che non sia sopravvenuta o scoperta, dopo il giudizio di primo grado, una nuova prova decisiva che gli consenta di essere prosciolto con una formula più favorevole (art. 593 comma 2 c.p.p.).

3. Giudice competente per l'appello.

Sono giudici con giurisdizione (solo o anche) in grado di appello:

a) il **Tribunale**, cui spetta la cognizione per le sentenze o altri provvedimenti penali del <u>giudice di pace</u> (ai sensi della legge delega 24-11-1999, n. 468);

b) la **Corte d'Appello**, cui spetta la cognizione per le <u>sentenze dibattimentali del Tribunale monocratico</u> e di quello <u>collegiale</u>, nonché per le <u>sentenze pronunciate dal G.I.P.</u> nei riti predibattimentali e dal <u>G.U.P.</u> in sede di udienza preliminare;

c) la **Corte d'Assise d'Appello**, articolazione autonoma della Corte d'Appello, cui spetta la cognizione per tutte le sentenze della <u>Corte d'Assise</u>e per quelle del <u>G.I.P. presso il Tribunale</u>, se relative a reati rientranti nella competenza per materia della Corte d'Assise;

d) la **Corte d'Appello-sezione per minorenni**, per le sentenze dei <u>giudici minorili</u>;

e) il **Tribunale di sorveglianza**, per le <u>disposizioni aventi ad oggetto misure di sicurezza</u>.

4. Appello incidentale.

La parte che ha diritto all'appello principale e che tuttavia non lo ha propostoentro i termini ordinari, in caso di appello regolarmente proposto dall'altra parte, ha la possibilità di proporlo <u>nei 15 giorni successivi alla presentazione dell'appello ad opera dell'altra parte</u>.

E' questo l'istituto dell'appello incidentale previsto dall'**art. 595 c.p.p.** .

La *ratio* dell'appello incidentale sta nel neutralizzare un possibile uso distorto dell'appello in chiave elusiva dell'esecuzione della sentenza o meglio in chiave di differimento dell'esecuzione della sentenza e quindi nel disincentivare l'appello "obbligatorio" da parte dell'imputato.

In proposito si deve ricordare che se appella**solo l'imputato** c'è in capo al giudice d'appello il **divieto di *reformatio in pejus*** (art. 597, comma 3 c.p.p.); tale divieto consiste nel fatto che il giudice, in caso di appello del solo imputato, **non può emettere** una **sentenza** che sia **peggiorativa della sentenza di primo grado** per l'imputato né per la misura della pena né per l'emissione di misure di sicurezza o pene accessorie. Se appella però anche il PM, tale divieto di *reformatio in pejus* viene meno.

L'appello incidentale può essere proposto da <u>tutte le parti legittimate a proporre l'appello principale</u>. Esso può riguardare <u>soltanto i punti e i capi della pronuncia che abbiano già costituito oggetto dell'appello principale</u>. La Cassazione a Sezioni Unite (n. 10251/2007) ha tuttavia precisato che esso può essere proposto anche in relazione ai punti della decisione che abbiano connessione essenziale con quelli indicati nell'appello principale. Ad esempio: è legittimo l'appello incidentale proposto dal PM sulla qualificazione giuridica del fatto, trattandosi di una questione in rapporto di connessione essenziale con i punti appellati in via principale dall'imputato, concernenti la responsabilità e la misura della pena.

Da ultimo si deve ricordare che la parte autorizzata a valersi dell'appello incidentale, proprio perché agisce a seguito dell'impugnazione di altra parte, resta in qualche modo legata alle sorti dell'appello principale proposto dall'altra parte. Dispone, in particolare, il comma 4 dell'art. 595 c.p.p. che "*l'appello incidentale perde efficacia in caso di inammissibilità dell'appello principale o di rinuncia allo stesso*".

5.Effetti derivantidall'esperimento dell'appello.

– **Effetto devolutivo**: comporta la devoluzione della cognizione del processo al giudice di secondo grado o giudice di appello, anche se limitatamente ai punti e ai capi della sentenza indicati dalla parte appellante nell'atto di appello.

– **Effetto sospensivo**: attiene alla sospensione del procedimento. Deve evidenziarsi che di regola l'impugnazione di un provvedimento di per sé sospende l'esecuzione dello stesso.Prevede infatti l'art. 588 c.p.p. che "*dal momento della pronuncia, durante i termini per impugnare e fino all'esito del giudizio di impugnazione, l'esecuzione del provvedimento impugnato è sospesa.*".
Il codice prevede, tuttavia, molteplici eccezioni a questa regola. Lo stesso art. 588 c.p.p. ne contiene una particolarmente importante al secondo comma, dove dispone che "*le impugnazioni contro provvedimenti in materia di libertà personale **non** hanno in alcun caso effetto sospensivo.*".

– **Effetto estensivo**: presuppone che l'appello abbia ad oggetto un provvedimento in cui vi siano più capi o perché vi sono più reati contestati ad uno stesso soggetto oppure perché vi sono più imputati.
Se vi è un concorso di persone nel reato, l'impugnazione proposta da uno degli imputati giova anche agli altri purché non sia fondata su motivi esclusivamente personali.
Nel caso in cui vi sia una riunione di procedimenti per reati diversi, l'estensione opera nella misura in cui vi sia stata una violazione di legge processuale oggettiva e il motivo non sia strettamente personale.
L'impugnazione proposta da un imputato si estende anche al responsabile civile e alla persona civilmente obbligata, soggetti accomunabili, a livello di interesse all'impugnazione, all'imputato.
Per quanto riguarda l'estensione, di per sé essa comporta un diritto per la parte cui l'impugnazione si estende di partecipare al giudizio di impugnazione. Oltre a questa estensione, attinente alla partecipazione al giudizio, vi è però una forma di estensione ancora più importante, che attiene il risultato del giudizio di impugnazione.
"L'impugnazione giova anche al soggetto non impugnante", significa che l'eventuale effetto positivo, quindi l'eventuale riforma migliorativa di una sentenza di impugnazione si estende a livello di effetti positivi anche al soggetto non impugnante.

6.Rinnovazione dell'istruzione dibattimentale.
Nel giudizio d'appello vige la presunzione di completezza della prova formatasi nel corso dell'istruzione dibattimentale che da sempre costituisce un naturale sbarramento alla rinnovazione ex

art. 603 c.p.p. .

Al fine di valutare la fondatezza o meno delle doglianze proposte nei motivi d'appello, è consentito dall'art. 602 comma 3 c.p.p. che si dia lettura su richiesta di parte o anche d'ufficio *"di atti del giudizio di primo grado nonché, entro i limiti previsti dagli art. 511 e seguenti, di atti compiuti nelle fasi antecedenti"*.

Nell'eventualità che neppure le letture siano sufficienti al fine di valutare la fondatezza delle doglianze predette, sono previste, sia pure come eccezionali, ipotesi di **rinnovazione dell'istruzione dibattimentale**, rinnovazione che può essere **richiesta dalla parte** oppure **disposta d'ufficio**.

I casi di rinnovazione su richiesta della parte (utili fini dell'esame di avvocato) sono disciplinati dai **commi 1 e 2 dell'art. 603 c.p.p.**.

Il primo comma dell'art. 603 c.p.p. prevede che tale richiesta della parte debba essere effettuata nell'atto di appello oppure nei motivi aggiunti presentati ai sensi dell'art. 585 comma 4 c.p.p. e possa avere ad oggetto o la riassunzione di prove già acquisite in precedenza (allo scopo di consentirne una nuova e migliore valutazione) oppure l'assunzione di prove nuove.

In questi casi la riassunzione delle prove già acquisite o l'assunzione delle prove nuove verrà disposta dal giudice in tanto in quanto il giudice ritenga non essere in grado di decidere allo stato degli atti.

Questo caso di rinnovazione dell'istruzione dibattimentale è quindi subordinato ad una **valutazione discrezionale** del giudice d'appello.

Nelle nuove prove di cui parla l'art. 603 comma 1 c.p.p., non sembra debbano ricomprendersi quelle *"sopravvenute o scoperte dopo il giudizio di primo grado"* dal momento che con riferimento a queste ipotesi, l'art. 603, comma secondo c.p.p., stabilisce che il giudice debba disporre la rinnovazione dell'istruttoria dibattimentale al fine di acquisirla.

In questi casi, dunque, la valutazione discrezionale del giudice **è più ridotta**, rapportata ad una non manifesta superfluità o irrilevanza delle prove di cui si chiede l'assunzione.

7. <u>Sentenze conclusive del giudizio d'appello.</u>

La sentenza che chiude il giudizio di appello può essere di:

*   <u>inammissibilità</u>: è una sentenza che accerta la sussistenza di una causa di inammissibilità che non è stata rilevata negli atti preliminari e o che è emersa dopo l'apertura del dibattimento (ad es.: rinuncia dell'appello da una delle parti);

*   <u>conferma</u>: è una sentenza che rigetta l'appello e conferma appunto la decisione del giudice di primo grado;

*   <u>riforma</u>: è una sentenza che, riformando la sentenza di primo grado, presuppone l'accoglimento in tutto o in parte dei motivi dell'appello;

*   <u>annullamento</u>: in questa ipotesi bisogna mettere in relazione la tipologia tipica della sentenza d'appello con le questioni di nullità elencate dall'art. 604 c.p.p.:

"1. Il giudice di appello, nei casi previsti dall'art. 522, dichiara la nullità in tutto o in parte della sentenza appellata e dispone la trasmissione degli atti al giudice di primo grado, quando vi è stata condanna per un fatto diverso o applicazione di una circostanza aggravante per la quale la legge stabilisce una pena di specie diversa da quella ordinaria del reato o di una circostanza aggravante

ad effetto speciale, sempre che non vengano ritenute prevalenti o equivalenti circostanze attenuanti.

2. Quando sono state ritenute prevalenti o equivalenti circostanze attenuanti o sono state applicate circostanze aggravanti diverse da quelle previste dal comma 1, il giudice di appello esclude le circostanze aggravanti, effettua, se occorre, un nuovo giudizio di comparazione e ridetermina la pena.

3. Quando vi è stata condanna per un reato concorrente o per un fatto nuovo, il giudice di appello dichiara nullo il relativo capo della sentenza ed elimina la pena corrispondente, disponendo che del provvedimento sia data notizia al pubblico ministero per le sue determinazioni.

4. Il giudice di appello, se accerta una delle nullità indicate nell'art. 179, da cui sia derivata la nullità del provvedimento che dispone il giudizio o della sentenza di primo grado, la dichiara con sentenza e rinvia gli atti al giudice che procedeva quando si è verificata la nullità. Nello stesso modo il giudice provvede se accerta una delle nullità indicate nell'art. 180 che non sia stata sanata e da cui sia derivata la nullità del provvedimento che dispone il giudizio o della sentenza di primo grado.

5. Se si tratta di altre nullità che non sono state sanate, il giudice di appello può ordinare la rinnovazione degli atti nulli o anche, dichiarata la nullità, decidere nel merito, qualora riconosca che l'atto non fornisce elementi necessari al giudizio.

6. Quando il giudice di primo grado ha dichiarato che il reato è estinto o che l'azione penale non poteva essere iniziata o proseguita, il giudice di appello, se riconosce erronea tale dichiarazione, ordina, occorrendo, la rinnovazione del dibattimento e decide nel merito.

7. Quando il giudice di primo grado ha respinto la domanda di oblazione, il giudice di appello, se riconosce erronea tale decisione, accoglie la domanda e sospende il dibattimento fissando un termine massimo non superiore a dieci giorni per il pagamento delle somme dovute. Se il pagamento avviene nel termine, il giudice di appello pronuncia sentenza di proscioglimento.

8. Nei casi previsti dal comma 1, se annulla una sentenza della corte di assise o del tribunale collegiale, il giudice di appello dispone la trasmissione degli atti ad altra sezione della stessa corte o dello stesso tribunale ovvero, in mancanza, alla corte o al tribunale più vicini. Se annulla una sentenza del tribunale monocratico o di un giudice per le indagini preliminari, dispone la trasmissione degli atti al medesimo tribunale; tuttavia il giudice deve essere diverso da quello che ha pronunciato la sentenza annullata."

B) LA REDAZIONE DELL'ATTO D'APPELLO

I requisiti a pena di inammissibilità dell'atto di appello sono sanciti dall'art. 581 c.p.p. secondo cui *"l'impugnazione si propone con atto scritto nel quale sono indicati il provvedimento impugnato, la data del medesimo, il giudice che lo ha emesso, e sono enunciati: a) i capi o i punti della decisione ai quali si riferisce l'impugnazione; b) le richieste; c) i motivi, con l'indicazione specifica delle ragioni di diritto e degli elementi di fatto che sorreggono ogni richiesta"*.

Di seguito si riporta uno schema di atto d'appello con tutte le possibili forme assolutorie e con le principali richieste difensive.

CORTE D'APPELLO DI _____
ATTO DI APPELLO

avverso la sentenza n. _____, del _____, resa nel procedimento penale n. ____/____ R.G., dal Tribunale di _____, in composizione monocratica/collegiale, che ha condannato Tizio nato a ____, il____, alla pena di anni _____ di reclusione e al pagamento di Euro ____ di multa, ritenendolo responsabile del reato di cui agli artt._____(indicare le eventuali pene accessorie, attenuanti o benefici)

Il sottoscritto Avv. ___, del Foro di ___, difensore di fiducia di Tizio, giusta nomina in calce al presente atto, dichiara di proporre appello avverso tutti i capi della succitata sentenza per i motivi di seguito precisati.

MOTIVI

(in via preliminare)

1) Si chiede che il Giudice adito dichiari di **non doversi procedere per l'estinzione del reato**.

I casi sono quelli di morte dell'imputato, prescrizione del reato, amnistia, remissione della querela, oblazione, perdono giudiziale, ex artt. 150 c.p. e ss..

2) Si chiede che il Giudice adito dichiari di **non doversi procedere perché l'azione penale non doveva essere iniziata o non doveva essere proseguita**.

Il giudice dichiara improcedibile l'azione penale qualora constati il difetto della necessaria condizione di procedibilità (querela, richiesta o autorizzazione, art. 336 e ss. C.p.). Talvolta la dichiarazione di improcedibilità può essere conseguenza di una derubricazione del reato che comporta la sussunzione del fatto in una fattispecie diversa e non più procedibile d'ufficio.

3) La sentenza impugnata deve ritenersi **nulla relativamente ai capi ___**.

Tale richiesta, relativa alla declaratoria di nullità della sentenza gravata, è prevista all'art. 604 c.p.p., commi 1, 3, 4 e 7. L'atto di appello può contenere l'impugnazione di ordinanze rese durante il dibattimento in primo grado.

4) Il Giudice avrebbe dovuto assolvere l'imputato **perché il fatto non è (più) previsto dalla legge come reato**.

Tale formula è utilizzata in caso di abolitio criminis (art. 2 c.p.).

(in via principale e gradata)

5) Il Giudice avrebbe dovuto assolvere l'imputato **perché il fatto non sussiste**.

Formula utilizzata quando si ritiene mancante la c.d. "prova generica", cioè la prova che quel determinato fatto – reato sia avvenuto (es. il danneggiamento non è mai avvenuto) ovvero si ritiene che il fatto sia mancante di un elemento oggettivo essenziale del reato (condotta, nesso di causalità o evento).

6) Il Giudice avrebbe dovuto assolvere l'imputato **per non aver commesso il fatto**.

Formula utilizzata quando il giudice ritiene sussistente la "prova generica", ma mancante la "prova specifica", cioè la prova che l'imputato sia l'autore del reato: il fatto-reato è avvenuto ma non è provato che l'imputato lo abbia commesso.

7) Il Giudice avrebbe dovuto assolvere l'imputato **perché il fatto non costituisce reato**.

Formula utilizzata là dove il Giudice ritenga l'insussitenza dell'elemento soggettivo del reato (art. 43 e ss. c.p.) ovvero nel caso in cui sia provata l'esistenza di una causa di giustificazione (artt. 50 e ss. c.p.)

8) Il Giudice avrebbe dovuto **concedere le attenuanti di cui all'art.___** (oppure avrebbe dovuto riconoscere **la prevalenza delle attenuanti di cui all'art. ___**, o, ancora, avrebbe dovuto esperire il **giudizio di bilanciamento delle attenuanti ex art. 69 c.p.**).

9) In estremo subordine il Giudice avrebbe dovuto concedere all'imputato **le attenuanti generiche** o comunque **contenere la pena entro il minimo edittale**.

Tale formula è sempre utilizzabile, in estremo subordine, nel caso in cui il giudice abbia irrogato una sanzione diversa dal minimo edittale, con un giudizio di valutazione da esperirsi ex art. 133 c.p.

(altri eventuali motivi)

10) Il Giudice avrebbe dovuto **dichiarare la non punibilità dell'imputato per incapacità di intendere e di volere** (art. 85 e ss. c.p.) **o non punibile per altra ragione** (artt. 131 *bis*, 308, 309, 384, 387, 463, 598, 599, 649 c.p.).

11) il Giudice avrebbe dovuto ritenere il fatto **ascrivibile alla meno grave fattispecie penale di cui all'art. ____** e per l'effetto 1) applicare la pena diversa della ___ (se si tratta di specie diversa) ovvero 2) contenere la pena nella misura di ____.

*In questi casi il giudice ritiene erronea l'originaria qualificazione giuridica del fatto e riconosce l'imputato responsabile di un'ipotesi di reato meno grave; **la derubricazione** può essere relativa agli aspetti oggettivi del reato (es. concussione derubricata in corruzione) quanto ai suoi aspetti soggettivi (omicidio derubricato in omicidio preterintenzionale). Le derubricazioni possono aprire la strada*

12) Il Giudice avrebbe dovuto ritenere **il reato non consumato, bensì tentato,** e applicare le relative modifiche alla quantificazione della pena (art. 56 e ss. c.p.);

13) Il Giudice avrebbe dovuto riconoscere **la continuazione** (art. 81 cpv c.p.) o diminuire la pena sulla base di una delle **altre norme sul concorso di reati** (artt. 78 e ss, 81, 82, 83, 84, 15 c.p.);

In questi casi il giudice ritiene i reati contestati all'imputato esecutivi di un medesimo disegno criminoso ed applica la disciplina sanzionatoria di cui all'art. 81 cpv. c.p. Non bisogna trascurare le altre norme sopraindicate in materia di concorso di reati foriere di benefici per il condannato.

14) Il Giudice avrebbe dovuto concedere la **sospensione condizionale della pena** e la **non menzione della** condanna (artt. 163 e 175 c.p.);

15) Il Giudice avrebbe dovuto **sostituire la pena con una diversa prevista dalla L. 689/81.**

Sulla base dei motivi ora svolti, si chiede l'Ill.mo Giudice adito, in riforma dell'impugnata sentenza, voglia:

1) assolvere l'imputato in quanto____ (motivi **4, 5, 6, 7**);

2) annullare il provvedimento in quanto___ (motivo n. **3**);

3) dichiarare di non doversi procedere in quanto____ (motivi **1** e **2**)

4) dichiarare la non punibilità dell'imputato in quanto _____ (motivo **10**)

5) applicare la pena diversa della ____ (motivo n. **11 n. 1** e n. **15**)

6) contenere la pena irrogata nel limite di (motivi n. **9, 12, 13**)

7) concedere il beneficio della ____ (motivo n. **14**)

_____, lì_____

Avv. _____

PROCURA

Il sottoscritto Tizio, nato a _____, il ____, residente in ____, via____, imputato nel procedimento penale n. ____/___ R.G.N.R., nomina quale proprio difensore in ordine allo stesso procedimento l'Avv.____, del Foro di____, con studio in ____, via____, conferendo allo stesso ogni più ampia procura e facoltà concessa dalla legge, ivi compresa quella di nominare sostituti processuali, proporre impugnazioni e rinunciare alle stesse. Dichiara inoltre di aver ricevute tutte le informazioni previste dagli artt. 7 e 13 del D.L.vo 30 giugno 2003, n. 196 e presta il proprio consenso al trattamento dei dati personali per l'espletamento del mandato conferito.

_____, lì____

Tizio (firma)

La firma è autentica ed è stata apposta in mia presenza

Avv. (firma)

C) ESEMPI DI ATTI D'APPELLO

TRACCIA 1

Una nube maleodorante colpiva un'importante città d'Italia. Tizio, responsabile del servizio di igiene e sanità della U.S.S.L. e in tale qualità ufficiale di polizia giudiziaria, nel corso degli accertamenti, aveva rilevato già nel mese precedente che le emissioni maleodoranti provenivano dagli stabilimenti industriali poi considerati in contestazione.

Tizio, tuttavia, non solo aveva taciuto i risultati di laboratorio, omettendone la denuncia, ma aveva anche sviato le indagini dirette ad accertare l'origine della nube.

Il candidato, assunte le vesti del legale di Tizio, rediga atto d'appello avverso la sentenza con la quale il Tribunale ha condannato Tizio per omessa denuncia del reato di cui all'art. 674 c.p. e per favoreggiamento personale.

TRACCIA 2

Con sentenza emessa in data_____ il Tribunale di _____ condannava Tizio per i reati di cui agli artt. 81, 483, 489, 640 bis, per avere ottenuto dal Comune di _____ la complessiva somma di Euro 5.000,00, a titolo di reddito minimo di inserimento, mediante la produzione al competente ufficio del Comune interessato di un'autocertificazione sottoscritta innanzi all'ufficiale giudiziario, attraverso la quale attestava falsamente di possedere un reddito inferiore ad Euro 10.000,00 al fine di dissimulare la sussistenza dei presupposti per ricevere il finanziamento a fondo perduto.

Il Comune de quo, infatti, si impegnava all'erogazione automatica del contributo in favore di tutti coloro che alla data di scadenza avessero presentato un'autocertificazione attestante il possesso di un reddito inferiore ad Euro 10.000,00, nonché, ovviamente, la residenza nel Comune medesimo.

Assunte le vesti del legale di Tizio, il candidato rediga l'atto giudiziario ritenuto più idoneo a tutelare le ragioni del proprio assistito.

SVOLGIMENTO TRACCIA 1

CORTE D'APPELLO DI _____

ATTO DI APPELLO

PROC. PEN. Nr._____ R.G.N.R.

Il sottoscritto Avv. ___, del Foro di ___, difensore di fiducia di Tizio, giusta nomina in calce al presente atto, dichiara di proporre appello

AVVERSO

Tutti i capi della sentenza n. _____, del _____, resa nel procedimento penale n. ____/____ R.G., dal Tribunale di _____, che ha condannato Tizio nato a ____, il____, alla pena di anni _____ di reclusione e al pagamento di Euro ____ di multa, per aver commesso i reati previsti e puniti dagli artt.:

- 361 c.p., in quanto pur avendo rilevato in qualità di responsabile del servizio di igiene e sanità della USSL, emissioni maleodoranti provenienti dagli stabilimenti industriali della società _____, aveva omesso di comunicare il fatto integrante il reato di cui all'art. 674 c.p., all'autorità giudiziaria;

- 378 c.p., avendo con la propria condotta sviato le indagini dirette all'accertamento dell'origine delle sostanze illecite.

Con il presente atto si chiede la riforma della sentenza impugnata per i seguenti

MOTIVI

1) L'IMPUTATO ANDAVA ASSOLTO DAL REATO DI CUI ALL'ART. 361 C.P. perché IL FATTO NON SUSSISTE.

L'integrazione del reato di omessa denuncia da parte del pubblico ufficiale richiede, ai sensi dell'art. 361 c.p., la individuazione da parte del soggetto agente, con precisione, di un reato la cui commissione si omette di comunicare all'Autorità giudiziaria.

Nel caso di specie è assolutamente da escludere che il sig. Tizio avesse all'epoca dei fatti, ricollegato gli accertamenti sulle sostanze maleodoranti, dallo stesso effettuate, alla commissione di un reato da parte della società _____.

Alla luce soprattutto della sommarietà con cui era stato avviato l'accertamento, che avrebbe necessitato, invece, di una indagine molto più accurata esperibile in un arco temporale più ampio, non è possibile ipotizzare che Tizio si fosse rappresentato l'esistenza del reato di cui all'art. 674 c.p..

Anche laddove si ritenesse che fosse sorto in lui il "ragionevole sospetto" della commissione di un reato di quel tipo, questo non sarebbe sufficiente, in caso di mancata denunzia dello stesso, ad integrare il reato di cui all'art. 361 c.p. che, come detto, richiede la "sicurezza" della presenza di un reato. In questo senso si è di recente espressa la Suprema Corte secondo cui "*L'omissione o il ritardo del pubblico ufficiale nel denunciare i fatti di reato idonei ad integrare il delitto di cui all'art. 361 cod. pen. si verifica solo quando il p.u. sia in grado di individuare, con sicurezza, gli elementi di un reato, mentre, qualora egli abbia il semplice sospetto di una possibile attività illecita, non è tenuto a presentare denuncia*". (Cass. Pen. N. 26081/2008).

2) L'IMPUTATO ANDAVA ASSOLTO DAL REATO DI CUI ALL'ART. 378 C.P. PERCHE' IL FATTO NON COSTITUISCE REATO.

Il giudice di *prime cure* ha ritenuto che la condotta del sig. Tizio integrasse il reato di cui all'art. 378

383

c.p., perché diretta a sviare le indagini relative all'accertamento dell'origine della nube.

L'assunto è giuridicamente scorretto e assolutamente non provato.

Per la sussistenza del delitto di favoreggiamento personale, infatti, è necessario provare il dolo generico che ha accompagnato la condotta dell'agente.

Tale dolo consiste nella volontà cosciente di aiutare una persona a sottrarsi alle investigazioni o alle ricerche dell'autorità. Occorre cioè che l'agente abbia la ragionevole consapevolezza dell'apprezzabilità del suo contributo di aiuto a quel determinato soggetto, conoscendone il reato cosiddetto presupposto (vedi in tal senso Cass., sez. VI, 20 novembre 2003, n. 44756).

Tale consapevolezza viene di solito dedotta tanto dalle modalità dell'opera ausiliatrice, quanto dai rapporti intercorrenti tra ausiliatore e ausiliato.

Nel caso di specie, dalle risultanze dibattimentali, invece, non solo non è emerso che Tizio avesse effettivamente accertato la commissione di un reato, ma nessun altro elemento prova l'esistenza di rapporti dello stesso Tizio con la società _____ che giustificherebbero un aiuto del tipo contestato.

Per tali ragioni, dunque, l'imputato andrebbe assolto dal reato di cui all'art. 378 c.p. perché il fatto non costituisce reato per mancanza dell'elemento soggettivo.

3) NON PUNIBILITA' DELL'IMPUTATO AI SENSI DELL'ART. 384 C.P..

Nella denegata ipotesi in cui si ritenessero integrati tutti gli elementi del reato di cui all'art 378 c.p., il giudice avrebbe dovuto dichiarare l'imputato non punibile, vista l'applicabilità al caso di specie della causa di non punibilità prevista dall'art. 384 c.p..

Ribadendo quanto detto sopra, infatti, la condotta dell'imputato, consistente nella mancata denuncia all'autorità degli accertamenti effettuati, non ha mai avuto come scopo quello di aiutare la società _____, ma al più era guidata dal timore del grave ed inevitabile nocumento all' onore e alla libertà che poteva derivargli da una condanna ex art. 361 c.p..

L'ammissione di suddetta omissione (in realtà come visto sopra irrilevante penalmente) avrebbe cagionato all'imputato un inevitabile pregiudizio alla sua reputazione sul posto di lavoro e al suo "status", ragioni per cui ha successivamente continuato nella sua condotta omissiva.

Il legislatore ha previsto per ipotesi di questo tipo la causa di non punibilità di cui all'art. 384, primo comma, c.p., che esclude la punibilità nel caso previsto dall'art. 378 c.p. per chi ha commesso il fatto per esservi stato costretto da un grave e inevitabile nocumento alla libertà e all'onore.

4) ASSORBIMENTO DEL REATO PREVISTO DALL'ART. 361 C.P. NEL REATO DI CUI ALL'ART. 378 C.P.

Nella denegata ipotesi in cui si ritenessero integrate entrambe le fattispecie di reato di cui agli artt. 361 e 378 c.p., come fatto dal giudice di primo grado, si evidenzia che una decisione di questo tipo sarebbe altresì illegittima in quanto la condotta contestata al sig. Tizio rientrerebbe unicamente nella fattispecie di cui all'art. 378 c.p..

L'omessa denuncia all'autorità e lo sviamento delle indagini, infatti, altro non sono che due possibili modalità di realizzazione del reato di favoreggiamento che, laddove si verifichino contemporaneamente, non comportano la commissione di due reati, ma dello stesso reato attraverso più azioni.

E' il caso di ricordare che la fattispecie di favoreggiamento prende in considerazione ostacoli frapposti al naturale corso delle investigazioni anche anteriormente al loro stesso avvio.

Secondo quanto sostenuto anche dalla dottrina prevalente, pur non sussistendo tra le due norme un rapporto di specialità in astratto, se nel fatto ricorrono gli estremi dei reati di omessa denuncia del pubblico ufficiale e di favoreggiamento personale, sarà applicabile solo il reato di cui all'art. 378 c.p.
.

L'applicazione del reato di cui all'art. 361 c.p. comporterebbe una illegittima duplicazione della condanna dell'imputato per lo stesso fatto.

5) SUSSISTENZA ESTREMI DELLA CONTINUAZIONE.

Da ultimo, nel caso di condanna per entrambi i reati contestati si invoca l'applicazione della disciplina del reato continuato ex art. 81 c.p., data la manifesta unicità del disegno criminoso che avrebbe caratterizzato la condotta di Tizio.

Alla luce di quanto esposto si

CHIEDE

che l'Ecc.ma Corte d'Appello di _____ Voglia, in riforma della sentenza impugnata:

1. in via principale, assolvere l'imputato con formula piena dal reato di cui all'art 361 c.p., in quanto il fatto non sussiste;

2. in via principale, assolvere l'imputato, quantomeno ai sensi dell'art. 530 II co. c.p.p, dal reato di cui all'art. 378 c.p., in quanto il fatto non costituisce reato;

3. in via subordinata, dichiarare l'imputato non punibile ai sensi dell'art. 384 c.p.;

4. in via subordinata, riconoscere l'assorbimento del reato di cui all'art. 361 c.p. nel reato di cui all'art. 378 c.p.;

5. in via subordinata, riconoscere gli estremi della continuazione ex art. 81 cpv c.p.;

6. in estremo subordine, concedere all'imputato le attenuanti generiche o comunque contenere la pena entro il minimo edittale;

7. concedere la sospensione condizionale della pena.

_____, lì_____

Avv. ....

PROCURA

Il sottoscritto Tizio, nato a _____, il ____, residente in ____, via____, imputato nel procedimento penale n. ____/___ R.G.N.R., nomina quale proprio difensore in ordine allo stesso procedimento l'Avv.____, del Foro di____, con studio in ____, via____, conferendo allo stesso ogni più ampia procura e facoltà concessa dalla legge, ivi compresa quella di nominare sostituti processuali, proporre impugnazioni e rinunciare alle stesse. Dichiara inoltre di aver ricevute tutte le informazioni previste dagli artt. 7 e 13 del D.L.vo 30 giugno 2003, n. 196 e presta il proprio consenso al trattamento dei dati personali per l'espletamento del mandato conferito.

_____, lì____

Tizio (firma)

La firma è autentica ed è stata apposta in mia presenza

Avv. (firma)

SVOLGIMENTO TRACCIA 2

CORTE D'APPELLO DI _____
ATTO DI APPELLO

avverso la sentenza n. _____, del _____, resa nel procedimento penale n. ____/____ R.G., dal Tribunale di _____, in composizione collegiale, che ha condannato Tizio nato a ____, il_____, alla pena di anni _____ di reclusione e al pagamento di Euro ____ di multa, ritenendolo responsabile *i reati d*i cui agli artt. 81, 483, 489, 640 bis, per avere ottenuto dal Comune di _____ la complessiva somma di Euro 5.000,00, a titolo di reddito minimo di inserimento, mediante la produzione al competente ufficio del Comune interessato di un'autocertificazione sottoscritta innanzi all'ufficiale giudiziario, attraverso la quale attestava falsamente di possedere un reddito inferiore ad Euro 10.000,00 al fine di dissimulare la sussistenza dei presupposti per ricevere il finanziamento a fondo perduto.

Il sottoscritto Avv. ___, del Foro di ___, difensore di fiducia di Tizio, giusta nomina in calce al presente atto, dichiara di proporre appello avverso tutti i capi della succitata sentenza per i motivi di seguito precisati.

MOTIVI

1. L'IMPUTATO ANDAVA ASSOLTO DAL REATO DI CUI ALL'ART. 640 BIS C.P. PERCHE' IL FATTO NON SUSSISTE. MANCANZA ARTIFICI E RAGGIRI.

In primis, il Tribunale di _____ avrebbe dovuto assolvere l'imputato con formula "perché il fatto non sussiste", mancando nella condotta posta in essere dall'imputato quegli "artifizi e raggiri" essenziali per la configurabilità del reato di cui all'art. 640 bis c.p..

Difatti, non sempre il mendacio posto in essere nella abusiva captazione di ausili finanziari pubblici (specie in casi, come quello in analisi, in cui si concreti in richieste, in mere dichiarazioni menzognere, nella omessa indicazione di circostanze rilevanti) parrebbe essere contraddistinto da quelle decise note fraudolente che integrano gli artifici e i raggiri richiesti dall'art. 640 c.p., di cui l'art. 640 *bis* c.p. rappresenta un'ipotesi speciale.

Ed allora sembrerebbe trovare conferma l'orientamento di quella parte della dottrina che ha sempre sottolineato la necessità che la condotta tipica della truffa sia contrassegnata da specifiche modalità fraudolente, da una particolare attitudine ad ingannare, da quel *quid pluris* che la differenzia dal semplice mendacio.

Ebbene, Tizio, nel caso oggetto di causa, si è limitato a fornire al competente ufficio del Comune interessato un'autocertificazione sottoscritta innanzi all'ufficiale giudiziario, attraverso la quale attestava falsamente di possedere un reddito inferiore ad Euro 10.000,00. Tale procedimento non presupponeva l'accertamento da parte dell'ente erogatore dei presupposti del contributo. Era necessario e sufficiente che entro la data di scadenza fosse presentata l'autocertificazione attestante il possesso di un reddito inferiore ad Euro 10000,00, nonché, ovviamente, la residenza nel Comune medesimo.

Nessuna induzione in errore, dunque, è riscontrabile nel procedimento sino ad ora descritto. Non essendoci stata alcuna preventiva verifica da parte della P.A. deve ritenersi che l'erogazione del contributo è avvenuta senza alcuna induzione in errore da parte del funzionario addetto, che si è limitato a verificare l'esistenza dell'autocertificazione.

Il Sig. Tizio, dunque, va mandato assolto per il reato ascrittogli.

Infatti, una volta chiarito che nella condotta di Tizio non si rinviene l'elemento fondamentale della truffa, la frode, allora ne consegue che non si può che ritenere che il fatto non sussiste, quantomeno ai sensi dell'art. 530 II comma c.p.p., mancando, o, comunque, essendo insufficiente, la prova del delitto ascritto.

2. ERRONEA QUALIFICAZIONE GIURIDICA DEL FATTO

2.1. Derubricazione del reato di cui all'art. 640*bis* c.p. nel delitto di cui all'art. 316 *ter* c.p.

Nella denegata ipotesi che l'Ecc.ma Corte di Appello non ritenga valide le argomentazioni sostenute sub 1, questa difesa ritiene, comunque, che i giudici di prima istanza abbiano operato una errata qualificazione giuridica della condotta di Tizio.

Infatti, da quanto esposto, emerge chiaramente che, al limite, la condotta di Tizio avrebbe potuto essere sussunta nella meno grave norma incriminatrice di cui all'art. 316 *ter* c.p.(indebita percezione di erogazioni pubbliche) e non in quella di cui all'art. 640 *bis c.p.*. Come è noto, infatti, tra le due norme sussiste un rapporto di sussidiarietà (e non di specialità), tale che l'art. 316 *ter* c.p. è suscettibile di applicazione residuale rispetto all'art. 640 *bis c.p.*. Del resto è noto che il legislatore del 2000, quando ha inserito nel codice penale l'art. 316 *ter c.p.*, lo ha fatto per assicurare una tutela aggiuntiva e complementare rispetto a quella già offerta dall'art. 640 bis c.p., coprendo gli eventuali margini non ricompresi nel paradigma punitivo della truffa" (in questo senso si veda Corte Costituzionale 12 marzo 2004, n. 95). Si è così ristretto l'ambito di applicazione della fattispecie di truffa, escludendo che la mera presentazione di documentazione falsa integri gli estremi degli artifici o raggiri, in modo da riservare così all'art. 316 *ter* un effettivo ambito di applicazione. In particolare, la Suprema Corte ha affermato sul punto che "*la linea di discrimine tra il reato di indebita percezione di pubbliche erogazioni e quello di truffa aggravata finalizzata al conseguimento delle stesse va ravvisata nella mancata inclusione tra gli elementi costitutivi del primo reato della induzione in errore del soggetto passivo. Pertanto qualora l'erogazione consegua alla mera presentazione di una dichiarazione mendace senza costituire l'effetto della induzione in errore dell'ente erogante circa i presupposti che la legittimano, ricorre la fattispecie prevista dall'art. 316 ter c.p. e non quella dell'art. 640 bis c.p.*.*" (Cassazione, sez. VI, 24 luglio 2007, n. 30155).

Orbene, nel caso di Tizio, come già detto, il procedimento di erogazione delle pubbliche sovvenzioni non presupponeva l'effettivo accertamento da parte dell'ente erogatore dei presupposti del singolo contributo. Il riconoscimento e la stessa determinazione del contributo erano fondati, almeno in via provvisoria, sulla mera dichiarazione del soggetto interessato, riservando eventualmente a una fase successiva le opportune verifiche. Sicché in questi casi l'erogazione non dipendeva da una falsa rappresentazione dei suoi presupposti da parte dell'erogatore, che in realtà si rappresentava correttamente solo l'esistenza della formale dichiarazione del richiedente. L'erogazione del contributo avveniva automaticamente, senza alcuna preventiva verifica (e salva la possibilità di un controllo successivo) sulla veridicità di quanto dichiarato dall'istante. Tali affermazioni hanno ricevuto l'avallo anche di una recente pronuncia del Corte di Cassazione a Sezioni Unite (Cass. pen. SS.UU., 27 aprile 2007, n. 16568).

2.2. Assorbimento dei reati di falso in quello di cui all'art. 316 *ter c.p.*.

Va detto, infine, che secondo una plausibile e prevalente giurisprudenza il reato di cui all'art. 316 *ter* c.p. assorbe quelli di falso previsti dagli artt. 483 e 489 c.p., se e in quanto l'utilizzo o la presentazione di dichiarazioni o documenti falsi costituiscano elemento essenziale per la sua configurazione (si veda *ex multis* Cassazione, sez. VI, 2 ottobre 2006, n. 32608).

Orbene, nel caso di Tizio senza dubbio l'utilizzo e la presentazione di dichiarazioni o documenti falsi rappresentava un elemento essenziale per la configurabilità del reato *de quo*.

Nel caso in esame, infatti, tali condotte erano funzionali all'indebito conseguimento del contributo assistenziale. Vale piuttosto chiarire che soltanto la falsa dichiarazione rilevante ai sensi dell'art. 483 c.p., ovvero l'uso di un atto falso, costituiscono modalità tipiche di consumazione del delitto di cui all'art. 316 *ter* c.p., mentre è solo eventuale che l'utilizzatore degli atti o documenti falsi sia anche autore della falsificazione. Deve perciò ritenersi che solo i delitti di cui all'art. 483 c.p. e all'art. 489 c.p. rimangono assorbiti ai sensi dell'art. 84 c.p. nel delitto previsto dall'art. 316 *ter* c.p., che concorre invece con gli altri delitti di falso eventualmente commessi al fine di ottenere le indebite erogazioni (in questo senso Cassazione, S.U., 27 aprile 2007, n. 16568).

Per questi motivi

CHIEDE

che l'Ecc.ma Corte d'Appello di _____ Voglia, in riforma della sentenza impugnata:

1. in via principale assolvere l'imputato, quantomeno ai sensi dell'art. 530 II co. c.p.p, con formula piena dal reato di cui all'art 640 *bis*, in quanto il fatto non sussiste;

2. in subordine, derubricare il reato di cui all'art. 640 bis c.p. ed applicare il regime meno grave di cui all'art. 316 *ter c.p.*, e, per l'effetto, riconoscere l'assorbimento nel reato *de quo* dei reati di cui agli artt. 483 e 489 c.p.;

3. in estremo subordine, concedere all'imputato le attenuanti generiche o comunque contenere la pena entro il minimo edittale;

4. concedere la sospensione condizionale della pena.

_____, lì_____

Avv. ....

PROCURA

Il sottoscritto Tizio, nato a _____, il _____, residente in _____, via_____, imputato nel procedimento penale n. ____/___ R.G.N.R., nomina quale proprio difensore in ordine allo stesso procedimento l'Avv.____, del Foro di____, con studio in ____, via____, conferendo allo stesso ogni più ampia procura e facoltà concessa dalla legge, ivi compresa quella di nominare sostituti processuali, proporre impugnazioni e rinunciare alle stesse. Dichiara inoltre di aver ricevute tutte le informazioni previste dagli artt. 7 e 13 del D.L.vo 30 giugno 2003, n. 196 e presta il proprio consenso al trattamento dei dati personali per l'espletamento del mandato conferito.

_____, lì____

Tizio (firma)

La firma è autentica ed è stata apposta in mia presenza

Avv. (firma)

3.3.2 IL RIESAME DELLE MISURE CAUTELARI PERSONALI

A) LE MISURE CAUTELARI IN GENERALE

Le misure cautelari sono provvedimenti limitativi della libertà personale (**misure cautelari personali**) o patrimoniale (**misure cautelari reali**) che possono essere adottati dall'autorità giudiziaria per tutta la durata del procedimento penale – dalla *notizia criminis* in poi – al fine di evitare che il tempo necessario alla conclusione del processo – talvolta piuttosto lungo – possa pregiudicare l'effettività dell'accertamento giudiziale.

La disciplina giuridica delle **misure cautelari**, **personali** e **reali**, è contenuta nel libro IV del codice di procedura penale, rispettivamente nei titoli I e II.

B) LE MISURE CAUTELARI PERSONALI

1.<u>Misure cautelari personali.</u> (Titolo I, artt. 272-315 c.p.p.)

Come già anticipato, le <u>misure cautelari personali</u> sono quei provvedimenti giurisdizionali mediante i quali l'autorità giudiziaria, prima della sentenza definitiva, può limitare le libertà della persona al fine di tutelare la c.d. <u>effettività delle giurisdizione</u>.

L'esigenza di tutelare l'effettività della giurisdizione deve, tuttavia, essere conciliata con l'inviolabilità della libertà personale, sancita dall'art. 13, comma 1 Cost. (nonché dall'art 5 della Convenzione europea per la salvaguardia dei diritti dell'uomo (CEDU) e dall'art 11 dei Patti internazionali sui diritti civili e politici) . Detta norma costituzionale, infatti, pur consentendo eccezionali limitazioni alla libertà personale, le subordina al rispetto di una doppia riserva:

- **riserva di giurisdizione**: "*non è ammessa forma alcuna di detenzione, di ispezione di perquisizione personale, né qualsiasi altra restrizione della libertà personale, <u>se non per atto motivato dell'autorità giudiziaria...</u>*" (art. 13, comma 2 Cost.), anche se "*in casi eccezionali di necessità ed urgenza, indicati tassativamente dalla legge, l'autorità di pubblica sicurezza può adottare provvedimenti provvisori, che devono essere comunicati entro quarantotto ore all'autorità giudiziaria e, se questa non li convalida nelle successive quarantotto ore, si intendono revocati e restano privi di ogni effetto*" (art 13, comma 3 Cost.);
- **riserva di legge assoluta**: "<u>*nei soli modi e casi previsti dalla legge*</u>" (art. 13, comma 2 ultima parte Cost.).

Proprio sul modello fornito dall'art. 13 Cost., il Capo I del Titolo I del Libro IV del codice di procedura penale (artt. 272-279 c.p.p.), che detta le disposizioni generali in materia di misure cautelari personali, si preoccupa innanzitutto di delineare le condizioni che devono essere rispettate per poter adottare legittimi provvedimenti limitativi della libertà personale di un indagato/imputato.

Sotto questo aspetto, di sicura importanza è il primo articolo dedicato alla materia, **l'art 272 c.p.p.**, che altro non è che una trasposizione del **principio di legalità** di cui all'art 13 Cost..

Esso stabilisce, infatti, che "*le libertà della persona possono essere limitate con misure cautelari soltanto a norma delle disposizioni del presente titolo.".*

La riserva di giurisdizione è, invece, indirettamente confermata dal disposto dell'**art. 279 c.p.p.**, che attribuisce la competenza a decidere dell'applicazione o revoca delle misure cautelari personali, nonché delle modifiche delle loro modalità esecutive, ad un giudice, ed in particolare: al giudice che procede, se la richiesta di applicazione delle misure è avanzata dopo l'esercizio dell'azione penale; al giudice per le indagini preliminari, se la richiesta è invece avanzata prima dell'esercizio dell'azione penale, nel corso delle indagini preliminari.

Non potrà mai provvedervi invece un PM, a differenza di quanto disposto dal codice previgente. Il codice di procedura penale attualmente vigente traccia, infatti, una netta differenziazione di ruoli tra i poteri del Giudice (organo decidente) e quelli del PM (organo richiedente).

A quest'ultimo è oggi attribuito, in materia di misure cautelari, solo il potere di chiederne l'applicazione in ossequio al cd. **principio della domanda cautelare.**

Il Giudice, infatti, non può procedere d'ufficio all'applicazione della misure cautelari ma può provvedervi solo dietro richiesta del PM (c.d. **principio di giurisdizionalizzazione delle misure cautelari personali**).

1.1. Presupposti di applicabilità delle misure cautelari personali.

Nell'ambito delle disposizioni generali in materia di misure cautelari personali, il codice si preoccupa anche di individuare le condizioni in presenza delle quali tali misure possono essere applicate (**condizioni di applicabilità delle misure**), ravvisandole in particolare:

a) nell'esistenza di gravi indizi di colpevolezza a carico del destinatario della misura (*fumus commissi delicti*), ai sensi dell'art. 273, commi 1 e 1 *bis* c.p.p.;

b) nella punibilità del soggetto – assenza di cause di giustificazione o di non punibilità, o di estinzione del reato o della pena che si ritiene possa essere irrogata – (art. 273, comma 2 c.p.c.);

c) nel fatto che si proceda per delitti per i quali la legge stabilisce la pena dell'**ergastolo** o della **reclusione superiore nel massimo a tre anni** (artt. 280 e 287 c.p.p.), fatta eccezione per la custodia cautelare in carcere, per l'applicazione della quale l'art. 280, comma 2 c.p.p., a seguito della riforma operata con d.l. 1 luglio 2013, n. 78 (convertito, con modificazioni, in l. 9 agosto 2013, n. 94), richiede che si proceda *"per delitti consumati o tentati, per i quali sia prevista la pena della reclusione, **non inferiore nel massimo a cinque anni** e per il **delitto di finanziamento illecito dei partiti** di cui all'articolo 7 della legge 2 maggio 1974, n. 195, e successive modificazioni".*

Si deve però rilevare che la sussistenza di tali condizioni generali di applicabilità delle misure cautelari personali non è di per sé sufficiente a giustificare la concreta applicazione delle stesse, dal momento che è altresì necessario che ricorra una delle **esigenze cautelari** enunciate dall'art. 274 c.p.p. .

1.1.1. Fumus commissi delicti.

Come anticipato, indefettibile condizione generale di applicabilità delle misure cautelari personali, è la sussistenza del *fumus commissi delicti*, e cioè di **gravi indizi di colpevolezza.**

L'art 273, comma 1 c.p.p. stabilisce che: *"Nessuno può essere sottoposto a misure cautelari se a suo carico non sussistono gravi indizi di colpevolezza".*

Si proverà nei paragrafi successivi a chiarire il significato dell'espressione *"gravi indizi di colpevolezza*".

Cosa si intende per "indizi" in materia di misure cautelari?

Il termine "indizi" innanzitutto non deve far pensare alla prova indiziaria, cui fa riferimento l'art. 192, comma 2 c.p.p. nel consentire che l'esistenza di un fatto possaessere desunta da *indizi* solo nel caso in cui"*questi siano gravi, precisi e concordanti*".

L'indizio di cui si parla nell'art. 192 c.p.p. non ha niente a che fare con l'indizio cautelare; esso è, infatti, quel fatto certo attraverso il quale, utilizzando delle massime di esperienza, si può risalire al fatto incerto che si vuole provare; è quindi, in sostanza, un qualcosa in meno rispetto alla prova in senso tecnico (o diretta), quella cioè che consente da sola di ritenere provato il fatto.

Quando invece l'**art. 273 c.p.p.** parla di "gravi indizi di colpevolezza", la parola "*indizi*" assume un significato più ampio dal momento che con essa la norma codicistica intende fare riferimento a <u>tutti quegli elementi che consentono di ritenere che un determinato fatto con molta probabilità si è verificato e che di quel fatto, con molta probabilità, può essere ritenuto responsabile il soggetto nei confronti del quale si procede</u>. (Cfr. Cass. pen., sez I, 08 luglio 2011, n. 33803, in *Diritto e Giustizia*, 2011, nella quale sentenza i giudici hanno ribadito il principio, già consolidato nella giurisprudenza della Cassazione, secondo cui "*ai fini dell'emissione di una misura cautelare personale, per "**gravi indizi di colpevolezza**" ex art. 273 c.p.p., devono intendersi, secondo insegnamento di questa Corte, <u>tutti quegli elementi a carico</u>, di natura logica o rappresentativa, <u>che</u>, contenendo in nuce tutti o soltanto alcuni degli elementi strutturali della corrispondente prova, non valgono di per sè a provare oltre ogni dubbio la responsabilità dell'indagato ai fini della pronuncia di una sentenza di condanna, e tuttavia <u>consentono, per la loro consistenza, di prevedere che, attraverso il prosieguo delle indagini, saranno idonei a dimostrare tale responsabilità, fondando nel frattempo una qualificata probabilità dì colpevolezza*</u>").

Tra gli indizi di colpevolezza, si ricomprendono allora non solo gli indizi in senso tecnico, ma anche, ad esempio, la sommaria informazione testimoniale o il contenuto di un incidente probatorio; la parola "indizi" non deve far pensare allora alla prova indiretta, ma alla "**prova cautelare**", che comprende sia la prova indiretta o indiziaria sia la prova in senso tecnico-giuridico o diretta.

La norma parla poi, inoltre, di grave indizio di "*colpevolezza*" e non di grave indizio di reato, come avviene invece in materia di intercettazioni (art. 267 c.p.p.).

Ciò comporta che mentre in materia di intercettazioni è sufficiente che vi sia l'indizio della commissione di un reato e non ha importanza chi l'abbia commesso, nel caso delle misure cautelari il legislatore vuole che ci sia un collegamento tra il reato ed il soggetto e che vi siano <u>gravi indizi sulla commissione del reato da parte del soggetto per il quale si richiede l'applicazione di una misura cautelare personale</u>. In altre parole, se per intercettare le conversazioni o le comunicazioni telefoniche o tra presenti è sufficiente che vi siano gravi indizi circa la commissione di un reato, per limitare la libertà personale di un soggetto <u>non basta che il reato sia stato commesso, ma che di quel reato sia altamente probabile che sarà ritenuta responsabile la persona nei confronti della quale viene emesso il provvedimento cautelare</u>.

Esempio: *immaginiamo un sequestro di persona, l'intercettazione può essere disposta* *nei confronti dei parenti della vittima certamente non perché si pensi che siano loro i responsabili, ma perché si presume che i responsabili si metteranno in contatto con loro. Quindi nell'intercettazione lo scopo è quello di acquisire materiale probatorio.*

Invece, nel caso delle misure cautelari, si tratta di forzare e derogare a quanto disposto dall'art. 13 Cost., e cioè al fatto che la libertà personale è inviolabile. È per questo motivo che si richiede l'esistenza di gravi indizi della colpevolezza del soggetto nei confronti del quale si intende procedere all'applicazione della misura, prima di limitare la sua libertà personale.

*Laddove, infatti, vi fossero detti gravi indizi di colpevolezza, e cioè laddove dovesse essere altamente probabile che il soggetto si è reso responsabile di un reato, allora all'esigenza di tutelare il principio costituzionale dell'inviolabilità della libertà personale si affiancherebbe un'altra **esigenza**, quella **di salvaguardare l'effettività della tutela giurisdizionale**.*

Come si fa a capire se una piattaforma indiziaria è grave? Che cos'è l'indizio grave?

Con riferimento alla "***gravità***" degli indizi di colpevolezza di cui all'art. 273 c.p.p., la Corte di Cassazione ha in più occasioni precisato che un indizio di colpevolezza può ritenersi grave quando dimostra con **elevata probabilità** che il reato è stato commesso e che a commetterlo sia stato proprio il soggetto nei cui confronti si procede.

Ritiene, infatti, la Cassazione che "*ai fini cautelari è sufficiente un giudizio di qualificata probabilità in ordine alla responsabilità dell'indagato.*" (Cass. pen., sez. IV, 06 luglio 2007, n. 37878; nello stesso senso, più recentemente, si veda Cass. pen., sez I, 08 luglio 2011, n. 33803, in *Diritto e Giustizia*, 2011).

Si richiede, quindi, un mero giudizio sommario e probabilistico circa il futuro accertamento della responsabilità del soggetto.

Altra parte della giurisprudenza ritiene, però, che ai fini della configurabilità di un grave indizio di colpevolezza sia altresì necessario: che l'indizio sia pertinente al *thema probandum*; colleghi in maniera strettissima il soggetto al fatto; e ancora che lo stesso resista alle obiezioni, sia attendibile e convincente (tra le tante si veda Cass. Pen., sez. I, 24 giugno 1992, Greco Tonegutti).

> ***Esempio****: rapina alle 10 di sera; si svolgono delle indagini nelle quali un testimone dice di aver visto i rapinatori che si allontanavano, senza però essere in grado di fornire una minima descrizione degli stessi a parte il fatto che si trattava di persone alte. Tale indizio, da solo, non potrà mai essere considerato grave.*
>
> *Anche laddove il testimone dicesse di aver visto che erano persone alte, grasse e che uno dei due aveva una cicatrice sul volto non si avrebbe un grave indizio di colpevolezza. Tale indizio non resiste infatti alle obiezioni, dal momento che a distanza di 10 metri e per di più al buio, è difficile notare una cicatrice sul volto.*

Quanto alla pertinenza dell'indizio al *thema probandum*, essa potrà ritenersi sussistente solo nel caso in cui l'elemento indiziario dimostri l'elevata probabilità che si sia verificato il reato per il quale si sta procedendo e non un altro reato.

Ciò vuol dire che se si sta chiedendo l'applicazione di una misura cautelare per un indagato o imputato per rapina, l'elemento indiziario deve dimostrare che è altamente probabile che il soggetto ha commesso una rapina e non altro.

Esempio: *il testimone Tizio dichiara di aver visto Caio entrare nella macchina di Sempronio, rubare lo stereo e scappare; il p.m. contesta una rapina a carico del presunto responsabile. In un caso del genere, si deve innanzitutto contestare la qualificazione giuridica fatta dal p.m., perché si tratta di furto e non di rapina.*

Se poi il provvedimento custodiale ha ad oggetto più fattispecie di reato, il materiale indiziario deve riferirsi ad ogni singola fattispecie e, se vi è una pluralità di soggetti, ad ognuno di loro.
L'indizio deve cioè essere specifico e riferirsi ad ogni azione delittuosa.

Esempio: *vi sono delle intercettazioni telefoniche dalle quali si comprende che Tizio è andato a Roma insieme al capo di un'associazione e ad un terzo soggetto. Lì ha comprato della droga ed è ritornato nella sua città; sulla base delle intercettazioni, al rientro sono stati fermati e trovati in possesso di 4,5 kg di cocaina.*
Le contestazioni riguardano sia il reato di associazione finalizzata allo spaccio di sostanze stupefacenti (art. 74 d.p.r. 309/1990) sia reati fine (acquisto di 3,5 kg di cocaina).
Si possono ritenere esistenti in questo caso i gravi indizi di colpevolezza necessari per ottenere l'emissione di un provvedimento cautelare?
La pertinenza dell'indizio al thema probandum *deve essere valutata in questo caso con riferimento a due distinte fattispecie: associazione e reato fine.*
Non vi sono dubbi sull'esistenza di elementi indiziari, con riferimento a tutti e tre i soggetti fermati, per il reato fine (detenzione a fine di spaccio di sostanza stupefacente); non possono invece ritenersi sussistenti indizi con riferimento all'esistenza di un'associazione e alla partecipazione alla stessa dei soggetti fermati.
È insostenibile una tesi che voglia ricavare dalla partecipazione ad un delitto fine, la partecipazione al sodalizio criminoso. Il reato associativo richiede l'esistenza di un accordo tra almeno tre soggetti diretto alla programmazione e alla commissione di un numero indeterminato di delitti.
Se ad esempio le persone fermate fossero state cinque e, dal punto di vista cautelare, per tre di loro non ci fossero stati i gravi indizi di colpevolezza, non si sarebbe di certo potuta sostenere per gli altri due la tesi della partecipazione ad un'associazione criminosa (tranne il caso in cui vi sia la contestazione della partecipazione di altri soggetti a detta associazione).

*Immaginiamo invece la stessa situazione ma con un panorama indiziario diverso. Si pensi, **ad esempio**, all'esistenza di una serie di intercettazioni che documentino più rapporti tra i suddetti soggetti: più incontri, frequentazioni, telefonate ambigue, etc.*(Tenete conto del fatto che la giurisprudenza ritiene che un fatto possa essere desunto anche dal solo contenuto delle intercettazioni telefoniche, purché queste siano numerose, chiare, di sicura provenienza dagli indagati, di contenuto riferibile ad attività illecite e di non difficile interpretazione. Anche il contenuto delle sole intercettazioni può quindi costituire un grave indizio di colpevolezza, purché da quelle intercettazioni si evinca la sussistenza dei reati e la partecipazione dei vari soggetti a questi reati).

In questo caso gli accordi, le frequentazioni, le organizzazioni, la ricerca di mezzi di trasporto, tutte attività queste reiterate per un periodo considerevole, dimostrano che effettivamente vi è tra questi soggetti un accordo finalizzato non alla commissione di quel reato o di determinati reati, ma ad un numero indeterminato di reati: qui il vincolo associativo è difficilmente contestabile.

Ricapitolando, ai fini cautelari, l'indizio:
- deve fornire una <u>qualificata probabilità di colpevolezza</u> (attenzione, si parla di probabilità e non di possibilità);
- deve essere <u>resistente ad eventuali obiezioni</u>;
- deve essere <u>attendibile</u> (ricordatevi l'esempio del soggetto che vede l'uomo con la cicatrice, al buio);
- deve essere <u>convincente</u>, cioè tale da far comprendere che effettivamente quella fattispecie si è verificata.

Si è già evidenziato in precedenza che l'indizio rilevante ai fini cautelari ha uno spessore diverso da quello rilevante in sede probatoria, ai sensi dell'art. 192 c.p.p., dove si richiede che gli indizi siano gravi, precisi e concordanti.

La gravità degli indizi è comune alle due fattispecie, mentre la precisione e la concordanza degli stessi non sono richieste in sede cautelare.

Esempio: Tizio viene riconosciuto da due testimoni presenti sul luogo della rapina; viene riconosciuto da soggetti disinteressati con dichiarazioni precise, concordanti, affidabili. Si è insomma in presenza di un panorama indiziario schiacciante.

Vi è però agli atti la testimonianza dell'amico che dice che il giorno della rapina erano insieme a casa; l'amico viene sottoposto a sommarie informazioni nel corso delle quali si creano più momenti di contraddizione con le precedenti dichiarazioni.

Abbiamo, allora, da un lato, due indizi gravi, precisi e concordanti (ma ne basta uno solo),dall'altro abbiamo un indizio che non è concordante con quelli.

È ovvio che quest'altro indizio non fa perdere lo spessore di gravità degli altri due proprio perché, in questa fase, non vi è la necessità che gli indizi siano concordanti; l'importante è che il giudice nella motivazione indichi le ragioni per le quali mentre ritiene convincenti e attendibili le dichiarazioni del testimone, ritiene invece di non fidarsi delle dichiarazioni dell'amico. Nonostante siano due elementi dotati di uguale spessore, cioè sono entrambe sommarie informazioni, tuttavia, se una dichiarazione è meno credibile dell'altra, il giudice può privilegiare quest'ultimo indizio d'accusa e disattendere l'altro, sempre però dopo averlo setacciato dal punto di vista valutativo ed esplicitando le ragioni di questa sua conclusione.

L'indizio grave si distingue, poi, anche dall'indizio sufficiente. In alcuni casi il legislatore chiede la presenza di "sufficienti indizi di colpevolezza" (un tempo anche nella materia cautelare bastavano sufficienti indizi).

Come si distingue l'indizio sufficiente da quello grave? L'indizio sufficiente è quello che ci fa comprendere che è possibile che un fatto si sia verificato e che a commetterlo sia stato il soggetto sottoposto a indagini. L'art. 273 c.p.p., invece, richiedendo l'esistenza di **gravi** indizi di colpevolezza, non si accontenta della possibilità del verificarsi del fatto ma pretende l'**elevata probabilità di colpevolezza** del soggetto la cui libertà personale risulterà limitata dall'applicazione della misura.

Quali sono gli elementi utilizzabili per motivare l'adozione di una misura cautelare personale?

Come chiarito dalla Corte di Cassazione in molteplici pronunce, "*I gravi indizi di colpevolezza richiesti dall'art. 273 c.p.p. per l'applicazione e il mantenimento delle misure cautelari personali possono essere tratti* **da qualsiasi elemento di indagine**, *con esclusione soltanto di quelli che non hanno, sin dall'origine, alcuna possibilità di divenire prove nel dibattimento.*" (tra le tante si vedano Cass. pen., sez. IV, 04 marzo 2008, n. 15198; Cass. pen., sez. I, 28 gennaio 2003, n. 7014).

Potranno, quindi, essere utilizzati:

- "*dichiarazioni di persone informate sui fatti riferite alla polizia giudiziaria, per le quali opererebbe il divieto di testimonianza* de relato *previsto dall'art. 195, comma 4 c.p.p., dato l'alto grado di probabilità che quelle dichiarazioni divengano prove in sede dibattimentale, mediante l'escussione, in qualità di testimone, della persona che le ha rese*" (Cass. pen., sez. IV, 04 marzo 2008, n. 15198);
- atti compiuti da un'autorità giudiziaria straniera in un altro procedimento penale all'estero (Cass. pen., sez. II, 08 marzo 2002, n. 20100, *Pozzi*);
- sentenze non ancora irrevocabili (Cass. pen., sez. I, 02 marzo 2001, n. 17269, *Giannino*);
- sentenze di condanna (o anche solo il loro dispositivo – vedi Cass. pen., sez. IV, 27 settembre 1999, n. 2961), salvo che non siano state successivamente annullate – anche se solo per incompetenza (cfr. Cass. pen., sez IV, 06 maggio 1999, n. 1430);
- sentenze non ancora irrevocabili, dal momento che, come più volte ribadito, i gravi indizi di colpevolezza di cui all'art. 273 c.p.p. devono distinguersi dalle risultanze probatorie utilizzabili nel dibattimento ai fini del giudizio di colpevolezza, con la conseguenza che per i primi non trova applicazione l'art. 238-*bis* c.p.p., che nel consentire l'acquisizione e valutazione come prove delle sole sentenze divenute irrevocabili, fa riferimento al solo giudizio di colpevolezza (cfr. Cass. pen., sez. II, 17 ottobre 1996, n. 3932, ma nello stesso senso anche Cass. pen., sez. II, 02 maro 2001, n. 17269, *Giannino*; e più recentemente Cass. pen.,sez. IV, 23 aprile 2009, n. 20058);
- (...)

Uno degli elementi che più frequentemente è utilizzato dalla giurisprudenza per motivare l'adozione di una misura cautelare personale è tuttavia l'**individuazione fotografica**, spesso ritenuta elemento indiziario di per sé sufficiente ad integrare il presupposto dell'art. 273 c.p.p. (si veda Cass. pen., sez. I, 29 settembre 1995, n. 4722).

In ogni caso, quando ci si trova dinanzi ad un'ordinanza cautelare da impugnare, occorre analizzare attentamente tutti gli elementi coinvolti: bisogna innanzitutto controllare che l'operato degli investigatori sia stato legittimo; poi si deve passare ad analizzare l'elemento indiziario e soprattutto l'orientamento della giurisprudenza circa la sufficienza o meno dello stesso ai fini dell'applicazione di una misura cautelare personale.

Questo percorso vale per tanti elementi indiziari: l'individuazione di persone o cose, per l'accertamento dattiloscopico, per le riprese filmate in luogo pubblico, le dichiarazioni di un testimone, il riconoscimento da parte della vittima, le **dichiarazioni della parte offesa**, etc.. A proposito di quest'ultimo elemento indiziario, si deve evidenziare che per quanto la parte offesa, a differenza del testimone, sia una persona interessata al processo (portatrice, in particolare, di un interesse posto in posizione di antagonismo rispetto a quello dell'imputato), si ritiene comunque che le sue dichiarazioni possano costituire grave indizio di colpevolezza.

L'interesse di cui la persona offesa è portatrice deve però indurre il giudice a valutare con maggior rigore la sua dichiarazione, proprio in quanto resa da un soggetto non disinteressato; se, sottoposta a vaglio critico, la dichiarazione comunque regge, allora tale dichiarazione può essere di per sé sufficiente per motivare un provvedimento custodiale). In particolare, nella sentenza Cass. pen., sez. II, 28 novembre 2007, n. 770, i giudici hanno affermato che affinché la dichiarazione della persona offesa possa costituire un grave indizio di colpevolezza ai fini dell'applicazione della misura cautelare, è necessario che vi siano dei riscontri esterni a quanto risultante da detta dichiarazione.

L'art. 273, comma 1-bis, c.p.p.

Con l'art. 11 della l. 01 marzo 2001, n. 63 (c.d. Giusto processo) è stato inserito nel corpo dell'art. 273 il comma 1-*bis*. Esso dispone, in particolare, che nella valutazione dei gravi indizi di colpevolezza ai fini dell'applicazione delle misure cautelari personalidevono trovare applicazionei limiti posti alla valutazione di taluni elementi probatori dagli articoli 192, commi 3 e 4, 195, comma 7, 203 e 271, comma 1.

Come sostenuto anche dalla Corte di cassazione nella sentenza *Battaglia* (Cass. pen., 18 aprile 2002), l'obiettivo perseguito con l'introduzione del comma 1 *bis* nell'art. 273 c.p.p. era sostanzialmente quello di superare quell'orientamento giurisprudenziale che negava l'estendibilità alla materia cautelare delle regole previste dal codice per la valutazione delle prove, mediante la previsione esplicita dell'applicazione di alcune di queste regole anche alla valutazione dei gravi indizi di colpevolezza.

In particolare, le norme richiamate dal comma in esame prevedono che:

- **art. 192, commi 3 e 4 c.p.p.**: *Le dichiarazioni rese dal coimputato del medesimo reato o da persona imputata in un procedimento connesso a norma dell'articolo 12 sono valutate unitamente agli altri elementi di prova che ne confermano l'attendibilità.*

  La disposizione del comma 3 si applica anche alle dichiarazioni rese da persona imputata di un reato collegato a quello per cui si procede, nel caso previsto dall'articolo 371, comma 2, lettera b).

Il richiamo operato dal comma 1-*bis* a tali disposizioni implica che, così come le dichiarazioni rese dal coimputato o dall'imputato in un procedimento connesso o dall'imputato di un reato collegato a quello per cui si procede, da sole, non possono mai costituire prova ma necessitano di un elemento esterno di riscontro, anche in sede cautelare da tali dichiarazioni si possono trarre gravi indizi di colpevolezza ai fini dell'applicazione di misure cautelari personali **solo** in presenza di **riscontri estrinseci individualizzanti (Cass. S.U., 30 maggio 2006, n. 36627)** "*compatibili con le dichiarazioni accusatorie e tali da consentire un collegamento diretto ed univoco, sul piano logico e storico, con i fatti per cui si procede, mediante connotazioni «individualizzanti», che devono riferirsi non solo alle modalità obiettive del fatto descritte dal chiamante, ma anche alla specifica posizione soggettiva del chiamato rispetto al fatto di cui deve rispondere.*" (Cass. pen., sez. IV, 10 novembre 2009, n. 9478, ma nello stesso senso più recentemente Cass. pen., sez. IV, 25 febbraio 2011, n. 12723. Si veda anche Cass. pen., 21 agosto 2002, nella quale sentenza i giudici sostengono che i riscontri che devono confermare l'attendibilità delle dichiarazioni del chiamante in correità possono assumere, ai soli fini cautelari, il connotato della parziale individualizzazione).

- **art. 195, comma 7 c.p.p.**: *Non può essere utilizzata la testimonianza di chi si rifiuta o non è in grado di indicare la persona o la fonte da cui ha appreso la notizia dei fatti oggetto dell'esame.*

Con riferimento all'utilizzabilità delle testimonianze indirette, cui fa riferimento il comma 7 dell'art. 195 c.p.p., ai fini cautelari, prima dell'introduzione del comma 1-bis nell'art. 273 si erano consolidati due contrapposti orientamenti giurisprudenziali:parte della giurisprudenza sosteneva che le dichiarazioni di chi non è in grado di fornire la fonte diretta di conoscenza dei fatti, inutilizzabili in dibattimento, potessero però costituire grave indizio di colpevolezza in sede cautelare (con evidente sacrificio dell'art. 13 Cost.). Questo orientamento non era però condiviso dalla giurisprudenza più accorta che, anticipando quanto poi sarebbe stato esplicitamente disposto al legislatore, riteneva tali testimonianze indirette inutilizzabili anche ai fini della valutazione dell'applicabilità di misure cautelari personali.

- **art. 203 c.p.p.**: *Il giudice non può obbligare gli ufficiali e gli agenti di polizia giudiziaria, nonché il personale dipendente dai servizi per le informazioni e la sicurezza militare o democratica a rivelare i nomi dei loro informatori. Se questi non sono esaminati come testimoni, le informazioni da essi fornite non possono essere acquisite né utilizzate.*
  L'inutilizzabilità opera anche nelle fasi diverse dal dibattimento, se gli informatori non sono stati interrogati né assunti a sommarie informazioni.

Discorso analogo a quello appena fatto con riferimento alle testimonianze indirette si può fare per le notizie ricevute dagli informatori di p.g. (c.d. fonti anonime): in passato si riteneva esistente una prassi, confermata anche da certa giurisprudenza, per cui le dichiarazioni dei carabinieri, a loro volta informati (da "fonti degne di nota") della commissione di un certo reato da parte di un determinato soggetto, potevano essere utilizzate per ricavarne gravi indizi di colpevolezza ai fini dell'applicazione di una misura cautelare.

Nonostante il legislatore dell''89 avesse manifestato una certa diffidenza per le dichiarazioni degli operatori di p.g., introducendo l'art. 203 c.p.p. che stabiliva che se la p.g. non indicava il confidente, le dichiarazioni del rappresentante della p.g. non potevano costituire prova, parte della giurisprudenza riteneva il disposto di tale norma non applicabile in materia cautelare e quindi dette dichiarazioni utilizzabili per emettere una misura cautelare.

L'esplicito richiamo operato dal comma 1-*bis* dell'art. 273 all'art. 203 comporta che nel valutare i gravi indizi di colpevolezza, il giudice deve tener conto dell'inutilizzabilità delle dichiarazioni dell'informatore se questo non è stato quantomeno interrogato o assunto a sommarie informazioni o se non ha testimoniato.

- **art. 271, comma 1 c.p.p.**: *I risultati delle intercettazioni non possono essere utilizzati qualora le stesse siano state eseguite fuori dei casi consentiti dalla legge o qualora non siano state osservate le disposizioni previste dagli articoli 267 e 268, commi 1 e 3.*

Sull'utilizzo delle intercettazioni in sede di gravi indizi di colpevolezza, ad una parte della giurisprudenza che riteneva che per valutare l'utilizzabilità dell'intercettazione in sede cautelare non fosse necessaria la verifica di tutti i presupposti di ammissibilità e di tutto quello che prevedono le norme in materia di intercettazioni (non si riteneva necessario quindi che il p.m. mandasse al g.i.p. i decreti, purché si trattasse di intercettazioni autorizzate; non si riteneva nemmeno necessario che risultasse dagli atti l'osservanza delle norme, perché si riteneva che questa fosse una valutazione che si sarebbe dovuta svolgere soltanto in un momento successivo, nel dibattimento), si contrapponeva altra giurisprudenza di segno contrario, secondo cui il giudice anche in sede cautelare avrebbe dovuto valutare la sussistenza di tutti i presupposti di ammissibilità dell'intercettazione per poterla utilizzare(se c'era il decreto, se questo era motivato, se le intercettazioni erano state svolte nell'ambito della disciplina normativa prevista dal codice, ...) .

Il legislatore ha risolto in radice il problema stabilendo che, anche in questa sede, si applica il 271 c.p.p., con la conseguenza che sono inutilizzabili tutte quelle intercettazioni che non hanno osservato, sia nella fase autorizzatoria che nella fase esecutiva, le nome codicistiche.

1.1.2. Le esigenze cautelari (art. 274 c.p.p.)

Accanto ai gravi indizi di colpevolezza, è necessario perché possa applicarsi una misura cautelare personale che esista almeno una (cfr. Cass. pen., sez. V, 10 settembre 1991, n. 859, dove si rileva che *"le ipotesi previste dall'art. 274 c.p.p., alle lett. a), b) e c), sono tra loro alternative,nel senso che, una volta indicato un elemento che giustifica la scelta del giudice di merito, quest'ultimo non è tenuto a dimostrare anche l'esistenza delle altre condizioni cui la legittimità della privazione della libertà personale dell'indagato o imputato è subordinata."*) delle **esigenze cautelari** indicate dall'art. 274 c.p.p. .

L'applicazione di una misura cautelare personale, infatti, non è gravosa solo per chi la subisce ma anche per lo Stato, motivo per il quale la si subordina all'accertamento della ricorrenza delle specifiche esigenze individuate dal legislatore.

In particolare, le esigenze cautelari enunciate dall'art. 274 c.p.p. sono:

1) il c.d. **rischio di inquinamento delle prove** (art. 274, comma 1, lett. a) →le misure cautelari sono disposte "*quando sussistono specifiche ed inderogabili esigenze attinenti alle indagini relative ai fatti per i quali si procede, in relazione a situazioni di <u>concreto ed attuale pericolo per l'acquisizione o la genuinità della prova</u>, fondate su circostanze di fatto espressamente indicate nel provvedimento a pena di nullità rilevabile anche d'ufficio. Le situazioni di concreto ed attuale pericolo non possono essere individuate nel rifiuto della persona sottoposta ad indagini o dell'imputato di rendere dichiarazioni né nella mancata ammissione degli addebiti.*");

In questo caso, l'esigenza che spinge all'adozione di una misura cautelare è quella di tutelare l'integrità e genuinità del materiale probatorio.

La norma parla di **specificità** e **inderogabilità** delle esigenze attinenti alle indagini e di **concretezza** e **attualità** del pericolo che deve riguardare l'**acquisizione** o la **genuinità** della prova. Non basta più quindi, come in passato, dire che sussiste il rischio di inquinamento probatorio per poter disporre la misura cautelare. Nell'attuale assetto codici stico, bisogna dimostrare la sussistenza del pericolo di inquinamento probatorio nel caso concreto, pur non essendo necessario che il P.M. indichi la prova che sta per acquisire e che teme possa essere compromessa (per evitare una anticipata discovery dell'attività investigativa che sta svolgendo).

I comportamenti che in concreto possono mettere in pericolo l'acquisizione o la genuinità della prova non sono soltanto quelli soppressivi (es. rischio che l'imputato possa distruggere un documento) ma anche impeditivi (es. contatto telefonico tra l'imputato ed un teste).

Le circostanze di fatto su cui si fonda il rischio di inquinamento probatorio devono essere espressamente indicate nel provvedimento cautelare, a pena di nullità rilevabile anche d'ufficio. La situazione complessa descritta dalla lettera *a*) del 274 c.p.p. deve risultare in maniera chiara dal provvedimento. Inoltre, aggiunge la norma, il concreto e attuale pericolo non può desumersi né dal rifiuto di sottoporsi all'interrogatorio, né dal fatto che l'imputato abbia negato gli addebiti.

2) il c.d. **pericolo di fuga** (art. 274, comma 1, lett. b) come modificata dall'art. 1, comma 1 legge 16 aprile 2015, n. 47) → le misure cautelari sono disposte "*quando l'imputato si è dato alla fuga o sussiste concreto e attuale pericolo che egli si dia alla fuga, sempre che il giudice ritenga che possa essere irrogata una pena superiore a due anni di reclusione. Le situazioni di concreto e attuale pericolo non possono essere desunte esclusivamente dalla gravità del titolo di reato per cui si procede*";

L'esigenza tutelata da tale disposizione è in sostanza quella di evitare che l'imputato, venuto a conoscenza del processo e nel tempo necessario alla conclusione dello stesso, si renda irreperibile impedendo l'esecuzione dell'eventuale pena.

Al fine di limitare l'applicazione delle misure cautelari ad una più rigorosa valutazione della sussistenza delle esigenze cautelari, la **legge 16 aprile 2015, n. 47** ha modificato l'art. 274, comma 1, lett. b) – e, come si vedrà più avanti, anche lett. c) –:

- da un lato, subordinando l'applicabilità della misura cautelare alla sussistenza di un pericolo di fuga non più solo "concreto" ma anche "**attuale**";

- dall'altro lato, precisando che "*le situazioni di concreto e attuale pericolo **non** possono essere desunte **dalla gravità del titolo di reato per il quale si procede**"*;

La sussistenza del **concreto pericolo di fuga** può essere desunta oltre che da comportamenti materiali che il soggetto tiene (es. acquisto di un biglietto aereo; preparazione dei bagagli; …), anche dalle sue frequentazioni, dai precedenti penali o dagli altri procedimenti in corso a suo carico (cfr. Cass. pen., sez. VI, 25 maggio 2005, n. 24223) . In ogni caso, richiedendosi un pericolo concreto, esso deve risultare da condotte e comportamenti specifici.

L'**attualità** del pericolo di fuga, invece, può ritenersi sussistente nei casi in cui gli specifici comportamenti indirizzati alla fuga accertati a carico del soggetto siano, appunto, attuali, ossia sintomatici di un rischio imminente che il soggetto possa fuggire (in tal senso, **Cass., Sez. II, 13 ottobre 2015, n. 44526, *Castillo Quintana***).

In ogni caso, a seguito del citato intervento normativo operato con la l. 47/2015 sull'art. 274, comma 1, lett. b), l'esistenza di un concreto ed attuale pericolo di fuga non può desumersi dalla "*gravità del titolo di reato per il quale si procede*".

Quanto alla **fuga**, la Cassazione ha precisato che "*in materia di misure cautelari personali (…) integra la fuga, il trasferimento o la permanenza in un paese estero quando tale condotta appaia sicuramente diretta a sottrarsi al concreto esercizio della giurisdizione italiana, se considerata nelle sue concrete modalità.*" (Cass. pen., sez. VI, 01 febbraio 1995, n. 426).

3) il **rischio di reiterazione criminosa** (art. 274, comma 1, lett. c) come modificata dall'art. 1, lett. b) d.l. 1 luglio 2013, n. 78 (c.d. D.L. Carceri), convertito con modificazioni nella l. 9 agosto 2013, n. 94 e dall'art. 2, comma 1, legge 16 aprile 2015, n. 47) → le misure cautelari sono disposte " *quando, per specifiche modalità e circostanze del fatto e per la personalità della persona sottoposta alle indagini o dell'imputato, desunta da comportamenti o atti concreti o dai suoi precedenti penali, sussiste il concreto **e attuale** pericolo che questi commetta gravi delitti con uso di armi o di altri mezzi di violenza personale o diretti contro l'ordine costituzionale ovvero delitti di criminalità organizzata o della stessa specie di quello per cui si procede. Se il pericolo riguarda la commissione di delitti della stessa specie di quello per cui si procede, le misure di custodia cautelare sono disposte soltanto se trattasi di delitti per i quali é prevista la pena della reclusione non inferiore nel massimo a quattro anni ovvero, in caso di custodia cautelare in carcere, di delitti per i quali è prevista la pena della reclusione non inferiore nel massimo a cinque anni nonché per il delitto di finanziamento illecito dei partiti di cui all'art. 7 della legge 2 maggio 1974. N. 195, e successive modificazioni. Le situazioni di concreto e attuale pericolo, anche in relazione alla personalità dell'imputato, non possono essere desunte esclusivamente dalla gravità del titolo di reato per cui si procede.*");

La terza esigenza cautelare che può portare il giudice all'applicazione di una misura cautelare è il **rischio di reiterazione criminosa**, che deve desumersi dalle **particolari modalità e circostanze del fatto** e dalla **personalità del soggetto** sottoposto ad indagini (a sua volta desunta da **comportamenti o atti concreti** nonché dai **precedenti penali**). Tale esigenza cautelare è posta quindi a tutela della collettività, dal momento che mira ad evitare che l'imputato possa commettere, nel tempo necessario a pervenire ad una sentenza definitiva, altri gravi delitti, a danno appunto della collettività.

Recentemente, la Corte di Cassazione ha chiarito che il "*parametro della concretezza del pericolo di reiterazione di reati della stessa indole non può essere affidato ad elementi meramente congetturali ed astratti, ma a dati di fatto oggettivi ed indicativi delle inclinazioni comportamentali e della personalità dell'indagato, tali da consentire di affermare che quest'ultimo possa facilmente, verificandosene l'occasione, commettere detti reati.*" (Cass. pen., sez. VI, 10 luglio 2013, n. 40954).

Secondo il prevalente orientamento della Corte di Cassazione, allora, il parametro della concretezza del pericolo di reiterazione di reati della stessa indole può ritenersi sussistente qualora "*esistano elementi "concreti" (cioè non meramente congetturali) sulla base dei quali possa affermarsi che l'indagato possa, verificandosene l'occasione, commettere reati della stessa specie di quello per cui si procede, ossia che offendono lo stesso bene giuridico (Sez. 1, n. 25214, 03/06/2009, Pallucchini, rv. 244829; Sez. 1, n. 10347, 20/01/2004, Catanzaro, rv. 227227).*" (Cass. pen., sez. I, 16 gennaio 2013, n. 15667).

A volte dalla sola commissione di un reato non si comprende il rischio concreto che ci possa essere recidiva. È per questo motivo che, quando un soggetto è sottoposto ad indagini, uno dei primi atti investigativi ad esse compiuto è l'acquisizione del suo certificato penale: tale certificato può sicuramente contribuire a chiarire la personalità del soggetto in questione. Oggi, oltre al certificato penale (che contiene i reati passati in giudicato), si acquisisce anche il certificato dei carichi pendenti: questi due certificati sono di un certo rilievo nell'impianto investigativo in quanto consentono di avere una "fotografia" della condotta del soggetto non solo nel passato remoto ma anche nel passato recente.

Esempio: Tizio commette un furto con queste modalità: entra in una scuola, scassa la macchinetta del caffè e ne ruba i soldi, sottrae dalla borsa di un insegnante il borsellino, sottrae il portafoglio ad un ragazzo della scuola: commette un furto continuato. Dalla continuazione – già di per sé sintomatica di una particolare gravità del reato – si ricavano particolari elementi per delineare la personalità del soggetto.

Quando invece si tratta di un singolo episodio, ciò che può aiutare il giudice nella valutazione della personalità de soggetto è, ad esempio, vedere se il soggetto è uno studente che ha sottratto il portafoglio all'amico – condotta sicuramente deprecabile ma che non necessita certo dell'applicazione di una misura carceraria – oppure se è un soggetto dal cui certificato penale risulti che ha già dieci condanne passate in giudicato per rapina, furto, estorsioni. È chiaro che se dal certificato si evince tutto ciò, la personalità del soggetto è particolarmente pericolosa, quindi il giudice è portato ad applicare la misura anche sulla base dei precedenti penali; il soggetto è, infatti, connotato negativamente da questi precedenti.

Quanto al requisito dell'**attualità** (recentemente introdotto con la l. 47/2015), deve rilevarsi che esso ha sin da subito ingenerato dubbi interpretativi quanto alla sua reale portata innovativa.

Parte della giurisprudenza successiva alla l. 47/2015 ha infatti rilevato che, anche sotto la vigenza del precedente testo normativo, l'attualità era già stata recepita a livello giurisprudenziale come condizione necessaria al fine dell'applicazione della misura cautelare ed, in particolare, ritenuta come "*necessariamente insita nella concretezza*" (Cass., Sez. VI, 1 ottobre 2015, n. 44605, *De Lucia*).

Si ritiene, tuttavia, più rispondente all'intento del legislatore della riforma, l'opposto orientamento interpretativo, secondo cui il neointrodotto requisito dell'attualità impone di verificare (in termini di certezza o di alta probabilità) l'esistenza effettiva di "*occasioni prossime favorevoli alla commissione di nuovi reati. Occasioni, quindi, non meramente ipotetiche ed astratte, ma probabili nel loro vicino verificarsi.*" (**Cass., Sez. III, 27 ottobre 2015, n. 49318, Barone**).

In ogni caso, a seguito del citato intervento normativo operato con la l. 47/2015, l'esistenza di un concreto ed attuale pericolo di reiterazione, anche in relazione alla personalità dell'imputato, non può desumersi esclusivamente dalla "*gravità del titolo di reato per il quale si procede*".

La norma individua, poi, i reati a rischio di recidivanza. Essi sono, in particolare: i gravi delitti con uso di armi o di altri mezzi di violenza personale o diretti contro l'ordine costituzionale ovvero delitti di criminalità organizzata o della stessa specie di quello per cui si procede.

In quest'ultimo caso, secondo quanto disposto dalla parte finale della norma in esame, la custodia cautelare e la custodia cautelare in carcere potranno essere disposte solo se il delitto della stessa specie di quello per cui si procede e in relazione al quale vi è il rischio di reiterazione sia un delitto per il quale è prevista una pena della reclusione non inferiore nel massimo a quattro anni per la custodia cautelare e un delitto per il quale è prevista una pena della reclusione non inferiore nel massimo a cinque anni o il delitto di finanziamento illecito ai partiti di cui all'art. 7 l. 2 maggio 1974, n. 195 e successive modificazioni per la custodia cautelare in carcere.

Tale disposizione è il risultato di recenti modifiche, apportate dall'art. 1, lett. b) del d.l. 1 luglio 2013, n. 78 (c.d. D.L. Carceri), convertito con modificazioni nella l. 9 agosto 2013, n. 94 e dall'art. 2, comma 1, legge 16 aprile 2015, n. 47 al principale fine di limitare l'ambito di operatività della custodia cautelare in carcere, e in particolare il novero delle fattispecie per le quali essa poteva essere disposta, nell'ambito di una più ampia politica di riduzione del numero di imputati negli istituti penitenziari. Nella versione antecedente alla modifiche, infatti, si faceva riferimento alle misure di custodia cautelare, senza prevedere una differenziazione per la custodia cautelare in carcere.

Le suddette modifiche si sono rese necessarie anche al fine di coordinare l'art. 274, comma 1, lett. c) con il testo dell'art.280 c.p.p. modificato dal medesimo d.l. 78/2013. Il **nuovo art. 280, comma 2 c.p.p.** prevede infatti che "*La custodia cautelare in carcere può essere disposta solo per delitti consumati o tentati, per i quali sia prevista la pena della reclusione non inferiore nel massimo a cinque anni e per il delitto di finanziamento illecito dei partiti di cui all'articolo 7 della legge 2 maggio 1974, n. 195, e successive modificazioni.*". Al fine di armonizzare il previgente testo dell'art. 274, comma 1, lett. c) c.p.p. con il nuovo comma 2 dell'art. 280 c.p.p., il legislatore (dapprima con il d.l. 78/2013 e poi con la l. 47/2015) ha modificato la lett. c) dell'art. 274 prevedendo appunto che la custodia cautelare in carcere può essere disposta solo per delitti per i quali sia prevista la pena della reclusione non inferiore nel massimo a cinque anni nonché per il delitto di finanziamento illecito dei partiti.

1.2. Criteri di scelta delle misure (art. 275 c.p.p.)

Una volta accertata la sussistenza dei presupposti di applicabilità delle misure cautelari e di almeno una delle esigenze cautelari, il giudice deve scegliere quale misura applicare nel caso specifico. Nel compimento di tale scelta deve farsi guidare da quanto disposto dall'art. 275 c.p.p.:

- deve cioè tener conto della **specifica idoneità di ciascuna misura** in relazione alla natura e al grado delle esigenze cautelari da soddisfare (c.d. **principio di adeguatezza**→ art. 275, comma 1 c.p.p.);

- deve inoltre scegliere una misura che sia **proporzionata** all'entità del fatto e alla sanzione che sia stata o si ritiene possa essere irrogata (c.d. **principio di proporzionalità**→ art. 275, comma 2 c.p.p.).

I successivi commi dell'art. 275 c.p.p. pongono, tuttavia, dei limiti al potere discrezionale del giudice nella scelta della misura applicabile.

In particolare, il **comma 2 _bis_** dell'art. 275 c.p.p. (aggiunto dall'art. 4 della legge 8 agosto 1995, n. 332 e modificato dal d.l. 26 giugno 2014, n. 92, convertito con modificazioni dalla legge 11 agosto 2014, n. 117) prevede che "_Non può essere applicata la misura della custodia cautelare in carcere o quella degli arresti domiciliari se il giudice ritiene che con la sentenza possa essere concessa la sospensione condizionale della pena. Salvo quanto previsto dal comma 3 e ferma restando l'applicabilità degli articoli 276, comma 1-ter, e 280, comma 3, non può applicarsi la misura della custodia cautelare in carcere se il giudice ritiene che, all'esito del giudizio, la pena detentiva irrogata non sarà superiore a tre anni. Tale disposizione non si applica nei procedimenti per i delitti di cui agli articoli 423-bis, 572, 612-bis e 624-bis del codice penale, nonché all'articolo 4-bis della legge 26 luglio 1975, n. 354, e successive modificazioni, e quando, rilevata l'inadeguatezza di ogni altra misura, gli arresti domiciliari non possano essere disposti per mancanza di uno dei luoghi di esecuzione indicati nell'articolo 284, comma 1, del presente codice._".

Con l'introduzione del secondo e del terzo periodo del citato comma 2 _bis_ (ad opera del d.l. 92/2014, convertito in legge n. 117/2014), il legislatore, al fine di ridurre il ricorso alla misura inframuraria, ha inserito nell'art. 275 c.p.p. un "_espresso «divieto» di applicazione della custodia in carcere_" – non operante, peraltro, nelle ipotesi eccezionali indicate dalla stessa norma – nei casi in cui "_la prognosi quoad poenam risulti contenuta nel limite dei tre anni._" (Cass. Sez. I, 1 ottobre 2015, n. 40887, _Alesse_).

Quanto al **terzo comma** dell'art. 275 c.p.p. (come modificato dalla l. n. 47/2015), esso prevede, al primo periodo, che "_la custodia cautelare in carcere può essere disposta soltanto quando le altre misure, coercitive o interdittive, **anche se applicate cumulativamente**, risultino inadeguate._".

Alla luce di tale disposizione, dunque, la custodia cautelare in carcere deve avere la funzione di **extrema ratio**: alla sua applicazione l'autorità giudiziaria potrà ricorrere nei soli casi di accertata inadeguatezza di tutte le altre misure. La funzione di _extrema ratio_ della custodia cautelare in carcere risulta ulteriormente rafforzata dall'intervento legislativo operato sul primo periodo del terzo comma dell'art. 275 c.p.p. con la legge n. 47/2015. Nella sua nuova formulazione, infatti, la norma in questione consente un ricorso generalizzato (non più limitato, dunque, ai casi eccezionali previsti dagli artt. 276, comma 1 e 307, comma 1 bis c.p.p.) all'applicazione congiunta di misure cautelari personali (coercitive o interdittive) quale soluzione alternativa (e da favorire, in caso di accertamento positivo di adeguatezza) alla misura inframuraria.

Lo stesso comma, tuttavia, nella sua seconda parte, in deroga al principio appena enunciato dell'applicabilità della misura inframuraria nei soli casi di inadeguatezza delle altre misure e in deroga, in generale, agli ordinari criteri di scelta delle misure, individua talune fattispecie criminose per le quali è possibile applicare **solo** la custodia cautelare in carcere. Nel caso in cui, dunque, dovessero sussistere gravi indizi di colpevolezza in ordine ai reati elencati in quella sede, il giudice sarebbe obbligato ad optare per l'applicazione della custodia cautelare in carcere, "*salvo che siano acquisiti elementi dai quali risulti che non sussistono esigenze cautelari*".

Deve rilevarsi che, in seguito, dapprima, alle molteplici declaratorie di incostituzionalità della norma e, poi, alle significative modifiche apportate dalla l. 47/2015, la categoria di reati per i quali vige la presunzione di adeguatezza della custodia cautelare in carcere e lo stesso meccanismo presuntivo sono stati completamente rivisitati.

L'obiettivo originario della norma era, infatti, quello che di prevedere che in presenza di gravi indizi di colpevolezza in ordine a reati particolarmente gravi, il giudice avrebbe dovuto obbligatoriamente applicare la misura inframuraria, in ragione della sussistenza di una presunzione relativa, quanto all'esistenza delle esigenze cautelari (→**presunzione** *relativa* in quanto, per espressa previsione dell'art. 275, comma 3 c.p.p. superabile in caso di acquisizione di elementi dai quali dovesse risultare il contrario e, dunque, l'insussistenza di qualsivoglia esigenza cautelare) e di una presunzione assoluta **di adeguatezza della sola custodia cautelare in carcere** per fronteggiare dette esigenze.

Per quanto riguarda, nello specifico, i reati rispetto ai quali, in presenza di gravi indizi di colpevolezza, si era ritenuto di far operare la suddetta presunzione di adeguatezza, il legislatore li avevi individuati in un primo momento nei delitti di cui agli artt. 285, 286, 416-*bis*, 422, 575, 628, terzo comma, 629, secondo comma, e 630 c.p., nei delitti commessi avvalendosi delle condizioni previste dal predetto articolo 416-*bis* ovvero al fine di agevolare l'attività delle associazioni previste dallo stesso articolo, nei delitti commessi per finalità di terrorismo o di eversione dell'ordinamento costituzionale per i quali la legge stabilisce la pena della reclusione non inferiore nel minimo a cinque anni o nel massimo a dieci anni ovvero nei delitti di cui agli articoli 73, limitatamente alle ipotesi aggravate ai sensi dell'articolo 80, comma 2, e 74 del testo unico delle leggi in materia di disciplina degli stupefacenti; successivamente, tuttavia, la norma era stata ulteriormente modificata e ai delitti già citati erano stati aggiunti i delitti previsti dall'art. 51, commi 3-*bis* e 3-*quater* c.p.p. e quelli di cui agli artt. 575, 600-*bis* c.1, 600-*ter* escluso il c.4, 600-*quinquies*, 609-*bis*, 609-*quater* e 609-*octies* c.p..

La **Corte costituzionale** però con otto successive pronunce (sentenza 21 luglio 2010, n. 265; sentenza 9 maggio 2011, n. 164; sentenza 19 luglio 2011, n. 231; sentenza 18 aprile 2012, n. 110; sentenza 25 marzo 2013, n. 57; sentenza 3 luglio 2013, n. 213; sentenza 16 luglio 2013, n. 232; sentenza 25 febbraio 2015, n. 48) ha dichiarato l'illegittimità costituzionale del secondo e del terzo periodo del terzo comma dell'art. 275 c.p.p., così come modificato dall'art. 2, comma 1 del d.l. 23 aprile 2009, n. 11 (*Misure urgenti in materia di sicurezza pubblica e di contrasto alla violenza sessuale, nonché in tema di atti persecutori*), convertito, con modificazioni, dalla legge 23 aprile 2009, n. 38, nella parte in cui - nel prevedere che, quando sussistono gravi indizi di colpevolezza in ordine rispettivamente ai delitti di induzione, favoreggiamento o sfruttamento della prostituzione minorile, nonché di violenza sessuale ed atti sessuali con minorenne (Corte cost.,sent. n. 265/2010); di omicidio volontario (Corte cost., sent. n. 164/2011); di associazione per delinquere finalizzata al traffico di stupefacenti (Corte cost., sent. n. 231/2011); di associazione per delinquere finalizzata alla contraffazione di marchi o altri segni distintivi o alla importazione o detenzione di cose recanti segni contraffatti (Corte cost., sent. n. 110/2012); ai delitti commessi avvalendosi delle condizioni previste dall'art. 416-*bis* (Corte cost., sent. n. 57/2013); al delitto di sequestro di persona a scopo di estorsione (Corte cost., sent. n. 213/2013); al delitto di violenza sessuale di gruppo (Corte cost., sent. n. 232/2013) ed infine in ordine al delitto di concorso esterno in associazione di stampo mafioso (Corte cost., sent. n. 48/2015) "*è applicata la custodia cautelare in carcere, salvo che siano acquisiti elementi dai quali risulti che non sussistono esigenze cautelari - non fa salva, altresì, l'ipotesi in cui siano acquisiti elementi specifici, in relazione al caso concreto, dai quali risulti che le esigenze cautelari possono essere soddisfatte con altre misure*".

La Corte Costituzionale, in particolare, dopo aver individuato la *ratio* giustificatrice della presunzione di adeguatezza della custodia cautelare in carcere nella regola di esperienza per cui, nei casi di adesione permamente ad un sodalizio crimonoso fortemente radicato nel territorio, caratterizzato da una fitta rete di collegamenti personali e dotato di particolare forza intimidatrice, la custodia in carcere si presenta come l'unico strumento idoneo a "*troncare i rapporti tra l'indiziato e l'ambito delinquenziale di appartenenza, neutralizzandone la pericolosità.*" (Corte cost., sent. 265/2010), ha poi escluso che la presunzione assoluta potesse applicarsi a tutte quelle ipotesi nelle quali la suddetta ragione giustificatrice non fosse ravvisabile e, quindi, a tutte le fattispecie di reato prive delle suddette connotazioni criminolgiche. In questi casi, infatti, l'autorità giudiziaria dovrà verificare, oltre che l'eventuale acquisizione di elementi dai quali risulti l'insussistenza di esigenze cautelari, anche l'eventuale acquisizione di elementi specifici dai quali risulti che le esigenze cautelari possono essere soddisfatte con altre misure.

Tali indicazioni rese dalla Corte costituzionale sono state recepite dalla legge n. 47 del 2015.

Il legislatore, infatti, proprio alla luce di quanto affermato dalla Consulta nelle suddette pronunce, ha riformulato il secondo e il terzo periodo dell'art. 275 c.p.p..

In particolare, il nuovo testo del **secondo periodo** dell'art. 275, comma 3 c.p.p. conferma la **presunzione assoluta di adeguatezza** della sola custodia cautelare in carcere (salvo che siano acquisiti elementi dai quali risulti che non sussistono esigenze cautelari) **esclusivamente** con riferimento ai casi di sussistenza di gravi indizi di colpevolezza in ordine ai reati di associazione per deliquere di stampo mafioso (**art. 416 *bis* c.p.**), di associazione sovversiva (**art. 270 c.p.**) e di associazione avente finalità di terrorismo o di ordine democratico (**art. 270 *bis* c.p.**).

In linea con quanto sostenuto dalla Corte costituzionale, invece, il nuovo testo del **terzo periodo** dell'art. 275, comma 3 c.p.p. prevede che, salvo quanto previsto dal secondo periodo, in presenza di gravi indizi di colpevolezza in ordine ai delitti di cui all'**art. 51, commi 3-*bis* e 3-*quater* c.p.p.** nonchè in ordine ai delitti di cui agli artt. **575, 600-*bis*, comma 1, 600-*ter*, escluso il comma 4, 600-*quinquies*** e, quando non ricorrano le circostanze attenuanti contemplate, **609-*bis*, 609-*quater* e 609-*octies* c.p.**, "*è applicata la custodia cautelare in carcere, salvo che siano acquisiti elementi dai quali risulti che non sussistono esigenze cautelari o che, in relazione al caso concreto, le esigenze cautelari possono essere soddisfatte con altre misure.*".

Per questa seconda categoria di reati, dunque, la presunzione assoluta di adeguatezza della sola custodia cautelare è stata sostituita da una **doppia presunzione relativa**: presunzione *relativa* di sussistenza delle esigenze cautelari (in quanto superabile in caso di acquisizione di elementi dai quali dovesse risultare il contrario e, dunque, l'insussistenza di qualsivoglia esigenza cautelare) e presunzione *relativa* di adeguatezza della sola custodia cautelare in carcere per soddisfare tali esigenze (in quanto superabile in caso di acquisizione di elementi dai quali risulti che le esigenze cautelari possono essere soddisfatte con altre misure).

Nel successivo **quarto comma** sono invece indicate ipotesi di **presunzione di inadeguatezza o non necessità** della custodia cautelare in carcere. È così vietata la disposizione o il mantenimento della custodia cautelare in carcere quando siano imputati: - una donna incinta; - una madre di prole di età non superiore a sei anni con la stessa convivente; - un padre qualora la madre "sia deceduta o assolutamente impossibilitata a dare assistenza alla prole"; - una persona che abbia superato i settant'anni di età.

Vi è poi un'eccezione nei casi in cui vi siano gravi motivi di salute: quando un soggetto, pur essendo detenuto per un reato grave, versa in condizioni di salute talmente gravi da determinare una incompatibilità con l'ambiente carcerario, il giudice potrà applicare una misura più consona, come ad es. gli arresti domiciliari (art. 275 comma 4-*quinquies*).

Meritano a questo punto un breve cenno gli <u>artt. 275 *bis*, 276 e 278 c.p.p.</u>.

L'**art. 275 *bis* c.p.p.**, introdotto con il d.l. 24 novembre 2000, n. 275, convertito con modificazioni dalla L. 19 gennaio 2001, n. 4, e modificato con d.l. 23 dicembre 2013, n. 146, convertito con modificazioni dalla l. 21 febbraio 2014, n. 10 contiene la disciplina delle "*particolari modalità di controllo*" prescritte in caso di applicazione della misura degli arresti domiciliari.

Tale disciplina è stata fortemente innovata dal d.l. 146/2013, convertito dalla l. 10/2014.

Prima della riforma, infatti, l'art. 275 *bis* c.p.p. prevedeva che il controllo mediante il c.d. braccialetto elettronico fosse disposto dal giudice <u>solo se ritenuto necessario</u>.

Il <u>nuovo testo del comma 1 dell'art. 275 *bis* c.p.p.</u> prevede, al contrario, che, nel disporre la misura degli arresti domiciliari anche in sostituzione della custodia cautelare in carcere, il giudice, **salvo che le ritenga non necessarie** in relazione alla natura e al grado delle esigenze cautelari da soddisfare nel caso concreto, **DEVE** prescrivere **procedure di controllo mediante mezzi elettronici** o altri strumenti tecnici, <u>quando ne abbia accertato la disponibilità da parte della polizia giudiziaria</u>.

Con specifico riferimento a questa ultima parte del primo periodo del comma 1 dell'art. 275 *bis* c.p.p. si segnala che con ordinanza n. 5799 dell'11 febbraio 2016, la Prima Sezione della Corte di Cassazione ha rimesso alle Sezioni Unite la questione "*se il giudice, investito di una richiesta di applicazione della misura cautelare degli arresti domiciliari con c.d. "braccialetto elettronico", o di sostituzione della custodia in carcere con la predetta misura, <u>in caso di indisponibilità di tale dispositivo elettronico, debba applicare la misura più grave della custodia in carcere ovvero quella meno grave degli arresti domiciliari</u>.*".

Con **sentenza n. 20769 del 19 maggio 2016 (ud. 28 aprile 2016)**, le **Sezioni Unite** hanno affermato il seguente principio di diritto "*Il giudice, escluso ogni automatismo nei criteri di scelta delle misure, qualora abbia accertato l'indisponibilità del suddetto dispositivo elettronico, deve valutare, ai fini dell'applicazione o della sostituzione della misura coercitiva, la specifica idoneità, adeguatezza e proporzionalità di ciascuna di esse in relazione alle esigenze cautelari da soddisfare nel caso* *concreto*.". Ritenuta l'idoneità degli arresti domiciliari "controllati", dunque, laddove questi non dovessero potersi applicare per carenza del dispositivo, il giudice – secondo quanto sostenuto dalla sentenza appena citata – dovrà giustificare l'individuazione della specifica misura applicabile alla luce della circostanza di fatto della indisponibilità del dispositivo.

Il comma 1 dell'art. 275 *bis* c.p.p. prosegue, poi, disponendo che con lo stesso provvedimento con il quale applica la misura degli arresti domiciliari "controllati" con mezzi elettronici o altri strumenti tecnici, il giudice debba prevedere l'applicazione della custodia cautelare in carcere qualora l'imputato neghi il consenso ai mezzi e agli strumenti anzidetti.

Il comma 2 dell'art. 275 *bis* c.p.p. disciplina le modalità di espressione del consenso o del dissenso ai mezzi e agli strumenti di controllo da parte dell'imputato. Il comma 3, infine, dispone che "*L'imputato che ha accettato l'applicazione dei mezzi e strumenti di cui al comma 1 è tenuto ad agevolare le procedure di installazione e ad osservare le altre prescrizioni impostegli.*".

L'art. 276, comma 1 c.p.p. pone, invece, la regola generale secondo cui, in caso di trasgressione della misura applicata, il giudice può scegliere di applicare una misura più grave.

In deroga a tale regola, il **comma 1 *ter*** (come modificato dalla l. n. 47/2015) prevede che "*in caso di trasgressione alle prescrizioni degli arresti domiciliari concernenti il divieto di allontanarsi dalla propria abitazione o da altro luogo di privata dimora, il giudice dispone la revoca della misura e la sostituzione con la custodia cautelare in carcere, **salvo che il fatto sia di lieve entità.***"

A seguito della modifica operata con la l. 47/2015, la sostituzione della custodia carceraria agli arresti domiciliari non è più ricollegata automaticamente ed esclusivamente all'accertamento della trasgressione delle suddette prescrizioni (con conseguente privazione del giudice di qualsivoglia discrezionalità nella decisione), necessitando ora di un previo apprezzamento da parte del giudice procedente in ordine all'effettivo disvalore della trasgressione stessa.

L'art. 278 c.p.p. merita attenzione, invece, in quanto indica il modo in cui il giudice arriva a determinare la pena agli effetti dell'applicazione delle misure cautelari (ad es. lo obbliga a tener conto di determinate circostanze e non di altre).

1.3. Procedimento applicativo dei provvedimenti cautelari (Art. 291 c.p.p.)

Come già anticipato e come espressamente disposto dall'art. 291, comma 1 c.p.p. – nella versione risultante dalla modifica operata dall'art. 8 legge 08 agosto 1995, n. 332, "*Le misure cautelari sono disposte su **richiesta del pubblico ministero**, che presenta al giudice competente gli elementi su cui la richiesta si fonda, nonché tutti gli elementi a favore dell'imputato e le eventuali deduzioni e memoria difensive già depositate*".

La richiesta del PM, a norma dell'art. 3 del d.lgs. 26/2006, deve essere accompagnata dall'assenso scritto del procuratore della Repubblica o di altro magistrato da lui delegato.

Si deve evidenziare che il PM deve quindi fornire al giudice il solo materiale investigativo – a favore e contro l'imputato – su cui si fonda la domanda e non tutto il materiale investigativo che ha raccolto. Deve cioè limitarsi a mettere il giudice nella condizione di operare la scelta tra l'applicazione o meno di una misura cautelare. Tale circostanza è di particolare rilievo soprattutto nel caso di richiesta di applicazione di misure cautelari nel corso delle indagini preliminari, in quanto il PM avrà interesse a svelare il meno possibile delle indagini in corso.

Il giudice laddove ritenga di essere <u>incompetente</u> per una qualsiasi causa e ravvisi però l'urgenza per l'emissione della misura, vi provvede e trasmette gli atti al giudice competente, il quale entro 20 giorni deve adottare una nuova ordinanza di applicazione della misura cautelare, altrimenti quella precedentemente disposta diviene inefficace (→ artt. 291, comma 2 e 27 c.p.p.).

> *Esempio: se si presenta al giudice un soggetto imputato di rapina, in precedenza già condannato per la commissione di estorsioni, rapine, maltrattamenti, lesioni varie, ecc.,per il qualeperò il P.M. non ha mai ritenuto di richiedere provvedimenti custodiali, il giudice, pur avvertendone l'esigenza, non può disporre d'ufficio una misura cautelare perché per legge è necessario che ci sia la richiesta dell'organo dell'accusa. Anche la misura più grave deve essere comunque richiesta dal P.M.; il giudice al massimo può decidere di applicare una misura meno gravosa di quella richiesta dal P.M. .*

1.4. Ordinanza cautelare

Sulla richiesta del P.M. il giudice decide con **ordinanza motivata**.

Essa deve contenere, <u>a pena di nullità rilevabile anche d'ufficio</u> (art. 292 c.p.p., come modificato dalla legge 16 aprile 2015, n. 47):

"*a) le <u>generalità dell'imputato</u> o quanto altro valga a identificarlo;*

b) la <u>descrizione sommaria del fatto</u> con l'indicazione delle norme di legge che si assumono violate;

*c) l'esposizione e **l'autonoma valutazione** <u>delle specifiche esigenze cautelari e degli indizi che giustificano in concreto la misura disposta</u>, con l'indicazione degli elementi di fatto da cui sono desunti e dei motivi per i quali essi assumono rilevanza, tenuto conto anche del tempo trascorso dalla commissione del reato;*

*c-bis) l'esposizione e **l'autonoma valutazione** dei <u>motivi per i quali</u> sono stati ritenuti <u>non rilevanti gli elementi forniti dalla difesa</u>, nonché,in caso di applicazione della misura della custodia cautelare in carcere, l'esposizione e **l'autonoma valutazione** <u>delle concrete e specifiche ragioni per le quali le esigenze di cui all'art. 274 non possono essere soddisfatte con altre misure</u>;*

d) la fissazione della <u>data di scadenza della misura</u>, in relazione alle indagini da compiere, allorché questa è disposta al fine di garantire l'esigenza cautelare di cui alla lett. a) del comma 1 dell'art. 274;

e) la <u>data e la sottoscrizione del giudice</u>.".

Nell'ordinanza cautelare il giudice deve, in sostanza, motivare la ritenuta sussistenza di tutti i presupposti di applicazione delle misure e delle esigenze cautelari, che giustificano appunto l'applicazione della misura, ma anche la ritenuta irrilevanza degli elementi forniti dalla difesa, che impedirebbero detta applicazione, e la scelta della specifica misura cautelare sotto il profilo dell'adeguatezza [lett. c-*bis*), comma 1, art. 292, introdotta dalla l. 332/1995].

Al fine di evitare la redazione di motivazioni "appiattite" su quelle del P.M. richiedente, la legge n. 47/2015 ha modificato le lettere c) e c-*bis*) dell'art. 292, comma 1 c.p.p., richiedendo, per la validità dell'ordinanza, che la stessa contenga in motivazione, oltre che l'esposizione, anche l'*autonoma valutazione* delle esigenze cautelari, degli indizi che giustificano in concreto la misura, dei motivi di irrilevanza delle argomentazioni difensive e di inadeguatezza di misure diverse da quella carceraria.

L'ordinanza del giudice, dunque, deve, a pena di nullità, esporre le suddette circostanze (indicate dalle lett. c) e c-*bis*)), ma deve anche *"dimostrare la effettiva valutazione da parte del giudicante e, quindi, il reale esercizio della giurisdizione."* (Corte Cass., Sez. VI, 15 settembre 2015, n. 40978, *De Luca*).

La nullità dell'ordinanza cautelare può derivare poi, anche, ai sensi del comma 2-*ter* dell'art. 292 c.p.p., dalla mancanza nella stessa della valutazione da parte del giudice degli elementi a carico e a favore dell'imputato.

Nel momento in cui vengono forniti al giudice anche elementi a favore dell'imputato, il giudice – nel caso di accoglimento della richiesta cautelare – nella motivazione è tenuto ad indicare la valutazione che ne ha fatto e i motivi per i quali li ha disattesi.

> PROBLEMA: l'ordinanza è nulla per la mancata valutazione nella stessa degli elementi a favore dell'imputato solo quando questi siano stati enunciati dall'autorità procedente nella richiesta di provvedimento cautelare o anche quando la stessa non li abbia indicati?
>
> La dottrina aveva adottato una lettura restrittiva dell'art. 292, sostenendo che dato che il giudice non può valutare ciò che non conosce, se il PM non ha indicato gli elementi a favore dell'indagato/imputato di cui era a conoscenza, il giudice non può averli valutati e quindi l'ordinanza da lui emessa non è nulla.
>
> La Cassazione, però, ha sostenuto la tesi contraria, secondo la quale *"anche l'omessa valutazione dipendente da una omessa presentazione del PM genera una nullità"* dell'ordinanza cautelare.

Il giudice potrebbe però anche non accogliere la richiesta del pubblico ministero o di applicare una misura diversa da quella chiesta dal P.M.. Con la legge 332 del 1995 è stato infatti abrogato il comma 1-*bis* dell'art. 292, che circoscriveva le ipotesi nelle quali il giudice poteva adottare una misura cautelare meno grave rispetto a quella indicata nella richiesta ai soli casi in cui il P.M. non avesse *"espressamente richiesto di provvedere esclusivamente in ordine alle misure indicate"*.

Oggi invece il giudice è libero di valutare liberamente la proporzionalità e l'adeguatezza della misura cautelare richiesta dal P.M. e, in caso di esito negativo di tal valutazione in senso sfavorevole all'imputato, di disporre l'applicazione di una misura meno gravosa senza essere vincolato alla specifica richiesta per come formulata dal rappresentante della pubblica accusa.

Il giudice può anche disporre la misura cautelare sulla base di motivazioni diverse da quelle addotte dal P.M. nella richiesta.

> ***Esempio:*** *il P.M. richiede una ordinanza carceraria indicando due esigenze cautelari e il giudice ne ravvisa una terza che il P.M. non ha preso in considerazione. (In materia di esigenze cautelari è bene ricordare che è sufficiente che sia accertata l'esistenza di una sola di quelle indicate dall'art. 274 c,p,p, il che vuol dire che laddove nell'ordinanza cautelare il giudice abbia indicato sia l'esigenza di evitare l'inquinamento probatorio senza l'indicazione di un termine (che è necessario), sia il rischio di recidivanza , non basta dire che il provvedimento è nullo perché non vi è l'indicazione del termine di durata della misura perché se anche questo fosse vero, il provvedimento rimarrebbe in piedi per la sussistenza del pericolo di recidivanza.*

Bisogna sempre impugnare il provvedimento sotto tutti i profili perché altrimenti si rischia l'inammissibilità.

1.5. Adempimenti esecutivi.

Una volta emessa l'ordinanza cautelare, essa deve essere eseguita con l'applicazione della misura cautelare personale. Gli adempimenti che devono essere compiuti per dare esecuzione ad una ordinanza che dispone l'applicazione di una misura cautelare personale sono indicati dall'**art. 293 c.p.p.**.

Tale norma prevede, in particolare, che le ordinanze che dispongono misure diverse dalla custodia cautelare devono essere notificate all'imputato (art. 293, comma 2 c.p.p.); quelle invece che dispongono l'applicazione di una misura custodiale, ai sensi del comma 1 (come modificato dal D.Lgs. 1 luglio 2014, n. 101 *"Attuazione della Direttiva 2012/13/UE sul diritto all'informazione nei procedimenti penali."*), devono essere eseguite da un ufficiale o agente incaricato, che al momento dell'esecuzione – e quindi prima del trasferimento dell'imputato in un istituto di custodia – deve consegnare all'imputato stesso copia del provvedimento *"unitamente a una comunicazione scritta, redatta in forma chiara e precisa e, per l'imputato che non conosce la lingua italiana, tradotta in una lingua a lui comprensibile, con cui lo informa: a) della facolta' di nominare un difensore di fiducia e di essere ammesso al patrocinio a spese dello Stato nei casi previsti dalla legge; b) del diritto di ottenere informazioni in merito all'accusa; c) del diritto all'interprete ed alla traduzione di atti fondamentali; d) del diritto di avvalersi della facolta' di non rispondere; e) del diritto di accedere agli atti sui quali si fonda il provvedimento; f) del diritto di informare le autorita' consolari e di dare avviso ai familiari; g) del diritto di accedere all'assistenza medica di urgenza; h) del diritto di essere condotto davanti all'autorita' giudiziaria non oltre cinque giorni dall'inizio dell'esecuzione, se la misura applicata e' quella della custodia cautelare in carcere ovvero non oltre dieci giorni se la persona e' sottoposta ad altra misura cautelare; i) del diritto di comparire dinanzi al giudice per rendere l'interrogatorio, di impugnare l'ordinanza che dispone la misura cautelare e di richiederne la sostituzione o la revoca.".*

Il **D.Lgs. 1 luglio 2014, n. 101** (*"Attuazione della Direttiva 2012/13/UE sul diritto all'informazione nei procedimenti penali."*), oltre a modificare – come appena visto – il comma 1, ha altresì aggiunto all'art. 293 c.p.p. i commi 1 *bis* e 1 *ter*.

Ai sensi dell'art. 293, comma 1 *bis* c.p.p., in particolare, *"Qualora la comunicazione scritta di cui al comma 1 non sia prontamente disponibile in una lingua comprensibile all'imputato, le informazioni sono fornite oralmente, salvo l'obbligo di dare comunque, senza ritardo, comunicazione scritta all'imputato."*

Il comma 1 *ter* prevede invece che *"L'ufficiale o l'agente incaricato di eseguire l'ordinanza informa immediatamente il difensore di fiducia eventualmente nominato ovvero quello di ufficio designato a norma dell'articolo 97 e redige verbale di tutte le operazioni compiute, facendo menzione della consegna della comunicazione di cui al comma 1 o dell'informazione orale fornita ai sensi del comma 1-bis. Il verbale e' immediatamente trasmesso al giudice che ha emesso l'ordinanza e al pubblico ministero.".*

Di particolare rilievo è, poi, la disposizione contenuta nel **comma 3 dell'art. 293 c.p.p.**, secondo cui *"Le ordinanze previste dai commi 1 e 2, dopo la loro notificazione o esecuzione, sono depositate* *nella cancelleria del giudice che le ha emesse insieme alla richiesta del pubblico ministero e agli atti presentati con la stessa. Avviso del deposito è notificato al difensore.".*

Tale norma prevede, quindi, oggi (in seguito alla modifica operata dalla più volte citata legge del 1995) che oltre all'ordinanza cautelare, debbano essere depositati in cancelleria anche la richiesta del pubblico ministero e gli atti che il P.M. ha posto alla base di tale richiesta. L'imputato e il suo difensore hanno quindi oggi la possibilità di conoscere una maggiore quantità di elementi investigativi raccolti dal P.M. rispetto al passato.

1.6. Revoca e sostituzione delle misure.

L'art. 299 c.p.p. si occupa poi della revoca o sostituzione delle misure cautelari personali disposte dal giudice. Prevede, in particolare, al comma 1 che le misure *"sono immediatamente **revocate** quando risultano mancanti, **anche per fatti sopravvenuti**, le condizioni di applicabilità(…) ovvero le esigenze cautelari".*

Dall'utilizzo dell'espressione *"anche per fatti sopravvenuti"* discende che una misura cautelare potrà essere revocata per il venir meno delle condizioni di applicabilità o delle esigenze cautelari non solo per fatti sopravvenuti, ma anche per fatti esistenti già al momento dell'adozione del provvedimento cautelare da parte del giudice.

Il comma 2 dello stesso art. 299 c.p.p., invece, si occupa della sostituzione e prevede che *"(…) quando le esigenze cautelari risultano attenuate ovvero la misura applicata non appare più proporzionata all'entità del fatto o alla sanzione che si ritiene possa essere irrogata, il giudice **sostituisce** la misura con un'altra meno grave ovvero ne dispone l'applicazione con modalità meno gravose.".*

Da tale disposizione risulta con maggiore evidenza che la possibilità che le misure cautelari siano revocate o sostituite con altre meno gravose altro non è che una indiretta applicazione dei principi di adeguatezza e proporzionalità.

Dal momento che, infatti, la normativa costituzionale a tutela della libertà personale (art. 13 Cost.) impone di sacrificare il meno possibile tale diritto inviolabile della persona, l'art. 299 c.p.p. obbliga il giudice che dovesse rendersi conto di un affievolimento o del venir meno delle esigenze cautelari o dei presupposti di applicabilità della misura, posti alla base dell'ordinanza cautelare, a revocare o sostituire la misura disposta con detta ordinanza.

Quanto ai profili procedurali, la revoca o la sostituzione della misura cautelare possono essere richieste dall'imputato o dal P.M. al giudice, che entro cinque giorni dal deposito della richiesta provvede con ordinanza. In alcuni casi, espressamente previsti dal terzo comma dell'art. 299 c.p.p., il giudice può anche provvedervi d'ufficio.

Quando l'istanza di sospensione o revoca è presentata dall'imputato o il giudice deve provvedervi d'ufficio, prima di adottare la relativa ordinanza il giudice stesso è obbligato a sentire il P.M., il cui parere non è vincolante, ma comunque necessario; trascorsi però due giorni senza che il P.M. abbia provveduto ad esprimere il suo parere, il giudice può e deve procedere.

La norma di cui all'art. 299 c.p.p. ha subìto, di recente, alcune modifiche in virtù dell'art. 2 del D.L. 14 agosto 2013 n. 93, convertito con modifiche dalla L. 15 ottobre 2013 n. 119. In particolare, sono stati introdotti importanti obblighi di comunicazione della richiesta di revoca o di sostituzione della misura cautelare.

Si riporta di seguito il testo aggiornato dell'art. 299 c.p.c. "Revoca e sostituzione delle misure":

"*1. Le misure coercitive [281-286] e interdittive [288-290] sono immediatamente revocate [714 4, 715 6, 716 4, 718, 736 4-5; 97 3 att.; 6 reg.] quando risultano mancanti, anche per fatti sopravvenuti, le condizioni di applicabilità previste dall'articolo 273 o dalle disposizioni relative alle singole misure ovvero le esigenze cautelari previste dall'articolo 274 [250 2 trans.].*

2. Salvo quanto previsto dall'articolo 275, comma 3, quando le esigenze cautelari risultano attenuate ovvero la misura applicata non appare più proporzionata all'entità del fatto o alla sanzione che si ritiene possa essere irrogata [275], il giudice sostituisce la misura con un'altra meno grave ovvero ne dispone l'applicazione con modalità meno gravose.

2-bis. I provvedimenti di cui ai commi 1 e 2 relativi alle misure previste dagli articoli 282-bis, 282-ter, 283, 284, 285 e 286, applicate nei procedimenti aventi ad oggetto delitti commessi con violenza alla persona, devono essere immediatamente comunicati, a cura della polizia giudiziaria, ai servizi socio-assistenziali e al difensore della persona offesa o, in mancanza di questo, alla persona offesa.

3. Il pubblico ministero e l'imputato richiedono la revoca o la sostituzione delle misure al giudice [279], il quale provvede con ordinanza entro cinque giorni dal deposito della richiesta. La richiesta di revoca o di sostituzione delle misure previste dagli articoli 282-bis, 282-ter, 283, 284, 285 e 286, applicate nei procedimenti di cui al comma 2-bis del presente articolo, che non sia stata proposta in sede di interrogatorio di garanzia, deve essere contestualmente notificata, a cura della parte richiedente ed a pena di inammissibilità, presso il difensore della persona offesa o, in mancanza di questo, alla persona offesa, salvo che in quest'ultimo caso essa non abbia provveduto a dichiarare o eleggere domicilio. Il difensore e la persona offesa possono, nei due giorni successivi alla notifica, presentare memorie ai sensi dell'articolo 121. Decorso il predetto termine il giudice procede. (3). Il giudice provvede anche di ufficio quando assume l'interrogatorio della persona in stato di custodia cautelare [294] o quando è richiesto della proroga del termine per le indagini preliminari [406] o dell'assunzione di incidente probatorio [393] ovvero quando procede all'udienza preliminare [416 s.] o al giudizio [438 s., 447, 465 s.].

3-bis. Il giudice, prima di provvedere in ordine alla revoca o alla sostituzione delle misure coercitive e interdittive, di ufficio o su richiesta dell'imputato, deve sentire il pubblico ministero. Se nei due giorni successivi il pubblico ministero non esprime il proprio parere, il giudice procede.

3-ter. Il giudice, valutati gli elementi addotti per la revoca o la sostituzione delle misure, prima di provvedere può assumere l'interrogatorio [294 3] della persona sottoposta alle indagini. Se l'istanza di revoca o di sostituzione è basata su elementi nuovi o diversi rispetto a quelli già valutati, il giudice deve assumere l'interrogatorio dell'imputato che ne ha fatto richiesta.

4. Fermo quanto previsto dall'articolo 276, quando le esigenze cautelari risultano aggravate, il giudice, su richiesta del pubblico ministero, sostituisce la misura applicata con un'altra più grave ovvero ne dispone l'applicazione con modalità più gravose o applica congiuntamente altra misura coercitiva o interdittiva.

4-bis. Dopo la chiusura delle indagini preliminari [405], se l'imputato chiede la revoca o la sostituzione della misura con altra meno grave ovvero la sua applicazione con modalità meno gravose, il giudice, se la richiesta non è presentata in udienza, ne dà comunicazione al pubblico ministero, il quale, nei due giorni successivi, formula le proprie richieste. La richiesta di revoca o di sostituzione delle misure previste dagli articoli 282-bis, 282-ter, 283, 284, 285 e 286, applicate nei procedimenti di cui al comma 2-bis del presente articolo, deve essere contestualmente notificata, a cura della parte richiedente ed a pena di inammissibilità, presso il difensore della persona offesa o, in mancanza di questo, alla persona offesa, salvo che in quest'ultimo caso essa non abbia provveduto a dichiarare o eleggere domicilio.

4-ter. In ogni stato e grado del procedimento, quando non è in grado di decidere allo stato degli atti, il giudice dispone, anche di ufficio e senza formalità, accertamenti sulle condizioni di salute o su altre condizioni o qualità personali dell'imputato. Gli accertamenti sono eseguiti al più presto e comunque entro quindici giorni da quello in cui la richiesta è pervenuta al giudice. Se la richiesta di revoca o di sostituzione della misura della custodia cautelare in carcere [285] è basata sulle condizioni di salute di cui all'articolo 275, comma 4-bis, ovvero se tali condizioni di salute sono segnalate dal servizio sanitario penitenziario, o risultano in altro modo al giudice, questi, se non ritiene di accogliere la richiesta sulla base degli atti, dispone con immediatezza, e comunque non oltre il termine previsto nel comma 3, gli accertamenti medici del caso, nominando perito ai sensi dell'articolo 220 e seguenti, il quale deve tener conto del parere del medico penitenziario e riferire entro il termine di cinque giorni, ovvero, nel caso di rilevata urgenza, non oltre due giorni dall'accertamento. Durante il periodo compreso tra il provvedimento che dispone gli accertamenti e la scadenza del termine per gli accertamenti medesimi, è sospeso il termine previsto dal comma 3.

4-quater. Si applicano altresì le disposizioni di cui all'articolo 286-bis, comma 3."

In materia di cause di estinzione delle misure cautelari, richiamo la vostra attenzione anche sulla scadenza dei termini massimi di durata fissati (a seconda della tipologia di reato, dell'entità della pena inflitta e della fase del procedimento) dall'art. 303 c.p.p. per la custodia cautelare e dall'art. 308 c.p.p. per le misure diverse dalla custodia cautelare. Se al vostro esame vi dovesse essere un caso di applicazione di misure cautelari, ricordatevi innanzitutto di andare a verificare il decorso o meno di detti termini per ogni singola misura e per ogni singola fase del procedimento.

C) IL RIESAME DELLE MISURE CAUTELARI PERSONALI

1. Il riesame in generale.

> **Un consiglio**: *ricordatevi di dedurre sempre l'assenza di tutte le esigenze cautelari*, sia che esse siano poste alla base dell'applicazione della misura nell'ordinanza cautelare (ad es. se dovete impugnare un'ordinanza di custodia cautelare fondata sia sul pericolo di fuga che sul rischio di inquinamento probatorio, è logico che dovrete denunciare la mancanza di entrambe le esigenze cautelari, in quanto l'accertamento dell'insussistenza di una sola delle due lascerebbe in vita il provvedimento, comunque giustificato dalla sussistenza dell'altra esigenza da tutelare) sia che non lo siano; anche nel caso in cui, infatti, l'ordinanza cautelare dovesse fondarsi su una sola esigenza cautelare, non dovete limitarvi a dedurre l'assenza di quella sola esigenza perché il Tribunale del riesame, secondo un certo orientamento, può integrare il provvedimento impugnato sul piano della motivazione anche inserendo esigenze cautelari diverse da quelle che il giudice di

prima istanza non ha ravvisato.

Quanto al riesame in generale, esso è un mezzo di impugnazione esperibile **esclusivamente** nei confronti dei provvedimenti applicativi di **misure coercitive**, "*salvo che si tratti di ordinanza emessa a seguito di appello del pubblico ministero*" (art. 309, comma 1 c.p.p.). (→ le misure cautelari personali si dividono, infatti, in misure coercitive e misure interdittive. Le misure coercitive – previste dagli artt. 281-286 c.p.p. – sono quelle che si traducono in una soppressione o limitazione della libertà personale; le misure interdittive, invece, – previste dagli artt. 287-290 c.p.p. – sono quelle misure che limitano alcuni diritti o facoltà personali).

2. La richiesta di riesame.

La richiesta di riesame, **anche nel merito**, dell'ordinanza dispositiva di una misura coercitiva può essere presentata dall'**imputato** entro il termine perentorio di 10 giorni dall'esecuzione o notificazione del provvedimento cautelare. Il **difensore** dell'imputato, invece, può proporre la richiesta di riesame entro 10 giorni che decorrono però dalla notificazione dell'avviso di deposito dell'ordinanza che dispone la misura (art. 309, commi 1 e 3).

La **legittimazione** a richiedere il riesame di una misura coercitiva è quindi riconosciuta dalla legge solo all'imputato o al suo difensore.

Quanto alla **competenza** a decidere del riesame, essa è affidata dal comma 7 dell'art. 309 c.p.p. al tribunale "*in composizione collegiale*" del luogo nel quale ha sede la corte d'appello o la sezione distaccata della corte d'appello nella cui circoscrizione è compreso l'ufficio del giudice che ha emesso l'ordinanza (c.d. **tribunale delle libertà** o **tribunale del riesame**). Ed è nella cancelleria del tribunale così individuato che deve essere presentata la richiesta di riesame, nell'osservanza delle forme previste per l'impugnazione dagli artt. 582 e 583 (art. 309, comma 4).

Tale richiamo alle regole previste per la **presentazione** delle impugnazioni comporta che:

- di regola, la richiesta di riesame deve essere presentata "*personalmente ovvero a mezzo di incaricato nella cancelleria del giudice che ha emesso il provvedimento impugnato. Il pubblico ufficiale addetto vi appone l'indicazione del giorno in cui riceve l'atto e della persona che lo presenta, lo sottoscrive, lo unisce agli atti del procedimento e rilascia, se richiesto, attestazione della ricezione.*" (art. 582, comma 1, c.p.p.);

- se la parte che intende richiedere il riesame di un provvedimento dispositivo di una misura coercitiva non si trovano nel luogo indicato dal comma 1 dell'art. 582 c.p.p., la richiesta del riesame può essere presentata anche alla cancelleria del tribunale o del giudice di pace del luogo in cui la parte si trova o, nel caso in cui questa si trovi all'estero, ad un agente consolare. In questi casi "*l'atto viene immediatamente trasmesso alla cancelleria del giudice che emise il provvedimento impugnato*" (art. 582, comma 2, c.p.p.);

- le parti e i difensori possono però presentare la richiesta di riesame anche con telegramma o con atto da trasmettersi a mezzo di raccomandata alla cancelleria del giudice che ha emesso il provvedimento cautelare. Il pubblico ufficiale addetto allega agli atti la busta contenente la richiesta di riesame e appone su quest'ultimo l'indicazione del giorno della ricezione e la propria sottoscrizione. La richiesta si considera proposta nella data di spedizione della raccomandata o del telegramma." (cfr. art. 583 c.p.p.).

Una volta presentata la richiesta di riesame, l'autorità giudiziaria procedente (quindi il PM nel corso delle indagini preliminari; il giudice nel corso del processo), avvisata dal presidente, deve entro il giorno successivo e comunque **non oltre il quinto giorno successivo** – termine perentorio che decorre dal "*giorno in cui la richiesta perviene alla cancelleria del tribunale del riesame*" (Corte costituzionale, sentenza 22 giugno 1998, n. 232, che ha dichiarato l'illegittimità costituzionale del comma 5 dell'art. 309 nella parte in cui "*fa decorrere il termine di 5 giorni dal momento in cui l'autorità procedente riceve quell'avviso anziché dal momento in cui la richiesta perviene nella cancelleria; ciò che conta è quando la richiesta arriva nella cancelleria, poco importa se vi sono ritardi che possono influire nelle comunicazioni tra cancelleria e autorità procedente*". Ciò comporta che nel caso in cui la richiesta di riesame sia stata presentata nelle forme previste dagli artt. 582, comma 2 e 583 c.p.p., il *dies a quo* per il computo dei cinque giorni deve sempre individuarsi nel giorno in cui la richiesta è trasmessa dal diverso tribunale o dagli agenti consiliari al tribunale del riesame competente, o dal giorno in cui la raccomandata o il telegramma arrivano in detta cancelleria) – **trasmettere** al tribunale del riesame, a norma del comma 5 dell'art. 309 c.p.p., "*gli atti presentati a norma dell'art. 291, comma 1, nonché tutti gli elementi sopravvenuti a favore della persona sottoposta alle indagini.*".

L'autorità procedente sarà quindi tenuta a trasmettere:
- elementi a carico dell'indagato che aveva scelto liberamente di porre alla base della richiesta del provvedimento cautelare;
- elementi favorevoli all'indagato (preesistenti, cioè quelli che il PM aveva già a sua disposizione quando ha formulato la richiesta di applicazione della misura) e le eventuali deduzioni e memorie difensive già depositate (già presentati al GIP, cioè quelli che il PM già conosceva);
- elementi favorevoli all'indagato sopravvenuti alla richiesta cautelare (anche se c'è chi ritiene che siano quelli sopravvenuti alla ordinanza).

Se tale trasmissione non avviene nel termine di cinque giorni dal giorno in cui la richiesta di riesame è pervenuta al tribunale [o se la decisione sulla richiesta del riesame non interviene entro dieci giorni dalla ricezione degli atti o il deposito dell'ordinanza in cancelleria non avviene entro trenta giorni dalla decisione (salvi i casi in cui la stesura della motivazione sia particolarmente complessa per il numero degli arrestati o la gravità delle imputazioni, nei quali casi il giudice può disporre per il deposito un termine più lungo, comunque non eccedente i quaranticinque giorni)], "*l'ordinanza che dispone la misura coercitiva **perde efficacia** e, salve eccezionali esigenze cautelari specificamente motivate, **non può essere rinnovata**.*" (art. 309, comma 10 c.p.p., come modificato dalla **legge 16 aprile 2015, n. 47**).

> PROBLEMA: il termine di cinque giorni per la trasmissione degli atti ed elementi da parte dell'autorità giudiziaria procedente al tribunale del riesame può ritenersi rispettato quando entro tale termine gli atti sono stati inviati ma non sono ancora arrivati al tribunale o è rispettato solo quando entro tale termine arrivano al tribunale?
> La questione è stata affrontata dalle Sezioni Unite della Cassazione nella celebre **sentenza Schillaci** (Cass., Sez. Un., 29 ottobre 1997, n. 13). In tale sentenza, i giudici hanno evidenziato che il termine "trasmettere", sul piano terminologico e lessicale, ha una valenza polisemantica: può significare, infatti, sia "inviare" che "far pervenire". La

soluzione propugnata dai giudici in detta sentenza è stata, tuttavia, che nel dubbio si deve privilegiare l'interpretazione del termine più favorevole all'imputato/indagato, e cioè quella per cui il termine può ritenersi soddisfatto solo nel caso in cui entro i cinque giorni tutti gli atti siano pervenuti al tribunale del riesame.

Dal primo periodo del comma 6 dello stesso art. 309, secondo cui *"con la richiesta di riesame **possono** essere enunciati **anche** i motivi."* si evince che tale richiesta può essere sia <u>motivata</u> che <u>immotivata</u>. L'indicazione dei motivi rappresenta, quindi,una facoltà dell'indagato/imputato o del difensore), con la conseguenza che la mancanza di motivi nella richiesta non costituisce causa di inammissibilità della stessa. Ciò non toglie l'importanza rivestita dai motivi, soprattutto in ragione del fatto che una omessa motivazione da parte del tribunale su punti essenziali dedotti nei motivi determina un vizio di motivazione deducibile in Cassazione ai sensi dell'art. 311 c.p.p. (cioè, con il ricorso per Cassazione).

D'altronde, che i motivi siano facoltativi lo si evince anche dalla previsione per cui il tribunale può annullare o riformare il provvedimento impugnato anche per motivi diversi da quelli indicati: gli eventuali motivi indicati nella richiesta di riesame non sono vincolano quindi il tribunale, chedeve rivalutare tutti i presupposti applicativi della misura e la corretta applicazione dei criteri di scelta di cui all'art. 275 c.p.p.. La cognizione del tribunale si estende in sostanza all'intero provvedimento cautelare.

A seguito della modifica operata con legge 16 aprile 2015, n. 47, il primo periodo del comma 6 dell'art. 309 c.p.p. prevede altresì che con la richiesta di riesame **l'imputato possa chiedere di comparire personalmente**. Tale disposizione, insieme a quella inserita dalla stessa l. 47/2015 all'ultimo periodo del comma 8 *bis* dello stesso art. 309 c.p.p. (secondo cui *"L'imputato che <u>ne abbia fatta richiesta ai sensi del comma 6</u> ha diritto di comparire personalmente."*), risolve la dibattuta questione relativa alla sussistenza o meno di un **diritto del ricorrente di presenziare all'udienza camerale** di cui al comma 8, affermando in modo inequivoco tale diritto in capo al ricorrente, anche se detenuto fuori distretto. Tanto dal primo periodo del comma 6 quanto dall'ultimo periodo del comma 8 *bis* dell'art. 309 c.p.p. si evince, tuttavia, che il diritto del ricorrente di presenziare all'udienza camerale fissata per la trattazione della richiesta del riesame è <u>strettamente correlato alla formulazione di una richiesta in tal senso da parte dell'imputato</u>.

Lo stesso comma 6 prosegue poi disponendo che *"Chi ha proposto la richiesta ha inoltre <u>facoltà di enunciare **nuovi motivi**</u> davanti al giudice del riesame facendone dare atto a verbale prima dell'inizio della discussione. ".*

2.1. Termini per la presentazione della richiesta.
→ 10 giorni, a pena si inammissibilità, che decorrono
   -- per l'imputato, dall'esecuzione o notificazione del provvedimento;
   -- per l'imputato latitante, dalla data di notificazione eseguita a norma dell'art. 165. *"Tuttavia, se sopravviene l'esecuzione della misura, il termine decorre da tale momento quando l'imputato prova di non aver avuto tempestiva conoscenza del provvedimento."* (art. 309, comma 2 c.p.p.).
   --per il difensore dell'imputato, dalla notificazione dell'avviso di deposito dell'ordinanza che dispone la misura.

2.2. Provvedimenti impugnabili.

Come già anticipato, la norma è chiara nel disporre che si possono impugnare con la richiesta di riesame **soltanto** le **ordinanze che dispongono una misura <u>coercitiva</u>**.

Il che significa che tutto il settore delle misure interdittive (es. sospensione dall'esercizio dalla patria potestà, interdizione dai pubblici uffici) rimane fuori dal riesame: esse sono soltanto appellabili, sempre dinanzi al tribunale della libertà.

Le ordinanze che sono riesaminabili sono, inoltre, soltanto quelle <u>dispositive</u> (e, quindi, applicative) della misura coercitiva; perciò tutte quelle ordinanze che, pur riguardando le misure coercitive, non sono applicative della misura non sono riesaminabili, ma sono, a loro volta, appellabili.

Se l'imputato chiede la revoca della misura e il giudice procedente rigetta tale richiesta, quella ordinanza di rigetto è allora appellabile, non riesaminabile, perché è un'ordinanza che non applica la misura ma semplicemente si limita a rigettare una richiesta di revoca o di sostituzione della misura.

L'appello ha un carattere residuale ma molto ampio, forse più ampio del riesame in quanto legittimato a richiederlo è anche il PM, che non invece legittimato a chiedere il riesame.

> Molteplici sono le situazioni di dubbia risoluzione: per esempio, l'ordinanza emessa ex art. 27 c.p.p. dal giudice competente è riesaminabile o solo appellabile? Si tratta, infatti, di un'ordinanza che rinnova la misura. Tale rinnovazione, a detta della giurisprudenza, costituisce una forma di applicazione della misura, con la conseguenza che la relativa ordinanza è ritenuta riesaminabile.
>
> Altro caso: omesso interrogatorio della persona che è stata sottoposta a misura cautelare coercitiva (e che, ai sensi dell'art. 294 c.p.p. deve essere interrogata entro 5 o 10 giorni dal momento in cui viene eseguita o notificata l'ordinanza, a seconda che si tratti della custodia cautelare in carcere o di altre misure cautelari personali coercitive) che comporta, quindi, l'inefficacia dell'ordinanza. L'ordinanza adottata successivamente che reitera la misura cautelare coercitiva, è riesaminabile perché anche questa è ritenuta applicativa della misura.

2.3. Legittimazione.

Imputato/indagato e difensore.

2.4. Luogo di presentazione della richiesta.

Come già visto, competente a giudicare è il tribunale distrettuale, cioè il tribunale che ha sede nel capoluogo di distretto di Corte d'Appello in cui si trova il giudice che ha emesso il provvedimento (es. se il GIP che lo emette è di Latina, comunque a giudicare sarà il tribunale del riesame di Roma; non esiste un tribunale del riesame di Latina per le misure cautelari personali perché, invece, per quelle reali la competenza è circondariale); se vi è una sezione distaccata di Corte d'Appello allora vi sarà anche il tribunale del riesame presso la sede della sezione distaccata (quindi Sassari ce l'ha perché è sezione distaccata di Corte d'Appello di Cagliari).

3. Procedimento davanti al tribunale del riesame e provvedimenti conclusivi.

Il procedimento avviato con la richiesta di riesame dinanzi al tribunale competente ai sensi dell'art. 309, comma 7 c.p.p. è un procedimento **camerale**: si svolge in camera di consiglio nel rispetto delle forme previste dall'art. 127 c.p.p..

L'art. 309, comma 8 c.p.p. dispone che l'avviso della data fissata per l'udienza sia comunicato, almeno tre giorni prima della stessa, al P.M. presso il tribunale indicato nel comma 7 e, se diverso, a quello che ha richiesto l'applicazione della misura, in ragione del fatto che il successivo comma 8 *bis* consente che a partecipare all'udienza sia appunto il P.M. che ha richiesto l'applicazione della misura anziché il pubblico ministero presso il tribunale indicato dal comma 7.

L'avviso della data fissata per l'udienza deve essere altresì notificato, almeno tre giorni prima, all'imputato e al suo difensore.

> Supponiamo che l'avviso **non** venga **dato** al P.M. **o notificato** al difensore o all'imputato/indagato.
>
> 1) Se non viene notificato al PM vi è nullità a regime intermedio perché si viola una norma processuale da cui deriva l'omessa partecipazione del PM al procedimento (lett. b) seconda ipotesi dell'art. 178 c.p.p.);
>
> 2) se non si notifica l'avviso al difensore si ha nullità a regime intermedio perché la presenza difensiva qui non è necessaria ma eventuale (art. 178 lett. c));
>
> 3) se l'avviso non viene notificato all'indagato/imputato dovrebbe essere in astratto nullità a regime intermedio perché incide sul suo diritto di intervento, ma ormai le Sezioni Unite della Cassazione dicono trattarsi di un'ipotesi di nullità assoluta, parificando l'omesso avviso all'omessa citazione e riconducendo tale ipotesi quindi nell'ambito di applicazione dell'art. 179, comma 1 c.p.p..

L'udienza camerale si svolge nel giorno fissato in contraddittorio orale, ma anche documentale e cartolare (dal momento che si possono presentare documenti), tra le parti.

Dall'art. 309, comma 9 c.p.p. si evince infatti che nel corso dell'udienza, le parti possono presentare elementi di prova. Si fa riferimento, tuttavia, solo a prove precostituite, dal momento che non si può svolgere attività probatoria in udienza. Non si può, quindi, ad es., sentire un testimone o un perito, ma si può depositare una consulenza tecnica scritta o documentazione di indagini difensive.

L'imputato che ne abbia fatto richiesta nell'istanza di riesame ha diritto di comparire personalmente all'udienza (art. 309, comma 8 *bis*, ultimo periodo c.p.p., periodo aggiunto dalla legge n. 47/2015).

Nel termine (perentorio: pena la perdita di efficacia dell'ordinanza applicativa della misura) di **dieci giorni** dalla ricezione degli atti, il tribunale deve decidere sulla richiesta (se non deve dichiararne l'inammissiblità) (art. 309, comma 9, primo periodo c.p.p.).

A conclusione del procedimento, il giudice può pronunciarsi per:

1) l'**inammissibilità** della richiesta di riesame: perché è intempestiva o proposta da chi non è legittimato e così via.

2) l'**annullamento**, la **riforma** o la **conferma** del provvedimento cautelare.

Si **annulla il provvedimento** quando si ravvisano vizi di legittimità (manca la motivazione – nullità relativa –, manca la richiesta del PM – nullità assoluta –, applica una misura più grave di quella che ha chiesto il PM – nullità assoluta –, …).

Nel merito, invece, si valutano gli atti per verificare se quella misura va tenuta ferma (conferma) o meno (riforma).

Si **riforma** il provvedimento cautelare o revocando (**revocatoria**) la misura o sostituendola (**sostitutiva**) con un'altra meno afflittiva (non ammettendosi però la riforma sostitutiva *in peius*).

Si ha invece una pronuncia di **conferma** del provvedimento applicativo di una misura coercitiva quando il tribunale del riesame conclude il giudizio giungendo alla conclusione che il giudice *a quo* ha deciso correttamente sotto tutti i profili (gravi indizi, esigenze cautelari, titolo di reato e criteri di scelta della misura).

Il tribunale può anche riformare o annullare il provvedimento cautelare per motivi diversi da quelli indicati nella richiesta di riesame. Il riesame è infatti un <u>mezzo di impugnazione totalmente devolutivo</u>, che non limita quindi la cognizione del giudice dell'impugnazione ai soli motivi della richiesta.

Il tribunale del riesame può altresì confermare l'applicazione della misura per ragioni diverse da quelle indicate nell'ordinanza cautelare.

Se la motivazione dell'ordinanza cautelare manca, allora il tribunale del riesame deve annullare il provvedimento; non può infatti motivare *ex novo*. Può, tuttavia, integrare la motivazione o confermare l'applicazione della misura coercitiva per ragioni diverse da quelle poste alla base dell'ordinanza dal giudice a quo, nel caso in cui dovesse ritenere che l'ordinanza è stata motivata male.

"Il tribunale può annullare il provvedimento impugnato o riformarlo in senso favorevole all'imputato anche per motivi diversi da quelli enunciati ovvero confermarlo per ragioni diverse da quelle indicate nella motivazione del provvedimento stesso" (art. 309, comma 9, secondo periodo c.p.p.): questa norma va letta nel senso che il tribunale del riesame può annullare o riformare il provvedimento facendo riferimento a punti dell'ordinanza diversi da quelli a cui si riferiscono i motivi indicati nella richiesta di riesame. Se la norma fosse infatti interpretata letteralmente (annullare o riformare per motivi diversi) non aggiungerebbe nulla di nuovo a ciò che è consentito dalla disciplina posta per le impugnazioni parzialmente devolutive (per intenderci: anche l'appello consente una cognizione svincolata dai motivi, ma limitata dai punti e dai capi della sentenza indicati dall'appellante nell'atto di appello (<u>ad esempio</u>: «*se io impugno il capo relativo alla rapina e non impugno quello relativo al furto dell'arma, sul furto dell'arma si forma il giudicato; quel furto dell'arma non potrà più essere messo in discussione in sede di appello perché quel titolo di reato io non l'ho impugnato con l'atto di appello, ma nell'ambito del capo che io impugno e dei punti che io impugno, i motivi di impugnazione da me indicati nell'atto non vincolano il giudice d'appello*»). Quindi, i motivi non vincolano il giudice né nelle impugnazioni parzialmente devolutive né in quelle totalmente devolutive come il riesame: i motivi servono, infatti, solo per perimetrare il capo e il punto su cui si estende la cognizione.

Ciò che invece distingue il riesame come impugnazione totalmente devolutiva rispetto alle impugnazioni a devoluzione parziale sta nel fatto che non solo i motivi ma anche i punti e i capi indicati nella motivazione dell'ordinanza cautelare non sono vincolanti per il giudice ed è in questo senso che va interpretato l'art. 309, comma 9 c.p.p. .

Riprendendo l'esempio fatto in precedenza: «*se io impugno per la rapina, il tribunale può riformarmi anche per il furto o se io impugno per la rapina deducendo la mancanza dei gravi indizi di colpevolezza dimenticandomi delle esigenze cautelari il tribunale può dirmi che i gravi indizi di colpevolezza esistono ma accoglie comunque la mia richiesta perché mancano le esigenze cautelari; cioè può andare al di là dei punti oggetto dei motivi*».

Occorre a questo punto passare ad analizzare le molteplici e rilevanti innovazioni apportate al procedimento davanti al tribunale del riesame dalla citata **legge 16 aprile 2015, n. 47**.

Si è già visto che tale novella ha introdotto l'espressa previsione legislativa del diritto del ricorrente alla partecipazione all'udienza camerale di trattazione del riesame – seppur limitato ad una esplicita richiesta in tal senso (art. 309, commi 6 e 8 *bis* c.p.p.).

La predetta riforma ha innovato, tuttavia, altri fondamentali aspetti del procedimento in esame. In particolare:

- ha modificato i poteri decisori del tribunale investito della richiesta di riesame (art. 309, comma 9, terzo periodo c.p.p.);
- ha introdotto la possibilità per l'imputato di richiedere il differimento dell'udienza (art. 309, comma 9 *bis* c.p.p.);
- ha ampliato il novero dei termini perentori che scandiscono il procedimento in esame (art. 309, comma 10 c.p.p.);
- ha introdotto nuove conseguenze alla violazione dei suddetti termini (riducendo i casi di rinnovabilità dell'ordinanza applicativa della misura) (art. 309, comma 10 c.p.p.).

Innanzitutto, la legge n. 47/2015 ha modificato l'**art. 309, comma 9 c.p.p.** relativo ai **poteri decisori del tribunale del riesame**, introducendo delle ipotesi di obbligo di annullamento dell'ordinanza applicativa della misura (art. 309, comma 9, ultimo periodo, aggiunto dalla l. 47/2015).

In particolare, il legislatore ha scelto di escludere espressamente che il tribunale del riesame, cui l'art. 309, comma 9, secondo periodo c.p.p. attribuisce – in virtù dell'effetto interamente devolutivo del mezzo impugnatorio in questione – il potere di confermare il provvedimento applicativo della misura anche per ragioni diverse da quelle indicate nella motivazione dello stesso, possa altresì, in ragione di tale potere, sanare con la propria motivazione le carenze argomentative del provvedimento impugnato anche quando esse siano tali da dar luogo alle nullità, rilevabili d'ufficio, previste dall'art. 292, comma 2, lett. c) e c-*bis*) c.p.p., superando così definitivamente il contrario orientamento affermatosi in giurisprudenza (si veda, ad esempio: Cass., Sez. VI, 16 gennaio 2006, n. 8590, *Pupuleku*).

Il neointrodotto **terzo periodo** dell'art. 309, comma 9 c.p.p. prevede, infatti, che "*Il tribunale annulla il provvedimento impugnato se* **la motivazione manca** *o* **non contiene l'autonoma valutazione**, *a norma dell'art. 292,* **delle esigenze cautelari, degli indizi e degli elementi forniti dalla difesa**".

In deroga al principio (desumibile dal secondo periodo della norma in esame) di generale modificabilità ed integrabilità della motivazione dell'ordinanza impugnata da parte del tribunale del riesame, quindi, il terzo periodo del comma 9 vieta al giudice procedente qualsivoglia integrazione o modifica dell'ordinanza stessa (obbligandolo, piuttosto, ad annullarla) nei casi di totale mancanza della motivazione o di motivazione viziata perché non contenente l'autonoma valutazione delle esigenze cautelari, degli indizi e degli elementi forniti dalla difesa, a norma dell'art. 292, comma 2, lett. c) e c-*bis*) c.p.p. come modificate dalla stessa l. n. 47/2015.

La legge n. 47/2015 ha, poi, innovato il procedimento dinanzi al tribunale del riesame introducendo nell'art. 309 c.p.p. il **comma 9-*bis***, ai sensi del quale "*Su richiesta formulata personalmente dall'imputato entro due giorni dalla notificazione dell'avviso, il tribunale differisce la data dell'udienza da un minimo di cinque ad un massimo di dieci giorni se vi siano giustificati motivi. In tal caso il termine per la decisione e quello per il deposito dell'ordinanza sono prorogati nella stessa misura.*".

La *ratio* della norma è evidentemente quella di fornire più tempo alla difesa per prepararsi, sempreché l'imputato faccia richiesta di differimento dell'udienza nei termini e che vi siano giustificati motivi.

La scelta, poi, di far conseguire alla concessione del differimento dell'udienza anche una proroga nella stessa misura dei termini per la decisione e per il deposito dell'ordinanza risponde, senza dubbio, all'esigenza di evitare di attribuire all'imputato uno strumento con cui incidere sulla decorrenza di termini previsti a pena di inefficacia della misura, ai sensi del comma decimo dell'art. 309 c.p.p..

Le innovazioni di maggior rilievo al procedimento in esame derivano, tuttavia, dalla riscrittura – ad opera della più volte citata l. 47/2015 – del **comma 10 dell'art. 309 c.p.p.**.
Esso prevede ora che:

"*Se la trasmissione degli atti non avviene nei termini di cui al comma 5 o se la decisione sulla richiesta di riesame o il deposito dell'ordinanza del tribunale in cancelleria non intervengono nei termini prescritti, l'ordinanza che dispone la misura coercitiva **perde efficacia** e, **salve eccezionali esigenze cautelari specificamente motivate, non può essere rinnovata**. L'ordinanza del tribunale deve essere depositata in cancelleria entro trenta giorni dalla decisione, salvi i casi in cui la stesura della motivazione sia particolarmente complessa per il numero degli arrestati o la gravità delle imputazioni. In tali casi, il giudice può disporre per il deposito un termine più lungo, comunque non eccedente il quarantacinquesimo giorno da quello della decisione.*".

La legge n. 47/2015, quindi:
- da un lato, ha introdotto un <u>termine perentorio anche per il deposito dell'ordinanza</u> (quantificato in trenta giorni dalla decisione, con la possibilità per il giudice di disporre un termine più lungo – ma comunque non eccedente i quarantacinque giorni – nei casi di particolare complessità per numero di arrestati o gravità delle imputazioni).

Ai sensi del nuovo comma 10 dell'art. 309 c.p.p., dunque, l'ordinanza applicativa della misura coercitiva **perde efficacia** in tre casi:

1. qualora gli <u>atti</u> <u>non</u> siano <u>trasmessi</u> entro il termine di <u>cinque giorni</u> dalla richiesta, ai sensi del quinto comma dello stesso articolo;

2. qualora la <u>decisione</u> sulla richiesta di riesame <u>non intervenga</u> entro il termine di <u>dieci giorni</u> dalla ricezione degli atti, ai sensi del nono comma;

3. qualora <u>l'ordinanza del tribunale del riesame</u> <u>non</u> sia <u>depositata</u> entro il termine di <u>trenta giorni</u> dalla decisione (salvi i casi in cui la stesura della motivazione sia particolarmente complessa per il numero degli arrestati o la gravità delle imputazioni, nei quali casi il giudice può disporre per il deposito un termine più lungo, <u>comunque non eccedente i quaranticinque giorni</u>), ai sensi del comma dieci.

- dall'altro lato, ha <u>notevolmente ridotto la</u> **possibilità** (finora illimitata ed indiscussa) **di emettere un nuovo titolo cautelare** in caso di perdita di efficacia del precedente per violazione dei termini perentori imposti.

Ai sensi del nuovo testo del comma 10 dell'art. 309 c.p.p., infatti, l'ordinanza applicativa della misura coercitiva che abbia perso la propria efficacia per il mancato rispetto dei termini perentori potrà essere rinnovata **solo in presenza di eccezionali esigenze cautelari specificamente motivate**.

D) SCHEMA ISTANZA DI RIESAME

TRIBUNALE DI ROMA
Sezione del riesame
Richiesta di riesame per

Tizio, nato il _____ a _____, attualmente detenuto, avverso l'ordinanza emessa dal Giudice per le Indagini Preliminari presso il Tribunale di Roma, Dott._____, in data _____ (avviso di deposito notificato al difensore il _____) nel proc. n° __/__. R.G.G.I.P. (n° ____/____ R.G.N.R.), con la quale è stata disposta nei confronti dell'indagato la misura della custodia cautelare in carcere per il delitto di cui all'art. .....c.p.

* * * * * * * *

1. Nullità dell'ordinanza ai sensi degli artt. 178 lett. b) e 179 c.p.p., in relazione all'art. 291 comma 1 c.p.p.

2. Nullità dell'ordinanza ai sensi dell'art. 292 comma 2 lett. c-*bis*) c.p.p.

3. Nullità dell'ordinanza per mancanza di motivazione in ordine alla sussistenza dei gravi indizi di colpevolezza, ai sensi dell'art. 292 comma 2 lett. c) c.p.p.

4. Nullità dell'ordinanza ai sensi dell'art. 292 comma 2 *ter* c.p.p.

5. Violazione dell'art. 280 comma 1 (o comma 2) c.p.p.

6. Insussistenza dei gravi indizi di colpevolezza

7. Insussistenza delle esigenze cautelari

8. Incompetenza per territorio del giudice che ha adottato l'ordinanza impugnata e insussistenza dell'urgenza di soddisfare le esigenze cautelari *ex* art. 291 comma 2 c.p.p.

9. Violazione dell'art. 275 comma 1 (o comma 2 o comma 3) c.p.p.

* * * * * * * *

Per le considerazioni su esposte, voglia l'On.le Tribunale adito: a) in via principale, annullare l'ordinanza impugnata con conseguente rimessione in libertà dell'imputato; b) in via subordinata, riformare l'ordinanza impugnata, con conseguente revoca della misura cautelare disposta o sostituzione della stessa con altra meno afflittiva; c) in ogni caso, dichiarare l'incompetenza per territorio del Giudice per le Indagini Preliminari presso il Tribunale di …….

Roma, lì ………………..

Avv. …………………

E) ESEMPIO ISTANZA DI RIESAME

TRIBUNALE DEL RIESAME DI _____

PROC. PEN. N. ___/____R.G.N.R.

ISTANZA DI RIESAME

Il sottoscritto avv. _____, difensore di fiducia di Tizio, nato a _____, il _____ ed ivi residente alla via _____, n. __, indagato nell'ambito dell'epigrafato procedimento penale, attualmente sottoposto alla misura cautelare della custodia in carcere presso la Casa Circondariale di ____, dichiara di proporre istanza di riesame avverso l'ordinanza del GIP presso il Tribunale di _____ con la quale in data __/__/____ veniva disposta la suddetta misura cautelare.

La predetta ordinanza è censurabile per i seguenti motivi:

1) INUTILIZZABILITA' DELLE INTERCETTAZIONI.

Nell'ambito del procedimento *de quo*, fondato su intercettazioni telefoniche ed ambientali all'interno delle autovetture, i decreti autorizzativi hanno previsto che le operazioni stesse fossero compiute per mezzo degli impianti installati negli uffici della Procura della Repubblica presso il Tribunale di ___, ma tuttavia disposte con modalità tecniche tali da addivenire alla remotizzazione del segnale audio dalla sala intercettazione della Procura a quella del Commissariato di polizia di _____, con utilizzo di apparecchiature elettroniche gestite a cura della ditta Gamma di ____.

Tuttavia, mentre i decreti parlano di captazione da intercettazione che avvengono nella apposita sala allestita negli uffici della procura, in tutti verbali di trascrizione redatti dal Commissariato di _____ si dice testualmente che "in data ____ alle ore ____ presso la sala intercettazione del commissariato di polizia di _____, veniva registrata ed ascoltata la conversazione effettuata nell'abitacolo dell'autovettura_____ targata _____ in uso a Caio", così come per le intercettazioni relative ad altri soggetti.

Dunque, sembra che la registrazione non venga compiuta sul c.d. "server" installato presso la procura di_____ bensì presso il Commissariato di _____, a differenza di quanto disposto con i decreti autorizzativi.

Inoltre, nei verbali di chiusura delle operazioni di ascolto redatti dagli stessi ufficiali di P.G. si dà atto che "le operazioni di ascolto sono state effettuate dai verbalizzanti coadiuvati da agenti ed ufficiali di P.G. comandati secondo turni di servizio predisposti dall'ufficio. Le conversazioni sono state registrate a mezzo di apposita strumentazione, etc.‖.

Orbene, a fronte di tale dato documentale risulta chiaro come le conversazioni siano state registrate presso il commissariato di polizia di _____ e con apparecchiature in dotazione allo stesso organo di polizia giudiziaria, e non con impianti in dotazione all'ufficio del magistrato inquirente. Tutto ciò in evidente violazione delle specifiche disposizioni di legge dettate dall'art. 268 c.p.p..

A tal proposito la Suprema Corte di Cassazione con la sentenza n. 20058 del 20 maggio 2008 ha fornito la corretta interpretazione dell'articolo 268 del codice di procedura penale, statuendo che. con riferimento al comma 3 del citato articolo:

1. Le conversazioni intercettate sono registrate e delle operazioni è redatto verbale;

2. Nel verbale è trascritto, anche sommariamente, il contenuto delle comunicazioni intercettate;

3. Le operazioni possono essere compiute esclusivamente per mezzo degli impianti installati nella procura della Repubblica. Tuttavia, quando tali impianti risultano insufficienti o inidonei ed esistono eccezionali ragioni di urgenza, il pubblico ministero può disporre, con provvedimento motivato, il compimento delle operazioni mediante impianti di pubblico servizio o in dotazione alla polizia giudiziaria.

4. L'ascolto "remotizzato" delle intercettazioni di conversazioni o comunicazioni presso gli uffici di polizia giudiziaria in assenza di espressa autorizzazione del pubblico ministero ai sensi dell'art. 268, comma terzo, cod. proc. pen., non determina l'inutilizzabilità degli esiti dell'intercettazione, purché tutte le operazioni di captazione e di registrazione delle conversazioni, comprese quelle che consistono nel trasferimento dei dati contenuti nell'apparecchio di registrazione in un supporto magnetico, siano eseguite nei locali della Procura della Repubblica.

Ne consegue che non è necessario il decreto motivato del P.M. quando è disposto l'ascolto in "roaming" perché in questo caso l'intercettazione avviene tecnicamente presso la procura ma il segnale viene solo fatto rimbalzare, con una differenza temporale di pochi secondi, presso gli uffici della PG., dove l'addetto utilizza l'apparecchio per ascoltare; in questo modo l'intercettazione è attestata in procura e il rimbalzo del segnale viene fatto esclusivamente per ragioni di semplificazione organizzativa, per consentire all'ufficiale di P.G. addetto al controllo delle conversazioni intercettate di lavorare alla sua postazione abituale, di procedere all'ascolto e alla stesura del c.d. brogliaccio.

Infatti, l'ufficiale addetto riceve tutti i dati del traffico che emergono dalle intercettazioni.

Se il "roaming" viene attuato con le modalità che si sono sopra descritte deve escludersi che vi possa essere una violazione del disposto di cui all'articolo 268 comma 3 c.p.p., non essendo quindi necessaria l'autorizzazione del P.M., in quanto, come si è visto, l'intercettazione non può essere considerata come eseguita presso impianti esterni alla procura.

Nel caso in esame risulta evidente come le operazioni di registrazione, ascolto e trasposizione delle conversazioni intercettate non siano avvenute con il sistema "roaming" disposto dal P.M., ma siano state compiute tutte presso il Commissariato di P.S. di ____, sicché ai fini della utilizzabilità dei risultati di dette intercettazioni sarebbe stata necessaria l'adozione da parte del P.M. di un decreto motivato in cui, a norma dell'art. 268 c.p.p., avrebbe dovuto spiegare i motivi di insufficienza o inidoneità degli impianti in dotazione alla procura e le eccezionali ragioni di urgenza che, ai sensi dell'art. 268, comma 3, c.p.p. giustificavano il compimento delle operazioni mediante impianti di pubblico servizio o in dotazione alla polizia giudiziaria.

Inoltre, i decreti autorizzativi delle operazioni di intercettazione sono assolutamente generici e carenti di motivazione, anche e soprattutto in relazione alla assoluta indispensabilità di dar luogo alle intercettazioni stesse.

Al riguardo va premesso che la motivazione del decreto con cui si autorizza l'intercettazione, per essere idonea, deve avere un contenuto minimo tale da dar conto, da un lato della sussistenza dei gravi indizi di reato, dall'altro dell'assoluta indispensabilità delle intercettazioni stesse al fine della proficua prosecuzione delle indagini.

Quanto al primo requisito, è ormai opinione consolidata che essa riguarda l'esistenza del reato e non certo la colpevolezza di un determinato soggetto; si richiede, dunque, una valutazione meno stringente rispetto a quella che deve fondare l'affermazione di responsabilità.

Il requisito dell'assoluta indispensabilità, invece, che dev'essere valutato cumulativamente a quello dei gravi indizi, presuppone che le indagini preliminari siano già state avviate, ed esclude che l'intercettazione possa essere autorizzata quale primo atto di indagine: le intercettazioni non possono essere il punto di partenza delle indagini, ma devono essere disposte solo in funzione della prosecuzione delle stesse, qualora vi sia fondato motivo di ritenere che possano essere acquisiti elementi probatori, non acquisibili con altri, meno aggressivi, mezzi di ricerca della prova. Pertanto al giudice è preclusa l'autorizzazione ad intercettare una determinata utenza telefonica "quando vi siano risorse investigative altrettanto promettenti".

Nella sentenza n. 12722 del 23 marzo 2009, la Corte di Cassazione ha affermato che nei decreti autorizzativi delle intercettazioni telefoniche è necessario indicare le ragioni per le quali appare indispensabile attivare le stesse nei confronti di una determinata persona, non potendo il giudice omettere di indicare il collegamento tra l'indagine in corso e l'intercettando. Inoltre, relativamente all'interesse ad impugnare, la Corte, ha chiarito, in relazione ad un ricorso del P.M., che non basta invocare l'esatta applicazione della legge penale o la corretta osservanza delle norme processuali per legittimare l'impugnazione, se non è denunciata l'illegittimità della decisione finale del giudice per l'omessa valutazione di elementi indiziari determinata dall'indicato errore di diritto o dall'asserita violazione di legge. La sussistenza di tale errore o violazione non abilita infatti di per sè l'impugnazione di un provvedimento giurisdizionale in mancanza dell'allegazione della concretezza e dell'attualità dell'interesse ad impugnare.

La Suprema Corte supera così l'assunto del P.M., ad avviso del quale (trattandosi di indagini relative alla fattispecie associativa di cui all'articolo 416 c.p.) non era necessario fornire una specifica motivazione per ogni singolo indagato, poiché sussisteva uno stretto legame tra le posizioni dei vari indagati e le argomentazioni poste a base della richiesta di intercettazione potevano essere lette unitariamente. In realtà, precisa la Cassazione, è vero che i gravi indizi di reato possono riferirsi anche a soggetti non originariamente intercettati ma, per poter autorizzare la captazione delle comunicazioni riservate, riferibile ad una determinata persona, occorre anche motivare, seppur in maniera sintetica, sulle ragioni per cui l'intercettazione, con riferimento ad un soggetto specifico, è ritenuta assolutamente indispensabile. L'originaria ipotesi di reato dell'associazione per delinquere non può costituire la sola ragione sulla base della quale giustificare una serie indiscriminata di intercettazioni; occorre, infatti, anche con riferimento a tale ipotesi delittuosa, dar conto della sussistenza dei requisiti richiesti dalla legge, essendo l'intercettazione una *extrema ratio* dell'indagine e dovendosi tutelare l'inviolabilità della segretezza delle conversazioni.

In tale sentenza, inoltre, il supremo collegio sembra aver tacitamente avallato un'interpretazione più ristretta di criminalità organizzata, in linea con le prospettazioni di parte della dottrina. In effetti l'avere esteso il concetto di criminalità organizzata ad ogni tipo di attività delittuose, purché realizzate da più persone in collegamento tra loro, ha determinato un ulteriore abuso delle intercettazioni, essendosi diffusa la prassi di adottare più blandi requisiti richiesti per le ipotesi delittuose di criminalità organizzata, anche con riferimento ai reati che non rientrano propriamente in tale categoria.

Pertanto, conclude la Corte, l'ipotesi di reato di associazione per delinquere, di cui all'articolo 416 c.p., non può fungere da "contenitore", legittimando "la proliferazione di intercettazioni a catena", ma occorre, anche in questa ipotesi, dar conto della ragione per cui l'intercettazione è assolutamente indispensabile ed è, dunque, legittimo sacrificare il diritto inviolabile alla segretezza delle comunicazioni.

Di contro, nel caso di specie non si è osservato quanto prescritto dal legislatore.

Pertanto per i motivi sopra esposti, questo difensore chiede che l'onorevole tribunale adito voglia annullare l'ordinanza de qua poiché inutilizzabili le intercettazioni poste a fondamento della stessa.

2) ASSENZA DI GRAVI INDIZI DI COLPEVOLEZZA. VIOLAZIONE ART. 273 C.P.P.

Nell'ambito del procedimento de quo, il sig. Tizio è sottoposto alla misura cautelare in carcere poiché il gip procedente ha ravvisato a carico dello stesso gravi indizi di colpevolezza in relazione alla fattispecie di cui all'articolo 416 c.p., nonché per il delitto di cui all'articolo 75, comma 2, D.L.vo n. 159 del 2011 annotato al capo 3 dell'imputazione.

A suffragio di tale tesi, che vedrebbe l'odierno indagato quale partecipe della paventata associazione, vengono valorizzati alcune intercettazioni ambientali all'interno dell'autovettura del Sempronio, ossia una del XX/XX/XXXX e una del XX/XX/XXXX.

Già tale valorizzazione di tre intercettazioni, all'interno di un'auto che nulla dicono, fa ben comprendere come l'imputazione ex articolo 416 c.p. nei confronti del proprio assistito sia una palese forzatura.

Non vi è nessun elemento di riscontro dell'ipotesi accusatoria, nemmeno è possibile conoscere con certezza se il —Tizio‖ di cui si parla sia in effetti l'odierno indagato, in assenza di indagini anche foniche in tal senso.

Ma volendo pur credere che il Tizio in questione sia l'indagato, non prova nulla l'essersi trovato in macchina del Sempronio per quattro volte alla luce di un rapporto di amicizia e conoscenza. Non si vede da cosa si desuma la sua partecipazione ad un'associazione criminale.

E del resto, non appare strano che un associato non abbia contatti con altri sodali, che nel corso di un'indagine di tale portata venga intercettato in ambientale solo tre volte per di più nell'arco di cinque giorni di agosto del 2011, e che non abbia alcuna utenza telefonica dalla quale emergano conversazioni interessanti ai fini investigativi?

Ebbene, appare *ictu oculi*, già solo alla luce di quanto sin qui esposto, che il Tizio non possa considerarsi sodale di qualsivoglia associazione.

A conferma di ciò si evidenzia che, oltre a mancare dalle indagini qualsivoglia carattere di stabilità temporale rispetto alla fattispecie associativa, è palesemente impossibile che un sodale, che oltretutto il gip ritiene di grande importanza, non partecipi ad alcuno degli innumerevoli reati fine.

Né dagli atti di indagine risulta che il medesimo abbia preso parte a qualsivoglia azione delittuosa.

Dunque, con riferimento alla contestazione del vincolo associativo da parte del gip, è palese come gli elementi dallo stesso valorizzati non possano considerarsi idonei a dimostrare, nemmeno a livello indiziario, la sussistenza della fattispecie prevista dall'articolo 416 c.p..

Inoltre, non vi è un passaggio dal quale emerga la consapevolezza della comune appartenenza al gruppo, requisiti indefettibili quando si parla dell'ipotesi associativa, che il gip ritiene si evince dall'attività di intercettazione telefonica ed ambientale.

Del resto, secondo la difesa, manca del tutto l'elemento indispensabile per la costituzione di un vero e proprio vincolo associativo, poiché nemmeno a livello indiziario è possibile scorgere la sussistenza di quell'accordo associativo idoneo a creare il vincolo permanente a causa della consapevolezza di ciascun associato di far parte del sodalizio, partecipare, con un contributo causale, alla realizzazione di un duraturo programma criminale.

Palese dunque è l'insussistenza della fattispecie prevista dall'articolo 416 comma 1 c.p., non essendo ravvisabile nemmeno un concorso ex articolo 110 c.p. nella commissione di qualsivoglia reato fine da parte dell'indagato.

Se pertanto si considerano in maniera scevra da pregiudizi gli episodi contestati, è evidente come non esista alcun vincolo tendenzialmente stabile nel tempo, non è possibile desumere, dalle conversazioni intercettate, una collaborazione stabile e continuativa che, anzi, rimane esclusa dalla stessa autonomia dimostrata dai presunti affiliati all'associazione, così com'è possibile evincere dalle conversazioni telefoniche ed ambientali intercettate.

Medesime considerazioni sono da farsi in relazione alla contestazione sub capo 3 dell'imputazione, poiché tizio non ha commesso alcuna violazione della sorveglianza speciale, non essendovi elementi, nemmeno indiziari, che possano dimostrare come egli abbia frequentato pregiudicati e violato la prescrizione di vivere onestamente e non violare le leggi.

Alla luce di quanto esposto, si chiede l'annullamento della predetta ordinanza e l'immediata scarcerazione del proprio assistito.

3) SULLA INSUSSISTENZA DELLE ESIGENZE CAUTELATI. VIOLAZIONE DELL'ART. 274 C.P.P.

In relazione ai fatti contestati all'indagato, il gip ha ritenuto sussistenti le esigenze cautelari di cui alle lettere a), b) e c) dell'art. 274 c.p.p. per l'applicazione della misura in atto.

Questo difensore, tuttavia, non comprende il motivo per il quale si ritengano sussistenti tali esigenze, dal momento che allo stato, anche alla luce del fatto che trattasi di procedimento prettamente indiziario e basato solo ed esclusivamente sulle risultanze delle intercettazioni telefoniche ed ambientali, e dunque non pare sussistere alcun pericolo di inquinamento probatorio o addirittura di fuga, così come ipotizzati dal gip.

Medesime considerazioni sono da farsi in relazione al paventato pericolo di reiterazione criminosa, anche perché il pericolo di reiterazione di reati della stessa indole non può desumersi dal carattere stesso dei reati contestati, ed in particolare dalla protrazione nel tempo di condotte professionalmente dedite alla perpetrazione dei fatti per cui è indagine, in quanto in tal modo ogni reato a struttura permanente comporterebbe un pericolo di reiterazione.

Certamente tizio ha in passato posto in essere condotte contra legem, ma le stesse sono risalenti nel tempo e dunque non attuali dal punto di vista cautelare.

Inoltre, alla luce di quanto esposto da questo difensore in relazione ai gravi indizi di colpevolezza, continuare a tenere sottoposto il proprio assistito ad una misura cautelare tanto afflittiva non sembra rispondere ai criteri di proporzionalità ed adeguatezza previsti dal legislatore per l'applicazione delle misure cautelari.

Inoltre, le esigenze cautelari dovrebbero essere basate su elementi che possano giustificare l'applicazione della misura cautelare: difatti, il giudice non può basare l'esecuzione di una qualsivoglia misura cautelare, senza motivare esaustivamente ed essere preciso sulle circostanze che non solo la giustifichino, ma che escludano anche l'applicazione di una misura meno afflittiva.

Ora, nel caso di specie, di contro, il giudice ricorre a semplici presunzioni al fine di giustificare la sussistenza delle richiamate esigenze cautelari, e ritiene quella in atto l'unica misura idonea a tutelare le esigenze cautelari, mentre, stante anche gli ulteriori elementi valorizzati nella presente memoria da questo difensore, più congruo sarebbe non applicare alcuna misura, o quantomeno applicarne una meno afflittiva, quale quella degli arresti domiciliari, che senza dubbio andrebbe salvaguardare ampiamente le esigenze cautelari meritevoli di tutela.

Dunque, alla luce di quanto sin qui esposto, appare chiaro come siano insussistenti le esigenze valorizzate dal gip al fine di ritenere quale unica misura idonea quella in carcere.

Tutto ciò premesso e con riserva di proporre altri motivi, il sottoscritto difensore

CHIEDE

che l'adito Tribunale, ai sensi dell'art. 309 del c.p.p., nell'esercizio degli ampi poteri di ricognizione riconosciuti dalla legge, voglia:

- in via preliminare, dichiarare l'inutilizzabilità delle intercettazioni e per l'effetto annullare l'ordinanza cautelare;

- in subordine, annullare ex art. 292 comma 2 lett. c) c.p.p. l'ordinanza che si impugna, per mancanza di gravi indizi di colpevolezza.

- in via ulteriormente gradata, revocare o quantomeno sostituire la misura attualmente in atto con altra meno afflittiva, quale quella degli arresti domiciliari da eseguirsi presso la propria abitazione.

Roma, lì _____

Avv._____

3.3.3. IL RIESAME DELLE MISURE CAUTELARI REALI

A) DISCIPLINA GENERALE

1. <u>Misure cautelari reali</u> (Titolo II, artt. 316-324 c.p.p.)

Il titolo II del libro IV del codice di procedura penale si occupa delle misure cautelari reali. Esse consistono in provvedimenti mediante i quali si limita la disponibilità del patrimonio dell'indagato/imputato al fine di garantire l'effettività dell'attività giurisdizionale per il periodo di tempo necessario alla conclusione del procedimento penale.

Il codice disciplina due distinte tipologie di misure cautelari reali:

- il **sequestro conservativo** che tende ad assicurare le garanzie di ogni somma dovuta all'erario dello Stato, a titolo di condanna o di spese del procedimento, nonché alla parte civile, delle obbligazioni derivanti da reato;

- il **sequestro preventivo** che, invece, tende ad evitare l'aggravamento delle conseguenze del reato o, comunque, di agevolare la protrazione dell'attività criminosa.

Sequestro conservativo e preventivo, differenziati dalle <u>distinte esigenze</u> che li ispirano, sono tuttavia accomunati dal perseguimento di **finalità cautelari**. Proprio questo aspetto li distingue, invece, dal <u>sequestro penale</u> (art. 253 e ss. c.p.p.), diretto ad acquisire il corpo del reato e le cose pertinenti al reato necessari per l'accertamento dei fatti e, quindi, a <u>scopi di natura probatoria</u>.

1.1. <u>Il sequestro conservativo.</u>

1.1.1. Presupposti

Il sequestro conservativo è disciplinato dagli artt. 316-320 c.p.p.. I primi due commi dell'art. 316, in particolare, prevedono due distinte ipotesi di sequestro conservativo:

- al comma 1, è regolato il sequestro richiesto dal p.m. per ragioni pubblicistiche, e cioè per garantire *"il pagamento della pena pecuniaria, delle spese di procedimento e di ogni altra somma dovuta all'erario dello Stato"*, nel caso in cui vi siano fondate ragioni per ritenere che le garanzie per tale pagamento manchino o si disperdano;

- il comma 2, invece, si occupa della cautela conservativa richiesta dalla parte civile a tutela dell'adempimento delle obbligazioni restitutorie e risarcitorie connesse all'esercizio dell'azione civile nel processo penale, anche in tal caso quando vi siano fondate ragioni per ritenere che manchino o possano disperdersi le garanzie delle obbligazioni civili derivanti da reato.

Con riferimento all'<u>ipotesi disciplinata dal comma 1</u>, si è precisato in giurisprudenza che la locuzione «*pene pecuniarie, spese del procedimento e ogni altra somma dovuta all'erario dello Stato*» va riferita a <u>tutti i crediti statali c.d. endoprocessuali</u>, cioè a quei crediti pecuniari che nascono direttamente a favore dello Stato – ordinamento per effetto dell'esercizio della giurisdizione penale (le pene della multa e dell'ammenda, le spese del procedimento, le spese del mantenimento in carcere, le sanzioni pecuniarie a favore della cassa delle ammende, ora anche le sanzioni amministrative dipendenti da reato applicate dal giudice penale alle persone giuridiche, alle società e alle associazioni ai sensi del d.lgs. n. 231/01)

La finalità della <u>seconda ipotesi</u> di sequestro – art. 316 comma 2 c.p.p. – invece è con tutta evidenza quella di prevenire condotte del debitore (imputato responsabile civile) idonee a vanificare la responsabilità patrimoniale così come disciplinata dall'art. 2740 c.c.

Sulla base di numerose sentenze che hanno negato le necessità di una valutazione dei gravi indizi di colpevolezza ai fini dell'imposizione delle misure cautelari reali, la giurisprudenza ha ripetutamente sancito che per quanto riguarda il sequestro conservativo non è richiesto un *fumus commissi delicti* ma un generico ***fumus boni iuris***, inerente a qualsiasi misura di cautela. Si veda in proposito Cassazione penale, sez. III, 3 gennaio 1991, n. 4970 secondo cui "*l'ordinanza che dispone il sequestro conservativo, non deve motivare sulla sussistenza degli indizi di colpevolezza, non essendo questi richiamati tra i presupposti applicativi. L'accertamento giudiziale del* fumus boni iuris *deve essere quindi limitato alla pendenza del processo penale ed alla sussistenza di un'imputazione, senza una possibilità di apprezzamento in ordine alla fondatezza dell'accusa e della probabilità di una pronuncia sfavorevole per l'imputato*".

Quanto al ***periculum in mora***, l'art. 316 c.p.p. fa riferimento alla «*fondata ragione di ritenere che manchino o si disperdano le garanzie per il pagamento della pena pecuniaria, delle spese di procedimento e di ogni altra somma dovuta all'erario dello Stato*» (comma 1) ovvero «*quelle delle obbligazioni civili derivanti dal reato*» (comma 2).

Secondo la giurisprudenza il rischio di dispersione della garanzia, annoverato tra i presupposti della misura cautelare, non è soltanto quello connesso alla deperibilità obiettiva dei beni o alla loro intrinseca scarsa durevolezza nel tempo, ma anche quello riferito alla facilità di consumazione.

Ne deriva che il denaro può essere oggetto del provvedimento "de quo" proprio per la possibilità di spendita. Inoltre, la valutazione del <u>rischio potenziale di perdita delle garanzie</u> del credito deve essere ancorata a <u>concreti e specifici elementi</u> riguardanti da un lato l'entità del credito e della natura del bene oggetto del sequestro e dall'altro la situazione di possibile depauperamento del patrimonio del debitore "da porsi in ulteriore relazione con la composizione del patrimonio stesso, con la capacità reddituale e con l'atteggiamento in concreto assunto dal debitore medesimo".

1.1.2. Procedimento

Il sequestro conservativo (artt. 316-320 c.p.p.) è disposto con **ordinanza del giudice**:

a) **su richiesta del P.M.** quando vi è una "*fondata ragione di ritenere che manchino o si disperdano le garanzie per il pagamento della pena pecuniaria, delle spese di procedimento e di ogni altra somma dovuta all'erario dello Stato*" e si esegue sui beni mobili o immobili dell'imputato o sulle somme o cose a lui dovute;

b) **su richiesta della parte civile** "*se vi è fondata ragione di ritenere che manchino o si disperdano le garanzie delle obbligazioni civili derivanti dal reato*" e si esegue sui beni dell'imputato o del responsabile civile (art. 316 c.p.p.).

L'art. 316 comma 1 prevede espressamente che il P.M. può chiedere il sequestro conservativo dei beni dell'imputato "*in ogni stato e grado del processo di merito*". Se ne può ricavare, quindi, che tale misura cautelare reale non può invece essere richiesta nel corso delle indagini preliminari.

La violazione di tale precetto non produce un vizio tale da rendere il provvedimento inesistente o abnorme. Il vizio che ne risulta va inquadrato piuttosto nella categoria dell'annullabilità, con la conseguenza che il soggetto che vi abbia interesse è tenuto a proporre richiesta di riesame ai sensi dell'art. 318 c.p.p. per ottenere appunto l'annullamento del provvedimento viziato.

Mediante un'offerta di cauzione è possibile evitare *ex ante* il sequestro o ottenerne *ex post* la revoca (art. 319 c.p.p.).

Nel caso in cui dovesse essere emessa una sentenza di condanna e questa dovesse divenire irrevocabile, il sequestro conservativo si convertirebbe in pignoramento (art. 320 c.p.p.).

1.2. Il sequestro preventivo

1.2.1. Presupposti

Il sequestro preventivo è disciplinato dagli artt. 321-323 c.p.p..

Esso consiste nell'apposizione di un <u>vincolo di indisponibilità</u> su una cosa mobile o immobile pertinente al reato al fine di evitare il protrarsi delle conseguenze dello stesso o la commissione di nuovi reati.

Il codice di rito prevede la possibilità di ricorrere al sequestro preventivo in tre distinte ipotesi:

1) quando vi è pericolo che la libera disponibilità di una cosa pertinente al reato possa agevolare o protrarre le conseguenze di esso;

2) quando vi è pericolo che la libera disponibilità della cosa pertinente al reato possa agevolare la commissione di altri reati;

3) quando la cosa è pericolosa in sé e di essa è quindi consentita od imposta la confisca.

I presupposti per l'adozione del sequestro preventivo sono sempre il *fumus commissi delicti* ed il *periculum in mora*.

Quanto al *fumus*, il richiamo normativo, costante e reiterato, al reato – sotto i due profili che sono cose ad esso pertinenti ben possono essere oggetto di sequestro e che questo deve mirare ad evitare l'aggravarsi o il protrarsi delle relative conseguenze, nonché la commissione di altri fatti di reato – rende evidente che presupposto perché possa essere disposto il sequestro preventivo è che <u>un reato sia stato commesso</u>.

Può essere ancora non ben definita la qualificazione giuridica del fatto, possono esserne ancora ignoti gli autori, ma è sicuramente indispensabile che storicamente si sia verificato un fatto avente i connotati dell'illecito penale, sul quale si stia indagando.

Sarà illegittimo, dunque, il sequestro preventivo disposto prima che il reato sia commesso, sul mero presupposto che l'agente avesse intenzione di commetterlo: risulterebbe infatti violata la norma contenuta nell'art. 321 c.p.p. ,che prevede implicitamente il reato come presupposto del sequestro.

La giurisprudenza ha chiarito che l'accertamento della sussistenza del fumus commissi delicti va compiuto sotto il profilo della <u>congruità degli elementi rappresentati</u>, che non possono essere censurati in punto di fatto per apprezzarne la coincidenza con le reali risultanze processuali, ma che vanno valutati così come esposti, al fine di verificare se essi consentono di sussumere l'ipotesi formulata in quella tipica. (Cassazione penale, Sezioni Unite, 29 gennaio 1997 n. 23)

A tal fine, però, la verifica del c.d. fumus non può spingersi fino a far coincidere l'esame con un vero e proprio giudizio di colpevolezza, dovendo restar fuori dall'indagine il complesso degli elementi di valutazione che concorrono ai fini dell'accertamento della responsabilità dell'indagato ed essendo sufficiente la semplice enunciazione, che non sia manifestamente arbitraria, di un'ipotesi di reato, in relazione alla quale si appalesi, almeno allo stato, la necessità di escludere la libera disponibilità della cosa pertinente a quel reato, stante il pericolo che siffatta libera disponibilità possa aggravare o protrarre le conseguenze del reato.

Quanto al *periculum in mora*, quantunque manchi per le misure cautelari reali una previsione esplicita come quella codificata per le misure sulla libertà personale, è nella fisiologia del sequestro preventivo, come misura anch'essa restrittiva di libertà costituzionalmenteprotette, che il pericolo che si verifichino gli eventi che si cercano di evitare con l'adozione della misura cautelare debba presentare i requisiti della concretezza e dell'attualità e debba essere valutata in concreto con riferimento alla situazione esistente al momento dell'adozione della misura reale e non già in una prospettiva meramente astratta.

In proposito è opportuno ricordare che il sequestro preventivo è rivolto ad impedire eventi non ancora realizzati e di cui vi sia fondata ragione di ritenere l'imminente o probabile verificarsi. E' perciò del tutto irrilevante che la situazione che il sequestro tende ad impedire non sia in atto al momento dell'emissione del provvedimento essendo necessario solo che la valutazione sul suo possibile verificarsi si fondi su elementi concreti e non su ipotesi del tutto astratte.

L'esigenza cautelate richiesta dalla legge per disporre il sequestro preventivo è ipotizzabile anche per **reati per i quali sia cessata la condotta o siano perfezionati gli elementi costitutivi,** e ciò perché vi sono conseguenze dello stesso reato che la misura cautelare è destinata ad evitare anche dopo che essoabbia esaurito il suo iter. Le conseguenze che il sequestro preventivo mira ad evitare sono infatti ulteriori rispetto alla fattispecie tipica già realizzata (es. sequestro preventivo di una costruzione abusiva già terminata, essendo la misura cautelare destinata ad evitare, in materia urbanistica, le conseguenze nell'ordinato assetto e sviluppo del territorio e nel corretto uso e governo di esso conforme alla normativa).

1.2.2. Procedimento

Il sequestro preventivo è disposto con **decreto motivato del giudice competente** a pronunciarsi nel merito, su richiesta del pubblico ministero. Prima dell'esercizio dell'azione penale provvede il **giudice per le indagini preliminari** (art. 321, comma 1 c.p.p.).

Il sequestro è immediatamente revocato a richiesta del pubblico ministero o dell'interessato quando risultano mancanti, anche per fatti sopravvenuti, le condizioni di applicabilità del sequestro stesso (art. 321, comma 3 c.p.p.).

E', altresì, stabilito che nel corso delle indagini preliminari quando non è possibile, per la situazione di urgenza, attendere il provvedimento del giudice, il sequestro debba esseredisposto con **decreto motivato del pubblico ministero** o, prima dell'intervento del pubblico ministero, da **ufficiali di polizia giudiziaria** i quali, **nelle quarantotto ore successive**, devono trasmettere il verbale al pubblico ministero del luogo in cui il sequestro è stato eseguito. In tal caso, il P.M., ove non disponga la restituzione delle cose sequestrate, richiede al giudice la convalida e l'emissione del decreto **entro quarantotto ore** dal sequestro, se disposto dallo stesso P.M., o dalla ricezione del verbale se il sequestro è stato eseguito di iniziativa della polizia giudiziaria (art. 321, comma 3-*bis* c.p.p.).

Da sottolineare che il sequestro perde efficacia se non vengono osservati i termini predetti ovvero se il giudice non emetta l'ordinanza di convalida **entro dieci giorni** dalla ricezione della richiesta (art. 321, comma 3-*ter* c.p.p.).

B) IL RIESAME DELLE MISURE CAUTELARI REALI (art. 324 c.p.p.)

Contro l'**ordinanza di sequestro conservativo** può essere presentata richiesta di riesame da chiunque vi abbia interesse (art. 318, comma 1).

Contro il **decreto di sequestro preventivo** emesso dal giudice, invece, possono presentare richiesta di riesamel'indagato, l'imputato, il suo difensore, la persona alla quale le cose sono state sequestrate e quella che avrebbe diritto alla loro restituzione (art. 322, comma 1).

La richiesta di riesame rappresenta il mezzo ordinario di impugnazione per le misure cautelari di tipo reale. Si tratta di **un'impugnazione di carattere incidentale** (poiché proposta nel corso del procedimento principale) che assicura un controllo *ex novo* da parte del giudice dell'impugnazione sulla sussistenza dei suddetti presupposti per l'adozione del decreto di sequestro preventivo.

La richiesta di riesame di un provvedimento dispositivo di una misura cautelare reale, ai sensi dell'art. 324 c.p.p., diversamente da quella avverso le misure cautelari personali, deve essere presentata al tribunale del capoluogo della provincia nella quale ha sede l'ufficio che ha emesso il provvedimento, nel termine di 10 giorni dalla esecuzione del provvedimento di sequestro o dalla diversa data in cui l'interessato ne ha avuto conoscenza (art. 324, comma 5).

Sul termine e sulla legittimazione a proporre l'istanza di riesame la Cassazione, sez. III, 8 novembre 2003, n. 47113, ha precisato che "*A differenza di quanto stabilito dall'art. 309 del c.p.p. per le misure cautelari personali, in materia di misure cautelari reali il termine di dieci giorni previsto dall'art. 324 del c.p.p. per la presentazione della richiesta di riesame decorre, in alternativa, dall'esecuzione del provvedimento di sequestro ovvero dalla diversa data in cui l'interessato ha avuto conoscenza dell'avvenuto sequestro, senza distinzione in proposito tra i soggetti legittimati a presentare la richiesta, cioè includendo nell'espressione "interessato" tutti i soggetti comunque abilitati all'impugnazione e quindi anche il difensore. Da queste premesse, è stato affermato che correttamente era stata dichiarata inammissibile, perché tardiva, la richiesta di riesame presentata dopo dieci giorni dall'avvenuto sequestro, eseguito alla presenza dell'interessato, ritenendosi in proposito irrilevante la data successiva di deposito del verbale di sequestro era stato notificato al difensore*".

Fonte di contrasto in giurisprudenza è stata l'espressione del comma 4 dell'art. 324 c.p.p. per cui "*con la richiesta di riesame possono essere enunciati anche i motivi*".

Secondo un orientamento, infatti, sarebbe "*inammissibile il riesame e il conseguente ricorso per Cassazione avverso decreto di sequestro preventivo, qualora non siano stati enunciati i motivi. L'inserimento dell'istituto nel capo sulle "impugnazioni"; la espressa previsione, contenuta nel nuovo codice e non anche in quello abrogato, della possibilità di presentazione dei motivi e di ragioni "nuove" – aggettivo che indica la esistenza di altri precedenti -; la mancata ripetizione dell'avverbio "eventualmente", rispetto all'art. 263 ter abrogato e con riferimento alla esplicazione dei motivi stessi; infine la previsione, in teme di appello, avverso i provvedimenti cautelari della presentazione di motivi "contestuali", rendono chiaro che l'unica modifica alla disciplina generale vigente in materia di gravame è la facoltà di enunciazione "non contestuale"*".(Cassazione penale, sez. III, 13 ottobre 1992-11 gennaio 1993, n. 1679, *Penatangelo*).

In senso diverso si è espressa altra sezione della Suprema Corte, con un orientamento seguito dalla successiva giurisprudenza maggioritaria, secondo cui "*in tema di riesame di misure cautelari, deve essere disatteso l'assunto secondo cui la collocazione sistematica dell'art. 324 c.p.p. nel capo III del Titolo II del libro quarto del c.p.p., riguardante le "impugnazioni", dovrebbe comportare l'applicabilità all'istanza di riesame anche della disposizione dell'art. 581 lett. c) dello stesso codice che, a pena di inammissibilità, impone l'indicazione dei motivi di impugnazione in via contestuale alla presentazione del gravame. Invero, la richiesta di riesame innesta una procedura particolare, diversa da quella propria dei normali atti di impugnazione, che rende ben possibile il controllo della misura cautelare, sotto il profilo della legittimità e del merito, pur senza specifiche doglianze dell'interessato, sulla base – da un canto – del riscontro della correttezza del relativo provvedimento e della congruità della motivazione che la sorregge e – dall'altro – del potere del giudice del riesame d'annullare, riformare o confermare lo stesso per ragioni autonome, diverse da quelle enunciate nei motivi eventualmente posti a sostegno della istanza".*

Merita, infine, un richiamo la modifica del **comma 7** dell'art. 324 c.p.p. ad opera della legge 16 aprile 2015, n. 47, anche in considerazione del recente intervento delle Sezioni Unite a composizione di un contrasto sorto proprio sul nuovo testo di detta norma (Cass., SS.UU., 6 maggio 2016 – ud. 31 marzo 2016, n. 18954, *Capasso*).

In particolare, l'art. 11, comma 6 della l. 47/2015 ha disposto la sostituzione al comma 7 dell'art. 324 c.p.p. delle parole *"articolo 309, commi 9"* con le parole *"articolo 309, commi 9, 9 bis"*. La suddetta disposizione prevede, dunque, nel testo novellato, che al procedimento di riesame delle misure cautelari reali *"si applicano le disposizioni dell'articolo 309, commi 9, 9 bis e 10."*.

La questione, affrontata già in passato dalla giurisprudenza e riproposta all'indomani dell'entrata in vigore della novella, riguarda la natura del rinvio operato dal comma 7 dell'art. 324 all'art. 309 commi 9, 9 *bis* e 10 c.p.p..

Prima della riforma, infatti, le Sezioni Unite con la sentenza *Cavalli* del 28 maggio 2013 avevano affermato la **natura statica o recettizia del rinvio** in questione, nel senso che oggetto di richiamo da parte dell'art. 324, comma 7 erano i commi 9 e 10 dell'art. 309 c.p.p. nella loro originaria formulazione.

Le importanti innovazioni apportate dalla legge n. 47/2015 ai commi 9 e 10 dell'art. 309 c.p.p. hanno fatto sorgere però dei dubbi circa la riferibilità delle conclusioni raggiunte nella sentenza *Cavalli* anche al mutato contesto normativo.

Ci si è chiesti, in sostanza, se, in seguito alle modifiche all'art. 324, comma 7 c.p.p., al rinvio in esso contenuto non si debba oggi riconoscere **natura formale o dinamica** piuttosto che statica o recettizia, con conseguente applicabilità anche al procedimento di riesame di misure reali delle nuove disposizioni contenute nei commi 9, 9 *bis* e 10 dell'art. 309.

La Terza Sezione della Cassazione ha rimesso detta questione alle Sezioni Unite con ordinanza n. 50581/2015.

Con sentenza n. 18954 depositata il 6 maggio 2016 le Sezioni Unite della Corte di Cassazione hanno affermato i seguenti principi di diritto:

*"1. il rinvio dell'art. 324, comma 7, ai commi 9 e 9-bis dell'art. 309 cod. proc. pen. comporta, per un verso, **l'applicazione integrale** della disposizione di cui al **comma 9-bis** e, per altro verso, la **applicazione della disposizione del comma 9 in quanto compatibile con la struttura e la funzione del provvedimento applicativo della misura cautelare reale** e del sequestro probatorio, nel senso che il tribunale del riesame annulla il provvedimento impugnato se la motivazione manca o non*

contiene la autonoma valutazione degli elementi che ne costituiscono il necessario fondamento, nonché degli elementi forniti dalla difesa;

*2. il **rinvio** dell'art. 324, comma 7**, al comma 10** dell'art. 309 cod. proc. pen. deve intendersi invece **riferito alla formulazione codicistica originaria di quest'ultima norma**.*" **(Cass., SS.UU., 6 maggio 2016 – ud. 31 marzo 2016, n. 18954)**

C) REDAZIONE DELL'ATTO DI RIESAME

1. Epigrafe

Prima di tutto nell'epigrafe dell'istanza di riesame delle misure cautelari reali è necessario indicare il giudice chiamato a pronunciarsi sull'impugnazione avanzata.

Come visto sopra il giudice competente a decidere è il Tribunale, in composizione collegiale, del capoluogo della provincia nella quale ha sede l'ufficio del giudice che ha emesso il decreto impugnato.

Nell'ipotesi in cui, dunque, in sede d'esame vi venisse assegnata una traccia con l'indicazione specifica dell'ufficio giudiziario che ha emesso il provvedimento cautelare reale, sarà vostro compito indicare nell'intestazione dell'atto la sede del Tribunale del riesame competente territorialmente.

Anche per la richiesta di riesame occorre indicare a pena di inammissibilità il provvedimento impugnato (art 591, comma 1 lett. c) c.p.p.), con la data del medesimo e il giudice che lo ha emesso (art. 581, comma 1 c.p.p.).

Per una più specifica individuazione del provvedimento dispositivo della misura cautelare, bisogna indicare inoltre il numero del procedimento nel quale è stato pronunciato, la data in cui è stato eseguito e i beni sottoposti a sequestro.

Per maggiore chiarezza espositiva sarà opportuno fare riferimento sin da subito al reato per il quale il giudice procedente ha ritenuto sussistere il *fumus commissi delicti*.

Da ultimo nell'intestazione si dovrà indicare il soggetto che propone la richiesta di riesame.

In proposito si ricorda che:

▪ per quanto riguarda il sequestro conservativo, l'art. 318 c.p.p. prevede che la richiesta di riesame può essere proposta da **chiunque vi abbia interesse**;

▪ per quanto riguarda il sequestro preventivo, l'art. 322, comma 1 c.p.p. prevede che "l'**imputato** e il suo **difensore**, la **persona alla quale le cose sono state sequestrate** e **quella che avrebbe diritto alla loro restituzione** possono proporre richiesta di riesame, anche nel merito".

Si riporta di seguito un esempio di formula tipo dell'epigrafe dell'atto in esame:

TRIBUNALE DEL RIESAME DI_____

Il sottoscritto avv_____ del Foro di_____, difensore di_____, nato a_____ il_____, residente in via_____, giusta dichiarazione di nomina in calce al presente atto, indagato (ovvero imputato) nel procedimento penale n. _____ R.G.N.R. per il reato di cui all'art_____cp, formula a codesto Tribunale

RICHIESTA DI RIESAME

del decreto di sequestro preventivo emesso in data_____ ed eseguito il _____ con il quale il GIP (o il GUP o il Tribunale o la Corte di Assise) presso codesto Tribunale di _____ ha sottoposto a misura cautelare (indicare il bene oggetto di sequestro) per i motivi di seguito esposti:

2. Fatto.

Ai fini dell'esposizione dei motivi è necessario che vengano descritti gli elementi di fatto utili alla trattazione degli stessi.

Occorre ricordare che i fatti dovranno essere esposti **come se contenuti nel decreto di sequestro**.

Si dovranno indicare gli elementi di fatto pertinenti al reato: non solo quelli caratterizzati da un'intrinseca, specifica e strutturale strumentalità rispetto al reato commesso e a quelli futuri con cui si paventa la commissione, ma anche quelli che risultino indirettamente legati al reato per cui si 11 procede sempreché la libera disponibilità possa dar luogo al pericolo di aggravamento o protrazione delle conseguenze di esso.

3. Ordine di trattazione dei motivi

Come sopra esposto, l'indicazione dei motivi sui quali si fonda la richiesta di riesame è <u>meramente eventuale</u>.

Il Tribunale, infatti, potrà decidere di annullare l'ordinanza che dispone il sequestro facendo riferimento a motivi diversi da quelli esposti dal ricorrente.

Non dovete dimenticare però che voi vi trovate in sede di un esame di Stato e che dunque l'enunciazione dei motivi sarà necessaria, così come sarà necessario analizzarli in una successione logica.

È sicuramente utile affrontare prima le censure che comporterebbero, in caso di accoglimento, l'annullamento del provvedimento, per poi analizzare in un secondo momento quei motivi che hanno come conseguenza una semplice modifica dello stesso.

Di seguito vi propongo un <u>possibile ordine di trattazione dei motivi</u>:

1. ***<u>Nullità del decreto per violazione di norme processuali</u>***.

2. ***<u>Non sussumibilità della condotta dell'indagato sotto una fattispecie di reato</u>***.

L'eventuale assenza del *fumus commissi delicti* determinerebbe l'annullamento del decreto emanato.

In proposito si deve ricordare che restano fuori dall'indagine il complesso degli elementi di valutazione che concorrono ai fini dell'accertamento della responsabilità dell'indagato. Il giudice infatti dovrà limitarsi al controllo tra la fattispecie concreta e quella legale rimanendogli preclusa ogni valutazione in merito agli indizi di colpevolezza e alla gravità degli stessi.

3. ***<u>Insussistenza delle esigenze cautelari</u>***.

L'ulteriore presupposto necessario per l'adozione di un provvedimento di sequestro preventivo o conservativo è l'esistenza del *periculum in mora*, per l'esame del cui contenuto si rinvia a quanto esposto nel precedente capitolo.

4. *__Perdita di efficacia del decreto di sequestro per mancato rispetto dei termini processuali.__*

5. *__Revoca parziale del sequestro disposto.__*
Nell'ipotesi in cui solo per alcuni dei beni sottoposti a sequestro (o per parti di un bene) esistano censure da muovere al decreto, si tratta di invocare una revoca solo parziale dello stesso.

4. Diritto.
È poi necessario fornire un'analisi delle ragioni di diritto a supporto del motivo di impugnazione.
Dopo un *inquadramento generale* dell'istituto di riferimento, occorre *approfondire* l'aspetto dell'istituto che è specificamente interessato dalla vicenda in esame.
La questione giuridica deve poi essere argomentata *sulla base della giurisprudenza* che si è formata sul punto e che avvalorino la fondatezza della censura prospettata.
Infine si potranno trarre *le conclusioni* sullo specifico motivo esposto.

5. Richieste.
Una volta indicati i motivi di impugnazione, con l'indicazione dei fatti e le ragioni di diritto a sostegno, si dovrà procedere alla formulazione delle richieste.

- Con riferimento ai sopraesposti **motivi nn. 1, 2, 3** il provvedimento da chiedere al Tribunale del riesame sarà di **ANNULLAMENTO**.

- Con riferimento al **motivo n. 4** si dovrà chiedere che venga dichiarata l'intervenuta **PERDITA DI EFFICACIA**.

- Quanto al **motivo n. 5** la richiesta, eventualmente in subordine, sarà di **REVOCA PARZIALE DEL DECRETO** oggetto di riesame.

Di seguito si riporta un esempio di richieste conclusive:

Tanto premesso, si chiede che questo Ill.mo Tribunale, voglia annullare il decreto di sequestro preventivo, emesso in data _____dal G.I.P. (o il G.U.P. o il Tribunale o la Corte d'assise di _____), in accoglimento del primo dei motivi proposti.
In subordine si chiede che il Tribunale in accoglimento del secondo otivo svolto, voglia quantomeno revocare il predetto decreto con riferimento ai beni _____ e____.

PROCURA
Se dalla Traccia non risulta chiaramente la previa nomina di un difensore, è necessario inserire in calce alla richiesta di riesame apposita procura, della quale si riporta di seguito un esempio.

Il sottoscritto _____, nato a_____ in data_____ e residente in _____ via_____ imputato (o indagato o in qualità di persona alla quale le cose sono state sequestrate in data _____ o in qualità di persona che ha diritto alla restituzione delle cose sequestrate in data____) nel procedimento penale n. _____ R.G.N.R. nomina quale proprio difensore nel procedimento sopraindicato l'avv.____ con studio in_____

_____, lì_____

Firma_____
La firma è autentica
Avv._____

D) ESEMPIO RICHIESTA DI RIESAME

Traccia.

Caio, funzionario dell'Ufficio Tesoreria del Comune Beta, vede quotidianamente transitare, presso il suo ufficio, somme rilevanti.

Egli, approfittando anche della carenza di controlli, decide di appropriarsi mensilmente di somme pari a circa 20.000,00 euro, nella ragionevole convinzione che nessuno possa accorgersi di queste minime sottrazioni.

Dopo circa un anno dall'inizio di queste condotte, però, a seguito di una ispezione, Tizio viene sottoposto ad indagini per il reato di peculato e, nei suoi confronti, viene disposto il sequestro preventivo della propria abitazione, dallo stesso acquistata nel 2001, del valore di circa 450.000,00 euro.

Il candidato, assunte le vesti del legale di Tizio, rediga l'atto giudiziario più idoneo alla sua tutela.

Svolgimento Traccia

TRIBUNALE DI_____

Il sottoscritto avv._____ del Foro di_____, difensore di Caio, nato a_____ il_____, residente in via_____, giusta dichiarazione di nomina in calce al presente atto, indagato (ovvero imputato) nel procedimento penale n. _____ R.G.N.R. per il reato di cui artt 81 e. 314 C.p, formula a codesto Tribunale

RICHIESTA DI RIESAME

del decreto di sequestro preventivo emesso in data_____ ed eseguito il _____ con il quale il GIP presso codesto Tribunale di _____ ha sottoposto a misura cautelare l'immobile sito in _____, Via _____, distinto in catasto al foglio __, mappale ____, subalterno _, per i motivi di seguito esposti:

FATTO

Nell'impugnato decreto il GIP ha ritenuto di dover sottoporre a sequestro preventivo l'immobile sito in ____, via____ acquistato nel 2001 da Caio, del valore di 450.000,00 euro, in quanto da un'ispezione contabile a suo carico sarebbe emerso che quest'ultimo si sarebbe appropriato indebitamente, da un anno a questa parte, di somme del Comune di Beta delle quali aveva la disponibilità in qualità di funzionario dell'Ufficio di Tesoreria.

DIRITTO

INSUSSISTENZA DEI PRESUPPOSTI DEL SEQUESTRO PREVENTIVO DI CUI ALL'ART. 321 C.P.P.

1. In primo luogo, non è ravvisabile in capo a Caio nessun elemento integrante l'ipotesi delittuosa contestata e, in particolare, non è neppure rinvenibile il "fumus commissi delicti" richiesto dall'art. 321 c.p. ai fini dell'applicabilità del sequestro preventivo.

Al riguardo, il Giudice per le indagini preliminari ha inesattamente ritenuto che la condotta dell'indagato sia "*astrattamente inquadrabile nella fattispecie prevista dagli Artt. 81 e 314 c.p.*". Peraltro, ciò trova unico fondamento nella circostanza, non ancora compiutamente provata, dei risultati di una prima e sommaria ispezione contabile, non sufficiente ad attribuire, allo stato, alcuna responsabilità certa all'indagato.

2. In ogni caso, è del tutto censurabile il provvedimento impugnato nella parte in cui sottopone a sequestro l'abitazione dell'odierno ricorrente.

Ciò in quanto è del tutto pacifico che la proprietà di questa, acquistata circa nove anni prima dei fatti contestati al ricorrente, sia del tutto svincolata dalle somme di cui asseritamente Caio si sarebbe illecitamente impossessato.

In proposito, nell'adottare il provvedimento in oggetto, il Giudice per le Indagini Preliminari ha fatto proprio l'orientamento giurisprudenziale in base al quale, anche in relazione al reato di peculato, sarebbe applicabile l'istituto della confisca per equivalente del profitto del reato.

Al riguardo è opportuno rammentare che l'art. 322 ter c.p., posto dal Giudice a fondamento del proprio provvedimento, non preveda la ipotesi della confisca per equivalente in relazione al reato di peculato ma solo ad altre fattispecie delittuose.

Nonostante tale orientamento sia stato in passato seguito da una parte comunque minoritaria della giurisprudenza, lo stesso deve essere ritenuto oggi definitivamente superato.

Infatti, sul punto si è di recente pronunciata la Suprema Corte a Sezioni Unite, secondo la quale "La confisca per equivalente prevista dall'art. 322 ter, comma 1, c.p., nel caso di condanna o di applicazione della pena su richiesta per il delitto di peculato, può essere rapportata, in base al testuale tenore della norma, non al "profitto" ma soltanto al "prezzo" del reato". (Cassazione Penale, Sezioni Unite, 25 giugno 2009, n. 38691)

Sulla base delle suddette premesse normative e giurisprudenziali, è dunque del tutto evidente che il disposto sequestro non attenga al prezzo del reato contestato quanto, piuttosto, costituisca un tentativo, illegittimo, di sottoporre a vincolo beni di Tizio non dipendenti, in ogni caso, dalla commissione del reato a lui contestato.

Alla luce di quanto detto, pertanto, non è ravvisabile alcun motivo legittimante l'impugnato sequestro, fondato solamente sulla ritenuta sufficienza della astratta configurabilità del reato ed avente ad oggetto beni non costituenti, in maniera assoluta, il prezzo del reato.

*****

Tanto premesso, si chiede che questo Ill.mo Tribunale, voglia annullare o revocare il decreto di sequestro preventivo, emesso in data _____dal G.I.P. presso il Tribunale di____, in accoglimento dei motivi proposti.

In subordine si chiede che il Tribunale riduca l'oggetto del sequestro, nominando Caio quale custode.
14

_____, lì _____

Avv. _____

PROCURA

Il sottoscritto Caio, nato a_____ in data_____ e residente in _____ via_____ imputato (o indagato o in qualità di persona alla quale le cose sono state sequestrate in data _____ o in qualità di persona che ha diritto alla restituzione delle cose sequestrate in data____) nel procedimento penale n. _____ R.G.N.R. nomina quale proprio difensore nel procedimento sopraindicato l'avv.____ con studio in_____

_____, lì_____

Firma_____
La firma è autentica
Avv_____

3.3.4. LA COSTITUZIONE DI PARTE CIVILE

TRIBUNALE PENALE DI _____

IN COMPOSIZIONE MONOCRATICA

R.G.N.R. n. _____/08 (R.G. TRIB. n. ____/12)

Udienza del 01.03.2013

<u>Atto di costituzione di parte civile</u>

I sottoscritti Avv. A. T., nato a _____, il _____, con studio in Roma, via _____, e l'Avv. Giulio Forleo, nato a Roma, il _____, domiciliato presso lo studio sito in Roma, via _____, quali difensori e procuratori speciali per procura in calce al presente atto del sig. M. B., nato a Roma, il _____, e residente in Roma, in via _____, nella sua qualità di persona offesa dal reato,

dichiarano

di costituirsi parte civile nel procedimento penale indicato in epigrafe nei confronti di:

1) **T. M.**, nato a _____ il _____, domicilio dichiarato in Roma, _____ n. 22, presso lo Studio legale ;

2) **L. N.**, nato a _____ il _____ ed ivi residente in via _____ n. 7;

al fine di ottenere dagli stessi il risarcimento dei danni materiali e morali patiti a seguito dei reati che si riportano:

artt. 61 n. 7), 81, 110 e 640 c.p. perché, con più azioni esecutive del medesimo disegno criminoso, in concorso tra loro, con artifizi e raggiri consistiti nel far credere al B. M. durante la stipula dei contratti rispettivamente in data 25/05/2007, 07/07/2006 e 08/11/2006 che risultavano edificati e disponibili (o lo sarebbero stati alla data concordata) degli immobili, inducevano in errore la P.O. e si procuravano un ingiusto profitto per una somma non inferiore ad euro 49.000,00 complessivi (somme ricevute a titolo di anticipo e di caparra confirmatoria), pur consapevoli che tali edifici non erano pronti alla data prefissata (e non sarebbero stati pronti per problematiche varie) e quindi non potevano essere consegnati agli aventi diritto, con conseguente danno per la P.O..

Commesso in Vignola nel periodo compreso fra l'13/11/2006 ed il Marzo 2008.

Con la presente costituzione di parte civile si chiede, previa affermazione della penale responsabilità degli imputati, il risarcimento di tutti i danni, patrimoniali e non patrimoniali, arrecati dagli stessi, tramite le condotte contestate, al sig. B. M. e di cui qui di seguito vengono individuate le ragioni e la quantificazione:

- Euro 143.300,00 a titolo di danno patrimoniale subito dal B. e così suddiviso:

a) Euro 49.000,00 somma versata dalla persona offesa agli imputati a titolo di caparra confirmatoria;

b) Euro 49.000,00 somma dovuta alla persona offesa ai sensi del contratto in caso di risoluzione dello stesso per fatto imputabile al venditore; tale somma viene altresì riconosciuta al B., nella transazione del 15.05.2008, dall'imputato T. M. quale *"ristoro per le difficoltà varie nelle quali il sig. B. dichiara di essere incorso"* (**All.1**);

c) Euro 18.000,00 ulteriore somma versata dalla persona offesa al T. in virtù della transazione del 15.05.2008 (**All.2**);

d) Euro 27.300,00 somma dovuta dal B. all'Agenzia delle Entrate per essere decaduto dalle agevolazioni per l'acquisto della prima casa rivenduta prima dei 5 anni previsti dalla legge e in mancanza di riacquisto entro l'anno; il B. è tenuto a pagare tale somma pari al 7% del prezzo di vendita dell'immobile (Euro 390.000,00) di sua proprietà sito in Roma via _____ n., per non aver potuto acquistare gli immobili oggetto della truffa per cui si procede che sarebbero stati adibiti a prima casa (**All. 3**);

- **Euro 100.000,00 a titolo di danno non patrimoniale** subito dal B. e così ripartito:

a) Euro 50.000,00 di danni morali, biologici ed esistenziali occorsi alla persona offesa a seguito della truffa e della conseguente ridotta capacità economica subita, situazioni che, oltre ad aver inciso negativamente sul processo di volizione del soggetto passivo avendone limitato la sua libertà di autodeterminazione, gli hanno altresì cagionato uno stato ansioso-depressivo tutt'ora persistente e necessitante di opportune cure farmacologiche;

b) Euro 50.000,00 di danni all'immagine della persona offesa che, all'epoca dei fatti Amministratore Unico di 3 società, ha dovuto subire l'iscrizione del proprio nome nel registro dei protesti a seguito della messa all'incasso da parte del L. N. degli ultimi assegni in suo possesso (**All. 4**), nonostante la già avvenuta emersione della truffa e la prevedibile presa di precauzioni da parte del B..

Da tutto quanto sopra esposto è evidente che la *costituenda* parte civile ha subito ingenti danni di natura patrimoniale e non patrimoniale, e pertanto

CHIEDE

l'integrale risarcimento dei danni subiti e subendi, dalla *costituenda* parte civile che si quantificano in € 243.300,00 (duecentoquarantatremilatrecento/00) ovvero nella somma maggiore o minore che sarà ritenuta di giustizia, ovvero in quella da liquidarsi in separata sede, di cui euro 100.000,00 a titolo di provvisionale immediatamente esecutiva.

Chiede altresì la condanna degli imputati alle spese di costituzione di parte civile.

Con riserva di ogni altra richiesta e conclusione.

Roma lì 18.03.2013

Avv. Giulio Forleo

Avv. A.T.

Procura speciale
(artt. 78 e 100 c.p.p.)

Il sottoscritto Sig. M. B., nato a Roma, il , residente in Roma, in via, nella sua qualità di persona offesa dal reato, ed elettivamente domiciliato per il presente giudizio presso lo studio dell'Avv. A. T., in Roma, alla via Cicerone n. 49, in relazione al Procedimento Penale n. /08 R.G.N.R. pendente innanzi al Tribunale di _____, a carico di T. M._____

dichiara

di nominare quali suoi difensori e procuratori speciali l'Avv. A T, nato a il , con studio in Roma, alla via , n, e l'Avv. Giulio Forleo, nato a Roma il, domiciliato in Roma, Via , affinché gli stessi, congiuntamente e disgiuntamente, sia per le facoltà di difensore che per quelle di procuratore speciale, si costituiscano parte civile nel procedimento penale innanzi indicato nei confronti dei predetti imputati e di ogni responsabile civile a individuarsi, per ottenere il risarcimento di tutti i danni materiali e morali subiti a causa dei reati da loro commessi e contestati nel capo di imputazione e/o a contestarsi in via suppletiva.

A tal fine concede ai nominati procuratori tutte le facoltà previste dalla legge, nessuna esclusa, per l'espletamento del mandato, che si intende conferito per tutti i gradi eventuali del giudizio e le eventuali fasi esecutive in ogni sede che si rendessero necessarie.

Essi potranno, pertanto, fare richieste, indicare e citare testimoni, citare i responsabili civili, nominare consulenti tecnici, presentare conclusioni anche indicando e determinando il *petitum* ed il *quantum*, proporre le impugnazioni consentite in tutti i casi in cui vi sia interesse, chiedere e liquidare in via transattiva i danni, rilasciare quietanza, disporre dei diritti in contesa, revocare la costituzione di parte civile, nominare loro sostituti e fare quant'altro riterranno necessario ed opportuno per il migliore adempimento del mandato, senza necessità di preventiva autorizzazione da parte della sottoscritta e intendendosi sin d'ora per valido e ratificato, senza riserva, il loro operato.

Roma lì 18.03.2013

Sig.M. B.

VISTO PER AUTENTICA

Avv. Giulio Forleo

Avv. A.T.

Indice dei documenti allegati
1. Transazione del 15.05.2008;
2. Missive relative alla ulteriore somma di Euro 18.000,00 pagata dal sig. B.;
3. Contratto vendita prima casa;
4. Documenti relativi ai protesti.

3.3.5 INCIDENTE DI ESECUZIONE EX ART. 671 C.P.P.

Il Giudice dell'esecuzione può rideterminare la pena inflitta con più sentenze di condanna irrevocabili, applicando la disciplina del reato continuato, qualora ravvisi la sussistenza di un unico disegno criminoso.

TRIBUNALE ORDINARIO DI ROMA
IN FUNZIONE DI GIUDICE DELL'ESECUZIONE
Istanza ex art. 671 c.p.p.

Ill.mo Signor Giudice,

il sottoscritto difensore di Caio, nato a _____, il _____, residente in _____, Via _____, n. __, giusta nomina in calce al presente atto

PREMESSO CHE

- Con sentenza n. _____, pronunciata in data _____, depositata in data _____ ed irrevocabile in data _____, l'odierno istante veniva condannato dal Tribunale di Milano, in composizione monocratica, alla pena di anni due e mesi sei di reclusione, perché ritenuto penalmente responsabile in ordine al reato di cui all'art. _____ c.p.

- Mediante la predetta pronuncia veniva altresì riconosciuto a Caio il beneficio della sospensione condizionale della pena di cui all'art. 163 c.p.

- Successivamente, egli veniva altresì condannato con sentenza n. _____, pronunciata in data _____, depositata in data _____ ed irrevocabile in data _____, dal Tribunale di Roma, in composizione monocratica, alla pena di un anno di reclusione, in quanto riconosciuto penalmente responsabile in ordine al reato di cui all'art. _____ c.p.

- Anche in tale ultima occasione, peraltro, il Giudice riconosceva all'imputato il beneficio della sospensione condizionale della pena.

Tutto ciò premesso, nell'interesse di Tizio, il sottoscritto difensore

ESPONE

L'intestato Tribunale ha omesso di riconoscere, in capo a Caio, la sussistenza del vincolo della continuazione ex art. 81, comma 2 c.p. con i fatti accertati mediante la precedente sentenza n. _____, resa in data _____, dal Tribunale di Milano, con conseguente erronea quantificazione della pena da ultimo inflitta al medesimo.

Al riguardo occorre precisare, infatti, che nella fattispecie in esame sussistono pacificamente i presupposti previsti dalla Legge per l'applicabilità del predetto istituto, potendosi evidentemente ravvisare, nella condotta complessivamente posta in essere dal prevenuto, l'esistenza di un unico disegno criminoso.

Sotto questo profilo, giova rilevare che la Suprema Corte di Cassazione ha recentemente chiarito che "*ai fini dell'apprezzamento in ordine alla unicità del disegno criminoso, il giudice deve avere riguardo ad una pluralità di indici sintomatici, rivelatori dell'ideazione e della determinazione volitiva unitaria, quali la prossimità temporale di commissione, l'omogeneità delle condotte sotto il profilo oggettivo, le circostanze concrete di tempo e luogo dell'azione, il bene giuridico leso, le finalità perseguite, le abitudini programmate di vita, con la specificazione che non è necessario rintracciare la compresenza di tutti questi elementi, potendo assumere valore significativo anche la ricorrenza di uno o più di essi e che tanto maggiore è il novero degli elementi indicativi tanto maggiore sarà la possibilità di riconoscere la continuazione"* (Cassazione Penale, sez. I, 20 maggio 2014, n. 33803).

Ebbene, nella fattispecie che ci occupa, è del tutto evidente la sussistenza di una pluralità di elementi, costituenti chiaro indice della sussistenza di un disegno criminoso unitario.

Da un lato, infatti, non può dubitarsi del fatto che i fatti illeciti in ordine ai quali Caio è stato ritenuto responsabile integrino ipotesi di reato omogenee, trattandosi, in entrambi i casi, di delitti commessi contro il patrimonio.

Sotto altro profilo, non può dubitarsi del fatto che le predette condotte siano state poste in essere durante un arco temporale assai limitato, a distanza di appena qualche mese l'una dall'altra, circostanza che depone sicuramente nel senso di poter ravvisare una continuità nella condotta illecita perpetrata ed una determinazione unitaria in capo all'odierno istante.

Peraltro, deve altresì essere debitamente considerata la circostanza per cui, in entrambi i casi, Caio abbia agito al fine di _____.

Egli, infatti, ha, _____

Anche tale ultima circostanza deve, pertanto, ritenersi idonea a sottolineare l'esistenza di un disegno criminoso unitario.

Tutto ciò esposto, nell'interesse di Caio, il sottoscritto difensore fa

ISTANZA

affinché l'Ill.mo Tribunale di Roma, in funzione di giudice dell'esecuzione, valutata la legittimità della richiesta e la sussistenza dei presupposti di Legge, Voglia, ai sensi dell'art. 671 c.p.p., applicare la disciplina della continuazione di cui all'art. 81, comma 2 c.p. relativamente alle sentenze irrevocabili indicate in premessa e, per l'effetto, provvedere alla rideterminazione della pena complessiva inflitta al prevenuto, tenuto conto dei due mesi di presofferto, in misura tale consentire la concessione della sospensione condizionale della pena ed ogni altro beneficio di Legge.

Si allega:

1. sentenza n. _____, pronunciata in data _____ dal Tribunale di Milano, irrevocabile in data _____;

2. sentenza n. _____, pronunciata in data _____ dal Tribunale di Roma, irrevocabile in data _____;

_____, lì _____

Avv. _____

Nomina e procura speciale

Il sottoscritto Caio, nato a ____, il ____, residente in ____, nella Via ___, n. _____, con riferimento alle sentenze n.___ del __, irrevocabile in data ____, sentenza n. _____ del __, irrevocabile in data ____, nomina quale proprio difensore l'Avv. __, del foro di__, con studio in ____, nella Via ____, allo stesso conferendo ogni più ampia facoltà di legge, compresa quella di nominare sostituti processuali e farsi sostituire, ed espressamente procura speciale a redigere, sottoscrivere e depositare la presente istanza ed a rappresentarlo e difenderlo in ogni fase e grado del relativo procedimento.

Esprime il proprio consenso al trattamento dei dati personali ai sensi del D. Lgs n. 196/03 e successive modificazioni.